中国翻译理论：
从支谦到赞宁

CHINESE TRANSLATION THEORY
from Zhiqian to Zanning

黄小芃　著

四川大学出版社
SICHUAN UNIVERSITY PRESS

图书在版编目（CIP）数据

中国翻译理论：从支谦到赞宁 / 黄小芃著．— 成都：四川大学出版社，2023.7
ISBN 978-7-5690-5877-2

Ⅰ．①中… Ⅱ．①黄… Ⅲ．①翻译—语言学史—中国—古代 Ⅳ．① H159-092

中国版本图书馆CIP数据核字（2022）第250342号

书　　名：	中国翻译理论：从支谦到赞宁
	Zhongguo Fanyi Lilun: Cong Zhiqian dao Zanning
著　　者：	黄小芃

选题策划：	余　芳　敬铃凌
责任编辑：	余　芳　周　洁
责任校对：	于　俊
装帧设计：	墨创文化
责任印制：	王　炜

出版发行：四川大学出版社有限责任公司
　　　　　地址：成都市一环路南一段24号（610065）
　　　　　电话：（028）85408311（发行部）、85400276（总编室）
　　　　　电子邮箱：scupress@vip.163.com
　　　　　网址：https://press.scu.edu.cn
印前制作：四川胜翔数码印务设计有限公司
印刷装订：四川五洲彩印有限责任公司

成品尺寸：170 mm×240 mm
印　　张：34.5
字　　数：777千字

版　　次：2023年7月第1版
印　　次：2023年7月第1次印刷
定　　价：138.00元

本社图书如有印装质量问题，请联系发行部调换

版权所有 ◆ 侵权必究

前　言

一

汉语"理论"一词古已有之，至少有三个含义，第一指说理立论、依理评论，如《北史·崔光韶传》："光韶博学强辩，尤好理论，至于人伦名教，得失之间，权而论之，不以一毫假物。"又如唐朝诗人郑谷《故少师从翁隐岩别墅乱后榛芜感旧怆怀遂有追纪》曰："理论知清越，生徒得李频。""理论"的第二个含义指讲理或者据理争论。如元朝无名氏《冯玉兰》第一折："您何须紧厮跟，档咽喉强劫人，好教我哭啼啼难理论，待向前还倒褪。"第三，"理论"还有道理、理由之意。（汉语大词典编辑委员会、汉语大词典编纂处，1989b：577）

"理论"一词在近代又被日本人借去翻译英语的"theory"一词，后又传回中国，因此"理论"在现代汉语中又算一个外来词。（刘正埮等，1984：207）日本人的西化走在中国人的前面，且西化程度更深，用汉语"理论"一词翻译英语"theory"可谓恰到好处，试想若不用该词，另外还有哪个汉语词更好？根据《韦氏新国际英语足本词典（第三版）》(*Webster's Third New International Dictionary, Unabridged*)，英语"theory"源自希腊语的"theōria"一词，指观察行为、沉思、思虑。"theory"的古义是指现实的沉思和想象、直接的理性认识、领悟，"theory"的现代含义则是理论、学说、见解、推测等。

"理论"这个词中国既古已有之，近代又"出国"到东洋日本"打工"，然后又回流归国，还夹带回西洋英语"theory"的诸项含义，该词用来为本书研究的对象定性再恰当不过了。本书研究的是中国古代以中土佛经翻译为论题的七篇文章，或称翻译论，讨论的都是翻译之理，或者翻译理论。这种古代佛经翻译理论自立于中国中古时代，且上述七篇翻译论中最晚的一篇也发表在当今翻译学产生的一千多年前，完全是前现代的、前翻译学的古代理论。那时还没有后来15至17世纪的地理大发现所带来的对整个地球空间的准确认识，还

没有让今人无比自豪的科学，也没有今天语言学、历史学、哲学、社会学等人文学科的理论，更没有如今时髦的后现代理论。然而，本书的研究属于现代翻译学研究，必须借助上述及一切可用的现代学科或者科学的有关理论和方法进行研究。

笔者在本书中所说的译学就是今天的翻译学，英语称之为"Translation Studies"，直译为翻译研究。译论是个可大可小的名词，既可以指系统完整成篇的研究翻译或者翻译理论的论文甚至专著，即指研究翻译或者有关翻译及其道理的系统知识，又可以指零星分散不成篇（论文）的段落或不成段落的一句或几句话，讲的是有关翻译的零散道理或者关于翻译的不系统的知识。同译论一样，翻译思想也是可大可小的概念。但是翻译理论在形式上仅仅指以翻译（包括翻译活动、译者、译作、赞助者、翻译组织机构等）或研究翻译的原理和道理为对象或主题的论文和专著。无论概念的大小，本书都在具体语境中明确研究范围，或者笔者行文有特别的说明。笔者本书的研究分别对待中国古代译论的不同形式，系统完整成篇的翻译论文应是翻译理论，而零星不成篇（论文）的有关言论是翻译思想的火星或花朵，成段不成篇（论文）的有关言论都不是翻译理论。本书笔者研究的是系统完整成篇的、直接论述佛经翻译的论文，简称翻译论，是翻译理论。以往有学者说中国古代没有翻译理论，这是错误的。从本书具体操作的标准而言，600个字①以上完整成篇的论文才是理论，少于600字的只能算零星译论。

二

自秦汉以来，中土把外国人通称为胡人，把外语称为胡语。从隋唐才开始分胡梵，大致以古时的葱岭（今新疆西南帕米尔高原）为界，葱岭以南为五印度，古时又称之为天竺，属于梵文化的范围；葱岭以北为胡的疆域，即西域。

北宋赞宁曰："是故《周礼》有象胥氏通六蛮语，狄鞮主七戎，寄司九夷，译知八狄。今四方之官，唯译官显著者何也？疑汉已来多事北方，故译名烂熟矣。"（T2061，50.723a19－23）② 赞宁此处说，《周礼》早就记载上古的中原王朝分别有负责与东南西北各方蛮、夷、闽、貊、戎、狄通译和交往的官

---

① 本书统计字数均带句读，用Microsoft Word统计。

② T指《大正藏》，其后格式为：经号，册数．页码＋栏＋列数。以此处T2061，50.723a19－23为例，2061为经号，50为册数，723为页码，a表示栏（每页有三栏，上栏为a，中栏为b，下栏为c），19－23表示列数。全书同。

员，各有其名，东方称之为寄，南方是象，西方叫狄鞮，北方才称为译，为什么负责北方的译官脱颖而出，代表所有的通译交往之官？这是因为对朝廷而言，自汉以来北方多惊天动地之大事变。中原王朝一直盯着的是北方的外族人，统称为胡，后来才逐渐注意到西面的古印度，统称为梵，时称天竺。

《中国佛教通史》第一卷有言："现今的学界一般以汉哀帝元寿元年（公元前2）博士弟子景庐受大月氏王使伊存口授《浮屠经》为佛教正式传入中土的标志。"（赖永海，2010：82）换言之，中土从西汉末期就开始翻译佛经了。东汉明帝（57—75年在位）在永平年间感梦，遣使者至月支国求佛法后，相传由迦叶摩腾和竺法兰译出《四十二章经》，此说"基本事实是真的，若干细节失真无碍整体真实的大局"（赖永海，2010：91）。"因此，现知最早的两部佛典汉译本为《浮图经》和《四十二章经》。"（赖永海，2010：166）由西汉末经东汉、魏晋南北朝、隋唐至北宋徽宗政和初年（赖永海，2010①：273），佛经翻译才全面停止。中国有一千多年的佛经翻译史。最早《浮屠经》汉译具体如何进行，已不可考。中土一直在汉译梵语和其他语言写成的佛经，本土僧人都是为了翻译佛经才学习梵文和其他外语，相对于翻译和研习佛经的活动，对梵语本身几乎没有系统而全面的深入研究，直到唐朝才有义净撰《梵语千字文》（T2133，54.1190a15-1216b7）和龟兹僧人礼言撰《梵语杂名》（T2135，54.1223a18-1241b4）两本梵汉词典。虽然西藏学界从8世纪起"对梵语言本身有相当深入的研究"（裴文，2007：170），但当时与汉地几乎无这方面的交流。

外来僧人由于既精通相关外语又掌握了所携来经本的专门知识，在中土佛经译场一直占有权威地位。《出三藏记集·安世高传》卷十三记载外僧安世高从安息国"以汉桓帝之初，始到中夏"（T2145，55.95a18-19）。卷二录有他汉译的《阿含口解》或称《阿含口解十二因缘经》（T2145，55.6a25-26）。就是说"安世高的翻译，有时用口述解释，由他人执笔成书"（赖永海，2010②：174）。另外，《出三藏记集·支谶传》卷十三："支谶，本月支国人也。……汉桓帝末，游于洛阳。"（T2145，55.95c23-25）"朔又以灵帝光和二年，于洛阳译出《般舟三昧经》，时谶为传言，河南洛阳孟福、张莲笔受。"（T2145，55.96a4-6）《出三藏记集》卷六载外僧康僧会写的《法镜经序》，说安玄汉译《法镜经》："都尉口陈，严调笔受。"（T2145，55.46c5-6）《出

---

① 《中国佛教通史》第9卷。
② 《中国佛教通史》第1卷。

三藏记集·安玄传》卷十三："安玄，安息国人也。……汉灵帝末，游贾洛阳有功，号骑都尉。"（T2145，55.96a9-11）从上述关于东汉佛经汉译的所载情况可知，中土佛经翻译都是以外来僧人为核心的译场翻译。从东汉一直到北宋，大规模的佛典翻译大都是这样的译场翻译。正如曹仕邦所说："古之译经，一人自译或二人对译之例甚少，多采集体翻译之方式，翻译之所泛称为译场。"（曹仕邦，1990：1）

三

本书是翻译学专著，研究中国古代系统成篇的七篇完整翻译论，最短的是孙吴支谦作的《法句经序》，带句读只有699个字，最长的是宋赞宁作的《宋高僧传·译经篇论》，带句读有3681个字。对于翻译问题，古代主要是佛教界内的学者对此有所探讨，而从19世纪起佛教界以外的学者才开始研究，特别是20世纪80年代之后，翻译学者也开始逐步加入。本书是对整篇翻译论的全面研究，并以整个中国古代翻译理论的发生、发展、兴盛和消亡的历史发展为视角。迄今，各界包括翻译学界研究古代译论，都根据自身学科的需要和学者自己的兴趣，要么偏重个别词、现象和段落的局部文本研究，要么局限于古人狭小的眼界，还没有专著形式的、全面系统的、针对上述整篇翻译论全集的研究，整体上有待海纳百川之博论，而在佛教专门知识上还需精益求精之严谨，若干重大翻译理论问题依然悬而未决。此外，翻译学界还有个倾向，就是把中国古代翻译理论与现代西方翻译理论进行不同时、不同质的比较。（朱志瑜、张旭、黄立波，2020：1）

针对以上问题，本书融通相关学科的视角，以翻译学为主要角度进行理论分析和阐发，采用人文主义、科学主义和马克思主义的方法进行研究，特别是用科学主义的系统思想展开研究。此外，本书还融合了佛学、文学、哲学、历史学、语言学等学科的方法、资料和成果，形成跨学科交叉参照，以翻译学为主并以整篇翻译论为研究对象的整体布局。本书以"前修未密，后出转精"的精神明确研究目标，继续发扬前辈学者已有的斐然成就，重点在于澄清还不甚清楚的理论问题和努力填补研究空白。而本书中与西方翻译理论的比较，都是与西方同时代的、有关宗教翻译的理论或文献进行比较。

在研究材料运用方面，笔者竭尽所能收集古今中外相关文献，尽量做到言必有据、论有所依。研究的原始资料都采用《大正藏》，其缺陷用《中华大藏经》和其他版本的藏经弥补。研究也采用相关领域最高水平的工具书，如《汉语大字典》（2010年九卷本）和《汉语大词典》（1986—1993年十二卷

本），相关佛教史实立足于 2010 年出版的《中国佛教通史》，英英词典用了《韦氏新国际英语足本词典（第三版）》，也采用了《牛津英语词典（足本第二版）》[Oxford English Dictionary (Complete 2nd Edition)]。翻译学者以往研究中国古代译论，对西方汉学家的成果利用不多，笔者则在本书中尽量采用了这方面的成果。

本书每篇翻译论的研究步骤如下：第一步是梳理原作者的生平事迹。第二步是综述以往学界研究这篇翻译论的相关成果。第三步是翻译论的译注，包括给繁体原文加注，尤其对文言虚词、历史人物和相关专业知识都有详细且有案可稽的注释。汉字简化是译注的重要内容，笔者还在简体文本部分根据自己的研究给整个语篇酌情分章和分段。接着才是整个翻译论的今译，即从文言译成现代汉语。第四步是翻译论的翻译理论内容、性质和结构分析。第五步是翻译论的历史地位和意义的研究。

四

本书第一章研究中国最早的翻译论——三国孙吴支谦的《法句经序》。第二章研究东晋道安的《摩诃钵罗若波罗蜜经抄序》。这两篇翻译论都是古代翻译理论肇始阶段产生的以佛经序言为叙事主线的翻译论，但前者标志着翻译理论的开端，后者标志着理论的成熟，二者都不是专篇翻译论。第三章研究南朝齐梁间僧祐的《出三藏记集·胡汉译经文字音义同异记》。第四章研究南朝梁代慧皎的《高僧传·译经论》。这两篇都是古代翻译理论发展期的翻译专论。第五章研究隋朝彦琮的《辩正论》。第六章研究唐朝道宣的《续高僧传·译经篇论》。第七章主要研究北宋赞宁的《宋高僧传·译经篇论》。第八章是全书的理论总结。

笔者用了六七年的时间最先完成了对隋彦琮《辩正论》的整体研究，2014 年就出版了 36 万多字的专著。本书的研究沿用了当年所积累的经验、资料、成果和形成的理念。与当年相比，对《辩正论》的篇章结构又有了新发现，还将其优化，添加了注释和文献，尤其是对其历史地位的不当评价进行了修正。再者，可能有细心的读者发现，本书有的观点在本书出版前已先后发表在某些学术刊物上，极个别观点前后可能有些差异。若有这样的情况，请以笔者新近发表的为准。

本书多处引用的古籍或中国大陆以外出版的繁体字书籍，有的行文从右向左竖排，如无学术必要且为了方便读者阅读都以简体汉字显示并加现代标点，行文改竖排为从左至右横排。

目 录

第一章　三国孙吴支谦的《法句经序》 ················（1）
　　东汉末至三国的历史背景 ································（1）
　　第一节　支谦其人 ····································（3）
　　第二节　19世纪以来的《法句经序》研究 ·············（8）
　　第三节　《法句经序》译注 ····························（32）
　　第四节　《法句经序》的翻译学分析 ···················（46）
　　第五节　《法句经序》的汉外翻译 ······················（57）
　　第六节　《法句经序》的历史地位 ······················（83）
　　章末结语 ···（92）

第二章　东晋道安的《摩诃钵罗若波罗蜜经抄序》 ······（93）
　　西晋末及东晋的历史背景 ······························（93）
　　第一节　道安生平 ····································（94）
　　第二节　道安序言翻译论的形成和鉴证 ···············（100）
　　第三节　从古至今道安序言研究略述 ··················（112）
　　第四节　20世纪80年代以来的翻译学研究 ············（139）
　　第五节　《摩诃钵罗若波罗蜜经抄序》译注 ············（146）
　　第六节　道安序言的翻译理论和结构分析 ············（164）
　　第七节　道安序言英译批评 ···························（180）
　　第八节　道安序言的意义和历史地位 ··················（191）
　　章末结语 ···（199）

第三章　南朝僧祐的《出三藏记集·胡汉译经文字音义同异记》 ······（200）
　　南朝的历史背景 ··（200）
　　第一节　僧祐生平 ····································（202）
　　第二节　《胡汉译经文字音义同异记》译注 ············（207）

第三节　《胡汉译经文字音义同异记》翻译理论内容及其篇章结构
　　　　　　　　　　　　　　　　　　　　　　　　　　　　　　　(231)
　　第四节　《胡汉译经文字音义同异记》的英译问题 …………(243)
　　第五节　《胡汉译经文字音义同异记》的译学评价 …………(245)
　　章末结语 ……………………………………………………………(251)

第四章　梁代慧皎的《高僧传·译经论》 ……………………(252)
　　第一节　慧皎生平 …………………………………………………(252)
　　第二节　关于《高僧传》 …………………………………………(254)
　　第三节　《高僧传·译经论》译注 ………………………………(259)
　　第四节　《高僧传·译经论》翻译理论的内容和结构 ………(286)
　　第五节　《高僧传·译经论》的历史地位和意义 ……………(296)
　　章末结语 ……………………………………………………………(298)

第五章　隋朝彦琮的《辩正论》 …………………………………(299)
　　隋朝的历史背景 ……………………………………………………(299)
　　第一节　彦琮生平 …………………………………………………(301)
　　第二节　《辩正论》译注 …………………………………………(303)
　　第三节　《辩正论》的翻译理论内容与结构 …………………(343)
　　第四节　《辩正论》的历史地位 …………………………………(366)
　　章末结语 ……………………………………………………………(369)

第六章　唐朝道宣的《续高僧传·译经篇论》 …………………(370)
　　唐朝的历史背景 ……………………………………………………(370)
　　第一节　道宣生平 …………………………………………………(371)
　　第二节　《续高僧传·译经篇论》译注 …………………………(375)
　　第三节　《续高僧传·译经篇论》翻译理论及篇章结构分析 …(397)
　　第四节　道宣翻译论的汉英翻译问题 ……………………………(401)
　　第五节　道宣翻译论的历史意义 …………………………………(413)
　　章末结语 ……………………………………………………………(417)

第七章　北宋赞宁《宋高僧传》中的翻译论 ……………………(419)
　　北宋的历史背景 ……………………………………………………(419)
　　第一节　赞宁生平 …………………………………………………(420)
　　第二节　《宋高僧传·义净传·系》译注 ………………………(422)
　　第三节　《宋高僧传·译经篇论》译注 …………………………(428)

第四节　《宋高僧传·译经篇论》译理及篇章结构 …………（472）
　　第五节　赞宁两篇翻译论的历史意义 ………………………（485）
　　章末结语 ………………………………………………………（489）

第八章　前翻译学的中国学派 ……………………………………（490）
　　第一节　翻译学和其他学科现有研究 ………………………（490）
　　第二节　中国古代翻译理论的分期 …………………………（500）
　　第三节　中国古代翻译理论家 ………………………………（504）
　　第四节　中国古代翻译理论内容、来源和特点 ……………（511）
　　章末结语 ………………………………………………………（523）

参考文献 …………………………………………………………（524）

后　　记 …………………………………………………………（536）

第一章　三国孙吴支谦的《法句经序》

东汉末至三国的历史背景

　　三国至东晋是中国古代翻译理论的肇始阶段。西汉和东汉王朝是政治统一、经济文化发达、武力强大、拥有人口五六千万的大帝国，推动了周边各民族的社会文化发展，特别是在东汉（包括三国），这样的推动作用更为显著。大汉的东北方有高句丽、三韩、倭、东胡的乌桓和鲜卑等民族，北方有南北匈奴，西南方有称之为夷的各族，南方有越人等族，西方有戎、羌、氐，玉门关以西有西域各族。（范文澜、蔡美彪等，1994：226-252）西汉武帝在公元前138年派张骞出使西域，东汉班超经营西域是两汉对外交往的盛举。

　　两汉经学盛行，分为古文和今文两派。今文经学自西汉后期谶纬流行，一直延续至东汉。"公元七九年，汉章帝亲自到白虎观，大会群儒讲议五经同异，用皇帝名义制成定论，称为《白虎通义》。它是综合全部今文经学要义的重要著述和政治学提要。"（范文澜、蔡美彪等，1994：292）东汉主要古文经学家如桓谭、班固、王充、贾逵、许慎、马融、郑玄等都是博通群经的大儒。古文经学家许慎在121年写成了《说文解字》。马融遍注群经、门徒众多，使古文经学在事实上压倒了今文经学。（范文澜、蔡美彪等，1994：289-290；292-293）传统儒墨道的哲学思想在两汉流行，"西汉前期，政治上道家影响超过儒家"（范文澜、蔡美彪等，1994：298）。西汉司马迁作《史记》，东汉班固作《汉书》，两部都是史学巨著。（范文澜、蔡美彪等，1994：319）两汉盛行楚辞和古赋，东汉五言诗流行。无名氏于建安年间所作爱情长诗《孔雀东南飞》是《离骚》以后中国文学史上第二次出现的长诗。（范文澜、蔡美彪等，1994：321-325）吴孙权时，画家曹不兴开始画佛像，开南北朝以来宗教艺术风气之先。（范文澜、蔡美彪等，1994：342）

　　根据《中国佛教通史》第一卷，印度佛教在两汉已传入中国，输入路线

有三条：一是经西域的陆上丝绸之路，二是南方的海路，三是川滇缅道。（赖永海，2010：92-101）汉代人对初期输入的佛教的态度正如任继愈所说："可见汉代人对佛教的看法，不论在理论方面及传教僧人的行动方面，都是从对待中国神仙方术的眼光去迎接这一外来宗教的。"（任继愈，1973：245）

东汉末年，张角以《太平经》为号召发动了中国历史上规模最大的一次以宗教（太平道）形式为组织的农民黄巾大起义。（卿希泰，1996：201）这一时期政治黑暗混乱，外戚、宦官两大集团乱政，与士族官僚相互缠斗不休，皇帝大权旁落，导致长达90多年的社会动乱和分裂。黄河流域尤其成了上下混战厮杀的大屠场。下层民众以道教为号召和组织，黄巾起义风起云涌；上层官僚也争权夺利，董卓、袁绍、公孙度、刘备、曹操、孙权等军阀割据集团相互混战。208年赤壁大战后，全国形成魏蜀吴三国鼎立局面。直到公元280年晋武帝司马炎灭吴才使三国归晋，真正形成了又一个大一统的新王朝。（范文澜、蔡美彪等，1994：196；201；259；285）

东汉末年中国北方动荡不已，地处江南的东吴相对安定，北方各界精英逃到吴地定居，长江中下游的吴国经济文化比东汉时更加发达。吴国郡县数大大超过东汉时期，人口增加，大片土地得以开垦，在经济发展的基础上出现了新的大城市。两汉时江东只有一个称之为"吴"的大城市。211年孙权自吴迁都秣陵，次年，作石头城，改名建业。220年，孙权迁都鄂，改名武昌。229年，陆逊辅太子孙登留守武昌，孙权还都建业。建业和武昌不仅是军事重镇，也是发达的商业城市，这两大城市的建立标志着长江中下游地区比以往更发达。东吴当时善于航海，与东边的夷洲（今台湾地区）、南边的交趾和南洋诸岛都有来往。（范文澜、蔡美彪等，1994：278-280）

根据《中国佛教通史》第一卷，东吴政权总体而言对佛教的态度比曹魏稍显宽松，佛教在江南发展尤为显著。支谦和康僧会是促成东吴佛教兴盛的两位关键人物，极大地推动了江南佛教的传播。支谦先在武昌，后在建业弘扬佛教。东吴赤乌四年（241），康僧会至交趾（今越南北部）经广州来到建业。（赖永海，2010：150）他们两位也是当时吴国的主要佛经翻译家。

汉学家魏查理（Charles Willemen）说，《法句经》古文献自20世纪头十来年以来一直是欧洲和日本学者关注的焦点。（Willemen，1973：203）从笔者以下的研究中我们将看到，研究《法句经》最早的可靠汉语资料只有支谦的《法句经序》和他参与汉译的吴本《法句经》，而欧洲学界对该序言的研究则从英国学者毕尔（Samuel Beal）于19世纪末所做的工作开始。中国学者的相关研究也紧随法国学者烈维（Sylvain Lévy）之后，至今方兴未艾。

第一节 支谦其人

支谦生活在 2 世纪末至 3 世纪上半叶，所作《法句经序》是中国古代翻译理论的开端，而支谦祖上不是中土汉人，是归化汉朝的大月氏人。

一、生平概要

我们今天所知道的支谦其人，资料都来自大藏经，但资料并不全。根据僧祐①的《出三藏记集·支谦传》卷十三（T2145，55.97b13 - cl8），支谦姓支，名谦，又名越，号恭明，但并没有他生卒年的确切记载。有学者考证其生年应在"汉献帝兴平元年至建安四年"之间，即公元 194 至 199 年，卒年应在吴孙亮建兴二年至太平三年之间，即公元 253 至 258 年，享年约 60。（邓攀，2008：25）那么，支谦的主要活动年代大概在 2 世纪末至 3 世纪上半叶。

他的族人本是大月氏②人，后汉灵帝时支谦的祖父法度率领族人归顺汉朝。林梅村认为："汉译佛经中的'月氏'原文应是 Kuṣana，即贵霜。《后汉书·西域传》云：'诸国称之皆曰贵霜，汉本其故号，言大月氏云。'在汉文古籍中，贵霜一词依汉人习称称为大月氏或大月支，其族人亦相应冠以支姓。"（林梅村，1995：37）

支敏度《合首楞严经记》曰"越在汉生"（T2145，55.49a23），说明支谦本人出生在汉朝汉地。东晋道安的《了本生死经序》称"魏代之初有高士河南支恭明"（T2145，55.45b21），则可断定他一家归化后原本居住在河南。林梅村认为，"亦表明支谦之祖父法度等数百贵霜大月氏人寓居洛阳"（林梅村，1995：38）。可见，支谦是已汉化的（naturalized）印度 - 塞西亚（Indo-scythian）裔人（Zürcher，2007：47）。

支谦从小浸淫于汉文化之中，十岁开始认字读书，十三岁开始学习外国语言文字，汉语和外语兼通，"善华戎③之语"④，受业于同族学者支亮，而支亮

---

① 僧祐、竺将炎、维祇难等人名字各文献中有不同写法，本书除引文外，统一为以上用字。
② 月氏：即"月支（zhī）"，古族名，曾于西域建月氏国。其族先游牧于敦煌、祁连间。汉文帝前元三至四年时，遭匈奴攻击，西迁塞种故地（今新疆西部伊犁河流域及其西一带）。西迁的月氏人称大月氏，少数没有西迁的人入南山（今祁连山），与羌人杂居，称小月氏。（汉语大词典编辑委员会、汉语大词典编纂处，1990b：1123）
③ 戎：古代泛指我国西部的少数民族。（汉语大字典编辑委员会，2010：1500）
④ 黎难秋说支谦"兼通梵汉语言"（黎难秋，2002：285）。支谦精通汉语，没有问题，但通梵的观点黎难秋没有证据，本节下文李炜提供了证据。

又"资学于谶",所以支谶(支娄迦谶,Lokakṣema)算是支谦的师祖。支谦随师博览中土典籍和佛教经籍,通汉文和西域六国语文,学通汉学与佛学。(T2145,55.97b22-25)精通梵文的学者李炜把今存于《大正藏》第四卷支谦译的《撰集百缘经》与今尚存的古梵文本 Avadānaśataka 在词汇和篇章两个层面进行比较研究后,认为支谦当初汉译的《撰集百缘经》就是从梵文翻译过来的,这可以证明支谦懂梵语。(李炜,2011:49-68;106)

据《中国通史》第二册记载,灵帝于公元189年死亡,从190年至208年,东汉陷入长达十九年的社会动乱,"中国境内特别是黄河流域化成了大屠场"(范文澜、蔡美彪等,1994:193;196)。支谦与其数十族人在"献帝之末,避汉室大乱",从洛阳南渡迁入吴地。有学者考证支谦与乡人逃往东吴的时间应是汉献帝延康元年(220)冬(邓攀,2008:23)。吴主孙权听说支谦博学有才慧,即召见他询问佛经中深隐之义。支谦应机释难,无疑不析,"权大悦,拜为博士①,使辅导东宫,甚加宠秩"(T2145,55.97c7-8)。

二、《法句经序》的作者

吴译本《法句经》上下卷之间的《法句经序》(T210,4.566b14-c26)并没有注明作者,僧祐收录在《出三藏记集》卷七中的《法句经序》也标注为"未详作者"(T2145,55.49c20)。现存最早佛经目录——僧祐的《出三藏记集》中有三处记载表明支谦是吴译本《法句经》的译者之一。《出三藏记集》卷二明确"《法句经》二卷"为"右一部,凡二卷,魏文帝时,天竺沙门维祇难以吴主孙权黄武三年赍胡本。武昌竺将炎共支谦译出"(T2145,55.6c10-13)。另外,《出三藏记集·支谦传》明确记载支谦在东吴译出"二十七经"(T2145,55.97c11),其中就有《法句经》。第三处记载是《出三藏记集·安玄传》:"后有沙门维祇难者,天竺人也,以孙权黄武三年赍《昙钵经》胡本来至武昌。《昙钵》即《法句经》也。时支谦请出经,乃令其同道竺将炎传译,谦写为汉文。"(T2145,55.96a22-25)这三处在现存《法句经序》文本之外的权威记载也可以相互印证。

另外,现存《法句经序》文本的相关叙述可进一步推断支谦是《法句经

---

① 博士:朝廷官名,秦汉属太常,犹如学术顾问官,即负责研究传授专门学问,又参与议政,并外出行巡视察。两汉沿置此官职,秩比六百石。博士的学生称博士弟子。自三国魏开始,博士分两类,一为专掌礼仪的太常博士,另一类是掌训教的诸博士。(俞鹿年,1992:305)三国官制和汉朝官制基本相同,沿袭了东汉官制。

序》的作者。第一处叙述在序言中部："仆从（维祇难——笔者注）受此五百偈本，请其同道竺将焰为译。"（T210，4.566c6-7）第二处在序言结尾："会将炎来，更从咨问，受此偈辈，复得十三品，并校往古，有所增定，第其品目，合为一部三十九篇，大凡偈七百五十二章。"（T210，4.566c22-25）第一处句中的第一人称"仆"和第二处句中的主语都应该指的是支谦。根据上述序言第一处叙述，《法句经》汉译者总共只有维祇难、竺将炎和"仆"三人。《法句经序》明确提到竺将炎"未备晓汉"（T210，4.566c7），就是汉语不太好，慧皎《高僧传》也说维祇难在译《法句经》时"难既未善国语"（T2059，50.326 b26），那么也只有支谦有用汉语写序言的能力。

从整篇序言叙事来看，吴译本《法句经》第一次汉译，从维祇难处接受原文本的是支谦，请竺将炎口译的是支谦，第二次汉译得到新原本的是支谦，校对新旧译本和编订新译本的也是支谦，所以支谦并不仅仅是译场上的笔受，而是主脑人物，加之他的政治地位高，最后给汉译定本写序言非他莫属。罗根泽（1984：258；259）、汤用彤（2011：76）、任继愈（1981：174）、陈福康（2010：7）和苏锦坤（2014：84-86）多少都用以上序言内外材料相互参酌的方法证明了这一观点，只不过以往学者说的不太明确。至于唐代圆照撰《贞元新定释教目录》把"《法句经》二卷"录为"与律炎支谦共出谦制序"（T2157，55.784c17），假如要说出道理也无非上述几条，只是并未明说。

关于支谦作《法句经序》的时间，任继愈说："这个序言是写在支谦增定（《法句经》吴译本——笔者注）以后，估计在孙权黄龙元年（229）前后，距正始初年也还有多年。"（任继愈，1981：175）还有学者根据梁僧祐的《出三藏记集》考证，认为该序作于黄武三年（224）之后，建兴元年（252）之前，或"公元224年至252年这段时间的前半期"（曹明伦，2011：55）。总之，应该在序言说的"黄武三年"（224）从维祇难处得到第一个原本之后的几年。因为序言说该经先有第一次汉译，得到第二个原文本"十三品"后又第二次汉译，后又经修订和合编两个汉译本，然后定稿，最后才由支谦写序言。所以，支谦不仅是吴译本《法句经》汉译者之一，且是《法句经序》的作者，这已是学界共识。

三、翻译佛典

支谦在东吴汉译佛典的确切年代是"从黄武元年至建兴中"（T2145，55.97c10），即公元222—252年，有约30年的时间。支敏度在《合维摩诘经

序》中称支谦为"优婆塞①支恭明"（T2145，55.58b25），说明支谦不是出家僧人，而是在家居士。有学者说支谦是"译经僧人"或和尚佛典译者"monk-translator"（蒋述卓，1990：4；Cheung，2006：57），但这种说法没有史料根据。在此期间，支谦搜集了各种原本和译本，翻译佛典。他对从前过分质朴、义理隐晦的译本很不满意，着意重译支谶的主要译本，同时协助从印度来华的维祇难和竺将炎翻译佛典（中国佛教协会，1982：9）。

美国汉学家那体慧认为，支谦翻译的佛经有 26 部左右，其中《祐录·支谦传》②提到的四部经最值得注意：《大般泥洹经》《太子瑞应本起经》《法句经》《维摩诘经》。（Nattier，2008：121－122）《祐录》卷二（经录部分）明确把"《法句经》二卷"录为"右一部，凡二卷，魏文帝时，天竺沙门维祇难以吴主孙权黄武三年赍胡本。武昌竺将炎共支谦译出"（T2145，55.6c10－13）。所以，现存吴译本《法句经》（T210，4.559－575）把维祇难录为译者是不确切的，但笔者认为这恰恰符合当时中土翻译佛经的惯例，中土往往首先看重带来佛经原本的外来僧人，尽管他只宣读或讲解了该经，本土译场也会把汉译出的该经最后文本归在这个外国人名下，而不是归在实际译者的名下（Nattier，2008：19）。另，《祐录·安玄传》中也说："后有沙门维祇难者，天竺人也，以孙权黄武三年赍《昙钵经》胡本来至武昌。《昙钵》即《法句经》也。时支谦请出经，乃令其同道竺将炎传译，谦写为汉文。时炎未善汉言。颇有不尽。然志存义本，近于质实。"（T2145，55.96a22－26）现存《法句经序》也可印证这个事实：支谦和竺将炎才是《法句经》的真正译者，维祇难不是。

四、支谦的翻译风格

根据那体慧（Nattier，2008：4）的研究，在支谦之前，公元 1 世纪的东汉，佛经翻译已同时流行着几种不同的翻译风格。第一种是支谶的翻译风格，他把所有的人名和佛教术语进行音译而不是翻译原义，从而产生了至今尚流行的人名和术语，如波罗蜜、须菩提等。第二种是安玄和严佛调的翻译风格，他们的翻译方法与支谶完全相反，不仅把佛教术语"pāramitā"（波罗蜜）汉译成了"度无极"，"nirvāṇa"（涅槃）译成"灭度"，而且把专有地名如"Śrāvastī"

---

① 优婆塞：清信士、近事男、善宿男等，即在家亲近奉事三宝和受持五戒的男居士，为四众或七众之一。（陈义孝，2002：307）

② 南朝僧祐撰写的《出三藏记集》，后人又简称为《僧祐录》《祐录》。

（舍卫）汉译成了"闻物"，菩萨名"Mañjuśrī"（文殊师利）译成了"敬首"。第三种是在上述极端音译和极端意译之间行"中道"的翻译风格，这种风格以安世高为代表，他一般把人名和地名音译，对术语则进行意译。

根据那体慧（Nattier，2008：118-120）的研究，支谦翻译风格的第一个特点就是翻译词汇的多样性，比如，其语料库里就有"arhat"（罗汉）至少八种不同的翻译。其原因之一是他名下相当一部分佛经本来就不是由他翻译的，而是他从多个版本修订而来的；原因之二也许是他翻译时有这样一词多译的偏好。

支谦的第二个翻译风格特点是上述支谶式的极端音译，尤其体现在早期的翻译作品当中。第三个翻译特点是他较"成熟"的风格，就是极其喜用四字诗歌体，有时不押韵，但很多时候又有格律且押韵。此时，支谦已在纠正其师祖支谶翻译的缺点，正如支敏度在其《合首楞严经记》中所言："嫌谶所译者辞质多胡音。"（T2145，55.49b4-5）从此以后，支谦把大多数的人名和佛教术语都进行了意译。

吕澂说，支谦尽量删除梵本之繁复而各取省便，又竭力减少音译到最低程度，以致有时连应存原音的陀罗尼也意译了，拘泥形式的学人不免有些反感。后来道安就说他是"斫凿之巧者"，又认为"巧则巧矣，惧窍成而混沌终矣"。（中国佛教协会，1982：11）这是说他意译也有走极端的时候。

任继愈也认为，支谦翻译佛典"很讲究文丽简略"（任继愈，1981：171），他"改译支谶《首楞严三昧经》……改'胡音'为汉意，也就是用意译取代音译，在支谦那里做得是比较彻底的。……支谦的译文力图适应汉人的口味"，"过分追求美巧，不免离开原著"（任继愈，1981：171-172）。荷兰汉学家许里和也说，支谦的佛典译文是自由度很高的意译，具有风格优雅的突出特点。（Zürcher，2007：50）

针对支谦的意译，任继愈还说：

> 改"胡音"为汉意，也就是用意译取代音译，在支谦那里做得是比较彻底的。例如他把《摩诃般若波罗蜜经》意译为《大明度无极经》，其中象"须菩提"、"舍利弗"这类人名，都要意译成"善业"、"秋露子"。可见，支谦的译文力图适应汉人的口味，译文的忠实性不能不受一定的影响。他既是"才学深澈，内外备通"，说明他的汉文化的修养是很好的，而当时开始发生的玄学思潮为他的译经提供了条件。检阅目前保存下来的他的主要译籍，凡是涉及到重大哲学方面的概念，几乎都是来自《老子》，而较少受《庄子》影响，这与两晋以后的译注，有着显著的区别。

由于他过分追求美巧，不免离开原著，所以遭到后来的义学家们的激烈批评。(任继愈，1981：172)

当时中国本土人士要表达外来佛教概念需借助已有的玄学概念，就支谦的翻译而言，他主要借助了《老子》里的概念。综上所述，支谦的翻译风格比较复杂，不能一概而论。

本节结论

支谦是东汉末至三国孙吴时代的佛经翻译家，是《法句经序》的作者。他出生在汉地，其祖父和父辈都是归化汉朝的月支人。汉末社会大动乱，他南下东吴避难，翻译佛经，其佛经翻译的风格复杂。

第二节　19世纪以来的《法句经序》研究

在支谦《法句经序》问世两百多年后，南朝齐、梁之间的僧祐（445—518）把《法句经序》全文收入其《出三藏记集》（T2145，55.49c20 - 50a28）。再后的隋朝释法经的《众经目录》（T2145，55.147c9）和唐朝释道宣的《大唐内典录》（T2145，55.328a15）对该序言有所记载。清朝严可均把《法句经序》全文收入其辑录的《全上古三代秦汉三国六朝文》（严可均，1999：759 - 760）。

除了收录和记载，笔者迄今还没有发现其他中国古代学者详细深入研究《法句经序》的资料。近代研究《法句经序》从西欧开始。英国学者毕尔首开《法句经序》研究的先河（1878）。国内翻译学研究《法句经序》从20世纪80年代的罗新璋（罗新璋，1984：22）开始，进入21世纪又有张佩瑶（Cheung，2006：58 - 63）等学者独到的译学研究成果，后经笔者转换理论视角的研究（黄小芃，2015：11 - 15）。

一、西方汉学家的研究

英国汉学家在19世纪末就率先开始了对《法句经序》的研究，法国汉学家紧随其后。20世纪70年代比利时汉学家魏查理发表了《法句经序》英文全译本。21世纪又有那体慧（Jan Nattier）的研究。

（一）毕尔

英国伦敦大学学院汉语教授毕尔早在1878年就英译了《法句经序》节选

(Beal, 1878: 29 - 30)。毕尔是英国最早将佛教早期文献直接从汉语翻译为英语的学者,但他节译的《法句经序》不到原文的50%。

(二) 烈维

1912年,法国东方学家烈维发表了其研究《法句经》版本情况的长篇论文(Lévy,1912: 203 - 294),他几乎把《法句经序》全文用法语译了出来(Lévy, 1912: 206 - 207)。毕尔和烈维两位学者,在各自的论著中都对该序言有深入的阐发。

(三) 许里和

许里和(Erik Zürcher)在其专著中讲述了当初中土佛典译家面临的进退维谷的窘境。翻译佛典忠实准确就无本土趣味,而满足了行文简洁、词句典雅的本土要求又有损于忠实准确度,中土佛典翻译的具体困难就在于汉译文要兼顾文和质。(Zürcher,2007: 47) 许里和因此用英文引译了《法句经序》描写文质两派交锋的那几句话,也是中国现代学者广为引用的那几句。许里和英译《法句经序》这几句明显对21世纪的英译者有影响。许里和只英译了《法句经序》第三篇中3.2段最后一句和3.3段,这是序言最生动的部分,但在序言中所占篇幅很小。他完全是为了证明自己关于中国佛教史研究的观点而引译,译文篇幅不如上述毕尔的英译,离烈维法译的篇幅则差得更远。由于他的译出量太少,笔者在下文有必要时才提到他。

(四) 魏查理

魏查理是比利时汉学家,在1973年发表了《法句经序》英译文(Willemen, 1973: 203 - 219),这是笔者迄今找到的唯一的英文全译本。关于以上三位和其他学者的《法句经序》汉外翻译,笔者在本章下文有专节研究。

魏查理全文英译了《法句经序》,主要着眼于《法句经》源本的研究及其相互之间的关系、汉译本所依据的原本语言等问题。他认为,吴本T210《法句经》主体是巴利文26品《法句经》,也含有现存巴利文《法句经》所没有的13品。吴译本《法句经》的译者是维祇难。(Willemen, 1973: 204) 这个观点的根据之一是慧皎《高僧传·维祇难传》中的记载(T2059, 50.326b14 - c1),之二是印度佛学家、汉学家师觉月(Prabodh Chandra Bagchi)的研究(Bagchi, 1927: 20; 22; 23)。笔者认为,不结合《法句经序》的相关文献记录,说维祇难是《法句经》的第一个汉译本的译者不甚可靠。

(五) 那体慧

美国汉学家那体慧认为，现存 T210《法句经》结合了维祇难所带来的原本，通过竺将炎初步汉译后，又加上支谦所得到的其他版本材料最后综合而成。(Nattier, 2008：115；134) 这些结论都必须在研究《法句经序》之后才能得出。

总之，西方汉学家通过研究《法句经序》，关注和聚焦《法句经》研究本身，尽管魏查理有《法句经序》的英文全译本，但从整体而言，这些汉学家对整篇序言不感兴趣，是一种为我所用的、引证式的、以《法句经》相关文献和研究为转移的序言局部研究。

二、国内文学研究

在法国汉学家烈维之后，中国各界学者才陆续在自己的领域研究《法句经序》，20世纪80年代开始又有若干翻译学者进入这一研究行列。

(一) 胡适

胡适是20世纪中国的思想家、文学家、哲学家，提倡文学革命，是新文化运动的领袖之一，在文学、哲学、史学、红学、考据学、教育学、伦理学等诸多领域都有研究成果。根据笔者所掌握的资料，胡适是近代以来国内研究《法句经序》的第一人。他于1927年完成《白话文学史》，次年上海新月书店将其出版。该书初稿的完成时间更早，在1921年底至1922年初。(胡适，1999：4) 胡适在这本书中说：

> 两晋南北朝的文人用那骈俪化了的文体来说理，说事，谀墓，赠答，描写风景，——造成一种最虚浮，最不自然，最不正确的文体。他们说理本不求明白，只要"将毋同"便够了；他们记事本不求正确，因为那几朝的事本来是不好正确记载的；他们写景本不求清楚，因为纸上的对仗工整与声律铿锵岂不更可贵吗？他们做文章本不求自然，因为他们做惯了那不自然的文章，反觉得自然的文体为不足贵，正如后世缠小脚的妇人见了天足反要骂"臭蹄子"了。
>
> 然而这时候，进来了一些捣乱分子，不容易装进那半通半不通的骈偶文字里去。这些捣乱分子就是佛教的经典。这几百年中，佛教从海陆两面夹攻进中国来。中国古代的一点点朴素简陋的宗教见了这个伟大富丽的宗

教，真正是"小巫见大巫"了。几百年之中，上自帝王公卿，学士文人，下至愚夫愚妇，都受这新来宗教的震荡与蛊惑；风气所趋，佛教遂征服了全中国。佛教徒要传教，不能没有翻译的经典；中国人也都想看看这个外来宗教讲的是些什么东西，所以有翻译的事业起来。（胡适，1999：97）

这样伟大的翻译工作自然不是少数滥调文人所能包办的，也不是那含糊不正确的骈偶文体所能对付的。结果便是给中国文学史上开了无穷新意境，创了不少新文体，添了无数新材料。新材料与新意境是不用说明的。何以有新文体的必要呢？第一因为外国来的新材料装不到那对仗骈偶的滥调里去。第二因为主译的都是外国人，不曾中那骈偶滥调的毒。第三因为最初助译的很多是民间的信徒；后来虽有文人学士奉敕润文，他们的能力有限，故他们的恶影响也有限。第四因为宗教的经典重在传真，重在正确，而不重在辞藻文采；重在读者易解，而不重在古雅①。故译经大师多以"不加文饰，令易晓，不失本义"相勉，到了鸠摩罗什以后，译经的文体大定，风气已大开，那班滥调的文人学士更无可如何了。（胡适，1999：98）

胡适在此以他行文惯有的、清新诙谐的"胡说"辛辣地批判了古代行文讲究骈俪的弊病，盛赞了中国汉译佛经所引起的汉语文体由文雅转向质白的新气象。他又说：

三世纪的译经事业可分前后两期。三世纪的上半，译经多在南方的建业与武昌。支谦译出四十九种，康僧会译出十几种，维祇难与竺将炎（《僧传》作竺律炎，今从《法句经序》。）合译出《昙钵经》一种，今名《法句经》。《法句经》有长序，不详作序者姓名，但序中记译经的历史颇可注意……

我们试引《法句经》的几段作例……

《法句经》乃是众经的要义，是古代沙门从众经中选出四句六句的偈，分类编纂起来的。因为其中偈语本是众经的精华，故译出之后仍见精采，虽不加雕饰，而自成文学。（胡适，1999：99-101）

---

① 此处着重号为原文所加。

他在此研究《法句经序》并引用《法句经》的几段是为了当时的"新文化运动"所提倡的"白话文学"张目，也是为了证明"白话文学不是这三四年来几个人凭空捏造出来的；我要大家知道白话文学是有历史的，是有很长又很光荣的历史的"（胡适，1999：1）。胡适研究《法句经序》，整个引用和论述只占不到两页的篇幅，在研究方法上有以下几个明显特点。

其一，没有考证谁是《法句经序》的作者。

其二，虽然他后面引用原文把以支谦为代表的"文派"和以维祇难为代表的"质派"两派对立的观点和主张都加了下着重号（见前面引文），但他在前面论述佛经翻译时说："故译经大师多以'不加文饰，令易晓，不失本义'相勉"（胡适，1999：98）。他为了说明自己的观点，把"文派"的主张或做法中只言片语"不加文饰"的和"质派"的主张"令易晓，不失本义"搅和在一起。从表面上看，搅和之后二者好像观点一致，实际上二者各自的立场不同，语境不同，其主张恰恰相反。再者，引用原文时他把"勿失厥义"改成了"不失本义"，去掉了原来的文言成分，其用心大概是为了提倡白话，却牺牲了学术的严谨。

其三，作为文学研究，胡适只瞄准《法句经序》的中干部分，盯住文质两派的激烈交锋这一文学效果生动显著的部分，而序言其他部分则不在其研究视野之中。这样的眼光对之后国内各学科，包括翻译学的研究有很大的影响。今天翻译学研究《法句经序》再走这样的文学研究途径，且唯马首是瞻，必定裹脚不前。

其四，骆玉明在该书"导读"中说，胡适的《白话文学史》作为文学史的确影响深远，但这不是"单纯的学术研究著作"（胡适，1999：2）。该书肩负着当时新文化运动文学革命的历史使命，在为文学革命所提倡的白话文学寻找历史依据，有为"'中国学术谋解放'的强烈意愿"（胡适，1999：13）。为了革命，"这种现实感过于强烈的历史研究难免会产生一些武断和偏颇"（胡适，1999：7）。所以，上述第二种情形的搅和情有可原。

其五，胡适在总结中国古代佛经翻译文学在文学史上的影响时说："在中国文学最浮靡又最不自然的时期，在中国散文与韵文都走到骈偶滥套的路上的时期、佛教的译经起来，维祇难、竺法护、鸠摩罗什诸位大师用朴实平易的白话文体来翻译佛经，但求易晓，不加藻饰，遂造成一种文学新体。"① （胡适，1999：124）此处，胡适为了在20世纪初的中国提倡新的文学形式，把中国古

---

① 此处着重号为原文所加。

代文学史上当时所有的散文和韵文都踩在脚下,说明其革命的激愤显然盖过了学术的谨慎。

暴风骤雨般的革命之后,今天我们再以学术的冷静读《法句经序》全文,序中明明说"请其同道竺将炎为译",《法句经》是由与天竺僧人维祇难一起来中土的竺将炎口译的,支谦是笔受和译者之一,维祇难的主要功劳是从天竺带来了一个原本,虽然其在东吴支谦主持的译场上也确有发言权,但说"……维祇难……用朴实平易的白话文体来翻译佛经",在序中和大藏经中都找不到其学术根据。

(二) 罗根泽

现当代中国文学批评理论的先驱之一罗根泽先生1937年前完成了他的《中国文学批评史》,书中说:

> 文学批评是后于文学的,同样翻译论也是后于翻译的,以故译事虽可上溯于东汉之末,而翻译论则到吴大帝黄武(222—229)时,方由从维祇难受《法句经》者提出,所作《法句经序》云:
>
> …………
>
> 所以需要翻译者,本来就是因为语言文字的"名物不同";而惟其"名物不同",所以"传实不易";惟其知道了"传实不易",所以才能引起翻译的研究,提出翻译的方法。虽然"传实不易",却希望"传实",所以主张"依其义不用饰""因循本旨,不加文饰"。可以算是最初的直译说了。
>
> ……就翻译论言,也应当先发现翻译的困难,然后才提出翻译的方法,此文正说翻译之难,应当是最早的翻译论。(罗根泽,2003:264-265)

其中的两个观点对后世影响很大,一是《法句经序》中的"依其义不用饰""因循本旨,不加文饰"是支谦提出的佛典翻译主张,"可以算是最初的直译说了"。二是《法句经序》是中国最早的翻译论。

就《法句经序》产生的年代,他说:

> 《全唐文》的编者董诰等大概误认此文为唐人所作,所以载入《全唐文》卷九百八十六,而以黄武为吴大帝年号,由是在下边注一"疑"字。

实则此文既载于梁僧祐的《出三藏记集》，其著作时代必在梁前，文中既标有黄武三年，当然是黄武时候的作品。《出三藏记集》说"未详作者"，序中称从维祇难受此五百偈本，当然与维祇难同时。《高僧传》卷一《维祇难传》"以吴黄武三年，与同伴竺律炎，来至武昌"（李证刚先生告知），与序文相合，知作者确是吴大帝时人。……放在唐代，实在不类；置之三国，极为恰当。（罗根泽，2003：265）

罗根泽此处关于《法句经序》产生朝代的考证和观点颇为精到。

罗根泽又说："所以主张'依其义不用饰'，'因循本旨，不加文饰'，可以算是最初的直译说了。"（罗根泽，2003：265）他这句话没有主语，根据上下文可以推断出主语是支谦《法句经序》。然而，根据笔者下文研究，其中两句直接引用的原文，前者是质派为了支持自己的观点间接引用佛言，后者也并非支谦的主张，而是他不得已而为之的对策和做法。

因此，笔者认为罗根泽这个观点不太准确。"文派"代表支谦承受着来自维祇难等"质派"辩解并坚持自己主张的压力，"因循本旨，不加文饰"是"文派"在汉译时采取的一种对策和做法，出自原文一个整句：

是以自竭，受译人口，<u>因循本旨，不加文饰</u>，译所不解，则阙不传。（今译：所以，鄙人自律文饰的意愿，全盘接受竺将炎的口译之言，<u>承袭其口传之意，不加文饰</u>，对其译言有所不解之处则缺而不录。）①

不应仅仅强调这句其中的一部分（下划线部分），而忽略这句的其他部分。如说支谦在此有什么翻译主张，这整句的意思依然是汉译文要有文饰，要文雅。但在这里他要文雅的意图和主张受到对方遏制。这里也谈不上支谦是否主张直译。

（三）钱锺书

文学研究家、作家钱锺书对支谦《法句经序》的研究中，有两页的篇幅直接引用了《法句经序》中最生动精彩的部分，包括了以下内容：文质两派的交锋，天竺僧人维祇难所代表的质派以佛言、老子和孔子的名言立论，最后以支谦为代表的文派提出汉译对策结束。钱锺书的研究瞄准了序言的五句话，

---

① 本书中除特殊说明的以外，下划线、波浪线、着重号等均为笔者所加。

其中略去了孔子的话,在直接引用从"仆初嫌其词不雅"至"不加文饰"(钱锺书,1979a:1101)的原文之后,他说:

> 严复译《天演论》弁例所标:"译事三难:信、达、雅",三字皆已见此。译事之信,当包达、雅;达正以尽信,而雅非为饰达,依义旨以传,而能如风格以出,斯之谓信。支、严于此,尚未推究。雅之非润色加藻,识者犹多;信之必得意忘言,则解人难索。译文达而不信者有之矣,未有不达而能信者也。一人讽世,制"撒谎表"(Bugie),胪列虚伪不实之言,如文人自谦"拙作"(la mia modesta poema),征婚广告侈陈才貌等,而"直译本"(la traduzione letterale)亦与其数,可谓善滑稽矣。(钱锺书,1979a:1101-1102)

他说支谦的《法句经序》已包含了近代提出和讨论的翻译标准之信、达、雅三个范畴和要素,说明中国近代译论并非无根之木,而是继承了古代佛典译论的精华,可谓给予该序言极高的评价,恰如其分地指出了其在中国翻译理论史上的重要性。

他又在《管锥编》第四册中说:"支谦《法句经序》仅发头角,《学记》所谓'开而弗达'。"(钱锺书,1979b:1262)他的意思是支谦的这个序言算刚开了个头("仅发头角"),讲得并不到位("开而弗达")。这应该是他对《法句经序》历史地位的评价。《法句经序》是最早的翻译论,但未必说得最好最透彻。

另外,钱锺书上述《法句经序》引文所标明的出处是《全三国文》卷七十五(严可均,1999:758-760),其中该序言作者已明确是支谦,并附有支谦的小传(严可均,1999:758)。这表明清儒严可均等对《法句经序》的作者和年代都有考证,遗憾的是我们今天在严氏著作中只见考证的结果,无法一窥其考证的过程。

《管锥编》是钱锺书先生于20世纪60年代至70年代用文言文写的笔记体著作。"《管锥编》字面上的意思是说书中所集不过管窥锥指之所得,暗示他只是通过一个个小片断,即他在每个条目开头所引用的一小段话和其后所征引的大量书证,来揭示所选定的这些经典的一般意义和重要性。"(艾朗诺,2005:58)书中文艺批评的立意恰恰着重在木而不在林。(艾朗诺,2005:62)在那个特殊时代,钱锺书用以点到为止、曲折隐晦的方式表达自己的观点,并不追求全面、明晰和系统阐述。《管锥编》在特定历史条件下的这些特

点我们今天研读时应尤其注意。所以，钱锺书对《法句经序》的研究也是以小见大，以点带面，没有具体分析序言内哪些观点属于信，哪些属于达，哪些属于雅，没有分析具体属于谁的主张，把更宽广的学术天地留给了后人去开拓。他的研究也属于文学研究，与上述罗根泽的研究性质一致，研究的焦点也相同，对后来的学者影响很大。

（四）蒋述卓

蒋述卓在其专著中说：

> 佛经翻译理论与中古文学、美学理论的密切关系，首先表现在它的理论概念、范畴就是从传统的文学、美学理论中借用或引发出来的。这最早可追溯到三国时的译经僧人支谦。他的《法句经序》就借用孔子、老子的文学，美学观来阐述其对翻译的看法……
>
> 这里所出现的雅与达、信与美、言与意、文与质等概念及范畴都是出自先秦时期的传统文艺观与美学观。……他的翻译也更受中国老、庄的影响，在名词概念上常拿老、庄词语与佛教大乘经典词语相牵合，因此，在阐述翻译观点时，自然也沿用中国传统的孔、老之言。自他以后的译人在谈翻译时几乎都沿袭他所开创的传统。（蒋述卓：1990：4-5）

蒋述卓只研究了《法句经序》的中干部分，这也是典型的文学研究，以文学效果显著炫目的选段为研究对象，注重文学概念和思想内容的来源，发现了中古佛典译论与本土文学概念和哲学思想的紧密关系，其出发点和归宿都是文学而不是翻译。

总之，文艺学家在20世纪初在国内率先研究《法句经序》，从胡适到蒋述卓的研究有以下三个特点：

第一，文学研究的目光聚焦在《法句经序》的中干部分，注重文质两派激烈交锋这一文学效果生动显著之处，而序言其他部分不在其研究视野之中，有明显的见木不见林的缺点，就像让本来完整的和氏璧成了吉光片羽的马赛克。他们只研究序言的局部，却对序言整体下结论。

第二，注重来自本土的文学和哲学概念，正如蒋述卓所说的"雅与达、信与美、言与意、文与质等概念及范畴"（蒋述卓，1990：5），注重这些概念的来源和相互之间的推导，进而把文与质推演成翻译概念：直译和意译。这样的研究方法倾向于把文质的文学问题等同为翻译问题，即存在把翻译学问题化

为文学问题的倾向。

第三，文艺学家研究《法句经序》的出发点和归宿都是文学，他们看到了支谦在此序作为"译人在谈翻译时几乎都沿袭他所开创的传统"（蒋述卓：1990：5），就是译人谈译的首创。文艺学家们确实首先看到《法句经序》是中国翻译理论的第一篇，是一种翻译理论的新开创，但只把它当成文学理论的一个新分支，而非文学理论的一种首创，研究的出发点和归宿都是文学而不是翻译。

三、佛学和哲学研究

（一）汤用彤

佛教史家和哲学史家汤用彤特别注重《法句经序》中干部分所记载的有关《法句经》汉译的细节，且研究了该序言的序尾。首先，他认为，《法句经》是由竺将炎译为汉文，支谦参与了译事（汤用彤，2011：76）。他直接引用序言结尾的两句话并据此认为："藏经中现存《法句经》，题为维祇难等译。计其篇章数目，实为改定本。"（汤用彤，2011：76）

其次，他认为："支谦修改《法句经》，或已在建业。按孙权于黄龙元年（公元229年）称帝，迁都建业。距《法句》初译时已五年。其时竺将炎于汉文或较为娴熟，亦来吴都。故谦请其更出也。"（汤用彤，2011：76）

最后，他也认定《法句经序》的作者就是支谦。（汤用彤，2011：76）他提出："会译实始于支谦。……会译者，盖始于集引众经，比较其文，以明其义也。"（汤用彤，2011：77）

汤用彤通过《法句经序》看到现存大藏经的T210《法句经》先由竺将炎口头初译，当然支谦参与其事，五年后，支谦又请竺将炎重译，此时竺将炎的汉语更加熟练。这次重译也经过了支谦的"会译"，因为序尾说"并校往故，有所增定"。

（二）印顺法师

印顺法师认为《法句经》的得名和最初的形成起于"五部沙门"各自摘抄自佛经中的四句和六句的偈子。（印顺，1973：213）这个结论只有根据支谦的《法句经序》才能推导出来。关于《法句经》对于学佛者的功用和意义，他也只有从《法句经序》直接引证："其在天竺，始进业者，不学《法句》，谓之越叙。此乃始进者之鸿渐，深入者之奥藏也。"（印顺，1973：214）

另外印顺法师还说，支谦从维祇难处得到五百偈本《法句经》，他与竺将炎口译的汉译本是第二个译本。最后加上新得的十三品，汉译后形成了"七百五十二偈；即是现存的吴译本《法句经》。这应该与葛氏的七百偈本相近吧！已是第三译了"（印顺，1973：215）。这样的结论也只有立足于支谦的《法句经序》。

印顺法师还认为："考究起来，维祇难的五百偈本，实与锡兰……《法句》大致相当。"（印顺，1973：215）这个结论也需要以《法句经序》的相关叙述为支撑。

（三）吕澂

佛学家吕澂没有直接研究《法句经序》，其观点分散在其专著附录"四十二章经抄出的年代"和"支谦"两节中。关于《法句经序》开头部分提到的《法句经》各个版本及其译者和译本情况，吕澂说：

> 《法句》梵本原有略中广三类，这相当于支谦《法句经序》所说的五百偈、七百偈、九百偈（后来更发展为一千偈以至一千五百偈）。五百偈是原型，其余则经过法救改订而为各部派采用之后多多少少加以变化了的……
>
> ……从前有那一种《法句》的译本存在，可以由《法句经序》所说而知。序说"近世葛氏传七百偈，偈文致深，译人出之，颇使其浑漫"。这表明了距离维祇难译出五百偈本不远的汉末，曾经有过改订本《法句经》的翻译，而它的译文浑漫正是通过《四十二章经》所能见到的面目。象它用散文改译颂句，使人迷离莫辨，又随处敷衍解释，这非浑漫而何？至于葛氏其人，名字虽不见经传，但很可能就是昙果。这不仅"葛""果"两字声音相近，并且昙果为汉末唯一传来法藏部经本的人（他所传《修行本起经》即是法藏部本），而从《四十二章经》上见得那部《法句经》所有的部派特征（如第八章所表现的"布施依施者得清净"，又第九章所表现的"施佛果大"等），恰恰证明它正是法藏部的传本。（吕澂，1979：277－278）

关于序干，吕澂说：

> 又支谦在黄武三年（公元224年）曾请竺将炎译出维祇难传来的略

本《法句经》（五百偈本），后来又请他根据中本（七百偈本）加以补订，其间自然也有支谦参加的意见，所以可说是支谦和竺将炎的共同译本。（吕澂，1979：292）

关于序尾，他说：

> 此时会有《四十二章经》的抄出，无疑的是受到它的启发。至于经抄作为汉明求得的第一部经典，这大概是从《法句经序》所说"其在天竺，始进业者不学法句谓之越序，此乃始进者之鸿渐，深入者之奥藏"这样的认识而来的吧。（吕澂，1979：278）

从以上引文可以看到，吕澂研究中国佛学顺带论述《法句经序》的几个问题，明显对序头、序干和序尾都有独到的研究，尤其对序言所述关于《法句经》的汉译情况有特别的见解。

（四）任继愈

佛学家、现代哲学史家任继愈研究《法句经序》有几点值得注意。其一，他直接引用《法句经序》第四篇（4.1 段），指出《法句经》的功用和性质。其二，注意到序头关于《法句经》的几个版本的信息。其三，他以僧祐《出三藏记集·安玄传》和后世唐朝的《贞元新订释教目录》卷三证明《法句经序》的作者是支谦。其四，《法句经序》最后篇的两段表明现存题为维祇难等译的《法句经》随后由支谦增补修订而成。其五，除了直接引用第三篇上半部分，任继愈也和上述文学研究者一样把研究的目光聚焦在《法句经序》最生动精彩的下半部：

> 这场争论，质派在理论上获得胜利，但实际的结果，却是由文派最后成书。在中国翻译史上关于信达雅的问题已被提出。质派用以支持自己论点的，不仅有佛经，而且有玄学依为经典的《老子》和《周易》，尤其是有玄学的"言不尽意"的重要命题。这场争论，当发生在初译《法句经》的 224 年，距正始初年（240 年）十六年。（任继愈，1981：175）

任继愈研究《法句经序》兼顾了文学的焦点，指出了序言中质派观点既有佛经又有玄学的根源。

（五）林梅村

林梅村引用了《法句经序》第一篇大部分内容，着重在该序言所透露的《法句经》的组成和出处信息。他对"五部沙门"中"五部"一词有独到的解释。此外，林梅村还引用了《法句经序》第二篇的大部分内容（林梅村，1995：416），主要说明"葛氏"就是东汉末的佛典译家昙果，其传本是属于佛教法藏部，以佉卢文写成的古印度犍陀罗语《法句经》。最后，他直接引用了《法句经序》最后篇大部分内容，说明"葛氏"所传《法句经》七百偈本"部分内容已被支谦编入吴译《法句经》"（林梅村，1995：411）。

（六）赖永海

赖永海对《法句经序》的研究分散在《中国佛教通史》第一卷"支谦的佛典翻译"和三国"佛典翻译思想"这两节。第一，他重复了上述文学研究的结论：东吴支谦所撰的《法句经序》"是中国佛教汉译佛典最早的译经理论文章"。他甚至认为该序被"翻译学界誉为世界翻译史上最早的译学文献"（赖永海，2010：205）。他也重复了钱锺书研究《法句经序》的观点："被中国翻译学界当作翻译最高境界的'信'、'达'、'雅'三标准，就是严复受佛教翻译方法和理论的影响而提出的。"（赖永海，2010：205）

第二，他认为支谦的《法句经序》反映了中国早期佛典翻译的情况：

> 早期的佛典翻译，以现代译学所说的"直译"为特色。如关于安世高的翻译，僧祐称赞说，安世高的翻译，"义理明析，文字允正，辩而不华，质而不野。凡在读者，皆亹亹而不倦焉"。此评论的理论依据就是中国美学中的"文质之辨"。这一理论来源于孔子。（赖永海，2010：205）

第三，他与前述有的文艺学家一样把文学的文质问题与翻译学的直译和意译的问题画等号。他也认定序言的作者是支谦，说：

> 保存于《出三藏记集》中的《法句经序》尽管标注的是"未详作者"，但从《法句经》翻译的相关记载以及文中的叙述语气，当代学者几乎一致断定此文的作者是支谦。（赖永海，2010：207）

第四，他直接引用《法句经序》序干（从"始者，维祇难出自天竺"开

始至"故有脱失多不出者"为止)(赖永海,2010:207;208),然后他详细解释说:

> 此文叙述了在翻译《法句经》译场发生的关于翻译方法和原则的一番争论。维祇难出自天竺,以黄武三年(224)来到武昌,支谦于其座下获得五百偈本《法句经》,支谦请求维祇难和竺将炎等一起翻译此经。竺将炎虽善天竺语,由于支谦的语言能力显然比"虽善天竺语,未备晓汉"的主译竺将炎好,觉得竺将炎的译文"或得胡语,或以义出音,近于质直",不够雅正,于是发言征询众人的意见希望能将译文改写得"雅"一点。从支谦的经历与译者身份来看,其用心是可以理解的,即翻译理当为读者服务,译文必须让读者理解。很可惜,支谦的这一番劝说并未能使译场里的听众信服。维祇难首先发难,反驳支谦的建议。维祇难听到支谦嫌弃竺将炎的文辞不雅,他马上征引佛祖的话("依其义不用饰,取其法不以严")指出,译经文字不必用"饰",一切当以"义"为主;传经者的任务在于使文辞"易晓",万勿失去经义才是正当。这番话马上引起座中人的共鸣,维祇难刚说完,就有人引用老子的"美言不信,信言不美"以及孔子的"书不尽言,言不尽意"来加以附和。由于支谦的身份以及种种复杂的原因,支谦的主张并非得到支持,作为笔受,他只能听受竺将炎的译文,如实笔录。依据这一方法翻译出来的《法句经》,以支谦的看法是有许多"脱失"的。(赖永海,2010:207-208)

第五,他直接引用了序言第三篇最后3段后说:

> 二者对照,支谦的遗憾溢于言表。在这次翻译之后,支谦又获得七百偈本,他又请竺将炎重新译出。(赖永海,2010:208)

第六,可贵的是,赖永海看到了《法句经序》中有关于翻译标准的论述:

> 支谦在《法句经序》中有"传实"、"贵其实"、"勿失厥义"、"因循本旨"的提法,就是主张注重传输原著实质性内容,也就是严复所谓的"信"。这一"信"字在唐代译家尤其是玄奘的翻译实践和理论中长期被奉为圭臬。支谦在同一篇文章中还说他最初不赞同另一译者将炎的译法,说将炎"虽善天竺语,未备晓汉,其所传言……近于质直。仆初嫌其辞

不雅"。支谦嫌其译得"不雅",说明支谦最初也认为"雅"是翻译标准之一,后来才有所更改。关于"雅"这个翻译标准即使在当时,就已经在佛典翻译家之间争论不休了。当时与支谦在一起的人主张"今传胡义,实宜径达",可见"达"字翻译标准当时也已经提出。(赖永海,2010:208-209)

第七,他认为直译和意译就是两种风格:

    由支谦发起的这一场讨论以及此文的内容所产生的影响,将佛典翻译中实际存在的"直译"和"意译"两种风格凸显于世。对这一理论的思考,使得后世翻译家在自觉的理论思考中不断地追求"理想"或"完美"的翻译,对于佛教在中国的弘传及其佛教的本土化起了积极的推动作用。(赖永海,2010:209)

赖永海瞄准序言的主干至结尾部分,还兼顾了文学的焦点,其中有几点值得翻译学者注意:

其一,说《法句经序》是中国佛教汉译佛典最早的译经理论文章,而且也被翻译学界誉为世界翻译史上最早的译学文献,这是翻译学还应进一步研究的课题。古希腊历史学家希罗多德在公元前5世纪写下了其名垂青史之作《历史》(*Histories*,又译《希腊波斯战争史》),其中的译论不具有宗教性质。据笔者所知,公元前2世纪还有一封犹太人写的书信,后来定名为《阿里斯狄亚书简》(*Letter of Aristeas*),其中有《摩西五经》在公元前3世纪从希伯来文译成希腊文的记录,这是带有宗教特点的西方译论,其性质与支谦的《法句经序》相当。关于这二者之间的译学对比,本书下文将进一步探讨。

其二,说支谦的语言能力显然比主译竺将炎好,根据现有支谦的生平材料,这样的表述不准确。根据笔者以上对支谦生平的研究,更精确的表述应该是汉化月支人支谦与天竺僧人竺将炎语言能力不同,前者精通西域诸语言和汉语,而后者擅长的是天竺语("善天竺语"),但汉语能力不健全("未备晓汉"),这里的"备"是"尽""皆"的意思,请见本书下文笔者对原文的注释。正是因为两人的语言能力不平衡,当时汉译那个本子的《法句经》,竺将炎才能作口头语言转换的传译,实施真正的外汉语言转换,而支谦只能作笔受;也正因为有这样的不平衡,支谦对竺将炎口译的言辞不满,因为竺将炎一会儿用天竺语言,一会儿音译,且其汉译言辞浅近质直,支谦责怪其不文雅

("其所传言，或得胡语，或以义出音，近于质直。仆初嫌其辞不雅")。

其三，支谦在《法句经序》中所说的"雅"并非雅正之雅，从语境看是文雅的雅，因为《法句经》原文是"偈"的诗歌体，很文雅，而竺将炎的汉语水平不高，转换成汉语的口头言辞文雅不起来。支谦这里是在主张汉译文的风格与原文风格要忠实一致。

其四，把中国近代以来从西方舶来的"直译"与"意译"的语言转换概念与属于文学文体的风格等同起来显得过于草率。

（七）苏锦坤

苏锦坤根据支谦《法句经序》所叙述的T210《法句经》当初东吴"初译、后译"的经过，认为吴译《法句经》是"重译偈颂"。他赞成印顺法师的主张，认为维祇难《法句经》初译与锡兰本大体一致。但现存T210《法句经》"核心26品"的所有偈颂不是均译自巴利《法句经》，也不能主张所有巴利《法句经》的对应偈颂均出现在"核心26品"之中。苏锦坤认为"后译"确实增加了13品，但支谦在"编订"时，将部分"后译"偈颂编入"初译"的26品之中。（苏锦坤，2014：77；123）

苏锦坤不赞成吕澂的观点，即不赞成《法句经序》提到的葛氏所译《法句经》七百偈本是昙果所译，也不认为葛氏就是昙果。他也不赞成吕澂认为葛氏的译本属于法藏部传本的推论。（苏锦坤，2014：113-114）苏锦坤还认为，林梅村"推定支谦在《法句经》也同样在旧译（葛氏七百偈本）修饰增删，恐怕是缺乏直接证据"（苏锦坤，2014：116）。苏锦坤反对推论支谦吴译《法句经》定本参考了"七百偈本"或"九百偈本"，认为若无确切的文献证据，这只是猜测之辞。（苏锦坤，2014：118）

总体而言，佛学与哲学家研究《法句经序》既兼顾了文学的焦点，引用文学研究观点，又有自己的特点。他们中像汤用彤、吕澂、林梅村、苏锦坤这些学者不仅精通多门外语，还精通亚洲古代语言如梵语和巴利语等，尤为关注序言提到的吴本《法句经》汉译的细节和过程。这些学者关于《法句经序》所论述翻译问题的结论尤其值得注意。

四、国内翻译学者的研究

翻译学是后起学科，国外汉学、国内文学、佛学等学科的研究在先，有先导之功，翻译学在后，受其恩泽。从20世纪80年代以来，翻译学者研究支谦《法句经序》的路数也与先行学科一致，尤其受文学的影响最大，基本上都集

中在序言的中干部分，序头和序尾都不在其研究视野之内。序头和序尾好像不是译论，大家都忽略不计。

（一）罗新璋

翻译学研究支谦《法句经序》始于罗新璋，20世纪80年代罗新璋编《翻译论集》，对中国翻译学界影响甚大。其论集节录了《法句经序》的主干部分，但并没有注明其最终的出处。他给作者支谦加注说："支谦（三世纪人），三国时佛经翻译家。本月氏人，东汉来迁居吴地。从孙权黄武二年至孙亮建兴二年（223—253），约三十余年间，译经八十八部，一百一十八卷。序中认为'名物不同，传实不易'，提出'因循本旨，不加文饰'的翻译主张。可视为最初的直译说。"（罗新璋，1984：22）罗新璋评介《法句经序》说，"相传我国第一篇谈翻译的文字，是三国时支谦写的《法句经序》"（罗新璋，1984：2）。20多年后，罗新璋、陈应年编《翻译论集》（修订本），节录的《法句经序》据称出自金陵刻经处本的《出三藏记集》（罗新璋、陈应年，2009：22），还是掐头去尾、主干不全的节录序言。其理论视角显然也不出前面文学研究的窠臼，致使以后的翻译学研究视野受限，但其首开译学研究功不可没。

（二）陈福康

陈福康说："而今存最早带有佛经翻译理论性质的文章，一般认为当推《法句经序》。"（陈福康，2000：6）这个评价可以说继承了之前文学研究的成果。

陈福康直接引用的序文也与众不同：从《法句经序》第二篇2.2段"诸佛典皆在天竺"[①] 至第三篇3.5段当中的"然此虽词朴而旨深，文约而义博"，他的引用不知出自哪个版本，只说出自《出三藏记集》卷七，然而引文开头就有问题。其引用的范围表明他的视野比其他学者宽阔，含序头一部分和整个序干。

然而，他含糊其词地说：

> 支谦指出，在不同的语言（"异音"）中，"名物不同，传实不易"。

[①] 《大正藏》所录《出三藏记集》卷七此处是"又诸佛兴皆在天竺"（T2145.55, 50a4-5），且序言全篇（T2145.55, 49c20-50a28）只有断句没有现代标点。2010年陈福康另名再版的《中国译学史》此处没有变动（陈福康，2010：5）。

而在"译胡为汉"时,难在"审得其体",至少"虽不能密",也应该"粗得大趣"。他一开始是不满竺将炎"其所传言,或得胡语,或以义出音,近于质直"的,认为"不雅"。但维祇难强调译经不必讲究"饰"和"严",只要做到"易晓"和"勿失厥义"就行了;而众人又引用老子和孔子的话来附和赞同,强调译经"实宜径达"。因此,支谦在翻译此经时,也便"因循本旨,不加文饰"了。(陈福康,2000:7-8)

陈福康这段是在阐明自己的观点,前面已经直接引用了原文,现在又直接引用原文关键词论证自己的观点,难免隔靴搔痒。到了21世纪,新文化运动已过去了七八十年,白话早已站稳了脚跟,文言渐行渐远。这种文白夹杂的论述在今天已不合时宜。笔者认为该是彻底用现代汉语今译《法句经序》的时候了。

再者,他否定了罗根泽的观点——《法句经序》可算是最初的直译说:

> 然细读原文,与其说是支谦,不如说是维祇难与座中众译人才是主张直译的。《高僧传》称:"谦辞旨文雅,曲得圣义";支敏度也说:"谦以季世尚文,时好简略。故其出经,颇从文丽"。因此,似不能认为支谦是直译论者,他是倾向于"文"而不是"质"的。(陈福康,2000:8)

笔者认为陈福康这个观点很重要。《法句经序》表明支谦要求《法句经》汉译要文雅,他的汉译向来是文雅的,并不是主张直译。

最后,陈福康对《法句经序》的评价多半重复了前述文学和佛学研究的观点,并无多少新意。

(三) 马祖毅

马祖毅在其专著中以不到一页的篇幅研究了支谦《法句经序》。他直接引用序言主干叙述文质两派交锋的部分(从"佛言依其言不用饰"至"不加文饰"),承袭了上述钱锺书和任继愈的观点,前者是文学研究的代表,后者是佛学研究的佼佼者。

他还说,最早的支谦《法句经序》已初见"信达雅"的端倪,加上道安、彦琮、玄奘和赞宁的评论,"奠定了中国传统翻译理论的初步基础"(马祖毅,2006:7)。他对支谦《法句经序》历史地位的这个评价有钱锺书的身影,由此可见文学和佛学对翻译学的巨大影响。翻译史是翻译学至关重要的组成部

分，过多承袭其他学科的研究成果，有失去自我身份的危险。

（四）张佩瑶

香港学者张佩瑶（Martha P. Y. Cheung）对《法句经序》的研究继承了上述文学研究的观点，比如她说《法句经序》是中国最早的译论（Cheung, 2006：60；62），最早讨论翻译的困难（Cheung, 2006：60），译论借用中华传统文学和美学概念（Cheung, 2006：62），是近代严复提出的"信达雅"的源头（Cheung, 2006：63），等等。

继承之外，她的翻译学研究的创新体现在两个方面：一是收录了余丹（Diana Yue）的《法句经序》英译选段，二是在译文后附有她所作的三页多的评注，直接且正面地研究了其他学科学者所忽略的翻译问题。笔者在此主要分析张佩瑶的观点和方法，关于《法句经序》的翻译问题笔者在本章第五节专门探讨。

张佩瑶对《法句经序》的研究代表了翻译学在21世纪头十年的最高水平。她收录的《法句经序》英译本是中国学者的第一个汉英译本。以往的国内研究均无译本，不论今译还是汉外翻译，尽管比上述英国学者的汉外译本晚了120多年，但毕竟有了一个译本。

她试图通过《法句经序》探讨当时《法句经》汉译的东吴译场上翻译活动的组织管理及其权力等级问题。她说：

> 《法句经》是若干僧人协作集体译出而非个人单独译出，以印度僧人维祇难作为主译，竺将炎是口译员，支谦执笔。这里各自所处的权力阶梯显而易见。维祇难发言得到了其他人的响应，且被支谦认同，起决定性作用。但大家的分歧记录了下来，加上支谦屈从维祇难权威的口吻，这些事实都表明了支谦对质译的优点依然有所怀疑。（Cheung, 2006：60）

这样的古代译场翻译组织管理问题研究若不是翻译学者，其他学科学者不太容易去注意。

她研究《法句经序》头脑清醒，并不像以往有的文艺学家把佛经翻译的文质问题等同于翻译问题，表明她站稳了翻译学的立场。她说：

> 序言首先提出了"质"译和与之相对的"文"译论。此论在以后数百年的译论文章和评论中频繁再现，其重要性以诸如道安、慧远、僧睿、

僧肇、彦琮、辩机和赞宁的译论为证；此论进而演变为现代的直译和意译论。（Cheung，2006：60）

张佩瑶还说："该序言含有何为善译的首次定义尝试：'其传经者，当令易晓，勿失厥义，是则为善。'"（Cheung，2006：62）这表明她也是看到了序言有翻译标准论述的少数学者之一。

然而，张佩瑶研究《法句经序》的最大也是第一个缺陷就是没有突破前述文学研究的狭隘视野，其五条评注都仅针对序干而发。她说："众多翻译学者都早已认为该序言（指《法句经序》——笔者注）含有中国翻译传统的第一次理论探讨。"（Cheung，2006：60）这"含有"（contain）一词表明她和其他翻译学者都认为《法句经序》并非全篇都是译论，在整体上并不是翻译理论文章，仅仅是含有一次"理论探讨"（theoretical discussion）。所以，张佩瑶收录的《法句经序》英译本也以罗新璋1984年的辑录本为底本。这说明她也只关注序干，对原序掐头去尾，认为不是译论，这完全局限于前述文学研究的视野。这就造成了译学研究的盲点，在认识上有见木不见林的缺陷，还造成了她的实际研究与其结论的矛盾，即研究的是序言局部，但得出了关于整篇序言的结论。

支谦在中国译论史上的确是提出翻译困难论题的第一人（Cheung，2006：60），但他不光指出了中土佛典汉译"名物不同，传实不易"，还在该序言中指出了另外两大困难。

正如张佩瑶所说，支谦在中国译论史上"首先提出了'质'译和与之相对的'文'译论"（Cheung，2006：60）。但他是以其译场汉译《法句经》就事论事的线索和夹叙夹议的方式提出的，而不是从理论到理论的推导。这样的概念提出方式决定了我们今天研究支谦的文质论必须紧扣其具体语境。

从《法句经序》可以看到，该经的确是译场集众人之力译出，非个人单独所为，然而在东吴当时这个译场上谁在发号施令？张佩瑶回答道："印度僧人维祇难作为主译，竺将炎是口译员，支谦执笔。这里各自所处的权力阶梯显而易见。维祇难发言得到了其他人的响应，且被支谦认同，起决定性作用。"（Cheung，2006：60）

《法句经序》提道："始者维祇难出自天竺，以黄武三年来适武昌，仆从受此五百偈本，请其同道竺将炎为译。"（释僧祐，1995：273）笔者认为，这说明印度僧人维祇难的主要功劳只是从天竺带来了"五百偈"的《法句经》原本。

《法句经序》下文直接引用维衹难的原话："佛言'依其义不用饰，取其法不以严'。其传经者，当令易晓，勿失厥义，是则为善。"（释僧祐，1995：273）这也仅表明维衹难在这个《法句经》的译场上有相当的发言权而已，并没有文字可证明他是译场上的主译且位居权力阶梯顶端。

《出三藏记集·新集撰出经律论第一》属于该书的经录部分，曰："《法句经》二卷，右一部，凡二卷。魏文帝时，天竺沙门维衹难以吴主孙权黄武三年赍胡本，武昌竺将炎共支谦译出。"（释僧祐，1995：28）其中的赍是"賫"的简化字，"賫"同"齎"，就是携或持的意思（汉语大字典编辑委员会，2010：3887；5102）。这再次证明印度僧人维衹难的主要功劳只是从天竺带来了"五百偈"的原本《法句经》。《出三藏记集》卷十三僧祐作《安玄传》，其附现曰："后有沙门维衹难者，天竺人也，以孙权黄武三年赍《昙钵经》胡本来至武昌。"（释僧祐，1995：512）这又一次证明笔者上述观点。

《出三藏记集》是今存最早的佛经目录，还包括中土早期佛典汉译其他文献和相关传记资料，最早、最权威地记录了《法句经》汉译情况。在僧祐的《出三藏记集》之后，佛教僧传和经录所记载的天竺僧人维衹难参与吴译《法句经》汉译情况与《出三藏记集》的记载基本相同，如释慧皎的《高僧传·维衹难传》（释慧皎，1992：21-22）。

另外，《法句经序》有两个版本（下文详述），一是《出三藏记集》收入的版本，二是今存吴译本《法句经》的上下卷之间的版本，但关于维衹难翻译《法句经》的史实记载两个版本都一样。

唐代道宣的《大唐内典录》卷二记载："《法句经》二卷（初出吴录云五卷见三藏记）右二部合六卷。魏文帝世，天竺沙门维衹难，吴言障碍，学通三藏妙善《四含》，历国游方以行化为业，发趾西域同伴竺律炎自到江左，黄武三年于武昌郡译为吴文。而维衹难既未善方音，翻梵之际颇有不尽，志存义本、辞句朴质，如文可知。"（T2149，55.227c3-9）这样的记载要么申明其资料出自僧祐的《出三藏记集》，要么比《出三藏记集》记载的更简略，但都没有维衹难处于当时译场权力阶梯高层的记载。

所以，现有文献显示，天竺僧人维衹难在译场上确有相当的发言权，但《法句经序》之内和之外都没有材料能证明他是该译场上一言九鼎、起领导作用的主译。相反，笔者认为支谦才处于这个译场权力阶梯的顶端，其原因在于《法句经序》是支谦写的。

从三国后佛典汉译史可以看到，为汉译完毕的佛典作序至少有两个条件，一要得到赞助人的支持或者本身就是赞助人，二要是当时佛教和佛典汉译的内

行。支谦的传记资料表明他得到了当时东吴最高统治者某种程度的支持，孙权"使（支谦——笔者按）辅导东宫"，使其处于太子师的地位。后世梁武帝和唐太宗都曾给译毕的佛经作序。这是最有权势的赞助人亲自为译毕的佛经作序以示支持的例子。从中国佛典翻译史现有研究可以看到，支谦确实符合以上两个条件。

再从序言本身来看，接受该经五百偈原本的是支谦，请与维祇难随同来华的印僧竺将炎口译的人也是支谦。敢于公开表达其对竺将炎译言"不雅"不满的也是支谦。最后根据其他译本和咨询竺将炎等人增定《法句经》吴译本的也是支谦。支谦当时确实手握东吴译场《法句经》汉译执笔成文的大权，既是笔受又是该译场的领导，但不得不心服口服质派所占之理，因为质派以佛言为依据。今存大藏经吴译本《法句经》显示几乎没有"不雅"成分。这说明支谦才有该译场译本形成的最后决定权。基于上述理由，支谦尽管是笔受，但他真正处在该译场的领导和支配地位。

张佩瑶还说："而应在意的是，支谦只不过在提一个最基本的问题：该经所译入的汉语到底能不能为那些不通胡、梵语的汉语读者所理解，可是（懂点或根本不懂中文的）维祇难居然不能就此基本问题作出回应，只能利用其主译的身份讲大道理。"（Cheung，2006：61）笔者认为，支谦整篇《法句经序》都没有提或者讨论这样的问题，他在序干部分讨论的是这样的要求：《法句经》的汉译文风格应该与原经文雅的诗歌体（偈）一致。但译场上其他人都反对支谦的要求，坚持译文要"质"。支谦要"文"才是《法句经序》中的主张。

笔者认为，支谦的《法句经序》是一篇夹叙夹议的、副文本（paratext）性质的、以佛经序言叙事线索为主的翻译论，不是纯粹的从概念到概念的纯理论文章，序言中的关键概念"质"和"文"在具体的上下文中都清楚明白，所以无须徒费笔墨脱离序言文本去界定相关概念。

张佩瑶说："维祇难亮出了自己的观点以后，质译按照支谦的说法进而也指译者（不论是主译、口译还是笔受）不懂的那部分文本的漏译，而不是指以胡语词对源语的文本转换，也不是译者以自己的解释对理解空隙的文本填补。"（Cheung，2006：62）她既不恰当又无端扩大了支谦在其序言中质译概念的内涵和外延。这样含糊其词地把漏译也归入质译的范围，脱离了《法句经序》的具体语境，与原意不符。原文第三篇把什么是"质"，什么是"雅"，何为漏译都说得很清楚。

张佩瑶说：

该序不仅记录了有案可稽的最早汉语译论之尝试，而且标记了即将成为一种相沿成习译论的开端或译论方式，即利用中华文学和美学话语来表达翻译思想的模式。除了"质"和"文"这两个概念，还有从中国古典美学和文学话语中借来的其他术语，比如："雅"（优雅）、"信"（可靠）"径达"（直接传达意义）和"美"（美言）。这种借用本土术语的手法符合早期僧人译者利用儒道术语翻译佛教概念术语的总体方法倾向。这种称之为"格义"（搭配以本土义）的翻译法受到后世译者的激烈批评，甚至聚讼纷纭。同时，这种用中国古典美学和文论语言讨论翻译问题的风气日浓、广为接受，进而正如一些20世纪的学者所指出的那样，这发展成了文论的一个分支。（Cheung，2006：62）

笔者认为，中国古代译论固然始终都运用中国文学和美学的理念，但讲的仍然是佛典汉译的道理。今天研究中国文学的学者虽把它当成文论的一个分支，但我们今天的翻译学者应该把其中的译学道理挖得更深、讲得更透，这才是我们的任务。

张佩瑶还说："该序言含有何为善译的第一次定义尝试：'其传经者，当令易晓，勿失厥义，是则为善。'"（Cheung，2006：63）

笔者请读者注意的是，"其传经者，当令易晓，勿失厥义，是则为善"是维祇难说的一席话当中的一句，是以维祇难为首的质译派所宣示的翻译标准。这并非《法句经序》翻译标准的第一次宣示。在这之前，支谦论述了中土佛典汉译三大困难之后，又简述了在他之前的佛典汉译史，通过对以往同行翻译的评论也宣示了他推崇的翻译标准："唯昔蓝调、安侯世高、都尉、弗调，译胡为汉，审得其体，斯以难继。后之传者，虽不能密，犹尚贵其实，粗得大趣。"其中，"译胡为汉，审得其体"，从胡语到汉语的佛典翻译确实符合原本，"犹尚贵其实，粗得大趣"，还是注重译文的纯实，基本符合原典主旨。上述佛典汉译标准在序言中的位置，支谦宣示在前，维祇难在后，二者内容大同小异，后者唯有"当令易晓"与前者不同。

总之，张佩瑶对《法句经序》的研究迄今处于翻译学界较高的水平，明显受到前人尤其是文学研究的影响。

（五）刘芳

刘芳以"文"派支谦为例，反思中国佛经译论史上的"文质之争"，支谦的《法句经序》是其研究所依赖的基础文献。这是翻译学者对《法句经序》

最新的研究。其研究新意在于刘芳与张佩瑶的研究一样，坚持了翻译学的身份。虽然没有研究全篇序言，但已有整体意识，她说："然而只有将整篇序文纳入研究视野，才能理解那场著名的文质之辨的前因后果，才能更完整地展现对于翻译《法句经》的认知准备、翻译立场和追求。"（刘芳，2018：28-29）刘芳还比较了吴译本《法句经·象喻品》与巴利文本的特点，说明《法句经序》反映出支谦"并非单纯追求译文文字的优美，以符合当时当地的诗学品味，而是在了解原文文本类型、功能特征的基础上，提出了相应的翻译要求。这表明支谦已经具备了初步的文本类型以及文体意识，这在彼时实属难能可贵"（刘芳，2018：30）。翻译学对《法句经序》这样的研究显然已达到其他学科所不及的高度。

总之，翻译学研究《法句经序》历史虽短，但开始更多地注意其他学科所忽略的翻译及其理论和方法等问题，取得了独特的研究成果。但是翻译学直到今天依然受上述文学研究的很大影响，没有摆脱引证式、为我所用的局部研究方式。今天翻译学研究《法句经序》不能再走文学的老路，不能再沿用其狭隘的研究视角，不能把序头和序尾弃之不顾，不能只关注中干部分，忽略整篇序言的理路。我们更不能只研究序言的局部便仓促得出针对整篇序言的结论，也不能只截取序言的只言片语当成翻译家的经验之谈，让本来成篇的翻译论碎片化。

翻译学研究《法句经序》应避免以下三个明显的错误倾向。第一，有学者晃眼一看《法句经序》有"因循本旨，不加文饰"的字样，便得出结论这是支谦的翻译主张，然后又推理认定既然支谦主张佛典译文"不加文饰"，就一定主张佛典译文要直质，所以支谦是"质派"（谢天振等，2009：276）。

第二，翻译学界受上述文学研究的影响还导致产生了一个较流行的观点，或研究方法，就是研究支谦《法句经序》，不辨析哪些主张属于文派支谦，也不分清哪些意见属于维祇难所代表的质派，笼统混而论之。

第三，翻译学有同上述文学研究一样把翻译学问题化为文学问题的倾向。笔者认为，直译和意译是近现代从西方引进的翻译概念，中国古代佛典译论大多讨论文与质的问题。若采用今天翻译学直译和意译的概念，根据任继愈对支谦翻译佛典的研究，支谦连应存原音的陀罗尼也意译了，还用中国道家的概念来附会外来佛教的概念，并且总强调译文要迎合中土人士好文雅的偏爱，以今天的译学观来看待支谦的佛典翻译，应该是意译和归化的翻译，而非直译和异化的翻译。至于古代译论的文质概念到底在多大程度上与今天翻译学直译、意译、归化、异化这些概念对等，还应该对具体材料进行踏实细致的研究才能下

结论。

最后有个较离奇的观点，因为《法句经序》有"受译人口，因循本旨，不加文饰"的字样便"怀疑支谦是口头上的质派，实际上的文派"（朱志瑜、朱晓龙，2006：6）。若如此，支谦便成了心口不一的两面派佛典译家和译论家，这都与前两个错误倾向有很大关系。

本节结论

西方汉学和国内文学、佛学、翻译学都对《法句经序》进行了各取所需的局部研究，都取得了丰硕的成果。但各个学科所关注的焦点都不一致，所研究的问题不同。笔者的研究也属于翻译学研究，注意融通各学科的视角，要有既见树木又见森林的眼光，借鉴和学习西方汉学的研究成果，发扬翻译学最新研究开始出现的整体意识，继承以往各学科研究的优点和成果，避免重复各自的研究缺点，使序言的研究达到新高度。

第三节 《法句经序》译注

现存天竺语《法句经》有巴利（Pali）、犍陀罗（Gāndhārī）、梵文（Sanskrit）、波特那（Patna）等若干版本，各版本皆有异同。（苏锦坤，2015：48-49）现存大藏经的古代汉译《法句经》也有好几个译本，三国时有维祇难、竺将炎与支谦译的吴本《法句经》（T210），晋世还有法炬和法立译的《法句譬喻经》（T211），姚秦有竺佛念译的《出曜经》（T212），北宋有天息灾译的《法集要颂经》（T213）。笔者研究的《法句经序》是吴本《法句经》上下卷之间的序言（T210，4.566b14c26），未注明作者。梁代僧祐的《出三藏记集》（又称《祐录》）也收录了《法句经序》（T2145，55.49c20-50a28），也注明为"未详作者"。

这两个版本的《法句经序》汉字至少有二十多处不一致，笔者在本节原文注释里都有说明。比如吴本序言凡是"梵"的地方，《祐录》里都是"胡"。吴本序言还说"译梵为秦"（T210，4.566c2-3），《祐录》此处是"译胡为汉"（T2145，55.50a7）。这说明吴本序言经过了后来东晋二秦（苻秦和姚秦）之人的改动。再者，吴本序言前文还说"天竺言语与汉音异"，这"汉音"根据下文应该是"秦音"，这说明秦之人没有改到。

吴本序言说竺将炎口译时"或得梵语"（T210，4.566c8），这里道理不通的地方就显露出来了。《法句经序》提到印度都用"天竺"，明确指出了其语

言是"天竺语",竺将炎也精通这门语言,为什么口译《法句经》又按照"梵语"翻译?《祐录》收的《法句经序》的"胡"要合理一些。这里的"胡"相当于我们今天说的外国,是中土从汉至隋对外国的通称。

《法句经序》在《中华大藏经》(汉文部分)中也同样有两个版本。第一个在第五十二册(《中华大藏经》编辑局,1992:266-267),序言也放在《法句经》吴本上卷以后,下卷之前,即上下卷之间。文中曰"释梵为晋"(《中华大藏经》编辑局,1992:266)。这说明该版本的《法句经序》经过了晋人的修改。第二个版本在第五十三册(《中华大藏经》编辑局,1992:927-928),属梁代释僧祐收入其《祐录》卷七的版本,行文与《大正藏》《祐录》(T2145,55.49c20-50a28)的基本相同。

三国时代依然奉汉为正统,不会知道身后几十年的朝代晋,甚至上百年之后北方割据朝廷苻姚二秦的"秦"。从这个角度而言,《祐录》所载《法句经序》更可靠些。所以笔者研究《法句经序》,原文引自吴本《法句经》,文字参校《祐录》,凡吴本文字说不通的地方都按照《祐录》解释。笔者汉语简体本标点参考了中华书局1995年版的《出三藏记集》,该版本的点校者不仅给序言点上了现代标点,而且把序文分成了两段。再者,笔者在下面序言简体和今译部分根据自己的研究也对序言进行了重新分段。

一、繁体原文①加注

法句經序

曇鉢②偈者,衆經之要義。曇③之言法,鉢④者句⑤也。而《法句經》別有

---

① 繁体原文竖排,自上而下读,从右向左行,笔者改为横排,从左向右行,并点上了现代标点,以下各章皆同。
② 曇鉢:巴利文《法句经》(*Dhammapada*)(Davids & Stede, 2008:338)的音译,其梵文名是"Dharmapada"[Hirakawa(平川彰),1997:713]。
③ 曇:应是巴利文"Dhamma"(佛法)的音译。
④ 鉢:是巴利文"pada"(偈颂句)的音译。
⑤ 句:语句,诗句。(汉语大字典编辑委员会,2010:619)此处应是诗句之意。下文说《法句经》就是阐述歌颂佛法的偈。关于法句更深刻的解释,请参见印顺《法句序》(印顺,1973:214)。

數①部，有九百偈，或七百偈及五百偈。偈②者結③語④，猶⑤詩頌⑥也。是佛見事⑦而作，非一時言，各有本末⑧，布在諸經。佛一切智⑨，厭性大仁，愍傷⑩天下，出興于世，開顯⑪道義⑫，所以⑬解⑭人，凡十二部經⑮，總括其要，別爲數部⑯，四部《阿含》⑰。佛⑱去世後，阿難所傳，卷無大小，皆稱"聞如

① 數：数词，几，几个。（汉语大字典编辑委员会，2010：1580）
② 偈：偈的梵语和巴利语是"Gāthā"，音译为伽佗、伽他等，广义指歌谣、圣歌，狭义指韵文形式的经文，多置于教说的一段落或经文之末。佛经所以用偈的形式，有七种原因：(1) 以少字收摄多义；(2) 作为赞叹之用；(3) 为利养众生，为后来者要略而说；(4) 众生中有好偈颂者；(5) 易于诵持；(6) 为反复重说长行的意义；(7) 为显示长行中未言及者。（蓝吉富，1994：2413）
③ 結：结尾；终局。（汉语大字典编辑委员会，2010：3614）明《北藏》第一百三十一册此处是"經"（赵朴初，2000：1）。
④ 語：说的话。《孟子·万章上》："此非君子之言，齐东野人之语也。"（汉语大字典编辑委员会，2010：4235）
⑤ 猶：同，和……一样。（汉语大字典编辑委员会，2010：1458）
⑥ 詩頌：泛指诗歌。（汉语大词典编辑委员会、汉语大词典编纂处，1993a：151）
⑦ 見事：识别事势。（汉语大词典编辑委员会、汉语大词典编纂处，1992b：314）
⑧ 本末：始末，原委。主次，先后。（汉语大词典编辑委员会、汉语大词典编纂处，1989b：706）
⑨ 一切智：三智（一切智、道种智、一切种智）之一。一切智是声闻缘觉知一切法总相的智，总相就是空相；道种智是菩萨了知各种修行法门的智；一切种智是佛通达诸法总相别相、化道断惑的智。易言之，一切智是观空之智，道种智是观有之智，一切种智即双观空有，一方面知空，一方面知有，即前二智之统一。（陈义孝，2002：5；63）
⑩ 愍傷：哀伤。（汉语大词典编辑委员会、汉语大词典编纂处，1991a：651）
⑪ 顯：《祐录》此处是"現"（T2145, 55.49c25）。
⑫ 道義：学说和主张的宗旨所在。（汉语大词典编辑委员会、汉语大词典编纂处，1992b：1082）
⑬ 所以：连词，可以。（汉语大词典编辑委员会、汉语大词典编纂处，1991a：350）
⑭ 解：解脱，佛教术语，梵词"Mokṣa"，译曰解脱。离缚而得自在之义。解惑业之系缚，脱三界之苦果也。（丁福保，1991：2431）
⑮ 十二部經：十二部经（梵文 Dvādaśāṅgabuddhavacana）亦称"十二分教"，是佛经的分类组织形式，即把佛陀的说法根据其叙述形式和内容分成十二类：契经（梵文 Sūtra）、应颂（梵文 Geya）、记别（梵文 Vyākaraṇa）、讽诵（梵文 Gāthā）、自说（梵文 Udāna）、因缘（梵文 Nidāna）、譬喻（梵文 Avadāna）、本事（梵文 Itivṛttaka）、本生（梵文 Jātaka）、方广（梵文 Vaipulya）、希比（梵文 abdhutadharma）和论议（梵文 Upadeśa）。"十二部经"之说大小乘共通。（任继愈，2002：29）
⑯ 爲數部：《祐录》此处只是一个字"有"（T2145, 55.49c26）。
⑰ 阿含：梵文"Āgama"，佛教经典，意译法归、无比法，是早期佛教基本经典的汇集。一般认为，第一次结集时已确定阿含经的基本内容，约公元前1世纪写成文字。（任继愈，2002：702-703）按经文篇幅长短，北传佛教分为《长阿含经》《中阿含经》《杂阿含经》《增一阿含经》四部。南传佛教分为《长部经典》《中部经典》《相应部经典》《增支部经典》《小部经典》五部。北传四部与南传五部的前四部大体相应。（中国大百科全书总编辑委员会，2001）
⑱ 佛：《祐录》此处是"至"字（T2145, 55.49c27）。

是"處佛所在①，究暢②其説。是後，五部③沙門④各自鈔⑤衆⑥經中四句六句之偈，比次⑦其義，條別爲品。於十二部經靡⑧不斟酌⑨，無所⑩適名，故曰《法句》。諸⑪經爲法言⑫，《法句》者，由⑬法言也。近世⑭葛氏傳七百偈，偈

① 在：《祐録》此处没有这个"在"字。(T2145，55.49c28)
② 究暢：充分表达。(汉语大词典编辑委员会、汉语大词典编纂处，1991b：408)
③ 五部：烈维说，小乘律宗五个部派是昙无德/法藏（les Dharmaguptas），萨婆多/说一切有（les Sarvāstivādins），迦叶遗/饮光（les Kāśyapīyas），弥沙塞/化地（les Mahiśāsakas），犊子（les Vātsīputrīyas）。(Lévy, 1912：218) 这个说法与丁福保的一致。(丁福保，1991：548-549) 后来林梅村说，此处"五部"指从小乘佛教上座部分裂出来的法藏、化地、饮光、犊子和说一切有部这五个部派（林梅村，1995：414），与《中华佛教百科全书》上说的（蓝吉富，1994：1002）又有点差异。
④ 沙门：梵文"śramaṇa"，"沙门那"的略称，亦译"娑门""桑门"等，意译"勤劳""功劳"等。原为古印度反婆罗门教思潮各派别出家者的通称，佛教盛行后专指佛教僧侣。(任继愈，2002：682) 有学者说，沙门和桑门音译自古印度西北部的犍陀罗语（samaṇa）。(林梅村，1995：127)
⑤ 鈔：誊写。也作"抄"。(汉语大字典编辑委员会，2010：4495)
⑥ 衆：《祐録》此处是"采"（T2145，55.49c29）字。
⑦ 比次：排比。(汉语大词典编辑委员会、汉语大词典编纂处，1990a：263)
⑧ 靡：副词。表示否定，相当于"没""不"。(汉语大字典编辑委员会，2010：4355)
⑨ 斟酌：品评欣赏。犹思忖、思量。(汉语大词典编辑委员会、汉语大词典编纂处，1991a：340)
⑩ 無所：表示否定不必明言或不可明言的人或事物。(汉语大词典编辑委员会、汉语大词典编纂处，1991a：118)
⑪ 此字前，明《北藏》第一百三十一册有"夫"字。(赵朴初，2000：1)
⑫ 言：言论、见解、意见。先秦、西汉、三国的典籍都有此用法的例子。(汉语大字典编辑委员会，2010：4193)
⑬ 由：《祐録》此处是"猶"（T2145，55.50a2），明《北藏》第一百三十一册此处亦然（赵朴初，2000：1）。
⑭ 近世：犹近代。(汉语大词典编辑委员会、汉语大词典编纂处，1992b：732) 《韩非子·奸劫弒臣》："故厉虽痈肿疕疡，上比于春秋，未至于绞颈射股也；下比于近世，未至饥死擢筋也。"

義致①深，譯人出之，頗使其渾②。惟③佛④難值⑤，其文⑥難聞⑦。又⑧諸佛⑨興⑩，皆在天竺，天竺言語與漢異音，云其書⑪爲天書，語爲天語，名物⑫不

---

① 致：副词，极，极其。(汉语大字典编辑委员会，2010：3008)
② 渾：此字后《祐录》有"漫"（T2145, 55.50a4）。浑漫：混漫，杂乱。(汉语大词典编辑委员会、汉语大词典编纂处，1990a：1525) 译文杂乱与翻译水平无关，因为原本"颠倒解义，颠倒宣说，以到解说以覆法"（林梅村，1995：417）。
③ 惟：也作"唯"，副词，表原因。(汉语大字典编辑委员会，2010：2480；692)
④ 佛：指释迦牟尼佛。
⑤ 值：遇，逢。(汉语大字典编辑委员会，2010：208)
⑥ 文：明《北藏》第一百三十一册此处是"法"。(赵朴初，2000：1)
⑦ 闻：听见。(汉语大字典编辑委员会，2010：4371)
⑧ 又：表示递进关系，相当于"而且"。(汉语大字典编辑委员会，2010：424)
⑨ 诸佛：此处指包括释迦牟尼的其他佛。小乘讲的"佛"一般用以尊称释迦牟尼，大乘除指释迦牟尼外，还泛指一切觉行圆满者。
⑩ 兴：1. 兴起。《易·同人》："伏戎于莽，升其高陵，三岁不兴。" 2. 产生。《易·归妹》："天地不交而万物不兴。" 3. 升起。《礼记·乐记》："礼乐偩天地之情，达神明之德，降兴上下之神，而凝是精粗之体，领父子君臣之节。"（汉语大词典编辑委员会、汉语大词典编纂处，1988：163 - 164）
⑪ 书：文字。(汉语大字典编辑委员会，2010：1619)
⑫ 名物：事物的名称、特征等。(汉语大词典编辑委员会、汉语大词典编纂处，1989a：169)

同，傳①實不易。唯②昔藍調③、安侯世高④、都尉⑤、佛調⑥，譯⑦梵⑧爲秦⑨，實⑩得⑪其體⑫，斯以⑬難繼⑭。後之傳者，雖不能密⑮，猶常⑯貴⑰其寶⑱，粗⑲

---

① 傳：转达，递送。（汉语大字典编辑委员会，2010：247）
② 唯：用于句首，无实义。（汉语大字典编辑委员会，2010：693）
③ 藍調：苏晋仁、萧炼子认为，"此处'蓝调'二字，不知何指，当是传写有误"（释僧祐，1995：284）。许里和说这没道理，应该是某个佛典译家的名字，遗憾的是无从查考。（Zürcher，2007：334）魏查理把"蓝调"当成地名。（Willemen，1973：211）
④ 安侯世高：安世高（约2世纪），可谓佛经汉译的创始人，本名清，是安息国人。他精研阿毗昙，修习禅定，游化西域各地，于汉桓帝建和初年（147）来到中国洛阳，不久即通晓华语。安世高译出了有关止观法门的种种经论，译事大概以灵帝建宁中（170年左右）为止，在华活动前后约三十年，晚年踪迹不详。他本王族出身，西域来华的人都叫他安侯，此称呼经录家沿用。安世高译传的部派佛教学说在当时有相当的影响。（中国佛教协会，1982：3-5）
⑤ 都尉：就是安玄（人名），安息国人，是优婆塞。汉灵帝末来洛阳，以功封骑都尉，世称都尉玄。光和四年（181）与严佛调共译佛典。世称安侯、都尉、佛调三人，传译难继。（丁福保，1991：976）
⑥ 佛調：严佛调，亦作"严浮调"，东汉僧人。据《高僧传》等载，他是临淮人，"绮年颖悟，敏而好学"，后出家修道。他是有史记载的最早汉人出家者，曾与安玄一起译出《法镜经》。其所著《沙弥十慧章句》是中国最早的佛教撰述。（任继愈，2002：602）
⑦ 譯：明《北藏》第一百三十一册此处是"释"。（赵朴初，2000：1）
⑧ 梵：《祐录》此处是"胡"（T2145，55.50a7）。
⑨ 秦：《祐录》此处是"漢"（T2145，55.50a7）。明《北藏》第一百三十一册此处是"晋"（赵朴初，2000：1）。
⑩ 實：《祐录》此处是"審"（T2145，55.50a7）。審：副词，确实，果真。用例见《管子·小称》和 晋葛洪《抱朴子·诘鲍》。（汉语大词典编辑委员会、汉语大词典编纂处，1989a：1628）另外，"審"有真实、果真、信义。用例见《战国策·秦策一》和《后汉书·东平宪王苍传》（汉语大字典编辑委员会，2010：1024）實：副词，实在，确实。（汉语大词典编辑委员会、汉语大词典编纂处，1989a：1022）
⑪ 得：投合，投契。（汉语大字典编辑委员会，2010：890）
⑫ 體：事物的本体、主体。（汉语大字典编辑委员会，2010：4709）
⑬ 以：连词，表示因果关系，相当于"因此"。用例见《韩非子·奸劫弑臣》和《汉书·沟洫志》。（汉语大字典编辑委员会，2010：138）
⑭ 繼：继续，延续。（汉语大字典编辑委员会，2010：3695）
⑮ 密：精密而正确。《周礼·考工记·庐人》："刺兵同强，举围欲重，重欲傅人，傅人则密。"（汉语大字典编辑委员会，2010：1008）明《北藏》第一百三十一册此处是"審"（赵朴初，2000：1）。
⑯ 常：《祐录》此处是"尚"（T2145，55.50a8）。
⑰ 貴：欲，想要。崇尚，重视。（汉语大字典编辑委员会，2010：3872）
⑱ 寶：《祐录》此处是"實"（T2145，55.50a8），明《北藏》第一百三十一册此处亦然。（赵朴初，2000：1）實：淳朴的品质，真实。（汉语大字典编辑委员会，2010：1021-1022）
⑲ 粗：微略。（汉语大字典编辑委员会，2010：3352）

得大趣①。始者②維祇難③出④自天竺，以⑤黄武三年⑥來適⑦武昌⑧。僕⑨從⑩受⑪此五百偈本⑫，請其同道⑬竺將焰⑭爲譯。將焰雖善⑮天竺語，未備⑯曉漢，

---

① 大趣：大旨，主要的旨趣。（汉语大词典编辑委员会、汉语大词典编纂处，1988：1390）

② 者：与表时间的词相结合构成名词性的"者"字短语，表示某段时间，意为"当……时候"。（何乐士等，1985：789）

③ 維祇難：梵名"Vighna"，天竺人，三国吴时僧人，生卒年不详。深究三藏，尤精通《四阿含》。（慈怡，1988：5891-5892）

④ 出：出身。《后汉书·张奂传》："司隶校尉王寓出于宦官，欲借宠公卿以求荐举，百僚畏惮，莫不许诺，唯奂独拒之。"（汉语大词典编辑委员会、汉语大词典编纂处，1988：472-473）

⑤ 以：介词，表示行动的时间、处所、范围，相当于"在""于"。（汉语大字典编辑委员会，2010：137）

⑥ 黄武三年：指公元224年，即大帝（孙权）黄武三年。（中国历史大辞典编纂委员会，2000：3315）

⑦ 適：往，至。（汉语大字典编辑委员会，2010：4134）

⑧ 武昌：三国东吴的都城，三国魏黄初二年（221）孙权改鄂县（今湖北省鄂州市）置为吴都。孙大帝黄龙元年（229）还都建业。甘露元年（265年）至二年孙浩又都武昌。（戴均良等，2005：1688）

⑨ 僕：谦辞，用于第一人称。（汉语大字典编辑委员会，2010：258）

⑩ 從：连词，从而，因而。（汉语大词典编辑委员会、汉语大词典编纂处，1989a：1002）

⑪ 受：得到，得。（汉语大词典编辑委员会、汉语大词典编纂处，1988：880-881）另，《安玄传》："后有沙门维祇难者，天竺人也，以孙权黄武三年赍《昙钵经》胡本来至武昌。"（释僧祐，1995：512）这两个文本两相对照，表明支谦确实从维祇难那里得到了五百偈本《法句经》原文。

⑫ 维祇难带来的该五百偈《法句经》原本，烈维和魏查理说应是巴利文的。许里和说该本子是古印度原本（Indian Original），法救（Dharmatrāta）编撰，大概与巴利文《法句经》一致。（Zürcher，2007：47）有学者说："黄武三年（224年），维祇难带来胡本《昙钵经》（《法句经》）至武昌……"（马祖毅等，2006：74）天竺僧从天竺带来"胡本"，此说可疑，没有史料根据。

⑬ 同道：同路。（汉语大词典编辑委员会、汉语大词典编纂处，1989a：119）

⑭ 焰：《祐录》此处是"炎"（T2145，55.50a11），明《北藏》第一百三十一册此处和紧接的下文亦然（赵朴初，2000：2）。竺将炎：又称"竺律炎""竺持炎"，三国时期僧人。本为印度人，与维祇难一起来吴地，共译出《法句经》二卷。与支谦合译有其他佛典，也自译佛典。（任继愈，2002：778）

⑮ 善：擅长，会。（汉语大字典编辑委员会，2010：712）

⑯ 備：副词，相当于"尽""皆"。（汉语大字典编辑委员会，2010：239）

其所傳言①，或得②梵③語，或以④義出⑤音，迎質真樸⑥。初⑦謙⑧其爲辭不雅。維祇難曰："佛言'依⑨其義⑩不用⑪飾⑫，取⑬其法不以⑭嚴⑮'。其傳經者，

第一章 三国孙吴支谦的《法句经序》

---

① 傳言：本为出言或发言的意思（汉语大词典编辑委员会、汉语大词典编纂处，1986：1618），但此处应是他口译佛典的言语。
② 得：采用，采取。（汉语大字典编辑委员会，2010：890）
③ 梵：《祐录》此处是"胡"。（T2145，55.50a12）胡：古代对北方及西域各族的泛称。（中国历史大辞典编纂委员会，2000：2091）这里的"胡"应泛指西域各族。
④ 以：为（wèi）了。（汉语大字典编辑委员会，2010：137）
⑤ 出：制作。（汉语大字典编辑委员会，2010：338）此语境下应是译出、转换出之意。
⑥ 迎質真樸：《祐录》此处是"近於質直"（T2145，55.50a12），明《北藏》第一百三十一册此处是"近質直僕"（赵朴初，2000：1）。近：浅近，浅显。《孟子·尽心下》："言近而指远者，善言也。"（汉语大字典编辑委员会，2010：4073）於：介词，至，到。汉袁康《越绝书·外传记范伯》："今孤之怨吴王，深于骨髓。"（汉语大词典编辑委员会、汉语大词典编纂处，1990b：1573）"質直"：形容言词质朴平实。（汉语大词典编辑委员会、汉语大词典编纂处，1992b：268）《晋书·陈寿传》："陈寿作《三国志》，辞多劝诫，明乎得失，有益风化，虽文艳不若相如，而质直过之。"笔者认为，在此语境这两个字如要分开解，"質"应是朴实、朴素的意思。如《韩非子·解老》："夫君子取情而去貌，好质而恶饰。"直：不弯曲。《诗·大雅·县》："其绳则直，缩版以载。"（汉语大字典编辑委员会，2010：71）
⑦ 初：全，始终。（汉语大词典编辑委员会、汉语大词典编纂处，1988：617）
⑧ 謙：《祐录》此处是"嫌"（T2145，55.50a13），明《北藏》第一百三十一册此处亦"嫌"字（赵朴初，2000：2）。"谦"通"嫌"。"嫌"：厌恶，不满意。（汉语大字典编辑委员会，2010：1149；4272）
⑨ 依：遵循，按照。《楚辞·离骚》："虽不周于今之人兮，愿依彭咸之遗则"。（汉语大字典编辑委员会，2010：187）
⑩ 義：意义，意思。（汉语大字典编辑委员会，2010：3339）
⑪ 用：要，需要。《易·系辞下》"介如石焉，宁用终日，断可识矣。"（汉语大字典编辑委员会，2010：112）
⑫ 飾：装饰，修饰。（汉语大字典编辑委员会，2010：4736）
⑬ 取：听从。用例见《史记·匈奴列传》和《敦煌变文集·舜子变》。（汉语大词典编辑委员会、汉语大词典编纂处，1988：871）
⑭ 以：用，使用。（汉语大字典编辑委员会，2010：137）
⑮ 嚴：装束，衣装。（汉语大字典编辑委员会，2010：757）这句佛言似间接引自支谦译《佛说维摩诘经》卷二《13 法供养品》："以舍我作而依于义，不以严好；以随圣典而依于慧，不为文饰；处处人义而依于经，不习非义；以所怀载而依于法，不用人所见。"（T474，14.536a12-a15）许里和说，这句似乎不应是佛陀的原话，佛言应是一词，译自巴利文"buddhavacana"。（Zürcher，2007：335）

令①易曉，勿失②厥③義，是④則⑤爲⑥善⑦。"坐中咸⑧曰："老氏稱'美言不信，信言不美'；仲尼亦云'書不盡言，言不盡意'。明⑨聖⑩人意深邃無極⑪，今傳梵⑫義，實宜⑬經⑭達⑮。"是以⑯自偈⑰，受⑱譯人口，因修⑲本旨⑳，不加文飾，譯所不解，則闕㉑不傳。故有脫失㉒，多㉓不出者。然此雖辭㉔朴而旨

① 令：《祐錄》此字前有"當"字。(T2145, 55.50a14)
② 失：損失，遺漏。(汉语大字典编辑委员会，2010：568)
③ 厥：代词，相当于"其"。(汉语大字典编辑委员会，2010：88)
④ 是：近指代词，相当于"此""这"。(汉语大字典编辑委员会，2010：1606)
⑤ 则：副词，表示因果关系。(汉语大字典编辑委员会，2010：373)
⑥ 爲：略相当于现代汉语的"是"。(汉语大字典编辑委员会，2010：2355；2182)
⑦ 善：正确。(汉语大字典编辑委员会，2010：711)
⑧ 咸：副词。表示范围，相当于"都""全"。(汉语大字典编辑委员会，2010：1507)
⑨ 明：梵文"vidyā"，巴利文"vijjā"，"无明"的对称，指破除愚暗通达谛理之圣慧，于四圣谛可真实抉择现观的无漏圣慧。(蓝吉富，1994：2851-2852)
⑩ 聖：佛教用语，证入正道。《大乘义章》第十七："会正名圣，正谓理也，理无偏邪，故说为正，证理舍凡说为圣矣。"(汉语大字典编辑委员会，2010：2981)
⑪ 無極：典出《老子》："为天下式，常德不忒，复归于无极。"指形成宇宙万物的本原，以其无形无象，无声无色，无始无终，无可指名，故曰无极。(汉语大词典编辑委员会、汉语大词典编纂处，1991a：136)
⑫ 梵：《祐錄》此处是"胡"(T2145, 55.50a17)。
⑬ 宜：应当，应该。用例见《诗·邶风·谷风》和三国蜀诸葛亮《出师表》。(汉语大字典编辑委员会，2010：987)
⑭ 經：各本作"經"，点校者据《全三国文》七五改为"徑"。(释僧祐，1995：284) 徑：指径直，直截了当。(汉语大字典编辑委员会，2010：886) 明《北藏》第一百三十一册此处也是"徑"。(赵朴初，2000：2)
⑮ 達：表达，传达。(汉语大字典编辑委员会，2010：4111)
⑯ 是以：连词，因此，所以。如《老子》："功成而弗居。夫唯弗居，是以不去。"(汉语大词典编辑委员会、汉语大词典编纂处，1990a：660)
⑰ 偈：《祐錄》此处是"竭"(T2145, 55.50a18)。竭：遏止。用例见《淮南子·原道》和《盐铁论·疾贪》。(汉语大字典编辑委员会，2010：2904)
⑱ 受：接受。(汉语大字典编辑委员会，2010：431)
⑲ 修：《祐錄》此处是"循"(T2145, 55.50a18)，明《北藏》第一百三十一册此处是"顺"。(赵朴初，2000：2) 循：顺着、依循、遵从。(汉语大字典编辑委员会，2010：897) "修"字在此不通。
⑳ 本旨：原意。(汉语大词典编辑委员会、汉语大词典编纂处，1989b：707)
㉑ 闕：亏缺，短少。(汉语大字典编辑委员会，2010：4392)
㉒ 脫：散落，缺漏。(汉语大字典编辑委员会，2010：2232) 失：遗漏。(汉语大字典编辑委员会，2010：568)
㉓ 多：副词，指大约，相当于"大多"。(汉语大字典编辑委员会，2010：925)
㉔ 辭：明《北藏》第一百三十一册此处是"詞"。(赵朴初，2000：2)

深，文約①而義博，事②鉤③衆經，章④有本⑤，句有義説⑥。其在天竺，始進業⑦者，不學《法句》，謂之越⑧敘⑨。此乃始進者之洪⑩漸，深入者之奧藏⑪也。可以啓矇⑫辯惑⑬，誘⑭人自立，學之功微而所苞⑮者廣，寔⑯可謂妙要也

---

① 約：精明，简要。（汉语大字典编辑委员会，2010：3586）

② 事：事情，指人类生活中的一切活动和所遇到的一切现象。（汉语大词典编辑委员会、汉语大词典编纂处，1986：544）此处指全部内容。

③ 鉤：《祐录》此处是"鈞"，当页下校勘记曰："鈞＝均。"此处宋、元、明三本是"均"（T2145，55.50a20）。均：动词，等，同。（汉语大字典编辑委员会，2010：457）明《北藏》第一百三十一册此处是"均"。（赵朴初，2000：2）

④ 章：指诗歌或乐曲的段落，也指文章的段或篇。（汉语大词典编辑委员会、汉语大词典编纂处，1991b：381）

⑤ 本：指自己或自己方面的。（汉语大字典编辑委员会，2010：1234）《祐录》"本"字后有"故"字（T2145，55.50a21），明《北藏》第一百三十一册此处亦然。（赵朴初，2000：2）故：事理，法则，根由。（汉语大字典编辑委员会，2010：1557）

⑥ 説：讲述，解释。（汉语大字典编辑委员会，2010：4239）

⑦ 進業：使学业有所进益，进修学业。（汉语大词典编辑委员会、汉语大词典编纂处，1992b：993）

⑧ 越：不依次序，超出某种规定或范围。（汉语大字典编辑委员会，2010：3711）

⑨ 敘：次序，次第。（汉语大字典编辑委员会，2010：1566）明《北藏》第一百三十一册此处是"序"。（赵朴初，2000：2）

⑩ 洪：《祐录》此处是"鴻"（T2145，55.50a22），明《北藏》第一百三十一册此处也是"鴻"。（赵朴初，2000：2）鸿渐：《易·渐》："初六，鸿渐于干"，"六二，鸿渐于盘"，"九三，鸿渐于陆"，"六四，鸿渐于木"，"九五，鸿渐于陵"。指鸿鹄飞翔从低到高，循序渐进。（汉语大词典编辑委员会、汉语大词典编纂处，1993b：1101）

⑪ 奥藏（zàng）：物产聚藏之所。（汉语大词典编辑委员会、汉语大词典编纂处，1988：1556）比喻佛法精髓之汇集。

⑫ 矇：《祐录》此处是"矇"，当页校勘记6宋、元、明三本此处的"矇辯"即"蒙辨"（T2145，55.50a23），明《北藏》第一百三十一册此处是"蒙"。（赵朴初，2000：2）启蒙：使初学者得到基本的、入门的知识。（汉语大词典编辑委员会、汉语大词典编纂处，1989a：397）

⑬ 辩惑：辨疑解惑。（汉语大词典编辑委员会、汉语大词典编纂处，1993a：512）

⑭ 誘：引导，教导，劝导。（汉语大字典编辑委员会，2010：4237）

⑮ 苞：通"包"。（汉语大字典编辑委员会，2010：3406）明《北藏》第一百三十一册此处是"包"。（赵朴初，2000：2）

⑯ 寔：《祐录》此处是"實"（T2145，55.50a24）。

哉！昔傳此時有所不解①。會②將炎來，更③從④諮問⑤，受此偈輩⑥，復⑦得十三品⑧。并⑨校⑩往古⑪，有所增定⑫，第⑬其品目，合爲一部三十九篇，大凡⑭偈七百五十二章⑮。庶⑯有補益，共⑰廣⑱問⑲焉。（T210，4.566b14 - c26）

① 解：《祐录》此处是"出"（T2145，55.50a25），明《北藏》第一百三十一册此处也是"出"。（赵朴初，2000：2）
② 會：介词，表示时间，相当于"恰""正值"。（汉语大字典编辑委员会，2010：1635）
③ 更：gèng，相当于"再""复""又"。（汉语大字典编辑委员会，2010：23）
④ 從：听从，依顺。《书·益稷》："予违汝弼，汝无面从，退有后言。"《墨子·号令》："不从令者斩。"（汉语大字典编辑委员会，2010：891）
⑤ 諮問：咨询，请教。（汉语大词典编辑委员会、汉语大词典编纂处，1993a：350）
⑥ 輩：《祐录》此处是"等"（T2145，55.50a26），明《北藏》第一百三十一册此处亦然。（赵朴初，2000：2）等：类。（汉语大字典编辑委员会，2010：3159）
⑦ 復：副词，表示重复或继续，相当于"再"。《论语·述而》："久矣吾不复梦见周公。"（汉语大字典编辑委员会，2010：896）
⑧ 品：梵语跋渠"Varga"，法华文句一曰："品者，中阿含云跋渠，此翻为品。品者，义类同者聚在一段，故名品也。"（丁福保，1991：1581）
⑨ 并：副词，一起，一齐。（汉语大字典编辑委员会，2010：119）《战国策·燕策二》："（蚌、鹬）两者不肯相舍，渔者得而并禽之。"
⑩ 校：jiào，订正，考订。（汉语大字典编辑委员会，2010：1291）
⑪ 古：《祐录》此处是"故"（T2145，55.50a26）。
⑫ 定：审定，订正。（汉语大字典编辑委员会，2010：985）
⑬ 第：品评，评定。如《汉书·王褒传》："所幸宫馆，辄为歌颂，第其高下，以差赐帛。"（汉语大字典编辑委员会，2010：3157）
⑭ 大凡：总计，共计。（汉语大词典编辑委员会、汉语大词典编纂处，1988：1325）
⑮ 章：指诗、文的段落。（汉语大字典编辑委员会，2010：2898）此处指由一个偈所组成的一个段落。一品有多少个偈就有多少章。笔者以四句为一偈的标准考查了今存《法句经》卷上"无常品"第一（T210，4.559），刚好21个偈，如其所言"二十有一章"。卷下"吉祥品"第三十九（同上第574-575页），也含有十九个偈，如其所言"十有九章"。
⑯ 庶：众多。（汉语大字典编辑委员会，2010：951）该字前，明《北藏》第一百三十一册还有十一字："都凡一万四千五百八十字。"（赵朴初，2000：2）
⑰ 共：副词，一同，皆。《论语·子罕》："可与共学，未可与适道。"《史记·高祖本纪》："天下共立义帝，北面事之。今项羽放杀义帝于江南，大逆无道。"（汉语大字典编辑委员会，2010：120）
⑱ 廣：扩大。（汉语大字典编辑委员会，2010：962）《易·系辞上》："夫易，圣人所以崇德而广业也。"《史记·乐毅列传》："破宋，广地千余里。"
⑲ 問：《祐录》此处是"聞"（T2145，55.50a28），明《北藏》第一百三十一册此处亦然。（赵朴初，2000：2）聞：知识，见闻。《论语·季氏》："友直，友谅，友多闻。"又见《汉书·刘向传赞》。（汉语大字典编辑委员会，2010：4371）

二、简体原文[①]

法句经序

第一篇

1.1　昙钵偈者,众经之要义。昙之言法,钵者句也。而《法句经》别有数部,有九百偈,或七百偈及五百偈。

1.2　偈者结语,犹诗颂也。是佛见事而作,非一时言,各有本末,布在诸经。佛一切智,厥性大仁,愍伤天下,出兴于世,开显道义,所以解人,凡十二部经,总括其要,别为数部,四部《阿含》。佛去世后,阿难所传,卷无大小,皆称"闻如是"处佛所在,究畅其说。

1.3　是后,五部沙门各自钞众经中四句六句之偈,比次其义,条别为品。于十二部经靡不斟酌,无所适名,故曰《法句》。诸经为法言,《法句》者,由法言也。

第二篇

2.1　近世葛氏传七百偈,偈义致深,译人出之,颇使其浑。

2.2　惟佛难值,其文难闻。又诸佛兴,皆在天竺,天竺言语与汉异音,云其书为天书,语为天语,名物不同,传实不易。

2.3　唯昔蓝调、安侯世高、都尉、佛调,译梵为秦,实得其体,斯以难继。后之传者,虽不能密,犹常贵其宝,粗得大趣。

第三篇

3.1　始者维祇难出自天竺,以黄武三年来适武昌。仆从受此五百偈本,请其同道竺将焰为译。

3.2　将焰虽善天竺语,未备晓汉,其所传言,或得梵语,或以义出音,迎质真朴。初谦其为辞不雅。

3.3　维祇难曰:"佛言'依其义不用饰,取其法不以严'。其传经者,令易晓,勿失厥义,是则为善。"坐中咸曰:"老氏称'美言不信,信言不美';仲尼亦云'书不尽言,言不尽意'。明圣人意深邃无极,今传梵义,实宜径达。"

3.4　是以自偈,受译人口,因修本旨,不加文饰,译所不解,则阙不传。故有脱失,多不出者。

3.5　然此虽辞朴而旨深,文约而义博,事钩众经,章有本,句有义说。

[①] 下划线部分非原文所有,为笔者所加,以下各章皆同。

第四篇

4.1　其在天竺，始进业者，不学《法句》，谓之越叙。此乃始进者之洪渐，深入者之奥藏也。可以启蒙辩惑，诱人自立，学之功微而所苞者广，实可谓妙要也哉！

第五篇

5.1　昔传此时有所不解。会将炎来，更从咨问，受此偈辈，复得十三品。

5.2　并校往古，有所增定，第其品目，合为一部三十九篇，大凡偈七百五十二章。庶有补益，共广问焉。

三、今译①

法句经序

第一篇　介绍原作《法句经》

1.1　昙钵偈是若干卷佛典要义的汇编。"昙"是原文佛法（Dhamma）的音译，"钵"是原文偈颂句（pada）的音译。而《法句经》还另有几部，如九百偈本、七百偈本和五百偈本。

1.2　偈是一节佛经的结尾部分，正如（中土）一首诗。这些偈是佛陀在不同情况下见机而作，并非同时说出，各有来龙去脉，分布在众经之中。具足一切智的佛陀生性大仁大爱，悲悯天下众生，兴于人世，创法弘法，以此使人解脱。佛教十二类经总括佛法的精髓，另有若干部经文，如四部《阿含经》。到佛陀离世以后，阿难所传佛典，卷无论大小都称在佛陀所在之处"如此听佛所说"，更充分传达了佛法。

1.3　在这以后，（小乘）五个部派的僧人从上述佛典里收集抄录了由四句或六句组成的偈，根据其意义分类排列成品。并不考虑其来自十二类经中的哪一类，没有现成恰当名称可用，所以本经称为《法句经》。上述佛典都是佛法之言，《法句经》当然也是佛法之言。

第二篇　《法句经》翻译要素论

2.1　当代葛氏译传有七百偈本，偈义极深，但译者使其文本显得模糊凌乱。

2.2　人世间佛陀难逢难遇，能听到其经文也不容易。而且各位佛往往都出现在天竺，天竺与汉地语言不同，称其文字为天字，称其语为天语，双方名词及其所指都不同，翻译佛典确实不容易。

---

①　今译文下划线部分非原文固有的内容，为笔者所加，以下各章皆同。

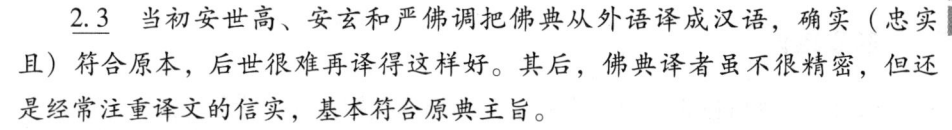

2.3　当初安世高、安玄和严佛调把佛典从外语译成汉语，确实（忠实且）符合原本，后世很难再译得这样好。其后，佛典译者虽不很精密，但还是经常注重译文的信实，基本符合原典主旨。

第三篇　吴本《法句经》的首译及译本优缺点

3.1　当初维祇难是天竺人，于黄武三年（224年）来到东吴首都武昌。鄙人因而得到此经的五百偈原本，就请与维祇难一起来东吴的僧人竺将焰口译。①

3.2　竺将焰虽精通天竺语，但不甚通汉语，所以他口译此经或用外语，或为保全原意而音译，译言浅显，质朴平淡。鄙人总因其译言不文雅而不满意。

3.3　而维祇难辩解说："佛陀曾说：'遵循其意而不用其装饰，追求其法不用其外在的装束'。佛典译者应当使其译文易于理解，切勿使原意有所损失，这才是好翻译。"在座的人也都赞同说："老子曰'美言不信，信言不美'；孔夫子也说过'书不尽言，言不尽意'。为佛之道无限而凡人之意不过深邃而已，现我辈传译外语的经义，确实该直接表达。"

3.4　因此，鄙人自律文饰的意愿，全盘接受竺将焰的口译之言，承袭其口传之意，不加文饰，其译言有所不解之处则缺而未译。所以，该译本有遗漏，大多是缺译。

3.5　然而该译本虽用词质朴但意义深远，行文简要但意义丰富，其内容尽管广泛涵盖众经内容，但各章自有其来源及其主题，每句都有其句义。

第四篇　介绍原作《法句经》的妙用

4.1　在天竺初学佛而不学《法句经》，这称为乱了秩序。此经属初学佛者循序渐进的阶梯，深入修习者的宝藏。可让初学者获得入门之径，消除入门的困惑，引导初学者自立于佛门，修习用功甚微便可学到广泛的知识。这的确是妙要之经典哦！

第五篇　吴本《法句经》再译及合编

5.1　此前汉译此经译本有缺译。恰好竺将炎从天竺来，鄙人再三向他请教，听取其意见，并从他那里得到这本《法句经》等，又得到此经的十三品。

5.2　我一并考订了以往所得之品，对我们译本的品目有所增订和鉴别，总共合成一部三十九品，全部有七百五十二偈（章）。所以现译本多处有补充，都加深和丰富了此经的内容。

---

①　竺将焰根据原经口译，而支谦根据竺将焰的口译结果形成汉语文本。

本节结论

标点是语内解读古汉语文本和语际翻译的关键步骤,《大正藏》之所以在国际学术界通用,其原因之一是原文有句读,而其他大藏经都没有标点,解读的困难更大。原文行文从上至下、从右向左竖读。简体和笔者的今译文从左向右横读。再者,原文是繁体字,简体和今译文转化为简体字,并点上现代标点。另外,原文不分段,笔者在简体文本分篇和段,进行两级划分,今译文每篇根据内容加小标题,便于抓住主旨。各篇小标题为笔者研究后所加,并非原文就有,所以有下划线,以下各章今译文皆同。关于《法句经序》的外汉翻译问题,笔者在下文也将有研究和结论。

第四节 《法句经序》的翻译学分析

一、序言的理论内容和篇章结构分析

《法句经序》放在吴本《法句经》上卷以后,下卷之前,即在上下卷之间(T210, 4.566b14 - c26),也有放在《法句经》卷首的,也有放在卷后的,如《中华大藏经》(汉文部分)第五十二册校勘记说:"此经(指《法句经》——笔者注),资、碛、普、南、径、清于卷前,丽于卷后载有经序一篇,兹据永乐南藏本附录于卷末并校以丽藏本。"(《中华大藏经》编辑局,1992: 267)。为了厘清序文的翻译理论,有必要分析《法句经序》的篇章结构。笔者所据《法句经序》原文带句读共计 699 个字,在《大正藏》中只占一栏半的篇幅,全文以吴本《法句经》的汉译叙事为主线分为五篇。

(一)序言的分篇和分段

整个序文分为五篇,每篇文本起止参见上文简体部分,篇下分段,用阿拉伯数字表示,比如1.1 指第一篇第 1 段,以此类推。

1. 第一篇　介绍原作《法句经》

本篇介绍原作或主文本,在发挥《法句经序》作为序言的作用,是以支谦为代表的《法句经》吴译本汉译团队对主文本和原本的总体认识和介绍,也可视为对原作的第一个认识论,含三层意思。

1.1 段:原作的性质、经名和另外三个版本

介绍原作的性质、经名的意思和另外三个版本(900、700 和 500 偈),解

释经名中关键词"昙""钵"的意思。

1.2 段：偈的性质和来历

说明"偈"乃该经的主要内容，说明其性质、出处和产生情况。

1.3 段：原经最初作者、源头和得名的由来

介绍《法句经》最初作者（"五部沙门"）和经的源头、编写以及得名的由来，最后以原经的性质收尾。

本篇的特点：

本篇占全序言篇幅的30.04%，从中我们可以看到译者翻译要充分认识原作的重要性，认识翻译对象就是要对原本的内容、形式、标题、出处、其他原本情况都进行研究。

另外还可以看到当时《法句经》汉译的另一个难题，就是原本文体是以偈为形式的诗歌体的佛法之言，出自众经。本来佛法就非常人所能理解，而诗歌又是文学的最高形式，文学翻译中诗歌翻译最难。这是《法句经》汉译需要解决的一个难题。

2. 第二篇 《法句经》翻译要素论

本篇是汉译要素论，论述吴本《法句经》汉译的三个要素，三者虽为本次翻译所必需，但之间没有显示出翻译理论联系，所以笔者称之为要素论。

2.1 段：现有汉译本的缺点暗示重译的必要性

指出了以前葛氏《法句经》汉译本模糊凌乱的缺点："颇使其浑"，暗示了该经重译的必要性。

2.2 段：翻译困难论

论述佛典汉译存在着三大困难，这三个困难都是译者的困难。第一大困难是说佛及佛经世之稀有（"惟佛难值，其文难闻"）。其次是中土与天竺之间地理阻隔所造成的困难（"又诸佛兴，皆在天竺"）。这是实际存在的困难。第三大困难是源语和目的语之间语言文字差异的困难（"天竺言语与汉异音"），双方名词及其所指都不同（"名物不同"）。

这第一大困难说佛及其佛经世之稀有，人世难逢难遇的机缘之难。这个思想不是中国本土的，显然来自佛经。比如，宋法贤译《众许摩诃帝经》卷九："世稀有佛出兴于世。得无上觉具一切智。是大圣人天上人间悉能利乐。"（T191，03.961a4－6）唐义净译《根本说一切有部毗奈耶破僧事》卷五："今时如来应正遍知出现世间。难逢难遇如乌昙钵罗花。佛今出世。乐自寂静不念说法。我今应往请佛。"（T1450，24.126b19－21）又如，宋法贤译《帝释所问经》卷一："尔时，帝释天主告五髻乾闼婆王子言：'汝见此山有如是殊妙

色不？为佛世尊安止其中，四事清净。……是故我等难逢难遇，如先所说亲近供养，今正是时。汝五髻乾闼婆王子可以所持之乐，当作供养。何以故？过此已往，实难值遇．'"（T15，01. 246b20 - c2）

2.3 段：中土翻译史带出翻译标准原则

通过回顾中土佛典翻译史引出佛典翻译的标准。回顾历史不是目的，而是以前人的优秀翻译为榜样，宣示佛典汉译的标准：注重译文的纯实，符合原典主旨。换言之，支谦领导的这个翻译团队也要效法前贤以忠实原文的标准来翻译，这是在确定和显示本次汉译的标准："实得其体"和"犹常贵其宝"。

翻译该经的要素，即以往的汉译本及其重译的必要性、翻译困难论、翻译史论带标准论在本篇都出现了，但作者没有挑明各要素之间的理论联系。

3. 第三篇 吴本《法句经》的首译及译本优缺点

本篇是吴本《法句经》第一次汉译过程的具体细节叙述和该译本的优缺点论，包括原本的来历，口译者的情况及其译本的缺陷，文质两派的交锋及其结果，含五层意思。

3.1 段：吴译本原本的来历及第一次汉译的口译者

介绍原本的来历（"维祇难出自天竺"）及第一次汉译的口译者（"竺将焰为译"）。

3.2 段：口译者双语修养的优缺点及其后果

本段述及口译者（"竺将焰为译"）的双语修养及其优点和缺点。优点是精通天竺语（"善天竺语"），缺点是不甚通汉语（"未备晓汉"），其汉语水平不够，导致此最初汉译本存在两大缺陷。

缺陷之一是译言不文雅（"为辞不雅"），支谦对此不满。原典属于诗歌体（"偈"），译言成了过于浅近直质的口水话（"迎质真朴"），原文和汉译文风格形式不对等。支谦作为文派，主张要文雅的汉译文，与原典的风格一致，坚持汉译本在风格形式上忠实于原本。他不满的理由也不能说不充分。

缺陷二是口译者"或得梵语，或以义出音"，竺将炎的译言时而用外语，时而夹杂天竺语的音译，尤其是后者使支谦作为笔受无法成文，造成汉译文缺省和遗漏（"阙""脱失"）。

3.3 段：以维祇难为代表的质派对口译缺点的辩解及主张

本段写以天竺僧人维祇难为首的质派对口译"为辞不雅"的有效辩解，译场上众人强有力的附和和支持。先是来自天竺的僧人（"维祇难曰"）站在口头译传一方振振有词的辩解。请注意维祇难所引"佛言"的"义"与"饰"和"法"与"严"这一双相对的概念，分别要前者不要后者。维祇难

因此还主张"其传经者，令易晓，勿失厥义，是则为善"。

随即译场上大多数人以"老氏称"和"仲尼亦云"强有力地附和，老子对于"言"的观点中有"信"与"美"两个概念的对立，也是取前者弃后者，而孔子言有尽而意无穷的观点本来是在说明言有局限而意无限。他们还说："明圣人意深邃无极，今传梵义，实宜径达。"前句的道理无可辩驳，后句是他们的主张。

3.4 段：支谦代表文派所作的妥协及其做法

支谦作为本次汉译的笔受和组织者，尽管处于该翻译团体的领队位置，但迫于质派指出的佛凡之间差别（"明圣人意深邃无极"）的压力和对方占尽道理的优势，只好自律文的诉求而顺从质派的要求写成质直的汉译文，也并不隐讳该译本第二个汉译缺点：漏译（"译所不解，则阙不传"）。

3.5 段：支谦对第一次译本的评价

支谦指出该译本的优点——"辞朴而旨深，文约而义博"。

本篇3.1至3.4段所描写的译场上当时文派（支谦为代表）和质派（维祇难为代表）的热点争论是近代以来国内各界尤其是文艺学、后起的翻译学研究的焦点。这当中的文质之争又有几层理论的推进，有的属于公理，有的属于翻译学之理。

从本篇吴本《法句经》第一次汉译的叙述，我们可以看到当时支谦所参与的这个译场的活动方式明显也是团队或者集体翻译佛典的运作方式，参与翻译者的分工明确。

首先，译场（翻译团队）的管理者和负责人是国主孙权授予博士头衔的、精通汉语且通梵语和西域六国语的支谦。外来天竺僧人在支谦的领导和管理下工作。比如，"黄武三年"维祇难从古印度带来《法句经》原本，由支谦接受（"仆从受此五百偈本"）。决定邀请口译者的也是支谦（"请其同道竺将焰为译"）。最终确定这次汉译成文的方法和策略的也是支谦。判断第一个汉译本优缺点，并设法弥补缺陷的还是支谦。再结合最后两段的内容，我们可以看到，决定运用会译法，咨询天竺僧人，参照其他原本增补完善此汉译本的都是支谦。可以说，这个译场没有支谦就没有核心的领导管理，也就没有制定关键翻译策略和方法的领路人。

其次，第一次汉译的原本是支谦从天竺僧人维祇难手里得到的《法句经》（26品共500偈）的原本。支谦请与维祇难一起从天竺来吴地的梵僧竺将炎传译，实施源语和目标语言之间的口头转换。笔受是支谦本人，也就是说，使《法句经》这个中译本最后形成书面文字的人是支谦。

再次，我们从本篇还可以看到，本篇论述是全篇最复杂的。3.2段口译者竺将炎"未备晓汉"的缺陷，导致吴本《法句经》第一次汉译本的两个缺陷：一是译本（"近于直质"）与原本（"偈"的诗歌）文体不一致，二是有漏译缺陷。

第一个缺陷导致这个译场上发生了一次关于目标语文本，即汉译文本到底应该"文"还是"质"的争论。这里的"文"就是译言讲究文雅、文饰或者文采，"质"就是译言要简单朴素、直截了当，不要文饰，不追求辞藻和修饰。支谦要求译文要文雅，前文中其生平资料表明他自己后期的佛典汉译讲究辞藻文雅，他本人是这样做的，这次也是这样主张的。在译文要讲究文雅这点上他言行一致，属于文派。此外，原文是诗歌体裁，固然是文雅的。可见支谦的要求并非完全出于个人偏好。

本篇显示，在这个译场上翻译这本佛典存在若干具体操作层面的困难。口头传译者梵僧竺将炎汉语不熟练。可以想见，其口头传译结果一会儿是半生不熟的汉语，一会儿又是天竺语的音译，支谦精通汉语也通梵语和胡语，这难不倒支谦，但他不通序言所说的"天竺语"，这就是翻译这本佛经的困难之一。所以，译言存在"不解"之处，结果只能"不出"（录不下来或无法成文），对听不懂的部分支谦没办法成文。即便多半能听懂，也难怪支谦对竺将炎的口头译语有"其辞不雅"的怨言。译言的形式与原文形式不对应，是翻译的严重缺陷，而比这个缺陷更严重的是存在遗漏。

本篇为序言篇幅最大的一篇，也是情节最生动、文学色彩最浓的一篇，占整个篇幅的33.19%。文质两派的争论从近代以来一直是中国学术界关注的焦点。本篇是佛经翻译文质论最早的雏形。

4. 第四篇 介绍原作《法句经》的妙用

4.1 段：原经在天竺对初入佛门者的重要作用和意义

本段只有三句话，介绍原作的功用和意义，是对原本的第二个认识，显示原本对初修佛法者的妙用，也可归入对原作或主文本的认识和性质介绍，讲述《法句经》对初入佛门者具有除惑建基必经之阶梯的重要作用和意义。告诉读者《法句经》对初修佛法者的妙用（"学之功微而所苞者广"），其理论性质与第一篇相同。

5. 第五篇 吴本《法句经》再译及合编

本篇以叙事为主，有两层意思。

5.1 段：新得到13品原本及暗示第二次汉译及其口译者

吴本《法句经》在新获13品原本的情况下的第二次汉译简述；如不细读

体会，容易忽略吴本《法句经》这第二次汉译的过程。新 13 品原本必定需要翻译，且原文"会将炎来，更从咨问"显示，支谦还是与竺将炎合作汉译的。

5.2 段：两次汉译修订合编形成现存吴译本

叙述两次汉译的修订和合编形成现存 39 品共 752 偈的吴译本。此为序言结尾。

本篇虽简略但很重要，对吴本《法句经》第二次汉译情况叙述极其简略，且对新得到的 13 品的来历和汉译情况都语焉不详，对两次汉译的合编情况以及弥补第一译漏译缺陷情况和最后吴译本形成情况的叙述都不详细。

支谦千方百计找到《法句经》不同的版本和资料，再次汉译，两个译本合编，还借助了竺将炎这样的天竺僧人之力，最后形成了至今尚存的吴本《法句经》。汤用彤说："会译始于支谦。""会译者，盖始于集引众经，比较其文，以明其意也。"（汤用彤，2011：77）还有学者甚至说现存吴译《法句经》系几部《法句经》合编而成（林梅村，1995：416 - 418）。

(二) 序言全文内容和结构

《法句经序》的内容和结构见表 1 - 1。

表 1 - 1　《法句经序》的内容和结构①

篇、段及主题	字数（个）	占比（%）
法句经序	4	0.57
第一篇　介绍原作《法句经》		
1.1 原作的性质、经名和另外三个版本	43	6.15
1.2 偈的性质和来历	104	14.88
1.3 原经最初作者、源头和得名的由来	63	9.01
小计	210	30.04
第二篇　《法句经》翻译要素论		
2.1 现有汉译本的缺点暗示重译的必要性	22	3.15
2.2 翻译困难论	47	6.72
2.3 中土翻译史带出翻译标准原则	47	6.72
小计	116	16.60

① 如原文本身带标题和作者，则将标题和作者姓名字数也统计在内，全书同。

续表1-1

篇、段及主题	字数（个）	占比（%）
第三篇　吴本《法句经》的首译及译本优缺点		
3.1 吴译本原本的来历及第一次汉译的口译者	40	5.72
3.2 口译者双语修养的优缺点及其后果	39	5.58
3.3 以维祇难为代表的质派对口译缺点的辩解及主张	91	13.02
3.4 支谦代表文派所作的妥协及其做法	36	5.15
3.5 支谦对第一次译本的评价	26	3.72
小计	232	33.19
第四篇　介绍原作《法句经》的妙用		
4.1 原经在天竺对初入佛门者的重要作用和意义	65	9.30
第五篇　吴本《法句经》再译及合编		
5.1 新得到13品原本及暗示第二次汉译及其口译者	30	4.29
5.2 两次汉译修订合编形成现存吴译本	42	6.01
小计	72	10.30
总共	699	100.00

注："占比"指占翻译论《法句经序》全文字数的百分比，下同。

关于《法句经序》的文章结构，读者需要注意四点。

第一，笔者将《法句经序》分为如表1-1所显示的5篇共14段，而中华书局1995年版《出三藏记集》的序文经点校后分为两段（释僧祐，1995：272-274）。笔者认为这样分两段比不分段好，但依然无助于分清序言的篇章结构。

第二，从以上对序言的内容和前后逻辑关系的分析可以看到，序言的第一篇和第四篇都是对主文本或原本的认识和介绍，约占整个篇幅的39.34%，充分体现了序言介绍原作或主文本的副文本特征。整篇序言是以《法句经》汉译为主要线索的翻译论，包括对原作的认识论、汉译三要素论、两次汉译过程及其互补论。全序以《法句经》汉译的叙事为主线，是夹叙夹议的翻译论，叙事以吴本《法句经》在东吴译场的两次汉译过程为主，翻译论以对原作的两个认识论和翻译要素论为主。

第三，序言第一篇和第四篇是翻译主体（译者）对翻译对象（原作）的认识和对主文本内容和功用的介绍，这约占整篇序言39.34%的篇幅，体现了

支谦作为《法句经》吴译本译场的主持人对原作和主文本的认识和整个汉译团队对翻译对象和经文的认识水平。加上吴本《法句经》两次汉译的过程叙述，序言的叙事成分占一半以上的篇幅，翻译论本身不纯不系统，还不太成熟。笔者认为，第四篇从其内容和性质来看应该与第一篇合并，之所以放在现在的位置，是因为支谦不想在该序内多谈文质两派的裂痕，而是想尽快结束该序言所采取的权宜之策。

第四，从翻译学看待《法句经序》，佛典汉译的第一步是充分认识和理解原作。第二步是了解原作现存的其他汉译本的缺点，了解本次翻译的困难所在，然后确立翻译的标准。第三步是明确第一次汉译的优缺点，最后论述第二次汉译弥补第一次汉译缺陷的方法。这样的翻译过程在今天看来并无异常之处。另外，从全篇的论述可以看到，两次《法句经》汉译依然采用译场集体翻译的运作模式，需要外来译家与本土译者、笔受兼组织者之间的磨合，后者是汉译本最后形成的关键人物。

（三）以往研究序言的视野缺陷

首先，以往的学者都只研究了《法句经序》的文本局部，比如罗根泽在胡适之后①把《法句经序》作为文论研究，就只研究了从第二篇2.2段的"又诸佛兴"到第三篇3.4段的"多不出者"这部分文本（罗根泽，1984：258-259），仅把序言的大部分视为"翻译论"。罗新璋编《翻译论集》自1984年商务印书馆出版以来就被学界广泛引用，影响很大，但只收录了《法句经序》从第一篇1.3段最后一句的后半句到第三篇3.4段"多不出者"这部分。（罗新璋，1984：22）

其次，从文论而言，若不顾序言第一篇，《法句经》是一本什么样的佛经就不清楚。文章没有文首，就像人没有脑袋，关键结构缺失，对翻译对象的内容和性质没有明确的认识，翻译不可能正常进行。第四篇讲《法句经》对学佛者的功用，最后第五篇是关于该译本弥补第一次汉译漏译缺陷的方式，以及增订、合编和会译的情况。这两篇内容的缺失使序言作者想让读者大致了解《法句经》的内容、性质、功能的意图无法得到贯彻，序言失去了其基本作用。

再次，作为翻译论而言，第一和第四这两篇是对原作的两个认识，如缺失，汉译吴译本《法句经》就没有了理由和前提。第二篇2.1段缺失就没有

---

① 见其著作新版序，著作早在1934年已出版。

了之前《法句经》汉译本的信息，重译的必要性便无从谈起。序言最后篇缺失，读者就不知道吴本《法句经》的第二次汉译过程及其两次汉译的合编和定本形成的情况。以往研究《法句经序》，罗新璋、陈应年（2009：22）、张佩瑶（Cheung，2006：58-59）和陈福康（2010：5-6）等学者都有与罗根泽相类似的缺点，不研究序言全文只研究局部文本导致支谦翻译论的碎片化。

最后，以前研究《法句经序》，学者们大多只关注序文中醒目的只言片语和部分段落，这种见木不见林的片面研究观最后必定导致一叶障目的不当结论。

二、序言字面没有但可以从文中读出的问题

序言字面没有但细读原文可以读出以下两个问题：一是文派的孤立状态，二是支谦在译场上的主脑作用。

（一）文派的孤立状态

序言第三篇表明，支谦在这个译场上作为文派很受孤立，没有人响应和支持其主张。而质派占绝对优势，达到"坐中咸曰"的声势。结果支谦只有"是以自偈"，自律自己要文雅的诉求，按照质派的主张形成质直的译文。但笔者认为，尽管质派当时声势浩大，弄得支谦都无计可施，但吴译本《法句经》在中国形成文字并流传千年至今，是支谦的文笔，而这场关于译言文质的最早争论依然通过支谦留下的序文流传到今天。这场文质之争，"质派虽然在理论上获得胜利，但实际结果，却是文派在理论上实际成书"（任继愈，1981：175）。由此，笔者还想起孔子另外一句话："言之无文，行而不远。"支谦当时虽不得不心服口服质派所占之理，但他确实手握吴本《法句经》汉译执笔成文的大权。

本序言也表明，支谦所主持的这个佛典汉译团队中存在着佛经外来口传者与本土笔受之间如何更好地合作和协调的问题，如何互相取长补短的问题。外来口传者精通原文原著，主张要符合佛言之意和依从佛法的、质直朴素的汉译文，但其缺点是目的语（汉语）不精，可能导致译文佶屈聱牙、不文雅，让目的语读者难以接受。这也可能影响广布佛法，导致违背佛法的结果。而本土笔受着眼于原文和译本行文风格一致性的要求，着眼于本土读者的需求，其缺点是不懂原文，可能导致译文不忠实。由此我们可以推导出另一个理论问题，即如何提高佛典译者素质，把外来口译者与本土笔受的双强优势合二为一，并避免二者缺点的问题。

（二）支谦在译场上的主脑作用

序言字面上并没有直接提到笔受支谦在译场上的主脑作用，但把整篇序言和支谦的生平资料结合起来综合分析，我们可以看到，支谦作为吴译本《法句经》译场上的笔受，整个译场由他主持管理，重大决策是他在发号施令，外国译者由他调遣，各种译本他在掌握，会译法由他操作，译本的风格由他左右，最后形成汉译本之后由他作序。从支谦在这个译场上的主脑作用还可以看到，笔受在当时东吴佛典译场上并非只是个机械的抄写员，具有举足轻重的领头作用。

三、支谦坚持《法句经》汉译要文雅的实证

支谦最后是否真的是完全按照第一次汉译时竺将炎口译言辞质直不雅的风格成文的呢？吴本《法句经》今存于《大正藏》（T210，4.559a1－575b9），我们今天可以读到的经文显然是诗歌形式的"偈"，大多四句为一首，每句四个或五个汉字，每一诗行排列整齐，全文已没有过于直质的口水话（不雅），有的地方甚至可以说很优美（雅）。

（一）今存吴本《法句经》文本的证据

1. 该经开头"无常品"的头五偈

　　　　睡眠解寤，宜欢喜思，
　　　　听我所说，撰记佛言。
　　　　所行非常，谓兴衰法，
　　　　夫生辄死，此灭为乐。
　　　　譬如陶家，埏埴作器，
　　　　一切要坏，人命亦然。
　　　　如河驶流，往而不返，
　　　　人命如是，逝者不还。
　　　　譬人操杖，行牧食牛，
　　　　老死犹然，亦养命去。（T210，4.559a7－13）

2. 该经中部"世俗品"的头四偈

　　　　如车行道，舍平大途，
　　　　从邪径败，生折轴忧。
　　　　离法如是，从非法增，

　　　　　愚守至死，亦有折患。
　　　　　顺行正道，勿随邪业，
　　　　　行住卧安，世世无患。
　　　　　万物如泡，意如野马，
　　　　　居世若幻，奈何乐此？(T210, 4.566a21-26)
3. 该经的中下部"述佛品"第十一至十三偈
　　　　　诸恶莫作，诸善奉行，
　　　　　自净其意，是诸佛教。
　　　　　佛为尊贵，断漏无淫，
　　　　　诸释中雄，一群从心。
　　　　　快哉福报，所愿皆成，
　　　　　敏于上寂，自致泥洹。(T210, 4.567b1-4)
4. 该经的结尾倒数第二的"生死品"中第二至第五偈
　　　　　人知奉其上，君父师道士，
　　　　　信戒施闻慧，终吉所生安。
　　　　　宿命有福庆，生世为人尊，
　　　　　以道安天下，奉法莫不从。
　　　　　王为臣民长，常以慈爱下，
　　　　　身率以法戒，示之以休咎。
　　　　　处安不忘危，虑明福转厚，
　　　　　福德之反报，不问尊以卑。(T210, 4.574b17-24)
5. 该经最后的第三十九"吉祥品"的第十六至十九偈
　　　　　一切为天下，建立大慈意，
　　　　　修仁安众生，是为最吉祥。
　　　　　欲求吉祥福，当信敬于佛，
　　　　　欲求吉祥福，当闻法句义。
　　　　　欲求吉祥福，当供养众僧，
　　　　　戒具清净者，是为最吉祥。
　　　　　智者居世间，常习吉祥行，
　　　　　自致成慧见，是为最吉祥。(T210, 4.575a29-b7)

(二) 其他翻译学者的研究结论的证据

学者刘芳把吴本《法句经》中"象喻品"中的三偈与巴利文的原本相比

较后得出结论:"虽然吴本的押韵位置与巴利文并不严格对应,但是也做到了多处的押韵,与现代译论中的'补偿原则'不谋而合。"(刘芳,2018:30)

所以,在整体风格上支谦对《法句经》的汉译还是贯彻了他要文雅的翻译主张。可以说,他依然尽最大努力坚持自己在汉译风格上要与原文一致的主张。以维祇难为首的质派站在他们的立场讲的是《法句经》汉译要质直的大道理,支谦要文雅讲的是原文和译文风格形式对等一致的译理,他们都有理。万事万物莫不有理,但事理合一、讲理行事在于人,支谦占了笔受捉笔和该译场领队执事的优势。

本节结论

《法句经序》是以序言叙事为主线的翻译论,还不太成熟。原因有三:其一,对原作或主文本的认识论占将近40%的篇幅,说明序言还不是纯粹的专篇翻译论。其二,重要的翻译理论主要隐含在第二篇的《法句经》汉译要素论中,比如《法句经》重译的必要性的暗示、佛典翻译三大困难论、通过回顾中土佛典翻译史引出佛典翻译的标准。在序言第三篇中,吴本《法句经》第一次汉译的过程叙述也占全序较大的篇幅。该篇还有第一次汉译本的优缺点论,有对第一次汉译过程中关于文质的翻译理论和实践的争论的叙述。其三,包括上述翻译要素论,其他理论也都离不开吴本《法句经》汉译论述的主线。

第五节 《法句经序》的汉外翻译

从19世纪末开始,西方学者为了研究自己的课题,用西语从汉语译入《法句经序》。笔者将于下文研究《法句经序》的三个英译本和一个法译本,主要从译者身份、外译概略、汉外翻译策略和现有译本的若干问题这四个方面进行。

一、译者身份

译者身份指译者的出身、社会角色和一生的追求即人生目的,尤其是其翻译某文本时主要基于何种社会角色,显示出其生命资源和社会资源的利用和投向,而不是仅仅其履历所标明的社会角色标签。比如,毕尔英译《法句经序》时,其履历虽显示他是大学汉语教授,可其职业实际是以教会圣职为主,其著作也证明他翻译该序完全出于强烈的传教动机。这时我们即可断定其翻译身份主要是牧师,而其学术研究完全为其传教目的服务。

（一）毕尔

英国人毕尔（Samuel Beal）在1878年出版其以汉译《法句经》古本为底本的英译《法句经》，他节选英译了《法句经序》（Beal, 1878: 29-30）。毕尔出生于新教牧师家庭，1847年毕业于剑桥大学三一学院，1850年被圣公会授予圣职，次年升任牧师。他在第二次鸦片战争期间曾在英国皇家海军军舰西比尔（H. M. S. Sybille）号上任随军牧师（chaplain）。毕尔1877年才从海军退役就任英国伦敦大学学院（University College London）汉语教授。但他从1877年到1889年先后担任英国几个地区圣公会的教区长（rector）。他在1885年还因在中国佛教研究方面卓有建树而获得教会法规博士（DCL）学位。毕尔最早用英语直接从汉语转译佛教早期文献，发表了一系列学术著作，其学术名望来自其研究5至7世纪中国佛教徒西行印度求法的事迹，也奠基于其所著的已被学界公认为专攻佛教的学术经典著作。

毕尔研究和英译《法句经》和《法句经序》之目的在于传教，宣称出书是为了揭示中土早期佛教僧人宣教弘法的方法。他认为，只有基督教传教士都研究佛教，去研究佛教术语的原本含义，才能让《圣经》在中国和日本这种佛教盛行的国家变得可理解，才能让其民众对基督教义了然于心。（Beal, 1878: 25-26）毕尔的传教动机，从多元系统论的角度而言，是译者通过朝目标语一方的翻译，努力促成源语意识形态系统的某种变革或者革命的企图。毕尔可以说参加过英国近代以武器对当时的大清进行批判的活动，而他上述翻译活动之目的是向中国提供批判的武器。汉语教授是次要身份，传教士才是他的真实面目。由此可见，中西文化交流既有文的一面又有武的一手，其中必定还有利的推动，文武兼备、多管齐下才是本质。

英人姓名Beal本来该汉译成比尔，但是毕尔的传教士加入侵海军的身份在国人心目中有特别醒目的地位，所以新华社译名室编《世界人名翻译大辞典》在"Beal 比尔[英]"词目下，特别注明"Beal, Samuel (1825-89) 毕尔（英）驻华海军牧师"（新华社译名室，1993: 229）。

（二）烈维

法国东方学家烈维（Sylvain Lévy）在1912年发表了其研究《法句经》版本情况的长篇论文（Lévy, 1912: 203-294），他几乎把《法句经序》全文用法语译了出来（Lévy, 1912: 206-207; 218-219）。根据《中华佛教百科全书》第六册（蓝吉富，1994: 3605）所载，烈维是法国研究佛学、东洋学等

学科的大师，历任法兰西大学教授等职，讲授梵语、梵文学、宗教学等课程。1897年他游历印度、尼泊尔，获得了甚多梵文写本，翌年经日本回法国，从事梵书、梵文叙事诗、东西交通史、梵藏汉佛典的比较对照、梵文校订、吐火罗语等方面的研究。1921年，应泰戈尔之邀，烈维赴印度讲学，再度在尼泊尔收集梵文资料，并经停中国、日本、俄国，两三年后回法国，继续从事古代印度与中亚等地区的研究。烈维重新考订了印度史纪年，奠定了综合性的印度文化研究的基础，发现并校订刊行了梵文和汉文佛典，并成功解读中亚的吐火罗语，在印度与欧洲的比较语言学领域做出了重要的学术贡献。烈维在佛教学术领域也影响深远，不仅誉满欧洲，而且远及印度和日本。他的学术成就一直激发着多方面的研究。他意识到汉语文献不仅对佛学研究且对印度历史研究来说也具有重要价值。他以自己的学术研究为例，说明了印度与中国的资料对于佛学研究都不可缺少。纯学者是烈维的译者身份。

（三）魏查理

魏查理（Charles Willemen）是比利时汉学家，比利时皇家科学院院士，曾担任比利时根特大学中文系主任，精通中文、英文、日文、希腊文和拉丁文等多种语言，对中国文化、历史、哲学、宗教，尤其是西藏和新疆的佛教艺术有深入研究。他曾在中国、美国、加拿大、日本和印度等国就汉学和佛学讲学，并出版了多部学术专著，发表了多篇学术论文。魏查理如今是泰国国际佛教大学（International Buddhist College）的教授。魏查理与烈维一样都是纯粹的学者身份。

（四）余丹

余丹（Diana Yue）是香港本地人，是一位在港接受教育并成长起来的多面译手，从诗歌到法律都有译作问世。她因英译香港女作家西西的《飞毡》而成名，一向醉心于中国最古老剧种昆曲的英译。其《法句经序》英译本出版时，她也在香港大学文学院教授翻译。（Cheung，2006：xv）余丹的译者身份貌似单纯，实则复杂。

她英译的《法句经序》仅仅是《中国翻译话语英译选集（上册）：从最早期到佛典翻译》当中的一篇（Yue，2006：58-59），其英译肯定在多方面受到该选集主编的影响，所以她的译者身份多少还要纳入选集主编张佩瑶（Martha P. Y. Cheung）的身份。张佩瑶当时是香港浸会大学教授，是该校翻译研究、实践和教学的负责人。之前在香港中文大学教过翻译，在香港大学教过

英国文学及翻译。(Cheung, 2006: xiv)余丹兼有这样的21世纪译学理论家的身份,加之其英译所依据的原底本之一是1984年罗新璋辑录的《法句经序》(Yue, 2006: 59),所以她在某种程度上还兼有20多年前译学家的身份,复合的译者身份是其最大的特征。

罗新璋《法句经序》的辑录本及其观点(罗新璋, 1984: 22)确实代表了当时中国翻译学研究古代译论的最高水平,但今天看来至少有两个学术缺陷。一是没有标明其节录本的具体版本信息,其文本显然不是来自大藏经的一手资料,其行文从左向右横排,用的是20世纪50年代以来定型的简化汉字;二是文本显然经过了罗新璋加注现代标点、掐头去尾和其他方式的删改。

以上四位译者,只有毕尔的身份是牧师,身份单一;烈维与魏查理是汉学家,属于纯学者身份;余丹是职业译手兼新旧翻译学者的复合身份。

二、外译概略

(一)毕尔的英译

早在19世纪70年代后期英国学者毕尔就英译了中国流行的一个汉译本——西晋法炬与法立共同汉译的《法句譬喻经》,并且英译了支谦为《法句经》吴译本所作的《法句经序》局部放在其英译本的前面,称之为"FA-KHEU-KING TSU"(Beal, 1878: 29-30)。

首先,他把"法句经序"译成"FA-KHEU-KING TSU",这明显是音译,紧接着又译成"PREFACE TO THE SUTRA CALLED FA-KHEU"(Beal, 1878: 29),其中"法句"二字音译,其余全部意译,这是音意合译。接着他还在括号里给出了"法句"的另外两个英译文:一是"Law-verses"(Beal, 1878: 29),这完全是意译;二是"Dhammapada"(Beal, 1878: 29),这是从巴利文借词的翻译法。毕尔为了让英文读者读懂其译本,光是英译序题就用了四种翻译方法,可以说是苦心孤诣,不能说不精细。

其次,毕尔给自己译著写的序(Preface)表明他对《法句经》各个版本在中国古代流传和汉译的情况有相当深入的研究。(Beal, 1878: 3-27)该序用相当的篇幅研究了《法句经》吴译本,而《法句经》相关历史资料的记录主要集中于支谦的《法句经序》。《法句经序》第一句话中的"昙钵偈",毕尔试图把它还原成梵词"Dharmagâthâpadaṁ"(Beal, 1878: 3),追溯当初中土汉译者汉译成"法句经"的理据。毕尔为了证明《法句经序》第一句("昙钵偈者,众经之要义")真实不虚,不仅证之以同行的研究,且将其英译

文本若干章节与南传巴利文《法句经》（这是近代以来发现的至今犹存的最古版本）英译本进行对比，指出了一致之处。（Beal，1878：4-7）他还对《法句经》最初的编者法救（Dharmatrâta）的生活年代进行了断代研究。他对古代汉语佛典的源语及其可靠性等问题都有深入独到的研究。（Beal，1878：7-8）这些研究表明了毕尔对《法句经序》的英译是深度翻译。当时还没有翻译学，也没有今天关于深度翻译的理论，但毕尔对《法句经序》的这些相关研究是深度翻译的超前实践。

毕尔的学术兴趣主要瞄准序言第一和第二篇，第三和第五篇是他浓缩后的编译，采取隐化和显化的翻译策略。其英译优点是深度翻译，加深了我们对《法句经序》的主文本——《法句经》之认识，缺点就是省略过多，还有显化乏力的败笔。毕尔英译了序言的第一篇全部、第二篇大部分，第四篇没有译，第三篇和第五篇是浓缩编译。总体而论，序言50%以上的内容毕尔没有详译，总体上以隐化策略为主。

毕尔英译《法句经序》的上述着力点表明他仅仅对《法句经》的相关情况感兴趣，研究《法句经序》是为其英译《法句譬喻经》服务，他对《法句经》吴译本的翻译过程，对当初参与汉译的文质两派的争论，对两派的诉求等涉及翻译的理论和方法问题都没有学术兴趣。毕尔英译《法句经序》用力着重在第一和第二篇，对我们今天的翻译有很大的启发和帮助，既有经验可总结，又有教训可吸取。

毕尔英译的优点是深度翻译，加深了我们对《法句经序》的主文本——《法句经》和序头本身的认识，缺点就是省略过多。后来，法国学者烈维如实评价了毕尔的英译："毕尔在其英译的《法句经》一书中至少英译了《法句经序》的局部，但不够精细。"（Lévy，1912：205）

根据笔者所收集的资料，毕尔英译的《法句经序》是最早的节译本，它和稍后烈维的法译本都是迄今最早的西语译本，翻译水平很高。

（二）烈维的法译

烈维于1912年在《亚细亚学报》上发表其长篇论文《〈不放逸品〉〈法句经〉各版本研究》（*L'Apramada-varga*；*etude sur les recensions des Dharmapadas*）（Lévy，1912：203-294），文中差不多有T210《法句经序》的法译全文。烈维法译了差不多整篇序言，但译文顺序倒置，把序言第二篇至最后篇放在自己论文的前部（Lévy，1912：206-207），第一篇放在后面（Lévy，1912：218-219）。烈维法译的优点是准确，可以说与原文亦步亦趋，漏译较少。从烈维

的译者身份可以看到，他只有学术动机而没有像毕尔那样的促变源语意识形态的动机。他也在中国有过经停、讲学和游历的活动。

今天我们无论今译（古代汉语转为现代汉语）还是外译（汉译英或法）《法句经序》，不学习这两位学者的翻译优点，不吸取其教训就不免走翻译的弯路。

（三）魏查理的英译

魏查理在1973年发表了《法句经序》英译文（Willemen，1973：210-213），这是笔者迄今找到的唯一英文全译本。他研究了之前欧洲（包括烈维）和日本学者研究《法句经》的相关文献。他英译《法句经》古代汉译本的序言是为研究巴利本《法句经》（Dhammapada）、梵本《优陀那品》（Udānavarga）和巴利本《优陀那》（Udāna）这三本佛经之间的关系及其各自在佛藏中的地位搜集更多的原始资料。（Willemen，1973：203）

魏查理引用日本学者前田的观点：今存T210《法句经》出自支谦之手，支谦也是该经上下卷之间《法句经序》的作者。（Willemen，1973：203）魏查理还认为，T210《法句经》的品目与巴利本26品共501偈一致，这与《法句经序》提到的500偈本一致。T210《法句经》中的另外13品应该出自梵本《优陀那品》。（Willemen，1973：210）这说明魏查理英译《法句经序》时并非只做了肤浅的字面翻译，而是深入进行了相关学术研究之后做的深度翻译。

（四）余丹的英译节选本

余丹英译节选本没有用原序题，而是给译文另加了个英文标题"LACKING IN FELICITY"（Yue，2006：58）。"felicity"有措辞等恰当得体这个含义（陆谷孙，2007：683）。《韦氏新国际英语足本词典（第三版）》说"felicity"指"a felicitous manner, faculty, or quality especially in art or language: telling or elegant neatness or appropriateness"，即"APTNESS, GRACE"。大概余丹或该书的编者认为这个题目与所节录的内容关系甚大。但笔者觉得这个题目与《法句经序》内容格格不入，且与整篇序言的主题和内容相去甚远。

中国香港学者余丹英译的《法句经序》代表了21世纪头十多年英译的水平。该英译本所依据的原底本之一是罗新璋（1984：22）节录的《法句经序》（Yue，2006：59）。罗新璋1984年的节录本只宣称"节录自《出三藏记集经序》"（1984：22），这是个来历不明、掐头去尾且主干不全的节录本。所以，余丹的英译文还没有20世纪初烈维的法译本那样全，更不如20世纪70年代

汉学家魏查理的英译本。所以从篇幅而论，余丹这个英译本有很大的缺陷。余丹主要翻译了《法句经序》的第二和第三篇。在某些细节处理上，烈维的法译本所存在的问题在她的英译本中依然存在。

余丹英译本的优点在于生逢其时，恰逢中国正在世界舞台上龙腾虎跃之时，正如白立平所说："《选集》则是中国香港学者向海外介绍中国翻译话语的译著，这是中国翻译话语进入国际研究舞台的重要里程碑。"（白立平，2010：iii）钱锺书当年说过，好的译作可在原作和读者之间起到"媒"（引介）和"诱"（诱导）的作用。（钱锺书等，1981：20-21）

三、汉外翻译策略

翻译策略是译者在翻译宏观层面进行考量之后采取的方法，其选择往往出于译者身份及其动机的需要，出于赞助者的压力或其他原因。译者为达到翻译目的在一端为源语另一端为译入语的横轴上或左或右、归化与异化，在时间横轴上要么趋今要么向古，在译文中隐化或显化原文内容。译者采取的策略不同，翻译的结果也就不同。上述四位学者中，毕尔和余丹的隐化策略明显，烈维和魏查理的显化策略明显，以下分别研究。

（一）隐化策略

毕尔、余丹《法句经序》英译本和烈维的法译本都显示译者在不同程度上采取了隐化策略。隐化（implicitation）是"一种风格修辞上的翻译方法，其做法主要是译者根据语境或表达意义的需要在目的语中隐藏了源语中的显在部分"（Vinay & Darbelnet，1995：344）。采取隐化翻译策略与译文读者的阅读期待密切相关，专业译者出于语言、文体、文化、意识形态等方面的考虑，在其译本中没有翻译（have not translated），或者忽略了（omitted）了源文本中的一些词、句、短语，甚至段落。（Dimitriu，2004：163；165-171）笔者认为，采取什么样的策略不光与专业译者的考虑和预期有关，也与译者的身份密切相关。比如，毕尔英译《法句经序》隐化原本信息量最大，有时整个大段略去不译，或者他把某几句高度浓缩编译。毕尔省略不译和浓缩编译的段落都与《法句经》本身无关或关系甚微，与他的身份和研究动机无涉，他只专注于宗教信息，其他则弃之不顾或淡化处理。余丹的英译本比毕尔隐化量少，但比烈维的多，与其身份相符，介于纯粹的基督徒和学术大家之间。以下对毕尔、余丹和烈维的隐化情况加以分析。

1. 隐化分析

毕尔、烈维和余丹译文隐化定量定位和分布标记如表1-2所示：

表1-2　隐化定量定位和分布标记

项目	内容		
隐化者	毕尔	烈维	余丹
隐化标记	下点	波浪线	底纹

法句经序

昙钵偈者，众经之要义。昙之言法，钵者句也。而《法句经》别有数部，有九百偈，或七百偈及五百偈。偈者结语，犹诗颂也。是佛见事而作，非一时言，各有本末，布在诸经。佛一切智，厥性大仁，愍伤天下，出兴于世，开显道义，所以解人，凡十二部经，总括其要，别为数部，四部《阿含》。佛去世后，阿难所传，卷无大小，皆称"闻如是"处佛所在，究畅其说。是后，五部沙门各自钞众经中四句六句之偈，比次其义，条别为品。于十二部经靡不斟酌，无所适名，故曰《法句》。诸经为法言，《法句》者，犹法言也。

近世葛氏传七百偈，偈义致深，译人出之，颇使其浑。惟佛难值，其文难闻。又诸佛兴，皆在天竺，天竺言语与汉异音，云其书为天书，语为天语，名物不同，传实不易。唯昔蓝调、安侯世高、都尉、佛调，译梵为秦，实得其体，斯以难继。后之传者，虽不能密，犹常贵其宝，粗得大趣。

始者维祇难出自天竺，以黄武三年来适武昌。仆从受此五百偈本，请其同道竺将焰为译。将焰虽善天竺语，未备晓汉，其所传言，或得梵语，或以义出音，迎质真朴。初谦其为辞不雅，维祇难曰："佛言'依其义不用饰，取其法不以严'。其传经者，令易晓，勿失厥义，是则为善。"坐中咸曰："老氏称'美言不信，信言不美'；仲尼亦云'书不尽言，言不尽意'。明圣人意深邃无极，今传梵义，实宜径达。"是以自偈，受译人口，因修本旨，不加文饰，译所不解，则阙不传。故有脱失，多不出者。然此虽辞朴而旨深，文约而义博，事钩众经，章有本，句有义说。

其在天竺，始进业者，不学《法句》，谓之越叙。此乃始进者之洪渐，深入者之奥藏也。可以启蒙辩惑，诱人自立，学之功微而所苞者广，

实可谓妙要也哉！
昔传此时有所不解。会将炎来，更从咨问，受此偈辈，复得十三品，并校往古，有所增定，第其品目，合为一部三十九篇，大凡偈七百五十二章。庶有补益，共广问焉。

（1）毕尔隐化

毕尔英译《法句经序》，大致隐去了原文300余字的内容（原文加下点部分），主要分部是从序干到序尾，占全文总字数的约49%，接近一半。（Beal, 1878：29-30）

（2）烈维隐化

如上文所示，烈维隐化部分（原文画波浪线部分）在三位译者中最少，约占全文字数的12%。尽管烈维法译本隐化的量和面最小，与之前的毕尔和之后的余丹译本相比较是最全的西语译本，但他完全按照自己学科研究理路叙述，倒置译文。他把序言开头至第一篇1.3段最后一句（"诸经为法言，《法句》者，由法言也"）的法译文放在他论文的第218-219页（Lévy, 1912），从第二篇2.1句（"近世葛氏传七百偈"）至序言最后一句的译文放在第206-207页（Lévy, 1912），说明他没有完整的篇章结构意识，对序言整体没有学术研究兴趣，只是为了自己的学科研究而译。

（3）余丹隐化

原文加淡黑底纹的部分是余丹英译文隐化的部分，主要在序头和序尾，有300多个字，占原文总字数的近51%。（Yue, 2006：58-59）这个隐化量已过半，超过了毕尔的隐化量，关键是隐化部分分布在序头和序尾，这种隐化分布对翻译学最为致命。笔者曾撰文说，《法句经序》作为翻译论，如果序头缺失，读者就看不到汉译《法句经》的理由和前提；如果序尾缺失，读者就不知道吴本《法句经》第二次汉译及其修订、合编、会译和最后审定的情况，尤其是会译法即便在今天也是非常重要、必不可少的翻译方法。（黄小芃，2015：13）

2. 隐化互补

不同译者的隐化量不同，隐化分布也不同，各自没有隐化的部分可以弥补他人隐化的部分。烈维的法译本隐化最少，魏查理的英译本最全，全译本可以弥补节译本隐化的不足。

原文的"结语"（T210, 4.566b17）毕尔没有译出来，烈维法译"une parole enserrée 結語（sic l'éd. de Corée, les autres ont 經語 une parole des textes canoniques）"（Lévy，1912：218）。笔者回译为"总结的话（'結語'丽本原文如此，其他版本是'經語'）"。佛经里的偈，梵文和巴利文是"gāthā"，广义指歌谣和圣歌，狭义指韵文形式的经文，大多放在教说的段落或经文之末。（蓝吉富，1994：2413）这里的"结语"指结尾或收尾的话，显然藏经丽本"结语"才是正确的，其他版本的"经语"不对。烈维的法译文弥补了毕尔的缺陷。魏查理的英译文是"concluding words"（Willemen，1973：210），这与烈维的法译意思一样。

然而，毕尔英译本也有弥补烈维法译本隐化的地方。比如序言第一篇1.2段原文："佛一切智，厥性大仁，愍伤天下，出兴于世，开显道义，所以解人，凡十二部经，总括其要，别为数部，四部《阿含》。佛去世后，阿难所传，卷无大小，皆称'闻如是'处佛所在，究畅其说。"（T210，4.566b19 - b23）其中只有"凡十二部经，总括其要"烈维译成了法文"Suit un rappel sommaire de l'origine du canon et de ses douze catégories"（Lévy，1912：218），回译为"紧随十二类经起源之扼要回顾"。这与原文似乎勉强可以对应。这句没有主语，只有动词"suit"及其所带的宾语，不是个完整的句子。这句之前和之后的法译文都有引号，只有这句没有，表明是作者有意为之。不知为什么，这两句烈维只译了这点，隐化了这两句的大部分。

毕尔把这两句都英译了（Beal，1878：29），弥补了烈维的缺译。原文只有两句，毕尔的英译文是五句，法译文如果正常译出篇幅不会比英文小。

后来魏查理的英译文"Buddha was all-knowing, and his nature highly benevolent. Compassionate to the world, he appeared in the world and revealed the meaning of the path. He explained it to the people by means of scriptural texts, in all 12 divisions. What was important, he composed separately several divisions. Four divisions, the Āgamas, were transmitted by Ānanda after Buddha had departed from the world. Regardless of the length of the volumes, they all mention the place：'Thus have I heard' where Buddha resided, and relate his teachings thoroughly."（Willemen，1973：211）就译得更清楚了，弥补了烈维和余丹的缺译。

序言第一篇1.3段原文"五部沙门"（T210，4.566b23），毕尔英译成"the Shamans"（Beal，1878：30）（笔者回译："那些沙门"），隐化了"五部"，余丹则把序言开头完全隐化（Yue，2006：58）。而烈维的法译文是"les śramaṇas des cinq écoles（d'après le Dictionnaire numérique, chap. XXVI, les cinq écoles［des Vinayas］五部 sont les Dharmaguptas, les Sarvāstivādins, les Kāśyapīyas, les Mahiśāsakas, les Vātsīputrīyas）"（Lévy，1912：218）。笔者回

译如下:"五个部派的沙门［根据《数法词典》第26章,(律藏)五个部派是法藏、说一切有、饮光、化地、犊子］"。烈维不愧为学术大师,不仅译出了毕尔隐化之处,且还指出自己的法译所依据的工具书。

魏查理把"五部"英译成"the 5 sects"(1973:211),还引用西方及日本最新学术研究并加注,翻译的方法和结果都与烈维一样。烈维和魏查理的译文可以弥补毕尔和余丹译文不足的地方就更多了。今天翻译《法句经序》不研究上述西方汉学家的译文,尤其是烈维和魏查理的译文,缺陷就太明显。

3. 隐化交叉

《法句经序》各汉外译本产生时代不同,其中还有目标语的不同,其隐化原文本的量和位置分布也不同,但文本居然还是有隐化的交叉或者重合的部分,这也就是大家不约而同的隐化。比如,"究畅其说""以"是除了魏查理之外三位译者的翻译隐化交叉点。

(1) 交叉点一

序言第一篇1.2段末句原文"究畅其说"(T210,4.566b23),其意是充分表达了佛法,"究畅"是充分表达的意思(见本书第一章第三节注释),"其说"指佛陀的教说。这四位译者中只有魏查理把它英译出来了,"relate his teachings thoroughly"(Willemen,1973:211),对其他三位译者而言都是隐化的交叉点。

(2) 交叉点二

序言第三篇3.2段原文"将焰虽善天竺语,未备晓汉,其所传言,或得梵语,或以义出音,迎质真朴"(T210,4.566c7-c8)。这句中的"或以义出音",烈维法译成"tantôt ne rendait que le sens même"(笔者回译:"或只译出意义本身")(Lévy,1912:206),余丹的英译文是"and at other times he relied on transliteration"(笔者回译:"有时他依赖音译")(Yue,2006:59)。烈维的法译文"tantôt"相当于原文的"或","ne...que"是仅仅的意思,"rendait"等于原文的"出",这些和"以"都没什么关系。

"或以义出音",魏查理的英译是"or he rendered the sounds according to the (general) meaning"(Willemen,1973:213),笔者回译:"或根据(大体上)的意义译出声音"。这样译,对原文"以"和"义"也是一种独到的解读。

余丹的英译文"and at other times"相当于原文的"或","relied on"与原文"以"和"义"都没有关系,"transliteration"相当于原文的"出音"。他们都没有译其中的"以"这个词,原文此处的"以"是为了的意思(汉语大字典编辑委员会,2010:137)。余丹"以义"两个字都没有译。

余丹漏译的"以义","以"是为了的意思,"义"就是意义的意思,直译就是为了意义,再根据此语境扩展就是为了保全原意而音译。

笔者认为,翻译这种信息量极少的原文,不能再去减少原信息量(隐化),而要适当增加原信息量(显化)。"以义出音"直译:"为了(保全)原意而音译"。笔者今译加了"保全"两个字。笔者增加这两个字的前提是不减少原文任何信息,上述烈维和余丹都漏译了原文的信息,且余丹还有误译。在不减少(包括不漏译)和误读原文信息的前提下,应当适当增加符合具体语境的信息。当然这样增加是否恰当,只有让学术界来裁定。

以上两个隐化交叉点是两位西语译者不约而同都没有翻译即完全隐化的重合点。今天我们翻译《法句经序》假如也跟着前人隐化,就是不思进取。定位该序言以往不同译者的隐化交叉点可以确定今天翻译该文本的制高点,占领了这些制高点我们才有可能处于该序言翻译的最高水平。

(二)显化策略

显化(explicitation)是一种与上文隐化完全相反的翻译方法(Vinay & Darbelnet, 1995: 344),就是原文的显在意义在目标语中要有明确和有效的表达,即原文显在,译文应该显化,有时原文隐含的意义也应该显化,否则就是显化无力。

1. 显而更显

序言第三篇3.2段原文"其所传言"(T210, 4.566c7 - c8)译成现代汉语意思是"他口译所传出的言语"。烈维法译"Ce qu'il transmettait verbalement"(Lévy, 1912: 206),笔者回译是"他口头传译之言",这样把原文的意思译得很清楚和准确,烈维的显化成功。魏查理的英译文是"In the words transmitted by him"(Willemen, 1973: 213),笔者回译是"在他所传的言辞中",比烈维译得模糊,但比下面余丹译的"When he translated"(Yue, 2006: 59)(笔者回译:"当他翻译时")更清楚。三位译者相比较,烈维译得最清楚。

2. 显而无力/失败

序言第一篇1.2段原文"处佛所在"(T210, 4.566b23),毕尔的英译文"The place where the sermon was preached is also given, and the occasion and circumstances of it"(Beal, 1878: 30),回译是"佛说法的地点、机缘和环境也都有所交代"。原文只有四个汉字,不过是在佛那里的意思,毕尔的英译文很臃肿。而烈维这里两句都没有译,魏查理的英译文"where Buddha resided"

(Willemen，1973：211），回译是"在佛居处之所在"。魏查理的英译文显然比毕尔更为妥当，究其原因是毕尔英译文出现了原文没有的信息，属于显化失败。

1.3段原文"诸经为法言，《法句》者，由法言也"（T210，4.566b26）的今译是"上述佛经都是佛法之言，《法句经》当然也是佛法之言"。毕尔的英译文如下："But all these verses, without exception, are taken from some one or other of the accepted Scriptures, and therefore they are called Law-verses（or Scripture extracts）, because they are found in the Canon."（Beal, 1878：30）这句笔者的回译是"但所有这些诗句，毫无例外，选自这部或那部已认可的佛经，故而称为《法句经》（或者佛经摘录），因为都出自佛藏"。原文的因果逻辑关系在英译中完全扭曲，这句也属于显化失败的例子。

序言第三篇3.3段原文"明圣人意深邃无极"（T210，4.566c13-14），今译是"以圣慧证入正道是无极（无形无象、无声无色、无始无终、无可指名），而一般人的意识不过深邃而已"。烈维的法译文是"Il est clair que la pensée du Saint est profounde et mystérieuse au plus haut point"（Lévy, 1912：207）笔者回译："显然，圣人的思想深邃玄奥至最高点"。许里和的英译文："This (correspondence) clearly shows the unfathomable depth of the Saint's thoughts..."（Zürcher, 2007：48）笔者回译："这（一致性）清楚地表明圣人思想的无限深邃……"魏查理的英译文："It is clear that the ideas of the Saint are profound without limit."（Willemen, 1973：213）回译："显然，圣人的思想深邃无限。"余丹的英译文："This shows how fathomless and limitless the thoughts of the saintly sages are."（Yue, 2006：59）笔者回译："这表明圣人思想是多么无限地深不可测。"

以上四位译者都没有充分译出原文的意思：明圣无极与人意深邃之间的天渊之别，尤其是漏译"人意深邃"，把"无极"都按照字面意思解释，他们的译文都属于显化无力，有以下几个原因。

其一，他们给原文的断句是这样的："明/圣人意-深邃无极"。这样断句的错误在于首先打乱了原句的正常结构和韵律节奏，破坏了声音美，结构不稳，音韵平衡失调，谈不上美。支谦当时以其广博的学问名扬天下，隋费长房在其《历代三宝纪》卷五赞扬支谦："世称天下博知不出三支，谦该览经籍，莫不精究，世间伎艺，多所综习，遍学异书，通六国语。"（T2034，49.58c17-19）本章第一节说过，在支谦的时代，中土佛典汉译由质趋文，他开风气之先。支敏度《合首楞严经记》中赞扬支谦的翻译："以季世尚文，时

好简略，故其出经，颇从文丽。然其属辞析理，文而不越，约而义显，真可谓深入者也。"（T2145，55.49a25-27）他的佛典汉译很讲究文丽和美巧。翻译如此，肯定也善作美文。但以上那样断句就不算美文。

正确断句应该这样："明圣/人意-深邃/无极"。这就形成外包内的结构："明圣-无极"在外包住了"人意-深邃"，"明圣"在前，"人意"在后，二者形成强烈的对比。这里有两个主谓结构：明圣（S1）/人意（S2）+深邃（V2）/无极（V1）。整句由两个主谓结构组成，第一个是"明圣-无极"，第二个是"人意-深邃"，整句表示原因，紧接着那句"今传梵义，实宜径达"表示结果，即前句表原因，后句表结果的逻辑关系。这样上下两句文意才通畅，字词排列才对仗工整，才有声调铿锵、结构平稳和对比显著的效果。

这样断句，原结构排列的前包后、前优后劣的对比效果显著：明圣无极，人意深邃，"明圣"必然放在"人意"的前面。成佛为佛之道与普通凡人之意识之间有天渊之别，所以凡人传佛意最好不要掺杂加饰美化的私意，直接表达为妙。

其二，从语义上说，这两个主谓结构不能从浅层字面意义上解读，尤其对"明圣-无极"这个主谓结构要深刻地从佛教宗旨的层面进行解读。"明"和"圣"都是佛教术语。"明"的梵语是"vidyā"（巴利语"vijjā"），是"无明"的对称，指破除愚暗通达谛理之圣慧，于四圣谛可真实抉择现观的无漏圣慧。这里的"明"不是汉语字面意思。"圣"这里也是佛教用语，指证入正道（见本章第三节繁体原文注释）。笔者浅见，"明圣"是当时中土佛门的行话，指的是得到佛教所说的智慧（明），超凡入圣而成佛（圣）。超凡入圣这样的学问和实践是"无极"。"无极"典出《老子》："为天下式，常德不忒，复归于无极。"道家以此指形成宇宙万物的本原，以其无形无象，无声无色，无始无终，无可指名，故曰"无极"。

其三，这全句是支持天竺僧人维祇难的质派（"坐中咸曰"）所说的话，根据《法句经序》，维祇难不通汉语，他本人的天竺语原话无从查考，而他的支持者的这番话被支谦在序言中这样记录了下来。三国时代属于中土佛典翻译初期，民间对佛与道的区分不甚清楚，佛典译者要表达外来佛教概念，在中土佛门内没有现成省力的概念可用，只好借助道家的概念。这里用出自老子的"无极"形容佛教之道，也符合前述支谦佛典翻译的手法特点。

整句的意思是成佛为佛之道无极（无形无象、无声无色、无始无终、无可指名），而普通人的意识之根据和作用不过深邃而已。所以，现我辈传译外

语的佛陀经义确实该直接表达。

许里和英译句中加的这个主语"This（correspondence）"是原文没有的含义，且文内外都不存在这个意思，译文显化失败。余丹加的主语"This"（这）放回原文，到底指代什么？前面有两拨人说话：一是维祇难间接引用佛言，然后亮明自己的观点；二是译场上众人（"坐中咸曰"）引用老子和孔子的话然后亮出自己的观点。如果指前文所有人的话，"this"是个单数的指示代词，承受不起；如指前面某一个人所说又显得太单薄。总之，这个"this"无法与前文的文气和内容相衔接。文内文外都没有的"this"（这）出现，也是英译文显化失败的例子。

序言第三篇 3.2 段原文"以义出音"（T210，4.566c8），今译："为了保全原意而只译出其语音"。烈维的法译文："ne rendait que le sens même"（只译出意义本身）（Lévy，1912：206）。魏查理的英译文："rendered the sounds according to the（general）meaning"（Willemen，1973：213），回译是："根据（大体）意义译出了声音"。增加了"大体、大致"（general）的意义。余丹英译文是"he relied on transliteration"（笔者回译："他依赖音译"）。

烈维增加的是"ne...que"（仅仅、只）和"même"（本身）。余丹擅增原文没有的"relied on"（依靠、依赖）。魏查理增加了"大体、大致"（general）的意义。上述四位译者增加的含义在原文四个字的文本内外都没有，属于翻译显化失败。

3. 各显其能

序言第二篇第 2.3 段原文"虽不能密"（T210，4.566c4）的"密"，烈维法译只用了一个法语单词"approfondir"（Lévy，1912：206），意思是加深、加强、深化或深入研究（陈振尧等，1998：158）。汉字权威工具书说："密"的其中一个义项就是"深，幽深"。《字汇·宀部》："密，深也。"《易·系辞上》："退藏于密。"韩康伯注："言其道深微，万物日用而不能知其原，故曰退藏于密。"（汉语大字典编辑委员会，2010：1008）烈维这样译也非无本之木，在上下文中也说得过去。

魏查理把此处的"密"英译成"to attain such close accuracy"（Willemen，1973：212），笔者回译："获得如此接近的准确性"。"密"确实也有接近和亲近的意思。（见本章第三节繁体原文注释）

余丹英译有点长，用了 11 个英语单词，"deliver the same tight reasoning and the full density of meaning"，笔者回译："进行同样严密的推理和形成意义完全相当的复杂程度"。"密"有"细致、周严"的意思。（见本章第三节原

文注释）这样译还是有学术的根据，与这语境也相符，只是发挥得多了一点。

可见翻译此处的"密"，三个译者译文都不同，但其翻译都有根据。由于原文提供的信息很少（一个汉字），早期相关中土佛典翻译留下的资料也很少，译者只有根据语境和相关汉字工具书建构译文，他们都显化成功，各显其能。

4. 有显有隐

这是一种既显化又隐化，二者同时并用的翻译策略和方法。序言第三篇 3.1 至 3.3 段原文："始者维衹难出自天竺，以黄武三年来适武昌。仆从受此五百偈本，请其同道竺将焰为译。将焰虽善天竺语，未备晓汉，其所传言，或得梵语，或以义出音，迎质真朴。初谦其为辞不雅。维衹难曰：'佛言"依其义不用饰，取其法不以严"。……'"（T210，4.566c4-10）这是四句话，毕尔仅用了两句英文浓缩翻译（condensation），这是既显化又隐化原文。

毕尔浓缩英译文："The present work, the original of which consisted of 500 verses, was brought from India in the third year of the reign of Hwang-wu (a. d. 223)①, by Wai-chi-lan, and, with the help of another Indian called Tsiang-im, was first explained, and then translated into Chinese. On some objection being made as to the inelegance of the phrases employed, Wai-chi-lan stated 'that the words of Buddha are holy words, not merely elegant or tasteful, and that his Law is not designed to attract persons by its pleasing character, but by its deep and spiritual meaning.'..."（Beal，1878：30）。

笔者回译："现由 500 偈构成的原本是维衹难在黄武三年（公元 223）从印度带来，在另一位印度人竺将焰帮助下先口头解释，然后笔译成汉语。针对某人反对其译语措辞不雅，维衹难宣称：''佛言乃圣言，不仅文雅有品位，且开创佛法并非为了以其迷人的外表吸引人，而是靠其深刻的精神内涵"。……'"

用这两句英译文浓缩总结原文这五句的内容确实很精练，显化了部分信息但略去了很多细节。这部分是后来中国学者，尤其是文学研究学者极为关注、大书特书的一段，含有《法句经》吴译本生动又宝贵的第一次汉译过程细节。毕尔就这样以猛火蒸馏原汤的方法处理，原汁原味和稀有微量元素都消失殆尽，这说明他对这些翻译细节没有太大的学术胃口。

---

① 黄武三年应该是公元 224 年，毕尔英译差了一年。关于误译，后文"外译错误"小节有专门论述。

另外，序言第五篇只有四句话："昔传此时有所不解。会将炎来，更从咨问，受此偈辈，复得十三品。并校往古，有所增定，第其品目，合为一部三十九篇，大凡偈七百五十二章。庶有补益，共广问焉。"（T210，4，566 c22 - 26）毕尔也是用英语浓缩翻译，仅保留了基本信息："Finally, the work of translation was finished, and afterwards 13 additional sections added, making up the whole to 752 verses, 14,580 words, and headings of chapters, 39."（Beal, 1878：30）笔者回译如下："最后译作完工，之后增加了另外13篇，全经共增补到752偈，14580个词，篇题为39个。"从其英译文分析，明显是既有显化又有隐化的综合策略。

（三）归化策略

序言第二篇2.2段原文"又诸佛兴，皆在天竺"（T210，4.566b29），今译："而且各位佛往往都出现在天竺"。"诸"此处是众、各个的意思。所以"诸佛"就不止一位佛。

《中华佛教百科全书》第五册说：南传佛教一般都只把释尊当成佛宝来崇拜。实际上，原始佛教时代已不只把释尊一人当作佛陀。相传在过去世中已有佛陀出现，也同样说法，并化导救度众生。相传在释尊以前有六佛出现，加上释尊就是过去七佛。释尊之后将有未来佛弥勒出现。这种见解在原始佛教时代就产生了。过去七佛是毗婆尸佛、尸弃佛、毗舍浮佛、拘留孙佛、拘那含牟尼佛、迦叶佛、释迦牟尼佛。在《长阿含》《大本经》（巴利《长部》第十四经）中即已记载释尊听说的七佛思想。到了部派佛教时代，该部派则说在过去七佛之前也有许多佛存在。于是越说越多，过去佛的数目和名称也因部派的不同而有所差异。例如巴利佛教，在过去七佛之前又另立十八佛，故有二十五佛。或者在十八佛之前又立三佛，于是就有了二十八佛。（蓝吉富，1994：2272）从原始佛教进入部派佛教的时候，许多部派都曾主张过去、现在、未来三世有很多佛陀出现说法，在部派之中，大众部一派认为除了释迦佛出世的娑婆世界之外，十方（四方、四维、上下）种种的世界都同时有佛陀出现。佛教主张一个世界只有一佛，不能有两佛同时出现，但若不在同一个世界，则可能有许多佛同时出现。上述大众部的"现在多佛说"是就十方的多数世界而立论。大乘佛教也是上述大众部说法的进一步发展，而主张三世十方有无数佛陀出现。（蓝吉富，1994：2273）所以，无论大小乘佛教所说的佛都不只一个。

烈维把此处的"诸佛"法译成"les Bouddhas"（Lévy，1912：206），意

思是那些佛，这与佛教的学说是一致的。魏查理把"诸佛"英译成"the Buddhas"（Willemen，1973：211），这与烈维的译法一样。

接着，我们再来看佛教关于佛身的学说，因为余丹英译"诸佛"涉及此说。关于佛身，《中华佛教百科全书》第五册记载：

> 到大乘佛教时，有关佛陀的探讨就成为哲学化的考察。关于佛身，即有二身说、三身说、四身说等三种说法。
>
> 此中，二身说是指法身与生身两种。法身是指佛陀的本质——法，将法具体化为理想式的佛身。生身就是父母所生身，这是指生在释迦国迦毗罗城的释迦佛。
>
> 三身说有多种，一般的说法是：（1）法身、报身、应身的三身说。（2）自性身、受用身、变化身的三身说。四身说是将第一种三身说分为应身与化身而成为法身、报身、应身、化身等四身。……兹依三身说，略释如次：
>
> （1）法身（dharma-kāya）：将佛陀所说的真理加以人格化而形成的真理佛，就是法身。最初在原始佛教与部派佛教主张有"五分法身"，包含戒、定、慧、解脱和解脱知见等五种教法。在这种情形下的法身，指"法的集积"。其中的"身"（kaya）就是"集积"的意思，此与"身体"的"身"，意义不同。……
>
> 到了大乘佛教时代，将遍满宇宙的法（真理）加以人格化，而将做为真理体现者的理想佛身称为法身。这并不是透过修行而证果的佛陀，而是本来法尔（自然）存在的理佛。可是这个法身也不只是理法而已，而是理智不二的。……
>
> 做为信仰对象的法身佛主要是上面的第三种，像真言宗所说的大日（Mahāvairocana，大毗卢遮那）如来，和《法华经·如来寿量品》中所说的常住在灵鹫山的释迦牟尼佛等，都是这种法身佛。……
>
> （2）报身（sambhoga-kāya）：又译为受用身，又称为等流身（nisyanda-kāya）。是从法界等流而来的佛身，亦即等同法界而流入的理想佛身之谓。所谓报身是指菩萨经过波罗蜜的修行与誓愿的完成，而得到报果后成为完全圆满的理想的佛陀。又称为受用身，是指受用善根功德报果的佛身。……可是报身的说法对象是初地以上的菩萨，所说的是第一义的甚深教法，地前的菩萨与凡夫都不是报身说法的对象。……
>
> 做为信仰对象，实际上被尊崇的报身佛有阿弥陀佛（Amiāyus、

Amitābha）和药师佛（Bhaiṣajya-guru），还有，日本奈良东大寺的大佛——卢舍那佛，也可以看作是报身佛。

（3）应身（nirmāṇa-kaya）：又译为化身，又称为应化身。就是为了配合教化对象的需要，而变化成种种形象之佛身。这与报身相同，并不是遍历三世十方、普遍存在的完全圆满的佛身，而只是在特定的时代与地域，为了救渡特定的人所出现的佛陀。两千五百年前在印度出现的释迦佛就是应身，以过去六佛为始的多位佛陀以及未来的弥勒佛都是一种应身。

…………

另外，应身同时也可区分为应身与化身两种。在这里应身是为了适应对方、化导对方而显现出一种比较适当的形象来说法的佛陀，也是具有三十二相八十种好等相的佛身。相当于在特定时代与地域出现的佛陀。

所谓化身是不具备相好而以各种形象来救渡众生的佛身。所显现的形态有时候是凡夫，有时候则是梵天、帝释、魔王、畜生等形态，在五趣（天、人、饿鬼、畜生、地狱）之中现身说法。（蓝吉富，1994：2273 - 2274）

笔者上面大段引用佛教专业工具书关于佛身的论述有两个意图：一是想向读者显示翻译涉及佛教专业知识的名词很复杂，是深度翻译；二是余丹把"诸佛"英译成"the incarnations of the Buddha"（佛陀的各个化身）（Yue，2006：59）的根据是大乘佛教的上述学说，也说得通，试图深度挖掘其深层的佛教含义。

但是，上述佛身第三种是应身（梵语"nirmāṇa-kaya"），又译为"化身"，又称为"应化身"，译成英文应是"the body of transformations"（Williams，2013：556）。笔者感到困惑的是，佛陀的各化身用英文单词"incarnation"表示是否合适？这个单词首字母大写再在前面加定冠词"the Incarnation"就是基督教的中心教义——道成肉身（《基督教词典》编写组，1994：99）。用这个词英译佛的化身，向英语归化的力度很大，基督教气味太浓。再者原文毕竟只有"诸佛"两个词，虽说余丹的英译法与上述烈维和魏查理的译法相比较也并不违背佛教学说，但烈维和魏查理的译法既符合佛教学说又简明扼要。

四、现有译本的若干问题

（一）不同的原文版本导致译文不同

序言第二篇 2.3 段原文"实得其体"（T210，4.566c3），烈维法译"ont atteint la substance même"（Lévy，1912：206），"实"转换成了"même"（此处为形容词，放在名词后是自己、本身的意思），"得"是"ont atteint"，与英文的"have achieved"意义相当，还有"打中了，击中"的意思，"其体"译为"la substance même"（其要旨本身或其本体/主体本身）。

魏查理把它英译成"truly reached its essence"（Willemen，1973：212），"实"即"truly"，"得"即"reach"，"其体"即"its essence"，这样译明显与烈维是一个路子。

余丹把其中的"实"英译为"through great caution"（极其慎重地），然而只有"审"字有这个含义（汉语大字典编辑委员会，2010：1024）。这表明余丹用的原本不是"实"，因为罗新璋辑录的序言也出自《出三藏记集经序》卷七（罗新璋，1984：22）。她把"得"英译为"achieved"（获得、实现），"体"英译为"appropriate form and style"（适当的形式和风格），连起来"审得其体"就是极其谨慎地实现了适当的形式和风格。"体"的解读也与上述烈维和魏查理不一样。

序言第二篇 2.3 段原文"犹常贵其宝"（T210，4.566c4），烈维没有译，只译出了"粗得大趣"："mais il faut reconnaître qu'ils rendaient en gross l'essentiel"（Lévy，1912：206）。魏查理非常准确地把它英译了出来："they nevertheless usually had a high regard for what was precious"（Willemen，1973：212）。

余丹的英译文是"were still able to concentrate on the substance"（还能注重其实体）（Yue，2006：59）。英语单词"substance"只有在指哲学上的实体、本体和本质的时候与汉语的"实"的哲学义项完全对应，在此意义上"实"与"名"相对，比如《庄子·逍遥游》："名者，实之宾也。"这又说明余丹用的原本与魏查理不一样。

序言第三篇 3.2 段原文"迎质真朴。初谦其为词不雅"（T210，4.566c8 - c9），烈维法译成"sincère, d'une exactitude un peu rude"（恳切，准确得有点生硬）（Lévy，1912：206）。原文"迎"在此处本身令人费解。"质"烈维译成了"rude"（粗简）。"真"他译了两遍，"sincère"（恳切）和

"d'une exactitude"（准确）。"真"确实有真诚的意思（见本章第三节繁体原文注释），也有"正"（d'une exactitude）的意思，译为"准确"也顺理成章。魏查理把"迎质真朴"英译成"His approach to the matter was truly ungainly"（Willemen，1973：213）。回译："他处理此事实在不优雅不顺手"。

下文的"谦"也令人费解，烈维法译文："je me sentis choqué de"（我对……感到生气/恼火）（Lévy，1912：206）。魏查理的英译文："I was displeased with"（我对……感到生气）（Willemen，1973：213）。笔者认为，此处"谦"字的翻译，烈维和魏查理都参考了梁代僧祐《出三藏记集·法句经序》卷七序言（T2145，55.49a13），此处是"嫌"字，就有生气或不满的意思。这里又是原本不同导致译文不同。

原文这句："是以自偈，受译人口，因修本旨，不加文饰，译所不解，则阙不传。"（T210，4.566c14 – c16）烈维的法译文："C'est-à-dire qu'en recevant les gāthās de la bouche du traducteur, on se conforme alors à l'original et on n'y ajoute pas de fioritures. Ce que le traduction n'explique pas, on le laisse de côté sans le transmettre."（Lévy，1912：207）笔者回译："因此从该译者处接受其口传的偈子，总是遵循原本并不加文饰。其译言有所不解之处则放在一边不译。"

魏查理的英译文："Therefore, after having received the gāthās from the mouth of the translator, one must then cultivate their fundamental purport, without adding embellishment. What the translation does not convey, remains wanting and untransmitted."（Willemen，1973：213）回译："因此，从译者之口接受偈子以后，必须善养主旨，不加文饰。译所未传，则缺而不译。"

余丹英译："That is why I now write down only the words spoken by the Presiding Translator and I follow the original theme of the sutra without refining [wén 文] it with embellishment [shì 饰]. Anything the translator does not understand will be left blank and not transmitted."（Yue，2006：59）笔者回译："因此我现在只写下主译的口出之辞，且遵循该经原本之旨而不加文饰，凡译者不懂之处皆忽略不译。"

从以上三个译文可以看到，只有魏查理完全按照原文翻译，而烈维和余丹在翻译"因修本旨"的"修"时参照的是《祐录》的"循"（T2145，55.49a18）。这里又存在着原文版本不同导致译文不同的问题。

序言第三篇3.5段原文"事钩众经"（T210，4.566c17 – 18）的"钩"，烈维译成"un juste équilibre"（适当的平衡）。从这个法译文可以看到，烈维

用的是《祐录》的"均"字，《汉语大字典》上该字第一个义项就是这个平衡的义项（见本章第三节繁体原文注释），但放在此语境，说各章通过（由于）众经的适当均衡分布，与上文的意思不太相符，上文明明是说《法句经》内容都来自众经，再者这样译还漏译了原文的"事"。

笔者认为此处的"均"是等同的意思，也是《汉语大字典》上该字的一个义项，这样"事均众经"可以直译为"内容等同于众经"。这就与上文理路相符，"事"转译为内容之意。魏查理用"When one searches throughout the scriptures"（Willemen, 1973：213）来译"事钩众经"。从上述烈维和魏查理的译文来看，这里也有原本不同导致译文不同的问题。

（二）前后所译不同

序言第二篇2.1段原文"葛氏传"（T210，4.566b27），烈维法译"M. Ko 葛氏 a transmit"（Lévy, 1912：206），魏查理英译"Mr. Ko has transmitted"（Willemen, 1973：211），动词都是传译或翻译的意思。但余丹把"葛氏传"英译成"were passed down from someone with the surname 'Ge'葛"（Yue, 2006：58-59）。英语的"pass down"只有传下的意思，没有翻译的含义。笔者以为在原文语境，此处的"传"不是传下而是译传的意思，烈维和魏查理译得更好些。

序言第三篇3.3段原文："其传经者，令易晓，勿失厥义，是则为善。"（T210，4.566c10-11）这句笔者的今译是："佛陀的传译经典者应当使所译之经易懂且不失原意，这才是好翻译。"

烈维法译："Ceux qui transmettent les textes canoniques doivent les rendre faciles à saisir, pour qu'on ne perde rien du sens; et alors c'est bien."回译："传译佛典者应该使之容易理解，以致不失原意，这才是好翻译。"烈维这样译中规中矩，原意没有损失和扭曲。

魏查理英译："When those who transmit the scriptural texts ensure that they are easily understood, and that their meaning is not lost, then they are skilful."（Willemen, 1973：213）回译："当传译佛典者确保译文易解且不失原意的时候，那么这样的译文就是在行的翻译。"

余丹英译这句的方法与烈维和魏查理都不同："If a sutra translation is easy to understand and no meaning is lost, then it is a good translation."回译："佛经译本若易懂且不失原意，那么这才是好翻译。"

原文当中的"其"意思是"他的"，即佛陀的意思。"者"在文言中与其他词语搭配形成以"者"字结尾的短语，可以表示人、事、物、时间等。（汉

语大字典编辑委员会，2010：2972）此处明显表示人。"其传经者"直译就是"他（佛陀）的传（承和翻译）经典之人"，这是整句的主语。这个行为的主体在余丹的英译文中没有了，变成了"a sutra translation"（一个佛经译本）。而且在原文这个"动词+宾语+者"的结构中，宾语"经"也是下文"令易晓"中使令动词"令"的兼语，如忽略了动词"令"，下文"易晓"和"勿失厥义"的主语就不好找了。

原句的谓语是"令"，"令"是使或让的意思（汉语大字典编辑委员会，2010：143），是文言常用的一个使令动词，与汉语一般动词的相同点是后接名词（包括名词性成分）和代词作宾语；其不同点是在后接的名词或代词宾语之后还要再跟上一个动词，作为该名词或代词宾语的述语形成使令结构。在这种结构中使令动词的宾语同时又是后接动词的主语，故称为兼语，因此这种使令结构组成的句式又称为兼语句，其基本结构是"V1（使令动词）+兼语+V2（陈述部分）"。在语义上很关键的是 V1 和 V2 之间通常存在着因果关系，V2 作为兼语的陈述部分一般表示使令动词的动作要达到的目的或结果。余丹没有英译"令"，相关的语义和语用都没有了。

原文这句的直译："佛陀的传经者（主语）应该使（V1）［所传之经］（兼语——笔者注：原文承前省略）容易懂且不失（V2）原意，这（指'易晓'和'勿失厥义'）才算好"。笔者认为，这句话中行为的主体是绝对不能少的，因为维祇难这样说有针对性，明确针对说话者维祇难、支谦等《法句经》译场上的人，尤其针对支谦。全句主语不译，便会失去针对性。相对照的是，这句英语句子的主语是"a sutra translation"（一个佛经译本），加上后面的一般现在时形式的动词，句子是在说一个佛经译本总是应怎样。英译文这种叙述方式的转变当然也使原意有所变形。

总之，余丹的英译文隐化了原句主语"其传经者"，这是第一大损失。不译原句的谓语"令"是第二大损失。那么，这句英译文就有两大损失。加之原句是主动句，英译是被动句，叙述方式转变导致原意变形。我们再对照烈维的法译文和魏查理的英译文，就可以看到余丹此处英译隐化策略的明显失败。

（三）译者理解不同导致译文不同

序言第三篇 3.3 段原文"取其法不以严"（T210，4.566c10），笔者今译是"听从他的法不用他外在的装束"。烈维法译文："si on prend sa loi, ce n'est pas pour la parure"（Lévy，1912：206），回译："若取其法，这不是为了装饰"。魏查理的英译文："Take their doctrine without embellishment"（Willemen，

1973：213），回译："取其教义不要装饰"。余丹英译文："transmit the truth without being too strict［yán 嚴］with the means and method"（传其真理而不要太拘泥于方式方法）。

笔者认为，"取其法不以严"这是下半句，与上半句互文。"依其义不用饰，取其法不以严"上下句对仗，既互文生义又相互规定，上面的"依"是遵循的意思，也规定下面的动词"取"，也应该是遵循的同义词，恰恰"取"也有听从的意思（见本章第三节注释）。英语单词"transmit"指传输、转送、传达，其基本意义是输送，用在这里与原意不符。汉字"取"绝没有传输、转送、传达这些义项，这样英译不讲训诂。

原文上句的"饰"也影响和规定了下面的"严"，应该是装束的意思。《汉语大字典》里，"严"也有装束的含义，还举证以《府诗集·杂曲歌辞·焦仲卿妻》："鸡鸣外欲曙，新妇起严妆。"（汉语大字典编辑委员会，2010：757）再者，这句佛言的原出处笔者查到是支谦译的《佛说维摩诘经·十三法供养品》卷二（见本章第三节注释）。其中，上句的"严好"与下面的"文饰"对举，加之"严"与"好"同位并用，意义应该相似。所以用英语单词"strict"（严格、精确、严厉）翻译此处的"严"并不恰当。"transmit"和"strict"都是原文内外皆无的意思。余丹对原文的解读显然与烈维和魏查理都不一样。

（四）外译错误

序言第二篇 2.1 段原文"译人出之，颇使其浑"（T210，4.566b28），毕尔把其中的"译人"英译成了"men"（有人）（Beal，1878：30），"出"成了"say"（说）（Beal，1878：30），是英译的瑕疵。从《法句经序》本身就可以看到，"译人"指当时佛典译场上进行外汉语言转换的人，"出"应该是"译出"的意思。毕尔还把这句末尾的使动结构"颇使其浑"（使之颇为模糊凌乱）英译成了"there is no meaning at all in them"（其中根本无义）（Beal，1878：30），译错了。与毕尔的翻译相对，烈维把"译人"法译成"le traducteur"（Lévy，1912：206），魏查理英译成"the translators"（Willemen，1973：211），后二者才是正确的。

序言第二篇 2.2 段原文"其文难闻"（T210，4.566b28），毕尔译成了"the words of Buddha are naturally hard of explanation"（Beal，1878：30），回译："佛言必然难以解释"。他把其中的关键动词"闻"误译为解释。甲骨文的"闻"字（）本像人之跪坐以手掩面倾耳以听外警（汉语大字典编辑委

员会，2010：4371），总以听的感官作用为主。此处"闻"是听到的意思，根本没有解释的意思。烈维法译的"闻"是"entendre"（Lévy，1912：206），与魏查理的英译文"hear"（Willemen，1973：211）都是听见的意思，都很正确。

序言第二篇 2.2 段原文"云其书为天书"（T210，4.566c1）中的"书"，毕尔英译为"the books"（1878：30）。这里的"书"不是书本的书，而是文字的意思。烈维的法译"l'écriture"（Lévy，1912：206）和魏查理的英译"the writing"（Willemen，1973：211）都是文字的意思，毕尔显然译错了。

序言第二篇 2.3 段原文"安侯世高"（T210，4.566c2），烈维译成了"le marquis An 安侯，Che-kao"（Lévy，1912：206），回译："安侯、世高"，这就成了两个人。"安侯世高"就是安世高，由于他早先是安息国王子，所以也称为安侯。《出三藏记集·安世高传》云："安清，字世高，安息国王正后之太子也。……高本既王种，名高外国，所以西方宾旅犹呼安侯，至今为号焉。"（T2145，55.95a7；c16-17）后来慧皎的《高僧传·安清》（T2059，50.323a24；324a1-2）也是这样说的。烈维这样译，错了，是疏于考证所致的翻译硬伤。魏查理的英译文"Shih-kao, Lord of An"（Willemen，1973：211）还带有一个详尽的注释，余丹的英译文"An Shigao 安世高"（Yue，2006：59），就避免了烈维那样的误译。

序言第三篇 3.1 段原文"黄武三年"（T210，4.566c5），毕尔英译："the third year of the reign of Hwang-wu（a.d.223）"（Beal，1878：30）。黄武三年应该是公元224年，毕尔英译差了一年。烈维（Lévy，1912：206）、魏查理（Willemen，1973：212）和余丹（Yue，2006：59）的译文都没有误差。

此处原文的"受"（T210，4.566c6）余丹英译成"studied"（研究了）（Yue，2006：59）。此处的"受"字是"得到"的意思，没有研究的义项（汉语大字典编辑委员会，2010：890-891），这是误译。烈维的法译"ai reçu"（得到了）（Lévy，1912：206）和魏查理英译的"received"（收到了）（Willemen，1973：212）才是对的。

原文"同道"（T210，4.566c6）余丹英译为"co-worker"（同事），烈维法译的是"compagnon de route"（旅伴），魏查理的英译是"his confrere"（Willemen，1973：212）（同行、同事）。"同道"当成一个词有同事的意思。《汉语大词典》说："犹同行"。但最早的用例出自元代的《七国春秋平话》卷下。此外，也有同路的意思。（汉语大词典编辑委员会、汉语大词典编纂处，1989a：119）

但是，笔者以为"同道"在原文里不是当一个词用，而是分开用，"同"

就是相同,"道"就是道路的意思,二者连在一起就是同路人之意。笔者这样分析有个旁证,唐代释圆照的《贞元新定释教目录》卷三曰:"沙门竺律炎,中印度人也,解行清励、内外博通,与维祇难同游吴境。维祇卒后,以孙权黄龙二年庚戌,于扬都译摩登伽等经四部。其名群录不同,或云将炎,或云持炎,云律炎,未详孰是,故备列之。"(T2157,55.785a14-18)其中的"(竺将炎)与维祇难同游吴境"可以给这里的"同道"注脚。所以,笔者认为以上烈维的法译更好。

许里和把序言第三篇3.3段原文"佛言"(T210,4.566c9)英译成"words of the Buddha"(佛的言说)(Zürcher,2007:48),是偏正词组结构,"Buddha"在介词"of"作用下成了起修饰和限制作用的词,"words"为中心词。许里和说,这句似乎不应是佛陀的原话,"佛言"应两字合一,是一个词,译自巴利语"buddhavacana"①。(Zürcher,2007:335)但是如上文所述,笔者找到了这句佛言的出处,间接引自支谦译《佛说维摩诘经》卷二《13 法供养品》。再者,此处的"佛言"也不可能是巴利语的。笔者在本章第一节说过支谦只懂梵语,没有文献证明他懂也属于天竺语系列的巴利语。烈维把原文"佛言"法译成"Le Bouddha a déclaré"(佛曾说)(Lévy,1912:206)与原意相符。此其一。

其二,这句"依其义不用饰,取其法不以严"有必须做什么不做什么的强烈的告诫口吻,是祈使句。第一个告诫"依其义不用饰",许里和英译成"As to the words of the Buddha, we are concerned with their meaning, and do not need to adorn them"(笔者回译:"至于佛言,我们关心的是其义,而无须修饰它们")(Zürcher,2007:48),告诫语气荡然无存。第二个告诫"取其法不以严",英译成"the grasping of the doctrine they (contain) is not effected by adding embellishment"[笔者回译:"领会其(所含)法义不由加饰来实现"](Zürcher,2007:48),都没有告诫的语气。

其三,正确解读汉字的意义应该遵守训诂学的规律。比如,第一个告诫"依"字,汉字字典上根本就没有关心、关切和在意(concerned)的义项。第二个告诫的"取"字也根本没有理解、领会这样的义项。

其四,这整段引用前圣之言来证明自己的观点。开头是"佛言",接着"老氏称",最后是"仲尼亦云",尤其是最后这个主谓结构中的"亦"这个

---

① Buddhavacana: a Pali word means the word or teaching of the Buddha. (Davids & Stede, 2008: 490)

词表明这里写作的体例和口气是前后一致的。

鉴于以上的原因，原文的"佛言"本身应该是佛陀说过的意思，不是佛经的一部分，是主谓式，后面跟的宾语才是间接引用的佛陀之言。这还是应该按照烈维的译法，许里和的译法欠妥。

序言第四篇 4.1 段原文"启蒙"（T210，4.566c20），烈维译成"peut dissiper l'obscurité"（笔者回译："能消除蒙昧"）（Lévy，1912：207）。"启蒙"是个多义词，确有消除蒙昧的意思，但还有使初学者得到基本的、入门的知识（见本章第三节注释）的意思，根据此处的语境应取后者而不是前者。再者，如取前者，与下文紧接着的"辩惑"意义重复。魏查理的英译"can reveal what is indistinct"（挑明不清楚的地方）（Willemen，1973：213）与烈维译的差不多，都还欠点火候。

序言第五篇 5.1 段原文"更从"（T210，4.566c23）是再、又或复的意思，没有烈维法译的"àu tour de"（笔者回译："轮到"）（Lévy，1912：207）的意思，应该是魏查理英译的"further"（Willemen，1973：213）之意。

原文 5.2 段最后一句"庶有补益，共广问焉"（T210，4.566c25-26），"庶"是众多，"共"即皆，"广"即扩大，"问"此处费解，应从《祐录·法句经序》的"闻"入手，即知识，全句直译："（此经最终）多有补充，皆扩大了（对此经的）认识"。烈维法译文"S'il y a encore à ajouter, nous attendrons de nouvelles informations"（既然还有补充，我们期待着新信息）（Lévy，1912：207），全句都译偏了。魏查理的英译文："Possibly there are things to be added, and I will make a collective and far-reaching investigation into it."（笔者回译："可能有补充，且我会综合地和深远地研究它。"）这与烈维的法译一样译偏了。

本节结论

我们今天翻译 T210《法句经序》要注意翻译策略，采用原底本不能只拘泥于吴本序言，还要参照《祐录》卷七 T2145《法句经序》，也要研究以往欧洲汉学家尤其是烈维和魏查理的汉外翻译。而余丹的英译，既采用不可靠的底本，又不见其研究以往汉学家的汉外译本，其英译文的缺陷就很明显。

第六节　《法句经序》的历史地位

三国吴黄武三年（224）天竺僧人维祇难带来原本，竺将炎汉译口述、支

谦笔受所形成的吴本《法句经》第一次译本，后来又得到新的"十三品"原本进行第二次汉译，两次译本合编修订后支谦为之作序。该序是学界公认的中国最早的翻译论，如上钱锺书所说古代翻译理论由此始"发头角"。笔者转换研究该序的理论视角（黄小芃，2015：11-15），认为在国际视野下应对该序言进行更恰当的历史评价。

根据《中国佛教通史》第一卷，《法句经序》不仅是中国最早的"译经理论文章"（赖永海，2010：205），而且是世界最早的"译学文献"（赖永海，2010：205）。早在20世纪30年代，罗根泽就说《法句经序》是中国最早的翻译论。（罗根泽，2003：265）到目前为止还没有发现比《法句经序》更早的完整成篇的翻译论。以完整成篇翻译论为标准考察中国古代翻译理论史，《法句经序》的确是中国最早的，这毫无疑问，但是否为世界上最早的完整译学文献，还需要翻译学研究之后才能下结论。如果把西方翻译理论史在文艺复兴（14—16世纪）前的部分定为古代部分，以《法句经序》为焦点，依然以完整成篇的翻译论为标准作横向对比，才能有助于确立《法句经序》在中西古代翻译理论史上的地位。

一、《法句经序》与西方《阿里斯狄亚书简》的写作时间

古希腊历史学家希罗多德（Herodotus）在公元前5世纪写下了其名垂青史之作《历史》（*Histories*，又译《希腊波斯战争史》），20世纪90年代以前从未有西方学者在这本书中发现译论。而今美国学者道格拉斯·罗宾逊居然在其中发现了两段有关翻译的史料，放在其西方翻译理论读本《西方翻译理论：从希罗多德到尼采》之首（Robinson，2006：1-4）。故而他把西方翻译理论史的开端从以往学界认定的公元前1世纪的西塞罗（Cicero）再向前推了400年。这两段史料，正如罗宾逊所说，一段是关于埃及女祭司被腓尼基人绑架并贩卖为奴以后学会了如何用希腊语翻译她们的宗教；另一段是埃及小伙子被送去与希腊人一起生活后形成了一个"翻译群体"。"希罗多德根本没有讨论我们今天习惯称之为翻译理论的大问题。他没有教大家如何翻译，甚至不谈翻译的实际过程。……但希罗多德在此主要关注的问题之一在于跨文化交际：不同国家的人尽管说不同的语言，却在千方百计相互交流思想，并且他坚持把这个过程纳入地缘政治的背景之中。"（Robinson，2006：1-2）这两段西方译论固然很早，但不算完整的译学文献。

罗宾逊的这个理论读本收入了《阿里斯狄亚书简》（*Letter of Aristeas*）英译本节选，加上其英文简介共有两页半。（Robinson，2006：4-6）而笔者现

有的书简英译全本共有 50 多页。(Thackeray，1904：1 - 55) 该书简全篇值得我们注意，谭载喜也曾简要介绍了该书简的内容。(2004：14 - 15)

《阿里斯狄亚书简》是篇书信体长文，写成的时间西方学者还有争论，最早的上限定在公元前 200 年，晚一点的认为在公元前 96 至前 93 年，算是中限，最晚的定在公元 33 年，这是下限，但倾向于中限时间段。(Thackeray，1904：2 - 3) 谭载喜采用的是中偏上限的时间，说书简写成于"公元前二世纪"（谭载喜，2004：14），罗宾逊说书简写成于大约公元前 130 年 "around 130 B. C. E."（Robinson，2006：4），还是中偏上限的时间。书简作者阿里斯狄亚（Aristeas）是埃及王国亚历山大城的犹太人，写信给他的兄弟菲洛克雷茨（Philocrates），叙述了国王托勒密二世（Ptolemy Philadelphus）在位期间（公元前 285—前 247），七十二位以色列大学者，史称七十子，把《摩西五经》（即《圣经·旧约》前五卷）从希伯来语翻译成希腊语的经过。(Thackeray，1904：1 - 3)

支谦《法句经序》的创作时间序文本身很明确："始者维祇难出自天竺，以黄武三年来适武昌。"（释僧祐，1995：273）"黄武"是吴主孙权的第一个年号，"黄武三年"即公元 224 年，学界一致以此为序言的写成时间。《法句经序》是以佛经序言叙事为线索的翻译论，《阿里斯狄亚书简》也是有关宗教经典翻译的、书信体的完整文章，仅就其创作时间而论确实比《法句经序》早了几百年，即便按照《阿里斯狄亚书简》写成的下限时间计算也比《法句经序》早了 190 多年。

二、二者的篇幅和结构

《法句经序》在大藏经中不分段，经断句有约 699 个字（Microsoft Word 2010 统计），而 1995 年中华书局版《出三藏记集》经点校后序言分为两段（释僧祐，1995：272 - 274），笔者研究该序言后，如前文所述将全文分为 5 篇共 14 段。

《阿里斯狄亚书简》原本是希腊语，后有拉丁文译本，还有希腊语和拉丁语的对照本和英文译本。笔者采用的是权威的英文译本。英译本全篇有 50 多页，分为 8 部分。

第一部分关于《摩西五经》"翻译之缘起和最初的经过"（Thackeray，1904：5 - 16）；第二部分是"钦赐礼物的情况"（Thackeray，1904：16 - 20），详细描述国王送给耶路撒冷大祭司以利亚撒的礼物；第三部分是"耶路撒冷

及其邻近地区"（Thackeray，1904：20-27）；第四部分是"以利亚撒辞别七十子"前往亚历山大城，七十子皆从以色列12个部落精选而出（Thackeray，1904：28-29）；第五部分是"以利亚撒谈摩西律法"（Thackeray，1904：29-34）；第六部分叙述国王"在亚历山大城对七十子的盛大招待会"（Thackeray，1904：34-36）；第七部分是"七十子的妙对"（Thackeray，1904：36-52），叙述七十子回答国王的提问，国王连续7天举行接风宴会，头五天每天向10位以色列学者提问，最后两天每天向11位学者提问，每位学者都回答了国王的一个问题；第八部分是《摩西五经》的"翻译过程及其接受"。（Thackeray，1904：52-55）

所以，《法句经序》篇幅比《阿里斯狄亚书简》小多了，在《大正藏》中不到一页，只有一栏半的篇幅，后者篇幅大多了，是货真价实的一封长信，叙事空间充裕，差不多可成一本小书。魏查理《法句经序》英译本全本（Willemen，1973：210-213）只有887个英文单词（Microsoft Word 2010 统计），4页（带50个英文注释），勉强有《阿里斯狄亚书简》篇幅的十分之一。

三、二者的文体

二者的文体显然不同，《阿里斯狄亚书简》是书信体，主要在叙事，这既是其优点又是缺点。优点是它把所有与《摩西五经》翻译相关或无关的内容都记录了下来。比如，其第三部分描写耶路撒冷及其邻近地区，这部分就有七八页的内容，与翻译没多大的直接关系，因此这也是其中一个缺点。而对翻译本身的具体过程叙述并不多，在第八部分三言两语一带而过。（Thackeray，1904：52-53）

《法句经序》是夹叙夹议的佛经序言，主题和线索很明确，翻译论以《法句经》的汉译为序言叙事的主线。序言第一篇和第四篇对原作或主文本的认识论占将近40%的篇幅。重要的翻译理论主要隐含在第二篇的《法句经》汉译要素论中，比如《法句经》重译的必要性论述、佛典翻译三大困难论、通过回顾中土佛典翻译史引出佛典翻译的标准。序言第三篇论述吴本《法句经》第一次汉译过程也占全序较大的篇幅（33.19%），其中包括第一次汉译本的优缺点论，也有关于汉译文要文或质的翻译理论和实践的争论。序言第五篇叙述吴译本《法句经》第二次汉译的过程及两次译本的合编定稿。

序言论述了《法句经》汉译的八个道理：第一个道理是对原作的两个认识；第二个道理指出吴本《法句经》之前汉译本的缺点，意味着本次汉译的

必要性；第三个道理是佛典翻译的困难；第四个道理是通过之前的佛典汉译史树立翻译的标准（"审得其体""尚贵其实"）；第五个道理是交代原本的来历；第六个道理指出口译者的素质和缺点；第七个道理带出第一次汉译本的缺点和优点以及文质两派的分歧所在；第八个道理是吴本《法句经》的形成并非一蹴而就，经过了第二次汉译以及两次汉译本的合编和最后定本。

整个序言在说译理的同时叙述了当时外来《法句经》的两次汉译过程和细节。《法句经序》既叙事（比如该译场上文质两派交锋的叙事精彩生动）又说理（说明造成该译本缺点的原因和文质两派的分歧所在）。《法句经序》在非常有限的篇幅内，要把上述翻译的道理讲透，既完成了序言向读者介绍原作或主文本的文体特点、旨趣、功用、来历，又讲清了翻译的道理。序言虽篇幅小但论述结构完整，关于翻译的道理显然比书简讲得更多，更专业。

《法句经序》所论述的上述八个道理是明确且连贯的，而《阿里斯狄亚书简》主要在叙述事实，间接推出的翻译道理零星不连贯。比如，书简第四部分（Thackeray，1904：28-29）是耶路撒冷的大祭司以利亚撒辞别七十子前往亚历山大城，其中夹杂有关于七十子素质的叙述。书简第六部分（Thackeray，1904：34-36）主要叙述国王对七十子的盛大招待会，可以从中看到翻译赞助人国王的态度，又夹杂有七十子素质的叙述。

书简篇幅大而讲翻译的道理至多是间接叙述译者的素质，如第四部分和第七部分，第五部分可以算作对原作的认识，第四、第六和第七部分都有赞助人情况的叙述。全篇几乎没有直接讲翻译的道理，都是叙事。第八部分是翻译的具体过程，直接涉及具体翻译细节最多的部分。

笔者现在把书简第八部分，也是最后部分的全文译成汉语列于下文［罗宾逊只收录这部分的节选（Robinson，2006：5-6）］，以便读者体会其与《法句经序》不同的风格、叙事和说理。

《摩西五经》的翻译及接受

于是三天后季米特里奥斯①带着七十子，先走过了相当于七个竞走跑道②那么长的防波堤③到了（法罗斯）岛上，然后过桥走到了岛的北部。

---

① 原文上文显示他是国王的图书馆长。
② 原文为"stadia"，是"stadium"的复数，指（古希腊罗马的）竞走跑道（长 607 英尺，周围有台阶式看台）。"stadia"即"stade"（斯塔德），也指古希腊长度单位。
③ 此防波堤连接亚历山大城和法罗斯岛（七十子在此岛上进行翻译）。

他在那里一幢海滨别墅里主持聚译，别墅装潢豪华精美、悠然僻静，即命众人开始翻译，因为译事所需的万事已备。随即七十子就开始实施翻译，通过相互对比译作做到处处都达成一致，最后只有经大家同意的、妥当的译文才由季米特里奥斯抄录下来，而每日聚译往往持续到晚上九点，此时以后七十子就要离开现场休息以恢复体力和精神，他们的一切需求均得到充分满足。而且，佐罗赛奥斯为七十子所安排的招待每天都与国王的一样，因他已受命于国王这样做。而且他们总是每天早上来到宫廷向国王致敬，然后才去自己工作的地方。正如所有犹太人的习惯，他们总是先在海里洗手并向神祷告之后才专心阅读和翻译每个段落。我也曾提问说："为什么他们总洗手之后才祷告？"他们解释说，这表示他们没犯错误，因为人的一切行为都用双手实施；本着如此美好和虔诚的精神以让诸事都体现正义和真理。就这样如前所述，七十子每天都聚集在这个静谧秀丽的胜地从事国王敕派的翻译工作。就这样日复一日，七十二天以后圣典的翻译完成了，这个巧合好像大家有意为之。译事结束时，季米特里奥斯把犹太七十子召集在一起，就在译作完成并对全体译者当面全文宣读的现场，人们为酬谢七十子所做的贡献又举行了盛大庆典。他们也为季米特里奥斯举行了类似的庆典，并请求他把整部律法给他们的首长也颁发一部。经书全卷宣读完毕后，祭司们、七十子中的最长者、（犹太人）聚居区的几个代表和当地人的首长们站起来说："鉴于经书的翻译得以圆满虔诚和完全准确地实施，译成之经书必须永远保持现状且绝不允许修改才为正确。"大家都对此表示同意，根据犹太习俗即命人对任何胆敢修改经文者，对任何无论以何种方式增改经文者或遗漏经文者口头下咒。此郑重其事，其意在永保经书完整不坏。

　　此言传报国王后，王大喜，此乃正合上意。经书全文当面朗读完毕后，国王为立法者的思想所震撼。国王接着对季米特里奥斯说："有这么大的成就，史家怎不曾记录，诗人为何不曾歌颂？"季米特里奥斯回国王说："鉴于律法神圣，来自神的恩赐，以前一旦有人擅用必定受到神的惩罚，故打消了此念。"他还说早就听到有人讲泰奥庞普斯①曾轻率地想把早先译出的律法当中的一些事例引入其历史著作，结果神经错乱了一个月之久。错乱症状有所减轻时他恳求神明示此灾的缘由。结果神在其梦中启示他，欲把神的事透露给凡人，这会让人误入歧途。他因此打消了这个念

---

① 古希腊历史学家、修辞学家。

头,很快就恢复了神智。悲剧诗人狄奥迪克底①也曾告诉我,他曾企图在他的一部剧作中引用经书,结果双眼罹患白内障,怀疑此病的起因,即恳求神发慈悲,多日后才恢复了视力。

国王听了季米特里奥斯的这些说辞后肃然起敬,下敕曰:"务必精心尽心、诚惶诚恐地保存经书。"他再次诚挚地邀请翻译家们回到朱迪亚后再回来经常来拜访他。他马上又补充说,但应该让他们回家去了,一旦他们再来拜访他,他义不容辞地友好款待他们,他们一定会受到他最高规格的接待。他命令手下慷慨大方地为七十子饯行,不能有丝毫怠慢。他钦赐每人三套精制的服装,每人两塔兰特②的金子,一个有一塔兰特重的餐具柜,一整套餐室用三张沙发椅的垫子。他也赐予大祭司以利亚撒十张银质腿的沙发及其配件,让卫队代送去,还赐予他三十塔兰特重的餐具柜,十套服装、一件紫袍、一顶华丽的冠冕、一百匹精制亚麻布,还有作为祭品的小瓶、盘子和两只金碗。他还致函大祭司并请求他:七十子若有人愿意回到他那里,不要阻止;因为他极为珍视和亲近知识渊博的学者,宁愿为他们广散钱财而不想在琐事上空耗一毛。

菲洛克雷茨,我确信这样的事才是你的兴趣所在,虚构的浪漫传奇于你索然无味,你总有探索于头脑有益的事物之天性,且大多数时候专心于斯。凡值得叙述的,我会记录得更多,为的是你细读后最大限度地满足你热切的求知欲。(Thackeray, 1904: 52-55)

四、二者的其他不同点

第一,《法句经序》所论述的具体翻译步骤很明确,而《阿里斯狄亚书简》不明确。《法句经序》显示了《法句经》吴译本汉译的第一个步骤是充分认识和理解原作。第二步是了解原作现存的其他汉译本的缺点,了解翻译的困难所在,然后确立翻译的标准。第三步是明确本次翻译的优缺点,最后指出弥补本次翻译缺陷的方法。这样的翻译过程非常明确。书简对翻译本身的具体过程叙述并不多,在第八部分含含糊糊,几笔带过(Thackeray, 1904: 52-53)。

第二,《阿里斯狄亚书简》根本没有翻译方法的叙述,《法句经序》最后

---

① 古希腊悲剧诗人。
② 古希腊、罗马、中东等地的重量和货币单位。

一篇有会译法的叙述。

第三，《阿里斯狄亚书简》有关于翻译赞助人情况的叙述。比如第二部分（Thackeray, 1904: 16 - 20）详细描述国王送给耶路撒冷大祭司以利亚撒的礼物，间接表明赞助人对相关翻译和译本的渴求。第六部分（Thackeray, 1904: 34 - 36）叙述国王对七十子的盛大接待。第七部分（Thackeray, 1904: 36 - 52）叙述七十子回答国王的提问，国王连续 7 天举行接风宴会，这些还表明了赞助人对译者素质的重视。《法句经序》根本没有翻译赞助人情况的介绍。

第四，《法句经序》和《阿里斯狄亚书简》都有译者素质展示。前者有但简略，尤其还有口译者素质缺点的论述。而后者全是译者素质优点的叙述，叙述冗长，通过回答国王提问显示。

第五，《法句经序》和《阿里斯狄亚书简》都有宗教色彩，但前者显得清淡，后者浓厚。序言开头部分说到佛陀时曰："佛一切智，厥性大仁，愍伤天下，出兴于世，开显道义，所以解人。"《法句经序》还说："明圣人意深邃无极，今传梵义，实宜径达。"在一篇仅 699 个字的序言中占 7.37% 的篇幅。

《阿里斯狄亚书简》的第五部分（Thackeray, 1904: 29 - 34）是大祭司以利亚撒谈摩西律法，从头至尾都是神学。这是书简说理最多的部分，但不是在讲翻译之理。书简第八部分（Thackeray, 1904: 52 - 55）叙述《摩西五经》的具体翻译细节时神学气氛也很浓厚，比如译者首先要在海里洗手，向神祈祷（Thackeray, 1904: 53），表示不犯错误，在完美和虔诚的精神支配下使一切都象征着真理和正义（Thackeray, 1904: 53）。该译本要原封不动，严禁修改，且对任何修改、增减变动和疏忽都下了咒。接着叙述了两位作者曾在自己作品里擅用该经译本都受到了神的惩罚，一个神经错乱，另一个得了白内障，都向神忏悔和恳求宽恕后才得以痊愈。（Thackeray, 1904: 53 - 55）书简神学色彩浓厚的篇幅占全文的 16%，比《法句经序》占比高很多。

五、《法句经序》与《阿里斯狄亚书简》的相同点

首先，《阿里斯狄亚书简》与《法句经序》都记录了当时一本宗教圣典的跨文化语际翻译的经过。从翻译学角度看《法句经序》，序言展现了当时天竺僧人从天竺携来的《法句经》在东吴译场的汉译过程。《阿里斯狄亚书简》从整体上也叙述了来自以色列的《摩西五经》在埃及亚历山大城从希伯来语译成希腊语的全过程。

其次，二者都介绍了原本的主要内容和精髓。《法句经序》第一篇和第四篇的理论性质相同，都在发挥序言的功能，向读者介绍《法句经》的基本情

况。从译学上说，可归入翻译主体（译者）对翻译对象（原作）的认识和对主文本内容和功用的介绍。《阿里斯狄亚书简》第五部分（Thackeray，1904：29-34）通过耶路撒冷大祭司以利亚撒之口介绍了《摩西五经》的精髓。

最后，二者都显示了翻译的必要性。《阿里斯狄亚书简》说：犹太人与埃及人的语言文字不同。（Thackeray，1904：7）《法句经序》说："又诸佛兴，皆在天竺，天竺言语与汉异音，云其书为天书，语为天语，名物不同，传实不易。"（释僧祐，1995：273）除了以上三个相同点，二者其他方面有诸多不同。

六、《法句经序》与《阿里斯狄亚书简》的同异对照

《法句经序》与《阿里斯狄亚书简》的相同点：（1）都展示了一部宗教经典的语际翻译总过程；（2）都介绍了原本的主要内容、精髓和作用；（3）都显示了翻译的必要性。

《法句经序》与《阿里斯狄亚书简》的不同点：（1）创作时间。《法句经序》创作于公元前3世纪；《阿里斯狄亚书简》大约创作于公元前2世纪中叶。（2）文体。《法句经序》为序言，是夹叙夹议；《阿里斯狄亚书简》为书信，主要为叙事。（3）篇幅。《法句经序》篇幅小，英译本仅4页；《阿里斯狄亚书简》篇幅大，英译本有50多页。（4）结构。《法句经序》分为5部分；《阿里斯狄亚书简》分为8部分。（5）翻译细节步骤。《法句经序》更明确；《阿里斯狄亚书简》不明确。（6）译理。《法句经序》译理更多，紧凑，有条理；《阿里斯狄亚书简》译理较少，比较凌乱。（7）赞助人情况。《法句经序》未提到赞助人；《阿里斯狄亚书简》有提到赞助人，多为间接描述。（8）译者素质。《法句经序》直接论述了译者素质，论述少但为关键内容；《阿里斯狄亚书简》间接展示了译者素质，展示相对较多。（9）宗教神秘性。《法句经序》宗教神秘性较弱；《阿里斯狄亚书简》宗教神秘性较强。

《阿里斯狄亚书简》篇幅大，结构也完整，但其整体缺点正如作者自己所说叙事冗长啰唆（Thackeray，1904：51），含有大量与翻译似是而非的内容，属于书信体的叙事文。《法句经序》是以序言为主线的夹叙夹议的文章，主要在推介原本或主文本和说翻译之理。仅以叙述宗教作品的翻译全过程而论，《阿里斯狄亚书简》确实是更早的完整译学文献，《法句经序》屈居其后。但是，以翻译论而言，书简虽早几百年，但它不过是一篇呆板的书信叙事，整体而言不成其为翻译论。因此，《法句经序》在3世纪作为翻译论在中国出现时，西方还没有翻译论。就翻译论和最早译学文献而言，中西方各有千秋，不

可一概而论。

本节结论

本节仅论及中西横向对比下《法句经序》的历史地位。莫娜·贝克（Mona Baker）编的《翻译研究百科全书》就罗列和简介了30多个国家或地区的翻译史和翻译传统（2004：295-582），本节明显没有涉及非洲、阿拉伯和日本等国的翻译传统。所以，要确立《法句经序》的世界历史地位，还需要更多的研究才能得出可靠的结论。《法句经序》是中国最早的一篇完整翻译论，其产生标志着中国古代翻译理论进入了肇始期。作为译学完整文献，《法句经序》虽然比西方《阿里斯狄亚书简》晚了两三百年，但其作为成篇翻译论依然是领先的。

章末结语

三国东吴支谦所作的《法句经序》是以序言为主线的翻译论，不是翻译专论，有近40%的篇幅直接介绍或解释原作或者主文本，翻译论仅仅是要素论，还是不成系统的、不太成熟的翻译论，但首先提出重译的必要性、翻译的困难、翻译史论带标准论，还间接提出了翻译的文质论，作为翻译论的首发功不可没，其产生标志着中国古代翻译理论进入了肇始期。《法句经序》共有699个字，分为5篇十几段，在中国历史上首先提出和论述了翻译理论问题。

第二章　东晋道安的
《摩诃钵罗若波罗蜜经抄序》

西晋末及东晋的历史背景

根据《中国通史》第二册，公元290年晋武帝死后，外戚杨、贾两姓乱政，引起诸王为争权而相互杀戮的混战，这场史称"八王之乱"的内斗又导致了中国北方的乱世，社会陷入十六国之大动乱。公元316年晋愍帝被匈奴人俘获，标志着西晋王朝灭亡。随着黄河流域的社会大动荡，文化、政治、经济等各界精英不断南迁至相对安定的长江流域，公元318年司马睿称帝，在中国东南建立东晋王朝。（范文澜、蔡美彪等，1995：376-378；453；394-437）东晋之后进入宋、齐、梁、陈，史称南朝。

从公元304年至439年的130多年间，相继在黄河流域兴替的少数民族割据政权有匈奴族的汉、前赵，羯人的后赵，鲜卑族的前燕，氐人的前秦，羌族的后秦等十六国。这期间既有两晋政权与各民族政权的战争，又有各少数民族政权之间的兼并厮杀，有长年累月的战乱，也有较大范围内短暂安定的社会局面。386年，鲜卑拓跋部建立魏国，399年拓跋珪称帝（魏道武帝），直到439年魏太武帝灭了北凉国，才结束了自304年开始的十六国大乱，北方终被统一，形成了北朝与南朝互相对峙的天下大势。（范文澜、蔡美彪等，1995：404-437；577；587-588）

根据《中国佛教通史》第一卷，西晋时，佛教在中土的传播日渐深入，影响逐步扩大，信众数量不断增长。西晋灭亡后，代之而起的北方诸割据政权的特殊性使一贯被视为外来宗教的佛教获得了前所未有的发展机遇，在石赵、前秦、后秦以及北凉的统治区域，佛教得到了割据朝廷的大力支持，呈现出繁荣局面。随着当时名僧不断南移，偏居南方的东晋王朝，上到帝王和士大夫，

下到百姓都信佛,佛教信众日益增长,佛教在社会生活中的地位日益重要,形成了庐山和建康等地佛教兴盛的局面。东晋佛教的发展带来了南朝佛教的初步繁荣。(赖永海,2010:272-273)

尽管两晋时期外来僧人仍然是佛教弘传的主体,但从西晋晚期起,本土出家人逐渐增多,特别是出现了众望所归的本土高僧和佛教领袖人物,其中最突出的就是道安及其弟子慧远,以他们二人各自为核心分别形成了僧团。道安作为外僧佛图澄的弟子,其僧团承上启下,上承佛图澄的僧团,其影响当时跨越东晋和前秦统治区。道安僧团下接后秦政权治下的鸠摩罗什长安僧团。另外,道安的弟子慧远承蒙其师的教诲,拓展弘法范围,于庐山另立以自己为核心的庐山僧团。这几大僧团分别在不同时期、不同方面对中国佛教的发展做出了重大贡献。(赖永海,2010:533)

第一节 道安生平[①]

道安一生可分为四个阶段,第一个阶段是启蒙和修学佛法的初期,第二个阶段是在华北游学、避难和进行早期传教活动时期,第三个阶段是在东晋治下的襄阳传教、研究和撰述时期,最后一个阶段是在前秦国都长安咨政和组织佛典译场时期。公元382年,道安在前秦国都长安组织佛经译场,汉译《摩诃钵罗若波罗蜜经抄》五卷,并为之作《摩诃钵罗若波罗蜜经抄序》(T2145,55.52b8-c26),今载于梁释僧祐的《出三藏记集》卷八。

一、道安法师一生的四个阶段

道安俗姓卫,出生在常山扶柳,相当于今天河北省正定县以南(镰田茂雄,1985:350)。根据任继愈的考证,道安生于西晋末期怀帝永嘉六年(312)(任继愈,1985:150),在东晋孝武帝太元十年(385)于长安去世,享年74岁。他早年主要活动在华北地区,大致相当于今天河北、山西、河南一带,曾南下居湖北襄阳15年,最后老死于长安。道安一生颠沛流离、努力弘法,循其活动轨迹,他的一生可分成以下四个阶段。

(一)启蒙和修学佛法的初期(312—约348以前)

道安7岁开始读儒家经典,"五经文义,稍已通达"。12岁出家为僧。其

[①] 本节综合了汤用彤(2011:111-129)、任继愈(1985:149-197)和巨赞(1982:20-26)的研究。

间，求师借阅《辩意经》《成具光明经》等，皆能过目成诵，师异其才。20岁受具足戒，并得师同意可自由出外游学。东晋成帝咸康元年（335），道安24岁后在后赵的邺（今河南省临漳县境）拜西域高僧佛图澄（232—348）为师，佛图澄曾当众赞扬道安有"远识"。佛图澄讲授佛法，道安都能复述且解答疑难问题，赢得"漆道人，惊四邻"（释慧皎，1992：178）的美誉。道安在佛图澄门下学过戒律，主要从学小乘佛教，同时也修学大乘般若学说。这个时期的佛教训练是他一生学业的基础。

（二）在华北游学、避难和进行早期传教活动时期（约348—365）

东晋永和五年（349）五月，道安38岁，后赵石遵请他入居华林园。同年十一月石遵被杀前后，道安预见"国运将危"，离开邺都到濩泽（今山西阳城境）山区暂避兵燹。在这期间，竺法济、竺僧辅和竺道护等比丘都先后冒险远集，和道安共同研究东汉安世高汉译的小乘禅经并作注解。

东晋永和七年（351）中原大乱，各民族相互残杀。大概就在这年，道安避难到雁门郡飞龙山（今山西浑源西南），同行有同学竺法汰。道安当沙弥时的道友释僧先[①]也到了此山，相逢欣喜，后共同研讨佛教义理。《高僧传·释僧先传》曰："安曰：'先旧格义，于理多违。'先曰：'且当分折逍遥，何容是非先达。'安曰：'弘赞教理，宜令允惬，法鼓竞鸣，何先何后？'"（释慧皎，1992：195）这段史料说明僧先思想保守，认为格义是先达传下来的方法，只管用，不问是非。道安不以为然，认为弘扬教理，首先要正确，以佛法真理为上，真理不分先后。"这大概就是佛图澄所说的'远识'，也从此可想见道安的气概和风度。"（巨赞，1982：21）这也表明道安此时已放弃了在佛教传入的初期很长一段时间中土流行的"格义"[②]方法，即用本土固有思想和概念来解释佛教概念。（吕澂，1979：45）

此后，大约在东晋永和十年（354），道安来到太行恒山（今河北阜平北）建立寺塔传教。武邑太守卢歆听到道安的德化，派专人请他去传法。东晋升平

---

① 金陵本《高僧传》作"释僧光"。

② 格义：中土初期佛教学者用来解说佛典的方法，始于汉末魏初。当时佛教初传入华，其理论幽玄，非常人所能理解，于是讲佛法便和本土固有学术思想相配合来解释其意。格义法一直传到东晋道安时代，道安的同学竺法雅才给"格义"著了类例。然而外书和佛典毕竟有相当的距离，所以"格义"容易流于歪曲，乖违佛典的本义。格义法的运用随着佛教义理渐次流行和发展而止。（中国佛教协会，1989b：304-305）

元年（357）道安回到邺，住受都寺。当年十一月前燕迁都于邺。当时，道安已成为拥有数百徒众的僧团领袖。升平四年（360）都城发生内讧，社会混乱。大概在此前后，道安出走到邺西北的牵口山。隆和元年（362）前后发生天灾，道安又率众进入王屋女林山（今河南聚源西北）。不久又渡过黄河到达河南省的陆浑县（今河南嵩县境）。兴宁二年（364）及次年三月，战事频发。道安南投东晋治下的襄阳，走到新野，命同学法汰率领弟子去扬州弘法，又命同学法和去四川。之后，在东晋哀帝兴宁三年（365），道安率弟子慧远等四百余人到达襄阳（今湖北省襄阳市）。

（三）在襄阳传教、研究和撰述时期（365—379）

从54岁到68岁，道安在襄阳羁泊十五年，在此期间其弘法事业达到顶峰，作为当时的佛教界领袖盛名远播。他先住襄阳白马寺，后又另建檀溪寺。他起寺建塔得到了当地富户信徒的鼎力相助，且前秦国主苻坚还遣使送来贵重的金佛像等珍贵礼物。他也讲经说法，举行法会，扩大佛教影响，"四方学士，竞往师之"（释慧皎，1992：179）。道安在襄阳传教十五年，在以下几个方面表现突出。

1. 与朝廷封疆大吏及当地名士交往

桓豁和朱序都是东晋的封疆大吏，前者曾邀请道安暂住江陵，后者请他返回襄阳，与他交往很深，常说："安法师道学之津梁，澄治之垆肆矣。"（释慧皎，1992：179）习凿齿和郗超都是当时博识洽闻、能言善辩、善为文之道的名士，均敬重道安并与之有很深的交往。这时，道安的道德学问已上达天听，东晋孝武帝遣使问候并下诏表彰曰："安法师器识伦通，风韵标朗，居道训俗，徽绩兼著，岂直规济当今，方乃陶津来世，俸给一同王公物出所在。"（释慧皎，1992：181）据此可知，道安在襄阳生活和传教除了享有一般信徒的供养，还得到权贵的俸给。

2. 宣讲和研究《般若经》及佛教著述

道安每年宣讲两遍《放光般若经》，并对比研究大小品《般若经》的不同译本，其研究的心得今存于《合放光光赞略解序》一文。

3. 首创编撰经录

道安编撰了中国佛教史上第一部系统的经录——《综理众经目录》，又称为《道安录》或《安录》。这部经录对后世影响很大。僧祐说："众经有据，实由其功。"（释僧祐，1995：562）唐道宣在《大唐内典录》卷十也就道安的《安录》说："众经有据，自此而明。在后群录，资而增广。"（T2149,

55.336c8-9）佛经在天竺本土师徒间口耳相传，既缺写本又无目录。道安博览众经，整理分别真伪，开佛经目录学之先河，乃中国佛典整理的鼻祖。

4. 建僧团立僧规

道安在河北恒山传法时已经形成以他为核心的僧团。在襄阳时，其弟子数百，法席颇盛。这就需要参照已有的戒律制定戒规、戒律约束僧众。《高僧传》卷五本传云："安既德为物宗，学兼三藏，所制《僧尼轨范》《佛法宪章》，条为三例：一曰行香定座上讲经上讲之法；二曰常日六时行道饮食唱时法；三曰布萨差使悔过等法。天下寺舍，遂则而从之。"（释慧皎，1992：183）道安法师所制定的这些规范，在当时已有很好的效果。如习凿齿致谢安书中有云："来此见释道安，故是远胜，非常道士，师徒数百，斋讲不倦。无变化技术，可以惑常人之耳目，无重威大势，可以整群小之参差；而师徒肃肃，自相尊敬，洋洋济济，乃是吾由来所未见。"（释慧皎，1992：180）

道安制定的僧规影响深远，"天下寺舍，遂则而从之"（释慧皎，1992：183）。后世赞宁说："凿空开荒，则道安为僧制之始也。"（T2126, 54.241b10-11）道安在襄阳十五年，弘法传教，颇有成就。

（四）在前秦国都长安咨政和组织佛典译场时期（379—385）

1. 前秦王苻坚的最高政治顾问

东晋孝武帝太元四年（379），当时道安68岁，前秦王苻坚遣苻丕攻占襄阳，道安和习凿齿皆被延请至长安。苻坚十分推崇道安，认为襄阳之役只得到"一个半人"，"一人"指道安，"半人"指习凿齿。道安为苻坚所敬信，实际上已成为他的最高政治顾问。苻坚灭群雄统一北方后，企图南下灭东晋一统天下。道安借机向苻坚进谏，不要武力攻取东晋而要实行仁政，以文德感化归服。若一定要御驾亲征，先移驾屯兵洛阳，以声威震慑，再趁机攻伐。（房玄龄等，2000：1952）苻坚没有采纳道安的意见，终至败亡。

2. 佛教领袖与组织佛典译场

苻坚请道安住长安五重寺，有僧众数千人，他实际上处于前秦佛教最高领袖的地位。道安主张沙门之师莫尊于释迦，应该以"释"为姓。（释慧皎，1992：181）该主张为出家人所普遍认同，自此中土僧人皆以"释"为姓，自称"释子"。道安在长安这八九年中，除了领导几千人的大道场并经常讲经说法之外，最主要的活动是组织佛典翻译。道安负责的译场汉译的佛典有《大品般若经》的补译，即《摩诃钵罗若波罗蜜经抄》五卷，道安为该经作《摩诃钵罗若波罗蜜经抄序》。在该序中道安比较研究了《大品般若经》的三个不

同译本，制定了当时《大品般若经》翻译的具体原则。

另外，道安的译场还翻译了小乘佛典，使这类佛典的翻译达到了汉以来的新高度。协助道安组织管理翻译小乘佛典译场的有前秦朝廷官员赵正①，参与译场翻译的有通"华戎音义"的僧人竺佛念（凉州人），也有道安的少时同学法和（荥阳人），还有道安的弟子僧䂮、僧睿、僧道等。参与译场佛典翻译的外僧有罽宾（今克什米尔一带）人僧伽跋澄（众现）、僧伽提婆（众天），兜佉勒（今阿富汗一带）人昙摩难提（法喜）等。再者，道安领导的译场还以外僧昙摩侍为主翻译了《十诵比丘戒本》一卷、《比丘尼大戒》一卷等。许里和说道安在其译场起到"general manager"（总理）和"adviser"（顾问）的作用（Zürcher，2007：202）。

道安组织的佛典译场明显有四道翻译分工和程序，第一是外僧"执本"（负责原本的准确性），第二是"译"（即专人口译），第三是"对而检之"（与原文的对校），第四是"笔受"（即专人书面固定译文）。（T2145，55.52b19-20）而且，形成翻译所依据的佛典原本并非易事。如道安在《鼻奈耶序》中说，译场的《鼻奈耶经》原本由罽宾律学僧人耶舍诵出，鸠摩罗佛提写为梵文，竺佛念再据此口译而出。（T1464，24.851a15-16）苻坚建元二十一年（东晋孝武帝太元十年，即公元385年）二月，74岁的道安圆寂于长安五重寺。

二、道安的著作、学说和治学方法

道安的著作，关于《般若经》的著述就有14种，关于其他佛典的著述34种。（任继愈，1985：167-170）但道安的著作现存不多，其治学方法和学说略遗其梗概。唐朝僧人良贲的《仁王护国般若波罗蜜多经疏》说："昔有晋朝道安法师，科判诸经以为三分：序分、正宗、流通分。"（T1709，33.435b13-14）道安法师用科判的方法把佛经的内容分章节标列清楚，研究起来就容易抓住中心环节；同时再用"析疑""甄解"的方法，对每一个名词或每一种句义加以分析推详，自然就"文理会通，经义克明"（中国佛教协会，1982：24）。此外道安在搜求经本、考校异同方面也尽了最大的努力。根据《渐备经十住胡

---

① 赵正：《晋书·苻坚载记》作"赵整"（房玄龄等，2000：1962），《高僧传·昙摩难提传》作"赵正"。据《高僧传》，赵正是前秦王苻坚所信赖的官员，先官至"著作郎"，后升迁为"黄门郎，武威太守"，"情度敏达，学兼内外"。苻坚死后赵正出家，更名为"道整"。"后遁迹商洛山，专精经律。"（释慧皎，1992：35）

名并书叙》（T2145，55.62a3－c21）可知道安在收集和运用资料方面非常热心和认真。

道安是中国佛教开宗立派的最早代表之一，他兼收并蓄从印度传入的佛教各派思想，对其中的般若学研究最为用力，其次着重在禅学的研究。从汉到晋，印度佛教传入我国的主要是禅学和般若学，而道安是当时两系的集大成者。他初步融合了这两系的思想，创立了本无宗。

道安的学说涉及戒、定、慧三个方面。

首先，他在戒律方面认为戒是断三恶道的利剑，无论在家出家都应以戒为基础。他还认为持戒只重形式也不全面，为了众生的利益，戒律可以"开缘"。这与后来所传菩萨戒的精神相符，也与《般若经》的义理一致。可见，道安在戒律上虽严正，但并不偏执不通。（中国佛教协会，1982：25）

其次，道安的师父佛图澄以神变见称，而神变出于禅修；道安自始就注重禅定止观，这是继承其师佛图澄的道行。（中国佛教协会，1982：25）根据其《人本欲生经注》，他认为，禅修境界高深之时，"雷霆不能骇其念，山燋不能伤其虑"（T1693，33.9a22－23），同时还能够发生神变，但这并不是禅修的真正目的。禅修的真正目的在于契入"无本"（T2145，55.69a26），即本无；"无为"而开物成务；开物是"使天下兼忘我"，成务是"无事而不适"（T2145，55.43c11）。（中国佛教协会，1982：25）他在《大十二门经序》中说："明乎匪禅无以统乎无方而不留，匪定无以周乎万形而不碍。禅定不愆，于神变乎何有也！"（T2145，55.46b4－6）

最后，佛图澄的教理以般若为宗，故道安自始就重视《般若经》的研究。（中国佛教协会，1982：25）他在《道行经序》中说，研究般若经典不能只凭"考文"（T2145，55.46b5）、"察句"（T2145，55.46b6）的方法，而要拨开繁复的文句体会它的精神实质。他在《合放光光赞略解序》中说："痴则无往而非徼，终日言尽物也，故为八万四千尘垢门也。慧则无往而非妙，终日言尽道也。故为八万四千度无极也。所谓执大净而万行正，正而不害，妙乎大也。"（T2145，55.48b6－10）其大意是没有智慧则总生窒碍，终日所言都是表象，所以成八万四千尘劳门。有了智慧则无往而不在道之中，终日所言无不合理，故为八万四千波罗蜜。道安虽处于般若弘传的初期，但对于般若性空的义理确实已有很深的造诣。戒定慧三学是成佛的梯航，而道安都见解卓异。（中国佛教协会，1982：25－26）

三、道安在中国佛教史上的影响和地位

道安的治学方法和著述使佛教界养成了朴实谨严的学风,开创了纯正的佛学研究。道安的学说是当时佛教的中流砥柱(中国佛教协会,1982:24 - 25),道安的弟子僧睿后来在其《毗摩罗诘提经义疏序》中说:"自慧风东扇,法言流咏以来,虽日讲肄,格义迂而乖本,六家偏而不即。性空之宗,以今验之,最得其实。"(释僧祐,1995:311)唐代释元康《肇论疏》又说:"如安法师立义以性空为宗,作性空论;什法师立义以实相为宗,作实相论。是谓命宗也。"(T1859,45.162b20 - 22)后世对道安法师学说的评价确实恰如其分。

道安对当时佛教界的影响很大,"天下寺舍,遂则而从之"。道安不但是中国佛教史上的杰出学者,且是"完人"之一。他的一言一行是当时的典范,也为后来佛法的弘传打下了良好的基础。(中国佛教协会,1982:26)

本节结论

道安从53岁起就是南北公认的佛教领袖人物,虽不是具体做翻译的译者,但他从67岁起以其学行和威望主持前秦长安佛经译场,近70岁时写成《摩诃钵罗若波罗蜜经抄序》。

第二节 道安序言翻译论的形成和鉴证

《摩诃钵罗若波罗蜜经抄序》是道安翻译理论和原则之大成,发表在前秦王苻坚"建元十八年"(382),也就是道安71岁那年。但在该序文发表之前和之后,道安的其他经序都含有其零星译论。这些译论虽然不长且是散论,但论题的指向性非常明确,显示了作者在某个翻译问题上的立场和态度,可以帮助我们更深刻地认识道安的成篇翻译论。我们今天要注意其言论出现的年代顺序,搞清他当时言论的语境,理清其翻译思想的来龙去脉。否则就会产生误解,以为道安的翻译观颠三倒四,前后矛盾,自我否定。

一、道安译论形成的轨迹

从现存材料明显可以看到道安翻译理论发展的"三部曲"。

(一)40岁出头时发表的零星译论

《道行经》的梵文原本相当于《大般若经》第四会的《小品般若》,在东

汉灵帝光和元年（178）由天竺沙门竺佛朔带到中土，次年与月支沙门支谶翻译，在众多般若类经典中最早在中土译成汉语，通称《道行般若经》。之后，三国吴支谦又把此本重译成《大明度无极经》。286年，竺法护从西域得到此经另一梵本，译成《光赞般若波罗蜜经》十卷。过了几年，魏地沙门朱士行西游至于阗求得相当于梵书《大般若经》的第二会，遣弟子送归洛阳。该经原本由竺叔兰和无罗叉（又名无叉罗）于西晋元康元年（291）汉译，称为《放光般若经》。（中国佛教协会，1989a：98）

道安从352年末或353年初，即在他41岁或42岁时在飞龙山（今河北获鹿、元氏之间）躲避天灾，他可能研习过《道行经》。（方广锠，2004：82；85；283）《道行经序》是此时他给自己的著作《道行经集异注》一卷所作的序言。（汤用彤，2011：136-137）道安所撰该序收入《祐录》第七卷。（释僧祐，1995：262-264）

道安在序中先赞扬支谶《道行经》译得好："因本顺旨，转音如已，敬顺圣言，了不加饰也。"（释僧祐，1995：263-264）接着他批评其汉译的缺点："然经既抄撮，合成章指，音殊俗异，译人口传，自非三达，胡能一一得本缘故乎？由是《道行》颇有首尾隐者。古贤论之，往往有滞。"（释僧祐，1995：264）这里是在说竺佛朔和支谶翻译的《道行经》汉译本，由于翻译的困难，不可避免地存在着不忠实于原意的缺陷（"胡能一一得本缘故乎"）。这翻译的困难有三个：一是原本是抄经，内容必有残缺，且整个语篇由抄写者合成，原意走样（"然经既抄撮，合成章指"）。二是源语和目标语之间语言和文化习俗的差异（"音殊俗异"）。三是译本的形成经过了译者口译和笔受的语言转换，所涉及的行为主体都不是三达均备的佛陀，当然做不到处处都符合其本意（"译人口传，自非三达，胡能一一得本缘故乎"）。天眼、宿命、漏尽，此三事在罗汉叫"三明"，在佛则叫作"三达"（见本章第五节注释），为佛特有。由此可见，道安此时已形成后来"三不易"即佛典译者陷入翻译困境的思想。困难是多方面的，有原本不纯之难，语言文化差异之难，还有当今凡人译者与当年佛陀在各方面存在差距造成的困难。有这样的差距，所以《道行经》前后都有不通的地方（"颇有首尾隐者"）。

道安在序中又说：

> 仕行耻此，寻求其本，到于阗乃得。送诣仓垣，出为《放光品》。斥重省删，务令婉便，若其悉文，将过三倍。善出无生，论空特巧，传译如是，难为继矣。二家所出，足令大智焕尔阐幽。支谶全本，其亦应然。何

者？抄经删削，所害必多，委本从圣，乃佛之至诚也。（释僧祐，1995：264）

道安此处赞扬《道行经》之后竺叔兰和无叉罗的第四个汉译本《放光般若经》，赞扬翻译时删略得好，译文更加畅达，否则译文将超过现有三倍之多（"斥重省删，务令婉便，若其悉文，将过三倍"），且把"无生""空"的理念都汉译得巧妙，好得难有后来者（"善出无生，论空特巧，传译如是，难为继矣"）。如此盛赞《放光经》汉译文删繁就简，这可以说是后来他的"五失本"中从第二到第五"失本"的先声。请注意这段，道安明显先赞扬了《放光般若经》翻译时删略得好。

但下文最后几句"支谶全本，其亦应然。何者？抄经删削，所害必多，委①本从圣，乃佛之至诚也"，第一句说的是如果支谶的译本能使原本完全译出来，也应该这样。但支谶译的原本就是"抄经删削"（上文还说原本是"经既抄撮，合成章指"）就是说原本抄写时有删削，并不是指翻译时的删削，而是指原本就是抄经，有所删削，原意损伤很大，这样丢弃或舍弃佛陀之言而去服从佛陀"乃佛之至诚也"。这里委婉批评支谶译本的缺点，而并非归咎于支谶，但有学者把此处原本抄经时的删削与汉译的删削混为一谈。（王宏印，2017：18）

再者，这两句第一句是虚拟假设支谶的译本若能使原本完全译出来（"支谶全本"），这里的"全"是"使……完全"的使动词，这是先假设，后推出结果：也才会这样（"其亦应然"），其中的"然"指前句结尾说的"足令大智焕尔阐幽"。接着的第二句就直截了当地批评支谶与竺佛朔译的《道行经》"抄经删削，所害必多，委本从圣，乃佛之至诚也"。

但有香港学者没有读出此处的"全"是使动词和虚拟语气，就将此英译成"Lokakṣema's full translation"（回译："支谶的全译本"）（Yue & Cheung，2006：73）。这样理解"全"，文意前后矛盾、文气不通。

还有学者不明此处道安在批评该《道行经》汉译本因原本抄撮而成而经意不全的缺点，说："他的意思似为，能有高明如支谶者的全译那是最理想的，但如果全译只是像竺朔佛译《道行》那样逐字对应，译文过质，致使前后意思不明（"首尾隐者"），妨碍理解（"往往有滞"），那还不如像《放光品》那样焕发智慧，阐幽探微的节译。"（朱志瑜、朱晓农，2006：10）这个

---

① 委：丢弃，舍弃。（汉语大字典编辑委员会，2010：1112）

似通不通的长句好像说支谶有个全译本，竺朔佛也有个《道行》全译本。论者自己都不明白道安本来在说什么，又怎么能让读者理解此处道安的译论？

接着道安说：

> 安不量末学，庶几斯心，载咏载玩，未坠于地。捡其所出，事本终始，犹令折伤玷缺，戬然无际。假无《放光》，何由解斯经乎？永谢先喆，所蒙多矣。今集所见，为解句下。始况现首，终隐现尾，出经见异，铨其得否，举本证抄，敢增损也。幸我同好，饰其瑕谪也。（释僧祐，1995：264）

支谶和竺佛朔所译《道行经》"抄经删削"的缺陷，要通过研究《放光般若经》异译来弥补。

所以，早在飞龙山避难期间，道安就通过同本异译对照的方法研究佛典翻译，形成了后来"五失本三不易"中要为中土读者删削译文和此土汉译者与佛陀凡圣之别导致佛典翻译困难的观点。

（二）65岁时发表的译论

道安在河北讲《般若》时已见到《道行》《放光》二经，也已得到《光赞》其中一品。（汤用彤，2011：137）后来道安居襄阳时，于376年（东晋太元元年）撰《放光光赞略解》并为之写序。（方广锠，2004：284）道安的《合放光光赞略解序》收入《祐录》第七卷。（释僧祐，1995：265-267）序言先赞扬了《放光经》，后指出无叉罗和竺叔兰译文的优点和缺点：

> 《放光》，于阗沙门无叉罗执胡，竺叔兰为译，言少事约，删削复重，事事显炳，焕然易观也。而从约必有所遗于天竺辞及腾每大简焉。（释僧祐，1995：265）

道安认为其翻译的优点是语言精练、删减重复、观点分明、重点突出，且文采焕然（"言少事约，删削复重，事事显炳，焕然易观也"）。其翻译缺点是精简删节的译法必然有遗漏，尤其在原文重复之处删削过分（"而从约必有所遗于天竺辞及腾每大简焉"）。从此处我们可以看到，道安尽管赞扬《放光经》删削重复、精简原文的译法，但对其有遗漏的缺点也洞若观火。下面我们再来看道安对《光赞经》的评价：

《光赞》，护公执胡本，聂承远笔受，言准天竺，事不加饰。悉则悉矣，而辞质胜文也。每至事首，辄多不便，诸反复相明，又不显灼也。考其所出，事事周密耳。互相补益，所悟实多。（释僧祐，1995：266）

这里道安评价竺法护译的《光赞经》，译文准确按照原文翻译（"言准天竺"），没有加文采（"事不加饰"），译得全面详细，然而译文质朴有余，文采不足（"悉则悉矣，而辞质胜文也"）。尤其在阐述一件事的开头，便觉得很累赘，因为再三重复，相互牵连，重点不突出（"每至事首，辄多不便，诸反复相明，又不显灼也"）。然而每次阐述都回应其出处，论说推理都如此周密，前后相互补充，读者所获确实很多（"考其所出，事事周密耳。互相补益，所悟实多"）。道安此处说得很明白，《光赞经》的汉译完全按照原文的特点译得周详细密，虽说有累赘、质胜文、重点不突出、不鲜明的缺点，但推理周密，前后照应，相互补充，译本读者收获颇丰。

所以，道安早就通过《放光经》和《光赞经》这两个般若经异译本对照研究的方法认识到译文的质朴文华、繁复简洁各有各的优点和缺点，不能一概而论。这对我们理解后来的《摩诃钵罗若波罗蜜经抄序》整篇翻译论不无裨益。

但有学者说："此篇所引显示了道安对待译文繁简的矛盾困惑之处。"（朱志瑜、朱晓农，2006：12）上面引文并未显示道安有什么困惑和矛盾，而是在评论两本佛经的汉译各有优点和缺点，译得质朴繁详有优点和缺点，而译得有文采且简略也有优点和缺点。

（三）67岁时发表的译论

《比丘大戒序》是道安在长安组织佛典译场时所作的最早一篇汉译佛典序言。该序收入《祐录》第十一卷。（释僧祐，1995：412－414）根据该序言的叙述，前秦建元十四年（378），道安67岁，他从襄阳到达长安，随即组织译场翻译这本《比丘大戒》①，最后作序。外国僧人昙摩侍②先口诵出原经，然后竺佛念根据其口诵写成梵文，道贤再根据此梵文写本进行梵汉之间的转换，最后慧常作为笔受将之固定形成汉文。所以，翻译这部戒本的译场分工和程序是，一口诵原典，二写成梵文，三翻译，四笔受，五作序。当年冬天戒本翻译

---

① 《比丘大戒》：道安组织翻译的该戒本现已亡佚。（方广锠，2004：228）
② 昙摩侍：西域僧人，又作昙摩持，意译法慧、法海。（慈怡，1988：6236）

才完工，然后才由道安最后作序。序曰：

> 至岁在鹑火①，自襄阳至关右，见外国道人昙摩侍讽阿毗昙于律特善。遂令凉州沙门竺佛念写其梵文，道贤为译，慧常笔受。经夏渐冬，其文乃讫。（释僧祐，1995：412）

序言下文的情形与支谦在《法句经序》中所描述的当年在东吴佛典译场上文质两派的交锋类似。原文如是说：

> 考前常行世戒，其谬多矣。或殊失旨，或粗举意。昔从武遂法潜得一部戒，其言烦直，意常恨之。而今侍戒规矩与同，犹如合符，出门应辙也。然后乃知淡乎无味，乃直道味也。而嫌其丁宁，文多反复，称即命慧常，令斥重去覆，常乃避席谓："大不宜尔。戒犹礼也，礼执而不诵，重先制也，慎举止也。戒乃径广长舌相三达心制，八辈圣士珍之宝之，师师相付，一言乖本，有逐无赦。外国持律，其事实尔。此土尚书及与河洛，其文朴质，无敢措手，明祇先王之法言而慎神命也。何至佛戒，圣贤所贵，而可改之以从方言乎？恐失四依②不严之教也。与其巧便，宁守雅正③。译胡为秦，东教之士，犹或非之，愿不刊削以从饰也。"（释僧祐，1995：413）

道安作为当时的佛教领袖和译场领导站在中土读者好文采的立场，尽管明明由同本异译推导而知原典"淡乎无味，乃直道味也"，但依然不喜欢现译本重复啰唆（"嫌其丁宁，文多反复"），且没文采，太啰唆直白（"其言烦直"），即命笔受慧常在译文中删减冗赘（"令斥重去覆"），并改得简短而又

---

① 鹑火：鹑火是中国古代岁星纪年"十二次"所用的术语。根据汤用彤的研究和道安的资料，"岁在鹑火"指的是公元378年，这年夏天道安到了长安。（方广锠，2004：160-163）

② 四依：指法四依。一，依法不依人；二，依了义经不依不了义经；三，依义不依语；四，依智不依识。（陈义孝，2002：133）四依出自《大般涅槃经》，不计早期佚译本，东晋高僧法显翻译的《大般泥洹经》，或称《方等大般泥洹经》，内容相当于《大般涅槃经》的前五品，为现存此经的最早异译本。后又有高僧大德寻得其他原本留下多种译本。此经畅演大乘，议论宏辟，精义迭宣，从开始译出以来，各代高僧注疏宣讲，中国佛教界信受奉行不断，传播广泛，影响很大。（中国佛教协会，1989a：145-155）四依以佛法为中心。

③ 雅正：此二字应分开解，互训。雅：正，合乎规范的。（汉语大字典编辑委员会，2010：4405）正：合规范，合标准。（汉语大字典编辑委员会，2010：1538）

有文采（"巧便""从饰"），但慧常立即驳回了道安上述要求，说："大不宜尔。"

慧常驳回道安命令有三个理由：其一，佛教戒律犹如中土的礼制，是规范人的行为且必须要遵守的礼法而不是用来读诵欣赏的纯文艺作品；其二，佛教戒律是佛陀亲自创立传授，由一代代祖师圣贤传承下来，无比神圣，不能有丝毫差错，否则罪不可赦；其三，中土的《尚书》、河图和洛书这样的经典之文都质朴，但都不敢将其删改而变得有文采，因为这些都是神明和先王之法言，传达了人所必须遵从的天意。那为什么佛教圣贤所崇敬的戒律就可以随意改动以迎合中土读者好文采的语文习惯？如若这样就违背了佛陀对其弟子"四依"的教诲。所以他坚持：不要简洁而有文采的译文，只要正确的译文，不要删减修饰译文（"与其巧便，宁守雅正""愿不刊削以从饰也"）。文质两派交锋的结果如下：

> 众咸称善，于是按胡文书，唯有言倒，时从顺耳。前出戒《十三事》起中室与檀越议，《三十事》中至大姓家及绮红锦绣衣及《七因缘法》，如斯之比，失旨多矣。将来学者，审欲求先圣雅言者，宜详览焉。诸出为秦言，便约不烦者，皆蒲萄酒之被水者也。（释僧祐，1995：413）

结果是，译场上众口一词支持质派代表慧常的主张（"众咸称善"）。于是，译文按照原文的特点成文，只有原文颠倒的语序在译文中要理顺（"于是按胡文书，唯有言倒，时从顺耳"）。

就连道安也改变立场，完全支持质派的观点，认为以往翻译该戒本有"失旨"的情况，告诫要得到佛陀的正言（"雅言"），就应该周详地记录（"详览"），而删减得简洁的译文（"便约不烦者"）都是葡萄酒加水。换言之，翻译佛典忠实原文最重要，过分删减和修饰是偷工减料和掺假走样。

笔者认为，道安《比丘大戒序》中的佛典译论与几年后在《摩诃钵罗若波罗蜜经抄序》中所提出的佛典翻译原则如出一辙，只不过表达方式不同而已。该序讨论了佛教戒本外汉翻译的三大问题：其一，当时的译场分工和程序；其二，该戒本的翻译以忠实原文为首要原则，不能把质朴而繁复的原文转换成华丽而简洁的汉译文，翻译戒本，改质为文和删繁就简绝对不允许，只有把颠倒的原文语序改顺为汉语语序例外；其三，翻译改质为文和删繁就简就是不忠实原典。

关于道安这句序文"于是按胡文书，唯有言倒，时从顺耳"，钱锺书说：

"故知'本'有非失不可者，此'本'不失，便不成翻译。"（钱锺书，1979b：1263）这是真知翻译者的真知灼见。另，在此序言中道安认为："诸出为秦言，便约不烦者，皆蒲萄酒之被水者也。"他把过分删节的佛典译文比喻成葡萄酒掺水。比道安稍后的凉州僧人释道朗在其《大涅槃经序》中说："如来去世，后人不量愚浅，抄略此经分作数分，随意增损，杂以世语，缘使违失本正，如乳之投水下。"（释僧祐，1995：315）他用"乳之投水"比喻佛典原意的损失。钱锺书针对上述翻译比喻说："皆谓失去本真，指质非指量；因乳酒加水则见增益，而'约不烦'乃削减也。"（钱锺书，1979b：1264）

但有学者说《比丘大戒序》"可作为道安观念转变的佐证"（王文颜，1984：214-215），"可见入长安，接触梵本，参与译经，是道安译经理论转变的最大关键"。（王文颜，1984：216）后来道安的"五失本"主张变质朴的原文为有文才的译本，还主张要删削原文的重复，但《比丘大戒序》"这种去文存质，不轻易删削原本的理论违背'五失本'的原则……简直令人不敢置信"（王文颜，1984：216）。《比丘大戒序》中道安的翻译主张与"五失本"表面上矛盾很大。关于这个问题请看本节后文的论述。

还有学者说《比丘大戒序》"讨论的中心仍然是直译还是意译问题"（方广锠，2004：247）。这过于简化论题，且另引入直译和意译概念又过于复杂化。这团乱麻也待笔者在本节后文展开分析。

也有学者说："本篇所引显示了道安对戒律全译本由恨到爱的思想转变。以前对法潜的那部戒，常恨它译得又烦又直。而现在对照了昙摩侍的这部戒，才明白淡乎无味方为真道味。"（朱志瑜、朱晓农，2006：16）这首先是对该序所讨论的问题以偏概全。该序文明明讨论了那本戒律翻译到底应该忠实原文，保持原文质朴繁复的特点，还是该删繁就简和添加文采这个问题。哪里仅仅是"道安对戒律全译本由恨到爱的思想转变"的故事？其次，他们对道安的叙述理解有偏差。原文："昔从武遂法潜得一部戒，其言烦直，意常恨之。而今侍戒规矩与同，犹如合符，出门应辙也。然后乃知淡乎无味，乃直道味也。"这里是在叙述两个原本的情况，一是法潜所得的戒本，二是道安译场正在翻译的外僧昙摩侍口诵的戒本，道安认为两个本子的特点都一样："犹如合符"，都"烦直""淡乎无味"，所以才有后面文质两派关于删繁就简和改质为文的争执。这两位学者对原文的理解片面且有误差。

《比丘大戒序》写在《摩诃钵罗若波罗蜜经抄序》前好几年，是后者的先声，也是全面理解后者的一把钥匙。

二、道安翻译论的鉴证

（一）道安72岁时的译论

《祐录》第十卷载有道安于建元十九年（383）（72岁）时撰写的"《鞞婆沙①序》"（释僧祐，1995：381-382），记载了当年道安主持前秦译场汉译佛经《鞞婆沙》的情形。道安在该序中再次说明了佛典译文删繁就简、改质为文的限度，即后来"五失本"的限度。他说：

> 有秘书郎②赵政文业③者，好古索隐之士也。常闻外国尤重此经④，思存想见……会建元十九年，罽宾沙门僧伽跋澄，讽诵此经，四十二处，是尸陀盘尼所撰者也。来至长安，赵郎饥虚在往求令出焉。其国沙门昙无难提笔受为梵文，弗图罗刹译传，敏智笔受为此秦言，赵郎正义起尽。自四月出，至八月二十九日乃讫。……
>
> 赵郎谓译人曰："尔雅有《释古》《释言》者，明古今不同也。昔来出经者，多嫌胡言方质，而改适今俗，此政所不取也。何者？传胡为秦，以不闲方言，求知辞趣耳，何嫌文质？文质是时，幸勿易之，经之巧质，有自来矣。唯传事不尽，乃译人之咎耳。"众咸称善。斯真实言也。遂案⑤本而传，不令有损言游字，时改倒句，余尽实录也。（释僧祐，1995：382）

前秦官员赵正对翻译《鞞婆沙》起到了非常重要的作用，虽说这次翻译《鞞婆沙》时他在译场上的分工是校正译文之责，但他最后说的那一席话表明他在这个译场上也是很有分量的人物。他说，以往的佛典译者嫌胡语质朴，译为秦言而变得有文采。这种把质朴的古代佛典改得迎合今天秦人好文采倾向的佛典翻译法，他并不赞成。因为秦人不懂胡语，把胡语译为秦言，目的是了解

---

① 鞞婆沙：梵语"vibhāṣā"，意为广解、广说、胜说、种种说。以佛教的律、论之注释为主的为鞞婆沙。（慈怡，1988：3855）
② 秘书郎：古代官职名，掌管皇家图书馆典籍整理和誊写等相关事务。（俞鹿年，1992：319）
③ 赵政文业：此人姓赵名政，字文业。就是《高僧传·昙摩难提传》中的赵正。
④ 此经：指《鞞婆沙》。
⑤ 案：通"按"。按照；依据。《荀子·不苟》："国乱而治之者，非案乱而治之之谓也。"《韩非子·孤愤》："人臣循令而从事，案法而治官。"（汉语大字典编辑委员会，2010：1293-1294）

原典的意义，怎么会挑剔译文是否质朴或有无文采呢（"传胡为秦，以不闲方言，求知辞趣耳，何嫌文质"）？原典或质朴或有文采自有其渊源和理由。经文本身译传不彻底才是译者之病。

道安用这句话表明自己的观点："遂案本而传，不令有损言游字，时改倒句，余尽实录也。"这是道安在说明"五失本"佛典翻译原则的等级关系，"一失本"把外译汉时外文颠倒的语序理顺为中文语序，是第一位的，其他"失本"次之。而整个"五失本"原则与"遂案本而传"的忠实原则相比较，后者又是第一位的，"五失本"则成第二位。

道安所述的赵正的观点很明确，就是中土佛典译者不能一改古代原典的质朴风格而让译文风格迎合中土今人好文的情趣。原典意义、内容和形式各方面传达得彻底才是佛典翻译的关键。这个观点获得了当时译场参与译事人员的赞同。于是，他们就按照原典本来面目传译（"遂案本而传"），此处的"遂"字是副词，是"于是"的意思，表明此处是在承前叙述，如没有这个"遂"，"案本而传"则成了命令；字词增减适当（"不令有损言游字"），仅仅有时要调整译文颠倒的语序，其他完全按照原典的本来面目成文（"时改倒句，余尽实录也"）。

所以佛典翻译的忠实原则是第一位的。这也可以说是道安再次对自己在头一年（382）《摩诃钵罗若波罗蜜经抄序》中提出过的"五失本"佛典翻译的客体原则另外行文的最早说明和示范，指出了其译文客体变化原则的限度和标准。

然而，也有学者这样看赵正所说的那一席话："赵正的这番话实际也可以看做是对道安前一年提出的'五失本三不易'理论的驳斥。"（方广锠，2004：251）从现有材料来看，赵正是朝廷派来协助道安管理译场的官员，也是虔诚且学养深厚的佛教徒，他不会也不能驳斥德高望重的佛教领袖和他的顶头上司。道安《鞞婆沙序》作于《摩诃钵罗若波罗蜜经抄序》后一年，道安明显在提醒读者不要误解序言，这是序言翻译理论原则的印证、再强调和实践。

（二）道安72岁时另一则译论

建元十九年道安所主持的前秦译场翻译了上述《鞞婆沙》，又在同年翻译

了《阿毗昙八犍度论》①，译毕道安为之作序，即《阿毗昙序》，该序收入《祐录》第十卷（释僧祐，1995：376－377）。道安在序中说：

> 以建元十九年，罽宾沙门僧迦禘婆，诵此经甚利，来诣长安，比丘释法和请令出之。佛念译传，慧力、僧茂笔受。和理其指归。自四月二十日出，至十月二十三日乃讫。其人检挍译人，颇杂义辞，龙蛇同渊，金鍮共肆者，彬彬如也。和抚然恨之，余亦深谓不可，遂令更出。凤夜匪懈，四十六日而得尽定，损可损者四卷焉。至于事须悬解起尽之处，皆为细其下。胡本十五千七十二首卢，四十八万二千三百四言。秦语十九万五千二百五十言。其人忘因缘一品，云言数可与十门等也。（释僧祐，1995：377）

该序言包含了三处值得注意的重要译论：

其一，道安领导的前秦佛典译场翻译《阿毗昙八犍度论》的分工如下：罽宾僧人僧迦禘婆口诵原典，释法和请诵，竺佛念再根据僧迦禘婆口诵实行译胡为秦的口头转换，慧力、僧茂二人是笔受，释法和负责辨别和校对笔受的最后成文是否忠实（"理其指归"和"检挍译人"）。涉及原典有请诵和口诵两个程序，双语转换是"译传"，最后成文是"笔受"，校对是法和，总共五个程序。

其二，法和校对译文，结果发现"颇杂义②辞，龙蛇同渊，金鍮共肆者，彬彬如也"，译文夹杂口译者自己过多的议论，道安与法和都不满意，都下令返工（"遂令更出"），删去了多达四卷的口译者的议论语句。这说明道安坚持译文要忠实原典的原则。

其三，最终译文还是深度翻译，保留了有的需要首尾彻底解释的地方（"至于事须悬解起尽之处，皆为细其下"）。这里说明道安认为深度翻译的解释要深而有度，译文过度解释和议论就是深而无度，违背忠实原则适当删节后

---

① 《阿毗昙八犍度论》（梵文：Jñānaprasthāna-sāstra）：古印度迦多延尼子著，唐玄奘译本全称《阿毗达磨发智论》，简称《发智论》，在《大智度论》中简称《发智经》，在《婆薮槃豆传》中称《发慧论》。全面阐述了说一切有部的基本观点，兼论当时部派佛教之间争论的各类问题。此论在古印度部派佛教时期有一定影响。后来的《大毗婆沙论》一书就是根据此论的分类，对八蕴所作的详细论释。（中国大百科全书总编辑委员会，2001）

② 义：义的繁体字"義"通"議"，议论的意思。《庄子·齐物论》："有左，有右，有伦，有义，有分，有辩，有竞，有争，此之谓八德……六合之内，圣人论而不议。"（汉语大字典编辑委员会，2010：3340）

才合适。

有香港学者把"颇杂义辞"的"义辞"二字用一长串英文句子来翻译，回译成汉语是："空洞反复的套话，有可取和必要之处，有的没有。这些重复的套话有关乎内容的，也有与文风有涉的。"（Lai，2006：83）原文说明问题的就一个"义"字，英文用了这么长的篇幅，倘若解释清楚了也未尝不可，但是此处汉语的"义"字随便怎样也训不出上面套话或口头禅的意思。结合其上下文分析，她这两句英译文加进了太多自己的无端想象。结合原文下文来看，口译者的套话或口头禅加起来都有四卷之多，这种解释也太不合情理。汉语文言译成英语，还是应该讲究训诂。

《阿毗昙序》也作于《摩诃钵罗若波罗蜜经抄序》后一年，明显是道安在又一次实践自己提出的理论原则，可以说在提醒大家不要误解《摩诃钵罗若波罗蜜经抄序》这篇译论。

本节结论

本节通过上述道安所作的经序研究了其翻译思想形成的脉络，理清了其译论产生的时间先后顺序，搞清楚了孰先孰后，辨析了哪些是道安的观点，哪些是道安叙述别人的观点，分清了道安赞成什么反对什么。这样才有助于我们认识道安《摩诃钵罗若波罗蜜经抄序》这篇翻译论。

有香港学者说，道安在《鞞婆沙序》中主张要"案本而传"，完全按照原典的本来面目翻译，而在《阿毗昙序》中又主张翻译大量删节，所以道安的观点立场不一致。（Cheung，2006：85-86）其实，道安的佛典翻译理论原则前后一以贯之。我们从道安《道行经序》可看到他最早的佛典译论，其中谈到因为存在若干翻译困难，《道行经》的汉译不能"一一得本缘故"，这说明完全忠实原文是他心目中的佛典翻译第一标准。接着，道安写的《合放光光赞略解序》指出了"放光"和"光赞"两个译本质朴文华、繁复简洁，各有各的优点和缺点，不能一概而论。这样的评论，显然暗含一个以为原文为准的尺度。《比丘大戒序》以戒本汉译为例，强调忠实原文是佛典翻译的最高原则，这也是改质朴而繁复的原文为华丽而简洁的译文之限度。过分删改的译文是葡萄酒掺水，只有把颠倒的原文语序改顺为汉语语序例外。《鞞婆沙序》再次说明了佛典译文删繁就简、改质为文的限度，强调"遂案本而传"这一忠实原文的首要原则。道安最后作的《阿毗昙序》主要叙述译文删掉口译者过多的议论，也是强调忠实原文的原则。可见道安译论始终都在强调忠实原文，哪里有不一致的地方呢？

第三节 从古至今道安序言研究略述

《摩诃钵罗若波罗蜜经抄序》自问世以来,从古至今都有学者在研究。古代的研究不出佛教界,近现代以来的研究则扩展到其他领域。20 世纪 80 年代以来,翻译学者也纷纷加入研究行列。

一、古代的研究

(一) 道安同代人及其弟子的阐释和说明

"安公一生于《般若》研究最为致力。"(汤用彤,2011:136)而他对佛典翻译的研究与般若研究紧密相关。《摩诃钵罗若波罗蜜经抄序》这篇翻译论本身就是道安研究般若成果的一部分,要完全读懂该序,除了研究该序言本身,也有必要关注道安在译场上的同事所作的一篇集经后记:《僧伽罗刹集经后记第七》。

1. 《僧伽罗刹集经后记第七》

《祐录》第十卷署名为"未详作者"的《僧伽罗刹集经后记第七》(释僧祐,1995:374-375)记载:

> 大秦建元二十年①十一月三十日罽宾比丘僧伽跋澄于长安石羊寺口诵此经及《毗婆沙》。佛图罗刹翻译,秦言未精,沙门释道安,朝贤赵文业,研核理趣,每存妙尽,遂至留连,至二十一年二月九日方讫。且《婆须蜜经》及昙摩难提口诵《增一阿含》并《幻网经》,使佛念为译人。念乃学通内外,才辩多奇。常疑西域言繁质,谓此土好华。每存莹饰,文句灭其繁长。安公赵郎②之所深疾,穷校考定,务存典骨。既方俗不同,许其五失胡本,出此以外毫不可差。五失如安公《大品序》所载。(T2145,55.71b24-c7)

文中表明此"未详作者"是道安的同事,在建元二十年,即公元 384 年,道安健在,年 73 岁。此文显示,当年道安正主持前秦译场,描述了道安当时

---

① 公元 384 年。(中国历史大辞典编纂委员会,2000:3320)
② 赵郎:就是秘书郎赵正。

所主持的前秦佛典译场实行其"五失本"的佛典翻译原则（规则）的情形。翻译《婆须蜜经》《增一阿含》和《幻网经》这三本佛经的译者是当时译胡为晋的著名译家竺佛念。他认为胡言"繁质"，此土"好华"，译文要修饰华丽，去除原文的冗长繁复。但是负责译场的道安和朝廷官员赵正对竺佛念的译风很不以为然（"深疾"），而译文"务存典骨"才是佛典翻译的根本原则。所以后文才说："既方俗不同，许其五失胡本，出此以外毫不可差。"该集经后记强调，"五失本"的五种客体（译文）变化都是允许的，属于形式变化，但译文必须"存典骨"，即原文的实质内容、基本框架和风格特点绝对不许变动，必须忠实。这说明，忠实原则具有首要地位，其他是第二位的。该序也是《摩诃钵罗若波罗蜜经抄序》的理论原则的印证和再次说明。

2.《大品经序》

僧睿是道安的弟子，公元403年作《大品经序》，记录了他在鸠摩罗什所主持的后秦逍遥园译场，从"弘始五年①岁在癸卯四月"至次年"四月二十三日"汉译《大品经》，充当罗什助译的情形。此时道安已逝世十八九年。《大品经序》收入《祐录》第八卷。（释僧祐，1995：291-293）

僧睿在该序中说：

> 予既知命，遇此真化，敢竭微诚，属当译任。执笔之际，三惟亡师"五失"及"三不易"之诲，则忧惧交怀，惕焉若厉。虽复履薄临深，未足喻也。幸冀宗匠通鉴，文虽左右，而旨不违中，遂谨受案译，敢当此任。（释僧祐，1995：292）

这里显示僧睿对待道安提出的"五失本三不易"原则的态度可以说是如履薄冰、夕惕若厉，由此可知该佛典翻译原则在道安之后姚秦鸠摩罗什所主持的佛典译场依然有很大的影响。

(二) 隋唐及五代的研究

1. 彦琮

笔者迄今没有发现南北朝时期有僧俗两界学者研究道安"五失本三不易"的资料。之后的隋朝高僧彦琮作《辩正论》，其主干（T2060，50.438a19-

---

① 弘始五年："弘始"是后秦姚兴年号，"弘始五年"即公元403年。（中国历史大辞典编纂委员会，2000：3321）

439b27）今存于唐道宣作《续高僧传·隋东都上林园翻经馆沙门释彦琮传》。彦琮这篇系统翻译专论继承了道安的翻译主客体方法论，丰富和发展了主体原则。他作这篇基本完整的佛经译者专论是为了分析规范中土佛典翻译的法则并使之流传后世（"以垂翻译之式"）。他在文中把道安的"五失本三不易"放在佛典翻译三大原则之首（黄小芃，2014：252），且全文引用，其中仅个别字词与《出三藏记集》的记载有出入。彦琮对佛典译者的主客体论有当时最详细和系统的论述。

　　道安提出"五失本三不易"后，他本人或其他学者对"五失本"原则有说明和示范，而对"三不易"原则直到隋朝都无人关注和说明。而隋彦琮在《辩正论》中以系统的佛典译者论填补了这个空白。（黄小芃，2014：208－226）简言之，道安的"三不易"仅从佛教的角度指出了古代中土佛典译者面临的三大困难，隐晦地开示了克服困难的方法，彦琮进而以系统严密的佛典译者论指出了克服困难的方法和途径。

　　彦琮确立的中土佛典翻译四大原则，其中两条：佛典译者原则和学佛者通梵语原则（包括译典者通梵语论）是道安"三不易"理论的继承和发展。

　　2. 费长房

　　此外，隋朝蜀郡成都（今四川成都市）人费长房撰经录《历代三宝纪》，其第八卷介绍道安撰《综理众经目录》，下录有道安的传记和《摩诃钵罗若波罗蜜经抄序》提出的"五失本三不易"全文（T2034，49.76c18－77a11）。他也基本照录道安《摩诃钵罗若波罗蜜经抄序》中对后汉两位佛典译家以及三国和晋的两位译家的评价："前人出经，支谶、世高，审得胡本难系者也。叉罗、支越，斫凿之巧者也。"（T2034，49.77a7－9）而费长房紧接着的对道安译论的评价很有意思，他说："夫圣贤导达，正可勖励，龟镜以书，诸绅永为鉴诫。但称梵为胡，言小伤本，窃所未承耳。"（T2034，49.77a9－11）他赞扬了道安的译论之后，批评道安译论有胡梵不分的错误。从彦琮和费长房留下的资料可见道安《摩诃钵罗若波罗蜜经抄序》作为佛典翻译原则在隋朝的影响很大。

　　3. 道宣

　　唐代佛教界有好几位学者关注或提到道安的"五失本三不易"佛典翻译原则。道宣在《大唐内典录》卷一着重解释"五失"的"失"："然则西蕃五竺祖尚天言，东夏九州岛聿遵鸟迹。故天书天语，海县之所绝思，八体六文，大夏由来罕觏。致令昔闻重译方见于斯。……译从方俗，随俗所传，多陷浮讹，所失多矣。所以道安著论五失易从，彦综属词八例难及。"（T2149，

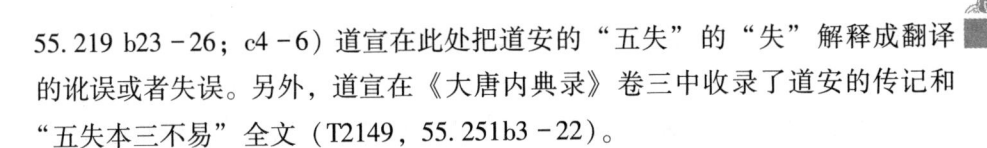

55.219 b23 - 26；c4 - 6）道宣在此处把道安的"五失"的"失"解释成翻译的讹误或者失误。另外，道宣在《大唐内典录》卷三中收录了道安的传记和"五失本三不易"全文（T2149，55.251b3 - 22）。

另，道宣在《续高僧传·玄奘传》卷四中曰：

> 自前代已来，所译经教，初从梵语，倒写本文，次乃回之，顺同此俗，然后笔人乱理文句，中间增损，多坠全言。今所翻传，都由奘旨，意思独断，出语成章，词人随写，即可披玩，尚贤吴魏所译诸文。但为西梵，所重贵于文句钩锁，联类重沓，布在唐文，颇居繁复，故使缀工专司此位，所以贯通词义，加度节之。（T2060，50.455a24 - b3）

由此看来，唐朝玄奘主持的译场，依然是"失本"的。钱锺书认为，此处"所译经教，初从梵语，倒写本文，次乃回之，顺同此俗"就是道安说的"一失本"。"故知'本'有非'失'不可者，此'本'不'失'，便不成翻译。"（钱锺书，1979b：1263）从此上下文而言，把原文倒写的语序理顺为唐文的语序，原文的句式因而改变，这"失本"就是要改变原本，不出道安第二至五失本的范围。

4. 慧琳

唐慧琳编撰《一切经音义》（又称《慧琳音义》），"成书当在元和三年（808）以前"（徐时仪，1989：95）。是一本"网罗古训，音释梵经，撷拾綦广，包孕弥富……堪与《尔雅》《说文》并列的古辞书"（徐时仪，1989：94）。他在该书第二十五卷中解释"五失"的"失"说："昔先贤道安法师，符秦帝师，东晋国德有言曰：译经有五失三不易也。斯言审谛，诚如所论，智人远见明矣。以此观之，失亦过于此说。"（T2128，54.470c14 - 16）从此文及其上下语境可以看出，他认为道安"五失本"的"失"乃过失、错误的意思。

5. 窥基

窥基为玄奘的高足，乾封元年（666）后撰《因明入正理论疏》，是佛教因明名著。（中国佛教协会，1989a：339）他在上卷中说：

> 或有于此不悟所由，遂改论云差别为性，非直违因明之轨辙，亦乃暗唐梵之方言。辄改论文深为可责。弥天释道安法师，尚商略于翻译，为五失三不易，云：结集之罗汉兢兢若此，末代之凡夫平平若是；改千代之上

微言，同百王之下末俗，岂不痛哉。(T1840，44.100a5-10)

从此论述来看，窥基把道安的"五失本"之"失"当成改变或变化。另，窥基在其撰写的《妙法莲华经玄赞·序品》第一卷中说：

> 什公恐末叶多惑，所以删之。若尔即取舍真文并由罗什，删繁好丑并在一人，斯为未可。释道安，以翻经者多略经文乃作五失三不易，云：结集之罗汉兢兢若此，末代之凡夫平平若是，改千代之上微言同百王之下末俗。岂不痛哉。(T1723，34.659b2-7)

他以道安"五失本三不易"来批评鸠摩罗什的翻译，从上下文来看，依然把"五失本"之"失"当成改变。窥基参加过玄奘主持的译场译事。他的以上论述表明道安的翻译原则在玄奘的译场上不无影响。

6. 栖复

唐朝僧人栖复撰《法华经玄赞要集》，在其第六卷中不仅有道安的小传（R53.591b5-592a1）①，而且对道安"五失本三不易"有所阐释。他说：

> 言乃作五失等者。一正倒失；梵语皆倒，如言饭吃、钟打、齐盖；改梵从唐，名一失也。二文质失；梵经尚质，秦人好文；译质就文，名二失也。三广略失；梵文委悉，至于赞咏，丁宁返覆，或请或赞，三度五度，译者嫌广就略，名为三失本也。四随情取舍失；于时稳者即留，于时不稳即除；解性宗者，译就性宗，解相宗者，译就相宗，名随情取舍失。五删前留后失；西天梵语，多语爱牒前生后，有人问事，答者事须先牒前人语，然后自答，答有两重，问亦有三个义，上问答便有四重；到此间来，唐言好略，不牒前人问辞，名删前，唯留后一重答词，名留后失；长行及偈具有名双，长行重处已略却名删，前向后又无重偈，名留后，故名删前留后失。三不易者，一时代不易。谓佛是周昭王二十四年生，周穆王时入灭；至翻译时，约一千五百余年，正法五百，像法一千，末法万年；翻译之时，已入像法，去圣时淹，转丧真本，岂将正法，同于像末之时，时代不易也；改周礼之言，以从今人之语，尚犹不可，况圣教者哉。二者愚智

---

① 此处R表示《卍续藏经》，其后的格式如下：册数.页码+栏+列数。以此处R53.591b5为例，53是册数，591是页数，b指b栏（每页有两栏，上栏为a，下栏为b），5是列数。下同。

不易。昔日阿难亲承付嘱,千大罗汉同时结集,皆不测佛意,自后翻译,译人不测阿难意,良由愚智不易。三者兢慢不易。如来说法,观众生根性,无有不契根者,及至结集法时,皆是圣者,二空双证,理智俱融,恐失一言,经即无力。岂将平平近意,测罗汉兢兢远心,名兢慢不易也,生死之人平平若是。涉斯五失三不易,译梵从秦,谁可不慎也。当说此经,弥勒是当来佛问,文殊是过去佛答,总是圣人,今者并是凡夫,如何测量圣智,辄欲删之;平平者,次弱之义,亦是怠慢之义。

言改千代之上微言等者,佛是千代金轮王孙,故名千代;所出言教,故名微言。又云,千佛同说,故名千代,代者约世代而论;百王约业而说,千代百王,文之属对也;百王,俗典诸子书等,改圣人言,同百王俗典,岂不痛哉。(R53.592a2-b15)

栖复这个解释难能可贵,不像以前的唐代学者只解释"五失"不顾"三不易",比较全面和详细,可以帮助我们今天认识整个"五失本三不易"。

7. 宗密、慧沼、智云、崇俊

唐朝僧人宗密撰写的《圆觉经大疏释义钞》第二卷下几乎全文引用道安的"五失本三不易"(R14.492b15-493a10),个别字词与《出三藏记集》不同。慧沼在其撰写的《法华玄赞义决》中也全文引用道安的"五失本三不易",个别字词与《出三藏记集》不同。智云在其撰写的《妙经文句私志记》卷一中全文引用道安的"五失本三不易"(R45.666a17-b12),个别字词与《出三藏记集》不同。崇俊撰、法清集疏《法华经玄赞决择记》第二卷全文引用道安的"五失本三不易"(R53.303a11-b9)。

以上资料显示,隋唐两代不愧为中国古代文化的盛世。学者们对道安提出的"五失本三不易"佛典翻译原则,有阐释主体原则"三不易"的,也有全面阐释主客体原则的,还有着重论及系统创建佛典译者主体原则论的。下面我们来考察唐朝之后的五代学者研究"五失本三不易"的情况。

8. 景宵

后唐僧人景宵在其《四分律行事钞简正记》第四卷(第213-255页)中写道:

翻译失旨也,于前非上更加此一,故云重由也。翻谓翻彼梵书,以就唐之隶字,译者译彼梵语,以就此土秦言。据斯翻译各殊故,或有解云,译者转也,谓转域外之语,与此乖违,故云失旨。如善见云,摩夷者,译

为二部波罗提木叉,即将梵语翻梵语。又摩夷是论,波罗提木叉,是戒家所感之果也。妄生构立者,谓翻时不体彼意,但以自己情怀,构置竖立。如袈裟翻为卧具,略取其相,失其指也。又如摆洒三昧等,若准诸经论中,引弥天安法师述,翻译有五失三不易。恐繁,又非急要,广在吉记中叙述,此不具录也(已上三重残缺也)。言至滥又者,抄写滥传也,于前三失之上,更加此一,故云又为也。执笔抄文上于纸素,故云抄写。文字差殊为错,全行全句脱名漏,有未翻时错,即梵筴本错;或正翻时错,如唐三藏,译婆沙论了,付光法师讲,觉文不次,遂白三藏知。寻捡梵文,果欠一叶不翻。或翻了错,即今抄写时也。今将错设,莫越三般,一字同声异错,如说戒中,对同犯者发露,即当(去声呼)忏悔,古云即当(平声)忏悔;又如相(平声)相(去声)乐字通三呼,行字通四音,度(去声),度(入声),差字通四音等,皆是字同声异也。二字异声同错,如讣请字,与奔赴字别而声同(云云);又如耄耄罗字,与巾帽字同音也。三体别义殊错,如三衣中,引律明,大衣量至十九条,云若复遇是亦应畜,律文错书不字等(云云)。相承传滥者,一本传虚,万人宗滥,写乌成马,鱼成鲁,涅盘为七大等,并是兹兹例也。 (R68.231a18 - 232a6)

从景宵这一大段内容的"翻译失旨也,于前非上更加此一","如袈裟翻为卧具,略取其相,失其指也","言至滥又者,抄写滥传也,于前三失之上,更加此一","文字差殊为错,全行全句脱名漏,有未翻时错,即梵筴本错;或正翻时错",可以看出他在论说佛典翻译时发生的种种错误和与原义相违背的情形,虽然提到道安的"五失本三不易",但与其说在解释它,不如说在借用道安名言来表达自己的观点。这也可算是对其中"失"的一种阐释,但与道安的"三不易"没什么关系。

9. 义楚

义楚撰写佛学掌故分类工具书《释氏六帖》(又称《义楚六帖》等),把道安的"五失本三不易"放在"法式"的掌故下,称之为"五失三难",并全文转载,有些字词与《祐录》不同。(义楚,1990:163)表明道安的"五失本三不易"对当时的佛典翻译依然有相当大的影响。

（三）宋元时期的研究

1. 赞宁

北宋赞宁在《宋高僧传》第三卷译经篇中曰："逖观道安也，论五失三不易。彦琮也籍其八备，明则也撰翻经仪式，玄奘也立五种不翻，此皆类左氏之诸凡，同史家之变例。今立新意成六例焉。"（赞宁，1987：53）这明显把道安的"五失本三不易"放在中土佛典翻译原则之首。另外，宋代还有两位学者直接引用了道安的"五失本三不易"。

2. 从义、有严

宋代从义撰《法华经三大部补注》，补注智顗之法华三大部（《妙法莲华经玄义》《妙法莲华经文句》《摩诃止观》）及荆溪湛然注释三大部所作之《法华玄义释签》《止观辅行传弘决》等书中所缺略者。他在书中第三卷全文直接引用道安的"五失本三不易"（R44.17a15 – b15）。另外，有严注《法华经玄签备捡》，在其第三卷"译经有五失"条目下，也全文引用了道安的"五失本三不易"（R44.648a15 – b18）。

从以上宋代学者引用道安的"五失本三不易"情况来看，这个佛典翻译原则在宋代依然有影响。

3. 念常

元朝名僧念常作编年体佛教史《佛祖历代通载》，在其第二十二卷记载元朝著名佛典译家僧人沙啰巴①的事迹，"寿安山云麓洪公"为沙啰巴作墓志铭说：

> 寿安山云麓洪公，作铭有谓，佛法之传必资翻译。故译梵为华，或敌对名物，或唯以义，必博通经论，善两方之言，始能为之。是以道安尝谓：翻译微言有五失本三不易。故非能者不足以有为也，所以传列十科，翻译居首者，岂非以其为之难功之大乎？予尝以诏与京邑诸公校雠藏典，历观自古翻译之家，以义译经如秦之罗什，译论唐之奘公，十数人之作，所谓禹吾无间然矣。其余或指义暧昧，或文辞疏拙；夫义之暧昧，盖译者之未尽文，或疏拙润色之失也，因思安公之言，以谓以弥天之高，尚称不易。今之译者何其易哉，自季叶以来，译场久废，能者盖寡，岂意人物凋

---

① 现存汉文《大藏经》中仍可见沙啰巴翻译的六本佛经，《大正藏》中分别编为第925、926、976、1189、1417和1645号经。（傅海波，2008：61）

残之际乃见公乎，观其所译可谓能者哉。（T2036，49.730a20 - b6）

铭中曰"盖译者之未尽文，或疏拙润色之失也"。他发现以前的佛典译者有原意没有完全译出，或者译文润色拙劣粗疏，而沙啰巴的佛典翻译"可谓能者哉"。由此可见，道安的"五失本三不易"原则对元朝的佛典翻译依然有影响。

（四）清代的研究

1. 智铨

清朝僧人智铨在其《法华经玄签证释》第八卷中说："译经有五失等。大唐内典录序云。译从方俗。随俗所传。多陷浮讹。所失多矣。所以道安着论五失三不易（云云）。"（R44.904a15 - 17）这里提到道安的五失三不易，但仅仅重复唐朝道宣在《大唐内典录》中的观点，没有自己的阐释。

2. 严可均

清朝文献学家、藏书家严可均辑《全上古三代秦汉三国六朝文·全晋文》卷一五八基本上收入了道安的《摩诃钵罗若波罗蜜经抄序》全文（严可均，1999：1737 - 1738），只有序文结尾道安原注释没有收录。严氏该书卷帙浩繁，收录唐以前作者 3497 人的文章，除了收录道安的《摩诃钵罗若波罗蜜经抄序》，还收入其若干篇文章及相关铭文。

二、近现当代的研究

（一）梁启超

梁启超乃中国近代思想家、政治家，是近代兼治佛学的代表人物（陈士强，2001：2）。梁启超在 20 世纪初先后完成了两篇佛学研究论文《翻译文学与佛典》（1920）和《佛典之翻译》（1922）。（陈士强，2001：5）他的这两篇论文在不同语境下研究了道安的"五失本三不易"。

《翻译文学与佛典》的主题正如其题目所示。在文中他说："翻译文体之讨论，自道安始，安不通梵文，而对于旧译诸经，能正其谬误。"（梁启超，2001a：182）之后，他还说：

安公论译梵为秦，有"五失本三不易"。五失本者：（一）谓句法倒装。（二）谓好用文言。（三）谓删去反覆咏叹之语。（四）谓去一段落

中解释之语。（五）谓删去后段覆牒前段之语。三不易者：（一）谓既须求真，又须喻俗。（二）谓佛智悬隔，契合实难。（三）谓去古久远，无从询证（见《大品般若经序》，以原繁重不具引，仅撮其大意如上）。后世谈译学者，咸征引焉！要之，翻译文学程式成为学界一问题，自安公始也。（梁启超，2001a：184）

这里，梁启超虽说解释得很精到，但简化了原论题。他还认为，道安因为提出"五失本三不易"而成为中国历史上研究和讨论中土佛典翻译文学形式的第一人。笔者认为，这个观点不无道理。

"五失本"都是要目标语（中文）佛典文本符合目标语的语法规范（"胡言尽倒而使从秦"）；原文"胡经尚质"的文体变为目标语"秦人好文"的文体，以适合中土目标语佛典读者尚文的品位；原文繁复的歌咏赞叹要裁减冗赘；原典旧话重提的重颂要删除；原典重复部分也要全部删除。总之，中土佛典译文不能刻板地与佛典原文亦步亦趋，其语法规范、文体形式和叙述方式都要向中土语言标准和读者爱好靠拢。此时，目标语（中文）文体当然与原典不同，既不是纯粹的原典文体又非纯粹的目标语（中文）文体。"三不易"，简言之，是中土译者与原典作者和编者的三大差距，因而译文与原文也有差距。这的确是个值得研究的佛典翻译问题。但仅用文体这个文学概念总括"五失本三不易"，在理论上过于简单化。但是，文体是文学形式问题，文体与直译又有什么关系？直译是一种翻译方法，这是另一个大问题。梁启超在这节中又说：

> 彼盖极富于理解力，而最忠实于学问，当第二期译事初起，极力为纯粹直译之主张，其言曰："前人出经，支谶、世高，审得胡本难系者也。又罗、支越，斫凿之巧者也。巧则巧矣，惧窍成而混沌终矣。若夫以《诗》为烦重，以《尚书》为质朴，而删令合今，则马、郑所深恨者也。"（梁启超，2001a：182）

他直接引用了《摩诃钵罗若波罗蜜经抄序》里几句道安的原话，加上"五失本三不易"，就下结论说道安主张直译，或有人再引申说道安是个中土佛典翻译的直译派。这个从文体跳到直译的结论下得过于仓促。

直译和意译这对翻译概念是近现代来自欧美的舶来品，中国古代译论家从来没用过这两个概念讨论或研究翻译，文或质才是常用的范畴。况且，梁氏也

没有对直译有过精确而详细的定义。（黄小芃，2014：239）所以，他的结论不仅仓促而且不当。

再者，道安提出了"五失本三不易"，确实研究和讨论了中土佛典译文的文学形式，但说他是研究这个问题的第一人，笔者以为，这个观点不准确。前面本书第一章支谦的《法句经序》已讨论过中土佛典翻译的文质问题和译者翻译佛典的困难。确切地说，三国吴支谦才是研究讨论上述问题的第一人，只不过道安研讨这个问题的角度不同，深浅程度不同。另外，梁启超说：

> 道安，极能文之人也。其文传于今者尚数十篇，华藻皆彬彬焉。乃其论译事，务主质朴。质而言之，则安殆主张直译之人也。其品骘前人，谓："支谶弃文存质，耀得经意。"（《高僧传·支谶传》）谓："叉罗、支越，斫凿甚巧。巧则巧矣，惧窍成而混沌终矣。"（梁启超，2001b：275）

之后，他又说：

> "若夫以《诗》为烦重，以《尚书》为质朴，而删令合今。则马、郑所深恨也。"（《摩诃钵罗若波罗蜜经抄序》，以上俱《祐录》引）其最有名者为"五失本三不易"之论。五失本者：一谓句法倒装，二谓好用文言，三谓删去反复咏叹之语，四谓删去一段落中解释之语，五谓删后段牒前段之语。三不易者：一谓既须求真，又须喻俗；二谓佛智悬隔，契会实难；三谓去古久远。无从博证（原文具见《续高僧传》卷二《彦琮传》中。以其文太繁且亦伤华难读，故撮举其大意如此）。凡兹陈义，可谓博深切明。盖东晋南北朝文体，正所谓"八代之衰"，靡藻淫声，令人欲哕。以此译书何能达旨？安公瘏口匡救，良非得已。故其所监译之书，自谓："案本而传，不令有损言游字，时改倒句，余尽实录。"（《鞞婆沙序》）究其旨趣，殆归直译矣。翻译文体之创设，安公最有功焉。（梁启超，2001b：276）

由此可见，在讨论中土古代佛典翻译理论的语境下，梁启超基本上把他在讨论古代中土佛典翻译文体的文学语境下的观点重复了一遍，即道安是研讨中土佛典翻译文体的首创者，也主张直译。梁启超对"五失本三不易"的解释也是上述语境下的重复，没有什么新意，尽管引用来源不同。可贵的是，梁启超认为，道安除了有"五失本三不易"的理论和主张，还有"案本而传"。

(二) 罗根泽

罗根泽直接引用了道安的"五失本三不易"（罗根泽，2003：265-266），也引用了道安《鞞婆沙序》中赵正说的话："文质是时，幸勿易之，经之巧质有自来矣；唯传事不尽，乃译人之咎耳。"（罗根泽，2003：266）但罗根泽对此没有说明，只是照录道安这些观点的原文。另外，罗根泽也与梁启超一样引用《摩诃钵罗若波罗蜜经抄序》这段道安对东汉和三国佛典译家的评论（罗根泽，2003：266）：

> 前人出经，支谶、世高，审得胡本难系者也。叉罗、支越，斫凿之巧者也。巧则巧矣，惧窍成而混沌死矣。若夫以《诗》为烦重，以《尚书》为质朴，而删令合今，则马郑所深恨者也。

罗根泽说这里是道安"嫌胡言方质，改适今俗"的"两个妙喻的贬刺"。（罗根泽，2003：266）

罗根泽还说："译质为文是失本，译烦为约也是失本，尽管前者有文采之美，后者有简约之功，就翻译而言，都是'译人之咎'。"（罗根泽，2003：267）

总体而言，道安的佛典翻译原则和主张罗根泽都有收录，没有遗漏，但他没有说明各个观点之间有什么关系。

(三) 范文澜

历史学家范文澜于20世纪40年代开始运用马克思主义研究中国史，他在《中国通史》第三册中把道安归入佛典翻译的直译派：

> 直译派主张译人只须变梵语为汉语，不得有所改易。赵整戒译人说，因为不懂梵文，所以需要翻译，如果遗失原有意义，译人该负责任。凡是赵整指导的译本，不许有多余的话，也不许有缺少的字，除改倒句以外，全照原本直译。释道安也说，凡是流畅不烦的译本，都是掺了水的葡萄酒。他提出"五失本"、"三不易"的主张，比赵整的完全直译，已有不小的变通。"五失本"（翻译时丧失梵文本来面目，有五种不可免的原因）是：（1）梵语倒置，译时必须改从汉文法；（2）梵经朴质，汉文华美（魏、晋以来，正是骈体文盛行时期），为了流通，不得不略加润饰；（3）

梵经同一意义，往往反复至三四次，不嫌烦杂，译时不得不删削；（4）梵语结束处，要把前语重述一遍，或一千字，或五百字，译时不得不删去；（5）梵文说一事，话已说完，将说别一事，又把已说的事，重说一遍，才说到别一事，译时必须删去。"三不易"（不容易）是：（1）用现代语翻古代语，难得惬当；（2）古圣精微的哲理，后世浅学难得契合；（3）阿难等出经，非常审慎，后人随意翻译，难得正确。"五失本"是要求译文比较接近于汉文的规格，"三不易"是要求译人尽可能忠实于译事，在释道安指导下，直译法已达到止境。（范文澜、蔡美彪等，1994：92－93）

从以上引文可以看到，范文澜对道安"五失本三不易"有独到的研究，他说："'五失本'是要求译文比较接近于汉文的规格，'三不易'是要求译人尽可能忠实于译事。"用今天译学话语言之，"五失本三不易"是佛典翻译的规定性原则。但他把"五失本"解释成"翻译时丧失梵文本来面目，有五种不可免的原因"，"失"成了"丧失、丢失"之意。再者，把道安归入直译派，说道安主张直译，看来梁启超和罗根泽的观点对范文澜不无影响。

（四）许里和

荷兰汉学家许里和说：

道安不曾也无力参与佛典翻译具体工作本身，但他似乎对译梵言（Sanskrit）为秦语的相关困难和问题已有深刻的认识。他撰写了好几篇佛经序言，都提到他本人、赵正和慧常讨论当时佛典译者进退两难的处境，是用意译加文饰的方法推出符合读者秦言口味的简洁译本，还是该通过忠实而繁复的直译最终产生不堪卒读的译本。再者，道安为《般若经》（出现在公元382年）的新译本作序，其中有个特别引人注目的段落，在此他提出了若干佛典翻译准则（rules），表明了佛典译者可允许背离（deviate）原本的五个准则（"五失本"）以及必须忠实（faithfully）翻译原本的三条准则（"三不易"）。这八大翻译准则似乎在长安就颇具权威性，因为我们今天还可读到与道安同时的佚名作者在其集经后记提到含有道安上述准则的序言，而这些准则对后来5世纪初鸠摩罗什的宗派还有影响。（Zürcher，2007：203）

许里和在此很明确地指出道安的"五失本三不易"是当时乃至以后直到鸠摩罗什时代都有影响的佛典翻译准则（rules），"五失本"的"失"是背离（deviate）的意思。

（五）吕澂

精通多门语言的佛学大家吕澂研究了道安的佛典译论，其理论视野开阔，认识全面，非同凡响。首先，他认为道安的翻译研究与般若研究相关联。（吕澂，1979：58）他还指出了道安佛典翻译研究的方法是异译对照，即"合本"或"会译"的方法，就是以不同汉译本异文相互参照补充的方法。（吕澂，1979：58）其次，他还指出道安佛典翻译研究的发展过程。道安从早期异译对照研究到后来在长安组织译场，其翻译研究进一步发展。（吕澂，1979：59-60）最后，道安完成其般若研究后提出了著名的"五失本三不易"，这是其整个佛典翻译研究的总结。吕澂认为，"五失本"是：

> 简单地说来，有五种情况是不能与原本一致的：第一，语法上应该适应中文的结构；第二，为了适合中国人好文的习惯，文字上必须作一定的修饰；第三，对于颂文的重复句子，要加以删略；第四，删掉连篇累牍的重颂；第五，已经说过了，到另说一问题时却又重复前文的部分，这也要删除。（吕澂，1979：61）

"三不易"是佛典翻译的三种困难：

> 三种不易于翻译的情况是：第一，经籍本是佛因时而说的，古今时俗不同，要使古俗适合今时，很不容易；第二，要把圣智所说的微言深义传给凡愚的人理解，时间距离又这么远，这也不容易；第三，当时编经的人都是大智有神通的，现在却要一般平常人来传译，这更是一件不容易的事。（吕澂，1979：61）

吕澂的上述论断对我们全面深入认识《摩诃钵罗若波罗蜜经抄序》整篇译论功莫大焉。

（六）钱锺书

文学研究家、作家钱锺书说："释道安《摩诃钵罗若波罗蜜经钞序》。按论'译梵为秦'，有'五失本'、'三不易'，吾国翻译术开宗明义，首推此篇。"（钱锺书，1979b：1262）他此处对道安的"五失本三不易"做出了很高的评价，之后说：

"五失本"之一曰："梵语尽倒，而使从秦"；而安《鞞婆沙序》曰："遂案本而传，不合有损言游字；时改倒句，余尽实录也"，又《比丘大戒序》曰："于是案梵文书，惟有言倒时从顺耳。"故知"本"有非"失"不可者，此"本"不"失"，便不成翻译。道宣《高僧传》二集卷五《玄奘传之余》："自前代以来，所译经教，初从梵语，倒写本文，次乃回之，顺向此俗"；正指斯事。"改倒"失梵语之"本"，而不"从顺"又失译秦之"本"。安言之以为"失"者而自行之则不得不然，盖失于彼乃所以得于此也，安未克圆览而疏通其理矣。（钱锺书，1979b：1263）

此处钱锺书详细解释了"一失本"，改原文之颠倒的语序，顺应汉语的语序，这非变不可，否则就不是翻译；还说这"一失本"乃"盖失于彼乃所以得于此也"。所以，笔者说这"一失本"是高于其余"四失本"的首要中土佛典翻译原则。这里的"失"是改变的意思。钱锺书接着说：

"失本"之二曰："梵经尚质，秦人好文，传可众心，非文不合"；卷一六六阙名《首楞严后记》亦曰"辞旨如本，不加文饰，饰近俗，质近道。"然卷一六〇释僧叡《小品经序》："梵文雅质，案本译之，于丽巧不足，朴正有余矣，幸冀文悟之贤，略其华而取其实也"，又《毗摩罗诘提经义疏序》："烦而不简者，贵其事也，质而不丽者，重其意也"；卷一六三鸠摩罗什《为僧叡论西方辞体》："天竺国俗，甚重文藻。……但改梵为秦，失其藻蔚，虽得大意，殊隔文体，有似嚼饭与人，非徒失味，乃令呕秽也。"则梵自有其"雅"与"文"，译者以梵之"质"润色而为秦之"文"，自是"失本"，以梵之"文"损色而为秦之"质"，亦"失本"耳；意蕴悉宣，语迹多存，而"藻蔚"之致变为榛莽之观，景象感受，非复等类（the principle of equivalent or approximate effect）。安仅讥"斫凿而混沌终"，亦知其一而未知其二也。慧皎《高僧传》卷六《僧叡传》记

其参罗什译经，竺法护原译《法华经·受决品》有云："天见人，人见天"，什曰："此语与西域义同，但此言过质"，叡曰："得非'人天交接，两得相见？'"什喜曰："实然""辞旨如本"，"质"而能"雅"，或如卷一六五僧肇《百论序》："务存论旨，使质而不野"，叡此译可资隅反。安《鞞婆沙序》谓"求知辞趣，何嫌文质？"流风所被，矫枉加厉，赞宁《高僧传》三集卷三《译经篇·论》遂昌言"与其典也宁俗"矣。（钱锺书，1979b：1263-1264）

钱锺书对"二失本"有精辟的见解，其观点很明确：佛经原文"自有其'雅'与'文'，译者以梵之'质'润色而为秦之'文'，自是'失本'，以梵之'文'损色而为秦之'质'，亦'失本'耳"。所以，他认为道安把佛典原文之"质"增色为秦之"文""仅讥'斫凿而混沌终'，亦知其一而未知其二也"。

笔者认为，道安并非知其一而不知其二，其观点与钱锺书翻译要忠实原文的观点也并非不同。钱锺书忽略了道安紧接着"斫凿而混沌终"讥讽之言的下面那句话："近出此撮，欲使不杂，推经言旨，唯惧失实也。"其中的"不杂"和"唯惧失实"就是钱锺书此处说的翻译要忠实原文的本来面目，原文之文与质不能有所增损和擅变。钱锺书接着说：

"失本"之三、四、五皆指译者之削繁删冗，求简明易了。梵"丁宁反复，不嫌其烦"，"寻说向语，文无以异"，"反腾前辞，已乃后说"。此如蜀葵之"动人嫌处只缘多"，真译者无可奈何之事；苟求省净无枝蔓，洵为"失本"耳。欧阳修《文忠集》卷一三〇《试笔》："余尝听人读佛经，其数十万言，谓可数言而尽"，语固过当，未为无故。安《比丘大戒序》："诸出为秦言，便约不烦者，皆蒲萄酒之被水者也"，意同《全宋文》卷六二释道朗《大涅盘经序》："随意增损，杂以世语，缘使违失本正，如乳之投水。"皆谓失其本真，指质非指量；因乳酒加水则见增益，而"约不烦"乃削减也。又按罗什"嚼饭"语，亦见《高僧传》卷二本传，文廷式《纯常子枝语》卷一三申之曰："今以英法文译中国诗、书者，其失味更可知……"（钱锺书，1979b：1264）

钱锺书这里阐释了"失本"的三、四、五条，就是译者"削繁删冗，求简明易了"，把认为多余的就彻底删除，认为繁复的就删减。翻译时这样删减

导致译文与原文的偏差,钱锺书旁征博引若干中外的例子,如"蒲萄酒之被水""乳之投水"这两个出自中国古代的比喻,指译文之质失正失真;还有用英法文翻译中国诗、书是"失味"。

紧接着,钱锺书还指出,当时中国基督教信徒翻译《圣经》"不能得其真意",是"误解作者,误告读者,是为译者"。"西万提斯谓翻译如翻转花毯,仅得见背",雨果把翻译比喻成"以宽颈瓶中水灌注狭颈瓶中,旁倾而流失者必多",还有叔本华、伏尔泰形容上述翻译之失的比喻,以及若干类似的西谚习语。钱锺书也罗列了这些来自欧洲的关于上述翻译之失的比喻之原文和出处。(钱锺书,1979b:1264-1266)翻译时译文的删减之量变所导致的翻译质量之变,钱锺书证之以古今中外的例子,也突显了其广博的学问。由此可知,翻译时译文对原文的增减是译学应该研究的大问题。通观钱锺书对道安译论的研究,《摩诃钵罗若波罗蜜经抄序》、"五失本"和"三不易"都提到了,但其研究的焦点还是集中在"五失本"上。

(七) 王文颜

台湾学者王文颜说:

> "五失本、三不易"是道安最具体的翻译理论,见于他的《摩诃钵罗若波罗蜜经抄序》……代表他建元十八年的译经见解,但在此篇序文中同时提出相反的修正意见,因此我们不但要讨论"五失本,三不易"的内容,更要讨论道安译经理论的演变过程。(王文颜,1984:205)

王文颜的研究尤其值得注意的是,他不仅关注"五失本,三不易"本身,而且关注其在《摩诃钵罗若波罗蜜经抄序》当中的与之相反的观点,他以发展变化的眼光研究道安的译论,认为道安的译论经历了一个发展变化的过程。他认为:

> "五失本"谈译本与原本不能一致的原因,是道安所允许的,"三不易"谈译经之困难,是道安所坚持的中心理论。综合"五失本,三不易"的内容,又可归为四项:
> 第一,"一失本"属于语法问题。……译文必须遵照汉文的语法……因为它是古今公认的规则。
> 第二,"二失本"属于文质问题,这是历来争论最剧烈的问题之

一……六朝是个美文时代，道安受时代潮流熏陶，当然会同意"传可众心，非文不可"。……道安的文学造诣极高，而他现存的经序题跋，全用典雅的骈文写成，一派六朝风格的展现，可以说是"文"到家了。

第三，"三、四，五失本"合并属于删略原本问题，这也是历来争论最剧烈的问题之一，道安认为原本经文反反复复的重叠部分，可以有限度的删除。

第四，"三不易"合并属于掌握原本经典的经义问题，这也是道安的中心理论，也是所有译经家共同追求的根本愿望。……

以上第一、二、三项，指译经的方法，第四项指译经的目标，目标是永远不变的。方法则是实现目标的手段，可以通权达变。方法中的第一项，几近于定理，也是永远不变的原则。道安所坚持的是第四项目标，至于方法，他认为可以适时修正，不必刻舟求剑般的墨守成规。换句话说，只要能正确译出经义，那么文质，删略等问题就不必斤斤计较了。讨论道安的译经理论，必先了解这点，否则道安在经序之中所提的意见，有许多与"五失本，三不易"相矛盾，而且各种意见反反复复，没有时代先后的发展顺序可寻，我们如果不先分开何者可变，何者不可变，那么很可能误会道安是一个胡涂老和尚，因为文质、删略等问题，似乎都是他所允许的，也都是他所反对的。（王文颜，1984：206-208）

王文颜给道安"五失本，三不易"各条在理论上分别定性，"五失本"是佛典翻译的方法，其中的语法方法原则必须严格坚持，而其他方法可以变通。这很有道理。他又把"三不易"定为道安的核心佛典理论，是佛典翻译要实现的目标。另外，他有的观点，如"可见入长安，接触梵本，参与译经，是道安译经理论转变的最大关键"（王文颜，1984：216）。又如他认为道安入长安后其翻译观点"前后有一百八十度的大转弯"（王文颜，1984：2013-214），这些都值得商榷。

（八）慈怡

在慈怡主编的《佛光大辞典》中，道安的"五失本三不易"之说排在中土佛经翻译原则的首位，第二是玄奘的"五不翻"，隋彦琮的"八备十条"排在第三位，排在最后的是宋赞宁的翻译六例。（慈怡，1988：6807-6808）这样的次序排列是佛教界从古至今的老套路。

东晋道安汉译经典时，提出"五失三不易"之说，谓汉译经有五种情形易失原意，而有三种难译之情形。五失，又作五失本，即：(1) 由于文法相异，原语与汉语之文词颠倒。(2) 原典之文体质朴，较少修饰语；汉语好文饰。(3) 原典常有数度重覆相同之语句，极为繁琐；汉译则多略去此类重覆语。(4) 原典经文中夹杂注解，语词颇有错乱之嫌；汉译文体多略去此类夹杂之注解。(5) 原典于说毕一事再接叙次事之时，常有重覆前述文词之嫌；汉译则多省略重覆之部分。此即汉译经典五种易于失去原意之情形。

三不易，即：(1) 圣典系依当时之风俗、语言等而立，但物换星移，时俗既变，若期以适合现代，则翻译不易。(2) 不拘圣人与凡夫之距离多大，而欲令远昔圣人微妙法音，适合后世凡愚之风俗，则翻译不易。(3) 阿难出经，距佛世不久，再经无数圣者点校记载，从而乃有圣教流传，后世之人若以浅见事译经，纵然审慎万分，亦恐有所讹误。（慈怡，1988：6807）

以上对道安"五失本三不易"的解释离原意差距较大，其原因在于辞典篇幅有限，为了节省空间用词比原文还要少，故而解释就变形了。

（九）赵振铎

赵振铎把《摩诃钵罗若波罗蜜经抄序》（缺原文最后的注释段）录入其《骈文精华》中，开头有道安的生平简介，编者按说此文是"关于佛经翻译理论的名篇"（赵振铎，1999：86），"提出了佛经翻译史上极具影响的'五失本、三不易'说"（赵振铎，1999：86）。其注释比以往学者所注更详细，而且把全文分为8段。（赵振铎，1999：86-93）

但是，赵振铎没有指出他收录的序言出处，文本显然经过了编辑改动，从左向右横排，全为简体字，并点上了现代标点；全文注释都没有标明出处，有的解释值得商榷。全文只有分段的一级划分，不足以认清全文的篇章结构并抓住主旨。赵振铎辑录本属于文学研究，涉及翻译的问题都解释不清，还误读了一些关键佛教术语。

（十）周裕锴

四川大学教授周裕锴说：

苻秦高僧道安总结历代译经的成败得失，在《摩诃钵罗若波罗蜜经抄序》中提出"五失本"、"三不易"两条重要见解，对于如何忠实地传达佛经原意作出具体的规范和要求。旧译佛经"义多纰缪，皆由先译失旨，不与梵本相应"，道安将其纰缪归纳为"五失本"：

…………（作者直引原文，笔者略）

这里的"胡"指梵文，"秦"指汉文。"五失本"之说是对佛经翻译中乖离梵文原意的现象提出的批评，第一条是关于句法问题，梵文句法与汉文句法语序相反，如果按汉文习惯将梵文句式颠倒过来，就将因不符佛教的思维习惯而失去原义。第二条是关于修辞问题，梵文重质朴，汉文尚修饰，如果翻译为了满足中华读者需要，有意增添文彩，难免与原义不符。第三条是关于风格问题，梵文佛经颇多反复咏叹、再三叮咛之语，汉文写作则有尚简约的传统，如果按照汉人的审美观点剪裁其"不嫌其烦"之处，原义将有所丧失。第四条是关于文体问题，梵文佛经于各段末尾有"义记"，类似中国古代辞赋末尾的"乱辞"，重复前面已讲过的话，如果大量删去这些连篇累牍的重颂，未免会失原意。第五条是关于叙述问题，梵文佛经述毕一事，在另述他事时，又反过来重复前文，如果将这些全部精简，也将失去原意。（周裕锴，2003：154-155）

如果说"五失本"是对"滞文格义"倾向的批判的话，那么"三不易"则多少隐含着对"弃文尚质"者的告诫：

…………（作者直引原文，笔者略）

"三不易"之说讲译经之难，实际上是从反面对佛经翻译的理想境界提出的要求。众所周知，任何翻译过程都包括三要素：即信息发出者（言说者、作者）、信息转换者（口译、笔译者）和信息接受者（听者、读者），而翻译目的的实现需取决于处于中介位置的信息转换者。作为佛经翻译者，他不仅需精通两种以上的语言，还必须跨越不同的时（古与今）空（天竺与中华），扮演两种不同的角色（信息发出者和信息接受者），其难度可想而知。其一，从信息发出者来说，佛经乃佛陀面对不同的听众"因时所演"。由于古今时俗互异，而按佛陀的传经思想，经义必因时而圣，因此翻译者就必须考虑佛陀的苦心，注意从"雅古"到"今

时"的转换,即用"今时"之语取代"雅古"之语,适应时俗的阅读习惯,从而完成佛经文本的现代转型。其二,从信息接受者来说,下愚(低智商或所谓钝根)与上智(高智商或所谓利根)有天渊之别,圣人更是高不可攀。因而翻译者要使普通民众都能接受佛经,就必须克服两个障碍:一是信息的发出和接受之间的时间跨度,二是信息发出者和接受者之间的愚智悬殊,从而使"千岁之上微言"(佛教奥义)变成"百王之下末俗"(凡夫俗子)也可理解的东西。其三,从信息转换者来说,编辑佛经的阿难与迦叶等为佛陀的高足弟子,与佛陀同时而稍后,而翻译者生活的时代与其时已隔千年;阿难、迦叶等护佛法勇猛精进,而翻译者与之相比则未免凡俗平庸。因此,翻译者必须超越自身历史的局限和修养的局限,从而做到"以近意量裁",尽可能接近"彼阿罗汉"(指佛陀弟子)的水平。显然,从"雅古"到"今时"的转换、从"微言"到"末俗"的普及以及从"生死人"到"阿罗汉"的超越,决非"弃文存质"所能完成的。

> 道安的"五失本"主要从翻译的空间性(胡秦)着眼,而"三不易"之说则一再提到翻译的时间性(古今),这似乎表明苻秦时人们对佛经翻译的认识已由单纯的"传四方之语"而扩展到"通千年之言",更注意到它的文本理解的阐释学性质。(周裕锴,2003:156 - 157)

按照周裕锴的上述阐释,"五失本"既是"对于如何忠实地传达佛经原意作出具体的规范和要求",又是"对佛经翻译中乖离梵文原意的现象提出的批评",而"三不易""讲译经之难,实际上是从反面对佛经翻译的理想境界提出的要求"。既然是规范和要求,"五失本三不易"当然是佛典翻译的规范原则或准则。对"五失本"之"失",他理解和阐释为失去、丢失。

(十一) 汤用彤

佛教史和哲学史家汤用彤说:

> 故道安、赵正主持译事,恒务存原意。如巧削原文,使便约不烦,是即换译者私意,安公所斥为"葡萄酒被水""龙蛇同渊,金鍮共肆"者也。(汤用彤,2011:228)

"葡萄酒被水""龙蛇同渊,金鍮共肆"之说分别出自道安所作《比丘大

戒序》和《阿毗昙序》，都强调佛典翻译要忠实原典，不能掺夹私意，也不能混杂不纯。然后，汤用彤研究《摩诃钵罗若波罗蜜经抄序》当中的"五失本三不易"，逐条解释说：

> 然依安公之意，梵语文轨或有不合中文法式者，自不能胶执全依原本译之。（一）梵语倒装，译时必须顺写。（二）梵经语质而不能使中国人了解者，则宜易以文言（《正法华经》有"天见人，人见天"之句。罗什译经至此言曰："此语与西域义同，但在言过质。"僧睿曰："将非谓人天交接，两得相见。"什喜曰："实然。"道安所言可引此事为例。见《高僧传·睿传》）。（三）原文常反复重言，多至数次，译时须省节。（四）原文中每杂以语句之解释，均行译出，亦嫌重复，并宜删去。（五）梵经中常后段复引前段，删之实不失原旨。凡此五事，虽失本文，然无害于意。至若经中所载，因（一）时俗既殊，不能强同。（二）圣智悬隔，契合不易。（三）去古久远，证询实难。则传译之事，至为不易。此乃所谓安公"五失""三不易"之说。后其弟子僧睿助什公译《大品》经，执笔时亦守五失三不易之训（见经序）。今之学者使能执印度文佛经与其译本对照细参，当深知道安之说实经历此中艰苦者之言也。（汤用彤，2011：228）

从汤用彤以上行文来看，"五失本"五条的句式大都是用"必须""宜"此类告诫型情态语的能愿主题句，告诫语气最强硬。"三不易"的句式也这样。最后还说"执笔时亦守五失三不易之训"。尽管汤用彤没有明说，但这些都表明道安提出的"五失本三不易"是佛典翻译必须遵守的原则或规则。而且道安首先提出的是佛典翻译的忠实原则，然后才是"五失本三不易"原则。

（十二）任继愈

佛教史家任继愈说：

> 道安对古来译经的经验进行总结，提出著名的"五失本，三不易"的说法。所谓"五失本"，即佛经译文有五种失去（或改变）原经的本来表达方式的情况：一曰……是说译经时要把胡语（梵文等）的倒装句译为汉文（"秦"）的表达方式；二曰……是说为了迎合中国内地人好文的学风，必须把原为质朴的经语加以修饰；三曰……此指译经时删繁为简；四曰……谓原经有近似中国辞赋篇末总结全篇要旨的"乱辞"（"乱曰"）

的"义记",但在译时皆略去不译;五曰……是说原本在讲完一事,将述别的内容时,需重复前面所说,但译经时皆予删除。

所谓"三不易"是指在翻译《般若经》等经典的过程中有三种很不容易的情形,一曰……此谓译文应适应时代;二曰……此指译文应适合当代信徒的接受能力;三曰……(按:"六通",指具备"六神通"的罗汉;迷察迷书按:此指会诵经律的第一次结集)"意谓当年阿罗汉(据称已摆脱生死轮回)结集佛经尚且不易,如今没有达到解脱的译者要表达佛经原意,更加困难。因为有此"五失本,三不易"的情况,所以道安主张译胡为汉应特别慎重。(任继愈,1985:182-183)

从上述研究我们应注意的是,任继愈认为道安的"五失本"之"失"是"失去或改变"的意思,而"三不易"是佛典翻译的三个困难,是三种"很不容易的情形"。

(十三) 镰田茂雄

日本佛教学者镰田茂雄说:

> 道安就有关翻译工作的困难,举列五失本、三不易,以促进翻译家的注意。有名的五失本、三不易是摩诃般若波罗蜜经抄序中所叙述之说,举示如次:……(作者直接引文,笔者略)
>
> ……所谓五失本,是译胡为秦有五种情况有失本意:一者,在语言的排列上,胡文和译文的顺序互相颠倒;亦即汉译的同时所发生的语序变更问题。二者,胡语本来质朴,但秦人好文,合而译之则失去原质,这是汉译时文饰问题。三者,胡经反复重叙之处甚多,翻译时不得不做若干的省略,直译有嫌冗长,必须加以适当的删节。四者,胡经乍眼一见,即有混乱之感的说明赘文,当执译时,必须大量地加以删削;梵本中每有注释般的经文,须予删除。五者,胡经的厘订段落,每将既述的事项反复重叙,翻译时须予删除;梵本文章的重复处,应予删削。
>
> 其次是三不易:一者,大圣的时代,是应民众的意向而说经,时代的风尚随着时间的演变或有更易,任意删削风雅的古文,而易之为今世的时文不易也;二者,凡夫难登圣者之境,千年以前的古圣教说,历经百世,使之合于末世凡俗是不易也;三者,阿难诵出经藏的第一结集,是在佛入灭不久,由大迦叶召集五百罗汉所行的结集,千年后,以今时的思考,对

经文轻易加以取舍是不易的。

这五失本不是说绝对不可以违反，当然译者于执译时，在这种限度之内，如对原型仍有亏失，那也是不得已的，所以才举出这五种原则，以资规范。其次的三不易，是对译事不易的理由列举三项，如不能依而从事翻译，将难获致上乘的成就，故举三事立此存照。盖即于经文不得任意更换所列举的三项依据。由此得见道安对于翻译的基本立场，是不失胡本的原旨，令其文质得宜。（镰田茂雄，1985：374－376）

由此可见，镰田茂雄对道安的"五失本三不易"还是有与众不同的研究。镰田茂雄也认为"五失本三不易"是中土佛典译者应该遵守的翻译原则。

（十四）陈士强

陈士强把道安的"五失本三不易"放在中国古代外汉佛典翻译的规则之首（陈士强，2000：191）。然而，他说"它是中国佛教最早的翻译理论"（陈士强，2000：191）。这不符合历史事实，因为三国时代还有一篇支谦的《法句经序》，这才是最早的翻译论。

陈士强还说：

"五失本三不易"……是中国佛教最早的翻译理论。"五失本"，指的是在译经时碰到的五种改变原经文句的译法：

1. ……西域各国的语言都是倒装句，将这些倒装句转译成合乎汉人习惯的顺句，就难免失去它的本来面貌。

2. ……胡文写成的佛经，语言简洁质朴，而汉地讲究辞藻文采，译经时一经修饰，就难免失真。

3. ……胡经中重复的语句和段落很多，特别是内容与长行（散文）相同的偈颂。如果在翻译时，将它们都删去，则与原貌不符。

4. ……胡经中有总结一经或一品要旨的"义记"，其性质类似于汉地辞赋之末的"乱曰"（乱辞），但在翻译时，一般将它们删去了。

5. ……胡经在一事叙述完后，常常覆喋前辞，如将它们都删去，也要失去原貌。（陈士强，2000：191－192）

从以上的解释可以看出，陈士强认为"五失本"的"失"是"改变"的意思。他接着说：

"三不易",指的是译经时碰到的三种不容易把握的情况:

1. ……佛经为释迦牟尼针对当时的社会情况所说,而时俗已经发生了变化,要使经文所表述的古代思想适合当今的社会环境,是不容易的。

2. ……佛陀的智慧与一般百姓的思想相隔悬殊,要使佛教的思想为世人所接受,也是不容易的。

3. ……当初,迦叶主持第一次结集,阿难诵出佛经,五百罗汉加以审定,尚且小心谨慎,今天从事翻译的人要以自己的领会转达佛意,就更不容易。(陈士强,2000:192)

陈士强认为"三不易"就是佛典译者面临的三个困难。最后他说:

自佛典汉译以来,在翻译的风格上,是讲究质朴(质),采取直译好呢?还是讲究修辞(文),采取意译好?一直存在着不同的看法。道安是主张直译的,认为只有直译才能保持佛经的原貌,不致于走样。他所说的"五失本三不易"也是基于这种认识提出来的,后世的译师往往以此为鉴,既注意忠实于原著,又在不违背原意的情况下,讲究语句的通畅易晓,从而形成了新的直译法。(陈士强,2000:193)

这里显示陈士强和当初梁启超的研究方法如出一辙,从文学形式的文质概念一下跳到直译和意译的翻译概念,这样的思维方式明显受到梁启超很大的影响。

另外,业露华、董群也在赖永海主编的《中国佛教百科全书 贰 教义卷·人物卷》中研究了道安的"五失本三不易",认为这是道安总结佛经汉译经验提出的翻译原则。"五失本是讲在五种情况下可以改变或失去原经本来表达方式。"(业露华、董群,2000:168)其各条解释此不赘。

(十五)方广锠

方广锠研究道安所主持的译场翻译,认为:

道安主持下的翻译,基本上仍然倾向于直译。(方广锠,2004:246)
完全彻底的直译,无法让人看懂,实际上等于不译,也就失去了翻译的意义。(方广锠,2004:248)

以上观点很有道理，翻译不是照搬原文，经过语际变化之后能让读者通过译文读懂原文，这是翻译应该完成的最基本的任务。接着方广锠说：

>他（指道安——笔者注）从事《摩诃钵罗若波罗蜜经抄序》时，就尝试进行翻译的改革，并在改革中提出佛经翻译"五失本、三不易"的理论。（方广锠，2004：248）

他认为道安本来主张在译场用直译法，后来又提出"五失本三不易"，主张从直译向意译的改革。他这个观点有点与众不同，但缺乏翔实的支撑材料。接着方广锠直接引用了道安"五失本三不易"原文，然后逐一解释，认为五失本是译梵为汉在以下"五个方面无法保持其原貌"。一失本："梵文的谓语在宾语的后面，语序是颠倒的，必须将它们按照汉语的习惯颠倒过来"；二失本："梵文经典文字喜欢质朴，但中国人讲究文采，为了使经典能够让大家爱读，译文也一定要有文采"；三失本："梵文经典叙事十分详尽，乃至再三再四，反反复复，不嫌其烦，这些繁琐的内容必须删略"；四失本："梵文经典在叙述完一件事后，往往有一个结尾，或1000个字，或500个字，用原来的话把整件事重新再叙述一遍，现在也统统删除了"；五失本："梵文经典在讲完一件事，接着讲第二件事以前，往往要把前一件事再说一遍，然后讲第二件事，现在把重复的部分也删除了。"（方广锠，2004：249）

三不易是佛典翻译所面临的三个"不容易的事情"。一不易："《般若经》本来反映的是佛陀的理论，由佛陀讲述出来。佛陀是针对当时的情况创造的这一理论，而现在时俗已经变化。在这种情况下，要把那种雅古的内容删削得适合今人的接受水平"；二不易："智者与愚人本来就差距遥远，何况圣人（指佛陀、罗汉）那样的水平是很难达到的。现在要想把千年以前的那些微言大义，翻译得符合目前人们的情况"；三不易："阿难背诵佛经的时候，释迦牟尼死了还没多久。即使如此，尊者大迦叶还特意召集了五百罗汉，让大家共同审定阿难所背诵的经典，逐一记录下来。现在离开那时已经有了千年，反而拿我们自己的思想去衡量佛经，这怎么可以呢？那些阿罗汉对待佛经是那样的兢兢业业，而我们这些还没有脱离生死轮回的人对待佛经却是这样的平平淡淡，难道这就是所谓的'因为不懂得法，所以特别勇敢'吗？"（方广锠，2004：249）

最后方广锠总结说：

第二章 东晋道安的《摩诃钵罗若波罗蜜经抄序》

137

考察上述理论,"五失本"大体总结了中外两种语文在结构、风格方面的差异;"三不易"则论述了由时空因素带来的翻译困难以及对待翻译应持的正确态度。道安的论述可以视为佛教初传期在翻译理论方面的系统总结。

关于《摩诃钵罗若波罗蜜经抄》,前面已经介绍。由于它本来就是一部经文撮略,自然允许道安在翻译中实践自己关于佛经翻译可以删略的思想,从而在删略中总结出上述经验。但是,道安的上述理论与经验,只是针对《摩诃钵罗若波罗蜜经抄》这样的经典而言,在当时,并不具备普遍意义。在道安其后的翻译实践中,并没有能够贯彻下去,道安时代的佛经翻译,仍然沿着直译的方向前进。(方广锠,2004:250)

由此看来,道安的"五失本三不易"并非具有普遍意义的理论,只是针对这本经抄翻译的权宜之术而已。方广锠的这个评价并不高。

(十六)赖永海

2010年出版的赖永海《中国佛教通史》第一卷有对道安"五失本三不易"的研究:

"五失本"是指佛经翻译之中五种失去或改变原来经论表达方式的情况,"三不易"则是指在翻译《般若经》中三种很不容易处理的情形。道安的这一总结,是从其多年对于中土佛经翻译的历史状况的细致考察中得来的,具有很强的针对性。(赖永海,2010:568)

赖永海这里既没有说道安的"五失本三不易"是佛典翻译的理论,又没说是翻译原则,只说是中国佛教史上影响深远的看法,是其多年佛典翻译的经验总结,为后世佛典翻译指出了正确的方向。(赖永海,2010:567-568)这样给"五失本三不易"定性,还不如以往佛学家的研究。

(十七)胡中才

胡中才说道安"提出了译经中的'五失本'现象,原因是梵文佛经存在五个方面的问题,翻译时需要纠正"(释道安,2010:21),还说:"道安的译经思想,从总体上讲,是主张直译与意译相结合。"(释道安,2010:20)这说明胡中才对道安《摩诃钵罗若波罗蜜经抄序》并未研究透彻。他对该序有

比较详尽的注释（释道安，2010：223-228），但都没有出处，有的解释离奇，今译文关键之处也解释不当。（释道安，2010：228-230）

本节结论

古代佛教界研究道安《摩诃钵罗若波罗蜜经抄序》都只瞄准其中的"五失本三不易"。隋代彦琮的《辩正论》尤其值得我们今天注意。在该文中，彦琮把道安"五失本三不易"作为佛典翻译原则之首，在后文中则以佛典译者理论详细论述了中土佛典译者如何克服佛典翻译的困难，可视为道安"三不易"论的发展。

中国近现当代各科学者研究道安《摩诃钵罗若波罗蜜经抄序》，总体上拘泥于古人研究的视野，不出其中"五失本三不易"的范围。有的认为"五失本三不易"是佛典翻译的原则，有的只把它当成道安佛典翻译经验的总结。

尤其应注意的是吕澂的研究，他认为道安的翻译研究与般若研究相关联。他指出了道安佛典翻译研究的方法是异译对照，即"合本"或"会译"的方法，就是以不同译本异文相互参照补充的方法。此外，他还指出道安佛典翻译思想的发展过程。从早期异译对照研究到后来在长安组织译场，道安的翻译理论得到进一步发展。

汤用彤的研究也值得注意，他认为道安《摩诃钵罗若波罗蜜经抄序》首先提出的是佛典翻译的忠实原则，然后才是"五失本三不易"原则。

王文颜的研究也值得注意，他以发展变化的眼光研究道安的译论，认为道安的译论有个发展变化的过程。

第四节　20世纪80年代以来的翻译学研究

中国翻译学在20世纪八九十年代兴起，翻译理论研究方兴未艾，翻译学也逐渐确立为一门独立的学科。自此翻译学者如罗新璋、陈福康、朱志瑜和朱晓农等都在自己的著作中研究了道安的《摩诃钵罗若波罗蜜经抄序》所提出的"五失本三不易"。

（一）罗新璋

罗新璋1984年版《翻译论集》收录了道安的《摩诃钵罗若波罗蜜经抄序》《道行经序》《合放光光赞略解序》《鞞婆沙序》《比丘大戒序》节选，但没有标注各经序产生的年代。（罗新璋，1984：24-28）罗新璋、陈应年2009

年版《翻译论集》大致按时间顺序收录了道安以上经序节选，并增加了"未详作者"的《僧伽罗刹集经后记》全文，每个经序的题目右上方都标注了产生的年代。这表明编者在20多年后认为要注意道安佛典翻译研究成果产生的年代顺序和其翻译思想的时间脉络，可谓用心良苦。罗新璋在其《我国自成体系的翻译理论》一文中还说：

"汉末质直"，前引支谦文已提出"因循本旨，不加文饰"的主张，东晋时的道安（314—385）更加发扬蹈厉，有"五失本三不易"之说，力主矜慎。他所监译的经卷，要求"案本而传，不令有损言游字；时改倒句，余尽实录。"完全是直译派的做法，务求忠实审慎，兢兢于不失本，认为"经之巧质，有自来矣。唯传事不尽，乃译人之咎耳。"（罗新璋，1984：2-3）

以上观点在罗新璋、陈应年2009年版《翻译论集》中完全相同（罗新璋、陈应年，2009：3）。道安的翻译论是支谦翻译论的发展，他这个观点很有道理。但请读者注意，罗新璋以上两句引言都出自道安383年所撰《鞞婆沙序》："经之巧质，有自来矣。唯传事不尽，乃译人之咎耳。"这句开头是"文质是时，幸勿易之"，但罗新璋没有引用，两句都是管理译场的前秦朝廷官员赵正所说，尽管收入道安所作序言，但不是道安的言论。"案本而传，不令有损言游字；时改倒句，余尽实录。"这句也出自该序文，的确也为道安所说，但"案本而传"的原文前有一"遂"字。当年梁启超也不引用这"遂"字："故其所监译之书，自谓'案本而传，不令有损言游字；时改倒句，余尽实录。'"（梁启超，2001b：276）不引"遂"字，"案本而传"即变成含强烈命令语气的要求，但原文实为叙述口吻（参见笔者本章第二节的解释）。另外，说道安的译论"完全是直译派的做法"，这一观点也还有待更广泛和深入的研究。

（二）陈福康

关于道安的"五失本三不易"，翻译学者陈福康认为：

道安的意思是，翻译佛经在五种情况下会失去本来面目，有三件事决定了译事是很不容易的，因此必须慎之又慎。所谓"五失本"是：一、经文乃外语，其词序由汉人看来是颠倒的，汉译时被改从汉语语法；二、

经文质朴，而汉人喜欢文采，为适合广大读者，译文作有一定的修饰；三、经内论述，往往不厌其烦，尤其颂文更是反复再三，翻译时被删简；四、经文在长行之后，另有偈颂复述，称为"义说"，类似汉人韵文最后总结的"乱辞"，内容重复，或千字，或五百字，译时被删去；五、经文中讲完一事，告一段落，要转说他事时，又将前话重提，然后再往下说，这些话也被删除。（陈福康，2000：11）

由此看来，陈福康逐条解释的"五失本"都很准确，但凡原文的"胡言"或"胡经"或"胡"的地方都译成了"外语""经文"和"经"，失之太泛，造成时代脱离感。他接着这样解释"三不易"：

所谓"三不易"是：一、"圣人"本是按照当时的习俗来说法的，而今时代不同，要改古以适今，很不容易；二、"圣人"的智慧本非凡人可及，而要把千年前古代圣哲的微言大义传达给后世的浅俗之众，很不容易；三、释迦牟尼死后，其大弟子阿难等人出经时尚且反复斟酌，兢兢业业，而今却要由平凡人来传译，更谈何容易。（陈福康，2000：11）

笔者认为，陈福康对"三不易"的解释过简。"三不易"主要有三大差距，即凡人译者与佛陀的差距，此为第一大差距；凡人译者与当初第一次结集佛典的阿罗汉之差距，为第二大差距；凡人译者对佛法的解读有限，远不能完全掌握佛法，乃第三大差距。古今时间和习俗的差距并非主要的差距。另外，陈福康还注意到道安在《摩诃钵罗若波罗蜜经抄序》中不只有"五失本三不易"的主张。他说：

不过，他还是巧用了《庄子》中的典故，批评支越（即支谦）等人是"斫凿之巧者"，七窍成而浑沌死矣。这是因为他主张翻译必须力求合乎原文原意，"唯惧失实"。他坚决反对削胡适秦，饰文灭质，求巧而失旨。他还以假设有人妄删《诗》、《书》则必为马融、郑玄等大儒所痛恨为譬喻，巧妙而深刻地贬刺了某些不忠实的译者。（陈福康，2000：11 - 12）

这表明陈福康还注意到道安主张佛典翻译不能"失实""失旨"，讽刺了不忠实的译者。在此，陈福康超过了之前若干学者的见识，但其缺点是没有指

出道安主张佛典翻译要忠实的原则与上文"五失本三不易"有什么关系;说道安"坚决反对削胡适秦,饰文灭质,求巧而失旨",岂不是说道安彻底否定了自己的"五失本",道安岂不自相矛盾?所以此处陈福康的研究还不太彻底。

(三) 马祖毅

马祖毅的《中国翻译通史》是中国翻译学的顶梁柱,其中对道安译论和"五失本三不易"的研究主要采用上述吕澂的观点。(马祖毅等,2006:79-80)

(四) 朱志瑜、朱晓龙

朱志瑜、朱晓龙编著《中国佛籍译论选辑评注》,研究释道安的佛典译论,收录了其《道行经序》《合放光光赞略解序》《比丘大戒序》《摩诃钵罗若波罗蜜经抄序》《阿毗昙序》《鞞婆沙序》。(朱志瑜、朱晓龙,2006:8-24)他们收录了道安上述六篇序言,其中除了《摩诃钵罗若波罗蜜经抄序》基本上收录了其全文,其他都是序文的节选。编者还为上述序文加注,每个序后加"编者按",说明编者自己对序文中译论的看法。其缺点是注释少,注释内容没有指明具体出处,而且"编者按"的某些观点值得商榷。

朱志瑜、朱晓龙收录了《摩诃钵罗若波罗蜜经抄序》全文大部,最后两段道安的原注释没有收录,并在序文后面的"编者按"中说:"道安的翻译言论主要就是他所指出的'五失本'和'三不易'现象。"(朱志瑜、朱晓龙,2006:20)由此可以看出,这二位编者对《摩诃钵罗若波罗蜜经抄序》全文的整体认识并没有超过古代和民初以来的学者。此外,他们对道安"五失本三不易"的有些解释并没有达到以往学者的学术水平,偏离原意。

比如,他们这样解释道安的"一失本":"1. 梵文语序与汉语不同。译文语序若按汉语,则失去了原文的词序,味道可能随之有变。这是第一个与原本不一致处。"(朱志瑜、朱晓龙,2006:20)其中"味道可能随之有变"过于偏离原文。又如,他们这样解释道安的"一不易":"1. 以《般若经》为例,佛祖(所作的教诲,即使)以其三达之智,无妄之言,(由于)必定是根据当时的情况而言,而现在事过境迁,习俗已变,(译文要)删改古训以适合目前的局势,这是第一个大不易处,即言论所处的情景已变。"(朱志瑜、朱晓龙,2006:21)这句解释,文气不畅,语法不通,其中还有"无妄之言"的说法。根据《汉语大词典》,"无妄"有以下四个意思:"1. 指《易》卦'无妄'。

2. 谓邪道不行；不敢诈伪。3. 指灾祸变乱。4. 意外；不期然而然。"（汉语大词典编辑委员会、汉语大词典编纂处，1991a：111）先不说用这个词来形容佛陀的话恰不恰当，关键是道安"一失本"的原话哪里有这个意思？除了上述明显的硬伤，朱志瑜、朱晓龙研究道安"五失本三不易"的其他成果与民初以来的学者大同小异。

（五）张佩瑶

张佩瑶肯定了道安译论的历史地位，说："他的言论间或用以指导翻译实践"，"还有译者起码把它当作佛经翻译所允许失本的类型和限度"（Cheung，2006：81）。张佩瑶研究的缺点是只关注道安的"五失本三不易"，没有将整个《摩诃钵罗若波罗蜜经抄序》作为一篇翻译论进行研究。再者，张佩瑶认为：

> 道安关于"五失本"和"三不易"的译论在理论上不如慧常关于翻译佛教戒律的译论精密。事实上，道安的译论最好不要视为前后一致有条理的一套理论原则，而只当成他的心得评论，其价值和有效性基于道安的真才实学和他殚精竭虑对佛经译本的研究。（Cheung，2006：81）

既然道安的"五失本三不易"既不是翻译理论又非原则，不过是道安研究翻译的经验总结，还不如道安的下属慧常的译论精密，那么序文内部各要素间的关系和学理自然不在张佩瑶的研究视野里。虽然张佩瑶在书中收入了《摩诃钵罗若波罗蜜经抄序》之外的其他译论，但道安翻译思想发展形成的脉络还是未被梳理清楚。总体而言，张佩瑶对道安的"五失本三不易"的研究水平并没有超过民初以来的各界学者。

《中国翻译话语英译选集》上卷是鸿篇巨制，辑录了从上古到中古时期的中国译论，却难免遗珠之憾：一是对《摩诃钵罗若波罗蜜经抄序》的粗线条局部研究，焦点仅对准"五失本三不易"，依然停留在对序言的局部研究，其关于整篇《摩诃钵罗若波罗蜜经抄序》的结论并不可靠。二是没有语内翻译成果，加之其注释少，让英语读者无法抓住整篇序言的学理和真正的学术价值。

（六）蔡佳玲

台湾"中央"大学蔡佳玲2007年完成了其硕士论文《汉地佛经翻译论述的建构及其转型》，用其中一章的篇幅研究了道安译论从"朦胧探索"到发展形成的过程，认为道安译论是"自汉地读者立场而发的翻译观"（蔡佳玲，2007：126）。其研究着重于道安译论的形成过程，但对道安译论之大成《摩诃钵罗若波罗蜜经抄序》本身并没有研究。而且把"五失本三不易"分散在不同的专题下研究，从而造成了整篇翻译论的碎片化。

关于道安著名的"三不易"，蔡佳玲说：

> 圣人因时说法，但时俗有所变迁，经过历时的演进，语境也已改变，想透过翻译进行古今文体的转换，又要在转换的过程不错解原文意义，并非易事；其次，人心不古圣俗有别，如何使千年以上的微言大意透过翻译传播，让百代以后的浅识者了解，也是一大难题，必须将经典深奥的义理正确译出，同时又顾及读者的接受度，在此就涉及了读者层面；又去佛之世久远，译者以现在的意思去量断经文进行翻译，也有可能造成失误，译者身兼原文读者，是否能无误地掌握原文所要表达的意义并将其译出，这亦是翻译的难处之一。（蔡佳玲，2007：41-42）

道安的"三不易"阐释了中土佛典翻译的三大困难，而要从蔡佳玲的上述解释看出这三个困难有点费力。笔者认为，透过"三不易"字面的迷雾，可以看到其实质就是佛典译者要克服三段距离的困难，一是与佛陀的距离，二是与阿罗汉的距离，三是与佛法的距离。克服其中一种距离即可克服或基本克服佛典翻译的困难。

关于道安的"五失本"，蔡佳玲说：

> 但是这集道安一生翻译经验的总结，与其说是道安在批判翻译之失或是支持直译，不如说道安是在说明原文经过翻译后，译文的形式可能与原文产生怎样的差异，所谓的第一失本是翻译不可避免的问题，而道安在之前也已接受并且同意语序可以调整使之符合汉语语法，但是第二失本以下并不是不可避免的问题，若翻译想保留原文这种反复的形式，其实是办得到的。

> 但其余四失本的提出，或许反映了当时译经集团对译经文体的要求，

即使译场中仍不乏有类似慧常怀抱完全移植原文形式的译经成员，但是在当时译经成品的文体呈现，或许已经定型于特定的美学标准，重视文辞的藻饰，去除存在于译文中原文口头反复的特色，使之服膺汉语书面文本的规范。(蔡佳玲，2007：44)

这个解释把道安的"五失本"定性为道安一生翻译经验的总结，其他并无新意。

（七）王宏印

王宏印研究道安的"五失本"，其最大亮点之一是看到了道安研究翻译有不懂源语的缺陷。笔者前面说过，道安本不懂"胡"语文，是通过异译对照的方法研究，与原文隔了一层。所以，王宏印说："由于语言上不通梵文，道安偏重于从内容上来考察翻译的文本，并倾向于把众多的翻译问题（其中有些是语言问题）归于如何处理原文内容的问题。"（王宏印，2017：19）王宏印其余关于"五失本的"观点，过分借用和依靠哲学术语在阐释，如"形而上学层次上""其认识论根源""经验性"，又没有具体的所指，其对"三不易"的观点显得浮泛模糊。

关于道安"五失本"所涉及的文质问题，王宏印独具慧眼，从翻译学的角度认定中国翻译史上的文与质这两个概念不等于西方翻译史上或现代的直译与意译概念；中国翻译史上何人何时在何处首先在现代意义上使用直译和意译这两个术语，是翻译史"值得专门研究的题目"（王宏印，2017：22-23）。笔者认为，这岂止是中国翻译史，更是翻译学对中国学者提出的学术大问题。这是王宏印研究道安"五失本"的第二个亮点。

王宏印对"三不易"的研究（王宏印，2017：23-28）总体而言成一家之言，尽管还是有哲学术语如"本体论"使用太频繁的缺陷，导致译学阐述显得有气无力，但他把道安的"三不易"归纳为佛典翻译要解决的雅俗、愚智和古今之间的三大矛盾，十分精辟。（王宏印，2017：26-27）"三不易"到底是克服差距的困难还是解决上述矛盾之难请读者看下文笔者的研究。

本节结论

今天翻译学对该序言的研究格局与以前相比没有根本性变化，焦点仍只对准"五失本三不易"。20世纪80年代以来的翻译学与上述其他学科的研究一样，其视野局限于古人的狭隘眼光，仅注意道安提出的"五失本三不易"。即

便有学者如香港学者张佩瑶在其著作中收入了《摩诃钵罗若波罗蜜经抄序》节选大部的英译文及其另外几篇道安的译论，但她也未梳理清楚道安翻译思想发展形成的脉络，对道安的"五失本三不易"的研究水平没有超过民初以来的各界学者。

罗新璋对道安译论的研究让我们注意到，道安除了在《摩诃钵罗若波罗蜜经抄序》中提出了"五失本三不易"，还提出了"遂案本而传"的佛典翻译原则。他认为道安的译论是支谦译论的发展，这十分可贵。此外，王宏印看到了道安研究佛经翻译的缺陷。道安本不懂"胡"语文，是通过异译对照的方法研究，与原文隔了一层。道安偏重于从译文内容形式来考察翻译的文本，并倾向于把众多的翻译问题（其中有些是语言问题）归于如何处理原文内容的问题。而关于道安"五失本"所涉及的文质问题，王宏印最独具慧眼的是从翻译学的角度，认定中国古代佛经翻译史上的文与质这两个概念不等于西方翻译史上或现代的直译与意译概念。

第五节　《摩诃钵罗若波罗蜜经抄序》译注

本节在《摩诃钵罗若波罗蜜经抄序》的全篇语境下研究序言关键字词的语义，然后进行语内翻译。语内翻译涉及汉语训诂学的研究，应注意字词的本义及其引申义，如涉及梵文译词，还要尽量追溯其原梵文音义。语内翻译（今译）都是深度翻译。

笔者研究的《摩诃钵罗若波罗蜜经抄序》原文出自《大正藏》，点校参考了 1995 年中华书局版《出三藏记集》。《大正藏》把序言分为四段，苏晋仁把它分为五段（释僧祐，1995：289-291），笔者根据自己的研究将序言分为四篇，总共十七段。

一、繁體原文加注

摩訶鉢羅若波羅蜜經抄①序
道安法師

昔在漢陰②十有五載,講《放光經》③歲常④再⑤遍。及至⑥京師⑦,漸⑧四年矣,亦恒⑨歲二,未敢墮⑩息⑪。然每⑫至⑬滯⑭句,首尾隱没,釋⑮卷深思,

---

① 《摩訶鉢羅若波羅蜜抄》:就是今《大正藏》第八册第二二六号经,"作《摩诃般若钞经》"。(释僧祐,1995:317)《历代三宝纪》卷八:"《摩诃钵罗般若波罗蜜经》五卷(建元十八年译或七卷见僧叡二秦录):右一经五卷。晋孝武帝世,天竺三藏沙门昙摩蜱,秦言法爱,执大品梵本,竺佛念译为秦文,亦云长安品,从所出处为名,是外国经抄。"(T2034,49.75c5 - c9)另,根据《中国佛教通史》第四卷,"所谓'抄经',指从大部头的佛经中抄出其中的要义,另编成一书单行。"(赖永海,2010:123)所以,经钞就是抄经,只不过在外国已抄写编撰成书。

② 漢陰:指襄陽。(任继愈,1985:164)襄阳县,西汉置,属南郡。治所即今湖北襄阳市汉水南襄阳城,因在襄水之阳,故名。东汉建安十三年(208)又为襄阳郡治。(史为乐,2005:2944)襄阳又处在汉水以南,水之南为阴,故名汉阴。(赵振铎,1999:86)

③ 《放光經》:指《放光般若经》,无罗叉译。魏地沙门朱士行西行至于阗求得梵书《二万五千颂般若》九十章(品),遣弟子送归洛阳。于阗沙门无罗叉于晋元康元年(291)在仓垣(今河南陈留县境)译成二十卷,名《放光般若经》,即相当于《大般若经》第二会的《大品般若》。(中国佛教协会,1989a:98)

④ 常:通"尝",副词,曾经。(汉语大字典编辑委员会,2010:856)

⑤ 再:两次。(汉语大字典编辑委员会,2010:20)

⑥ 及至:连词,等到,到了。(汉语大词典编辑委员会、汉语大词典编纂处,1986:636)

⑦ 京師:指长安城,在今陕西西安西北郊,前秦都城。(魏嵩山,1995:169)

⑧ 漸:至,到。(汉语大词典编辑委员会、汉语大词典编纂处,1990b:67)晋羊祜《让开府表》:"今天下自服化以来,方渐八年。"

⑨ 恒:固定不变。(汉语大字典编辑委员会,2010:2456)

⑩ 墮:通"惰",懈怠。(汉语大字典编辑委员会,2010:520)

⑪ 息:停止,见《易·乾》。(汉语大字典编辑委员会,2010:2453)有学者把此处的"堕息"解释成"坠于尘埃而停止"(释道安,2010:224)。

⑫ 每:副词,每次,每逢。表示反复发生同样情况中的任何一次。(汉语大词典编辑委员会、汉语大词典编纂处,1991a:820)

⑬ 至:通"致",得到,求得。用例见《吕氏春秋·当染》和汉桓宽《盐铁论·贫富》。(汉语大词典编辑委员会、汉语大词典编纂处,1991b:784)

⑭ 滯:遗漏。(汉语大字典编辑委员会,2010:1844)

⑮ 釋:放下。(汉语大字典编辑委员会,2010:4157)

恨①不見護公②、叉羅③等。會④建元十八年⑤，正⑥車師前部⑦王名彌第⑧來朝，其國師⑨字鳩摩羅跋提⑩獻胡《大品》⑪一部。四百二牒⑫，言⑬二十千失⑭

① 恨：遗憾，后悔。（汉语大字典编辑委员会，2010：2461）
② 護公：指竺法护（约239—约316），梵语"Dharmaraksa，音译"昙摩罗刹"或"竺昙摩罗刹"。西晋僧人，佛经翻译家，本姓支，祖籍月氏，世居敦煌郡（今甘肃敦煌），八岁出家，拜外国沙门竺高座为师，因姓竺。所译佛典主要是流传西域的"胡本"大乘经典，其中有般若类的《光赞般若经》等。他所译的经典后来都有重译本，作为最早参照本有重要文献价值。（任继愈，2002：777）《高僧传·译经篇》正传所录第八位僧人。（释慧皎，1992：33）
③ 叉羅：指无罗叉（梵文Mokṣala），又名"无叉罗"，东晋僧人，本为于阗人，西晋惠帝元康元年（291）在陈留仓垣（今河南开封附近）与竺叔兰等译出由朱士行在于阗所得之《放光般若》。（任继愈，2002：210-211）
④ 會：介词，表示时间，相当于"恰""正值"。（参见第一章注释）
⑤ 建元十八年：前秦苻坚年号，即公元382年。（中国历史大辞典编纂委员会，2000：3320）
⑥ 正：副词，正好，恰好。《史记·樗里子甘茂列传》："至汉兴，长乐宫在其东，未央宫在其西，武库正值其墓。"南朝宋刘义庆《世说新语·德行》："后贼追至，王欲舍所携人，歆曰：'本所以疑，正为此耳。'"（汉语大词典编辑委员会、汉语大词典编纂处，1990a：302；304）
⑦ 車師前部：车师六国之一。车师六国指东汉时车师前部、车师后部、东且弥、卑陆、蒲类和移支六国，主要分布在今新疆东部。（中国历史大辞典编纂委员会，2000：424）
⑧ 彌第：其梵名是"Miti"（Zürcher，2007：202），车师前部王又名弥寘，其于公元382年来朝拜前秦苻坚的史实，《晋书》（房玄龄等，2000：1950）和《资治通鉴》（司马光，1956：3300）皆有记载。
⑨ 國師：帝王封赐僧人的尊号，始于北齐法常。《大宋僧史略》卷中："北齐有高僧法常……齐王崇为国师。"又见《景德传灯录·慧安国师》。（汉语大词典编辑委员会、汉语大词典编纂处，1989a：639）
⑩ 鳩摩羅跋提：其梵名是"Kumārabodhi"。（Zürcher，2007：202）《出三藏记集》卷十未详作者的《阿毗昙心序》提到此人："释和尚（即释道安）昔在关中，令鸠摩罗跋提出此经（即《阿毗昙经》）。其人不闲晋语，以本偈本难译，遂隐而不传。"（释僧祐，1995：377）
⑪ 《大品》：指《大品般若经》。李炜认为，"根据首卢数经法和梵文称数法，可以说明这里所说的胡本是梵文文本"（李炜，2011：169；172）。
⑫ 牒：量词，犹"篇"。汉王充《论衡·别通》："通人胸中怀有百家之言，不通者空腹无一牒之诵。"（汉语大词典编辑委员会、汉语大词典编纂处，1990b：1048）
⑬ 言：语言或文章中的字。用例见《论语·卫灵公》和《汉书·艺文志》："说五字之文，至于二三万言。"（汉语大字典编辑委员会，2010：4193）
⑭ 失：根据编者校勘记12，宋、元、明三本此处的"失"即"首"（T2145，55.52）。

盧①。失②盧三十二字③，胡人數經法也。即④審⑤數⑥之，凡⑦十七千二百六十首盧，殘⑧二十七字，都⑨並⑩五十五萬二千四百七十五字。

天竺沙門曇摩蜱⑪執⑫本⑬，佛護⑭爲譯，對而撿⑮之，慧進筆受。與《放

---

① 盧：指首盧，即首盧伽（梵语 sloka）的略称，印度计算经论的单位，意译为颂。经论中无论长行或偈颂，以满三十二字（音节）为一节（偈），称为一首卢伽。另据《大毗婆沙论》卷十四所说，以八字为一句，三十二字为一颂。诸经论之颂多依此法，记书写数也多依此法。（慈怡，1988：4005）（李炜，2011：129）

② 失：同本节上文注释。

③ 字：包括下文的两个"字"都指音节。（李炜，2011：169）

④ 即：副词，表示时间，相当于"就""即刻"。（汉语大字典编辑委员会，2010：345）

⑤ 審：详细，周密。《管子·幼官》："六纪审密，贤人之守也。"《世说新语·赏誉下》："刘尹语审细。"（汉语大字典编辑委员会，2010：1024）

⑥ 數：shǔ，计算，点数。（汉语大字典编辑委员会，2010：1579）

⑦ 凡：总共，总计。（汉语大字典编辑委员会，2010：304）

⑧ 殘：残，余也。《列子·汤问》："以残年余力，曾不能毁山之一毛，其如土石何？"（汉语大字典编辑委员会，2010：1489）

⑨ 都：总，总共。《汉书·西域传》："都护之起，自苣置矣。"三国魏曹丕《与吴质书》："顷撰其遗文，都为一集。"（汉语大字典编辑委员会，2010：4026）

⑩ 並：合并。《楚辞·东方朔〈七谏·自悲〉》："冰炭不可以相并兮。"（汉语大字典编辑委员会，2010：123）

⑪ 曇摩蜱：梵名"Dharma-priya"，又译作昙摩卑，意译法爱，罽宾国僧人，前秦建元间来中土。（慈怡，1988：6238）

⑫ 執：守，保持。《书·大禹谟》："惟精惟一，允执厥中。"《礼记·曲礼上》："坐必安执尔颜。"（汉语大字典编辑委员会，2010：491）

⑬ 本：事物的起始、根源，如根本，忘本。《吕氏春秋·无义》："故义者百事之始也，万利之本也。"《礼记·乐记》："乐者音之所由生也，其本在人心之感于物也。"（汉语大字典编辑委员会，2010：1234）

⑭ 佛護：指佛图罗刹。《贞元新定释教目录》卷五："沙门昙摩鞞，秦言法受，印度人，器宇明敏志存弘喻。以苻坚建元十八年壬午，译《般若钞经》一部。佛护传译（佛护即佛图罗刹也）慧进笔受，安公校定并制序。"（T2157，55.808a1－4）《出三藏记集·僧伽跋澄传》："佛图罗刹者，不知何国人。德业纯白，该览经典，久游中土，善闲汉言。其宣译梵文见重符世焉。"（释僧祐，1995：523）由此可见，昙摩蜱和佛护都是道安组织的前秦佛典译场上参加翻译佛典的外国僧人。再者，《出三藏记集·僧伽罗刹集经后记》说："佛图罗刹翻译，秦言未精。"（释僧祐，1995：374）可见佛护懂汉语，但不精。

⑮ 撿：察看，清理。《后汉书·张湛传》："撿阅库藏，收其珍宝。"南朝梁江淹《莲华赋》："撿水陆之具品，阅山海之异名。"（汉语大字典编辑委员会，2010：2088）

光》《光讚①》同者,無所更②出③也。其二經譯人所漏者,隨其失處,稱④而正焉。其義異不知孰是者,輒⑤併⑥而兩存之,往往爲⑦訓⑧其下。凡⑨四卷,其一經⑩五卷也。譯胡爲秦,有⑪五失⑫本⑬也⑭:一者胡語盡⑮倒而使從秦,一失本也⑯。二者胡經尚質,秦人好文,傳可⑰衆心,非文不合,斯二失本也。

① 讚:同"讚"。(汉语大字典编辑委员会,2010:4293)请参见上文注释"護公"。

② 更:更换,变易。《战国策·秦策一》:"今秦妇人婴儿皆言商君之法,莫言大王之法,是商君反为主,大王更为臣也。"(汉语大字典编辑委员会,2010:22)

③ 出:制作。《礼记·月令》:"命有司,大难旁磔,出土牛,以送寒气。"《淮南子·修务》:"邯郸师有出新曲者,托之李奇,诸人皆争学之。"(汉语大字典编辑委员会,2010:338)在此语境,"出"包括翻译和最后把译文整理成文。

④ 稱:泛指衡量、揣度。用例见《孙子·形》和《韩非子·人主》。(汉语大字典编辑委员会,2010:2804)

⑤ 輒:副词,即,就。用例见《史记·商君列传》和《汉书·吾丘寿王传》。(汉语大字典编辑委员会,2010:3767)

⑥ 併:并列,并行。(汉语大字典编辑委员会,2010:188)

⑦ 爲:动词,做,造作,安排。(王力,2000:676)《韩非子·内储说下》:"君爱宛甚,何不一为酒其家?"

⑧ 訓:解说,如训诂。(汉语大字典编辑委员会,2010:4199)

⑨ 凡:总共,总计。(见本节上文注释)

⑩ 經:根据编者校勘记14,宋、元、明三本此处的"經"即"紙二紙異者,出別爲一卷合"(T2145, 55.52)。紙:量词,张,件。《北齐书·魏收传》:"初夜执笔,三更便成,文过七纸。"(汉语大词典编辑委员会、汉语大词典编纂处,1992a:767-768)

⑪ 有:存在,产生,发生。(汉语大字典编辑委员会,2010:2189)

⑫ 失:变易。《淮南子·原道训》:"今夫徙树者,失其阴阳之性,则莫不枯槁。"高诱注:"失,犹易也。"(汉语大词典编辑委员会、汉语大词典编纂处,1988:1477)另,《庄子·天地》:"子贡卑陬失色,顼顼然不自得;行三十里而后愈。"《汉书·朱博传》:"王卿得敕惶怖,亲属失色。"现代汉语还有"大惊失色"的成语,其中的失即变的意思。

⑬ 本:原样,本来面目。晋左思《〈三都赋〉序》:"美物者贵依其本,赞事者宜准其实。"(汉语大词典编辑委员会、汉语大词典编纂处,1989b:704)

⑭ 也:用在句末表示判断或肯定的语气。(汉语大字典编辑委员会,2010:57)

⑮ 盡:副词,全部,都。(汉语大字典编辑委员会,2010:2749)

⑯ 也:表示命令语气。(汉语大字典编辑委员会,2010:57)

⑰ 可:符合,适合。(汉语大词典编辑委员会、汉语大词典编纂处,1989a:31)

三者胡經委悉①，至於嘆詠，丁寧②反覆③，或三或四，不嫌其煩④，而今裁⑤斥⑥，三失本也。四者胡有義記⑦，正似亂辭⑧，尋⑨说向⑩語，文⑪無以異，或千五百，刈⑫而不存，四失本也。五者事已全成，將更傍及，反騰⑬前辭，已

---

① 委悉：细说，详尽。（汉语大词典编辑委员会、汉语大词典编纂处，1989b：328）
② 丁寧：根据当页校勘记15，元、明本"丁寧"即"叮嚀"（T2145，55.52）。叮嚀：再三嘱咐。（汉语大词典编辑委员会、汉语大词典编纂处，1989a：30）
③ 覆：重复。（汉语大字典编辑委员会，2010：3001）
④ 煩：繁多，烦琐。《左传·昭公三年》："唯惧获戾，岂敢惮烦？"三国魏曹植《桂之树行》："要道甚省不烦。"（汉语大字典编辑委员会，2010：2375）
⑤ 裁：减削，删减。用例见《国语·吴语》和《后汉书·郑玄传》："删裁繁诬，刊改漏失。"（汉语大字典编辑委员会，2010：3289）
⑥ 斥：不用，排斥。《汉书·郊祀志上》："乘舆斥车马帷帐器物以充其家。"（汉语大词典编辑委员会、汉语大词典编纂处，1990b：1052）
⑦ 記：根据编者校勘记16，宋、元、明三本此处的"記"即"说"（T2145，55.52）。"義说"本指为古书作注而阐明其意，用例见宋邢昺疏三国魏何晏《论语集解·序》。（汉语大词典编辑委员会、汉语大词典编纂处，1992a：181）从下文看，道安"义说"一词指佛经中偈颂体的一种，即"祇夜"（梵文 geya）。祇夜与伽陀（梵文 gāthā）不同。伽陀之前没有散文（长行），直接用韵文记录之教说称为孤起偈，而祇夜之前有散文，最后用韵文重复之前教说之意，故也称为重颂。（慈怡，1988：4383）
⑧ 亂辭：篇末总括全篇要旨的话。《国语·鲁语下》"其辑之乱曰"三国吴韦昭注："凡作篇章，篇义既成，撮其大要为乱辞。"（汉语大词典编辑委员会、汉语大词典编纂处，1986：804）
⑨ 尋：副词，表示时间，相当于"经常""时常"。（汉语大字典编辑委员会，2010：553）
⑩ 向：原来的，旧的，从前。（汉语大字典编辑委员会，2010：628）《庄子·山水》："向也不怒而今也怒，向也虚而今也实。"《吕氏春秋·察今》："向其先表之时可导也。"晋陶渊明《桃花源记》："寻向所志。"
⑪ 文：言辞，文辞。《左传·僖公二十三年》："子犯曰：'吾不如（赵）衰之文也，请使衰从。'"《国语·楚语上》："文咏物以行之。"（汉语大字典编辑委员会，2010：2326）
⑫ 刈：消除，除去。汉蔡邕《正交论》："今欲患其流而塞其源，病其末而刈其本，无乃未若择其正而黜其邪与？"（汉语大词典编辑委员会、汉语大词典编纂处，1988：591）
⑬ 反騰：即"翻腾"，指旧事重提。（汉语大词典编辑委员会、汉语大词典编纂处，1992a：692）

乃後說，而悉①除此，五失本也。然②《般若經》③三達④之心，覆面⑤所演⑥，聖⑦必因⑧時，時俗有易，而⑨刪⑩雅⑪古以適今時，一不易⑫也。愚⑬智⑭天隔，

---

① 悉：副词，表示范围，相当于"全""都"。《书·汤誓》："格尔众庶，悉听朕言。"（汉语大字典编辑委员会，2010：2464）

② 然：连词，表示让步关系，相当于"虽然"。（汉语大字典编辑委员会，2010：2373）

③ 《般若经》：《般若经》是大乘般若类经典的丛书。"般若"为大乘佛教根本教理"六度"中最重要的一度，是一切大乘修行法门赖以滋生的本母。般若类经典因此在所有大乘经中年代最早。《般若经》各部分在魏晋南北朝时期先后译出，而较流行的译本有西晋无罗叉和竺叔兰译的《放光般若经》、支谶译的《道行般若经》、竺法护译的《光赞般若经》、支谦译的《大明度无极经》等。（任继愈，2002：1029）

④ 三达："天眼、宿命、漏尽。天眼能知未来生死的因果；宿命能知过去的生死因果；漏尽是知道现在烦恼的根源而尽断之。不但知道而且明了叫做明，不但明了而且通达叫做达，因而以上三事在罗汉只叫做三明，在佛却叫做三达。"（陈义孝，2002：64）"三达"的梵文为"trividyā"。（任继愈，2002：93）

⑤ 覆面：指佛陀所具有的三十二瑞相之一，舌广长，而且柔软红薄，能覆面至发际，《智度论》《涅槃经》《中阿含经》皆有记载。（丁福保，1991：275）这舌长覆面的瑞相，尤其是上面的三达之心为佛陀特有，笔者以为，作者用这两个术语特意强调佛陀以其特有的智慧亲自演说《般若经》。有人解释成"覆盖表面"（释道安，2010：229），可谓离奇。

⑥ 演：推衍，阐发。（汉语大字典编辑委员会，2010：1854）

⑦ 圣：指佛教的圣人，梵语阿离野"Ārya"，译言圣者圣人，与凡夫相对，指大小乘见道以上，断惑证理之人。（丁福保，1991：2295）此处指佛陀。

⑧ 因：顺随，顺着。（汉语大字典编辑委员会，2010：766）

⑨ 而：连词，表示结果，相当于"因而""所以"。（汉语大字典编辑委员会，2010：3003）

⑩ 删：裁定，节取，以有所取舍。徐锴《说文解字系传》："古以简牍，故曰孔子删《诗》、《书》，言有所舍也。"段玉裁注："凡言删剟者，有所去即有所取。如《史记·司马相如传》曰：'故删取其要，归正道而论之。'删取，犹节取也。"《文心雕龙·镕裁》："善删者字去而意留。"（汉语大字典编辑委员会，2010：362）

⑪ 雅：正，合乎规范的。（见本章第四节注释）

⑫ 易：容易，跟"难"相对。《墨子·亲士》："是故君子自难而易彼，众人自易而难彼。"（汉语大字典编辑委员会，2010：1602）

⑬ 愚：指愚痴，是佛教术语，"三毒之一。梵曰慕何'Moha'，译曰痴。心性暗昧，无通达事理之智明也。与无明同"（丁福保，1991：2330）。

⑭ 智：指智慧，也是佛教术语，"梵语若那'Jñāna'，译曰智，于事理决断也"（丁福保，1991：2196）。

聖人①叵②階③，乃欲以千歲之上微言④，傳⑤使合百王⑥之下末俗⑦，二不易也。阿難⑧出⑨經，去⑩佛未久，尊⑪大迦葉⑫令⑬五百六通⑭迭察迭⑮書。今離

---

① 人：指凡夫，迷惑事理和流转生死的平常人。（陈义孝，2002：91）凡夫的梵语为"bāla"。（Hirakawa，1997：178）
② 叵：不可。（汉语大字典编辑委员会，2010：95）
③ 階：上达，到达。（汉语大字典编辑委员会，2010：4458）
④ 微言：精深微妙的言辞。（汉语大词典编辑委员会、汉语大词典编纂处，1989a：1053）
⑤ 傳：chuán，转达，递送。《孟子·公孙丑上》："速于置邮而传命。"《后汉书·朱穆传》："黄门侍郎一人，传发书奏。"另，传扬，流传。《礼记·祭统》："有善而弗知，不明也。知而弗传，不仁也。"（汉语大字典编辑委员会，2010：247-248）
⑥ 百王：历代帝王。（汉语大词典编辑委员会、汉语大词典编纂处，1991b：221）
⑦ 末俗：指末世的习俗，低下的习俗。汉董仲舒《士不遇赋》："生不丁三代之隆盛兮，而丁三季之末俗。"晋葛洪《抱朴子·明本》："末俗偷薄，雕伪弥深。"（汉语大词典编辑委员会、汉语大词典编纂处，1989b：697）
⑧ 阿難：梵文"Ānanda"，全称"阿难陀"，亦名"庆喜""欢喜"等，释迦牟尼的堂弟，也是其十大弟子之一，出家随侍佛陀二十余年，擅记忆多闻。佛陀逝世后第一次结集，阿难背诵出经藏。（任继愈，2002：711）
⑨ 出：背诵出。释迦在世之时，只有口头传诵的"说法"，并无文字记载的经书。释迦逝世后，其弟子集会以会诵、甄别、审定口述佛经，然后系统地确定下来，即名"结集"。据佛教史料记载，先后共有四次结集。第一次在释迦逝世的当年，在王舍城附近的七叶窟举行，由迦叶召集、主持，有阿难等五百比丘参加，诵出经、律二藏。（任继愈，2002：974-975）
⑩ 去：距，距离。《韩非子·奸劫弑臣》："夫世愚学之人比有术之士也，犹蚁垤之比大陵也，其相去远矣。"（汉语大字典编辑委员会，2010：419）
⑪ 尊：佛教术语，梵语阿梨耶"Ārya"，译作圣者，尊者，指智德具尊者，罗汉之尊称。（丁福保，1991：2214）
⑫ 大迦葉：梵名"Mahā-kāśyapa"，音译略称为迦叶，意为饮光，佛陀十大弟子之一，付法藏第一祖。佛陀入灭后，他成为佛教教团领袖，在王舍城召集第一次结集。（慈怡，1988：3969）"Mahā-kāśyapa 摩诃迦叶，a brahman of Magadha, who became one of the principal disciples of Sakyamuni and who convened and directed the first council, whence his name, 'elder'（上座）is derived."（华夏佛典宝库，2016）
⑬ 令：使，让。（汉语大字典编辑委员会，2010：143）
⑭ 六通：三乘圣者所得之六种神通，即天眼通、天耳通、他心通、宿命通、神足通、漏尽通，亦称六神通。《法华经》曰："如世所恭敬，如六通罗汉。"（丁福保，1991：651）所以，六通此处指罗汉。"六通"的梵文为"ṣaḍ-abhijñā"。（荻原云来，1979：1364b）
⑮ 迭：屡次，连着。《吕氏春秋·知分》："以处于晋，而迭闻晋事。"高诱注："居于晋，数闻三晋之事。"（汉语大字典编辑委员会，2010：4078）

千年，而以近①意量②截③。彼阿羅漢④乃⑤兢兢⑥若此，此生死人⑦而平平⑧若此，豈⑨將⑩不知法⑪者勇⑫乎⑬？斯三不易也。涉茲五失，經三不易，譯胡爲

---

① 近：浅近，浅显。《孟子·尽心下》："言近而指远者，善言也。"（汉语大字典编辑委员会，2010：4273）

② 量：酌量，酌情。（汉语大字典编辑委员会，2010：3927）

③ 截：根据当页校勘记21，"截"即"裁"（T2145，55.52）。裁：减削，删减；制作；裁断，决定。（汉语大字典编辑委员会，2010：3289）

④ 阿羅漢：佛教术语，梵文"Arhat"的音译，亦译"阿罗诃"，略称"罗汉"。小乘佛教修行的最高果位。（任继愈，2002：704）

⑤ 乃：是，就是。《左传·宣公四年》："是乃狼也，其可畜乎？"《史记·高祖本纪》："吕公女乃吕后也。"（汉语大字典编辑委员会，2010：56）

⑥ 兢兢：小心谨慎貌。《诗·小雅·小旻》："战战兢兢，如临深渊，如履薄冰。"（汉语大词典编辑委员会、汉语大词典编纂处，1988：281）

⑦ 生死人：指凡人。参见以上"人"的注释。

⑧ 平平：普通，平常。晋袁宏《后汉纪·和帝纪下》："〔任尚〕私谓所亲曰：'我以班君当赠以奇策，今所云平平耳。'"南朝梁钟嵘《诗品·齐诸暨令袁嘏》："嘏诗平平耳，多自谓能。"（汉语大词典编辑委员会、汉语大词典编纂处，1988：924）

⑨ 豈：表示反诘的副词，相当于"难道"。（汉语大字典编辑委员会，2010：3802）

⑩ 將：表示疑问，相当于"尚""还"。《左传·僖公十四年》："皮之不存，毛将安傅？"《列子·说符》："既为盗矣，仁将焉在。"（汉语大字典编辑委员会，2010：2543）

⑪ 法：指佛法，包括佛所说之法，即八万四千法门；佛所得之法，即无上之真理；佛所知之法，即世出世间的一切法。（丁福保，1991：1164）

⑫ 勇：果敢，决断。《韩非子·解老》："得事理则必成功，得成功则其行之也不疑，不疑之谓勇。"《礼记·乐记》："临事而屡断，勇也。"（汉语大词典编辑委员会、汉语大词典编纂处，1988：792）

⑬ 乎：表示疑问语气。（汉语大字典编辑委员会，2010：42）

秦，詎①可不慎乎！正②當③以④不開⑤異言⑥，傳⑦令⑧知⑨會通⑩耳⑪，何⑫復⑬嫌⑭大匠⑮之得失乎？是⑯乃⑰未所敢⑱知也。前人出經，支讖⑲、世高⑳，審㉑

---

① 詎：副词，表示反问，相当于"怎么""难道"。（汉语大字典编辑委员会，2010：4202）
② 正：副词，相当于"恰""只""仅"。《韩非子·十过》："夫虞之有虢也，如车之有辅。辅依车，车亦依辅，虞、虢之势正是也。"（汉语大字典编辑委员会，2010：1539－1540）
③ 當：连词，相当于"则"，表示承接。（汉语大字典编辑委员会，2010：2728）
④ 以：表示动作、行为发生的原因。（何乐士等，1985：691）
⑤ 開：根据编者校勘记22，宋、元、明三本此处的"開"即"聞"（T2145，55.52）。聞：知道。《论语·里仁》："朝闻道，夕死可矣。"《战国策·齐策三》："孟尝君曰：'人者也，吾已尽知之矣；吾所未闻者，独鬼事耳！'"（汉语大字典编辑委员会，2010：4371）
⑥ 異言：不同的语言，语言不同。（汉语大词典编辑委员会、汉语大词典编纂处，1991a：1345）
⑦ 傳：此处的"'传'如'传命'之传，'达'也"（钱锺书，1979b：1263）。传命：传达命令。《礼记·聘义》："介绍而传命，君子于其所尊弗敢质，敬之至也。"《孟子·公孙丑上》："德之流行，速于置邮而传命。"所以，此语境下的"传"指传译。
⑧ 令：使，让。（汉语大字典编辑委员会，2010：143）
⑨ 知：同"智"，智慧。（汉语大字典编辑委员会，2010：2764）笔者认为在此语境中指般若（prajñā）之智。
⑩ 會通：融会贯通（汉语大词典编辑委员会、汉语大词典编纂处，1990a：788），就是参合各方面的知识或道理从而得到全面透彻的理解。
⑪ 耳：语气词，表示限止，相当于"而已""罢了"。（汉语大字典编辑委员会，2010：2974）
⑫ 何：副词，表示疑问，相当于"岂""怎"。《论语·公冶长》："赐也何敢望厘？"《世说新语·方正》："今主非尧舜，何能无过？"（汉语大字典编辑委员会，2010：163）
⑬ 復：表示频度，相当于"又""也"。用例见《汉书·儒林传·瑕丘江公》和晋陶潜《读〈山海经〉十三首》之八。（汉语大字典编辑委员会，2010：896－897）
⑭ 嫌：疑惑。（汉语大字典编辑委员会，2010：1148）
⑮ 大匠：技艺高超的木工。《老子》："夫代司杀者杀，是谓代大匠斫。夫代大匠斫者，希有不伤其手矣。"又见《孟子·尽心上》。引申为学艺上有大成就而为众人所崇敬的人。（汉语大词典编辑委员会、汉语大词典编纂处，1988：1336）
⑯ 是：此处是近指代词，相当于"此""这"。《论语·述而》："子于是日哭，则不歌。"（汉语大字典编辑委员会，2010：1605－1606）
⑰ 乃：副词，表示转折，相当于"却"。（汉语大字典编辑委员会，2010：56）
⑱ 敢：不敢，岂敢。《左传·庄公二十二年》："敢辱高位，以速官谤。"（汉语大字典编辑委员会，2010：1568）加上前面的"未"双重否定成肯定。
⑲ 支讖：支娄迦谶（Lokakṣema），东汉僧人，简称支讖，本西域月氏人，东汉桓帝末年（167）来洛阳，大乘佛教典籍汉译从他开始。他通晓汉语，学问广博，其汉译经文尽量保全原意，多用音译。他的译文特点是辞质多胡音，所译《道行般若经》对后来义学影响很大，《般舟三昧经》阐述大乘观想方法对后世亦有影响。其弟子有月氏的支亮，再传支谦，继承和发扬其学风，世称天下博知，不出"三支"。（中国大百科全书总编辑委员会，2001）
⑳ 世高：东汉末僧人，有史记载以来最早以汉文系统翻译佛经的著名译家。名清，本为安息国太子，故号"安侯"，让国予叔，出家为僧。博晓三藏，尤精阿毗昙学，诵持禅经。汉桓帝（147—167在位）初年来汉地从事译经，先后译出佛教三十九部，所传思想称为"禅数学"，多属说一切有部系统，影响远至东晋道安、慧远。（任继愈，2002：564）
㉑ 審：真实、果真，信。（见第一章第三节注释）

得①胡本②難繫③者也。叉羅④、支越⑤，斲⑥鑿⑦之巧⑧者也。巧則巧矣，懼⑨窾成而混沌終⑩矣⑪。若夫⑫以⑬《詩》⑭ 爲煩重⑮，以《尚》⑯ 爲質朴⑰，而删令

① 得：适合，投契。（见第一章第三节注释）
② 胡本：当页校勘记 10 指出：元本和明本的"胡"即"梵"。
③ 繫：xì，《易经》里《系辞》的简称，是《易传》思想的主要代表作，即《十翼》的两篇。其内容主要是解释爻卦，说明哲理。（汉语大字典编辑委员会，2010：3687）笔者查了《中华大藏经》（第五十三册），此处也是"系"字（1993：937）。在此上下文"系"引申为详细全面说明的意思。后来的隋朝高僧彦琮引用释道安这句话，这里的"系"字成了"继"（T2060，50.438c17），是"系"的一个义项。
④ 叉羅：指无罗叉（梵文 Mokṣala），又名"无叉罗"，东晋僧人，本为于阗人，西晋惠帝元康元年（291）在陈留仓垣（今河南开封附近）与竺叔兰等译出由朱士行在于阗所得之《放光般若》。（任继愈，2002：210-211）无罗叉活动的年代比下文支谦的活动年代稍晚。
⑤ 支越：即支谦（2世纪末至3世纪上半叶），名越，号恭明。参见本书第一章第一节。
⑥ 斲：zhuó，本义是斧斤之类的木工工具，引申为砍、削的动作，也有雕饰的意思。（汉语大字典编辑委员会，2010：2173）
⑦ 鑿：záo，本义是挖槽、穿孔用的工具，引申为打孔、穿空的动作，也有更造、改的意思。（汉语大字典编辑委员会，2010：4606-4607）
⑧ 巧：美好，美妙。《诗·卫风·硕人》："巧笑倩兮，美目盼兮。"（汉语大字典编辑委员会，2010：542）
⑨ 懼：忧虑。《孟子·滕文公下》："世衰道微，邪说暴行……孔子惧，作《春秋》。"（汉语大词典编辑委员会、汉语大词典编纂处，1991a：798）
⑩ 終：指死亡，见《周礼·天官·疾医》《礼记·文王世子》和《论衡·偶会》。（汉语大字典编辑委员会，2010：3607）
⑪ 此典出《庄子·应帝王》："中央之帝为浑沌。儵与忽时相与遇于浑沌之地，浑沌待之甚善。儵与忽谋报浑沌之德，曰：'人皆有七窍，以视听食息，此独无有，尝试凿之。'日凿一窍，七日而浑沌死。"
⑫ 若夫：至于。用于句首或段落的开始，表示另提一事。《易·系辞下》："若夫杂物撰德，辩是与非，则非其中爻不备。"《史记·范雎蔡泽列传》："若夫穷辱之事，死亡之患，臣不敢畏也。"（汉语大词典编辑委员会、汉语大词典编纂处，1992a：329）
⑬ 以：以为，认为。（汉语大字典编辑委员会，2010：137）
⑭ 《詩》：《诗经》，中国最早的诗歌总集，成书于春秋时期，包括风、雅、颂三大类。
⑮ 煩重（zhòng）：（负担）繁多而沉重。（汉语大词典编辑委员会、汉语大词典编纂处，1991a：190）此处"烦重"与下文"质朴"对举，应是其反义，即华丽和过分修饰的意思。
⑯ 尚：指《尚书》，乃儒家经典之一，又称《书》或《书经》，是中国上古历史文献和部分追述古代事迹著作的汇编，是中国第一部古典散文集和最早的历史文献。
⑰ 質朴：朴实淳厚。汉董仲舒《春秋繁露·实性》："此皆圣人所继天而进也，非情性质朴之能至也。"又见汉赵晔《吴越春秋·越王无余外传》。（汉语大词典编辑委员会、汉语大词典编纂处，1992b：272-273）

合今，则马①、郑②所深恨③者也。近④出此撮⑤，欲⑥使不雜⑦，推⑧經言⑨旨⑩，唯懼失實⑪也。其⑫有方言⑬古辭，自⑭爲解其下也。於常首尾相違⑮句不

第二章 东晋道安的《摩诃钵罗若波罗蜜经抄序》

① 馬：马融（79—166），字季长，东汉经学家，注有《孝经》《论语》《诗》《周易》《尚书》等书，另有赋颂等作品。他设帐授徒，门人有千人之多，郑玄、卢植等都是其门徒。

② 鄭：郑玄（127—200），东汉末经学大师，从马融学古文经学。他潜心著述，以古文经学为主，兼采今文经说，遍注群经，著书百万余言，世称"郑学"。他是汉代经学的集大成者。

③ 恨：怨恨，仇恨。（汉语大字典编辑委员会，2010：2461）

④ 近：历时短。如：近期，近来。（汉语大字典编辑委员会，2010：4073）

⑤ 撮：量词，用手指所撮取的分量。（汉语大字典编辑委员会，2010：2073）指这本经。

⑥ 欲：想，想要。《礼记·大学》："古之欲明明德于天下者，先治其国。"又见《汉书·枚乘传》。（汉语大字典编辑委员会，2010：2294）

⑦ 雜：驳杂不纯。用例见《方言》卷三、《庄子·刻意》和晋陶潜《桃花源记》："夹岸数百步，中无杂树。"（汉语大字典编辑委员会，2010：4417）

⑧ 推：本义是向外用力使物体移动，有尊崇、计算、寻求和推断的意思。（汉语大字典编辑委员会，2010：2009-2010）在此语境应是尊崇研读此经。

⑨ 言：陈述，叙述。《韩非子·初见秦》："臣愿悉言所闻，唯大王裁其罪。"《史记·项羽本纪》："愿伯具言臣之不敢倍德也。"（汉语大字典编辑委员会，2010：4193）在此语境应是翻译的意思。

⑩ 旨：主张，意见。《易·系辞下》："其称名也小，其取类也大，其旨远，其辞文，其言曲而中。"《晋书·向秀传》："庄周著内外数十篇，历世才士虽有观者，莫适论其旨统也。"（汉语大字典编辑委员会，2010：1593）

⑪ 失實：1. 事物失其本来状态。《易·泰》："翩翩不富，皆失实也。"2. 不合乎事实。用例见《韩非子·显学》和汉王充《论衡·正说》。（汉语大词典编辑委员会、汉语大词典编纂处，1988：1490）

⑫ 其：指示代词，相当于"这""那""其中的"。（汉语大字典编辑委员会，2010：123）在此语境指上句的"经"，就是指原经。

⑬ 方言：语言的地方变体。一种语言中跟标准语有区别的、只通行于一个地区的话。（汉语大词典编辑委员会、汉语大词典编纂处，1990b：1558）此与下文的"古词"都指原文的疑难词语。

⑭ 自：副词。另自。用例见《汉书·张汤传附张安世》和《乐府诗集·相和歌辞·陌上桑》："使君自有妇，罗敷自有夫。"（汉语大字典编辑委员会，2010：3248）

⑮ 違：违背，违反。用例见《书·尧典》《逸周书·芮良夫》和三国晋蔡琰《悲愤诗》："事与愿违，遘兹淹留。"（汉语大字典编辑委员会，2010：4125）

通者，则冥①如合符②，厌③如复折④，乃⑤见⑥前人之深谬，欣⑦通⑧外域之嘉会⑨也。於九十章荡然⑩无措⑪疑处，毫芒⑫之间，泯然⑬无微⑭疹⑮。已矣⑯乎⑰！

① 冥：míng，暗合，默契。用例见《关尹子·四符》，北魏高允《征士颂》："神与理冥，形随流浪。"（汉语大词典编辑委员会、汉语大词典编纂处，1988：448）

② 合符：符信相合，合验符信。古代以竹木或金石为符，上书文字，剖而为二，各执其一，合之为证。用例见《管子·宙合》《史记·魏公子列传》："公子即合符，而晋鄙不授公子兵而复请之，事必危矣。"（汉语大词典编辑委员会、汉语大词典编纂处，1989a：154）

③ 厌：通"靥"，美好。《诗·周颂·载芟》："驿驿其达，有厌其杰。"毛传"言杰苗厌然特美也"（汉语大字典编辑委员会，2010：91）。

④ 复折：其中的"折"同"摺"（汉语大字典编辑委员会，2010：1944），《广韵·叶韵》："折，折叠也。"北周庾信《镜赋》："始折屏风，新开户扇。"（汉语大字典编辑委员会，2010：2066）所以，笔者认为，此处的"复折"指的是汉语的修辞手法复叠或复迭。

⑤ 乃：表时间的副词，相当于"然后"。（汉语大字典编辑委员会，2010：56）

⑥ 见：xiàn，显示，显露，出现，实现。《易·乾》："九二，见龙在田。"《汉书·元帝纪》："天见大异。"颜师古注："见，显示。"（汉语大字典编辑委员会，2010：3905）

⑦ 欣：喜悦，高兴；悦服，爱戴。（汉语大字典编辑委员会，2010：2289）

⑧ 通：交往，交好。《左传·隐公元年》："惠公之季年，败宋师于黄，公立而求成焉。九月，及宋人盟于宿，始通也。"《史记·魏其武安侯列传》："灌夫通奸猾，侵细民。"（汉语大字典编辑委员会，2010：4101）

⑨ 嘉会：谓众美相聚。《易·乾》："亨者，嘉之会也……嘉会足以合礼。"用例见南朝梁刘勰《文心雕龙·隐秀》。（汉语大词典编辑委员会、汉语大词典编纂处，1989a：479）

⑩ 荡然：空寂貌。《黄檗山断际禅师传心法要》："十八界既空，一切皆空，唯有本心荡然清净。"（汉语大词典编辑委员会、汉语大词典编纂处，1992a：558）

⑪ 措：安置，安放。《盐铁论·世务》："是犹措重宝于道路而莫之守也，求其不亡，何可得乎？"（汉语大字典编辑委员会，2010：2001）

⑫ 毫芒：本义是毫毛的细尖，此处比喻极细微。用例见汉班固《答宾戏》和《后汉书·方术传·郭玉》。（汉语大词典编辑委员会、汉语大词典编纂处，1990b：1010）

⑬ 泯然：完全符合貌。《艺文类聚》卷三引晋湛方生《秋夜》诗："物我泯然而同体，岂复寿夭于彭殇。"（汉语大词典编辑委员会、汉语大词典编纂处，1990a：1111）

⑭ 微：细，小。《荀子·非相》："叶公子高，微小短瘠。"《礼记·乐记》："是故志微噍杀之音作，而民思忧。"（汉语大字典编辑委员会，2010：900）

⑮ 疹：本义是皮肤上起的红色小疙瘩，也指痘疮。（汉语大字典编辑委员会，2010：2854）

⑯ 已矣：叹词，罢了，算了。用例见《庄子·人间世》和汉贾谊《吊屈原赋》。（汉语大词典编辑委员会、汉语大词典编纂处，1989b：71）

⑰ 乎：hū，表感叹的语气助词，相当于"啊"。《论语·颜渊》："富哉言乎！"《史记·孟尝君列传》："长铗归来乎！食无鱼。"（汉语大词典编辑委员会、汉语大词典编纂处，1986：646-647）

南摸①一切佛,過去、未來、現在佛,如②諸③法明④。天竺禮般若辭也。明,智也。外國禮有四種:一屬耶,二波羅南,三婆南,四南摸。南摸,屈體也,此跪此四拜,拜佛、外道、國主、父母通拜耳。禮父母云南摸薩迦,薩迦,供養也。

摩訶⑤大也,缽羅若⑥智也,波羅蜜也,蜜⑦無極,經抄天竺經無前題,前題皆云吉法。吉法竟⑧是也。道安爲此首目題也。(T2145,55.52b8-c26)

二、简体原文

摩诃钵罗若波罗蜜经抄序
道安法师
第一篇

第1部

1.1.1 昔在汉阴十有五载,讲《放光经》岁常再遍。及至京师,渐四年矣,亦恒岁二,未敢堕息。

1.1.2 然每至滞句,首尾隐没,释卷深思,恨不见护公、叉罗等。

第2部

1.2.1 会建元十八年,正车师前部王名弥第来朝,其国师字鸠摩罗跋提献胡《大品》一部。

---

① 南摸:即南无,梵文"namas"的音译,也译为"南谟""那谟"等,意为"敬礼""致敬""归命""信从"等,原为印度人表示礼拜、致敬的用语,常人相见,相互敬礼,即称"南无"。佛教常在佛典经名、菩萨名前加"南无",表示虔信。(任继愈,2002:892)南无,汉语应念 nāmó(拼音),按印度礼仪,低头合掌、口称"南无",即表示致敬。(中国佛教文化研究所,2008:150)

② 如:连词,表示连接,相当于"与"和"。用例见《书·舜典》和《史记·平原君虞卿列传》。(汉语大字典编辑委员会,2010:1099)

③ 诸:代词,作定语,相当于"其"。用例见《春秋繁露·王道》和《史记·楚世家》。(汉语大字典编辑委员会,2010:4243)

④ 明:佛教术语,智慧之别名。《佛地论》曰:"有义明者以慧为性,慧能破暗故说为明。有义无碍善根为性,翻无明故。"《大乘义章》曰:"知法显了故名为明。"(丁福保,1991:1490)

⑤ 摩诃:摩诃,梵文"mohā",意思是大、多、胜。智度论三曰:"摩诃,秦言大或多或胜。"(丁福保,1991:2570)

⑥ 钵罗若:梵文"prajñā",般若,教义名词,亦译"钵若""钵罗若"等,意译"智慧""智明"等。为"般若渡罗蜜"(智度)之略称,是佛教特别提倡的观念体系。《大智度论》卷四三:"般若者,秦言智慧。一切智慧中最为第一,无上无比无等,更无胜上。""智慧"在大乘佛教中占有特殊重要的地位。印度佛教据以发展出龙树、提婆之中观学派,中国佛教则据此形成专门的"般若学",亦为三论宗的理论基础,并为一切大乘宗派所运用。(任继愈,2002:1026)

⑦ 波罗蜜:教义名词,梵文"Pāramitā"音译之略,全译"波罗蜜多",意译"到彼岸""度彼岸""度无极""度"等,指从生死迷界的此岸到达涅槃解脱的彼岸。(任继愈,2002:853)

⑧ 竟:副词,终究。(汉语大字典编辑委员会,2010:2900)

1.2.2 四百二牒,言二十千首卢。首卢三十二字,胡人数经法也。即审数之,凡十七千二百六十首卢,残二十七字,都并五十五万二千四百七十五字。

第3部

1.3.1 天竺沙门昙摩蜱执本,佛护为译,对而捡之,慧进笔受。

1.3.2 与《放光》《光赞》同者,无所更出也。其二经译人所漏者,随其失处,称而正焉。其义异不知孰是者,辄并而两存之,往往为训其下。

1.3.3 凡四卷,其一纸二纸异者,出别为一卷,合五卷也。

第二篇

第1部

2.1.1 译胡为秦,有五失本也:一者胡语尽倒而使从秦,一失本也。二者胡经尚质,秦人好文,传可众心,非文不合,斯二失本也。

2.1.2 三者胡经委悉,至于叹咏,叮咛反复,或三或四,不嫌其烦,而今裁斥,三失本也。四者胡有义说,正似乱辞,寻说向语,文无以异,或千五百,刈而不存,四失本也。五者事已全成,将更傍及,反腾前辞,已乃后说,而悉除此,五失本也。

第2部

2.2.1 然《般若经》三达之心,覆面所演,圣必因时,时俗有易,而删雅古以适今时,一不易也。愚智天隔,圣人叵阶,乃欲以千岁之上微言,传使合百王之下末俗,二不易也。

2.2.2 阿难出经,去佛未久,尊大迦叶令五百六通迭察迭书。今离千年,而以近意量裁。彼阿罗汉乃兢兢若此,此生死人而平平若此,岂将不知法者勇乎?斯三不易也。

第三篇

第1部

3.1.1 涉兹五失,经三不易,译胡为秦,讵可不慎乎!正当以不闻异言,传令知会通耳,何复嫌大匠之得失乎?是乃未所敢知也。前人出经,支谶、世高,审得胡本难系者也。

3.1.2 叉罗、支越,斫凿之巧者也。巧则巧矣,惧窍成而混沌终矣。若夫以《诗》为烦重,以《尚》为质朴,而删令合今,则马、郑所深恨者也。

第2部

3.2.1 近出此撮,欲使不杂,推经言旨,唯惧失实也。其有方言古辞,自为解其下也。

3.2.2 于常首尾相违句不通者，则冥如合符，厌如复折，乃见前人之深谬，欣通外域之嘉会也。于九十章荡然无措疑处，毫芒之间，泯然无微疹。已矣乎！

第四篇

4.1 南摸一切佛，过去、未来、现在佛，如诸法明。天竺礼般若辞也。明，智也。外国礼有四种：一颰耶，二波罗南，三婆南，四南摸。南摸，屈体也。此跪此四拜，拜佛、外道、国主、父母通拜耳。礼父母云南摸萨迦，萨迦，供养也。

4.2 摩诃大也，钵罗若智也，波罗度也，蜜无极，经抄天竺经无前题，前题皆云吉法。吉法竟是也。道安为此首目题也。

三、今译

摩诃钵罗若波罗蜜经抄序
道安法师

第一篇 原经抄翻译要素论

第1部 译场熟悉该经的程度及重译的必要性

1.1.1 当年我在襄阳羁泊十五年，宣讲《放光经》每年两次。现在到首都长安已满四年，依然不变一年讲两次的定规，不敢懈怠停止。

1.1.2 可每次读到遗漏的句子，或上下文意晦涩不明，很遗憾见不到竺法护、无罗叉等汉译该经的先贤。

第2部 原本的来历及其篇幅

1.2.1 正值建元十八年（382），恰好名叫弥第的车师前部王来朝，其国师鸠摩罗跋提进献胡语原本《大品般若经》一部。

1.2.2 共402篇，有20000个首卢。一个首卢有32个音节，是胡人给佛经计算节数的单位。该经准确记数则总共有17260个首卢，还剩余27个音节，合计总共有552475个音节。

第3部 译场的组织、成文原则及其结果

1.3.1 天竺僧人昙摩蜱负责原本的准确性，佛图罗刹把原文口译成汉语，还负责与原文校对，慧进笔录成文。

1.3.2 与《放光经》《光赞经》二经相同部分，就原封不动地成文；二经中若有遗漏的，紧随其所遗漏之处，酌情补正。二经的意义与此译不同，不知哪个正确的，就把二者都并列成文，往往还在译文下面做了注释。

1.3.3 此译本共有四卷，加上第一稿和第二稿不同的地方，成文另成一卷，全部合并共有五卷。

第二篇　翻译主客体之变原则论

第1部　翻译客体变化原则：五失本

2.1.1　胡语佛经译为秦言必有五种原本之变：第一，胡语佛经句子的语序完全颠倒，汉译后要使之符合秦言的顺序，这是首先要变的。第二，胡语佛经崇尚质朴，而秦人喜好文采，传译后的译文要让秦人称心如意，一定非有文采不可，这是第二要变的。

2.1.2　第三，原文论述详细，咏唱赞叹的时候更是再三重复和嘱咐，或三次或四次，不嫌其烦琐，而今翻译要裁减冗赘，这是第三要变的。第四，胡语佛经原有重颂，相当于辞赋篇末"乱曰"部分，总括全篇要旨的话，常旧话重提，与前文意思没什么不同，或1000或500个词的重颂，今天在译文中删而不留，这是第四要变的。第五，佛经原文讲完一事将更换话题，则要重复完前事后才更换，而汉译文把重复部分全部删除，这是第五要变的。

第2部　翻译主体转化原则：三不易

2.2.1　虽然佛陀以其三达之智亲自阐发《般若经》，但他当年也一定顺应他所在的时代要求随机施教，况且时代和风俗古今变化很大，因而今天中土佛典译者要裁择这本古正的圣典以适应当今时代的需要，这是今天汉译佛经的第一大困难。愚痴和智慧有天地之别，佛陀超越凡夫高不可攀，而今天的凡人译者想要把佛陀上千年以前的精妙说法传译得符合历代帝王以下现世的陋俗，这是汉译佛经的第二大困难。

2.2.2　当年阿难第一次结集[①]出经时离释迦驻世不久，佛陀的另一大弟子摩诃迦叶使五百罗汉反复会诵、审核、甄别经文，然后才将之系统固定下来。今天离那时有千年之遥，但如今翻译却按凡人浅近之意衡量和裁择原典。当年有神通的阿罗汉出经那么小心谨慎，可如今凡夫宣译者如此稀松平常，难道还不知佛法就是绝对的确信无疑吗？这就是传译佛经的第三大困难。

[①] 结集，佛教名词，梵文"saṃgīti"的意译，意为合诵或会诵，即由佛教徒集会，对佛陀学说进行会诵，经过讨论、甄别、审核，最后确定下来，成为经典。这种会议称为结集。释迦牟尼生时随机说法，无文字记载。涅槃后，弟子们集会，各诵所闻，汇集成为法藏，称结集。相传现有佛经有四次结集：(1) 佛灭后不久，以大迦叶为首的五百比丘在王舍城结集；(2) 佛灭后百年，以耶舍为首的七百比丘在毗舍离结集；(3) 阿育王时代，公元前3世纪，以目犍连子帝须为首的一千比丘在华氏城结集；(4) 迦腻色迦王时代，公元2世纪，以胁比丘为首的五百比丘在迦湿弥罗结集。(汉语大词典编辑委员会、汉语大词典编纂处，1992a：809)

第三篇　翻译之变的标准原则论和限度论

第1部　翻译之变的标准和限度论

3.1.1　涉及这五大转变和三大困难，胡语佛经译成秦言岂能不慎重！正因为此间徒众不懂外语，传译此经是为了让大家全面和透彻地理解般若之智而已，我又怎会疑虑于译家之得失？但这得失却也并非不可知。前人如东汉桓帝建和元年（147年）至洛阳的安世高，又如桓帝末年（167年）至洛阳的支娄迦谶，翻译佛经忠实且符合胡文原本，其妙译一言难尽。

3.1.2　三国吴支谦和西晋西域僧人无罗叉翻译《般若经》，雕巧删改译文。这两位的译文精巧倒是精巧，但恐怕就像庄子寓言里讲的给混沌帝开窍，开成后就死了。再者，如认为《诗经》华丽，而《尚书》质朴，将其删改得符合今人的口味，那么马融、郑玄这样的大儒必定对之深恶痛绝。

第2部　翻译标准原则的运用及美文尺度

3.2.1　近来宣译这本《大品般若经》，总想使其纯正，而研究原典、陈述其意，唯恐失去或违背原本之意。如有疑难词语，在下面另自做了注解。

3.2.2　以前译本前后不一致、句子不通之处，现译本则像合符一样契切，像修辞复叠一样优美，而后显示出前译的重大错误，我也为与外来各方高人的交往而欣慰。现译本90章完全没有疑难问题，连小瑕疵都没有。此为序！

第四篇　两个注释

4.1　礼拜一切佛，过去、未来、现在佛和其佛法之智。这是天竺敬拜般若之礼。"明"就是智。外国敬礼有四种：第一，嬲耶；第二，波罗南；第三，婆南；第四，南摸。"南摸"就是弯曲身体的跪拜礼。这四种敬礼，拜佛、拜外道、拜国主和父母，都拜。礼拜父母叫"南摸萨迦"，"萨迦"是供养的意思。

4.2　"摩诃"就是大的意思。"钵罗若"指智慧。"波罗"即度的意思。"蜜"是无极。"经抄"天竺经开头一般没有题名，如有标题都说某吉法。本经毕竟也是吉法。道安为该经作此名。

本节结论

本节引用、注释和今译《摩诃钵罗若波罗蜜经抄序》全文，绝不掐头去尾，不漏掉原文哪怕一个汉字。解读和翻译的第一步是先给原文作详细的注释。第二步是汉字简化，点现代标点。另外，繁体原文分四段，笔者对简体原文和今译也分段，但分得更细，还进行篇、部、段三级语篇划分。第三步是古译今的语内翻译。在今译文中笔者根据每篇或部的内容加上标题，便于抓住

主旨。

第六节　道安序言的翻译理论和结构分析

《摩诃钵罗若波罗蜜经抄序》原文带句读共 904 个字，是一篇完整的翻译论，以叙述《摩诃钵罗若波罗蜜经抄》汉译为主线，其中有翻译要素论，还有系统的翻译理论，理论各部分之间又有逻辑联系。本节分析序言的翻译理论内容、结构和相互联系。

一、第一篇　原经抄翻译要素论

第一篇分为 3 部。第 1 部论述道安作为该译场领导对本次所重译的《般若经》之熟悉程度，然后暗示本次重译的必要性。第 2 部交代原本的来历及其篇幅。第 3 部叙述了译场的组织、成文原则及其结果。

（一）第 1 部　译场熟悉该经的程度及重译的必要性

1.1.1 段：道安代表译场介绍对《般若经》的熟悉程度

首先说道安从在襄阳起到此时 15 年来每年都宣讲该经，作为译场的核心人物，他对《般若经》的熟悉程度也代表了译场对该经的认识水平。

1.1.2 段：暗示本次重译的必要性

然后说以前的汉译本的缺陷："滞句""首尾隐没"，暗示本次重译的必要性。

（二）第 2 部　原本的来历及其篇幅

1.2.1 段：原本的来历

道安详细叙述了这次重译《般若经》所用原本的来历。

1.2.2 段：原本篇幅的详细信息

这部佛经原本的篇幅记录详细到了音节数。这段是这次重译《般若经》的前提和依据，可归入对原本的认识。

道安说原本乃"胡《大品》"，但没有具体指出它的原文到底是哪门外语。据现有资料，有学者说这"胡《大品》"就是梵文本（见本章第五节注释）。本段中"胡人数经法也"的"数经法"，有人解释成"数学经法"（释道安，2010：224；228），可谓离奇。

（三）第3部　译场的组织、成文原则及其结果

1.3.1 段：译场的组织

包括五道分工即执本、口译、校对、笔受和作序。笔者认为，其中的第一分工"执本"并非简单地"拿原本《大品》经书"（赵振铎，1999：88）。此处"执"这个动词是守和保持的意思（见上节注释）。"本"是事物的起始、根源和根本的意思（见上节注释）。三个词连起来直译是保持和坚守根本，意译就是保持和坚守原本的准确性和真实性。所以，译场的首要分工就是原本保真，由外国僧人昙摩蜱负责。第二分工是从源语（SL）到目标语（TL）的口头转换，即口译。第三分工是把译语与原文两相对照和校准。这第二和第三分工由外国僧人佛护身兼。第四分工是笔受，即由本土僧人慧进负责把经过校对的译语笔录成汉文。最后，按照惯例，一本佛经汉译好之后要由一位或僧或俗界的大人物作序，比如这本《般若经》译好后就是由当时的佛教领袖道安作序。加上作序的程序，当时译场分工就有五道。

从上述译场的具体分工可以看出当时外国译者的重要性。换言之，当时中土佛典翻译本土人才稀缺的短板由外国人在弥补。也可看出笔受的重要性，最后在他的笔下形成定本。《般若经》的译场分工可以用译场翻译方法论来概括。

1.3.2 段：笔受成文的能动原则

道安在此制定了重译该经时笔受最后成文的四个规则。第一，新译与两个旧译本相同的，原封不动地成文（"无所更出也"）。此处的"更"是变化的意思，而非"再"（赵振铎，1999：88）的意思。第二，两个旧译本有遗漏的地方（"其二经译人所漏者"），新译本要酌情补出。第三，新旧译文不知谁对谁错的（"其义异不知孰是者"），把二者并列成文，且在下面注释说明。第四，新译第一稿与第二稿不同的，另成为一卷。在前三个规则作用下已形成四卷，加上最后一条规则指导下形成的另一卷，所以新译本共有五卷。

从这四条笔受的工作规则，我们可以看到三点。第一，译场上的笔受并非仅是重译本成文的听写机器，在这四条原则下有相当的能动性。第二，始于支谦的会译法（汤用彤，2011：77）在道安译场上得到更为详细的操作演绎。第三，有译文加注，就是深度翻译的体现。

会译法不光中国古代佛典译场在用，后来英国17世纪钦定本《圣经》的英译也采用了这个方法。在1611年，当时英语《圣经》就有50多个版本，钦定本《圣经》最后成文参考了毕晓普（Bishop）、廷代尔（Tyndale）、马修

(Matthew)、科弗代尔（Coverdale）、怀特丘奇（Whitechurch）等人的英译本，甚至还上溯参照了古英语的本子。(Steiner，2001：366) 今天翻译家在实践中只要有条件也无不用此法。

1.3.3 段：本次重新汉译的结果

本次汉译本最后固定下来的篇幅"合五卷也"。这是在介绍主文本，即《摩诃钵罗若波罗蜜经》本次汉译定本的情况。

（四）第一篇的内容和结构

第一篇的内容和结构如表 2-1 所示：

表 2-1　第一篇的内容和结构

部、段主题	字数（个）	占比（%）
第 1 部　译场熟悉该经的程度及重译的必要性	61	6.75
1.1.1 道安代表译场介绍对《般若经》的熟悉程度	37	4.09
1.1.2 暗示本次重译的必要性	24	2.65
第 2 部　原本的来历及其篇幅	97	10.73
1.2.1 原本的来历	37	4.09
1.2.2 原本篇幅的详细信息	60	6.64
第 3 部　译场的组织、成文原则及其结果	91	10.07
1.3.1 译场的组织	25	2.77
1.3.2 笔受成文的能动原则	55	6.08
1.3.3 本次重新汉译的结果	11	1.22
小计	249	27.54

本篇先说明为什么要重译《摩诃钵罗若波罗蜜经》，然后告诉读者原本的来历和篇幅，最后是译场翻译法和汉译结果，各部为本次译场翻译活动所必需，但之间没有必然理论联系，所以称之为翻译要素论。

二、第二篇　翻译主客体之变原则论

本篇就是从古至今最引人注目的、著名的"五失本三不易"。笔者认为，从整体而言，"五失本三不易"既是当时中土佛典汉译所通行的做法，又是道安认为应该坚持的佛典汉译原则。其中所包含的翻译理论不是我们今天所熟悉的理论形态，但我们不应苛求古人，他们有自己的表述方式。站在今天翻译学

的高度，以我们今天熟悉的术语，我们完全可以看到所讲的翻译之理是与现代翻译理论相当的古代翻译理论。

"五失本三不易"是道安提出的中土佛典汉译的原则，笔者已有论述。（黄小芃，2014：227-231）"五失本"是佛典原文（ST）与译本（TT）相对照之下，译本所应有的五种变化，属于翻译客体论。"三不易"是译者主体的转化原则，是翻译主体论。以上二者合为一体就是翻译主客体论。

（一）第1部　翻译客体变化原则：五失本

本部含2.1.1段第一条和第二条必变原则，以及2.1.2段第三条至第五条酌情变化原则。

2.1.1段：第一条和第二条必变原则

整个"五失本"的基本精神就是变："一失本"必须要变，"二失本"也几乎是必须要变的。"五失本"的第一条"胡语尽倒而使从秦"是必须要变的。用今天翻译学的术语来说，就是源语（SL）的句法和语序在目标语（TL）中必须变得符合目标语的句法和语序，适应目标语读者的语言习惯和规范，非变不可。

"五失本"的第二条"二失本"是变原文之质为秦言之文的原则。原本胡经表现质朴，而秦人喜好文采，传译后的佛经汉译文要符合秦人的心意，一定要有文采，这是第二变。换言之，目标语之文体也要变得符合其读者的"胃口"。

在此，道安旗帜鲜明地提出了中土佛经翻译的文质论，就是要把原本朴素质直的风格变为汉译文富有文采的风格。

本段的"失"是变化的意思，而非赵振铎认为的失误或失败（赵振铎，1999：89-99）的意思。还有学者将之理解成失掉，如说"有失本意"（释道安，2010：228）。这样解释，"五失本"完全成了翻译批评。

2.1.2段：第三条至第五条酌情变化原则

第三条至第五条客体变化原则是目标语文本行文尚精简与原文论述繁复相对照之下的简化和删裁原则。这第三条至第五条的变化依然是要顺从目标语读者的语文习惯。

这三条"失本"就是要"删"或"裁"，指译本对原本要有所删裁和取舍，是原本经过语言转换之后的变化，关键在于变。这样的删裁是当时中土佛典翻译客观存在的做法，删裁原本造成译本变化以满足本土读者的要求和佛教传播的需要，也势所必然。

这整个"五失本"原则，从目标语的句法、文体、论述的繁简删裁都倾向于迎合目标语读者。那么，由本部翻译第二客体变化论即可推导出今天翻译学称之为归化翻译①的策略。所以，"五失本"又可以从翻译客体变化论推导出归化翻译论。从文学而言，就是把原文的质直冗赘的行文风格转变为汉译行文的文雅简洁的风格，这是由质而文的文体变化论。

关于翻译之变，伽达默尔说："翻译之痛根本上在于原语词与其所指之间似乎不可分离，因而要让别人理解原文通常只好变换其措辞，而不仅仅是其翻译转换。"（Gadamer，2004：403）

斯坦纳在谈到阐释的运作（hermeneutic motion）的第二步时说："译者总是侵入压榨后掠美而归，身后就像露天矿场的巨坑在地表上留下的大伤疤。我们将看到，这种掠美不是幻象就是假翻译的标志。不过，与译者信赖那步一样，有些情形也确实要分清楚。有的文本或体裁之精华已被翻译耗尽。而更饶有兴味的是，还有的原作失去了魅力，其一是因为经过了翻译的重新塑造，其二是因为这种据为己有的插入行为和超越原作的翻译转换更有序、更美得赏心悦目。所以，总有些原作因为译作处于更高的境界而不再受我们的青睐（比如路易丝·拉贝的十四行诗经过了里尔克变换措辞的翻译之后）。"（Steiner，2001：314）他在论述第三步时还说："无论什么语言，也不管哪个传统符号体系或文化体，翻译引进都有使之被改造的风险。"（Steiner，2001：315）古今中外翻译之变在翻译过程中及其之后必然发生。有客体必然有主体，所以下文道安接着推出主体论。"五失本"原则除了第一条原则是必变原则，其余都是酌情变化原则。

有学者认为"五失本"不是佛经翻译的原则而是"当时译经做法的总结"（常红星，2021：41；42）。这种观点并没有令人信服的史料根据。

（二）第2部　翻译主体转化原则：三不易

"三不易"整体上是佛典译者主体论，主要论述中土佛经宣译主体如何克服佛典翻译的三大困难，最后归于佛典译者主体佛化论，本部分为两段。

---

① 德国神学家和哲学家施莱尔马赫（Friedrich Schleiermacher）于1813年指出，最常见的译者翻译方法就是归化和异化。他本人赞成用异化的翻译方法。简单地说，归化翻译就是在语言、文化等方面偏向目标语文化的翻译方法，而异化翻译就是偏向原语文化的方法。韦努蒂（Venuti）对此加以总结阐述后认为，归化和异化作为一种翻译学说和实践（a theory and practice of translation）在欧洲不同的国家和不同的历史时期有其特殊性。韦努蒂提倡用英语异化翻译（foreignizing translation in English）。（Venuti，2004：19-20）

2.2.1 段：第一和第二大困难（成佛难）

道安完全站在佛教立场首先以佛陀演说《般若经》为例来阐述中土佛经宣译者所面临的第一大困难"一不易"。为什么以《般若经》为例呢？除了这本来就是为重译该经作序以外，应该还有三个原因。其一，从东汉到两晋，此经是汉译佛经中最流行的经典（任继愈，1985：111）。其二，道安一生用力最深者就是《般若经》（汤用彤，2011：136）。其三，"按照《般若经》的观点，菩萨的重要使命是'度脱众生'。既然众生执著名相，不以'俗谛'为假，从而不能摆脱生死苦恼，那么，菩萨应以般若指导下的'方便力'（'沤惒拘舍罗'，意译'智巧'）进入众生之中，利用众生熟悉的'俗谛'随机教化，即'以名相教授众生，欲令得解'"（任继愈，1985：125）。

佛陀以三达之心亲自演说《般若经》，"圣必因时，时俗有易"，此处的"圣"不是儒家圣人的圣，而是佛教术语"圣人"，指佛陀。佛陀当时也一定随着时代和风俗的变化而施教。当年的佛是具三达之心的圣（觉）者，可以此"方便力"随机施教，而当今中土的佛经译者乃凡夫，即还没有断惑证理的平常人（丁福保，1991：456-457）。那么，中土传译佛典的凡夫如何克服自己与佛陀之间凡圣的差别，怎样也来行此"方便力"裁变这本古正的圣典以适应当今的佛教教化呢？这就是凡夫译者要克服的第一大困难，其中的关键是克服当今凡人译者与当年佛陀之间的差距。

接着，阐述第二大困难还是强调凡圣之别，"愚智天隔，圣人叵阶"，愚痴和智慧有天上地下之别，佛陀的高度凡夫不可企及，这相沿第一大困难的思路，但着重克服时间上的困难，佛微言大义之说法与今天相隔千年（"千岁之上微言"），你凡夫译者如何把佛法传译得适合于当今的陋俗？

所以，头两个"不易"字面上第一个困难是"删雅古以适今时"，第二个困难是"以千岁之上微言，传使合百王之下末俗"，实质上归结为译经僧人如何成佛的困难，把佛经翻译的困难转化为译者成佛的佛教问题。

本段中的"覆面"指佛陀所特有的三十二瑞相之一（见上节注释），而非"遮盖面部"（赵振铎，1999：90），此处用意在于指佛陀亲力亲为。把"叵阶"解释成"没有品级"（释道安，2010：226；229），也是离奇；把下文的"千岁"说成"宰相"（释道安，2010：226；229）更离奇。

2.2.2 段：第三大困难（成罗汉或掌握佛法难）

以上两大译经困难都以佛陀为尺度，最后第三大困难"三不易"把标准降到了佛法的最早汇编者阿罗汉，可阿罗汉有六神通，也非凡夫，第一次佛法结集，他们都兢兢业业，一丝不苟，而当今的凡夫译者稀松平常，难道不知道

佛法是确信无疑的吗（"岂将不知法者勇乎"）？这还是延续第一大困难的思路。这第三大困难的关键是凡人译者要克服与阿罗汉之间的差距，而且凡人译者还要把佛法掌握得确信无疑，也就是还必须克服无法完全掌握佛法的困难。这依然是把佛经翻译的困难转为佛教问题。

　　从上面的分析可以看出道安的"三不易"完全以佛教的事理在论述佛经翻译的理论问题，透过其字面意思，可以看到核心佛教思想有三：第一，凡人佛典译者如何克服自己与佛陀的差距（凡圣之别）；第二，凡人译者也要克服自己与有六神通的、当初结集佛典的阿罗汉的差距；第三是克服凡人译者无法完全掌握佛法的困难。这是非常明确的佛教思想，而其中的言外之意应该是在鼓励中土译典的凡夫僧人努力证果，即所谓的开悟或得道（陈义孝，2002：316）。证果之后即可克服佛典翻译的困难。

　　既然翻译主体要克服困难，佛经传译者应该具备什么素质和条件呢？应该做出什么样的努力呢？这样的问题已成潜词。所以这"三不易"是朦胧的佛经译者主体论。

　　根据今天译学翻译主体间性理论，当时的佛经翻译涉及三个主体：佛典原创者佛陀、结集者众阿罗汉和中土佛经译者。那么，佛典译者当然要充分发挥其主体性，才能尽量克服与其他主体之间的差距，这里隐含有译者主体性，但是译者主体性无法包含另外两个主体，所以还隐藏有翻译主体间性论。

　　道安在字面上提出了上述三个困难，实际上也含蓄地或间接开示了克服佛典翻译困难的三个方法：第一，成佛，当然就没有了翻译佛典的困难；第二，成罗汉，也能基本克服困难；第三，掌握佛法，也会消除困难。只要克服了其中一个困难即可克服或基本克服佛典翻译的困难。

　　我们可以看到道安首先鼓励当时的佛典译者转凡为圣，成佛之后即可消除凡圣之间的距离，获得上述"三达"之智，要克服佛典翻译的时空障碍就不在话下。若成佛的上法不行，成了罗汉也可以，罗汉是小乘佛教修行的最高果位，得六神通，有"三明"的智慧，这也能克服佛典翻译的困难，这是克服困难的中法。如果成罗汉不行，最后还有一个克服佛典翻译困难的方法，就是掌握佛法。掌握之后，佛典译者即可明断无疑。这是下法。上法在第一和第二个"不易"当中，中法和下法都在第三个"不易"当中。可见，完全透彻地理解了"三不易"之后，就可以看到克服佛典翻译困难的三个方法，尽管道安没有直接这样讲，但此种内涵还是可以从字里行间读出来。"三不易"完全用佛事说译事，以佛教之理阐释佛典翻译之理。

　　上面"三不易"的佛教道理若换成今天翻译学的话语来叙述就是，翻译

莎士比亚首先要成为莎士比亚，若不行，稍逊一些，成为基本掌握莎士比亚的知识、能力和大致具备其才情的人，再不行就掌握相当的知识和能力。今天我们也有学者说过，哲学家才能翻译哲学，诗人才能译诗。这与"三不易"讲的道理一样。

"三不易"用今天翻译学理论来解释，包含有相当于今天翻译学的原作者中心论、朦胧的译者主体论、隐藏的翻译主体间性论，也含有佛典译者克服佛典翻译困难的方法论。

有学者认为，道安反对译经"失本"，理由是把"三不易"的"易"解为"改变"（常红星，2021：43），这样解释，"三不易"成了"五失本"的附庸。还有学者把本段的"勇"解释成"勇猛"（释道安，2010：229），过于肤浅。

（三）"五失本"与"三不易"的关系

整个"五失本"的基本精神就是变，是翻译第二客体的必然之变。"五失本"与"三不易"之间的关系首先是"三不易"肯定了翻译客体"失本"之变。有客体论必然有主体论。在第一个"不易"中道安以佛陀演说《般若经》为例肯定了翻译客体之变，这是二者之间的第一层关系。"三不易"的第一个"不易"首先指出了佛典翻译之变应该以佛陀用三达之智阐发《般若经》为榜样，佛陀顺应时代要求，随机施教，中土佛典翻译应以之为楷模。佛陀讲《般若经》都这样顺时应人。佛陀是佛经的原创者，都在随机应变地向自己的信徒讲解自己的作品，这就肯定了"五失本"的归化翻译策略，肯定了中土佛典翻译客体之变也要顺应中土信众传播佛教的需要。翻译的客体论就这样自然过渡到翻译主体论，后面接着详论中土佛典翻译主体所面临的困难。

"五失本"与"三不易"第二层关系是前者客体之变取决于主体之变，换言之，译者主体克服了"三不易"的困难，译作才变得更完美。这是二者之间的第二层关系。那么，译者究竟应该怎样变才符合佛法的要求？"三不易"确立了三个榜样，一是佛陀，二是阿罗汉，三是佛法。这是"三不易"主体转变的标准。序言下文理所应当讲翻译客体（译作）和主体的变化标准和限度。

整个序言第二篇是道安提出的"五失本三不易"理论，是中土佛典翻译原则。"五失本"是翻译客体变化论及其推导而出的归化翻译策略论。"三不易"以凡圣之别的佛教思想为核心，包含三方面的翻译思想：原作者中心论，朦胧的译者主体论，隐藏的翻译主体间性论。若再抽象概括，整个第二篇是中

土佛典翻译的主客体方法论。"五失本"的概括性最强，脱离了《般若经》翻译的具体事务上升到"译胡为秦"，最具有我们今天熟悉的理论形态。"三不易"又以《般若经》的汉译为起点论述。有客体论必然有主体论，主客体论之间也是相互联系的。"五失本"是佛典翻译客体作品在文本上的五个变化，而客体的变化由主体掌握和决定，所以客体论之后必然是主体论。从表现形式上说，本节带数法的运用，这是佛经常见的论述方式，是历代佛教界注意的焦点。

（四）第二篇的内容和结构

第二篇的内容和结构如表2-2所示：

表2-2　第二篇的内容和结构

部、段主题	字数（个）	占比（%）
第1部　翻译客体变化原则：五失本	154	17.04
2.1.1 第一条和第二条必变原则	54	5.97
2.1.2 第三条至第五条酌情变化原则	100	11.06
第2部　翻译主体转化原则：三不易	150	16.59
2.2.1 第一和第二大困难（成佛难）	71	7.85
2.2.2 第三大困难（成罗汉或掌握佛法难）	79	8.74
小计	304	33.63

本篇理论是从古至今学界关注的焦点，但没有学者按照笔者的方式对其进行分类和定性，也无人看出其中克服佛经翻译困难的方法。有学者把"三不易"的"易"字释为改变，"三不易"即成三不变，视为道安对"五失本"持"反对"态度的证据。（常红星，2021：42-44）这里只盯住"易"的词义，拘泥于一个字而不及其余（凡圣之别），"三不易"就成了"三不变"，那么"三不易"的顺序就有问题。佛经风格问题就成为第一位的，佛亲口说法和佛法成了第二和第三位的。这不符合佛教常识。

这样阐释"五失本"和"三不易"，道安的佛典翻译主客体变化系统理论原则就成了一个呆板的平面叙事，"五失本"是个不当的做法，道安以佛法不可违的原则否定"失本"。这样把道安通过异译对照发现的翻译之变的真理否定了，真懂翻译者不会同意这样的观点。

整个"三不易"是道安用佛理在说译理，在把时空转换和以圣应俗的翻

译困难化为成佛或成罗汉或掌握佛法的佛教困难。

三、第三篇　翻译之变的标准原则论和限度论

本篇有两部，第1部翻译之变的标准和限度论，第2部翻译标准原则的运用及美文尺度。

（一）第1部　翻译之变的标准和限度论

本部含两段，3.1.1段是佛经翻译史论带出标准论，3.1.2段是佛经翻译之变的限度论。

3.1.1段：佛经翻译史论带出标准论

道安首先从中土佛典翻译史批评开始，赞扬了东汉安世高和支娄迦谶两位译家的佛典翻译忠实且符合原本（"审得胡本"），其妙译一言难尽，借之前优秀翻译的榜样树立翻译忠实且符合原本的标准。本部关于翻译标准的叙述都没有脱离关于译者的叙述。

曹明伦以为，以忠实于原作为取向的翻译标准首先是作为译者的自律准则，同时也作为评判译作质量的准绳。（曹明伦，2006：12）既然客体标准也作用于主体，那么译者（主体）和译作（客体）这对主客二元之间的界限并非牢不可破，翻译客体——译作的标准照样作用于翻译主体——译者，主客体在此融合。（黄小芃，2009：71）此乃翻译主客体解构论。笔者曾经撰文说：以忠实于原作为取向的翻译标准首先是作为译者的自律准则，同时也作为评判译作质量的准绳。那么，翻译第二客体——译作的标准照样作用于翻译主体——译者，在翻译标准面前，翻译主体和客体之间的界限并非泾渭分明，在某种程度上被解构了。（黄小芃，2009：71）

3.1.2段：佛经翻译之变的限度论

道安批评了三国吴支谦和西晋西域僧人无罗叉译经，认为其译文过分雕巧删改（"斫凿之巧者矣"），用《庄子》给混沌帝开窍的典故说明这种过分雕饰的悲剧结果（"惧窍成而混沌终矣"）。再用类比，即以不能把文采华丽的《诗经》和质朴的《尚书》删改得符合今人的口味为例，说明佛典翻译删改原本文体风格以符合中土今人的口味的做法也要适可而止，要有限度。不要好心做坏事，把好事做过了头也没有好结果。这里的"混沌终"原本指混沌死了，是坏事情，道安借此喻指《般若经》汉译文雕巧删改如无限度，最后译文虽精巧有余但折腾得连老命都丢了，并不是像有人说的什么天大的好事："喻指通过翻译，使原来难以理解的梵文佛经变得意义明白易懂。"（赵振铎，1999：

92）

这里固然是道安的翻译批评论，但他也借此说明了上面第二篇"五失本"都要变化得体、删裁有度。比如，第二条是把质朴的胡文原典经中土译人之手变得文采飞扬，符合目标语读者秦人的口味。第三条把繁复的原本吟诵体变成简洁的汉译文，即删繁就简。第四条是完全删掉旧话重提的重颂，也是删冗成简。第五条是翻译时全部删除重复部分。简而言之，第二条至第五条就是变质为文和删繁就简，都要有限度。那么，这"五失本"原则除了第一条的"胡语尽倒而使从秦"要不折不扣地执行，而第二条至第五条原则都是有限度的。

也有学者以本段内容为据，认为道安"反对""五失本"（常红星，2021：45）。这是过分解读。还有人说本段的"马、郑"可能是"考古学者"（释道安，2010：227；230），也是离奇。

（二）第 2 部　翻译标准原则的运用及美文尺度

本部含两段，3.2.1 段是以上述翻译标准原则的运用带出深度翻译法，3.2.2 段是佛经翻译美文的尺度。

3.2.1 段：翻译标准原则的运用——不失实和加注释

上述翻译之变的限度和标准如何把握，道安此时指出他们是这样应用的："近出此撮，欲使不杂，推经言旨，唯惧失实也。""不杂"就是要翻译纯正，"唯惧失实"就是翻译绝对不能违背原意。由此看来，翻译的忠实标准并非近代中国才提出。只不过道安这个翻译忠实标准的提法不引人注目，既无文采又不铿锵，更没有今天的口号或广告效应。先树立翻译史上的榜样，然后此处主要论述本经翻译标准的实施结果。

道安此处顺带又指出一个翻译方法："其有方言古辞，自为解其下也。"这即为译文加注的方法，今天翻译学称之为深度翻译。道安这里所说的做法可以说是深度翻译的超前实践。

3.2.2 段：佛经翻译美文的尺度——合符与复叠

道安本段指出了新旧译本对比之下，何为好译文的两个尺度。第一个尺度以之前的译本有前后不一致的缺点，有句子不通顺（"首尾相违句不通者"）的毛病与现译本像"合符"一样契切（"则冥如合符"）作对比，用了一个明喻来说明；第二个尺度是译文要像修辞手法"复叠"那样美（"厌如复折"），也用的是明喻。本段的"复折"胡中才理解为"复析"，解释成"已劈开的柴再合拢"（释道安，2010：223；227），原字都看错了，解释更离奇。

"合符"请参见序言第 3 段繁体原文注释，而关于复叠由于前面注释篇幅

有限，在此有必要多说两句。复叠是把同一字接二连三用在一起的辞格，共有两种，一是复辞，二是叠字。（陈望道，1976：169）复辞的例子如下：

是是非非谓之知，非是是非谓之愚。（《荀子·修身》）
老吾老以及人之老，幼吾幼以及人之幼。（《孟子·梁惠王上》）

叠字举例如下：

纷容容之无经兮，罔芒芒之无纪。
轧洋洋之无从兮，驰逶移之焉止？
漂翻翻其上下兮，翼遥遥其左右。
泛滴滴其前后兮，伴张驰之信期。（屈原《九章·悲回风》）

青青河畔草，郁郁园中柳。
盈盈楼上女，皎皎当窗牖。
娥娥红粉妆，纤纤出素手。（《青青河畔草》）

从以上复叠的例子可见，这种汉语修辞之美，在于其整齐的形式、和谐的声音和语法变化（如复辞），再与所描写的情景、动作和表达的概念相结合，就更是美不胜收了。

而新译本既忠实又优美，如此的成功还要感谢从国外来华参与佛典汉译的高僧大德（"欣通外域之嘉会也"）。这表面上是一句客套话，实际上道出了当时自然形成的弥补华夏本土佛典翻译人才奇缺方式的事实。第三篇是序言论理的实际最后篇，因为最后说："已矣乎！"

序言第三篇绝不可忽略，因为其在理论上指出了上文翻译之变的限度，即目标语从其句法、文体、论述的繁简删裁各方面虽然都要服从目标语读者，但以提出的佛典翻译的忠实标准为度。有了这样的翻译标准和限度，才提出佛典汉译美文的两个尺度：第一是通顺一致如合符，第二是优美如复叠。从翻译学理论而言，第三篇的理论重要性超出了第二篇，因为翻译的忠实标准是超越其他标准的最高原则。

本篇首先确立佛典汉译的总体标准"审得胡本"，然后论述佛典汉译改变原文本的限度，而限度的把握必须有标准，所以再论述标准的实施结果（"不杂"和不"失实"），接着提出两个总标准之下的优秀译文的次要标准："合

符"与"复叠",顺带提出深度翻译法。

(三) 第三篇的内容和结构

第三篇的内容和结构如表2-3所示:

表2-3 第三篇的内容和结构

部、段主题	字数(个)	占比(%)
第1部 翻译之变的标准和限度论	118	13.05
3.1.1 佛经翻译史论带出标准论	63	6.97
3.1.2 佛经翻译之变的限度论	55	6.08
第2部 翻译标准原则的运用及美文尺度	96	10.62
3.2.1 翻译标准原则的应用——不失实和加注释	33	3.65
3.2.2 佛经翻译美文的尺度——合符与复叠	63	6.97
小计	214	23.67

本篇的理论从古至今都被忽略,而假如这部分理论缺失,翻译活动就没有了规矩方圆。

四、第四篇 两个注释

第四篇是道安写完《摩诃钵罗若波罗蜜经抄序》翻译论主体部分之后又给序言作的两个注释,是对原作及其主文本的介绍和说明,也表明相关佛经的汉译是有深度的。

4.1段:解释"南摸""明"

第一个注释介绍外国对般若的礼拜形式,顺带介绍其他几种礼拜。

4.2段:解释"摩诃""钵罗若"等

第二个注释是道安对序言标题当中用汉语音译的外语词的解释,如:"摩诃"就是大的意思,"钵罗若"指智慧,"波罗"即度的意思,"蜜"是无极。他也解释了"经抄"的意思:天竺原经一般没有经前标题,如有都说某吉法。本经也是吉法,本经名由道安所取。

本篇是序言的最后一篇,近现代学者引用时往往都将其省略,一般只引用序言主体部分,如石峻等(1981:43-44),赵振铎(1999:86-93),罗新璋、陈应年(2009:26),朱志瑜、朱晓龙(2006:20),朱志瑜等(2020:6-7),其他学者对序言文本的删节更多。

五、全文结构分析及各篇论述的相互关系

《摩诃钵罗若波罗蜜经抄序》原文全文用 Microsoft Word 2010 统计共有 904 个字（包括句读）。序言的第一篇至第三篇是序言的主要部分，最后第四篇是序言的两个注释。序言作为汉译佛经《摩诃钵罗若波罗蜜经抄》的副文本，以介绍《般若经》的汉译为主线，串联起相当于我们今天翻译学的几个理论：第一篇是原经抄翻译要素论。第二篇是系统的翻译理论即翻译主客体之变原则论，且"五失本"和"三不易"之间是有理论联系的。第三篇是翻译之变的标准原则论和限度论。第四篇的两个注释是对原本或主文本的认识论，显示了主文本深度翻译的特点。

（一）序言全文的内容和结构

根据以上理论内容和关系，《摩诃钵罗若波罗蜜经抄序》佛典翻译理论的内容和结构如表 2-4 所示：

表 2-4 《摩诃钵罗若波罗蜜经抄序》的内容和结构

篇、部、段主题		字数（个）	占比（%）
摩诃钵罗若波罗蜜经抄序		11	1.22
道安法师		4	0.44
第一篇 原经抄翻译要素论			
第 1 部	译场熟悉该经的程度及重译的必要性	61	6.75
第 2 部	原本的来历及其篇幅	97	10.73
第 3 部	译场的组织、成文原则及其结果	91	10.07
	小计	249	27.54
第二篇 翻译主客体之变原则论			
第 1 部	翻译客体变化原则：五失本	154	17.04
第 2 部	翻译主体转化原则：三不易	150	16.59
	小计	304	33.63
第三篇 翻译之变的标准原则论和限度论			
第 1 部	翻译之变的标准和限度论	118	13.05
第 2 部	翻译标准原则的运用与美文尺度	96	10.62
	小计	214	23.67
第四篇 两个注释			
4.1	解释"南摸""明"	79	8.74

篇、部、段主题		字数（个）	占比（%）
4.2　解释"摩诃""钵罗若"等		43	4.76
	小计	122	13.50
	合计	904	100.00

从表 2-4 可以看出，序言以《摩诃钵罗若波罗蜜经抄》的汉译为主线，以《般若经》汉译事件的叙述为脉络，把几个理论串了起来。

第一篇是原经抄翻译要素论，本篇对原本的认识是这次重译的基础，认识以往汉译本的缺陷是为了将这次汉译做得更好。

第二篇是翻译主客体之变原则论，围绕主客体方法进行论述，以主体方法论为结尾，是整篇翻译论的重点之一，占全序字数的约 33.63%。

第三篇是翻译之变的标准原则论和限度论，提出了佛典主客体变化的标准，还提出了佛典翻译之变的限度，是针对主客体的合论。但从纯理论而言，翻译标准论比方法论重要，因为无论用什么翻译方法，都必须遵循翻译的标准。本篇的翻译标准论及其变化限度论是全序的重点之二，占全序字数的约 23.67%。

第四篇两个注释是对原作或主文本的认识，也是深度翻译的超前实践。本篇理论重要性最小，但不可忽视。本篇字数占全序的约 13.50%。

第二篇翻译主客体之变原则论和第三篇翻译之变的标准原则论和限度论字数相加接近占全序总篇幅的 60%，是整个翻译论的主体，其中，前者最引人注目。

序言是完整的翻译论，开头是对原作或主文本的认识论，也是本次汉译的必要性论、译场翻译方法论，这是原作汉译的要素论；序言重点在于第二篇主客体之变原则论和第三篇翻译之变的标准原则论和限度论，结尾又是对主文本的认识论。

第二篇和第三篇是系统的翻译原则。首先肯定翻译客体之变（"五失本"），而客体之变由主体决定，接着自然论述主体转化论（"三不易"），最后强调所有的变化都要遵守标准，都要有限度。所以，这整个序言是系统的理论原则，最后的标准原则在理论上最重要。

结尾篇理论的重要性是最低的，但它不能被忽视。序言有基本的理论结构，若只见序言第二篇醒目的主客体之变原则论而对其他部分的理论视而不见，这是典型的见木不见林的片面理论观。从古至今大家只盯住第二篇的主客

体之变原则论，不见开头的原经抄翻译要素论，尤其对第三篇的翻译之变的标准原则论和限度论更视而不见，这种见木不见林的片面研究视角根深蒂固。

（二）片面认识序言的翻译理论和结构的后果

一旦被片面的观点所蒙蔽，就连今天西方翻译学者研究这篇序言时都不免掉入陷阱。当年笔者就发现勒菲弗尔研究道安的"三不易"就陷入了困境（Lefevere，2001：92-93）。勒菲弗尔对佛教输入中国的最初情况不甚了解，就误解了中国对待印度佛教文化的态度，因而他对中国佛经翻译策略的认识就有失偏颇。他说："千万别把上帝的惩罚视为儿戏，尤其是译者最不该对此掉以轻心，因为译者正在努力翻译《圣经》记载的上帝自己说的话。所以，西方《圣经》译者必须去较量的终极权力当然是上帝本身，而且上帝不光执掌生死权，还执掌一种比死亡本身都更严重的权力，即能非赐恩得救即罚下地狱的权力。……中国的翻译思想总不那么遭受焦虑和负罪感的困扰。初期的佛经译者早就懂得要接受这样的事实：其佛经翻译出自凡人之手，因而必定不完美。我们西方的翻译思想绝对找不到类似的这般心安理得。……由于这两种翻译传统截然不同，中国翻译思想总把原作定性为历史，而只要《圣经》翻译还处于神学的势力范围，西方那时的翻译思想就绝对不能这样做。西方早期翻译传统没有只言片语能对道安的那句'圣必因时，时俗有易'产生共鸣。"（Lefevere，2001：19-20）

勒菲弗尔在此面对道安的"五失本，三不易"中的"三不易"，感到这与西方《圣经》翻译的神学立场格格不入，还认为东西方翻译传统的根本不同之处在于西方译者翻译要面对上帝，而中国佛经译者认为自己反正是凡人，所以就不像西方《圣经》译者那样有焦虑感和负罪感。

笔者以为，道安的"一不易"乃至其他两不易原则与佛经、佛法的立场完全一致，在翻译佛经时他这样的宗教立场与西方当初翻译《圣经》的立场没有什么两样，只不过道安绝对遵从佛教，而西方早期《圣经》译家绝对服从上帝。中国佛经翻译和西方早期翻译《圣经》的策略两相比较，前者既有不动摇的原则性（"审得胡本""遂案本而传"）又有随机应时的灵活性（"因时"——用"俗谛"随机教化），而后者就显得死板机械（非服从神权不可）。只看到中国佛经翻译的随机灵活而不见其标准和限度的原则性，由此得出中国早期翻译传统不太慎重，可谓一叶障目。

道安理论的重要性是逐步加强的，"五失本"是客体要变，接着提出主体转化要求，主体变了客体变化才有保证，但无论怎么变都要有标准和限度。这

明显是一篇三环（翻译客体论—主体论—标准限度论）相扣的、后者制约前者的系统翻译论。只停留在哪一环都是孤立片面的观点。

本节结论

《摩诃钵罗若波罗蜜经抄序》开头（第一篇的第 1 部和第 2 部）主要是对原作或主文本的认识，结尾（最后第四篇）也是对主文本或原作的认识论，二者相加占全篇字数的约 31%。中间第二和第三篇的系统翻译理论是序言的主体（占全篇字数的约 57%）。原作者这样的理论结构安排可以说独具匠心，尽管该文表面上还是一篇佛经序言，但其核心内容是真正的翻译论。

第七节　道安序言英译批评

《摩诃钵罗若波罗蜜经抄序》现存于南朝梁代僧祐所作《出三藏记集》卷八，是大藏经内中国本土撰述的经录类著作，属于汉文佛典。笔者基于上述六节的学术研究，才在此对序言中的翻译关键展开翻译批评。

所谓翻译关键就是对序言原文的语义辨析，对其文化背景的分析和专业知识的阐释，对翻译质量具有决定作用的字、词、句等因素的阐释。不同译者的译文对照是翻译关键分析及其批评的必要步骤。笔者的今译文参见本章第五节。

序言的翻译批评不免与其他译者的译文相对照。迄今，笔者没有发现《摩诃钵罗若波罗蜜经抄序》有其他学者的完整现代汉语今译文和英译文，只有赵振铎的零星今译文（赵振铎，1999：86 - 94）和序言主干（第二篇和第三篇）部分文本的英译文，英译者是中国香港学者余丹。

笔者深入全面研究了序言之后，必然发出翻译批评的声音。这严格遵循了翻译批评的两大基本原则：一，批评者必须精通相关两门语言，能够直接把原文和译文加以比较；二，批评者针对所批评的翻译缺点必须拿出足以补救（remedy）的译文，且要避免纯粹的吹毛求疵，尤其这第二个原则必须遵守。（Reiss，2004：2 - 3；5）笔者翻译批评之目的不仅是批评，更是利用批评的新视角更充分地说明自己对原文的理解和观点。

一、第二篇英译关键评析

序言第二篇先论述中土佛典汉译所存在的"五失本"之变，接着论述"三不易"之难。"三不易"既肯定了上文"失本"之变，也指出了汉译的三

个困难，并开示了克服困难的方法。

（一）"五失本"的英译

余丹把"五失本"的"失本"英译成丢失原本，"losing the source [*shīběn* 失本]"（Yue，2006：79）。这样解释"失"从古至今都有，但这里的"失"笔者认为不是失去或丢失的意思，在上下文中应该是变化、变动（change）的意思，这也是"失"字常用的一个义项。笔者认为余丹把道安此处的"失"英译成"lose"（丢失或者失去），就否定了佛典翻译的积极意义，且让道安提出的"五失本"佛典翻译原则成了佛典翻译批评，与道安原意不符。"五失本"的核心是佛典翻译之变要顺应教化中土信众的需求，从今天的译学理论来看，这样的翻译策略就是偏向目的语读者的归化翻译策略。

自道安提出"五失本三不易"和其他佛典翻译原则以来，从古至今对"五失本"之"失"的解释都众说纷纭。只有极少学者独具慧眼看出这个"失"乃变的意思。笔者在本章第五节注释里，列举了《淮南子·原道训》《庄子》《汉书》这些古书里"失"乃变的用例，也列举了现代汉语的用例。

（二）"三不易"的英译

"三不易"完全用佛事说译事，以佛教的特有概念来说明中土佛典译者的翻译困难。如不搞清楚其中的佛教术语、名数和其他佛教知识，并讲究文言训诂，译文意思就会不连贯，前言不搭后语，不通顺。

1."一不易"的英译问题

"一不易"原文只有一句话，通过让转、递进和因果三层逻辑关系推导出中土佛典传译者面临的第一大困难。为了方便读者辨识这三层关系，笔者用加括弧的方法标注原文和其所对应的现代汉语译文如下。

原文：（然）《般若经》三达之心，覆面所演，圣必因时，时俗有易，（而）删雅古以适今时，一不易也。

今译：（虽然）佛陀以其三达之智亲自阐发《般若经》，（但）他当年也一定顺应他所在的时代要求随机施教，（况且）时代和风俗古今变化很大，（因而）今天中土佛典译者也要裁择这本古正的圣典以适应当今时代的需要，这是今天汉译佛经的第一大困难。（笔者译）

余丹英译："Let us look at the Prajñāpāramitā [Perfection of Wisdom] sutras. The Buddha's wisdom is expounded in the sutras, and its true revelation always goes along with the times. As times and fashions change, the antiquated elegant [*yǎ* 雅] features have to be removed and adjusted to the present time. This is the first difficulty."（Yue，2006：79）

笔者严格按照英译文的顺序和逻辑关系回译余丹的这四句：

> 让我们来看看《般若经》。佛陀在佛经里阐释其智慧，（且）其真正的启示总是因时而行。（由于）时俗有易，（所以）删优雅和古老的成分以应今时。这就是第一个困难。

经过以上的对比，可以看到英译文的逻辑关系简化且走样了。原文是让转和递进关系一起为原因，与后面构成因果关系，而英译文只是时俗有易与后面构成因果关系，递进关系与原文也不同。原文用一句话说理，一气呵成，道理很明白。英译文四句给人结结巴巴的感觉，与原文说的不完全是一个道理。

英译所存在的第二个问题是漏译。原文中的"三达""覆面"这两个佛教术语英译者未译。笔者在本章第五节注释中说，这舌长"覆面"的瑞相，尤其是"三达"之心为佛陀特有。笔者认为，原作者用这两个佛教专有词的用意在强调佛陀亲自且以其特有的智慧演说《般若经》。佛陀亲自讲经这个强调讲经主体的意思没有译出来，其与下文佛陀讲此经也顺时应人（"圣必因时"）所形成的让步转折的逻辑关系（开头的"然"字是明显的标志）也就丢掉了。

英译所存在的第三个问题是行为主体的模糊。"一不易"的"三达之心"和"覆面""圣"都指佛陀，说当年佛陀怎么样，与当今中土佛典译者又要怎么样相对照，指出当今佛典翻译的困难。余丹英译文中佛陀和当今译者这两个行为主体都不明显。原文所涉及的两个行为主体都模模糊糊，与下面的"二不易"论述当今凡夫译者作为翻译主体要克服与佛经原创主体佛陀之间存在的距离之难的意思也就不容易突显。

最后是仁智之见。原文"雅古"的"雅"笔者训成正、正确、规范化，英文应是"canonized"（经典化的），而不训成优美、优雅那个"雅"，"雅古"合在一起指《般若经》这本古正的佛经；而余丹将此英译成《般若经》具有的古雅的特点（"the antiquated elegant [*yǎ* 雅] features"）。换言之，笔者认为此处道安的意思是中土佛典译者翻译《般若经》要像佛陀当年讲解此经顺时应人一样进行删裁，这实际上在肯定前面"五失本"的佛典翻译之变，

是个总体的翻译原则。而根据余丹的英译文，可以看出其意在于道安是在具体指导《般若经》的中土译者要删掉其中的古雅成分，以顺应今人的需求。笔者认为，翻译是不同译者主体的建构，认识不同，翻译结果就不一样，这算仁智之见。

2. "二不易"的英译问题

"一不易"为了与前面"五失本"在意义上衔接，还只是初步阐释中土佛典翻译的困难，"二不易"才直接指明中土佛典翻译的困难就是中土佛典译者要克服与佛陀之间的凡（没有觉悟的普通人）圣（已觉悟的圣人）之别这一困难。在没有觉悟①的情况下，中土佛典译者要把佛陀千年前的微言大义传译得符合今天的要求，这当然困难重重。

余丹英译"二不易"只译了"愚智天隔"["The enlightened and the unenlightened are separated by an immense gap"（Yue, 2006: 79）]，没有译"圣人叵阶"（佛陀处于凡人不能到达的高度），大概以为这个意思与"愚智天隔"重复就放弃不译，但如此一来，其与下文的推理——当今凡人译者很难把佛陀上千年前的微言大义翻译得符合当今需要——之间就缺少一个环节。

3. "三不易"的英译问题

"三不易"原文："阿难出经，去佛未久，尊大迦叶令五百六通选察选书。今离千年，而以近意量裁。彼阿罗汉乃兢兢若此，此生死人而平平若此，岂将不知法者勇乎？"字面上好像是只有佛典翻译的一个困难，实际上讲的是中土佛典译者应该克服的两个困难，一是中土佛典凡夫译者要克服与当初第一次结集时有六神通的阿罗汉之间的差距之困难，二是克服无法完全掌握佛法这一困难。

翻译"三不易"开头，首先要了解佛教"结集"的概念（见本章第五节注释），虽然原文没有直接提到这个概念，但具体提到了当初第一次结集时五百阿罗汉和迦叶的事迹。据佛教史料记载，先后共有四次结集。第一次在释迦逝世的当年，在王舍城附近的七叶窟举行，由迦叶召集、主持，有阿难等五百比丘参加，诵出经、律二藏。（任继愈，2002: 974 - 975）根据传说，第一次结集时，阿难（背）诵出佛经，然后集体编撰。

了解这个背景之后，可以看到余丹把"阿难出经"英译成"Ānanda put

---

① 觉悟：也是佛教术语，意指证得菩提，能觉知法性的智慧，能断尽烦恼，具大智慧而成佛，并非今天我们常用的觉醒觉察、启发开导、自觉悔悟和认识水平等意义。

the sutras together①"（阿难创建经藏）（Yue，2006：79），这里英文词组"put sth. together"（创造，创建）与原文含义不一致。阿难是释迦牟尼的堂弟，也是其十大弟子之一，出家随侍佛陀二十余年，多闻强记。佛陀逝世后第一次结集，阿难背诵出经藏。（任继愈，2002：711）其他佛教工具书介绍阿难的背景情况也大同小异。佛经的原创者应是佛陀，阿难只是在第一次结集时凭借其超人的记忆力背诵出经藏。

再者，原文"今离千年，而以近意量裁"，余丹把它英译成"after a millennium, present-day notions are adopted unthinkingly when the texts are edited"（千年以后，译文编辑时轻率地纳入当今的思想）（Yue，2006：79）。

这样英译有三个问题。其一，余丹英译这句用被动语态，动作的主体要让读者费力去推理，应该用主动句突出"以近意量裁"的主语就是当今凡人译者，明确行动的主体。其二，原文"近意"余丹英译成"present-day notions"（今天的思想）（Yue，2006：79），而笔者认为是当今译者的凡人浅近之意（their shallow understanding）。其三，原文"量裁"的训诂问题。余丹把它英译成"are adopted unthinkingly"（轻率地纳入）（Yue，2006：79），笔者训成衡量和裁择。古汉语译成英语还是应该讲究汉语的训诂，此处，余丹英译显然没有训诂的依据。

"三不易"原文最后一句："彼阿罗汉乃兢兢若此，此生死人而平平若此，岂将不知法者勇乎？"实际上包含两个困难，一是当时的佛典译者要克服与当初结集的阿罗汉之间的差距之困难，二是他们掌握佛法不全面不牢靠的困难。

余丹把"岂将不知法者勇乎"英译成"Could it be that those who know little about the sublime law are braver"（Yue，2006：79），回译成中文是"几乎不懂神圣佛法者是否可能就更勇敢呢"。这样英译也太贬低当时包括道安在内的中土佛典译者，道安这样贬低自己，笔者认为没有道理。且把这里的"勇"译成勇敢（brave）在此语境也前言不搭后语。这样英译的主要问题在于原文没有严格训诂。

这里的"岂"是表示反诘的副词，训成"难道"。"将"表示疑问，相当于"尚""还"。"勇"，根据《韩非子·解老》的用例"得事理则必成功，得成功则其行之也不疑，不疑之谓勇"，再根据《礼记·乐记》"临事而屡断，勇也"的用例。通观道安的阅历，他除了读佛书，也熟读古圣贤书，当然知

---

① put together: to create as a unified whole, construct. [*Webster's Third New International Dictionary*, Unabridged（CD），2000]

道"勇"字的这个用法。所以这里的"勇"训成确定不疑，与此处的上下语境才相符。余丹训成勇敢与这里的语境不合，也太肤浅。

连起来这句的意思应是"（我们这些佛典译者）难道还不知佛法就是绝对的确实可信吗"。其实道安这在里间接地鞭策当时的中土佛典译者要翻译好佛典，不百分之百掌握好佛法是不可能的，而他们与这个标准确有距离。

二、第三篇英译批评

序言第三篇是翻译之变的标准原则论和限度论，分为两部，有3.1.1、3.1.2、3.2.1和3.2.2四段共9句话。

（一）序言第三篇3.1.1段开头三句

本篇（3.1.1段）开头三句是向本篇理论的过渡。第一句："涉兹五失，经三不易，译胡为秦，讵可不慎乎"是告诫中土译者翻译佛典涉及"五失本"之变，要经过"三不易"之难，因而要谨慎。第二句："正当以不闻异言，传令知会通耳，何复嫌大匠之得失乎"表明翻译《般若经》之目的是克服语言障碍，让读者知道般若智慧，又怎么会疑虑译家的翻译得失。而第三句："是乃未所敢知也"说以往的翻译之得失并非不可知。原文"涉""正""当""关""闻""会通""耳""嫌"和"敢"字的训诂以及代词"是"指代何物都是翻译的关键。而余丹对这三句的英译过于离谱。

第一句余丹英译成了两句：第一句"Five instances of losing the source [shīběn 失本]; three difficulties."（Yue，2006：80），只罗列"五失本三不易"就断句了，似乎是还没有译完的残句；第二句："When translating Hu-language into Chinese, shouldn't a translator be careful?"还可以。

第二句原文余丹英译成了两句："The proper thing to do is not to be distracted by dissenting words, and to transmit all that is relevant, for this is the best way to facilitate a comprehensive study of the material and hence a mastery of the subject. If that were done, then perhaps there would be no need to criticize the masters."回译成中文："应做的正当的事就是不要被异见之词所迷惑，而要把一切相关的传达出来，因为这才是促进材料全面研究的最佳途径，因而这才算是对主题的把握。假如这做到了，那么也许就没有必要批评先前的译典大师了。"原文并不算长，而余丹的英译文用了两句冗长的话，但并没有说清楚，译得不好的原因之一是原文中的虚词、实词都没有严格的训诂。

"正"在此处是副词，相当于"恰""只""仅"。"当"是连词，相当于

"则",表示承接。这两个词在这里都是虚词,不是余丹英译的表示正确、切当意义的一个实词"正当"("proper"),这种用法的用例《汉语大词典》中都只有宋或清代的用例。这是余丹的误译。

"以"在此处是介词,表示行为产生的原因,相当于"因为""由于",若训成"做",原文中应该跟直接宾语,而原文此处没有。余丹英译此处把"以"理解成做(do),逻辑宾语是恰当的事("the proper thing"),这也是误译。

"闻"是知道的意思,《论语》《战国策》《史记》都有相关用例,并没有余丹英译的分散、转移注意力或迷惑不安("be distracted by")的意思。"不闻"就是不知道,而不是不分心或不被迷惑("be distracted by")的意思。即便根据《大正藏》或金陵本此处是"关"字,也没有不分心或不被迷惑的意思。钱锺书说,此处的"关"如"交关"之关,"通"也(钱锺书,1979b:1263)。余丹英译此处不讲汉语训诂,也是误译。

原文中的"异言"此处根本不是余丹英译的异见之词("dissenting words")的意思,放在此语境显得怪异,是没有根据的误译。根据《汉语大词典》,"异言"是不同的语言、语言不同之意。

"传"在此语境中指的就是传译这本《般若经》,实际上是个动宾结构。余丹把这个动宾结构英译成把一切相关的("all that is relevant")传达出来,动词译得好但其宾语译偏了,没有意识到此处道安在紧扣这篇序言的主题论述。

"令"是使和让的意思。

"知"同"智"。笔者认为在此语境中指般若("prajña")之智。余丹没有英译出这个词。上面译"传"的宾语有误导致其对这个关键词必然视而不见,算是漏译。

"会通"根据《汉语大词典》是融会贯通的意思,就是参合各方面的知识或道理从而得到全面透彻的理解。"会通"没有余丹英译的促进材料的全面研究和对主题的把握("to facilitate a comprehensive study of the material and hence a mastery of the subject")这些意思,这都是余丹没有根据的发挥,又是误译。

"耳"是文言语气词,表示限止,相当于"而已""罢了"。

"何"在此处是副词,表示疑问,相当于"岂""怎"。余丹没有英译这个词,是漏译。

"复"表示频度,相当于"又""也"。"嫌"是疑惑的意思。余丹也没有英译这个词,又漏译。

"大匠"指技艺高超的木工。《老子》:"夫代司杀者杀,是谓代大匠斫。夫代大匠斫者,希有不伤其手矣。"《孟子·尽心上》:"大匠不为拙工改废绳墨。"该词引申为学艺上有大成就而为众人所崇敬的人。在此语境中指优秀的中土佛典译者,英译为"the masters"很好。

此外,翻译时根据现代汉语和英语的习惯还要补出以下原文圆括弧中的原作者省略部分:"正当以(此间佛徒)不闻异言,传(此经——指这本《般若经》)令知会通(于其中)耳,(吾)何复嫌大匠之得失乎?"

整句连起来的意思是:"正因为此间佛教徒众不懂外语,传译此经是为了让大家全面和透彻地理解般若之智而已,我又怎会疑虑于译家之得失?"

若要译成英文,正确的翻译应为:"It is just because the most Chinese Buddhists do not read the foreign language that the translation can let them understand the wisdom (prajñā) fully and thoroughly. How should I again be skeptically so worried about the success or failure of the translation masters?"

所以余丹对第二句的英译有上述不通训诂、误译漏译、该补的部分没有补出等问题,致使英译与原文含义差距太大,是失败的翻译。

第三句原文:"是乃未所敢知也。"余丹把它英译成:"但这很难说。"("But then it is hard to say.")(Yue,2006:80)英译的意思模模糊糊,没有说清楚什么很难说,但原文一开头就说"是"。看来英译这句依然不能蒙混过关,其中的关键词还是要严格训诂。

"是"此处是近指代词,相当于"此""这"。根据语境这个代词指代的是上句末尾的"大匠之得失"。但余丹英译上句没有明确上句末尾的"得失",因此就上下脱节,英译文意模模糊糊。表面上"it"可以算成"是",但仔细分析,它是逻辑主语,相当于后面的"to say",并非"是"所对应的译文。"是"相当于原文这个短句的文眼,译偏了,整句的意思当然就不清楚。"乃"是副词,表示转折,相当于"却"。"敢"是不敢的意思。加上前面的"未"双重否定成肯定。

所以连起来这第三句的意思是"这得失却并非不可知"。正确的英译是"Yet it would not be impossible to know it"。

(二)原文 3.1.1 段末句

原文:"前人出经,支谶、世高,审得胡本难系者也。"首先赞扬了中土佛典译家安世高和支谶的翻译,而支谶汉译《般若经》的本子是《道行般若经》,表明这段并没有偏离这整篇序言的主题。安世高来华生活比支谶早约

100年,笔者认为,原文之所以把支谶放在安世高之前是因为仅从"支谶世高"和"罗叉支越"的人名对应而言,"支谶"放在"世高"之前避免与下联"支越"的"支"重复,这是文言为文必要的修辞手段。我们翻译时应该发挥译者主体性,把安世高放在支谶之前。

"审"是确实的意思,"得"是契合之意。"审得胡本"就是确实符合原本。这里道安肯定了他们的翻译。

"系"(见本章第五节注释)在此上下文中引申为"详细全面说明"。余丹英译沿用彦琮的思路,把"难系"译成"difficult... to emulate"(难以仿效)(Yue, 2006: 80),而笔者认为此处是赞扬安世高和支谶二位译家翻译得好,难以三言两语说清楚的意思,采用《易经·系辞》之"系"的引申义。

(三)原文3.1.2段第一和第二句

3.1.2段第一和第二句:"叉罗、支越,斫凿之巧者也。巧则巧矣,惧窍成而混沌终矣。"其中"支越"指支谦,大藏经记载其活动年代稍早于无罗叉。道安此处把"支越"放在"叉罗"之后也是为了避免与前面的"支谶"太近,显得字或音重复太多。《般若经》支谦的译本是《大明度无极经》,乃支谶《道行般若经》之后的重译本。《般若经》无罗叉的译本是《放光般若经》。由此而论,道安此处的翻译批评也是紧扣序言的主题而发,非离题万里。

笔者认为,翻译时应该把支谦放在无罗叉的前面。说他们两位翻译《般若经》"斫凿之巧",就是其《般若经》译本雕巧删改,为了迎合本土读者好文采喜精简的倾向而删改过分。用出自《庄子》的典故批评了三国吴支谦和西晋西域僧人无罗叉翻译《般若经》,译文雕巧删改过度,精巧倒是精巧,但恐怕就像庄子的寓言里讲的给混沌帝开窍,开成后就死了。

笔者认为,英译这两句应该尽量如原文那样简洁,用深度翻译的方法,把《庄子》混沌的典故放在页脚的注释里,这样不影响英语读者流畅地阅读正文,译文与原文相比较不致显得冗赘。余丹英译这句的方法与笔者的上述方法虽然完全相反,但意思与原文没有出入。

(四)原文3.2.1段

原文3.2.1段只有一句:"近出此撮,欲使不杂,推经言旨,唯惧失实也。"余丹把它英译成两句。第一句:"This translation [A Collation of (the Translation of) Extracts from the Mahāprajñāpāramitā Sūtra (Perfection of Great

Wisdom Sutra), 5 fascicles] has recently been completed with the intention of clearing up the confusions found in earlier translations."（Yue，2006：80）回译成中文："近来已完成这个译本［《大般若经》《大智慧圆满经》摘抄五卷（译本）的校勘］，其意图在于澄清以往译本中的混淆之处。"这样英译并不好，有以下原因。

根据道安的序言，这个汉译本《摩诃钵罗若波罗蜜经抄》经过了道安译场与以往汉译本的对勘，而形成校勘成果的原则是："与《放光》《光赞》同者，无所更出也。其二经译人所漏者，随其失处，称而正焉。其义异不知孰是者，辄并而两存之，往往为训其下，凡四卷。其一纸二纸异者，出别为一卷，合五卷也。"所以道安译场汉译的《摩诃钵罗若波罗蜜经抄》是《般若经》一个抄本的译本，包含了校勘以往汉译本的成果，而并没有明确说这个译本就是校勘本（"A Collation"）。余丹的英译把"A Collation"放在经名之首，如此突出的位置，与原经名出入太大。

（五）原文3.2.2段第一句

原文："于常首尾相违句不通者，则冥如合符，厌如复折，乃见前人之深谬，欣通外域之嘉会也。"余丹英译："Lines which were found to be inconsistent or illogical in those versions are, in this new translation, as perfectly fitted as the two mutually-locking halves of a tally, or the two equal halves of a neatly folded piece of paper."（Yue，2006：80）回译成中文："那些译本曾经发现有不一致或不合逻辑的字行，而这个新译本则契切如合符，或者如对折整齐的一张纸的两半那样契合。"这样英译有几个大问题。

第一，中国古人书写的习惯和规矩是从上到下写完一列，然后再向左开始另外一列，阅读也按此顺序。现代汉字书写从左至右逐行横写，从上向下推进，这样的书写习惯和规矩及阅读习惯的改变是20世纪50年代才开始的。英文"line"[1]是字行的意思，说道安之前汉译本有字行，这是不符合历史事实的过度归化翻译（domesticating translation[2]），过于迁就英语读者。

第二，余丹英译漏译了原文的"厌"，"厌"即美好的意思。

第三，余丹把"复折"英译成"or the two equal halves of a neatly folded

---

[1] line：a row of written or printed characters or of spacing material especially when extending across a page or column.［*Webster's Third New International Dictionary*，*Unabridged*（CD），2000］

[2] 关于归化和异化翻译方法，请参见前文的注释。

piece of paper"（或者如对折整齐的一张纸的对等两半），是错误的翻译。对上文的"厌"字视而不见，必然导致仅从字面浅显意义去理解"复折"。事实上，这里的"折"同"摺"（见本章第五节注释）。所以，笔者认为，此处的"复折"指的是汉语的修辞手法复叠或复迭。复叠这种汉语修辞之美（见本章第六节序言的翻译学分析），在于其整齐的形式、和谐的声音和语法变化（如复辞）与所描写的情景、动作及表达的概念相结合，就更是美不胜收。余丹只英译出了原文字面意思。

第四，余丹把原文"欣通外域之嘉会也"英译成"and we feel as if we have had some exchange with all the celebrated masters who have worked on Buddhist writings in foreign lands"（Yue，2006：80），回译成中文："且我们觉得好像一直都与外国专攻佛教作品的名家都有某种交往。"英译文不光啰唆冗赘，还有理解错误。

且不管道安所作其他经序中提到的外来译经僧人，只这篇《摩诃钵罗若波罗蜜经抄序》1.3.1 段中就说："天竺沙门昙摩蜱执本，佛护为译，对而捡之，慧进笔受。"据此可以看到，道安所领导的译场汉译《摩诃钵罗若波罗蜜经抄》，原本保真由外国僧人昙摩蜱负责，从源语（SL）到目标语（TL）的口头转换（口译）、译语与原文两相对照和校准由佛护负责。这两位都是外国僧人，昙摩蜱的梵名是"Dharma-priya"，又译作"昙摩卑"，意译"法爱"，罽宾国僧人，前秦建元间来中土；佛护指佛图罗刹，"不知何国人。德业纯白，该览经典，久游中土，善闲汉言"。只有笔受由本土僧人慧进负责。可以说该译场的主力都是外国僧人。所以，道安这个译场上确实有从外国来的优秀译者，并非好像有来往。且余丹英译漏译"欣"的意思，在此处据上下文理解，该词除了本身应有的高兴之意，还暗含有感激之意。

本节结论

翻译是主体（人）支配和作用下语言符号的转换。翻译的基本过程就是人解读源码和编排新码这一解码和编码的过程。整个过程的关键是人，主体不同，转换结果也不同。翻译是主体建构与客体的存留。翻译任何作品有三个必要环节：一是确定原作的性质；二是了解原作者和最早的编者，探寻作者的意图；三是了解作者和作品的相关背景知识。翻译《摩诃钵罗若波罗蜜经抄序》的方法主要有直译、意译和深度翻译三种，语内和语际翻译都通用。本节管窥序言现有的英译问题，难免主观片面之见。

第八节　道安序言的意义和历史地位

道安的《摩诃钵罗若波罗蜜经抄序》是一篇以佛经序言为形式和线索的翻译论，作为佛经《摩诃钵罗若波罗蜜经抄》的副文本，记录该经外汉翻译的细节和过程是其基本内容，但其平淡无奇的论述中含有比较完整的翻译学理论。该理论一经提出就在道安本人所领导的译场上成了应该遵守的佛经翻译原则，对当时和后世乃至今天都有十分重大的影响，是中国古代佛典翻译理论史上承前启后的里程碑之作。

一、理论的内容和各部分的关系

（一）理论内容简述

从第一篇到第三篇是这篇序言的主要部分，第四篇是道安给所涉及的关键外来词所作的注释。序言以介绍原本《般若经》的汉译为线索，串联起相当于我们今天翻译学当中的以下理论。

第一篇原经抄翻译要素论包含对原本的认识、译场翻译方法论（重译《般若经》的译场分工、笔受的翻译能动性规则、会译法的具体操作）。第二篇含翻译客体归化变化论（五失本）、佛典翻译主体变化和主体间性论（三不易）和克服佛典翻译困难的方法论。第三篇是翻译之变的标准和限度论、翻译标准原则的运用与美文尺度。第四篇是关键外来词的注释，可视为深度翻译的体现和示范，也可归入对主文本的认识。

（二）各部分的相互关系

序言第一篇的原经抄翻译要素论首先提出对原作的认识论，然后提出《般若经》重译之必要性，接着提出佛典翻译的译场方法。序言第二篇是翻译主客体之变原则论，以方法论为核心，而佛典翻译客体之变以翻译主体之变为转移，所以该篇第二部又提出主体变化方法论。第三篇既提出了佛典客体变化的佛典翻译标准又提出了变化的限度，是对主客体的合论。再浓缩抽象，序言的主要理论是中土佛典翻译的主客体的变化方法论和标准论，前者是重点，也最引人注目。但从纯理论而言，翻译标准论比方法论重要，因为无论用什么翻译方法，都必须遵循翻译的标准。

二、历史的审视

（一）历代注意的焦点

历代学者注意的焦点是序言第二篇,即道安提出的"五失本三不易"原则。"五失本"的理论概括性最强,脱开了《般若经》翻译的具体事务,上升到了"译胡为秦"的理论高度,最接近我们今天熟悉的理论形态。"三不易"又围绕《般若经》的翻译论述,最后的佛经翻译之变的标准论和限度论也紧贴《般若经》的汉译展开。有客体论必然有主体论,主客体论之间也是相互联系的。"五失本"是佛典翻译客体在目标文本上的五个变化,而客体的变化由主体掌握和决定,所以客体论之后必然是主体论"三不易"。

（二）历代忽略之处

历代首先忽略的是第一篇的原经抄翻译要素论和第二篇"三不易"论当中隐藏的道安提出的克服佛典翻译困难的方法,即中土佛经译者佛化的方法。由于道安的"三不易"并没有在字面上正面论述这个克服困难的方法,因此这方法历来也为学者们所忽略。历代还忽略了第三篇的理论内容,翻译之变的标准原则论和限度论。由于历代学者只盯住序言第二篇的"五失本三不易",当然也就忽略了全文各部分理论的相互关系。序言第一篇首先明确对原作的认识,明确《般若经》重译的必要性,而要重译就要借助若干翻译方法。所以第一篇提出重译必要性后,马上论及中土佛典翻译的主客体变化方法论。序言第二篇的佛典翻译客体和主体变化方法论实际上以方法论为核心。第三篇既提出了佛典客体变化的标准又提出了佛典翻译之变的限度,是针对主客体的合论。历代还都忽略了《摩诃钵罗若波罗蜜经抄序》全篇有一套完整的、系统的佛典翻译理论。

（三）翻译理论史上的继承和发展

《摩诃钵罗若波罗蜜经抄序》与三国吴支谦《法句经序》都是现存的以佛经序言为线索的完整翻译论,前后有继承和发展的关系,二者之间有以下理论的共同点和不同点。

1. 两篇序言翻译论的理论共同点

1) 对各自的原本或佛经主文本的论述占相当的篇幅

两篇翻译论都是以序言为线索的、某佛经的副文本,都有相当的篇幅谈原

作或主文本的情况。《法句经序》至少用了第一篇和第四篇共 275 个字，即约占全文 699 个字的 39.34% 的篇幅来论述对《法句经》原本的认识并介绍该本。

《摩诃钵罗若波罗蜜经抄序》也用了一定的篇幅论述对原经和主文本的认识并作介绍。第一篇中 1.2.1 段和 1.3.3 段有约 108 个字，加上最后第四篇共有 122 个字，即占全文 904 个字的大约 25.44% 的篇幅。

2）论以前译本的缺陷

二者都论述了以前译本的缺陷，暗示了重译的必要性，以弥补之前译本的缺陷。

3）以中土佛典汉译史论引出忠实原文标准论

《法句经序》先论述之前的中土佛经汉译史，然后提出翻译标准："实得其体""常贵其宝，粗得大趣"；《摩诃钵罗若波罗蜜经抄序》也是这样引出佛经翻译标准："审得胡本"。二者提法不同，实则一致。这说明中土佛典翻译的忠实标准从《法句经序》至此从来就没有放松过。

4）中土佛典汉译困难论

《法句经序》提出三大困难：一是在中土与佛的机缘难遇，二是中土与天竺的地理阻隔，三是双方语言文字的差异。

《摩诃钵罗若波罗蜜经抄序》以中土佛典翻译凡人译者与佛陀、与最早结集佛典的阿罗汉和与佛法的三段距离为出发点，把翻译困难转变为译者佛化的、佛教性质的三个困难。

5）笔受的重要性论

《法句经序》本身没有直接论述笔受在佛典译场上的作用，但从整个序言和支谦的生平资料中我们可以看到，他作为《法句经》吴译本译场上的笔受，整个译场由他主持管理，重大决策是他在发号施令，外国译者由他调遣，各原文和译本是他在掌握，汉译定本确定由他操作，译本的风格由他左右，最后形成译本之后由他作序。从支谦在译场上的作用还可以看到，笔受在佛典译场上并非只是个机械的记录员，其作用有待我们今天进一步深入研究。

道安在《摩诃钵罗若波罗蜜经抄序》第一篇 1.3.1 段罗列了重译时笔受最后成文的四个规则。从这四条笔受的工作规则，我们可以看到三点。第一，道安译场上这次汉译佛经的笔受并非仅仅是重译本成文的听写机器，在这四条原则的约束之下他可以发挥相当的能动性。第二，始于支谦的会译法在道安译场上得到更为细致的操作演绎。第三，有译文加注，就是深度翻译的体现。这些工作只能由笔受来进行，由此可见笔受的重要性。

另外，本章第四节笔者指出了道安序言翻译论发展的三部曲，在其中的第三步，即道安所作的《比丘大戒序》中，也可以看到当时译场上笔受的关键作用和重要性。笔受慧常居然驳回译场领导道安译文要简洁和文雅的要求，且振振有词提出若干理由。译场众人（包括道安）也为其道理所折服，道安显然也改变了原先的立场而支持笔受慧常的主张。由此可见，当时译场上的笔受并非纯粹的抄写机器。这可以视为笔受在当时中土佛典译场中发挥重要作用的旁证。

6）中土佛典汉译的文质论

《法句经序》第三篇有夹叙夹议的文质论。道安在《摩诃钵罗若波罗蜜经抄序》第二篇也有文质论。

2. 两篇序言翻译论的理论不同点

《摩诃钵罗若波罗蜜经抄序》与《法句经序》尽管都是以佛经序言叙事为线索的翻译论，但也有以下不同点。

1）篇幅和结构不同

《法句经序》只有699个字，《摩诃钵罗若波罗蜜经抄序》有904个字，而后者与前者相比较其对原作和主文本的认识论篇幅更小，表明后者翻译理论内容较前者更丰富。

另外二者理论结构也不同。《法句经序》只能作篇和段的两级划分，《摩诃钵罗若波罗蜜经抄序》可作篇、部和段的三级划分。这表明后者的翻译理论结构更复杂。

2）二者文质论的翻译理论性质不同

虽然《摩诃钵罗若波罗蜜经抄序》和《法句经序》如上所述都有中土佛典汉译的文质论，在文论上可归入文体论，但在翻译学上的理论性质不同。

（1）二者文质论的辨析

①支谦要求的"雅"或"文"的内涵。

《法句经序》表明，文派支谦认为原作是文雅的诗歌体，因此要求该经汉译文也是文雅的诗歌体，从翻译学角度而言是要求译文在文体上忠实原文，属于译作忠实原作的翻译原则和理论。这就是支谦要求译文的"雅"的内涵。

②支谦序言中质派所要求的质。

维祇难所代表的质派，首先以佛言"依其义不用饰，取其法不以严"为理由，要求"其传经者，令易晓，勿失厥义，是则为善"。其意在于遵循佛意而不用其装饰，追求佛法不用其外在的装束，就是说佛法的实际内容和意义比外在的装饰更重要，因此佛典译者应当使其译文易于理解，切勿使原文含义有所

损失，这才是好翻译。这句佛言并没有彻底否定佛法外在的装饰作用，而且，这句佛言必定有其具体的语境。不能以此来否定在某些情况下佛法的外在修饰作用。比如，中土文人士大夫就是好文，中土佛典翻译为了佛教传播不得不考虑这个偏好。

维祇难的要求其一是译文对译文读者来说要易解，其二是要忠实原文，切勿使原意有所损失。维祇难要求的这两条比较复杂，"令易晓"属于"质"的范畴，但"勿失厥义"就不属于"质"，应该属于译文内容要忠实原文的翻译标准范畴，都与上述支谦要求的"雅"不是一回事。所以有学者说维祇难有混淆或偷换概念的嫌疑。

附和维祇难的质派一拨人又说："老氏称：'美言不信，信言不美'；仲尼亦云'书不尽言，言不尽意'。"此处孔子和老子之言是他们反对支谦要"文"的根据，这对中土之人的震撼自不待言，但当时支谦在震撼之余，依然可以反驳他们：优美的译言未必就不信，信实的译言不一定就不美；书面译语未必不能传达口头言语，口头译语不一定无法完全传达欲表达的佛意。

上述老子的"美言"和孔子的"书"也不等于此处支谦所要求的"雅"，因此不能用此中土二圣的名言来否定此处支谦的翻译具体要求。然而，当时支谦以自己一人之力还来不及细想质派此时的言论，这拨人又发难说：为佛之道无限而凡人之意不过深邃而已，现我辈传译外语的经义，确实该直接表达（"明圣人意深邃无极，今传梵义，实宜径达"）。他们的意思是，你支谦与佛陀有凡圣之别，你提出的"雅"或"文"凭什么与佛陀的是一致的？这个理由与上面两个相比较最有杀伤力，支谦更是无从反驳。

笔者认为近代以来的学者对此的见解都流于肤浅，没有看到其中凡圣之别的对照。佛陀的智慧是无极，而凡人之意不过是深邃而已。此处"明"特指佛的智慧，"圣"指佛陀，"无极"典出《老子》。

这里质派的理由支谦无可辩驳，他们言下之意你支谦不过是一凡夫，与佛陀差得远，你好不容易对佛意有所领会，赶紧直接表达出来（"今传梵义，实宜径达"），还管什么诗歌体，管他文雅不文雅。考虑到支谦当时不过是一个"优婆塞"（居士），连僧人都不是，对这样的辩驳他无话可说。在理论上，孤立的文派支谦最后败下阵来。他只好说："是以自偈，受译人口，因修本旨，不加文饰，译所不解，则阙不传。"（因此，鄙人自律文饰的意愿，全盘接受竺将炎的口译之言，承袭其口传之意，不加文饰，其译言有所不解之处则缺而未译。）

支谦从原本为文雅的诗歌体"偈"出发（序言开头已经说明），要求汉译

文也要为文雅的诗歌体,即原本是文雅的,汉译文也必须是文雅的,文派的这个要求序言没有明文指出,但读者可以从序言的行文中读出。支谦所要求的"文"是汉译文体与原文体一致的"文",即在文体上忠实原文,是在严格执行忠实原文的翻译标准原则。

③道安所要的文。

道安在《摩诃钵罗若波罗蜜经抄序》中论述佛经汉译的文质问题,与以上《法句经序》不同,曰:"二者胡经尚质,秦人好文,传可众心,非文不合,斯二失本也。"他的意思是,秦人喜好文采,而外语佛经崇尚质朴,译成汉语后译文要让秦人称心如意,一定非有文采不可,这是一定要变的。道安要求的"文"是目标语文体必须与目标语读者好文采的兴趣一致,属于文体归化的"文"。这是把质朴的原文变为汉译文的文雅或富有文采,换言之,原文本来就是没有文采的朴素文本,汉译之后译本变成了富有文采的文本。

从文学角度而言,道安此处是倾向于文雅或富有文采的译文;从翻译学角度而言,道安是赞成佛典汉译的归化策略;从佛教角度而言,道安倾向于中土佛典汉译要有利于佛教在中土的传播。所以,在理论上对此处的由原文之质朝汉译之文的变化不能一概而论。况且,道安在后文还有"五失本"之变的限度论和翻译标准论。所以,道安的文质之变在翻译学上是有限度且有标准可遵循的,也非纯文学作者随心所欲发挥的"文"。

(2) 二者翻译方法论的多寡

《摩诃钵罗若波罗蜜经抄序》除了有会译法的论述,还有"五失本"这一佛典翻译的第二客体变化的方法论。"三不易"也可归结为主体方法论。而《法句经序》除了会译法的原创论述,有首创之功,但其在佛典方法论上的论述没有前者丰富,这方面道安已有长足进步。《法句经序》的第二篇简单论述佛典翻译的三个困难:佛及其佛法人生难遇、中土与天竺的地理阻隔、两地语言文字不同,但从其论述中看不出克服这三个困难的方法。

而《摩诃钵罗若波罗蜜经抄序》第二篇不仅很专业地从三个不同方面论述中土佛典翻译的困难,而且还给出了克服这三个佛典翻译困难的方法。从这个角度而言,道安的佛典翻译困难论就比支谦的丰富,且有所发展。

3) 道安序言独有的理论创新

(1) "五失本三不易"的翻译理论独创性

道安针对其译场笔受规定了笔受工作的能动原则,其"五失本"属于中土佛典翻译的归化策略论。此外,"三不易"是从佛教专业角度出发的佛典翻译困难论,而由此可以推导出克服上述佛典翻译困难的方法,这又属于佛典翻

译的主体方法论。这些都是《法句经序》所没有的，属于道安的独创。

我们从道安整个"五失本三不易"理论还可以推导出佛典翻译的主体间性论，因为译者主体不能取代佛典原创主体，也不能代替第一编者阿罗汉主体和中土读者主体。以上这些理论都是支谦《法句经序》所没有的。

（2）佛典翻译多维标准论

《摩诃钵罗若波罗蜜经抄序》不仅提出佛典翻译的忠实标准："审得胡本"，这是第一维度（最基本和重要）的标准，而且提出了汉译文首尾衔接"合符"的通达标准和佛典汉译美学层次的标准："厌如复折"，三者相加是三维的翻译标准。以翻译标准为尺度，论述汉译文变化的限度，进而论述《摩诃钵罗若波罗蜜经抄》汉译实施翻译标准的结果："不杂""不失实"。翻译标准论的理论深度和复杂性都是支谦《法句经序》所缺乏的，因为他只有要忠实的一维标准。

（3）翻译之变的限度论

道安提出了佛典翻译之变的限度论，用来自《庄子》的典故以及用改变《诗》《书》文体以合乎今人（道安时代的人）胃口为类比论，这也是《法句经序》所缺乏的。

可以说，道安的序言翻译论尽管也是以序言线索为基础，但在支谦的翻译论基础上有很大的丰富和发展，大大地超过前者，支谦《法句经序》是中国古代佛典理论史上的开山之作，《摩诃钵罗若波罗蜜经抄序》是继往开来的标志着古代翻译理论业已成熟的里程碑之作。

三、对道安当世和后世的影响

道安的《摩诃钵罗若波罗蜜经抄序》自发表以来，其影响贯穿了整个中国古代的佛经翻译史。本章第三节提到《祐录》第十卷署名为"未详作者"的《僧伽罗刹集经后记第七》，记载了道安所主持的译场翻译佛典的史实，说明了《摩诃钵罗若波罗蜜经抄序》作为翻译论所提出的佛典翻译原则在指导和规范着当时译场上的佛典翻译。只不过忠实原本的标准原则《摩诃钵罗若波罗蜜经抄序》称之为"不杂""不失实""合符"，而此处的表述为"务存典骨"。道安序言翻译论确实在他当世就有着很大的影响。

另外，本章第三节提到僧睿是道安的弟子，公元403年作《大品经序》，记录了他在鸠摩罗什所主持的后秦逍遥园译场，从当年四月至次年四月二十三日汉译《大品经》，充当鸠摩罗什助译的情形。此时道安已逝世18年左右。从僧睿在该序中所说可知，《摩诃钵罗若波罗蜜经抄序》翻译论在道安身后姚

秦鸠摩罗什所主持的佛典译场上依然有很大影响。

隋朝高僧彦琮也是隋朝负责翻经馆管理、佛教事务咨询和主持佛教重大礼仪的官员（黄小芃，2014：27），他的《辩正论》就直接引用了道安的"五失本三不易"作为佛典翻译的原则。

如上文所述，唐朝的释道宣、慧琳、窥基、栖复、宗密、慧沼、智云、崇俊，都引用和论述了道安《摩诃钵罗若波罗蜜经抄序》当中的译论。尤其是窥基的译论表明道安的译论在玄奘所主持的佛典译场上也产生了影响。后唐有景霄，后周有义楚，宋朝有赞宁，元朝有念常，清朝有智铨和严可均都引用或论述了道安序言翻译论。《摩诃钵罗若波罗蜜经抄序》在整个中国古代佛教界都有很大的影响，只不过古代学者都只重视其中的"五失本三不易"。

四、近代以来的影响

从梁启超开始，中外各界学者都一直在研究道安《摩诃钵罗若波罗蜜经抄序》。他们与古代学者一样都撇开序言全文，把注意的焦点对准其中的"五失本三不易"。

汤用彤认为，道安提出的"五失本三不易"是佛典翻译必须遵守的原则或规则（汤用彤，2011：228）。吕澂认为，道安著名的"五失本三不易"是其整个佛典翻译研究的总结。（吕澂，1979：60-61）钱锺书说："按论'译梵为秦'，有'五失本''三不易'，吾国翻译术开宗明义，首推此篇。"（钱锺书，1979b：1262）对道安的"五失本三不易"做出了很高的评价。任继愈说："道安对古来译经的经验进行总结，提出著名的'五失本，三不易'的说法。"（任继愈，1985：182）陈士强认为"五失本三不易"是中国古代佛典翻译的规则之首（陈士强，2000：191）。郭朋认为，道安的"五失本三不易"是中土佛典翻译总结，提出了"一些规律性的东西以资后来者遵循"（郭朋，1994：355）。周裕锴也把道安的"五失本三不易"当成佛典翻译的规范原则或准则（周裕锴，2003：154-157）。荷兰汉学家许里和（Zürcher，2007：203）和日本佛教学者镰田茂雄（镰田茂雄，1985：374-376）也都认为，道安的"五失本三不易"是中土佛典译者应该遵守的翻译原则。

近现当代中外各科学者对道安《摩诃钵罗若波罗蜜经抄序》的研究总体而言继承了古代的研究方法，不出其中"五失本三不易"的范围，而有的学者只把它当成道安佛典翻译经验的总结。

本节结论

笔者对道安《摩诃钵罗若波罗蜜经抄序》的研究代表了后起翻译学的最新水平，起点也比其他学科更高，理应超越以往研究水准。笔者认为，道安《摩诃钵罗若波罗蜜经抄序》的重要性和历史意义不仅在于其中的"五失本三不易"，而且在于序言本身是一篇完整而系统的翻译论，有前述的理论内容和内在联系。而且，从其理论成分和系统性而言，尽管该序言以《摩诃钵罗若波罗蜜经抄》的汉译为主线，但与《法句经序》相比，它是更为成熟的翻译论，是中国古代翻译理论承前启后、业已成熟的里程碑之作，在中国现当代文化中仍然有巨大的影响。

章末结语

本章以整部序言为对象研究《摩诃钵罗若波罗蜜经抄序》，首先研究了道安的生平，这是后面研究的起点和基础；其次，探讨了从古至今对该篇序言（包括翻译学）的研究沿革，还梳理了道安译论的发展过程和鉴证，对序言进行了详尽深入的语义研究，进行了序言全文的语内翻译；再次，分析了序言中的翻译理论内容及理论结构；最后，确定了序言的意义和历史地位。这样全面深入的系统研究突破了以往对该序言片面局部研究的窠臼，属于翻译学的跨学科全面研究。

第三章　南朝僧祐的《出三藏记集·胡汉译经文字音义同异记》

僧祐（445—518）是中国佛教史上南朝齐、梁之间的律学大师，撰写的十五卷《出三藏记集》，是现存最早的佛经目录，后人又简称为《僧祐录》《祐录》，在宋、元、明三代各种大藏经刻本中均收入。苏晋仁说，该书以佛经目录为主干，记述大量佛教文史资料，分为四部分：撰缘记、铨名录、总经序和述列传，"而中心以佛典翻译为主"（释僧祐，1995：17）。《出三藏记集》书名意为佛教经律论汉译相关目录和文集。

南朝的历史背景

南朝相继出现了两篇佛教翻译论，一为僧祐所作，一为慧皎所作，且前后仅相隔几年时间，可以说南朝是中国历史上翻译理论的发展期。根据《中国通史》第二册，西晋末年的八王之乱使中国北方陷入十六国之大动乱，公元316年晋愍帝被匈奴人俘获，标志着西晋王朝灭亡。随着黄河流域的社会大动乱，文化、政治、经济各界精英不断南迁至相对安定的长江流域，司马睿称帝，建立东晋王朝。公元420年刘裕废晋帝建立宋朝，史称刘宋。差不多60年后，萧道成在公元479年灭宋建立齐朝。502年萧衍又灭齐建立梁朝。50多年后，陈霸先灭梁称陈武帝，建立陈朝，而陈朝最后被隋所灭。以上就是东晋、宋、齐、梁、陈，统称南朝历史演变的简述。中国古代文化极盛期首推汉唐两朝，而南朝则是继汉开唐的转化时期。唐朝的文化成就大体是南朝文化的更高发展（范文澜、蔡美彪等，1994：407；453；467；473；491；519）。

南朝史学发达。刘宋范晔写成《后汉书》纪传九十篇，梁刘昭取西晋司马彪《续汉书》中八个志共三十卷补入范晔书，并为志作注。范晔纪传、司马彪志合成《后汉书》，堪称与班固《汉书》相当的良史。沈约在齐武帝时据

徐爱等人的旧本撰成《宋书》纪志传一百卷。梁萧子显撰《齐书》纪志传六十卷（范文澜、蔡美彪等，1994：532）。如慧皎在《高僧传·序录》中所说，他写成《高僧传》离不开以往各代的一般史学材料和僧传的积累。（释慧皎，1992：523-524）东晋南朝人写史书，其中的论赞一般都用骈文。慧皎那篇论赞兼备的翻译论也有这个特点。另外，南朝的文学理论也很发达。梁刘勰在齐朝末年（501—502）撰《文心雕龙》。这是中国文学理论批评史上第一部体系严密、结构严谨的文学理论专著。根据《梁书·刘勰传》，刘勰的父亲早亡，他少时家贫，在定林寺随僧祐生活了十多年，协助僧祐修订经藏。（姚思廉，2000：493）

经学的南北学风也不同。北方学者以章句训诂为学问，缺少见识。南方学者以探求义理为学问，能提出自己的见解。南北说经也有很大差异。北方经师说经，墨守东汉经师家法，讲明训诂章句，不敢在家法外别出新义，是保守的停留在书面的学风。南方经师说经，兼采众说，阐发经义，贵有心得，不拘家法，是一种从书面深入书里的进取学风。南朝开始有讲疏义疏，是魏晋经学的继续发展，儒家义疏显然受到了佛教很大的影响。（范文澜、蔡美彪等，1994：533-535）

东晋玄学家探研佛理，比西晋更普遍和深入。他们在哲学上采取佛理，在文学上玄佛并用。东晋以后，玄学作为四种学问的一种，与儒、文、史并列，始终保持着一个哲学派别的面目，与佛教接近，与道教有距离。

魏晋南北朝是佛教大发展并逐步中国化的时代。南朝佛教的中国化表现在以下几种理论活动上。其一是佛教僧徒承受师传，为佛经作注，这是儒家对僧徒的影响。其二是作法论。宋明帝敕陆澄撰《法论》。梁武帝敕宝唱撰《法论》。虽然此两书都已亡佚，但就现残存资料来看都是总摄要义，是经过思考所作佛法通论或专论。其三是与儒家和道教辩论。这既加速了佛教的消化，也促进了佛教的汉化。激烈的思想斗争需要佛教徒精通佛理，灵活运用佛经进行思想斗争，赢得支持，佛教才能在本土立足。这种辩论的代表作现存于梁朝僧祐的《弘明集》。其四是为僧人作传记。佛教传入中国后受汉族重史学的影响，东晋南朝佛教徒写成有关佛教的传记种类甚多，现存的梁朝慧皎所作《高僧传》是研究佛教史的重要资料，也是佛教汉化的一个明显的例子。

南朝佛教兴盛重点在研究佛教的义理，推动了中国哲学的发展。南朝和北朝佛教发展趋向不同，北朝重在发扬佛教形迹，建寺院、造石窟，这比南方更甚。这些形迹对中国艺术的发展有巨大的贡献。（范文澜、蔡美彪等，1994：533-535；539；544-546；547）所以，南朝的史学、经学、玄学和佛教都兴

旺发达，南朝的翻译理论也随之进入繁荣期。

第一节　僧祐生平

一、早年事迹

关于僧祐的生平资料主要出自梁慧皎撰写的《高僧传·僧祐传》，或出自僧祐自己作《出三藏记集》和唐道宣撰《续高僧传》的零星记载。僧祐俗姓俞，原籍彭城下邳（今江苏徐州市睢宁县西北）。根据僧祐本传（释慧皎，1992：440）可以推算出他在南朝刘宋文帝元嘉二十二年，即公元445年生于建康（今江苏南京市）。他幼时随父母去当时在建康城内的建初寺礼拜，欢喜踊跃，不肯回家。父母从其愿允许他在寺内出家，奉僧范为师。

刘宋孝武帝大明二年，即公元458年，僧祐14岁时其家人秘密为他谋划婚事，僧祐察觉后避身于钟山的定林寺，投法达法师门下。法达是罽宾高僧昙摩蜜多的弟子（释慧皎，1992：122），"戒德精严，为法门栋梁"，僧祐"师奉竭诚"（释慧皎，1992：440）。

刘宋孝武帝大明八年，即公元464年，僧祐20岁受具足戒以后，受业于当时的律学名匠法颖。法颖"研精律部，博涉经论"，刘宋孝武帝时敕任都邑僧正，齐高帝时又敕为僧主，撰有《十诵戒本》并《羯磨》等，为宋齐两代之名德。（释慧皎，1992：436）僧祐又从沙门法献问学。法献于刘宋元徽三年（公元475年）前往西域求经像，南齐武帝永明年间（483—493）敕任僧主，"律行精纯，德为物范"，为律学一代宗师。（释慧皎，1992：488-489）僧祐为学尽心钻研，晨昏不懈，遂精通律部。

二、弘传律学

刘宋朝灭亡之后是萧齐朝。齐竟陵文宣王萧子良常请僧祐开讲律学，听众多达七八百人。永明年间中期，公元487年前后，僧祐43岁左右还奉齐武帝之命，往三吴（今湖州、苏州和绍兴一带）宣讲《十诵律》及受戒之法。僧祐在其《出三藏记集·释僧祐法集总目录序第三》卷第十二中说"且少受律学，刻意毗尼，旦夕讽持，四十许载，春秋讲说，七十余遍"（释僧祐，1995：458，459）并撰有《十诵义记》十卷。僧祐承继师说，广为弘传，研究《十诵律》颇有建树，成为律学宗派的一代传人，为齐梁两代朝野所尊崇。

僧祐后半生常为学众广开律席，他平生主要事业在于弘传律学。他所弘传

的律学就是中土流传最早的萨婆多部（一切有部）《十诵律》。当时四部广律（"十诵""五分""四分""僧祇"）虽都已在中土译出，但由北印度罽宾传来的萨婆多部《十诵律》在中土最流行。法颖律师就是盛弘此律的巨匠，僧祐长期随师就学，故也弘演此律。他在所撰《萨婆多部师资记目录序》中说："祐幼龄凭法，年逾知命，仰前觉之弘慈，奉先师之遗德，猥以庸浅，承业《十诵》，讽味讲说，三纪于兹。"（释僧祐，1995：466）可见其律学师承之严谨，为学之坚毅，用力之深厚。

僧祐的律学撰述有《萨婆多部记》五卷和《十诵义记》十卷，前者属于历史著作，是他所弘传的律学师承传记，后者讲义理，是他弘传律学的义解记述。这两部律学著作应是他中年以后40岁至50岁之间所作（中国佛教协会，1982：70），是研究古来萨婆多部《十诵律》的重要著述。可惜这两部书都已亡佚，《出三藏记集》仅略载其目录和序文。僧祐一生除弘传律学之外，在佛教文史著述上，对佛教文化艺术事业的发展和其他方面也有很大贡献。

三、造立经藏

中国佛教典籍至齐梁时日渐丰富，广收卷帙而建立的史上第一个经藏就是由僧祐在建初、定林两寺所创立，其动机似受其师法颖的影响。据《高僧传·法颖传》卷十一记载："颖以从来信施，造经像及药藏，镇于长干。"（释慧皎，1992：436）僧祐发扬光大了其师之事业，先后在建康城内建初寺和钟山定林上寺"及造立经藏，收校卷轴。使夫寺庙广开，法言无坠"（释慧皎，1992：440），并撰文记载其事（释僧祐，1995：488-489），其中定林上寺经藏的建立，著名文学评论家刘勰也参与整理厘定，并区别部类加以序录。关于此事，《梁书》曰："（刘勰）依沙门僧祐，与之居处，积十余年，遂博通经论，因区别部类，录而序之。今定林寺经藏，勰所定也。"（姚思廉，2000：493）

四、撰制经录

僧祐在两寺建立经藏之外，编制成《出三藏记集》十五卷，为中国现存最古老的佛经目录。《出三藏记集》据今天学者苏晋仁考证最早撰成于公元494—497年之间，即僧祐50至53岁之间写成，此后直到作者去世前一年（517年）都在不断增补之中。（释僧祐，1995：9-11）其中目录部分系依据道安的《综理众经目录》加以考订增补而成。僧祐在此书卷二中自称："爰自安公始述名录，铨品译才，标列岁月。妙典可征，实赖伊人。敢以末学，响附前规，率其管见，接为新录。兼广访别目，括正异同。"（释僧祐，1995：22）在此书序中说，他撰制《出三藏记集》，曾"并钻析内经，研镜外籍，参以前识，验以旧闻"（释僧祐，1995：2），广征博考，颇费功力。此书保存了古代佛译翻经史上的原始资料，值得后世研究和珍视。

五、佛教文史著述

僧祐一生撰写的佛教文史著作有八部：《出三藏记集》《萨婆多部相承传》《十诵义记》《释迦谱》《世界记》《法苑集》《弘明集》《法集杂记传铭》。他将这八部总命名为《释僧祐法集》，并自序称：

> 然窃有坚誓，志是大乘，顶受方等，游心《四含》。加以山房寂远，泉清松密，以讲席间时，僧事余日，广讯众典，披览为业。或专日遗餐，或通夜继烛，短力共尺波争驰，浅识与寸阴竞晷。……仰禀群经，傍采记传，事以类合，义以例分。显明觉应，故序释迦之谱；区别六趣，故述《世界》之记；订正经译，故编《三藏》之录；尊崇律本，故铨《师资》之传；弥纶福源，故撰《法苑》之篇；护持正化，故集《弘明》之论。且少受律学，刻意毗尼……既禀义先师，弗敢坠失，标括章条，为《律记》十卷，并杂碑记撰为一帙。总其所集，凡有八部。冀微启于今业，庶有借于来津。（释僧祐，1995：457-458）

这八部书集录了古记遗文，多为古代重要的佛教文史资料，极为可贵。现只有《出三藏记集》《释迦谱》《弘明集》三书尚存，其余五种均佚。据当今学者考证，《释迦谱》和《弘明集》都成书于梁天监六年至十三年，即公元507—514年（陈士强，1992：295；1079），就是僧祐63岁至70岁时。

《释迦谱》分五卷，为现存中国所撰最早佛传。僧祐在其《出三藏记集》卷十二《释僧祐法集目录序》和《释迦谱目录序》中说撰述此书的用意在于"显明觉应"（释僧祐，1995：457），细述"爰自降胎，至于分塔，玮化千条，灵瑞万变"的应化事迹，但这些事迹见于各种经、律和传记中，或东鳞西爪，"首尾散出"，或是各家异说，"群言参差"。僧祐把各种经传中所说释迦的史实，从上溯佛的氏族来源起，下至佛灭后的法化流布等为止，"原始要终"地汇编成为本书。（释僧祐，1995：459-460）

"《弘明集》是现存最早的一部佛教护法类总集（也可称为佛教文集）。"（陈士强，1992：1081）该书序云："道以人弘，教以文明，弘道明教，故谓

之《弘明集》。"（释僧祐，1995：492）该书收录自东汉末年至南朝梁时的佛教文论，价值在其文献，载文总计184篇，涉及人物122人，为研究中国佛教史的重要材料。今本《弘明集》共14卷，约14万字，收录了五百年间教内外人士护法御侮、弘道明教的相关论文、书信、诏令、奏表、檄魔等各类文论共185篇，从不同的角度反映了当时佛教的基本教义、传播状况，显示了佛教与儒家、道教等本土思想和宗教的相互关系。该书涉及佛教教义与中国传统儒家伦理冲突与融合的重大而根本的问题，对中国哲学史、宗教史、思想史和对佛教中国化等问题研究均有极高的学术价值。

六、梁朝僧事高参

另外，《出三藏记集·新集疑经伪撰杂录第三》卷五记载：

> 梁天监九年，郢州头陀道人妙光，戒岁七腊，矫以胜相，诸尼姬人，佥称圣道。彼州僧正议欲驱摈，遂潜下都，住普弘寺，造作此经（指《萨婆若陀眷属庄严经》——笔者注）。又写在屏风，红纱映覆，香花供养，云集四部，倾供烟塞。事源显发，敕付建康辩核疑状。云抄略诸经，多有私意妄造，借书人路琰属辞润色。狱牒："妙光巧诈，事应斩刑，路琰同谋，十岁谪戍。"即以其年四月二十一日，敕僧正慧超，令唤京师能讲大法师、宿德如僧祐、昙准等二十人，共至建康，前辩妙光事。超即奉旨，与昙准、僧祐、法宠、慧令、慧集、智藏、僧旻、法云等二十人于县辩问。妙光伏罪，事事如牒。众僧详议，依律摈治。天恩免死，恐于偏地复为惑乱，长系东冶。即收拾此经，得二十余本，及屏风于县烧除。然犹有零散，恐乱后生，故复略记。（释僧祐，1995：231）

以上表明，梁武帝对僧事有疑时，皆遣僧祐等人审议决定。公元510年，僧祐66岁时，有僧人妙光伪造佛经，煽惑尼姬尊崇，妄称圣道。事发后，武帝即敕僧正慧超，邀请宿德僧祐等二十人去建康县（今江苏南京市）审问其事，论罪定刑。此事可为僧祐本传"今上深相礼遇，凡僧事硕疑皆敕就审决"（释慧皎，1992：440）的注脚，由此也可见僧祐在当时佛教界的地位。

七、佛教工艺

僧祐这方面的业绩载于其所撰述的《法苑集》，该书搜集了佛教音乐、歌呗、法乐、梵舞、造像、雕制等方面的资料，相关记载和文献甚多。可见他对

于佛教艺术的兴趣和修养甚深，被当时朝野缁素人士一致推崇。（释僧祐，1995：476-491）

再者，《高僧传》卷十一僧祐本传载："祐为性巧思，能目准心计，及匠人依标尺寸无爽，故光宅、摄山大像及剡县石佛等，并请祐经始，准画仪则。"（释慧皎，1992：440）僧祐造像工艺精湛，善于巧思，眼视目准，脑思心算，规定尺寸模式，准画仪则，匠人依之雕造，像成之后，便能不爽毫厘。当时一些造像大工程多由他监造完成。梁天监八年，公元509年，僧祐65岁，奉敕监造光宅寺铜像，用铜四万三千斤，铸成丈九佛像，其庄严精美，称为东方第一。此事载《高僧传·法悦传》卷十三。（释慧皎，1992：493-494）梁天监十二年，公元513年，僧祐69岁，又奉敕监造剡县（今浙江嵊州）石佛，516年完工，造成五丈坐佛和十丈立佛，极为精美，并造龛台、门、阁、殿、堂，以充供养。（释慧皎，1992：491-492）此事载《高僧传·僧护传》卷十三。

八、教学风范

僧祐当时以律学和文史著述驰誉江表，而他化导门下在律部以外也以经论文史为先。据《续高僧传·明彻传》卷六："彻因从祐受学'十诵'，随出扬都，住建初寺，自谓律为绳墨，宪章仪体，仍遍研四部，校其兴废。建武之中，移业经论，历采众师，备尝深义。"（T2060，50.473b9-12）又《续高僧传·宝唱传》卷一曰："年十八，投僧祐律师而出家焉。……唱既始陶津，经律咨禀，承风建德，有声宗嗣。"（T2060，50.426b17-19）宝唱这样评价其师曰："律师释僧祐，道心贞固，高行超邈，著述集记，振发宏要。"（T2060，50.427c7-8）如上所述，刘勰也与僧祐居处积十余年。僧祐这些弟子的经论文史著述亦甚丰厚，彪炳史册。这些都显示了僧祐的学风及其门下的文采风度。

僧祐晚年患脚疾，梁武帝常请他乘舆入内殿为六宫妃嫔受戒。临川王萧宏、南平王萧伟、仪同陈昂、永康定公主、贵嫔王氏等，皆尽师资之敬。其出家在家弟子有智藏、慧廓、宝唱、明彻、刘勰、临川王宏、南平王伟等一万一千余人。梁代佛教兴盛，僧祐做出了巨大贡献。僧祐在天监十七年（518）于建初寺圆寂，享年74岁，葬于钟山定林寺旧墓，弟子正度立碑颂德，刘勰制文。

本节结论

僧祐是南朝齐、梁时僧人,佛教文献学家或"佛教博学家"(章义和,1995:297)。他造立经藏,为中国佛寺搜藏佛教典籍之先驱。僧祐一生留心佛教文献,在佛教工艺方面也有高深的造诣,其所设计的佛像,享有盛名。他博学多才,戒德高严,备受齐、梁朝野人士的崇敬。梁武帝遇僧事有疑也都请他帮忙审决。他是律学宗派的一代传人,其门徒出家在家者达万余人,其中不乏当世或后世知名的人物。

第二节 《胡汉译经文字音义同异记》译注

《胡汉译经文字音义同异记》(又名《胡汉译经音义同异记》)是篇完整的翻译论,出自《祐录》卷一。"记"本是地道的中华文体,指记述或解释中华典章制度的文字,如十三经中的《周礼·考工记》和《礼记》。又如《汉书·儒林传·孟卿》:"仓说《礼》数万言,号曰《后氏曲台记》。"(班固,2000:2681)僧祐此处借用这样的文体来记述和解释中土佛典翻译的规律,以胡汉语言文字的同异为起点专论中土佛典翻译的理论问题。

这篇论文在《大正藏》中不分段,但有句读。在《中华大藏经》(汉文部分·第五十三册)中这篇文章不分段,也没有标点。(《中华大藏经》编辑局,1992:844-846)《永乐北藏》第 136 册中这篇文章不分段,也没有标点。(赵朴初,2000:396-400)笔者研究《胡汉译经文字音义同异记》,参考了中华书局 1995 年版《出三藏记集》。该版本权威可靠,更可贵的是,点校者不仅给《胡汉译经文字音义同异记》点上了现代标点,而且给文章分了段。笔者基本沿用该版本的现代标点、分段和点校成果。

僧祐在文章中有时用"胡",有时用"梵",前者包含了后者,不存在混淆的问题。"胡"字是中国古代对北方及西域各族的泛称。秦汉时往往专指匈奴,把匈奴之东的各族称为东胡。秦以后则常专指高鼻多须之西域人为西域胡。(中国历史大辞典编纂委员会,2000:2091)西域也是中国古代既狭又广的地理概念,西汉以后是对中国玉门关、阳关以西地区的总称。狭义专指葱岭以东,广义则凡通过狭义西域所能到达的地区,包括今亚洲中西部,乃至印度半岛、欧洲东部和非洲北部都属西域。(史为乐,2005:939-940)僧祐在其文中用"胡"来指广义的西域,因为此处与"汉"对举,全文谈的是整个中土佛典外汉翻译的理论问题,并非仅仅涉及梵文。而且中国古代佛典传播许多

是从广义的西域传播到中土。这也就像我们今天的学人谈论（欧）西方文化一样，会不自觉地滑向讨论英语及其英语圈的文化，因为我们大多数人认识前者总是从后者开始。精通梵文和其他亚洲古代语言的学者也说："胡"是泛称，涵盖西域和古代印度广大地区的民族、语言和文字，如胡人、羌胡、胡语、胡本等。而"梵"和"天竺"是专称。"梵"是梵文"brahman"音译的略称，也音译为"梵摩""婆罗贺摩""梵览摩"等，"梵"的意义与宗教哲学有关。"梵"不指民族。"天竺"指古印度这个国家。（李炜，2011：172）

一、繁体原文加注

胡①漢譯經音義同異記②

夫③神④理無聲，因⑤言辭⑥以寫意⑦；言辭無跡，緣⑧文字以圖⑨音。故⑩

---

① 胡：见本节开头的注释。作者此处用"胡"来指广义的西域，因为此处与"汉"对举。

② 记：本指记述或解释中华典章制度的文字。（汉语大字典编辑委员会，2010：4200）此处记述和解释佛典翻译规律的文章。

③ 夫：助词，用于句首，有提示作用。（汉语大字典编辑委员会，2010：565）

④ 神：神奇，玄妙。如：神机妙算、神医、神品。《易·系辞上》："阴阳不测之谓神。"（汉语大字典编辑委员会，2010：2560）

⑤ 因：依靠，凭借。（汉语大字典编辑委员会，2010：766）

⑥ 言辞：说话或写文章时所用的词句。（汉语大词典编辑委员会、汉语大词典编纂处，1993a：12）下文说："言辞无迹。"此处的"言辞"指口说的词句。

⑦ 写意：披露心意，抒写心意。《战国策·赵策二》："忠可以写意，信可以远期。"（汉语大词典编辑委员会、汉语大词典编纂处，1989a：1626）

⑧ 缘：凭借，依据。（汉语大字典编辑委员会，2010：3661）

⑨ 图：绘画，描绘。（汉语大字典编辑委员会，2010：781）

⑩ 故：助词，用于句首，相当于"夫"。《礼记·礼运》："故圣人参于天地，并于鬼神，以治政也。"（汉语大字典编辑委员会，2010：1558）

字爲言蹄①，言爲理筌②，音義合符③不可偏失④。是以⑤文字應用，彌綸⑥宇宙⑦，雖跡繫⑧翰墨⑨而理契⑩乎神⑪。昔⑫造書⑬之主⑭凡⑮有三人：長⑯名曰

① 蹄：兔网，捕兔的工具。《庄子·外物》："蹄者所以在兔，得兔而忘蹄。"（汉语大字典编辑委员会，2010：3971）
② 筌：捕鱼的竹器。也作"荃"。（汉语大字典编辑委员会，2010：3165；3418）就是鱼笱，长形竹笼，入口处用细竹篾交织，其尖端刺向笼内，鱼入而不能出。（曹础基，2002：416）此典出自《庄子·杂篇·外物》。
③ 合符：相符合。用例见汉刘向《说苑·贵德》和南朝梁陆倕《〈新刻漏铭〉序》。（汉语大词典编辑委员会、汉语大词典编纂处，1989a：154）
④ 失：错误，过失。用例见《周礼·地官·司救》和《汉书·路温舒传》。（汉语大字典编辑委员会，2010：568）
⑤ 是以：连词，因此，所以。《老子》："功成而弗居。夫唯弗居，是以不去。"（见第一章第三节注释）
⑥ 彌綸：统摄，笼盖。《易·系辞上》："《易》与天地准，故能弥纶天地之道。"（汉语大词典编辑委员会、汉语大词典编纂处，1989b：160）
⑦ 宇宙：一切物质及其存在形式的总体。宇，指无限空间。宙，指无限时间。（汉语大词典编辑委员会、汉语大词典编纂处，1989a：1295）
⑧ 繫：连缀，维系。（汉语大字典编辑委员会，2010：3686）
⑨ 翰墨：笔墨。（汉语大词典编辑委员会、汉语大词典编纂处，1992a：675）
⑩ 契：契合，符合。（汉语大词典编辑委员会、汉语大词典编纂处，1988：1533）
⑪ 神：传说中的天神，即天地万物的创造者和主宰者。也泛指鬼神。（汉语大字典编辑委员会，2010：2560）
⑫ 昔：从前，往日。《易·说卦》："昔者圣人之作《易》也。"（汉语大字典编辑委员会，2010：1596）
⑬ 書：文字。《易·系辞下》："上古结绳而治，后世圣人易之以书契。"（汉语大字典编辑委员会，2010：1619）
⑭ 主：引申为主体。《周礼·地官·司市》："大市，日昃而市，百族为主；朝市，朝时而市，商贾为主；夕市，夕时而市，贩夫贩妇为主。"（汉语大词典编辑委员会、汉语大词典编纂处，1986：693）
⑮ 凡：总共，总计。（见第二章第五节注释）
⑯ 長：zhǎng，排行第一，居首位。（汉语大字典编辑委员会，2010：4315-4316）

梵①，其書右行；次②曰佉樓③，其書左行；少④者蒼頡⑤，其書下行。梵及佉樓居於天竺，黃史蒼頡在於中夏。梵佉取法⑥於净天⑦，蒼頡因⑧華⑨於鳥跡。文畫⑩誠⑪異，傳理則同矣。仰⑫尋⑬先覺⑭所說，有六十四書⑮，鹿輪轉眼，

① 梵：指梵天，梵文"Brahmā"，印度思想把万有之根源"梵"神格化，是婆罗门教、印度教中的创造神，与湿婆（Śiva）毗湿奴（Viṣṇu）并称为婆罗门教与印度教的三大神。（慈怡，1988：4627）今天梵学家说，波拉米（Brāhmī）是公元前3世纪在印度次大陆发现的完整字母体系，估计公元前500年从闪语区南部输入。（裴文，2007：11）

② 次：按顺序叙事，居于前项之后的称次。《左传·襄公二十四年》："太上有立德，其次有立功，其次有立言。"《孟子·尽心下》："民为贵，社稷次之，君为轻。"（汉语大字典编辑委员会，2010：2287）

③ 佉樓：传说中印度古代人身驴面的仙人，人驴杂交而生，梵名"Kharosṭha"或"Kharosṭi"。据传说，古北印度葱岭一带流行的从右向左行的佉楼文为佉楼仙人所发明。（慈怡，1988：2761-2762）（丁福保，1991：1190）今天梵学家说，哈洛色缇（Kharosṭi）是公元前在印度西北部发现的完整字母体系，来源于西北闪语族的阿拉姆语，从右向左书写，其流行限于印度西北部。（裴文，2007：11）

④ 少：次序在后的。《吕氏春秋·当务》："纣之同母三人，其长曰微子启，其次曰中衍，其次曰受德。受德乃纣也，甚少矣。"用例也见《史记·周本纪》。（汉语大字典编辑委员会，2010：608）

⑤ 蒼頡：古代传说中的汉字创造者。《史记》据《世本》以为仓颉是黄帝时的史官。（汉语大词典编辑委员会、汉语大词典编纂处，1986：1440）汉许慎《说文解字序》："黄帝之史仓颉，见鸟兽蹄迒之迹，知分理之可相别异也，初造书契。"（许慎，1963：314）

⑥ 取法：取以为法则，效法。用例见《礼记·三年问》："上取象于天，下取法于地，中取则于人。"也见于《汉书·魏相传》。（汉语大词典编辑委员会、汉语大词典编纂处，1988：874）

⑦ 净天：指梵天，又意译为净天，据古印度传说创造梵字悉昙章十二音字母。（慈怡，1988：4811）此处，"取法净天"指沿用梵天所创的字母。

⑧ 因：沿袭，承接。如：因循，陈陈相因。用例见《论语·为政》和《文选·张衡〈东京赋〉》。（汉语大字典编辑委员会，2010：766）

⑨ 華：huá，本指光彩、文采和彩色（汉语大字典编辑委员会，2010：3425），此处指形象。

⑩ 文畫：雕饰彩画。用例见汉刘向《说苑·反质》和《汉书·贡禹传》。（汉语大词典编辑委员会、汉语大词典编纂处，1990b：1537）此处指汉字的笔画和字母的写法。

⑪ 誠：副词，相当于"真正""确实"。（汉语大字典编辑委员会，2010：4222）

⑫ 仰：①本义：抬头，脸向上。②敬辞。（汉语大字典编辑委员会，2010：157-158）

⑬ 尋：探究，研究。《淮南子·俶真》："下揆三泉，上寻九天。"（汉语大字典编辑委员会，2010：553）

⑭ 先覺：即先知先觉，指认识事物在众人之前的人。《孟子·万章上》："天之生此民也，使先知觉后知，使先觉觉后觉也。"（汉语大词典编辑委员会、汉语大词典编纂处，1988：240）

⑮ 六十四書：佛经里提到的六十四种文字，如西晋月支国沙门竺法护译《普曜经·现书品第七》曰："师问：'其六十四书皆何所名？'太子答曰：'《梵书》（一）、《佉留书》（二）、《佛迦罗书》（三）……《鹿轮书》（三十二）……《转眼书》（四十九）……《皆响书》（六十四）。'"（T186，3.498b2-21）

筆①制②區分，龍鬼③八部④，字體⑤殊式。唯梵及佉樓爲⑥世勝⑦文，故天竺諸國謂之天書⑧。西方⑨寫經，雖同祖⑩梵文，然三十六國往往有異。譬諸⑪中土，猶⑫篆⑬籒⑭之變體乎⑮。案⑯蒼頡古文，沿世代⑰變，古移爲籒，籒遷至

---

① 筆：书写，记载。（汉语大字典编辑委员会，2010：3168）
② 制：形制，式样。（汉语大字典编辑委员会，2010：367）
③ 龍鬼：佛经里记载的某些文字。明人朱时恩著《佛祖纲目》卷一载："太子曰：'阎浮提中，梵书、佉留书、护众书、疾坚书、龙鬼书、捷沓和书、阿须伦书、鹿轮书、天腹书、转数书、转眼书、观空书、摄取书，具有天地八部四洲鸟兽等音声诸伦，有如是等六十四种。'"（R146.378a12-15）
④ 八部：指八部众，即守护佛法诸神，又称天龙八部，龙神八部或八部，包括天（梵 Deva）、龙（梵 Nāga）、夜叉（梵 Yakṣa）、乾闼婆（梵 Gandharva）、阿修罗（梵 Asura）、迦楼罗（梵 Garuda）、紧那罗（梵 Kiṃnara）、摩睺罗迦（梵 Mahoraga）。（慈怡，1988：296）此处借用这八个神的名字命名的八种文字。（李炜，2011：144）
⑤ 字體：文字的不同体式。如汉字有篆书、隶书、楷书、草书、行书等。用例见汉蔡邕《篆势》和《南史·江淹传》。（汉语大词典编辑委员会、汉语大词典编纂处，1989b：196）
⑥ 爲：成，变成，成为。《诗·小雅·十月之交》："高岸为谷，深谷为陵。"（汉语大字典编辑委员会，2010：2182）
⑦ 勝：有名的，上等的。用例见南朝梁钟嵘《诗品·序》和《北史·白建传》。（汉语大字典编辑委员会，2010：2242）
⑧ 天書：西晋月支氏三藏竺法护译《普曜经》卷三《7 现书品》："师问：'其六十四书皆何所名？'太子答曰：'《梵书》（一）、《佉留书》（二）……《天书》（二十五）……'"（T186, 3.498b2-9）梵文 "devalipi"，"deva" 即天、神，"lipi" 即文字（李炜，2011：154）。
⑨ 西方：即西土，佛教徒称印度为西土，相对中国而言，印度在西面。（中国历史大辞典编纂委员会，2000：968）
⑩ 祖：效法，宗尚。用例见《战国策·韩策二》和《礼记·乡饮酒义》。（汉语大字典编辑委员会，2010：2560）
⑪ 諸："之于"的合音。《论语·卫灵公》："子张书诸绅。"（汉语大字典编辑委员会，2010：4243）
⑫ 猶：同，和……一样。用例见《诗·召南·小星》和《三国志·蜀志·诸葛亮传》。（汉语大字典编辑委员会，2010：1458）
⑬ 篆：汉字的一种书体，包括大篆、小篆，一般称指小篆。（汉语大字典编辑委员会，2010：3196）
⑭ 籒："籀"的讹字。方成珪考正："案，籀，不从木。"汉字的一种字体，又名大篆。（汉语大字典编辑委员会，2010：3221；3227）
⑮ 乎：语气词，表示推测。用例见《易·系辞下》和《左传·僖公二十一年》。（汉语大字典编辑委员会，2010：42）
⑯ 案：语气词。《荀子·王制》："案谨募选阅材伎之士，然后渐庆赏以先之。"（汉语大字典编辑委员会，2010：1293）
⑰ 世代：时代，朝代。《汉书·外戚恩泽侯表序》："世代虽殊，其揆一也。"（汉语大词典编辑委员会、汉语大词典编纂处，1986：495）

篆，篆改成隸①，其轉易多矣。至於②傍③生八體④，則有仙龍雲芝⑤；二十四書，則有揩⑥莫⑦鍼殳⑧。名實雖繁，爲用蓋尟⑨。然⑩原本⑪定義，則體⑫備⑬於六文⑭，適時⑮爲敏⑯，則莫要⑰於隸法⑱。東西之書源，亦可得而略⑲究⑳

---

① 隸：汉字的一种字体，即隶书。如篆、隶、行、草、楷。（汉语大字典编辑委员会，2010：4609）

② 至於：连词，表示另提一事。（汉语大词典编辑委员会、汉语大词典编纂处，1991b：784）

③ 傍：别的，其他。《韩非子·显学》："无丰年旁人之利而独以完给者，非力则俭也。"（汉语大字典编辑委员会，2010：2336）

④ 八體：本指八种书体。秦代统一文字，废除不符合秦文的六国文字，定书体为大篆、小篆、刻符、虫书、摹印、署书、殳书、隶书八种，谓之"八体"。见汉许慎《说文解字序》。（汉语大词典编辑委员会、汉语大词典编纂处，1988：23）此处指汉字另外衍生出的八个书体。

⑤ 仙龍雲芝：仙、龙、云、芝各是一种汉字书体。（韦续，1986：219-220）

⑥ 揩：应是"楷"字之误。

⑦ 莫：根据编者校勘记2，明本此处是"草"（T2145，55.4）。

⑧ 殳：古八体书之一殳书，用于兵器上（见上"八体"的注释）。

⑨ 尟：同"鲜"，少。（汉语大字典编辑委员会，2010：612）

⑩ 然：连词，表示让步关系，相当于"虽然"。（汉语大字典编辑委员会，2010：2372）

⑪ 原本：追溯事物的由来。用例见《管子·小匡》和《文选·枚乘〈七发〉》。（汉语大词典编辑委员会、汉语大词典编纂处，1986：928）

⑫ 體：准则，法式。《管子·君臣上》："君明，相信，五官肃，士廉，农愚，商工愿，则上下体。"尹知章注："上下各得其体也。"（汉语大字典编辑委员会，2010：4709）

⑬ 備：齐备。《易·系辞下》："广大悉备。"（汉语大词典编辑委员会，2010：239）

⑭ 六文：指六书。北齐颜之推《颜氏家训·书证》："许慎检以六文，贯以部分，使不得误，误则觉之。"六书是古人造字的六种理据：象形、指事、形声、会意、转注、假借。（汉语大词典编辑委员会、汉语大词典编纂处，1988：27；41）

⑮ 適時：适合时宜。南朝梁刘勰《文心雕龙·谐隐》："会义适时，颇益讽诫。"（汉语大词典编辑委员会、汉语大词典编纂处，1992b：1165）

⑯ 敏：疾速，如敏捷，灵敏。用例见《诗·小雅·甫田》和《论语·里仁》。（汉语大字典编辑委员会，2010：1566）

⑰ 要：纲要，关键。用例见《商君书·农战》和《韩非子·扬权》。也指主要，重要。（汉语大字典编辑委员会，2010：2998）

⑱ 隸法：谓隶书的笔法。清杨以增《〈隶篇〉序》："夫隶法善变，似异而实同。"（汉语大词典编辑委员会、汉语大词典编纂处，1993b：176）

⑲ 略：大致，概要。用例见《荀子·儒效》和高诱注《淮南子·氾论》。（汉语大字典编辑委员会，2010：2721）

⑳ 究：深入探求，钻研。《晋书·郑冲传》："耽玩经史，遂博究儒术及百家之言。"（汉语大字典编辑委员会，2010：2909）

也。至於胡音爲語，單複①無恒②，或一字③以攝衆理，或數言④而成一義。尋⑤《大涅槃經》⑥列字⑦五十，總釋衆義十有四音，名爲字本⑧。觀⑨其發語裁音，宛轉⑩相資⑪，或舌根脣末，以長短爲異。且胡字一音不得成語，必餘言足句，然後義成。譯人傳意，豈⑫不艱哉⑬。又梵書製文⑭，有半字滿字⑮。所以名半字者，義未具足，故字體半偏，猶漢文"月"⑯字，虧其傍也。所以

① 單複：指梵语的元音，一个或若干个。笔者认为这主要与汉字相比较而言，汉字一字一音，而梵语有一词一音的，也有一词多音的。
② 恒：固定不变，长久。《说文·二部》："恒，常也。"（汉语大字典编辑委员会，2010：2456）
③ 字：指梵语的词。
④ 言：语言或文章中的字。（汉语大字典编辑委员会，2010：4193）在此指梵语的词，若干个单词形成短语，仅有一个意义。
⑤ 尋：探究，研究。（见上文注释）
⑥ 《大涅槃經》：又称《大本涅槃经》或《大涅槃经》，经录家列为大乘五大部经之一，汉译本四十卷，北凉昙无谶译。昙无谶是中天竺人，在天竺得到《大涅槃经》树皮本，后携此经的前分等梵本经龟兹至敦煌。北凉国主沮渠蒙逊迎谶至姑臧，并请于玄始十年十月译出此经四十卷。此经畅演大乘，译出后即在中国佛教界产生重大的影响。此经传入建业后，更经慧严、慧观、谢灵运等加以再治，称为南本，遂在南北各地弘传更广。自刘宋初以来，江南名匠均踊跃讲述。（中国佛教协会，1989a：145－155）
⑦ 字：应指字母。
⑧ 字本：《大般涅槃经集解》卷二一《13 文字品》："传译云：十四音者，为天下音之本也。如善用宫商，于十四音中，随宜制语，是故为一切字本也。……僧宗曰：'三十八音，从十四音出。但三十八中，前二十五音是次第从舌本声；次至舌端，次齿，次脣。从第二十六至第三十，此是超越不定。下有八字，皆表长短超声之相。半字为字本者，义生此也。'"（T1763，37.464b21－c16）据以上描述，笔者认为，"十四音"指十四个元音，称为字本。梵语有 49 个字母表示不同音位，其中 14 个是元音，35 个是辅音。（裴文，2007：23）
⑨ 觀：观察，审察。《易·賁》："观乎人文，以化成天下。"《楚辞·离骚》："瞻前而顾后兮，相观民之计极。"（汉语大字典编辑委员会，2010：3920）
⑩ 宛轉：形容声音抑扬动听。（汉语大词典编辑委员会、汉语大词典编纂处，1989a：1403）
⑪ 相資：相互凭借。南朝梁刘勰《文心雕龙·乐府》："和乐精妙，固表里而相资矣。"（汉语大词典编辑委员会、汉语大词典编纂处，1991a：1158）
⑫ 豈：表示反诘的副词，相当于"难道"。（见第二章第五节注释）
⑬ 哉：表示感叹，相当于"啊"。《易·乾》："大哉，乾元！"（汉语大字典编辑委员会，2010：661）
⑭ 製文：撰写文章。用例见北齐颜之推《颜氏家训·勉学》。（汉语大词典编辑委员会、汉语大词典编纂处，1992a：102）
⑮ 半字滿字：指梵字之摩多（母音）与体文（子音）相合而成之全字，以义理具足，故称满字。梵书之制文分为半字、满字。半字，以义未具足，故字体半偏；满字，以理既究竟，故字体圆满。（慈怡，1988：5831）
⑯ 月：月亮，月球。《说文·月部》："月，阙也，大阴之精。"（汉语大字典编辑委员会，2010：2188）

名滿字者，理既究竟，故字體圓滿，猶漢文"日"①字，盈其形也。故半字惡②義，以譬煩惱③，滿字善義，以譬常住④。又半字爲體，如漢文"言"字；滿字爲體，如漢文"諸"字。以"者"配"言"方成"諸"字。"諸"字兩合即滿之例也；"言"字單立，即半之類也。半字雖單，爲字根本，緣有半字，得成滿字。譬凡夫⑤始於無明⑥，得成常住，故因⑦字製⑧義，以譬涅槃。梵文義奥，皆此類也。是以⑨宣⑩領⑪梵文，寄⑫在明⑬譯⑭。譯⑮者釋⑯也，交⑰

---

① 日：太阳。《说文·日部》："日，实也，太阳之精不亏。"（汉语大字典编辑委员会，2010：1589）

② 恶：坏，不好。《韩非子·说疑》："不明臣之所言，虽节俭勤劳，布衣恶食，国犹自亡也。"（汉语大字典编辑委员会，2010：2470）

③ 烦恼：教义名词，梵语"Kleśa"的意译，也译成"惑"，指能扰乱众生身心使之发生迷惑苦恼，因而不得寂静的一切思想观念和精神情绪。安宁、贪欲、嗔恚、愚痴等诸惑，烦心恼身，谓为烦恼。《大智度论》卷七："烦恼者，能令心烦能作恼故，名为烦恼。"（任继愈，2002：1041）

④ 常住：教义名词，意谓恒常永住，不会变异坏灭。根据《瑜伽师地论》卷六，一切"无变异"的现象皆名"常住"。又《楞严经》卷四称"佛果"为"常住"，说："如果位中，菩提、涅槃、真如、佛性、庵摩罗识、空如来藏、大圆镜智……"此七种果位名称，亦称七种"常住果"。一般亦将佛教所说"法性"名"常住"，所谓"有佛无佛，法性常住"。（任继愈，2002：1099）

⑤ 凡夫：参见本书第二章第五节注释。

⑥ 无明：教义名词，梵语"Avidyā"的意译，也称为痴（梵文 moha），或称愚痴，有时与惑通用，称为"愚惑"。泛指无智、愚昧，特指不懂佛教之理的世俗认识。无明是一切世俗世界的原始总因。（任继愈，2002：210）

⑦ 因：介词，表示依据，相当于"依照""根据""随着"。《史记·孙子吴起列传》："善战者因其势而利导之。"（汉语大字典编辑委员会，2010：767）

⑧ 製：本为剪裁之意。用例见《左传·襄公三十一年》和《楚辞·离骚》。（汉语大字典编辑委员会，2010：3299）在此处应为选择、引申的意思。

⑨ 是以：连词，因此，所以。（见第一章第三节注释）

⑩ 宣：表达，表白。《国语·周语上》："夫民虑之于心，而宣之于口。"（汉语大字典编辑委员会，2010：991）

⑪ 领：领会。用例见《汉书·扬雄传下》。（汉语大字典编辑委员会，2010：4652）

⑫ 寄：托付，委托。《论语·泰伯》："可以托六尺之孤，可以寄百里之命。"（汉语大字典编辑委员会，2010：1005）

⑬ 明：聪明，高明。（汉语大字典编辑委员会，2010：1599）

⑭ 譯：《说文》："译，传译四夷之言者。从言，睪声。"指翻译人员。（汉语大字典编辑委员会，2010：4288-4289）此处作名词，指从事翻译的人。

⑮ 譯：把一种语言文字转换成另一种语言文字，如直译、意译、口译。《方言》卷十三："译，传也。"《礼记·王制》："五方之民，言语不通，嗜欲不同。达其志，通其欲，东方曰寄，南方曰象，西方曰狄鞮，北方曰译。"孔颖达疏："通传北方语官，谓之曰译者。译，陈也，谓陈说外内之言。"（汉语大字典编辑委员会，2010：4289）此处是动词。

⑯ 释：解说，阐释。《左传·襄公二十九年》："公在楚，释不朝正于庙也。"晋杜预《春秋左氏传序》："专修丘明之传以释经。"（汉语大字典编辑委员会，2010：4156）

⑰ 交：副词，交互，互相。《左传·隐公三年》："周郑交恶。"（汉语大字典编辑委员会，2010：311）

釋兩國,言①謬則理乖②矣。自③前漢之末,經法④始通⑤,譯音胥⑥訛⑦,未能明練⑧。故"浮屠"⑨"桑門"⑩言謬漢史⑪。音⑫字猶然⑬,況⑭於義乎⑮?案⑯

---

① 言:话,言语。用例见《书·盘庚上》《诗·小雅·宾之初筵》《史记·廉颇蔺相如列传》。(汉语大词典编辑委员会,2010:4193)此处应指翻译之言。
② 乖:违背。《左传·昭公三十年》:"楚执政众而乖。"《抱朴子·外篇·博喻》:"志合者不以山海为远,道乖者不以咫尺为近。"(汉语大词典编辑委员会,2010:44)
③ 自:介词,在,于。用例见《易·小畜》《小雅·正月》和晋张华《答何劭诗》。(汉语大词典编辑委员会、汉语大词典编纂处,1991b:1306)
④ 经法:佛教术语,金口之圣说,为万世之常法者,称为经法。(丁福保,1991:2424)参见《佛般泥洹经》卷二(T5,1.172c4-5),《杂阿含经》卷十三(T99,2.90b28-c2),《六度集经》卷二(T152,3.7c19-21)。经法是佛经里的常用词,指佛菩萨所说的经。
⑤ 通:到达,通到。用例见韦昭注《国语·晋语二》和《列子·汤问》(汉语大词典编辑委员会,2010:4100)
⑥ 胥:表示范围,相当于"皆""都"。《诗·小雅·角弓》:"尔之远矣,民胥然矣。"《文选·甘泉赋》:"云飞扬兮雨滂沛,于胥德兮丽寓世。"(汉语大词典编辑委员会,2010:2213-2214)
⑦ 訛:讹误,差错。三国魏曹植《橘赋》:"神盖幽而易激,信天道之不讹。"(汉语大词典编辑委员会,2010:4205)
⑧ 明练:明达纯熟。(汉语大词典编辑委员会、汉语大词典编纂处,1990a:617)
⑨ 浮屠:梵语"buddha",亦作浮图,休屠。浮屠、浮图,皆佛陀之异译。佛教为佛所创,古人因称佛教徒为浮屠,佛教为浮屠道,后又称佛塔为浮屠。(丁福保,1991:1801)
⑩ 桑门:又译作丧门,同于沙门,皆旧译之称。(丁福保,1991:1715)
⑪ 漢史:泛指汉代史书。《后汉书·北海靖王兴传》:"与班固、贾逵共述汉史,傅毅等皆宗事之。"(范晔,2000:371)《后汉书·孔僖传》:"至如孝武皇帝,政之美恶,显在汉史,坦如日月。"(范晔,2000:1727)
⑫ 音:此处应是动词,指音译。
⑬ 猶然:尚且如此。(汉语大词典编辑委员会、汉语大词典编纂处,1990a:95)
⑭ 况:连词,表示递进关系,相当于"何况""况且"。用例见《易·丰》和《史记·苏秦列传》。(汉语大词典编辑委员会,2010:1700)
⑮ 乎:表示推测语气。《易·系辞下》:"《易》之兴也,其于中古乎?作《易》者,其有忧患乎?"又见《左传·僖公二十一年》。(汉语大词典编辑委员会,2010:42)
⑯ 案:语气词。《荀子·王制》:"案谨募选阅材伎之士,然后渐庆赏以先之。"杨倞注:"案,发声。"(汉语大词典编辑委员会,2010:1293)

中夏①彝典②，誦《詩》執③《禮》，師資④相⑤授，猶有訛亂⑥。《詩》云"有菟⑦斯首"⑧，"斯"當作"鮮"。齊語音訛，遂⑨變詩文，此"桑門"之例也。《禮記》云"孔子蚤作"⑩，"蚤"當作"早"，而字同蚤，蝨⑪此古字同文，即"浮屠"之例也。中國舊經，而⑫有"斯""蚤"之異⑬，華戎⑭遠譯，何⑮

---

① 中夏：指华夏，中国。用例见《文选·东都赋》和北魏郦道元《水经注·泗水》。（汉语大词典编辑委员会、汉语大词典编纂处，1986：600）

② 彝典：常典。用例见南朝梁江淹《萧相国拜齐王表》和北周庾信《为阎大将军乞致仕表》。（汉语大词典编辑委员会、汉语大词典编纂处，1989a：1660）

③ 執：守，保持。《书·大禹谟》："惟精惟一，允执厥中。"《礼记·曲礼上》："坐必安执尔颜。"（汉语大字典编辑委员会，2010：491）

④ 師資：《老子》："善人者，不善人之师也；不善人者，善人之资也。"后因以"师资"指教师。用例又见《陈书·周弘正传》。（汉语大词典编辑委员会、汉语大词典编纂处，1989a：722）

⑤ 相：表示一方对另一方有所动作。《列子·汤问》："吾与汝毕力平险，指通豫南，达于迈阴可乎？杂然相许。"《三国志·吴志·鲁肃传》："子敬，孤持鞍下马相迎，足以显卿未？"（汉语大字典编辑委员会，2010：2644）

⑥ 亂：混淆，混杂。《韩非子·喻老》："乱之楛叶之中而不可别也。"《后汉书·刘盆子传》："恐其众与莽兵乱，乃皆朱其眉以相识别。"（汉语大字典编辑委员会，2010：66）

⑦ 菟：根据编者校勘记4，宋、元、明三本此处是"菟"，即"兔"（T2145，55.4）。

⑧ 有菟斯首：见《诗经·小雅·瓠叶》。

⑨ 遂：副词，相当于"竟然"；"终于"。《左传·文公七年》："士季曰：'吾与之同罪，非义之也，将何见焉？'及归，遂不见。"《史记·高祖本纪》："及产里贵，遂不知老父处。"（汉语大字典编辑委员会，2010：4122）

⑩ 孔子蚤作：见《礼记·檀弓上》。

⑪ 蝨：同"虱"。（汉语大字典编辑委员会，2010：3061）

⑫ 而：表示继续，相当于"犹""还"。《论语·阳货》："年四十而见恶焉，其终也已。"《孟子·告子下》："舜其至孝矣，五十而慕。"（汉语大字典编辑委员会，2010：3002）

⑬ 異：佛教用语，变化。佛家认为事物有生、住、异、灭四种特性。"异"即变化。（汉语大字典编辑委员会，2010：2720）在此语境中应是由错误而导致变化的意思。

⑭ 戎：古代泛指我国西部的少数民族。（汉语大字典编辑委员会，2010：1500）

⑮ 何：副词，表示疑问，相当于"岂""怎"。《论语·公冶长》："赐也何敢望回？"《世说新语·方正》："今主非尧舜，何能无过？"（汉语大字典编辑委员会，2010：163）

怪①於"屠""桑"哉！若夫②度③字、傳④義，則置言⑤由⑥筆⑦，所以新舊衆經，大同小異。天竺語稱"維摩詰"，舊譯解云"無垢稱"，關中⑧譯云"净名"，"净"即"無垢"，"名"即是"稱"，此言殊而義均⑨也。舊經稱"衆祐"⑩，新經云"世尊"，此立義之異旨⑪也。舊經云"乾沓和"，新經云"乾闥婆"⑫，此國音⑬之不同也。略舉三條，餘可類推矣。是以義之得失由⑭乎⑮

---

① 怪：埋怨，责备。《荀子·正论》："今世俗之为说者，不怪朱、象，而非尧、舜，岂不过甚矣哉？"（汉语大字典编辑委员会，2010：2450）

② 若夫：至于。用于句首或段落的开始，表示另提一事。（见本书第二章第五节注释）

③ 度：dù，通"渡"。汉贾谊《治安策》："若夫经制不定，是犹度江河亡维楫。"《史记·晋世家》："晋军败，走河，争度。"（汉语大字典编辑委员会，2010：945）

④ 傳：chuán，转达，递送。《孟子·公孙丑上》："速于置邮而传命。"《后汉书·朱穆传》："黄门侍郎一人，传发书奏。"（汉语大字典编辑委员会，2010：247）

⑤ 置言：立言。南朝梁沈约《齐故安陆昭王碑文》："立行可模，置言成范。"（汉语大词典编辑委员会、汉语大词典编纂处，1991b：1025）

⑥ 由：遵从，遵照。《诗·大雅·假乐》："不愆不忘，率由旧章。"《论语·泰伯》："民可使由之，不可使知之。"又听凭，听任。又见《论语·颜渊》。（汉语大字典编辑委员会，2010：2706）

⑦ 筆：佛典译场上的笔受。

⑧ 關中：据《汉书·地理志》，关中是"故秦地天下三分之一"，指今河南灵宝东北故函谷关以西战国末秦国故地，相当今陕西全境，甘肃东部秦岭以北和四川东部长江以北地区。（魏嵩山，1995：455）前秦道安所主持的佛典译场和后秦鸠摩罗什主持的译场都在关中。

⑨ 均：等，同。《国语·楚语下》："君有二臣，或可赏也，或可戮也。君王均之，群臣惧矣。"三国魏曹植《当欲游南山行》："大匠无弃材，船车用不均。"（汉语大字典编辑委员会，2010：457）

⑩ 衆祐：佛教术语，"新作世尊，旧作众祐。众德助成，或众福助成之义……'旧经多言众祐者，福祐也。今多言世尊者，为世所尊也。此盖从义立名耳。'僧史略上曰：'汉末魏初传译渐盛，或翻佛为众祐。'"（丁福保，1991：2219-2220）

⑪ 旨：主张，意见。《易·系辞下》："其称名也小，其取类也大，其旨远，其辞文，其言曲而中。"《晋书·向秀传》："庄周着内外数十篇，历世才士虽有观者，莫适论其旨统也。"（汉语大字典编辑委员会，2010：1593）

⑫ 乾闥婆：梵文"Gandharva"的音译，又译犍达缚、乾沓和、犍陀罗等。八部众之一的乐神。又指香神，西域以此指俳优。另，"中有"的别称。彼亦以香为食。《二十唯识述记上》曰："此云寻香，谓中有能寻当生处香即往生。"（任继愈，2002：1079）

⑬ 國音：国家的标准语音。南朝宋谢庄《赤鹦鹉赋应诏》："审国音于寰中，达方声于裔表。"（汉语大词典编辑委员会、汉语大词典编纂处，1989a：638）

⑭ 由：从，遵照。用例见《诗·大雅·假乐》和《论语·颜渊》。（汉语大字典编辑委员会，2010：2706）

⑮ 乎：介词，相当于"于"。《易·系辞上》："吉凶者，言乎其失得也……是故列贵贱者存乎位，齐小大者存乎卦，辩吉凶者存乎辞。"《战国策·燕策二》："擢之乎宾客之中，而立之乎群臣之上。"（汉语大字典编辑委员会，2010：42）

譯人①，辭之質文繫②於執筆③。或善胡義而不了漢旨，或明漢文而不曉胡意，雖有偏解④，終隔圓通⑤。若胡漢兩明，意義⑥四暢⑦，然後宣述⑧經奧⑨，於是乎正⑩。前古⑪譯人，莫能曲⑫練⑬，所以舊經文意，致⑭有阻礙⑮，豈⑯經礙哉，

---

① 譯人：不仅是我们今天所指的翻译人员，而且是佛典译场上的主译。
② 繫：涉及，关系。汉张衡《西京赋》："处沃土则逸，处瘠土则劳，此系乎地者也。"晋陆机《五等论》："夫盛衰隆弊，理所固有，教之兴废，系乎其人。"（汉语大字典编辑委员会，2010：3686）
③ 执笔：指佛典译场上的笔受。
④ 偏解：片面的见解。用例见南朝梁刘勰《文心雕龙·论说》《文心雕龙·通变》。（汉语大词典编辑委员会、汉语大词典编纂处，1986：1569）
⑤ 圆通：文辞周密畅达。南朝梁刘勰《文心雕龙·封禅》："然骨䩆靡密，辞贯圆通，自称极思，无遗力矣。"佛教语。圆，不偏倚；通，无障碍。谓悟觉法性。《楞严经》卷二二："阿难及诸大众，蒙佛开示，慧觉圆通，得无疑惑。"（汉语大词典编辑委员会、汉语大词典编纂处，1989a：657）
⑥ 意义：谓事物所包含的思想和道理。用例见《谷梁传·襄公二十九年》和晋葛洪《神仙传·蓟子训》。（汉语大词典编辑委员会、汉语大词典编纂处，1991a：644）
⑦ 四畅：阴、阳、刚、柔四气协调通畅。《礼记·乐记》："阳而不散，阴而不密，刚气不怒，柔气不慑，四畅交于中，而发作于外，皆安其位而不相夺也。"（汉语大词典编辑委员会、汉语大词典编纂处，1989a：596）
⑧ 宣述：表述，描叙。南朝宋谢灵运《佛影铭》序："石铭所始，实由功被，未有道宗崇大若此之比，岂浅思肤学所能宣述。"（汉语大词典编辑委员会、汉语大词典编纂处，1989a：1408）
⑨ 奥：奥妙，精深。（汉语大字典编辑委员会，2010：589）
⑩ 正：1. 正中，平正，不偏斜。用例见《书》《书·说命上》。2. 合规范，合标准。用例见《论语·子罕》和《乡党》。（汉语大字典编辑委员会，2010：1538）
⑪ 前古：古代，往古。汉赵晔《吴越春秋·勾践入臣外传》："今大王诚赦越王，则功冠于五霸，名越于前古。"南朝梁刘勰《文心雕龙·铭箴》："信所谓追清风于前古，攀辛甲于后代者也。"（汉语大词典编辑委员会、汉语大词典编纂处，1988：122）
⑫ 曲：周全，普遍。用例见《易·系辞上》《孟子·告子下》《荀子·非相篇》。（汉语大字典编辑委员会，2010：1591）
⑬ 练：把生丝或织品煮得柔软洁白。（汉语大字典编辑委员会，2010：3650）比喻译技的精通。
⑭ 致：连词，犹以至，以至于。（汉语大词典编辑委员会、汉语大词典编纂处，1991b：792）《北齐书·陆卬传》："大兄笃病如此……致有感恸。"（李百药，2000：326）另见《北史·高祖孝文帝》卷三。（李延寿，1999：66）
⑮ 阻碍：阻挡住，使不能顺利通过或发展。（汉语大词典编辑委员会、汉语大词典编纂处，1993a：946）
⑯ 岂：表示反诘的副词，相当于"难道"。（见第二章第五节注释）

譯之失耳！昔①安息②世高③，聰哲④不群⑤，所出衆經，質文⑥允⑦正⑧。安

第三章 南朝僧祐的《出三藏记集·胡汉译经文字音义同异记》

---

① 昔：从前，往日。《易·说卦》："昔者圣人之作《易》也。"汉何休《〈公羊传〉序》："昔者孔壬有云。"（汉语大字典编辑委员会，2010：1596）

② 安息：伊朗古国名，即西史所见的帕提亚（Parthia）王国，"安息"是该国创始人阿萨克（Arshak）的音译。（中国历史大辞典编纂委员会，2000：1219）

③ 世高：东汉末僧人，有史记载以来汉文系统翻译佛经的最早著名译家。名清，本为安息国太子，故号"安侯"，让国予叔，出家为僧。博晓三藏，尤精阿毗昙学，诵持禅经。汉桓帝在位时期来汉地从事译经。先后译出《安般守意经》《阴持入经》等三十九部。所传思想称为"禅数学"，多属说一切有部系统，影响远至东晋道安、慧远。（任继愈，2002：564）

④ 聰哲：聪慧明智。用例见汉班昭《女诫》《三国志·魏志·崔琰传》和晋陆机《辩亡论上》。（汉语大词典编辑委员会、汉语大词典编纂处，1991b：697）

⑤ 群：随俗。用例见王逸注《楚辞·离骚》和《后汉书·张衡传》。（汉语大字典编辑委员会，2010：3341）

⑥ 質文：实质内容与外在形式。汉董仲舒《春秋繁露·玉杯》："文著于质，质不居文，质文两备，然后其礼成。"又指质朴与华美。南朝梁刘勰《文心雕龙·通变》："斯斟酌乎质文之间，而檃括于雅俗之际，可与言通变矣。"（汉语大词典编辑委员会、汉语大词典编纂处，1992b：267）

⑦ 允：1. 诚信。2. 公平、恰当的意思。如：持论公允。《后汉书·虞诩传》："祖父经，为郡县狱吏，案法平允，务存宽恕。"（汉语大字典编辑委员会，2010：290）

⑧ 正：见上文注释。

玄①、嚴調②，既亹亹③以條理④，支越⑤、竺蘭⑥，亦彬彬⑦以雅暢⑧。凡⑨斯數

---

① 安玄：东汉末居士，原安息国人，灵帝末年来洛阳经商，渐谙汉语，常与沙门讲论佛教。因为有功，受封"骑都尉"，世称为"都尉玄"。与沙门严佛调共译《法镜经》，安玄口译，严佛调记述。（任继愈，2002：565-566）

② 嚴調：即东汉僧人严佛调，江苏临淮人，史载最早的汉人出家者，与安玄一起译《法镜经》，所著《沙弥十慧章句》是中国最早的佛教撰述。（任继愈，2002：602）

③ 亹亹：指诗文或谈论动人，有吸引力，使人不知疲倦。用例见《后汉书·班固传论》和南朝梁钟嵘《诗品·晋黄门郎张协》。（汉语大词典编辑委员会、汉语大词典编纂处，1988：388-389）

④ 條理：脉络，层次，秩序。《孟子·万章下》："金声也者，始条理也；玉振之也者，终条理也。始条理者，智之事也；终条理者，圣之事也。"（汉语大词典编辑委员会、汉语大词典编纂处，1986：1485）

⑤ 支越：即支谦（约3世纪），名越，号恭明，其祖先是后汉灵帝时入中国籍的月支族。（参见本书第一章第一节支谦的生平）

⑥ 竺蘭：指竺法兰，梵文"Dharmarakṣa"，相传为东汉明帝（58—75在位）时来华译经的印度僧人。据《高僧传》卷一载，本为中天竺人。自言诵经论数万章，曾与摄摩腾共契游化，并相随来汉地。译有《十地断结》等五部佛经。60多岁时卒于洛阳。然其事南朝刘宋前未见记载，南朝齐王琰的《冥祥记》、梁僧祐的《出三藏记集》等也只提摄摩腾而未提及竺法兰，故难以确证。（任继愈，2002：777）

⑦ 彬彬：文质兼备貌。《论语·雍也》："质胜文则野，文胜质则史，文质彬彬，然后君子。"（汉语大词典编辑委员会、汉语大词典编纂处，1989a：1122）

⑧ 雅暢：亦作"雅昶"，指典雅流畅。《文选·琴赋》："初涉《渌水》，中奏清征。雅昶唐尧，终咏《微子》。"（汉语大词典编辑委员会、汉语大词典编纂处，1993a：827）

⑨ 凡：皆，一切。《广雅·释诂三》："凡，皆也。"《诗·小雅·常棣》："凡今之人，莫如兄弟。"（汉语大字典编辑委员会，2010：304）

賢①，並②見③美④前代⑤。及護公⑥專精⑦，兼習華戎，譯文傳經，不儔⑧於

第三章 南朝僧祐的《出三藏记集·胡汉译经文字音义同异记》

---

① 賢：才德兼备的人。《书·大禹谟》："野无遗贤，万邦咸宁。"《荀子·儒效》："身不肖而诬贤，是犹偃身而好升高也。"（汉语大字典编辑委员会，2010：3887）

② 並：副词，一起，一齐。用例见《战国策·燕策二》和南朝宋谢灵运《登临海峤初发强中作与从弟惠连见羊何共和之》。（汉语大字典编辑委员会，2010：119）

③ 見：显示，显露。《易·乾》："九二，见龙在田。"《汉书·元帝纪》："天见大异。"（汉语大字典编辑委员会，2010：3905）

④ 美：1. 优美，艺术性强。《论语·八佾》："子谓《韶》尽美矣，又尽善也。" 2. 精，质量高。《尔雅·释器》："黄金谓之璗，其美者谓之镠；白金谓之银，其美者谓之镣。"（汉语大字典编辑委员会，2010：3331）

⑤ 前代：以前的朝代。《书·周官》："仰惟前代时若，训迪厥官。"汉张衡《西京赋》："有凭虚公子者，心奓体忲，雅好博古，学乎旧史氏，是以多识前代之载。"（汉语大词典编辑委员会、汉语大词典编纂处，1988：122）

⑥ 護公：指竺法护，参见本书第二章第五节注释。

⑦ 專精：1. 专心一志。北齐颜之推《颜氏家训·养生》："考之内教，纵使得仙，终当有死，不能出世，不愿汝曹专精于此。" 2. 专一求精。《后汉书·桓荣传》："今皇太子以聪睿之姿，通明经义，观览古今，储君副主莫能专精博学若此者也。"（汉语大词典编辑委员会、汉语大词典编纂处，1988：1277）

⑧ 儔：同"㥮"，超过。《说文·心部》："㥮，过也。"（汉语大字典编辑委员会，2010：4248；2486）

舊①，逮②乎羅什③法師，俊神④金照⑤，秦僧融、肇⑥，慧機⑦水鏡⑧。故能表發⑨揮翰⑩，克明⑪經奧⑫，大乘微言⑬，於斯炳⑭焕⑮。至曇纖⑯之傳《涅槃》，

① 舊：原有的典章制度。《书·武成》："乃反商政，政由旧。"《晋书·职官志》："秦变周官，汉遵嬴旧。"（汉语大字典编辑委员会，2010：3246）"舊"此处指以往的旧译本。

② 逮：及，及至。《尔雅·释言》："逮，及也。"《书·费誓》："峙乃糗粮，无敢不逮。"《文选·七启》："纵轻体以迅赴，景追形而不逮。"（汉语大字典编辑委员会，2010：4109）

③ 羅什：鸠摩罗什（344—413），梵文"Kumārajīva"，又译鸠摩罗什婆，略作罗什，意译童寿，后秦僧人、译经家。父鸠摩罗炎出身天竺望族，后来龟兹，生罗什。据《出三藏记集》载，罗什在后秦弘始四年至十五年期间，在长安组织了规模宏大的译场，主持译经事业，译出经论几十部，好几百卷，现存39部，33卷。所译经典极为广泛，重点在般若系的大乘经典和龙树、提婆一系的中观派论书，内容信实，文字流畅，有些经典后虽有新译，仍难以取代，在中国译经史上有划时代的意义。（中国大百科全书总编辑委员会，2001）

④ 俊神：指人的智力和智慧。比如，侍中崔光为后魏北印度三藏菩提流支等译《十地经论》制序曰："大魏皇帝，俊神天凝，玄情汉远，扬治风于宇县之外，敷道化于千载之下，每以佛经为游心之场。"（T1522, 26.123a24－27）后秦释僧肇撰《注维摩诘经》卷一："大秦天王俊神超世，玄心独悟，弘至治于万机之上，扬道化于千载之下。"（T1775, 38.327b5－7）

⑤ 金照：与后面的"水镜"对仗，应与之同义。

⑥ 融、肇：指僧融和僧肇，都是鸠摩罗什的弟子。罗什的弟子甚多，其中有道生、僧融、僧肇、僧睿、道恒等，后世有"什门八俊""四圣""十哲"之称。

⑦ 慧機：与前面的"俊神"对仗，应与之同义。

⑧ 水鏡：1. 清水和明镜。两者能清楚地反映物体。《三国志·蜀志·李严传》"故以激愤也"，裴松之注引晋习凿齿曰："水至平而邪者取法，镜至明而丑者无怒，水镜之所以能穷物而无怨者，以其无私也。"2. 犹明镜。明澈如水之映物，故称。《文选·月赋》："柔祇雪凝，圆灵水镜。"（汉语大词典编辑委员会、汉语大词典编纂处，1990a：889）

⑨ 表發：表述阐发。宋李之仪《姑溪题跋·跋山谷二词》："然独无文词翰墨，表发其胜，不免有异同之论。"（汉语大词典编辑委员会、汉语大词典编纂处，1986：538）

⑩ 揮翰：犹挥毫。《晋书·虞溥传》："若乃含章舒藻，挥翰流离，称述事务，探赜究奇……亦惟才所居，固无常人也。"（汉语大词典编辑委员会、汉语大词典编纂处，1990b：778）

⑪ 克明：能明。《书·尧典》："克明俊德，以亲九族。"孔传："能明俊德之士任用之，以睦高祖玄孙之亲。"（汉语大词典编辑委员会、汉语大词典编纂处，1988：262）克：能，如克勤克俭。《诗·大雅·荡》："靡不有初，鲜克有终。"《三国志·吴志·鲁肃传》："如其克谐，天下可定也。"（汉语大字典编辑委员会，2010：294）

⑫ 奧：奥妙，精深。汉孔安国《尚书序》："至于夏商周之书，虽设教不伦，《雅》《诰》奥义，其归一揆。"（汉语大字典编辑委员会，2010：589）

⑬ 微言：精深微妙的言辞。（见第二章第五节注释）

⑭ 炳：明白。《世说新语·文学》："三乘佛家滞义，支道林分判，使三乘炳然。诸人在下坐听，皆云可通。"（汉语大字典编辑委员会，2010：2352）

⑮ 焕：鲜明，光亮。《论语·泰伯》："焕乎！其有文章。"晋潘尼《安石榴赋》："遥而望之，焕若随珠耀重川。"（汉语大字典编辑委员会，2010：2363）

⑯ 曇纖："纖"应为"讖"，昙谶指昙无谶（385—433），中印度人，梵文"Dharmakṣema"，东晋僧人，携《大般涅槃经》并《菩萨戒经》等至罽宾，又到龟兹、敦煌。北凉玄始十年（421）至姑臧，受到北凉王沮渠蒙逊礼遇。学汉语三年后，以河西沙门慧嵩、道朗为助手，译出《大般涅槃经》等经共19部131卷。昙谶译40卷本《大般涅槃经》中有"一切众生悉有佛性"之说，对中国佛教思想的发展影响很大。他的译本世称"北本涅槃"。（中国大百科全书总编辑委员会，2001）

跋陀①之出《華嚴》，辭理②辯暢③，明踰④日月，觀⑤其爲⑥義⑦，繼軌⑧什公矣。至於雜類⑨細⑩經，多出⑪《四含》⑫。或以⑬漢來，或自⑭晉出，譯人無

---

① 跋陀：指佛陀跋陀罗（359—429），梵文"buddhabhadra"，后秦时来华印度僧人，古印度迦毗罗卫国（今尼泊尔境内）人。受智严之请东来，于后秦弘始八年（406）至长安。他留居庐山年余，译出《达磨多罗禅经》两卷。东晋义熙八年（412）赴荆州，其后又到建康住道场寺。从义熙十二年到十四年与法显等译出《摩诃僧祇律》40卷，同时译出《大般泥洹经》6卷。后又创译《华严经》60卷，经重校至宋永初二年（421）完成。其所译经论共13部，125卷。所译《华严经》对中国佛学的发展影响甚大。（中国大百科全书总编辑委员会，2001）

② 辭理：指文章的内容和表现形式。用例见晋范宁《〈春秋谷梁传〉序》和南朝梁刘勰《文心雕龙·体性》。（汉语大词典编辑委员会、汉语大词典编纂处，1993a：504）

③ 辯暢：流畅，流利。《周书·令狐整传》："整进趋详雅，对扬辩畅，谒见之际，州府倾目。"（汉语大词典编辑委员会、汉语大词典编纂处，1993a：513）

④ 踰：超过。《淮南子·主术》："夫疾呼不过闻百步，志之所在，踰于千里。"《三国志·魏志·徐晃传》："将军之功，踰孙武、穰苴。"（汉语大字典编辑委员会，2010：3970）

⑤ 觀：观察，审察。（见第三章第二节注释）

⑥ 爲：是。《论语·微子》："长沮曰：'夫执舆者为谁？'子路曰：'为孔丘。'"（汉语大字典编辑委员会，2010：2181）

⑦ 義：根据编者校勘记2，宋、元、明三本此处"義"作"美"（T2145，55.5）。美：1. 素质优良。《庄子·天运》："彼知矉美，而不知矉之所以美。" 2. 优美，艺术性强。《论语·八佾》："子谓《韶》尽美矣，又尽善也。" 3. 精，质量高。（汉语大字典编辑委员会，2010：3331）

⑧ 繼軌：指接继前人之轨迹。三国魏李康《运命论》和晋法显《佛国记》有用例。（汉语大词典编辑委员会、汉语大词典编纂处，1992a：1044）

⑨ 雜類：混杂的种类，非纯正的种类。亦指各种类别。晋干宝《搜神记》卷十二："蛊有怪物若鬼，其妖形变化，杂类殊种，或为狗豕，或为虫蛇。"（汉语大词典编辑委员会、汉语大词典编纂处，1993a：880）

⑩ 細：与"大"相对，泛指事物微细。《书·旅獒》："不矜细行，终累大德。"《淮南子·坠形》："垆土人大，沙土人细。"（汉语大字典编辑委员会，2010：3603）

⑪ 出：产生，发生，此处为出自的意思。（汉语大词典编辑委员会、汉语大词典编纂处，1988：472；480）

⑫ 《四含》：指《阿含经》。根据《中国佛教》（三），《阿含》是北传原始佛教经典的汇编，一般佛教文献里都将它看成声闻乘三藏中的经藏，有四大部，故称为《四阿含》，即《长阿含》《中阿含》《杂阿含》《增一阿含》。各种整部的梵本《阿含》现已无存，要明了《四阿含》的内容结构，只有从中译本可见其一斑。《四阿含》的中译本从东晋末年到南北朝初期短短的五十年间陆续译出。（中国佛教协会，1989a：158-163）

⑬ 以：表示行动的时间、处所、范围，相当于"在""于"。《左传·桓公二年》："晋穆侯之夫人姜氏，以条之役生太子。"（汉语大字典编辑委员会，2010：137）

⑭ 自：介词，表示时间或方位的由始，相当于"从""由"。《书·秦誓》："不啻若自其口出。"（汉语大字典编辑委员会，2010：3248）

名，莫能詳究。然①文過則傷②艷③，質甚則患④野，野艷爲弊，同失⑤經體⑥。故知明允⑦之匠，難可世遇矣⑧。祐竊⑨尋⑩經言，異論⑪呪術⑫，言語文字，皆是佛說。然則⑬言⑭本是一，而胡漢分音；義⑮本不二，則質文殊體。雖傳譯得

---

① 然：表示转折关系，相当于"然而""但是"。《左传·僖公三十年》："公曰：'吾不能早用子，今急而求子，是寡人之过也。然郑亡，子亦有不利焉！'"《汉书·高帝纪下》："周勃重厚少文，然安鉴氏者必塾也。"（汉语大字典编辑委员会，2010：2373）

② 傷：嫌，失之于。《北史·苏威传》："所修格令章程，并行于当世，颇伤烦碎，论者以为非简久之法。"（汉语大词典编辑委员会、汉语大词典编纂处，1986：1635）

③ 艷：同"豔"（汉语大字典编辑委员会，2010：3276），形容文辞华美。晋范宁《〈谷梁传〉序》、南朝梁刘勰《文心雕龙·通变》有用例。（汉语大词典编辑委员会、汉语大词典编纂处，1992a：1365）

④ 患：弊病，疾病。《商君书·算地》："凡世主之患，用兵者不量力，治草莱者不度地。"另见三国魏曹丕《典论·论文》。（汉语大词典编辑委员会、汉语大词典编纂处，1991a：530）

⑤ 失：变易。（见第二章第五节注释）

⑥ 經體：术语，指经之体，即一经所诠之主质。天台观经疏卷上，谓诸法实相为经之体，余皆魔事，如诸星环北辰，万流宗于东海也。天台以前之诸师，不别经宗与经体。天台以体为一经之主，谓宗如辅臣。小乘经以三法印为体。净土诸师以念佛为体。（丁福保，1991：2427）

⑦ 明允：1. 明察而诚信。《左传·文公十八年》："昔高阳氏有才子八人……齐圣广渊，明允笃诚，天下之民谓之八恺。"2. 严明恰当。《资治通鉴·晋孝武帝太元十四年》："足下听断明允，庶事无滞，则吏慎其负，而人听不惑矣。"（汉语大词典编辑委员会、汉语大词典编纂处，1990a：598）

⑧ 矣：表示感叹。《书·牧誓》："逖矣西土之人！"《左传·襄公二十九年》："观止矣！若有他乐，吾不敢请已。"（汉语大字典编辑委员会，2010：2763）

⑨ 竊：副词。1. 表示情态，相当于"偷偷地""暗地里"。如窃听、窃笑。2. 表示自谦，相当于"私下"。（汉语大字典编辑委员会，2010：2940）

⑩ 尋：探究，研究。（见上文注释）

⑪ 異論：（术语）不同之论义，有反于正法与杂多之二义也。《杂阿含经》三十四曰："给孤独长者，于外道精舍，伏彼异论。"《成实论》曰："诸比丘等，种种有异论。"（丁福保，1991：1921）

⑫ 呪術："呪"同咒，古籍中多作"呪"，今"咒"字通行。（汉语大字典编辑委员会，2010：305）咒术是神咒之妙术，诵咒旨在降灾于敌，或为己除祸，以此杀人或延寿的奇术就是咒术。据观无量寿经记载，有恶人能行幻惑咒术，令恶王多日不死。（慈怡，1988：3115）

⑬ 然則：连词，连接句子，表示连贯关系。犹言"如此，那么"或"那么"。《诗·周南·关雎序》："是谓四始，诗之至也。然则《关雎》《麟趾》之化，王者之风，故系之周公。"（汉语大词典编辑委员会、汉语大词典编纂处，1991a：170）

⑭ 言：学说，主张。《孟子·滕文公下》："杨朱、墨翟之言盈天下。天下之言，不归杨则归墨。"（汉语大字典编辑委员会，2010：4193）

⑮ 義：文体的一种。明徐师曾《文体明辨·义》："按字书云，义者理也。本其理而疏之亦谓之义。若《礼记》所载《冠义》《祭义》《射义》诸篇是已。后人依仿，遂有此作。而唐以前诸集不少概见，至《宋文鉴》乃有之。其体有二：一则如古《冠义》之类。一则如今明经之词。"（汉语大词典编辑委员会，2010：3340）在此语境中指文体。

失，運通隨緣①，而尊經②妙理，湛然③常照矣④。既⑤仰集⑥始緣⑦，故⑧次述末⑨譯。始緣興於西方，末譯行於東國，故原始要終⑩，寓⑪之記末云⑫。(T2145，55.4b1-5a12)

二、简体原文

胡汉译经⑬音义同异记
第一篇

第1部

1.1.1 夫神理无声，因言辞以写意；言辞无迹，缘文字以图音。故字为

---

① 随缘：顺应机缘，任其自然。《北齐书·陆法和传》："法和所得奴婢，尽免之，曰：'各随缘去。'"（汉语大词典编辑委员会、汉语大词典编纂处，1993a：1110）

② 尊经：对佛经或道经的敬称。唐宋之问《游云门寺》诗："维舟探静域，作礼事尊经。"《云笈七签》卷三："三洞合成三十六部尊经。"（汉语大词典编辑委员会、汉语大词典编纂处，1988：1286）

③ 湛然：清澈貌。晋干宝《搜神记》卷二十、北魏郦道元《水经注·清水》都有用例。（汉语大词典编辑委员会、汉语大词典编纂处，1990a：1442）

④ 矣：表示必然。《老子》第七十四章："夫代大匠斫者，希有不伤其手矣。"《汉书·食货志》："岁孰且美，则民人富乐矣。"（汉语大字典编辑委员会，2010：2763）

⑤ 既：连词，与"且""又"等副词呼应，表示两种情况兼而有之。《诗·大雅·烝民》、北魏杨衒之《洛阳伽蓝记·正始寺》有用例。（汉语大字典编辑委员会，2010：1229）

⑥ 集：成就。《书·武成》："惟九年，大统未集，予小子其承厥志。"《左传·成公二年》："此车一人殿之，可以集事。"《后汉书·刘玄传》："事若不集，复入湖池中为盗耳。"（汉语大词典编辑委员会，2010：4403）

⑦ 缘：指缘起，佛教术语，事物之待缘而起也。一切之有为法，皆自缘而起者。又指事物之起因。又，述事起由来之书名。（丁福保，1991：2627）

⑧ 故：副词，仍然。《抱朴子·内篇·对俗》："江淮间人为儿时，以龟枝床，至后老死，家人移床而龟故生。"（汉语大字典编辑委员会，2010：1558）

⑨ 末：终了，末尾，最后。《书·立政》和《史记·韩长孺列传》都有用例。（汉语大字典编辑委员会，2010：1232）

⑩ 原始要终：（要 yāo）探究事物发展的始末。《易·系辞下》、南朝梁刘勰《文心雕龙·史传》都有用例。（汉语大词典编辑委员会、汉语大词典编纂处，1986：931）

⑪ 寓：寄存。《礼记·曲礼下》："大夫寓祭器于大夫，士寓祭器于士。"晋陶潜《归去来兮辞》："寓形宇内复几时。"引申为存留。（汉语大字典编辑委员会，2010：1011）

⑫ 云：根据原文当页校勘记，宋本此处是"云尔"。"云尔"常用于句子或文章的末尾，表示结束。《孟子·公孙丑下》："其心曰是何足与言仁义也云尔。"用例又见南朝宋谢惠连《祭古冢文序》。（汉语大词典编辑委员会、汉语大词典编纂处，1988：831）

⑬ 苏晋仁在第一卷校勘记54中说，"译经"之后的"文字"二字各本脱落，应根据《祐录》第一卷首"序后标目补出"。（释僧祐，1995：20）《祐录》卷一的标题目录里有"文字"二字（T2145，55.1b21），但各本脱落。此处的文字指记录语言的书写符号。古代多指单字。汉许慎《说文解字·叙》《史记·秦始皇本纪》古籍都有用例。（汉语大词典编辑委员会、汉语大词典编纂处，1990b：1518）

言蹄，言为理筌，音义合符不可偏失。是以文字应用，弥纶宇宙，虽迹系翰墨而理契乎神。

1.1.2 昔造书之主凡有三人：长名曰梵，其书右行；次曰佉楼，其书左行；少者苍颉，其书下行。梵及佉楼①居于天竺，黄史苍颉在于中夏。梵佉取法于净天，苍颉因华于鸟迹。文画诚异，传理则同矣。

第2部

第1分

1.2.1 仰寻先觉所说，有六十四书，鹿轮转眼，笔制区分，龙鬼八部，字体殊式。唯梵及佉楼为世胜文，故天竺诸国谓之天书。西方写经，虽同祖梵文，然三十六国往往有异。

1.2.2 譬诸中土，犹篆籀之变体乎。案苍颉古文，沿世代变，古移为籀，籀迁至篆，篆改成隶，其转易多矣。至于傍生八体，则有仙龙云芝；二十四书，则有楷草针殳。名实虽繁，为用盖尠。

1.2.3 然原本定义，则体备于六文，适时为敏，则莫要于隶法。东西之书源，亦可得而略究也。

第2分

1.2.4 至于胡音为语，单复无恒，或一字以摄众理，或数言而成一义。

1.2.5 寻《大涅槃经》列字五十，总释众义十有四音，名为字本。观其发语裁音，宛转相资，或舌根唇末，以长短为异。

1.2.6 且胡字一音不得成语，必余言足句，然义成。译人传意，岂不艰哉。

第3分

1.2.7 又梵书制文，有半字满字。所以名半字者，义未具足，故字体半偏，犹汉文"月"字，亏其傍也。所以名满字者，理既究竟，故字体圆满，犹汉文"日"字，盈其形也。故半字恶义，以譬烦恼，满字善义，以譬常住。

1.2.8 又半字为体，如汉文"言"字；满字为体，如汉文"诸"字。以"者"配"言"方成"诸"字。"诸"字两合即满之例也；"言"字单立，即半之类也。半字虽单，为字根本，缘有半字，得成满字。

---

① 公元前3世纪古印度梵学家发现有两种梵语所用完整字母体系，一是"哈洛色缇"（Kharoṣṭī），书写从右向左行，在印度西北部发现，源于西北闪语族的阿拉姆语（Aramaic）字母体系，广泛流行于中亚地区，直到公元4世纪；二是"波拉米"（brāhmī），发现于印度次大陆其他地方，从左向右行，也在公元前500年左右来源于闪语族语言，衍生出多种文字变体，是印度、中亚、东南亚等地区现今文字的始祖。现用的梵语文字仍是波拉米文字。（裴文，2007：11）

1.2.9　譬凡夫始于无明，得成常住，故因字制义，以譬涅槃。梵文义奥，皆此类也。

第二篇

第1部

2.1.1　是以宣领梵文，寄在明译。译者释也，交释两国，言谬则理乖矣。

2.1.2　自前汉之末，经法始通，译音胥讹，未能明练。故"浮屠""桑门"言谬汉史。音字犹然，况于义乎？

2.1.3　案中夏彝典，诵《诗》执《礼》，师资相授，犹有讹乱。《诗》云"有兔斯首"，"斯"当作"鲜"。齐语音讹，遂变诗文，此"桑门"之例也。《礼记》云"孔子蚤作"，"蚤"当作"早"，而字同蚤，虱此古字同文，即"浮屠"之例也。中国旧经，而有"斯""蚤"之异，华戎远译，何怪于"屠""桑"哉！

第2部

2.2.1　若夫度字、传义，则置言由笔，所以新旧众经，大同小异。

2.2.2　天竺语称"维摩诘"，旧译解云"无垢称"，关中译云"净名"，"净"即"无垢"，"名"即是"称"，此言殊而义均也。旧经称"众祐"，新经云"世尊"，此立义之异旨也。旧经云"乾沓和"，新经云"乾闼婆"，此国音之不同也。略举三条，余可类推矣。

第3部

2.3.1　是以义之得失由乎译人，辞之质文系于执笔。或善胡义而不了汉旨，或明汉文而不晓胡意，虽有偏解，终隔圆通。若胡汉两明，意义四畅，然后宣述经奥，于是乎正。

2.3.2　前古译人，莫能曲练，所以旧经文意，致有阻碍，岂经碍哉，译之失耳！

第三篇

3.1　昔安息世高，聪哲不群，所出众经，质文允正。安玄、严调，既亹亹以条理，支越、竺兰，亦彬彬以雅畅。凡斯数贤，并见美前代。

3.2　及护公专精，兼习华戎，译文传经，不愆于旧。逮乎罗什法师，俊神金照，秦僧融、肇，慧机水镜。故能表发挥翰，克明经奥，大乘微言，于斯炳焕。

3.3　至昙谶之传《涅槃》，跋陀之出《华严》，辞理辩畅，明踰日月，观其为美，继轨什公矣。至于杂类细经，多出《四含》。或以汉来，或自晋出，译人无名，莫能详究。

3.4　然文过则伤艳，质甚则患野，野艳为弊，同失经体。故知明允之匠，难可世遇矣。

第四篇

4.1　祐窃寻经言，异论咒术，言语文字，皆是佛说。然则言本是一，而胡汉分音；义本不二，则质文殊体。

4.2　虽传译得失，运通随缘，而尊经妙理，湛然常照矣。

4.3　既仰集始缘，故次述末译。始缘兴于西方，末译行于东国，故原始要终，寓之记末云尔。

三、今译

胡汉译经音义同异记

第一篇　论胡汉语言文字的共性和差异性

第1部　胡汉语言文字的共性

1.1.1　那神秘莫测的义理静默无声，全靠言语来表达；口头言语了无踪迹，要靠文字图显其语音。而文字记录口头言语就像"蹄"（捕兔的网具）网住了兔子，口头言语把握道理就像"筌"（捕鱼的竹器）困住了鱼，音义要符合一致，二者之间不可有偏颇和差池。因而文字囊括空间与时间，虽其形迹关涉人为之笔墨，而其实质合于神性。

1.1.2　文字的创造者古代主要共有三个：第一是梵天，创造梵文，其文从左向右行；第二是佉楼，创佉楼文，从右向左行；第三是仓颉，造汉字，其文从上向下行。梵天和佉楼都住在天竺，黄帝的史官仓颉居中夏。梵天和佉楼造字都沿用梵天所创的字母，汉字则取像于鸟兽之迹。梵文和佉楼文字母与汉字笔画确实大不相同，但传达意义的功能都一样。

第2部　胡汉语言文字的差异性

第1分　胡汉文字的种类、源流及原理

1.2.1　我虔敬地读到佛经上说，曾有六十四种文字，如鹿轮、转眼、龙鬼、八部，其书写的形制和字体都各不相同。其中只有梵文和佉楼文成为一流的文字，所以天竺各国称之为天书。天竺写经，虽都承用梵文，但其三十六国往往各有差异。

1.2.2　类比于中土，大概就像汉字由籀而篆的变体一样。那仓颉在远古所创的汉字，随着时代的变化而变化，在周朝变为籀文（大篆），在秦朝变为小篆，汉代则为隶书，经历了多次转变。至于演变出的其他汉字体，就有八体的仙、龙、云、芝诸体；还有二十四书的楷、草、针、殳诸体。汉字字体演变

的名与实虽繁多，广为流传运用的却相对较少。

1.2.3 可汉字原初意义固定，而其根本原理都在于六书，且字体变化能满足时代要求才算灵敏，则其关键是隶变的笔法最重要。东西方文字源流之理从此也可见一斑。

第2分 胡语发音与表意

1.2.4 至于胡语，其字（单词）有一个或多个（元）音不能确定，有时一字（词）多义，有时若干个字（单词）又形成只有一个意思的短语。

1.2.5 研读《大涅槃经》，上列有五十个字母，用十四个（元）音可表达所有意义，称为字本。观察其发语裁音，各音素之间抑扬顿挫且互为凭借，有的是舌根音，有的是唇末音，发音的长短各不相同。

1.2.6 况且，胡语仅一个字（单词）并不算成句，还需要其他词配合才足以组成完整的句子，然后才能全面地表达意义。这样，译者要传达原意又怎能不难啊。

第3分 梵语的半字与满字

1.2.7 再者，梵语行文有半字和满字之分。之所以称为半字，是因为意义的表达并不完整，单词还缺少另外一半，正如汉字的"月"字，本义就指月缺，缺了一块。那些称为满字的梵语单词，因为词结构完整，可以完全表达意义，就像汉字的"日"字，本义就指结构完整的太阳。所以梵语的半字就有坏的意思，用来比喻烦恼这个佛教概念，满字就有好的意思，用来比喻"常住"这个佛教概念。

1.2.8 梵语的半字又是字（词）的构件，如汉字"言"；满字即为全字，如汉字"诸"。把"者"配"言"字才形成"诸"字。"诸"字需要"者""言"二字的合成，这就是满字的例子；"言"字单立，这就是半字例子。半字虽为单个构件，却是满字的组成部分，因为有半字才能形成满字。

1.2.9 凡夫就像半字有缺陷，从无明开始，最后才能得到修成的佛果，又根据满字的结构引申出圆满之意，以满字来比喻佛果涅槃。梵文意蕴深奥，都属这类情形。

第二篇 论佛经译者和执笔者

第1部 译者

2.1.1 所以，理解和表达梵文的意义总是托付给高明的译者。翻译就是解释，在两国之间相互解释，译言错误就与原文的道理相悖。

2.1.2 西汉末年佛经开始到达中土，但其音译都有差错，不够精准。所以，佛陀译成"浮屠"、沙门译成"桑门"之类错误的音译词见于汉史。音译

佛经中的专有名词尚且如此，何况经义的翻译？

2.1.3 就是中夏本土典籍，我们奉诵其中的《诗经》和《礼记》，老师代代相传授都存在着错误和混淆之处。《诗经》里有诗行"有兔斯首"，其中的"斯"当作"鲜"。因为当今南朝齐口音的错误，竟然更改了诗文，这与上述"桑门"的例子相同。《礼记》曰"孔子蚤作"，"蚤"作"早"的意思，但字写成"蚤"，"蚤""蚤"这两字古字相同，这与上面"浮屠"的例子一样。中国固有的古籍还有"斯""蚤"这类的变异，而中华翻译从西方远道而来的佛典，怎会责怪"屠""桑"之类的音译误差！

第2部　执笔者

2.2.1 至于佛典翻译，无论是从词的层面还是在意义上解释，汉译成文取决于执笔者，所以众经不管是新译还是旧译都大同小异。

2.2.2 天竺语"维摩诘"，旧译是意译，称为"无垢称"，关中佛典译场译作"净名"，"净"即"无垢"的意思，"名"就是"称"，这是意译时用词不同而意义相同的例子。佛陀的旧译是"众祐"，新经译为"世尊"，两个译名立义的旨趣不同。旧经把香神或中有这个外语词音译为"乾沓和"，新经音译成"乾闼婆"，这是因为原文不同，发音不同。在此略举三例，其余可类推。

第3部　理想译者的条件

2.3.1 所以，佛典翻译意义之得失取决于译者，译文风格的质朴或华丽取决于执笔者。只通胡语而不懂汉语，或者懂汉语而不知胡语，即便知其一，终究不能互通无碍，文辞也不能周密畅达。只有胡汉语都懂，通彻原文的思想内容，然后来译述奥妙的佛经，这才是规范准确的翻译。

2.3.2 古代有的佛典译者在语言和文化上没有全通，造成旧经有的译文义滞不畅，怎么可能是原经不通啊，这是译者的过失啊！

第三篇　中土佛典汉译史及其标准论

3.1 当初东汉末年，安息国来华僧人安世高聪明睿智、卓越出众，所译佛典内容和形式准确而规范。安玄和严佛调的汉译文有条有理，读起来兴味无穷，竺法兰和三国吴支谦翻译的佛经既质朴又有文采，典雅流畅。这几位译典的先贤在前朝都显示了自己优秀的翻译才能。

3.2 之后曹魏末和西晋之间的译家竺法护专精于大乘佛典的翻译，既精通汉语文，又通晓西域诸国的语言文字，其佛典翻译并不逊于之前译家。到了东晋时鸠摩罗什法师翻译佛典，法师本人天资卓著，其弟子僧融、僧肇等智慧超群而能透彻地理解和充分表达深奥的经义，大乘佛典精深微妙之义至此炳耀

焕然。

3.3　东晋北凉僧人昙无谶译《大般涅槃经》,后秦至刘宋时僧人佛陀跋陀罗译《华严经》,言辞与内容和谐流畅,比日月还明朗,他们译得如此美好,探究其法与鸠摩罗什如出一辙。至于各类短小的佛经多半出自四部《阿含经》,或汉或晋朝时译出,译者没有留下名号,不能详探其究竟。

3.4　可佛典翻译文采太丰饶则失之于艳丽,朴素过头则失之于粗野,粗野和艳丽都是弊病,都扭曲了原经的本质。所以忠实明察且恰到好处的译家世间难逢难遇啊。

第四篇　全文结论

4.1　我研究佛经后个人认为,无论其中有多么纷繁之论和多么神妙之咒术,其中的言语文字都是佛所说的话。那么佛经的整个学说是一致的,只不过有胡汉之语言文字的差异;佛经风格只有一个,只不过胡汉行文存在着或质朴或文雅的风格不同。

4.2　虽然佛经翻译有得有失,其流通也任其自然,但佛经的神妙真理之光必然永远澄澈地照耀着。

4.3　我在本文中既虔诚地先探究了中土佛典翻译的缘起,又论述了离我们今天最近的翻译情况。中土佛典翻译的根源在于西方,而中土至今都还在翻译,所以佛典译事的原始要终放在本文末尾加以强调。

本节结论

本节给原文详细加注,行文由繁体汉字转为简体,并加现代标点,将古代行文方式改为今天行文方式。

第三节　《胡汉译经文字音义同异记》翻译理论内容及其篇章结构

《胡汉译经文字音义同异记》出自《出三藏记集》卷一,这相当于全书导言,为全书的撰缘记,"分为五目……阐述释迦逝世后,弟子们结集经律论的情况,佛藏的分类,梵汉文字起源及差异,梵文新旧译语的不同等,可以说是本书的导言"(释僧祐,1995:11)。这"五目"实际上就是五篇以本土"记"为形式的独立文章,用以论述上述问题,而《胡汉译经文字音义同异记》是其中第四目,以胡汉语言文字的同异为起点专论中土佛典翻译的理论问题。接下来的第五目的《前后出经异记》,笔者认为从理论逻辑上说可以视

为第四目《胡汉译经文字音义同异记》第二篇第 2 部 2.2.1 段（"若夫度字、传义，则置言由笔，所以新旧众经，大同小异"）的举例附录，但僧祐在《祐录》卷一中将之单独列为一目，在正文中也令其单独成篇（T2145, 55.5a13 - b9；释僧祐，1995：15 - 17）。有学者把这第五目当成《胡汉译经文字音义同异记》的最后部分（Cheung，2006：122）是不妥当的。《胡汉译经文字音义同异记》用 Microsoft Word 2010 统计，带句读共有 1335 个字，从理论内容和结构来分析，全文可分四篇，篇下分部，部以下划为分或段。

一、第一篇　论胡汉语言文字的共性和差异性

文章的第一篇论胡汉语言文字的同异性，包含两部。

（一）第 1 部　胡汉语言文字的共性

1.1.1 段：语言文字的三大共性

语言文字的三大共性，一是获取言语文字意义的工具性，二是表达运用的音义一致的关键性，三是文字囊括时空的强大功能性。

首先言、文、义三者的关系在于语言文字获取意义的工具性。不论何种语言，靠言辞表达意义，其有声言语的作用即在于此，而文字的作用是把言语以视觉形象显示出来并加以固定，进而也表达意义。僧祐这里虽运用《庄子》言义之辨的典故"故字为言蹄，言为理筌"，但借用"蹄""筌"两种工具形象地说明了言语和文字对于义的工具作用，而意义是人利用工具捕捉的对象。《庄子》着重讲得意忘言，与此处的论题并不一样。

其一，言、文、义三者的上述关系是所有语言文字的共性，这也是中土佛典翻译的前提，因为中土佛典翻译不出语言文字层面的转换。但僧祐的语言观并没有停留在这个层面。

其二，言语文字的音义要一致，二者之间不可有偏颇和差池（"音义合符不可偏失"）。言语文字的正确应用要靠音义的符合一致，这也是所有语言文字的共性。

其三，文字具有囊括空间与时间（"弥纶宇宙"）的强大功能，文字不仅仅是语音的机械记录，也有自身独特的表达方式。针对这个问题，法国当代哲学家利科的观点与这里相似："文字绝不只是以书面形式固定口语……话语的意义与物质媒介之间出现了某种捷径……话语的命运交给了文字，而不再是声音。"（Ricoeur，1976：28 - 29）文字囊括时间与空间的强大作用也是所有文字的共性。

由此可以见，僧祐此处所持的语言观并不是1500多年后以索绪尔为代表的现代西方语言结构主义强调以口头言语为核心作用的语言观（索绪尔，1999：47-49）。文字的运用囊括时间与空间，与今天哲学家利科的下述观点相似："从听到读的转移从根本上说是与从声音的时间特征到文字的空间特征相联系的。印刷术的出现使语言的普遍空间化得以最终完成。"（Ricoeur，1976：42）僧祐强调文字的特殊作用，既有人以口语认知世界的方式，又有人以文字本身认知世界的方式。所以外来的佛典从内容到形式虽与中土具有相当大的时空距离，但运用文字可克服时空的障碍。

1.1.2 段：胡汉文字起源不同但传理功能相同

顺着这个语言观的思路，僧祐认为虽然胡汉文字起源不同，但这两种文字的功能相同。他说古文字的起源有三种：梵天创梵文，佉楼创佉楼文，仓颉造汉字。僧祐借这种神创文字说表达了自己的观点，即认为汉文字与梵文、佉楼文的文字创造原理不同，此处应尤其关注。汉字与梵文、佉楼文的创造原理不同之处在于梵天和佉楼造字都沿用梵天所创的字母（"取法于净天"），汉字则取像于鸟兽之迹（"因华于鸟迹"）。梵文和佉楼文字母与汉字笔画确实大不相同，但传达意义的功能都一样。胡汉文字起源不同，写法笔画不同，成字原理不同（"文画诚异"），但传达义理的功能相同（"传理则同矣"）。

总之，语言文字的共性包括言语文字的意义获取和表达的工具性、其运用音义一致的关键性、文字固定和囊括时空的强大功能性。这样的语言文字共性可以奠定中土外汉佛典翻译可译性的基础。

（二）第2部 胡汉语言文字的差异性

第1分 胡汉文字的种类、源流及原理

1.2.1 段：天竺和西域有六十四种胡或梵文字

当时天竺和西域有六十四种胡或梵文字，即"六十四书"。僧祐是律学大师，熟读相关佛典，根据记载，西土曾有六十四种文字，如鹿轮、转眼等，其书写的形制和字体各不相同。天竺写经虽都承用梵文，但在西域各国往往各有差异。这在佛经上都有案可稽，参见笔者第二节的注释。

1.2.2 段：中土汉字书体的演变及其造字原理

仓颉在远古所创的汉字，随着时代而变化，在周朝变为籀文，在秦朝变为小篆，汉代则为隶书。至于演变出的其他汉字体，就有八体和二十四书诸体。今天我们可以看到，八体的说法出自汉朝许慎的《说文解字》（许慎，1963：315），二十四书在后世唐朝韦续的《墨薮》中还有记载。

1.2.3 段：汉字原初意义恒定且原理不变

汉字书体尽管在变化，但汉字的原初意义固定，而变化原理都在于六书，且隶变的笔法最重要。

第2分　胡语发音与表意

本分论述胡（梵）语的字母、发音、词、词的结构和由词组句等特点。

1.2.4 段：胡语单词的语音构造及其词组的表意特点

胡语字（单词）有一个或多个（元）音不能确定，有时一字（词）多义，有时若干个字（单词）又形成一个短语，只有一个意思。

1.2.5 段：胡语字母和元音数量与表意及发音

《大涅槃经》中列有五十个字母，用十四个（元）音可表达所有意义，称为字本。其发语裁音，各音素之间抑扬顿挫且互为凭借，有的是舌根音，有的是唇末音，发音有长有短。

1.2.6 段：胡语的组词成句及其表意

胡语仅一个单词不算成句，还需要其他词配合才足以组成完整的句子，这样才能充分表达意义。因此译者要传达原意困难重重。

第3分　梵语的半字与满字

本分论及梵语的词结构问题，梵语行文有半字和满字之分。笔者认为这里的半字指词结构不完整的词，满字指结构完整的词。僧祐在这里用汉字意义和结构来比附梵语的词结构，说明他对梵语词结构的理解并不到位。本分完全是对梵语词的分析。

1.2.7 段：梵语的半字和满字及引申出的佛教概念

用汉字"月"和"日"的意义来说明什么是梵语的半字和满字及其引申出的佛教概念。

1.2.8 段：梵语满字和半字的结构

用左右结构的汉字"诸"来说明梵语满字和半字的结构。

1.2.9 段：梵语半字结构不完整及引出的佛教概念

梵语的半字结构不完整，由此引申为凡夫从无明开始，最后才能得到修成的佛果，又从满字的结构引申出圆满之意，以满字来比喻佛果涅槃。认为梵文意蕴深奥都属这类情形。

原作者论述胡语的特点，不自觉地滑向在词的层面展开对梵语词的分析和叙述，这再次说明僧祐还是懂一些梵语的，并非如有的学者说的他对外语一窍不通（Cheung，2006：122 - 123）。梵语属于印欧语。胡语主要是古代中亚语言，有大月支语、康居语、中世纪波斯语、古突厥语、于阗语、龟兹语等。

（羽溪了谛，1999：7）有的属于印欧语，还有其他系属，较复杂。

僧祐生活在中国的中古时代，距离现代语言学的诞生还很远，不可能用今天语言学的范畴和眼光来分析梵语和胡语的词，他只能以自己对汉语"字本位"（徐通锵，2005：79-84）的切身感受和深刻理解来比附梵语的词。

今天语言学家认为，只有汉语才有形音义三合一的、具有理据性的字（Chinese character or Sinogram），此为汉语所特有，与印欧语和其他语言的词（word）完全不同。（潘文国，2002：96；70-71）所以，这部分中僧祐多处称之为"字"的地方笔者认为都应该是指胡语或梵语的词这个概念。用汉语的"字"代指胡语或梵语的词，有时还用"字"指胡（梵）语的字母应是僧祐那个时代通行的不甚妥当的做法，应以这样的思路来观察僧祐这部分对胡梵语在词的层面上的分析。

第一篇的主题就是论述语言文字的共性和差异性，其共性是各种语言（包括胡语、汉语）之间可译性的基础，其差异是中土为何需要佛经翻译的根本原因。在本篇论述过程中，尽管文中有用汉语汉字比附论述的缺点，但从语言文字出发论述佛经翻译之理，其理论性在中国古代翻译论中堪称最强，以后也并无来者。

本篇明确显示，僧祐关于汉字的知识超过了其关于胡梵文字的知识。他所掌握的关于当时中土以西诸国（西域和古印度）语言文字的知识来自佛经，而对其字体和书写形制的演变的叙述并不具体，而只以汉字书体演变来类比。

应该指出的是，我们今天不能以自己所拥有的语言学和梵学知识睥睨、苛求僧祐，断言僧祐完全不懂外语（Cheung，2006：122-123）。我们今天的语言学，是经过了传统语文学发展的积累，加上后来18世纪现代语言学兴起并发展至今才形成的丰硕成果。我们今天所知道的梵学关于吠陀梵语的研究从公元前7世纪的梵语语言学家巴布拉维亚（裴文，2007：186）对语音的研究就开始了。萨卡莱是同期语词结构分析的先驱（裴文，2007：188），公元前5世纪的亚斯卡最早研究词源（裴文，2007：188），公元前4世纪的帕尼尼是梵语研究的集大成者（裴文，2007：186；190-191）……关于吠陀梵语的研究一直延续至今。

但是僧祐所处的时代离中国历史上唐朝的建立都还有一百多年，在欧洲还是罗马帝国崩溃刚蹒跚步入中古的时代，他当然还没有我们今天所知道的语言学，也不可能接触到今天所拥有的梵学知识。他仅仅通过读佛经所得到的中土之外印度梵语和西域其他外语及其文字方面的知识可以说一鳞半爪，而在当时的中土已相当可贵，算是当时凤毛麟角般的了解域外语言和文字知识的人物。

总之，原作者在本部分中的意图是论述胡汉语言文字之间的差异，阐明胡汉之间需要翻译的缘由。

（三）第一篇的内容和结构

第一篇的内容和结构如表3-1所示：

表3-1 第一篇的内容和结构

部、分、段主题	字数（个）	占比（%）
第1部 胡汉语言文字的共性	152	11.39
1.1.1 语言文字的三大共性	67	5.02
1.1.2 胡汉文字起源不同但传理功能相同	85	6.37
第2部 胡汉语言文字的差异性	478	35.81
第1分 胡汉文字的种类、源流及原理	185	13.86
1.2.1 天竺和西域有六十四种胡或梵文字	71	5.32
1.2.2 中土汉字书体的演变及其造字原理	76	5.69
1.2.3 汉字原初意义恒定且原理不变	38	2.85
第2分 胡语发音与表意	106	7.94
1.2.4 胡语单词的语音构造及其词组的表意特点	28	2.10
1.2.5 胡语字母和元音数量与表意及发音	48	3.60
1.2.6 胡语的组词成句及其表意	30	2.25
第3分 梵语的半字与满字	187	14.01
1.2.7 梵语的半字和满字及引申出的佛教概念	86	6.44
1.2.8 梵语满字和半字的结构	70	5.24
1.2.9 梵语半字结构不完整及引出的佛教概念	31	2.32
小计	630	47.19

本篇论外汉语言文字共性的篇幅大大小于论差异性的篇幅，二者共占全文总字数的约47.19%。

二、第二篇 论佛经译者和执笔者

本篇包含三部的内容，主要论述佛典译场上译者和执笔的作用与中土佛典译者应具备的条件。本篇是第一篇理论的延伸，依托语言文字的共性并克服差

异性的人就是译者和执笔者。

(一) 第1部 译者

2.1.1 段：强调译者的重要性

僧祐认为理解和表达梵文意义的任务总是托付给高明的译者。接着对翻译下定义："译者释也，交释两国"。翻译就是解释，在两国之间相互解释。而译者的译言错误就会使译文与原文的道理相悖，即"言谬则理乖矣"，这又从反面强调译者的重要性。

2.1.2 段：西汉末以来佛经汉译的音译错误

比如把佛陀译成"浮屠"，把沙门译成"桑门"。

2.1.3 段：中土典籍传授错误类比佛经汉译错误

中夏本土老师传授《诗经》和《礼记》都有错误和混淆。如《诗经》里的诗行"有兔斯首"，其中的"斯"当作"鲜"。《礼记》中"孔子蚤作"的"蚤"字写成"虱"，因为"蚤""虱"这两字古字相同。僧祐说，翻译错误都是译者造成的，这反证了译者的重要。

(二) 第2部 执笔者

2.2.1 段：汉译成文取决于执笔者

无论是从词的层面还是从意义的解释和传达层面看，佛典翻译的汉译成文都取决于执笔者，所以众经新译和旧译的音译或意译词都大同小异。

2.2.2 段：列举三例证明以上观点

例一，天竺语专有名词"维摩诘"，旧译是意译，称为"无垢称"，关中佛典译场意译为"净名"，这是意译时用词不同而意义相同的例子。例二，佛陀的旧译是"众祐"，新经译为"世尊"，两个译名立义的旨趣不同，但还是对佛陀的尊称。例三，香神或中有这个词旧译为"乾沓和"，新译是"乾闼婆"，虽说原文不同，发音不同，但译音相似。最后强调，佛典汉译意义之得失取决于译者，译文风格的质朴或华丽取决于执笔者。

中土佛典翻译汉语执笔者的关键作用表明，僧祐讨论的佛典翻译依然是中土的团队翻译，即佛典译场分工合作、各司其职的翻译，非某一个角色一手包干的翻译。执笔者决定佛典汉译文的风格，这个观点也是学界一直所忽略的。

(三) 第3部 理想译者的条件

本部用两段的篇幅论述译者的原语且译语皆通的两个条件，先正面论述，

后反面论述。

2.3.1 段：懂胡汉语且通彻原文思想内容

首先指出中土佛经译场上的实际情况，就是佛典翻译意义之得失取决于译者，译文风格的质朴或华丽取决于执笔者。外来僧人通外语且精通原经，但汉语不精，只能传义；而本土笔受的外语和原典不精，只能决定译文的风格。只通胡语而不懂汉语，或者懂汉语而不知胡语，即便知其一，终究不能互通无碍，文辞也不能周密畅达。理想的译者是胡汉语都懂且通彻原文思想内容的人，由这样的人来汉译奥妙的佛经，才能得到规范准确的翻译。

本段把外来译者与本土笔受的优点合一，即为理想译者的条件。本段的论述是以往研究者没有注意的。

2.3.2 段：条件不达标的译者必犯翻译错误

从译者不具备相应条件这一反面，强调译者条件的重要性。条件不达标（"莫能曲练"）的译者必然造成翻译错误（"译之失耳"），这个观点也是以前翻译学研究没有提到的。

（四）第二篇的内容和结构

第二篇的内容和结构如表3-2所示：

表3-2　第二篇的内容和结构

部、段及其主题	字数（个）	占比（%）
第1部　译者	171	12.81
2.1.1 强调译者的重要性	28	2.10
2.1.2 西汉末以来佛经汉译的音译错误	40	3.00
2.1.3 中土典籍传授错误类比佛经汉译错误	103	7.72
第2部　执笔者	117	8.76
2.2.1 汉译成文取决于执笔者	23	1.72
2.2.2 列举三例证明以上观点	94	7.04
第3部　理想译者的条件	100	7.49
2.3.1 懂胡汉语且通彻原文思想内容	70	5.24
2.3.2 条件不达标的译者必犯翻译错误	30	2.25
小计	388	29.06

依托语言文字之间的共性来克服差异性要靠译者，本篇是第一篇理论逻辑

的自然延伸。本篇专论译场的译者和笔受，占全篇总字数的约29.06%。

三、第三篇　中土佛典汉译史及其标准论

僧祐在本篇简要回顾了从后汉至南朝的中土佛典翻译史，评价了从后汉末至与作者所处的南朝的优秀佛典译家的佛经翻译，指出了佛典翻译的偏差，引出了佛典翻译的标准。本篇论述有四层意思，3.1段至3.3段这三层都是中土汉译史论，3.4段，即第四层是翻译标准论。

3.1段：东汉末至三国的翻译

赞扬了东汉末年从安息国来华的僧人安世高，他汉译佛典的内容和形式准确而规范（"质文允正"），肯定了安玄和严佛调的译文有条有理，读起来兴味无穷（"既亹亹以条理"），说竺法兰和三国吴支谦的翻译质朴又有文采，典雅流畅（"亦彬彬以雅畅"）。

3.2段：三国曹魏至两晋的翻译

说曹魏末和西晋之间的译家竺法护专精于大乘佛典的汉译，既精通汉语文又通晓西域诸国的语言文字（"兼习华戎"），其佛典翻译并不逊于之前的译家所译。

东晋时鸠摩罗什法师翻译佛典，法师本人天资卓著，其弟子僧融、僧肇等智慧超群而能透彻地理解和充分表达深奥的经义（"表发挥翰"），大乘佛典精深微妙之义至此炳耀焕然（"于斯炳焕"）。

3.3段：东晋北凉至南朝刘宋的翻译

高度评价了两位截至南朝刘宋时还在翻译佛典的两位外国僧人，在时间上与僧祐最近。

昙无谶是中印度人，携《大般涅槃经》和《菩萨戒经》等至罽宾，又到龟兹、敦煌。北凉玄始十年（421）已是南朝刘宋时，他至姑臧，受到北凉王沮渠蒙逊礼遇。学汉语三年后，以河西沙门慧嵩、道朗为助手，译出《大般涅槃经》。

佛陀跋陀罗，后秦时来华印度僧人，于后秦弘始八年（406）至长安。译出《达磨多罗禅经》。东晋义熙十二年到十四年与法显等译出《摩诃僧祇律》40卷；同时译出《大般泥洹经》6卷。后又创译《华严经》60卷；经重校至刘宋永初二年（421）完成。佛陀跋陀罗译《华严经》，言辞与内容和谐流畅（"辞理辩畅"），译得如此美好（"明逾日月"），探究其法与鸠摩罗什如出一辙。

3.4段：中土佛典汉译"明允"的标准论

本段是中土佛典汉译标准论。这是僧祐本文最重要的观点之一，可视为第

三篇的结论:"然文过则伤艳,质甚则患野,野艳为弊,同失经体。故知明允之匠,难可世遇矣。"僧祐认为,佛典翻译文采太丰饶则失之于艳丽,朴素过头则失之于粗野,粗野和艳丽都是弊病,都扭曲了原经的本质。所以忠实明察且恰到好处的译家世间难逢难遇。他在此顺势带出了佛典翻译的标准。这个翻译标准也是以往翻译学者没有提到的。"明允"是佛典翻译的标准,而文采太丰和过于质直都是偏差。本段之前提到中土佛典翻译史论就是为了引出这个翻译标准。

第三篇的内容和结构如表3-3所示:

表3-3 第三篇的内容和结构

段主题	字数(个)	占比(%)
3.1 东汉末至三国的翻译	52	3.90
3.2 三国曹魏至两晋的翻译	59	4.42
3.3 东晋北凉至南朝刘宋的翻译	64	3.37
3.4 中土佛典汉译"明允"的标准论	34	3.97
小计	209	15.66

上一篇为论译者,本篇自然就论证历史上的译者翻译时以什么为标准,本篇字数占全部字数的约15.66%。翻译标准从史论带出,其意在于以往先贤都以此为标准,今天我辈也应如此。僧祐翻译论遵循之前的《法句经序》和《摩诃钵罗若波罗蜜经抄序》的惯例,都是用翻译史论带出翻译标准论,都不直接论述标准。

四、第四篇 全文结论

这部分是全文最后的结尾篇。经过前面三篇的论述之后做出了三个结论和总结。

4.1 段 结论一

"祐窃寻经言,异论咒术,言语文字,皆是佛说。"这句是僧祐得出的本文第一个结论,无论佛经包含多么纷繁之论述、多么神妙之咒术,其中的言语文字都是佛所说的话,那么佛经包含的整个学说是一致的,只不过有胡汉语言文字的差异;佛经风格只有一个,只不过胡汉行文有或质朴或文雅的风格。这是从佛典的学说和风格指出了佛典的一致性和中土翻译的可行性。这从佛典的学说内容和风格上指出了中土佛典翻译的可行性。这是第一个结论。

4.2 段　结论二

"虽传译得失，运通随缘，而尊经妙理，湛然常照矣。"虽然佛经传译有得有失，其流通也任其自然，但佛经的神妙真理之光必然永远澄澈地照耀着。这其实是佛典翻译最根本的标准原则，无论原经和译典行文风格怎样，翻译得失如何，佛经如何流通，要坚持佛法真理的恒定如一。这是文章的第二个结论，其实就是佛典翻译的标准原则。

4.3 段　结论三

这段是僧祐对他这篇文章全文内容的简短总结。该文先探究了中土需要佛典翻译的根本原因，后又论述了离僧祐当时最近的译者的翻译情况。总之，中土佛典翻译始于从西方，而中土至今都还在翻译，所以把佛典译事的原始要终放在文章末尾加以强调。

本篇得出了全文的三个结论。结论之一：佛经整个学说、风格和佛法真理的一致性，暗含翻译的可行性。结论之二：胡汉语言文字、行文风格有差异，但其所含佛法真理具有恒定性。结论之三：对该文理论线索的梳理和总结。

五、全文的内容和结构

（一）全文的内容和结构

全文的内容和结构如表 3-4 所示：

表 3-4　全文的内容和结构

篇、部、段主题		字数（个）	占比（%）
胡汉译经音义同异记		9	0.67
第一篇　论胡汉语言文字的共性和差异性			
第 1 部　胡汉语言文字的共性		152	11.39
第 2 部　胡汉语言文字的差异性		478	35.81
	小计	630	47.19
第二篇　论佛经译者和执笔者			
第 1 部　译者		171	12.81
第 2 部　执笔者		117	8.76
第 3 部　理想译者的条件		100	7.49
	小计	388	29.06

篇、部、段主题		字数（个）	占比（%）
第三篇　中土佛典汉译史及其标准论			
3.1、3.2、3.3、3.4 段①			
	小计	209	15.66
第四篇　全文结论			
4.1、4.2、4.3 段		99	7.42
	总计	1335	100

与上文理论肇始期的两篇翻译论《法句经序》和《摩诃钵罗若波罗蜜经抄序》相比较，《胡汉译经文字音义同异记》这篇文章的结构比《摩诃钵罗若波罗蜜经抄序》更复杂，划分篇部段已不够，有的部之下要划为分，分之下再划为段。

（二）文章各部分的系统联系

所谓理论的系统性就是理论各部分之间具有相互支撑、不可分割的逻辑关系。

1. 理论逻辑联系

《胡汉译经文字音义同异记》的各篇之间有十分紧密的逻辑联系。第一篇先论述语言文字的共性，这是胡汉之间佛经可译性的基础。接着论述胡汉之间语言文字的差异，从二者的起源不同、种类不同、演变不同以及胡语的各种特点与汉语不同论述胡汉语言文字之间的差异，这是胡汉之间为什么需要翻译的根本原因。

第一篇用了 630 个字，占文章整个篇幅的约 47.19%，接近全文的一半。这是全文的主要部分，与其题目《胡汉译经文字音义同异记》或者说与其主题相吻合。

而要克服胡汉译经语言文字之间的差异和困难，关键角色就是译场上的译者，且执笔者也是决定译典成文及其风格的关键人物。译者的条件就是胡汉均通。这是第二篇的理论内容，用了 388 个字，占全文篇幅的约 29.06%。

第三篇通过翻译史的回顾明确带出了中土佛典译者的翻译标准："明允"，

---

① 为简化表格，各段主题及字数、占比省略，具体参见前表。后章表格也有出于简化目的进行省略的情况，不再一一赘述。

而文采太丰和过于质直都是偏差。这部分用了209个字，占全文篇幅的约15.66%。

最后篇是全文的结论，用了99个字，约占全文的7.42%。依然从佛经整个学说、风格和佛法真理的一致性和恒定性，以及胡汉语言文字、各自行文风格和翻译的差异性的角度围绕主题下结论。最后以对全文理论线索的梳理和总结作结。

2. 理论联系简示

僧祐整篇文章的线索可以简示如下：语言文字（胡和汉）的共性和差异性（全文理论主体）→译者和执笔者的关键作用（依托共性克服差异）→通过译典史的回顾带出译者翻译的标准→围绕主题给全文下结论。

本节结论

《胡汉译经文字音义同异记》分为四篇。第一篇论述语言文字的共性和差异性，共性是胡语和汉语之间可译性的基础，差异性是必须翻译的原因。本文是一篇从语言文字共性和差异性出发，论述外汉佛经翻译的论文。这篇翻译论的理论性之强与之前道安和支谦成篇的佛典翻译论迥异，且几乎没有宗教成分，这样的翻译理论无疑处于当时的最高水平。

第四节　《胡汉译经文字音义同异记》的英译问题

现有经中国香港学者余丹（Diana Yue）和张佩瑶（Martha Cheung）联袂英译的《胡汉译经音义同异记》（Yue & Cheung，2006：118-122）。这个英译本最大的问题是原本来源不可靠，其次是隐化或省略了原文的一些内容。

一、原本出处不清

研究中国古代佛典翻译理论，各种版本的大藏经如《大正藏》《中华大藏经》《明藏》《清藏》等是不可缺少的基本原始资料。但余丹和张佩瑶的英译本首先不以学术界通用的任何一种藏经为依据。英译者宣称其原文本也出自罗新璋之手（Yue & Cheung，2006：122）。笔者又查阅罗新璋编1984年版《翻译论集》，里面并无僧祐这篇论文，只是该书2009年修订版有个经大量删节的简体字本，仅宣称"节录自《出三藏记集》卷一"（罗新璋、陈应年，2009：54），前后与英译本都不对应，也不可能与此对应，因为余张的英译本出版在2006年，早在罗新璋修订本出版的三年前。除了上述来源不清，其英译文还

有以下隐化问题。

二、原文结构要件丢失且其内容隐化

英译者隐化了原文某些内容，其隐化动机不可追寻，但可以分析对原翻译论的结构和内容的损伤和影响。

（一）隐化原文第三篇

余张二人的英译本首先隐化了原文第三篇，即原文从"昔安息世高"至"难可世遇矣"（T2145，55.4c25 – 5a7）的 209 个字，约占全文 15.66% 的内容。这部分僧祐回顾和评价了从后汉至南朝的中土佛典翻译史，指出了佛典翻译的偏差，提出了佛典翻译的标准。该段罗列和评价了从后汉末直到与作者所处的南朝的优秀佛典译家，简要回顾了这段中土佛经翻译史，提出了"明允"是佛典翻译的标准，而文采太丰和过于质直都是偏差。原作者在这部分回顾和评价之前的中土佛典翻译史是为了确立中土佛典翻译的标准。笔者认为，翻译学者研究僧祐这篇翻译论，这部分缺失对翻译学而言最难以接受。

（二）原文最后结论段缺失

其次英译本缺失原文的最后第四篇（T2145，55.5a7 – 12）从"祐窃寻经言"至"寓之记末云尔"共 99 个字约占全文篇幅 7.42% 的内容，属于全文的总结，如上所述含整篇翻译论的三个结论。这三个结论中，4.3 段结论的翻译理论性相对而言不太重要，但缺少上述 4.1 段和 4.2 段的结论，让这篇佛典翻译论的理论价值大打折扣。

（三）原文举例和论证的隐化

英译本还隐化了原文第一篇第 2 部第 3 分对梵语词结构的一个论证，省略了原作者在 1.2.8 段以汉字"诸"的结构为例进行论证的从"又半字为体"至"即半之类也"共 52 个字（含句读）的内容。

另外原文第二篇论述译者和执笔者在中土佛典翻译中的关键作用与中土佛典译者应具备的条件。其中僧祐在 2.1.2 和 2.1.3 段论述中土佛典翻译的义理错误，用中夏本土老师传授自己的典籍《诗经》和《礼记》时出现的错误和混淆来类比。英译者（Yue & Cheung，2006：121）把这个举例论证全部省略，略去了如下原文 113 个字（带句读）的内容："故'浮屠''桑门'言谬汉史。"（T2145，55.4c7 – 8）"案中夏彝典，诵《诗》执《礼》，师资相授，犹

有讹乱……中国旧经，而有'斯''蚤'之异，华戎远译，何怪于'屠''桑'哉！"（T2145，55.4c8－14）

本节结论

余丹和张佩瑶的英译本隐化了原文 473 个字的内容，约占全文 35.43% 的篇幅。英译本对原文每篇都有省略，原文第一篇省略 52 个字，第二篇省略 113 个字，第三和第四篇共省略 308 个字。英译文这样省略造成了这篇完整翻译论理论结构的致命缺陷。原本理论结构完整、理论内容相互支撑的翻译论，其英译本却成了内容残缺不全、结构失稳的残本。

第五节 《胡汉译经文字音义同异记》的译学评价

《出三藏记集》以佛经目录为主干，记述大量佛教文史资料，包括中土汉译大小乘经律论所作的序言和后记，还收录三十多篇译经弘法或西行求法僧人的传记。所以，《胡汉译经文字音义同异记》的产生基于作者所掌握的汉地译经的丰富史料和经验积累，其产生年代尽管比本书第一章的《法句经序》晚了两百多年，比第二章的《摩诃钵罗若波罗蜜经抄序》晚了一百多年，但作为系统翻译专论而言是中国最早的一篇。它是最早的纯佛典翻译论，其光芒掩隐于《出三藏记集》。根据笔者掌握的资料，《胡汉译经文字音义同异记》并未引起当时及其后各朝代学界的反响，直到 20 世纪末 21 世纪初才引起中国翻译学者的注意。

一、以往翻译学者的评介

21 世纪以来主要是翻译学者研究过僧祐的《胡汉译经文字音义同异记》，并对它有所评价。

（一）陈福康

陈福康对《胡汉译经文字音义同异记》的总体评价是其从佛教史的角度对有关资料进行了收集和整理。（陈福康，2000：23）这个评价不算高且不公允。他研究这篇翻译论的视点混乱跳跃，且只研究了局部。陈福康的论述篇幅很也有限，只有不到两页的论述。总体而言，对论文的翻译理论性质，对各部分的分论点，对整篇文章的中心论点、理论线索及各部分论点之间的逻辑联系，对文章的优点和在翻译理论史上的独特地位都没有认真研究和明确认识。

他所得出的结论值得商榷。

（二）张佩瑶

张佩瑶的三段评论加起来总共有一页，对僧祐这篇翻译论的总体评价也不太高。她说：

> 僧祐的论述纵然可能有不足之处，但他试图努力把握梵语（？）难以捉摸的语法特点，揭示其词与词组之间微妙的音调变化，其认真态度不该斥之为完全不量力而行的无益之举。他在其文中显而易见的误解既意味深长又颇具魅力。他这一席翻译话语总（当然是无意识地）引起人们关注我视之为翻译对人思维的最大冲击，促使人们摆脱单语思维的桎梏并转入另一种截然不同的语言所形成的新思维模式所带来的冲击。我们在此可以感到那种冲击的力度。尽管僧祐努力的结果不太理想，但那股冲击力本身就是他才华横溢的求知欲和蓬勃活力的充分体现，而这正是其魅力之所在。（Cheung, 2006: 122–123）

这段算是张教授对僧祐整篇文章的总评价，再看看她头两段的具体评价。她第一段的评价开头就说僧祐"不懂外语且从未参加过佛典译事"（a monolingual person who had never been involved in the task of translation）（Cheung, 2006: 122），第二段第一句评价也说僧祐在其文中"但对梵语（？）的分析不甚高明"[was much less astute, however, in his analysis of the Fan (Sanskrit?) language]（Cheung, 2006: 122）。尤其在第二段还责备僧祐胡梵不分。

所以，张教授的评价负面多于正面，总体评价貌似肯定其实偏向否定，关键是失之于空洞和片面。究其原因，她虽然参与了这篇翻译论的英译，但译文本身只是个过分删减的节译本，其注意力在文章的局部，尤其关注文章的缺陷，加之其研究篇幅很有限，对文章的翻译论性质，对各部分的中心论点，对整篇文章的中心思想及其各部分观点之间的逻辑联系，对文章的优点和其在翻译理论史上的独特地位也都没有展开研究，当然对这篇翻译论缺乏正确认识。

（三）黄小芃

笔者以往对僧祐《胡汉译经文字音义同异记》的评价也不正确，明知它产生于隋彦琮《辩正论》之前，依然不认为它是中国翻译理论史和佛典译论

史上最早的非序言性质的系统翻译专论。（黄小芃，2014：384-386）其原因还是在于当时笔者专注于研究隋释彦琮的《辩正论》，而对《胡汉译经文字音义同异记》并没有深入研究。

那么，翻译学界应该如何正确评价并确立该文恰当的历史地位？笔者认为应该考察僧祐《胡汉译经文字音义同异记》产生的时间、其在翻译理论史上的继承和发展，也就是把它理论的性质、内容和系统性与之前三国吴支谦的《法句经序》和东晋释道安的《摩诃钵罗若波罗蜜经抄序》比较，然后才能公允全面地评价它，确立其历史地位。

二、历史的继承和发展

考察这篇翻译论的历史继承和发展，我们要通过与之前《法句经序》和《摩诃钵罗若波罗蜜经抄序》两篇完整翻译论的同异之比较才能看到其翻译论的理论独特性。

（一）与《法句经序》和《摩诃钵罗若波罗蜜经抄序》的理论共同点

1. 翻译理论结构的完整性

《胡汉译经文字音义同异记》与《法句经序》和《摩诃钵罗若波罗蜜经抄序》第一个最明显的理论共同点就是其理论结构的完整性。三篇翻译论都有头有尾，有中心论题，是有系统的，且各部分之间存在相互支持的逻辑联系。当然《法句经序》的系统性更偏向序言的系统性而非翻译论的系统性。

2. 都有中土佛典翻译的标准论

第二个理论共同点就是都提出了佛典汉译的标准。《法句经序》第二篇2.3段通过中土佛典翻译史的回顾，引出了佛典翻译的标准"译梵为秦，实得其体"（翻译佛典确实符合原本）和"犹常贵其宝，粗得大趣"（注重译文的纯实，基本符合原典主旨）。《摩诃钵罗若波罗蜜经抄序》第三篇3.1.1段也通过中土佛典翻译史论引出了"审得胡本"的翻译标准，这是第一维度（最基本和重要）的标准；提出了汉译文首尾衔接"合符"（3.2.2）的通达标准；还提出了佛典外译汉美文的标准"厌如复折"（3.2.2）。最终形成三维的标准。

《胡汉译经文字音义同异记》在第三篇中提出了"明允"（忠实明察且恰到好处）的佛典翻译标准，而文采太丰和过于质直都是偏差。这个标准也是通过第三篇的3.4段才引出来。上述三篇译论提出佛典翻译标准的方式相同，且

各具特色，但其忠实原本的理论共性显而易见。

3. 笔受的重要作用

三篇翻译论的第三个理论共同点就是间接显示或直接指出了笔受在中土佛典汉译中的作用。《胡汉译经文字音义同异记》第二篇2.3.1段明确说"辞之质文系于执笔"，译文风格的质朴或华丽取决于执笔者，而且僧祐在此把笔受的作用与译者的作用相并列："是以义之得失由乎译人"。

《法句经序》本身尽管没有直接论述笔受在佛典译场中的作用，但从整篇序言和支谦的生平资料中我们可以看到笔受的作用。《摩诃钵罗若波罗蜜经抄序》也没有直接提到笔受的重要作用，但从序言具体的论述可以看到。这两篇没有明确提出，而《胡汉译经文字音义同异记》明确指出了笔受的重要作用，这表明它在以上两篇翻译论的基础上有所发展。

4. 佛经翻译之难论

第四个理论的共同点就是都指出了中土佛典翻译之难。《法句经序》第二篇2.2段指出中土佛典翻译有三大困难。《摩诃钵罗若波罗蜜经抄序》在第二篇第2部中也指出了中土佛典翻译的三大困难（2.2.1段—2.2.2段）。《胡汉译经文字音义同异记》在第一篇第2部第2分的1.2.6段中也指出了中土佛典翻译之难："译人传意，岂不艰哉"。

以上四个理论共同点表明，三篇翻译论一脉相承，理论的背景相同，都是古代佛典的译场翻译，都是外译汉，此外，都是由外国人口译或主译，中土优秀人才助译。

（二）与《法句经序》和《摩诃钵罗若波罗蜜经抄序》的理论差异

《胡汉译经文字音义同异记》与之前吴支谦的《法句经序》和道安的《摩诃钵罗若波罗蜜经抄序》有共同点，但理论的差异是主要的，表明了《胡汉译经文字音义同异记》理论的独创性和发展。兹详论如下。

1. 性质和篇幅不同

首先，从翻译理论性质而言，《胡汉译经文字音义同异记》不是某部佛经的序言，也不是副文本，而是完全自成一体的关于中土佛典翻译的、纯粹的专篇论文。之前的两篇翻译论以介绍某部佛经及其汉译情况为主线来展开译论，而《胡汉译经文字音义同异记》是直接专论佛典汉译的论文，是更为成熟的纯中土佛典翻译论。

之前的两篇以佛经序言为叙事线索的翻译论，以某部佛经的汉译为主要背

景和叙事对象。《法句经序》论述的主线和背景是《法句经》,《摩诃钵罗若波罗蜜经抄序》围绕佛经《摩诃钵罗若波罗蜜经抄》而论。两文中的佛典翻译论就像一颗颗珠子,要由主文本论说和叙事主线串起来,如果没有这条主线,珠子就散了,《法句经序》尤其是这样。

再者,从篇幅上来看,《法句经序》总共 699 个字,且对原作原本的来历、作用等的认识论和介绍占了很大的篇幅,几乎达到 40%,剩下的内容才是较纯粹的翻译论。道安的《摩诃钵罗若波罗蜜经抄序》共有 904 个字,对原作和主文本的论述已退居次要地位,但依然占全篇大约 31% 的篇幅,而翻译理论叙事则占更大的比重。《胡汉译经文字音义同异记》有 1335 个字,是纯粹的翻译论,专门从语言文字的共性和差异性出发论述中土佛典翻译的理论问题,有中心论点,有论据和结论。从翻译理论的性质和篇幅而论,《胡汉译经文字音义同异记》在第一阶段中土翻译理论的肇始基础上已有很大的发展,实现了质的飞跃。

2. 中土佛典翻译之难理论的差异

《胡汉译经文字音义同异记》从梵语的发音和由词成句的语法角度论述中土佛典翻译的困难。观察其发语裁音,各音素之间抑扬顿挫且互为凭借,有的是舌根音,有的是唇末音,发音的长短各不相同。况且,胡语仅一个字(单词)并不算成句,还需要其他词配合才足以组成完整的句子,然后才能全面地表达意义。这样的困难属于外语语音和语法之难。

《法句经序》对中土佛经翻译之难的论述在序言的第二篇吴本《法句经》的翻译要素论中,其中 2.2 段指出了中土佛典翻译三大困难。第一大困难是"惟佛难值,其文难闻"。这是佛教性质造成的困难。其次是"又诸佛兴,皆在天竺",是地理阻隔所造成的困难。第三才是两地语言文字差异造成的困难。另外,序言 3.3 段质派指出佛凡之间存在差别,说"明圣人意深邃无极",这样的差别实际上暗含中土佛典译者如何克服凡圣之别的困难。

之后道安的《摩诃钵罗若波罗蜜经抄序》提出的"三不易"实际上与上述"明圣人意深邃无极"的性质相同,纯粹属于佛教性质,只不过他论述得更加详细,且间接开示了克服困难的方法。

3. 理论内容的纯粹性、理论的独创性和体系性不同

《法句经序》对原作或主文本的认识论占全文的 40%,然后是《法句经》吴译本两次汉译的论述,其中有佛经翻译文质交锋的论述,但在佛典翻译方法论上就没有《摩诃钵罗若波罗蜜经抄序》丰富。《摩诃钵罗若波罗蜜经抄序》中的佛典汉译标准论独特,方法论述也最多,除了有笔受成文原则的论述,其

"五失本"也是佛典翻译的第二客体变化的方法论，"三不易"仍然可归结为主体转化方法论，还有今天称之为深度翻译的论述。

《胡汉译经文字音义同异记》基本上没有翻译方法论，主要从语言文字的共性和差异性角度论述中土佛典翻译的理论问题，占全文最大的篇幅。而只有译者才能利用这种语言文字的共性（可译性）并克服其差异性，消除互通障碍，这个论题也是与论文主题必然相关的，接着论述译者工作的标准，最后从同一性（可译性）和差异性（翻译必要性）两方面下结论。与前两篇序言相比，这套理论是在内容上最纯粹的翻译理论，与以往的佛典翻译论完全不同，独树一帜。

再者，这篇翻译论不靠对其他相关文本的论述而自成一体，完全立足于自身各部分的逻辑支撑关系，从整体而论，与前两篇翻译论相比翻译理论性最强，是从语言文字角度专门论述中土佛典翻译的论文。

三、历史地位

（一）在中国古代翻译理论史上的地位

3 世纪中叶的三国吴地出现了以佛经序言叙事为主线的翻译论《法句经序》，这是中国最早的完整的翻译论。过了一百多年，道安在 4 世纪下半叶撰写了中国第二篇以佛经序言叙事为线索的完整翻译论《摩诃钵罗若波罗蜜经抄序》。一百多年后，在 5 世纪下半叶，僧祐作《胡汉译经文字音义同异记》这篇翻译专论。显然，中国翻译理论又上了一个台阶，进入了新阶段。从创作的时间而论，它是中国古代翻译理论史上继之前两篇序言形式的翻译论之后的第三篇翻译论，而从形式而言，它是出自佛经目录的唯一翻译论。

《胡汉译经文字音义的同异记》是专门从语言文字的共性和差异性的角度论证中土佛经翻译的论文，不是某经的序跋，更不是只言片语，完全符合我们今天所谓理论的基本特征，即理论是概念和原理的体系，是系统化的理性认识，具有全面、逻辑和系统性的特征（辞海编辑委员会，2000：3446）。

（二）在中国古代文化思想史上的地位

中国古代文化整体上重人道和实际运用技术，文人士大夫不喜欢复杂烦琐的纯理论及其思维习惯。（葛兆光，2001：41；55－56）而僧祐《胡汉译经文字音义同异记》诞生在中国佛教译经、讲经、辩论、造疏等大规模抽象理论活动盛行的大背景下，如此珍贵的系统纯粹的专篇翻译理论对中国古代思想也

有巨大的贡献。

本节结论

《胡汉译经文字音义同异记》出自中国现存最早的佛教经录，主论语言文字（胡和汉）的共性和差异性，次论中土佛典汉译的规律，包括译者和执笔者的关键作用（克服差异性），还论述了译者翻译的标准（通过回顾译典史来论述）。它是继以序言叙事为线索的翻译论之后纯粹的关于佛典翻译的系统专论。

它不是只言片语或者挂在某部佛经下以序言面目出现的翻译论，而是系统成篇的从语言文字出发专门论述中土佛典翻译的纯粹的理论文章，其译学理论水平超过了之前的两篇序言翻译论。尽管僧祐在论述过程中存在着用汉语汉字的特点来比附胡或梵语言文字特点的缺陷，或用中土本土经典教学所存在的字词错误比附佛典翻译经义的错误，但其中提出的几个翻译理论观点，比如言、文、意三者之间关系的共性以及文字的功能共性，译场上译者和执笔者的关键作用，翻译的标准等理论，还有全篇各部分理论间的逻辑联系，以往翻译学者的研究都没有提到，都值得今天的翻译学界关注和进一步研究。

这篇翻译论标志着中国古代翻译理论进入了第二阶段，是翻译理论发展阶段的第一篇文章，代表着当时翻译理论的最高水平。

章末结语

南朝齐、梁时僧人僧祐在其《出三藏记集》中所作的《胡汉译经文字音义同异记》是一篇主要从胡汉语言文字的共性和差异性角度论述中土佛典翻译理论的专篇论文，是中国古代翻译理论进入发展阶段的标志，是与以往文章性质完全不同的翻译论，其理论的内容和结构开始复杂起来。

第四章　梁代慧皎的《高僧传·译经论》

慧皎（497—554）是南朝梁代佛教史学家，作《高僧传》，其前三卷的"译经"科为从东汉至南朝齐外汉翻译佛经的三十五位僧人作传，其中大多为天竺僧人，也有少数西域僧人和汉地僧人。该科收尾的"论曰"部分就是一篇佛经翻译论，基于该科所载译经僧人事迹，是论述从东汉一直到作者所处时代中土佛教传播和汉译佛典的一篇完整论文。此后佛教高僧传必有译经一科，科末必有翻译论，以"论曰"开头，如唐代道宣的《续高僧传》和赞宁的《宋高僧传》。慧皎的《高僧传·译经论》是僧传内翻译论的开山之作。

第一节　慧皎生平

慧皎是他《高僧传》序录中所说"实行潜光"高僧的榜样，为后人留下了一部彪炳史册的杰作，但确定其生平并不容易。

一、僧果的题跋

关于慧皎的生平，依据主要有两个，其一是《高僧传》卷十四末尾僧果的题跋：

> 此传是会稽①嘉祥寺慧皎法师所撰。法师学通内外，善讲经律。著《涅盘疏》十卷、《梵网戒》等义疏，并为世轨。又著此《高僧传》十三卷。梁末承圣二年（公元553年）太岁癸酉避侯景难来至湓城②，少时讲说。甲戌年二月舍化，时年五十有八。江州僧正慧恭经始，葬庐山禅阁寺

---

① 会稽：指会稽郡，秦始皇灭楚国、降越君后，于原吴、越地置，以境内会稽山为名。西汉、东汉时辖境又有变动。南朝宋孝建元年（454）后至于梁、陈，曾屡为东扬州治。（中国历史大辞典编纂委员会，2000：1113）

② 湓城：即湓口城，在今江西九江市区，以地当湓水入长江口得名。（史为乐，2005：2619）

墓。龙光寺僧果同避难在山，遇见时事聊记之云尔。（释慧皎，1992：554）

现行本《高僧传》末，僧果的这个题记，说慧皎57岁时在梁末承圣二年（553）避侯景难，迁到溢城（今江西省九江市），不废讲说。次年二月逝世。江州僧正慧恭①为之经营，葬于庐山禅阁寺墓。

但这段记载，道宣的《续高僧传》卷六《慧皎传》中没提到，之前的隋费长房的《历代三宝纪》，之后的唐智升的《开元释教录》，再后的五代义楚的《释氏六帖》卷十（义楚，1990：197），记载慧皎事迹时也都没有提及。有学者认为，这说明隋唐五代的人都没有看到这段题记，当为后人所附入。（中国佛教协会，1982：85）

关于"僧果题记"，当今学界考证了其中所涉及的两个人物"江州僧正慧恭"和"龙光寺释僧果"，基本认定是确实存在的历史人物。因此，基本上确认了"僧果题记"的可信性。（杨笑天，2014：41）杨笑天还根据萧绎《金楼子》和其他资料，认定张曼颖、江革的居住地在江州，慧皎晚年也居住在江州，佐证了"僧果题记"的可信性。（杨笑天，2014：42）

二、唐朝道宣作慧皎传

关于慧皎的生平，第二个根据是唐道宣的《续高僧传》卷六《梁会稽嘉祥寺释慧皎传》：

> 释慧皎，未详氏族，会稽上虞②人。学通内外，博训经律，住嘉祥寺。春夏弘法，秋冬著述。撰《涅盘义疏》十卷及《梵网经疏》行世。又以唱公所撰《名僧》颇多浮沉，因遂开例成广，著《高僧传》一十四卷。其序略云："前之作者，或嫌以繁广，删减其事，而抗迹之奇，多所遗削。谓出家之士，处国宾王，不应励然自远，高蹈独绝。寻辞荣弃爱，本以异俗为贤。若此而不论，竟何所纪？"又云："自前代所撰，多曰'名僧'。然名者，本实之宾也。若实行潜光，则高而不名；若寡德适时，则名而不高。名而不高，本非所纪，高而不名，则备今录。故省'名'

---

① 慧恭：僧果和慧恭都实有其人，见《胜天王般若波罗蜜经》卷七的经序。（T231，08.725 c21 – 726 a22）

② 上虞：上虞县，秦置，属会稽郡，治所在今浙江上虞百官镇。（史为乐，2005：185）

音,代以'高'字。"《传》成,通国传之,实为龟镜,文义明约,即世崇重。后不知所终。江表多有裴子野《高僧传》一帙十卷,文极省约,未极通鉴,故其差少。(道宣,2014:192-193)

慧皎生于公元 497 年,卒于 554 年,是相当于今浙江省绍兴市上虞区人,其俗家姓氏不详,住会稽嘉祥寺(在今浙江省绍兴市)。他每当春夏则讲经弘法,秋冬则专心著述。慧皎著有《涅槃经义疏》十卷,又著有《梵网经疏》,可惜早已亡佚。他最大的历史贡献是综合前人所作僧人传记,加以分类和编辑,形成《高僧传》十四卷,取材精审,义例明确,条理清晰,文采斐然,为佛教史籍名著。

本节结论

关于南朝梁代僧人慧皎的生平资料很少,但根据现有资料还是可以确定其生卒年和其他基本信息。

第二节 关于《高僧传》

一、成书时间

慧皎的生平资料现存很少,关于其《高僧传》成书的具体时间,从现有资料来看也扑朔迷离,只有几个可参照的时间点。第一个时间参照点在传末《序录》,慧皎说到他这本书所收录僧人传记的时间跨度是"始于汉明帝永平十年(67),终至梁天监十八年(519)"(释慧皎,1992:524)。唐智升的《开元释教录》卷六说《高僧传》完成在天监十八年(T2154,55.538c21),这不太准确,这年是《高僧传》序文中所称该传记录的史实范围的最末一年,全书完成理应还需要一段时间,只能算一个时间参照点。

第二个时间点在《高僧传》卷十三《齐上定林寺释法献传》,其中记载佛牙"以普通三年(522)正月"(释慧皎,1992:489-490)遗失的事件,这是《高僧传》实际最晚的纪事,当年慧皎二十六七岁。

第三个时间参照点在《高僧传》最后一卷的《序录》,其中收有慧皎与梁代名士王曼颖往来的信函,读后可知当时《高僧传》已近定稿成形,"赞论十科"(释慧皎,1992:554)已初具规模,作者请王曼颖评价其得失,王曼颖赞赏有加:"一日蒙示所撰《高僧传》,并使其掎摭。力寻始竟,但见伟才

纸弊墨渝，迄未能罢。若乃至法既被，名德已兴。年几五百，时经六代。……法师此制，始所谓不刊之鸿笔也。绵亘古今，包括内外。属辞比事，不文不质，谓繁难省，云约岂加。"（释慧皎，1992：552）。但此时王曼颖说他自己"不见旬日，穷情已劳。扶力此白，以伐述尽"（释慧皎，1992：553），就是健康状况不佳，走路都困难。所以，王曼颖的卒年也是《高僧传》最初成稿时间的参照，可据此倒推。

关于王曼颖的卒年，《梁书·南平王伟传》第二十二卷提到张曼颖卒，家贫无以敛，南平王派人周济治丧，江革①作为王曼颖的友人前去吊唁（姚思廉，2000：237）。南平王萧伟是梁武帝的兄弟，天监元年封为建安郡王（姚思廉，2000：236），天监十七年（518）改封南平郡王（姚思廉，2000：237），江革是萧伟多年的幕僚。通过江革的线索，有学者"推定王曼颖去世的时间应当就是在中大通五年（533）"（杨笑天，2014：44）。所以，在王曼颖去世的时候，慧皎约 37 岁，已完成《高僧传》的初稿。

杨笑天又根据萧绎《金楼子》卷四《聚书篇》中记载张绾曾送《高僧传》给萧绎的线索，断定慧皎《高僧传》最终完稿问世的时间最早不过大同六年（540），当年慧皎 43 岁，最晚也不过太清元年（547），当年慧皎 50 岁，且后者可能性更大。（杨笑天，2014：44 - 45）

二、写作动机

《高僧传·序录》透露了作者的写作动机，慧皎对以前僧传的缺点甚为不满，说：

> 众家记录，叙载各异。沙门法济，偏叙高逸一迹。沙门法安，但列志节一行。沙门僧宝止命，游方一科。沙门法进，乃通撰传论。而辞事阙略，并皆互有繁简，出没成异。考之行事，未见其归。宋临川康王义庆《宣验记》及《幽明录》、太原王琰《冥祥记》、彭城刘俊《益部寺记》、沙门昙宗《京师寺记》、太原王延秀《感应传》、朱君台《征应传》、陶渊明《搜神录》，并傍出诸僧，叙其风素，而皆是附见，亟多疏阙。齐竟陵文宣王《三宝记传》，或称佛史，或号僧录。既三宝共叙，辞旨相关，混滥难求，更为芜昧。琅琊王巾所撰《僧史》意似该综，而文体未足。沙门僧祐撰《三藏记》，止有三十余僧，所无甚众。中书郎郗景兴《东山

---

① 江革的事迹载《梁书·江革传》第三十六卷。（姚思廉，2000：363）

僧传》、治中张孝秀《庐山僧传》、中书陆明霞《沙门传》，各竞举一方，不通今古；务存一善，不及余行。逮乎即时，亦继有作者。然或褒赞之下，过相揄扬；或叙事之中，空列辞费。求之实理，无的可称。或复嫌以繁广，删减其事，而抗迹之奇，多所遗削，谓出家之士，处国宾王，不应励然自远，高蹈独绝，寻辞荣弃爱本以异俗为贤，若此而不论竟何所纪。（释慧皎，1992：523-524）

另外他对之前僧传多录名僧也略有微词：

> 自前代所撰，多曰名僧。然名者，本实之宾也。若实行潜光，则高而不名；寡德适时，则名而不高。名而不高，本非所纪；高而不名，则备今录。故省名音，代以高字。（释慧皎，1992：525）

也如陈垣所说，"本书以高僧为名，本有超绝尘世之意。当时僧众猥滥，徇俗者多，故慧皎之论，每为时所不喜"（陈垣，2001：19）。慧皎只收录高而不名的僧人，所撰故称之为《高僧传》。

三、写作方法

《高僧传·序录》也透露了慧皎写作该传记的方法，说：

> 尝以暇日，遇览群作。辄搜捡杂录数十余家，及晋、宋、齐、梁春秋书史，秦、赵、燕、凉荒朝伪历，地理杂篇，孤文片记。并博咨古老，广访先达，校其有无，取其同异。（释慧皎，1992：524）

他广泛搜集资料，普遍采访，力求信实，有所取舍，经过艰苦的努力，终于写成该僧传。《高僧传》：

> 凡四百五十三载，二百五十七人，又傍出附见者二百余人。开其德业，大为十例：一曰译经，二曰义解，三曰神异，四曰习禅，五曰明律，六曰遗身，七曰诵经，八曰兴福，九曰经师，十曰唱导。（释慧皎，1992：524）

四、十科分类

《高僧传》共十四卷，所录时间跨度从东汉明帝永平十年（67）到梁天监十八年（519），前后四百五十三载。（释慧皎，1992：524）正传有二百五十七人，附现二百四十四人。全书按照所录僧人突出的品行业绩分为十科。

一是"译经"，该科共三卷（第一至第三卷），介绍了从东汉至南齐朝翻译佛经的三十五位僧人的生平事迹。其中大多为天竺僧人，也有少数西域僧人和汉地僧人。该科可以说是从东汉到作者所处时代的一部纪传体的中国佛典翻译史，可以了解到不同时期的译经情况、译经种类和译经风格的变化。

二是"义解"，该科五卷（第四至第八卷），为从晋到梁一百一十位义学僧人撰写传记，其中多为汉僧，也有少数西域或印度僧人，如康僧渊、释昙翼等。这部分内容表现了各代学僧的学识、学说、著作，对儒道玄的态度，僧人与上层社会的关系，由此亦能了解到佛教义学在士大夫阶层的传播发展和佛教中土化的演进情况。

三是"神异"，该科两卷（第九至第十卷），介绍佛僧之神通与奇门异术。"如慧则之感香瓮，能致痼疾消疗。史宗之过渔梁，乃令潜鳞得命。白足临刃不伤，遗法为之更始。保志分身圆户，帝王以主加信。"（释慧皎，1992：399）

四是"习禅"，记述了能杳寂禅定的二十一位僧人的事迹。

五是"明律"，与"习禅"合为一卷（第十一卷），列传的十三位僧人皆精于禅学，并能树立戒范。

六是"亡身"，记叙了十一位僧人为供佛像或为造福业而甘为当烛自焚。

七是"诵经"，与"亡身"合为一卷（第十二卷），所载二十一位僧人，皆精习《法华》等经，出口能诵。

八是"兴福"，录十四位僧人，想方设法筹款建塔造像。

九是"经师"，此科所记僧人，皆善于讽诵佛经、吟咏歌赞、巧于音律，共有十一人。

十是"唱导"，加上"经师"二科与"兴福"科合为一卷（第十三卷），"唱导"所载僧人擅长宣唱经文，引导忏悔，共有十位僧人。"经师"在中国专指善于讽诵经文的人。（慈怡，1988：5554）

奇怪的是有学者把第九的"经师"科末尾的"论曰"节选视为翻译话语或传统译论，称之为"高僧传经师篇附论"（Cheung，2006：125）（朱志瑜等，2020：60-62）。然而，仅从其收录文本来看，该部分多半谈的是讽诵佛

经、吟咏歌赞、佛经音律的问题，尽管涉及一点翻译问题，但其主题并非佛经翻译，就算视作间接翻译话语都很勉强。

五、每科末论的特点

前八科论赞俱备，后二科有论无赞，每科末尾的"论"如作者在《序录》中所说："及夫讨核源流，商榷取舍，皆列诸赞论，备之后文。而论所著辞，微异恒体：始标大意，类犹前序，末辩时人，事同后议。若间施前后，如谓烦杂，故总布一科之末，通称为论。"（释慧皎，1992：525）

"论"实际是前叙和后议，对本科内容加以概括，对本科的主旨源流有所阐明，对其中突出人物也加以评定。另外还透露出作者对某事物的看法，反映出一些史实，阐述了该科的意义、源流，概评了其中的重要僧人和事象。如"义解"科申明了该科的重要性，如果没有正确的释义，会言伤其旨，义失其真。作者评价竺潜、支遁、道安、慧远等人的义解，说："使夫慧日余晖，重光千载之下；香土遗芬，再馥阎浮之地。涌泉犹注，实赖伊人。"（释慧皎，1992：343）

此外，"论曰"对佛教的一些概念和修行方式也有论述。比如，在"习禅"科末"论曰"部分慧皎说什么是禅及其作用：

> 论曰：禅也者，妙万物而为言。故能无法不缘，无境不察。然缘法察境，唯寂乃明。其犹渊池息浪，则彻见鱼石；心水既澄，则凝照无隐。《老子》云：重为轻根，静为躁君。故轻必以重为本，躁必以静为基。《大智论》云：譬如服药将身，权息家务。气力平健，则还修家业。如是以禅定力，服智慧药。得其力已，还化众生。是以四等六通，由禅而起，八除十入，藉定方成。故知禅定为用大矣哉。（释慧皎，1992：426）

又如，在"唱导"科最后的"论曰"部分，首先解释什么是唱导：

> 论曰：唱导者，盖以宣唱法理，开导众心也。昔佛法初传，于时齐集，止宣唱佛名，依文致礼。至中宵疲极，事资启悟，乃别请宿德，升座说法。戒杂序因缘，或傍引比喻。其后庐山释慧远，道业贞华，风才秀发，每至斋集，辄自升高座，躬为道首。先明三世因果，却辩一斋大意，后代传受，遂成永则。故道照、云颖等十有余人，并骈次相师，各擅名当世。夫唱导所贵，其事四焉：谓声辩才博。非声则无以警众，非辩则无以

适时，非才则言无可采，非博则语无依据。（释慧皎，1992：521）

所以，各科末尾的论主要在于说理评论，说明本科的意义、源流，概评其中重要僧人和事象，其实就是一篇以本科主旨为主题的完整论说文。而前八科末尾的论所含的赞，是用更文艺的形式高度概括了论的内容，是论的收尾和结论。赞的创作需要高超的文学才能和广博的相关知识。

本节结论

慧皎在其43至50岁时完成了其《高僧传》的写作，该传记开头第一至第三卷的"译经"科为从东汉至南齐在中土翻译佛经的几十位僧人作传，其中大多为天竺僧人，也有少数西域僧人和汉地僧人。该科可以说是一部从东汉到作者慧皎所处时代的纪传体形式的中国佛典翻译史。该科结尾的"论曰"部分是一篇完整的佛经翻译论。

第三节　《高僧传·译经论》译注

本章专门研究《高僧传·译经论》，笔者采用的原文出自《大正藏》，标点参考了中华书局1992年版《高僧传》相关章节。汤用彤说，该版本的《高僧传》经过了全面和细致的整理校注，用《大正藏》为底本，并采录其中一部分校勘记（宋元明三本部分）。以《弘教藏》、《碛砂藏》、《金藏》（即《赵城藏》，不全，缺七、八、十至十四卷）及金陵刻经处本互相校对，并参校《出三藏记集》（简称《祐录》）、《名僧传钞》、《名僧传目录》、《内典录》、《法苑珠林》（简称《珠林》）、《开元录》、《慧琳音义》（简称《琳音》）及可洪《随函录》（简称《洪音》）等书的有关部分（释慧皎，1992：1）。

一、繁体原文加注

論①曰：傳譯②之功③尚④矣，固⑤無得⑥而稱⑦焉。昔如來滅⑧後，長老⑨迦葉、阿難、末田地⑩等，並⑪具足⑫住持⑬八萬法藏⑭，弘道濟人，功用彌⑮

---

① 論：分析，说明事理。《书·周官》："兹惟三公，论道经邦，燮理阴阳。"另，一种以议论为主的文体，即议论文。用例见三国魏曹丕《典论·论文》，《文心雕龙·论说》："论也者，弥纶群言，而研精一理者也。"（汉语大字典编辑委员会，2010：4249）"论曰"可视为本科论文开始的标志。

② 傳譯：转译，翻译。汉董仲舒《春秋繁露·王道》："四夷传译而朝。"《世说新语·言语》："高坐道人不作汉语"南朝梁刘孝标注："〔高坐〕性高简，不学晋语，诸公与之言，皆因传译，然神领意得，顿在言前。"（汉语大词典编辑委员会、汉语大词典编纂处，1986：1629）此处"传译"从下文看不光指佛典的翻译，传还有佛教发展传播的意思。

③ 功：功绩，功业。如：立功，丰功伟绩，歌功颂德。《周礼·夏官·司勋》："凡有功者，铭书于王之太常。"又，成效，功效；成功。如：急功近利，事半功倍，徒劳无功。《周礼·夏官·槁人》："乃入功于司弓矢及缮人。"（汉语大字典编辑委员会，2010：398）

④ 尚：久远。用例见《吕氏春秋·古乐》和《史记·三代世表》。（汉语大字典编辑委员会，2010：610）

⑤ 固：副词，本来，原来。用例见《左传·僖公十五年》和《孟子·梁惠王上》。（汉语大字典编辑委员会，2010：772）

⑥ 無得：犹无从。《论语·泰伯》："泰伯，其可谓至德也已矣。三以天下让，民无得而称焉。"邢昺疏："三让之美，皆隐蔽不着，故人无得而称焉。"（汉语大词典编辑委员会、汉语大词典编纂处，1991a：132）

⑦ 稱：祝贺，颂扬。《论语·宪问》："骥不称其力，称其德也。"（汉语大字典编辑委员会，2010：2804）"无得而称焉"杨伯峻今译为："简直找不出恰当的词来称赞他。"（杨伯峻，1980：78）

⑧ 滅：梵语"vyupaśama"，寂灭之略称，即涅槃之意。度脱生死，进入寂静无为之境地，称为入灭。（慈怡，1988：5507）

⑨ 長老：佛教对释迦上首弟子的尊称。如长老舍利弗、长老须菩提。（汉语大词典编辑委员会、汉语大词典编纂处，1993a：583）

⑩ 末田地：梵名"Madhyantika"，巴利名"Majjhantika"，又音译作末田、末田提等，意译作中、日中、水中等。印度陀颇罗人，为异世五师之一，相传他为阿难之最后弟子，付法藏之第三祖，曾赴迦湿弥罗国降伏龙王，宣扬正法。（慈怡，1988：1939）

⑪ 並：副词，一起，一齐。《战国策·燕策二》："（蚌、鹬）两者不肯相舍，渔者得而并禽之。"（汉语大字典编辑委员会，2010：119）

⑫ 具足：具备满足的意思。（丁福保，1991：1285）

⑬ 住持：护持佛法，使之久住于世间的意思。（中国佛教文化研究所，2008：110）

⑭ 八萬法藏：即八万四千的法藏。（陈义孝，2002：35）法藏，又名佛法藏，佛所说之教法也，教法含藏多义，故名法藏。多法集积，故又曰法蕴，其数有八万四千，释之者有多义。（丁福保，1991：1414-1415）

⑮ 彌：副词，表示程度加深。《论语·子罕》："仰之弥高，钻之弥坚。"战国宋玉《对楚王问》："其曲弥高，其和弥寡。"（汉语大字典编辑委员会，2010：1072）

博①，聖慧日光，餘暉未隱。是後迦旃延子②、達磨多羅③、達摩尸利帝④等，並博⑤尋⑥異⑦論，各著言說，而皆祖述⑧《四含》，宗軌⑨三藏。至若⑩龍樹⑪、

---

① 博：大。用例见《诗·鲁颂·泮水》《淮南子·泛论》。又，宽广，广阔。用例见《楚辞·离骚》，又见《晋书·王豹传》："圣恩博远，至忠至仁。"（汉语大字典编辑委员会，2010：75-76）

② 迦旃延子：就是摩诃迦多衍那，又称迦旃延等，梵名"Mahākātyāyana"，巴利名"Mahākaccāyana"，释迦牟尼十大弟子之一。原出家学外道，后作释迦弟子。小乘上座部之首传人，谓其能分别诸经，善说法相，故称"议论第一"。（慈怡，1988：6080）

③ 達磨多羅：梵名"Dharmatrāta"，又作昙摩多罗、达磨怛逻多，意译作法救。为说一切有部之论师，继婆须蜜（世友）、瞿沙（妙音）之后出世。《大毗婆沙论》卷七十七称之为说一切有部四大论师之一，或谓师为婆沙会四人论师之一。（慈怡，1988：5671）

④ 達摩尸利帝：梵名"Dharma-śresthin"，意译为法胜，为《阿毗昙心论》的作者、说一切有部之论师，晋译为达磨尸梨帝，西域土火罗缚蠋国（Tukhāra-balkh）人。他因其著250偈的《阿毗昙心论》，故有论师之称，其事迹不详，关于其出生年代亦有各种不同说法。（慈怡，1988：3391）

⑤ 博：广泛，普遍。用例见《论语·雍也》和《荀子·天论》。（汉语大字典编辑委员会，2010：76）

⑥ 寻：探究，研究。（见第三章第二节注释）

⑦ 异：不同的，别的，其他的。（汉语大字典编辑委员会，2010：2720）

⑧ 祖述：阐述，发扬。用例见《汉书·司马迁传》。（汉语大词典编辑委员会、汉语大词典编纂处，1991a：847-848）

⑨ 宗轨：宗族的传统、旧则。汉班固《典引》："陛下仰监唐典，中述祖则，俯蹈宗轨，躬奉天经，惇睦辨章之化洽。"（汉语大词典编辑委员会、汉语大词典编纂处，1989a：1353）此处用作动词，遵从奉行的意思。

⑩ 至若：连词，表示另提一事。（汉语大词典编辑委员会、汉语大词典编纂处，1991b：787）

⑪ 龍樹：梵名"Nāgārjuna"，音译那伽阏剌树那，为印度大乘佛教中观学派的创始人，又称龙猛、龙胜。他二三世纪出生在南印度，属婆罗门种姓。幼年皈依佛教。初习小乘教规，后在雪山（喜马拉雅山）一带得大乘经典，加以系统地阐述。其著作甚多，主要有《中论颂》《十二门论》《空七十论》等。（慈怡，1988：6393-6394）

馬鳴①、婆藪盤豆②，則於方等③深經④，領⑤括樞要⑥。源發般若⑦，流貫雙

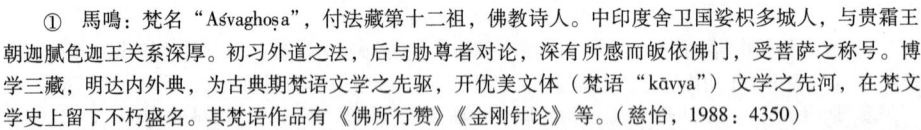

① 馬鳴：梵名"Aśvaghoṣa"，付法藏第十二祖，佛教诗人。中印度舍卫国娑枳多城人，与贵霜王朝迦腻色迦王关系深厚。初习外道之法，后与胁尊者对论，深有所感而皈依佛门，受菩萨之称号。博学三藏，明达内外典，为古典期梵语文学之先驱，开优美文体（梵语"kāvya"）文学之先河，在梵文学史上留下不朽盛名。其梵语作品有《佛所行赞》《金刚针论》等。（慈怡，1988：4350）

② 婆藪盤豆：世亲，梵名"Vasubandhu"，音译婆藪槃豆、筏苏槃豆等。印度佛史上有两个世亲，有古新之分。其一，古世亲即富娄沙富罗城侨尸迦之子、无著之弟，出家后初学说一切有部之学，后转习大乘，古印度大乘佛教瑜伽行派创始人之一，其年代应在320年至380年间；著作有《俱舍论》三十卷、《摄大乘论释》十五卷。其二，新世亲，其出生地不详，曾以佛陀蜜多罗为师，属有部，然又倾向经量部；其年代在400年至480年之间。其著作有《俱舍论》《七十真实论》等。（慈怡，1988：1529-1530）在此语境应指古世亲。

③ 方等：梵语"vaipulya"，巴利语"vedalla"，音译作毗佛略、毗富罗等，意译为方广、广破、大方广、大方等。九部经或十二部经之一部。又指大乘经典，即广说广大甚深之义者。于大乘佛教中，主要作为指大乘经典之用语，后世之小乘三藏（佛教圣典）中并未所说及方等，故方等不仅意味其量之广大，主要指在内容上说广大平等之理趣者。大乘经典之名称冠以大方等、大方广等语名，系为与九部经、十二部经之一的方等加以区别。以方等意谓大乘经典，故大乘经典亦称大乘方等经典。（慈怡，1988：1441）

④ 深經：诸大乘经典之通称，此等经典宣说诸法实相深理，故称深经，与"深藏"一语同义。（慈怡，1988：4660）

⑤ 領：记录。《文选·杂诗》："沈迷簿领书，回回自昏乱。"（汉语大字典编辑委员会，2010：4652）

⑥ 樞要：关键，纲领。用例见《荀子·正名》和南朝梁刘勰《文心雕龙·论说》。（汉语大词典编辑委员会、汉语大词典编纂处，1989b：1259）

⑦ 般若：梵语"prajñā"，又音译作波若、般罗若、钵剌若，意译为慧、智慧、明、黠慧。即修习八正道、诸波罗蜜等，而显现之真实智慧。明见一切事物及道理的高深智慧，即称般若物及道理的高深智慧称为般若。菩萨为达彼岸，必修六种行，亦即修六波罗蜜，其中的般若波罗蜜（智慧波罗蜜），即称为"诸佛之母"，成为其他五波罗蜜之根据，居于最重要地位。（慈怡，1988：4301-4302）

林①，雖曰化洽②窪隆③，而亦俱得其性④。故⑤令三寶⑥載傳，法輪⑦未絶，是以⑧五百年中，猶稱正法⑨在世。夫神化⑩所接⑪，遠近斯屆⑫，一聲一光，輒⑬

---

① 雙林：即双树，指娑罗双树，是释迦牟尼入灭之处。《大般涅槃经》卷一："一时佛在拘施郡城，力士生地，阿利罗跋提河边，娑罗双树间……二月十五日大觉世尊将欲涅槃。"（汉语大词典编辑委员会、汉语大词典编纂处，1993a：856-857）本文双林代指佛陀。

② 化洽：指使教化普沾。《三国志·魏志·苏则传》："若陛下化洽中国，德流沙漠，即不求自至，求而得之，不足贵也。"（汉语大词典编辑委员会、汉语大词典编纂处，1986：1112）

③ 窪隆：高下不平。《晋书·张骏传》："夫法制所以经纶邦国，笃俗齐物，既立必行，不可洼隆也。"（汉语大词典编辑委员会、汉语大词典编纂处，1991b：456）

④ 性：梵语"prakṛti"，巴利语"pakati"。与"相""修"相对，有不变之义，指本来具足之性质、事物之实体（即自性），对相状而言之自体、众生之素质（种性）等，即受外界影响亦不改变之本质。另有实性之义，是佛性的别名。（慈怡，1988：3226-3227）

⑤ 故：相当于"因而""因以"。《史记·五帝本纪》："余并论次，择其言尤雅者，故著为本纪书首。"（汉语大字典编辑委员会，2010：1557-1558）

⑥ 三寶：梵语"tri-ratna"或"ratna-traya"，巴利语"ti-ratana"或"ratanattaya"，指佛教徒所尊敬供养之佛、法、僧三宝，又作三尊。佛（Buddha），乃指觉悟人生之真象，而能教导他人之佛教主，或泛指一切诸佛；法（dharma），为根据佛陀所悟而向人宣说之教法；僧（saṃgha），指修学教法之佛弟子集团。此三者，威德至高无上，永不变移，如世间之宝，故称三宝。（慈怡，1988：700-701）

⑦ 法輪：梵语"dharmacakra"，巴利语"dhammacakka"，对佛法的喻称。以轮比喻佛法，其义有三：一是摧破，因佛法能摧破众生之罪恶，犹如转轮圣王之轮宝，能辗摧山岳岩石，故喻之为法轮。二有辗转之义，因佛之说法不停滞于一人一处，犹如车轮辗转不停，故称法轮。三是圆满，因佛所说之教法圆满无缺，故以轮之圆满喻之，而称法轮。（慈怡，1988：3423）

⑧ 是以：连词，因此，所以。（见第一章第三节注释）

⑨ 正法：佛教正像末三时或三时说之正法期。三时指佛陀教法住世之正、像、末等三期的变迁，其定义和时间划分有多种，此列其概略。三时其一指如来灭后，教法住世，依法修行，即能证果，称为正法（saddharma）。其二指虽有教法及修行者，多不能证果，称为像法。三指教法垂世，人虽有禀教，而不能修行证果，称为末法。一种时间划分为"五五百年"，就是把佛陀入灭后两千五百年分为五个五百年，依次为解脱坚固等五期。还有一种划分则把"五五百年"分为正、像、末三时，即以前两个五百年为正法时，第三、第四个五百年为像法时，最后一个五百年为末法一万年之初五百年。（慈怡，1988：2002-2003）

⑩ 神化：神妙地潜移默化。语出《易·系辞下》："神而化之，使民宜之。"用例见《文子·精诚》《史记·滑稽列传》《淮南子·缪称训》。（汉语大词典编辑委员会、汉语大词典编纂处，1991a：858）

⑪ 接：遍，达。（汉语大字典编辑委员会，2010：2017）

⑫ 届：极限，穷极。《诗·大雅·瞻卬》："蟊贼蟊疾，靡有夷届。"晋陆云《大将军燕讌会被命作诗》："致天之届，于河之沂。"（汉语大字典编辑委员会，2010：1038；1040）

⑬ 輒：每，总是。（汉语大字典编辑委员会，2010：3767）

震①他土；一臺一蓋②，動③覆④恒⑤國。振丹⑥之與迦維⑦，雖路絕⑧葱河⑨，里踰⑩數萬，若以聖⑪之神力⑫，譬猶⑬武步⑭之間，而令聞見⑮限隔⑯，豈非⑰時⑱

① 震：惊恐。《易·震》："震惊百里，惊远而惧迩也。"（汉语大字典编辑委员会，2010：4329）
② 蓋：房屋的代称。《管子·侈靡》："百盖不筑，千聚无社，谓之陋，一举而取。"（汉语大字典编辑委员会，2010：3476）
③ 動：往往。《史记·律书》："且兵凶器，虽克所愿，动亦耗病。"（汉语大字典编辑委员会，2010：409）
④ 覆：遍及。《孟子·离娄上》："既竭心思焉，继之以不忍人之政，而仁覆天下矣。"（汉语大字典编辑委员会，2010：3001）
⑤ 恒：长久，固定不变。《孟子·梁惠王上》："无恒产而有恒心者，惟士为能。"《文心雕龙·物色》："然物有恒姿，而思无定检。"（汉语大字典编辑委员会，2010：2456）
⑥ 振丹：梵名"Cīna-sthana"，巴利名"Cīna"，或"Cīna-raṭṭha"，震旦，又作真旦、真丹、振旦等。或称摩诃震旦（Mahācīna-sthāna）。这些词对于印度等国而言，都指中国本部及与中国相邻接的部分地区。（慈怡，1988：6196）
⑦ 迦維：指迦毗罗卫，梵名"Kapila-vastu"，巴利名"Kapila-vatthu"。又音译作迦比罗皤窣堵、迦维罗卫等，略称迦毗罗、迦维，意译黄赤城等。今尼泊尔塔拉伊（Ta-rai）之提罗拉冠特（Tilorakot）地方，为佛陀出生之处，亦即释迦族之国土。佛陀晚年，迦毗罗卫之释迦族惨遭憍萨罗国毗琉璃王之虐杀而衰亡，此地亦逐渐荒废。（慈怡，1988：3963）
⑧ 絕：断绝，不连属。距离远，隔绝难通。（汉语大字典编辑委员会，2010：3621）
⑨ 葱河：葱指葱岭，河指黄河，二者泛指如葱岭和黄河的山脉和河流。葱岭的注释参见本书第七章第三节。
⑩ 踰：超过。《淮南子·主术》："夫疾呼不过闻百步，志之所在，踰于千里。"（汉语大字典编辑委员会，2010：3970）
⑪ 聖：圣人，梵语"ārya"，又称圣者、圣。指证得圣智，而在见道位以上之人。此因见道位以上之人终将完成无漏之圣智，故称之。又指佛、菩萨及权化之人（方便示现为人，而德高者）。（慈怡，1988：5577）
⑫ 神力：梵语"ṛddhi"，巴利语"iddhi"，又作神通力，指佛菩萨所示现的种种神变不可思议之力。诸经中，多处载有佛菩萨显现神力之说，如《法华经》卷六《如来神力品》等。（慈怡，1988：4244）
⑬ 譬猶：譬如。《礼记·仲尼燕居》："治国而无礼，譬犹瞽之无相与，伥伥乎，其何之。"（汉语大词典编辑委员会、汉语大词典编纂处，1993a：457）
⑭ 武步：半步。《周书·令狐整传》："一日千里，必基武步，寡人当委以庶务。"（汉语大词典编辑委员会、汉语大词典编纂处，1990a：341）
⑮ 聞見：所闻所见，知识。《荀子·非十二子》："略法先王而不知其统，犹然而材剧志大，闻见杂博。"（汉语大词典编辑委员会、汉语大词典编纂处，1993b：105）
⑯ 限隔：阻隔，隔绝。《南史·恩幸传·孔范》："长江天堑，古来限隔，房军岂能飞渡？"（汉语大词典编辑委员会、汉语大词典编纂处，1993c：975）
⑰ 豈非：反诘用词，难道不是。用例见《左传·成公十八年》和《东观汉记·明帝纪》。（汉语大词典编辑委员会、汉语大词典编纂处，1992c：1345）
⑱ 時：时机，时运。《论语·阳货》："好从事而亟失时，可谓智乎？"（汉语大字典编辑委员会，2010：1614）

也。及①其緣②運③將④感⑤，名教⑥潛洽⑦，或稱爲浮圖之主，或號爲西域大神。故漢明帝詔楚王英云："王誦黃老之微言，尚浮圖之仁祠。"⑧及通夢金人，遣使西域⑨，迺⑩有攝摩騰⑪、竺法蘭⑫懷道⑬來化⑭。協策⑮孤征⑯，艱苦

第四章　梁代慧皎的《高僧傳·譯經論》

---

① 及：连词，连接并列的两部分，相当于"至于"。《礼记·乐记》："乐极则忧，礼粗则偏矣。及夫敦乐而无忧，礼备而不偏者，其唯大圣乎！"（汉语大字典编辑委员会，2010：39）

② 缘：梵语"pratyaya"，巴利语"paccaya"。狭义而言，乃指引起结果的直接原因（内因）以外之间接原因（外缘）。广义而言，指合因、缘二者，也称为缘。可分为四类：因缘、等无间缘、所缘缘和增上缘。（慈怡，1988：6123）

③ 運：命运，气数，也特指世运、国运。用例见《古今韵会举要问韵》《汉书·高帝纪赞》和晋陶潜《自祭文》。（汉语大字典编辑委员会，2010：4123）

④ 將：副词，相当于"方""始"。《汉书·儿宽传》："将建大元本瑞，登告岱宗。"（汉语大字典编辑委员会，2010：2543）

⑤ 感：感应，相互影响。《易·咸》："天地感而万物化生。"（汉语大字典编辑委员会，2010：2485）

⑥ 名教：名声与教化。《管子·山至数》："昔者周人有天下，诸侯宾服，名教通于天下。"（汉语大词典编辑委员会、汉语大词典编纂处，1989a：172）

⑦ 潛洽：暗合。（汉语大词典编辑委员会、汉语大词典编纂处，1990b：132）

⑧ 见《后汉书·楚王英传》。（范晔，2000：964）

⑨ 见《后汉书·西域传》。（范晔，2000：1976）

⑩ 迺：同"乃"，副词，相当于"然后"。（汉语大字典编辑委员会，2010：440）

⑪ 攝摩騰：迦叶摩腾（？—73），梵名"Kāśypa-mātanga"，中国佛教之初传者。中印度人，又称摄摩腾、竺摄摩腾等，略称摩腾。后汉永平十年（67），应明帝之请，与竺法兰携经卷与佛像至洛阳，住在明帝为其所建之白马寺，两人合译《四十二章经》，为我国译经之滥觞，亦为东土有佛法之始。（慈怡，1988：3971）《高僧传·译经篇》卷一正传所载第一位僧人。

⑫ 竺法蘭：竺法兰（Dharmarakṣa）相传为东汉明帝（58—75年在位）时来华译经的印度僧人。本为中天竺人，自言诵经论数万章，曾与摄摩腾共契游化，并相随来汉地。译有《十地断结》等五部佛经。六十多岁时卒于洛阳。然其事南朝刘宋前未见记载，南朝齐王琰的《冥祥记》、梁僧祐的《出三藏记集》等也只提及摄摩腾而未提及竺法兰，故难以确证。（任继愈，2002：777）《高僧传·译经篇》卷一正传所录第二位僧人。

⑬ 懷道：胸怀治道。《淮南子·览冥训》："故圣人在位，怀道而不言，泽及万民。"又见晋葛洪《抱朴子·嘉遁》。（汉语大词典编辑委员会、汉语大词典编纂处，1991a：791）

⑭ 本句史实出自《魏书·释老志》（魏收，2000：2011）。

⑮ 協策：犹协助。晋陆机《汉高祖功臣颂》："〔曹参〕协策淮阴，亚迹萧公。"（汉语大词典编辑委员会、汉语大词典编纂处，1986：881）

⑯ 孤征：单身远行。晋陶潜《辛丑岁七月赴假还江陵夜行涂口》诗："怀役不遑寐，中宵尚孤征。"（汉语大词典编辑委员会、汉语大词典编纂处，1989b：218）

必達，傍峻壁而臨深，躡①飛絚②而渡險。遺身③爲物④，處難能夷⑤，傳法宣經，初化東土，後學而聞，蓋⑥其力也。爰⑦至⑧安清⑨、支讖⑩、康會⑪、竺

---

① 躡：攀登，踩踏。（汉语大字典编辑委员会，2010：3997）

② 絚：同"緪"，大绳子，粗索子。《水经注•河水一》："踏悬絚过河，河两岸相去咸八十步。"（汉语大字典编辑委员会，2010：3614；3659）

③ 遺身：舍身，梵语 ātma-parityāga，指舍弃身命，又作烧身、遗身、亡身，以舍身供养佛等，或布施身肉等予众生，乃布施行为之最上乘。有关菩萨舍身之意义，藏经内多有论述。但凡夫自杀乃佛教戒律所严加禁止。（慈怡，1988：4591 - 4592）

④ 物：人。用例见《左传•昭公二十八年》和唐柳宗元《衡阳与梦得分路赠别》："直以慵疏招物议，休将文字占时名。"（汉语大字典编辑委员会，2010：2118）

⑤ 夷：消灭，除去。《诗•大雅•召旻》："昏椓靡共，溃溃回遹，实靖夷我邦。"《汉书•酷吏传序》："吕氏已败，遂夷封侯之家。"（汉语大字典编辑委员会，2010：571）

⑥ 蓋：连词。承接上文，表示原因和理由。用例见《论语•季氏》，又见《史记•屈原贾生列传》："屈平之作《离骚》，盖自怨生也。"（汉语大字典编辑委员会，2010：3477）

⑦ 爰：表示承接关系，相当于"于是"。用例见《书•无逸》《诗•小雅•斯干》。（汉语大字典编辑委员会，2010：2179）

⑧ 至：连词。表示转折关系，相当于"至于"。《史记•淮阴侯列传》："诸将易得耳，至如（韩）信，国士无双。"（汉语大字典编辑委员会，2010：3006）

⑨ 安清：安清，字世高，安息国人，东汉桓帝初年（147 年左右）来中夏。《高僧传卷第一•译经篇上》正传所录第三位外来僧人。（释慧皎，1992：4）

⑩ 支讖：支娄迦讖，月支人，东汉灵帝（167 年左右）时来洛阳。《高僧传卷第一•译经篇上》所录正传第四位外来僧人。（释慧皎，1992：4）

⑪ 康會：康僧会，先祖为康居人，世居天竺，孙权赤乌十年（247）到吴都建业。《高僧传卷第一•译经篇上》正传所录第六位外来僧人。（释慧皎，1992：14）

護①等，並②異世③一時④，繼踵⑤弘⑥贊⑦。然夷夏⑧不同，音韻⑨殊隔⑩，自

第四章 梁代慧皎的《高僧传·译经论》

---

① 竺護：竺法护，参见本书第二章第五节注释。
② 並：合并。
③ 異世：不同的世间，指阳间与阴间。（汉语大词典编辑委员会、汉语大词典编纂处，1991a：1343-1344）此处应指不同的国度。
④ 一時：谓难得的时机或时刻。用例见《战国策·楚策四》和李贤注《后汉书·吴汉传》。（汉语大词典编辑委员会、汉语大词典编纂处，1986：62-63）
⑤ 繼踵：接踵，前后相接。用例见《史记·范雎蔡泽列传论》和南朝梁刘勰《文心雕龙·杂文》。（汉语大词典编辑委员会、汉语大词典编纂处，1992a：1046）
⑥ 弘：扩大，光大。《书·微子之命》："弘乃烈祖。"《论语·卫灵公》："人能弘道，非道弘人。"（汉语大字典编辑委员会，2010：1058）
⑦ 贊：同"赞"，辅佐，帮助。用例见《左传·襄公二十七年》《吕氏春秋》。（汉语大字典编辑委员会，2010：3899）
⑧ 夷夏：夷狄与华夏的并称。古代常以此指中国境内的各族人民。《周书·于翼传》："翼又推诚布信，事存宽简，夷夏感悦，比之大小冯君焉。"（汉语大词典编辑委员会、汉语大词典编纂处，1988：1498）此处显然指华夏与华夏之外的各族。
⑨ 音韻：亦音韵，指汉字字音的声母、韵母、声调三要素的总称。（汉语大词典编辑委员会、汉语大词典编纂处，1993b：657）这里应指汉语和外语。
⑩ 殊隔：相隔甚远，不亲近。用例见《晋书·王恭传》和南朝齐王融《杂诗》。（汉语大词典编辑委员会、汉语大词典编纂处，1990a：162）

非①精括②詁訓③，領會④良⑤難。屬⑥有支謙⑦、聶承遠⑧、竺佛念⑨、釋寶雲⑩、竺叔蘭⑪、無羅叉⑫等，並⑬妙善⑭梵漢之音，故能盡翻譯之致⑮。一言三

---

① 自非：倘若不是。用例见《左传·成公十六年》《汉书·董仲舒传》和三国魏阮籍《咏怀》之四。(汉语大词典编辑委员会、汉语大词典编纂处，1991b：1316)

② 精括：亦"精刮"，方言，形容精于算计，多含贬义。(汉语大词典编辑委员会、汉语大词典编纂处，1992a：219) 精：细致，严密。《吕氏春秋·博志》："用志如此其精也，何事而不达？何为而不成？"(汉语大字典编辑委员会，2010：3358)

③ 诂训：1. 解释古语。《后汉书·桓谭传》："博学多通，遍习《五经》，皆诂训大义，不为章句。" 2. 古语的意义。晋郭璞《〈尔雅〉序》："夫《尔雅》者，所以通诂训之指归，叙诗人之兴咏。"(汉语大词典编辑委员会、汉语大词典编纂处，1993a：94-95) 原作者是在用本土固有的概念解释本土没有的概念。这里的诂训指用本土语言解释外语及其意义，即今天的翻译。

④ 领会：领悟理解。用例见《宋书·谢弘微传》和宋陆游《示子遹》诗。(汉语大词典编辑委员会、汉语大词典编纂处，1993b：284)

⑤ 良：副词，表示程度，相当于"很""甚"。《史记·秦始皇本纪》："始皇默然良久。"(汉语大字典编辑委员会，2010：3380)

⑥ 属：类别，种类。用例见《周礼·考工记·梓人》和《庄子·人间世》。(汉语大字典编辑委员会，2010：1054)

⑦ 支谦：支谦的事迹传附现在《康僧会传》。据所载，他是当时吴地的佛典译家，从黄武元年（222）至建兴中（252—253）在建业翻译佛典。(释慧皎，1992：15)

⑧ 聶承遠：聂承远父子的事迹附现在《竺法护传》里。他们主要帮助竺法护翻译，校对和参正汉译文。(释慧皎，1992：24) 竺法护是世居敦煌的月支侨民，西晋时的佛经翻译家。

⑨ 竺佛念：凉州人，梵华皆通，于苻氏建元（365—384）中在长安翻译佛典。《高僧传卷第一·译经篇上》正传所录第十四位僧人。(释慧皎，1992：40)

⑩ 釋寶雲：释宝云，凉州人，于东晋隆安（397—401）初年，远游西域和天竺诸国，华梵兼备，翻译佛典"音训允正"。《高僧传卷第三·译经篇下》正传所录第六位僧人。(释慧皎，1992：102-103)

⑪ 竺叔蘭：竺叔兰是西晋时著名的佛经翻译家，其事迹附现在《高僧传第四·义解一》所录《朱士行传》。竺叔兰居士，是居河南的二代天竺人，善梵语和汉语，与无罗叉一起汉译《放光般若》。(释慧皎，1992：146)

⑫ 無羅叉：无罗叉的事迹见前文注释。

⑬ 並：副词，一起，一齐。《战国策·燕策二》："（蚌、鹬）两者不肯相舍，渔者得而并禽之。"(汉语大字典编辑委员会，2010：119)

⑭ 妙善：精妙美善。汉桓谭《新论》："圣贤之材不世，而妙善之技不传。"(汉语大词典编辑委员会、汉语大词典编纂处，1989b：300)

⑮ 致：极点。《礼记·礼器》："礼也者，物之致也。"(汉语大字典编辑委员会，2010：3008)

復，詞旨分明，然後更用此土宮商①飾②以成③製④。論⑤云："隨方⑥俗語⑦，能示⑧正義，於正義中，置⑨隨義語。"⑩ 蓋⑪斯謂⑫也。其後鳩摩羅什⑬，碩

第四章　梁代慧皎的《高僧传·译经论》

---

① 宫商：宫是古代五声音阶的第一音，相当于工尺谱上的"上"，现代简谱上的"1"。商是古代五声音阶的第二音，相当于工尺谱上的"四"，现代简谱上的"2"。《宋书·律历志上》："宫、商、角、徵、羽，谓之五声。"（汉语大字典编辑委员会，2010：994；317-318）此处代指汉语的语音和声调等。

② 飾：表彰，表明。《荀子·王制》："上以饰贤良，下以养百姓而安乐之。"（汉语大字典编辑委员会，2010：4737）

③ 成：既定的，现成的。晋谢沈《祥禫议》："忌日举哀，如昔成制。"（汉语大字典编辑委员会，2010：1502）

④ 製：作品。（汉语大字典编辑委员会，2010：3300）

⑤ 論：指《成实论》，梵名"Satyasiddhi-śāstra"，中印度人诃梨跋摩（Harivarman）所作。诃梨跋摩约生于佛陀入灭后700年至900年间。《成实论》是成实宗之根本经典。鸠摩罗什在412年左右把它译成了汉语。（慈怡，1988：2932；2936）

⑥ 随方：依据情势。《南史·恩幸传论》："若夫竭忠尽节，仕子恒图，随方致用，明君盛典，旧非本旧，因新以成旧者也。"（汉语大词典编辑委员会、汉语大词典编纂处，1993a：1103）

⑦ 俗语：俗语就是方言土语。（汉语大词典编辑委员会、汉语大词典编纂处，1986：1408）

⑧ 示：通"视"。（汉语大字典编辑委员会，2010：2553）

⑨ 置：安置。《文心雕龙·章句》："夫设情有宅，置言有位。"（汉语大字典编辑委员会，2010：3115）

⑩ 前两句出自《成实论》卷一《6 三善品》："语善者，随方俗语能示正义，故名语善。所以者何，言说之果所谓义也。是故所言说能辩义理，是名语善。"后两句出自《成实论》卷六《77 想阴品》："又说于正义中置随义语，于正语中置随语义。故经虽说无常想等，能断诸结理应是慧。"（T1646，32. 243b19-24；281b12-14）

⑪ 蓋：副词，表示揣测、推断。相当于"大概"。用例见《论语·里仁》。（汉语大字典编辑委员会，2010：3477）

⑫ 謂：意义。《汉书·景帝纪》："有罪者不伏罪，奸法为暴，甚亡谓也。"（汉语大字典编辑委员会，2010：4260）

⑬ 鸠摩羅什：他是释慧皎《高僧传卷第二·译经中》正传所录第一位僧人。释僧祐赞扬鸠摩罗什："逮乎罗什法师，俊神金照，秦僧融、肇，慧机水镜。故能表发挥翰，克明经奥，大乘微言，于斯炳焕。"（释僧祐，1995：14）鸠摩罗什是中土佛教发展传播和佛经翻译的划时代人物。

學①鉤深②，神鑒③奥④遠⑤，歷遊中土，備悉⑥方言⑦。復⑧恨⑨支⑩、竺⑪所譯，文製⑫古質⑬，未盡善美，廼⑭更臨⑮梵本，重爲宣譯。故致⑯今古二經，言殊義一。時有生⑰、融⑱、影⑲、叡⑳、嚴㉑、觀㉒、恒㉓、肇㉔，皆領悟言前，詞

① 碩學：博学，学问渊博。用例见《后汉书·儒林传论》和南朝梁元帝《金楼子·立言下》。（汉语大词典编辑委员会、汉语大词典编纂处，1991a：1080）
② 鉤深：探索深奥的意义。晋潘岳《杨仲武诔》："钩深探赜，味道研机。"也见唐李德裕《幽州纪圣功碑铭》。（汉语大词典编辑委员会、汉语大词典编纂处，1993a：1243）
③ 神鑒：英明的鉴察力。用例见晋葛洪《抱朴子·审举》和南朝宋慧通《驳顾道士夷夏论》。（汉语大词典编辑委员会、汉语大词典编纂处，1991a：891）
④ 奥：奥妙，精深。汉孔安国《尚书序》："至于夏商周之书，虽设教不伦，《雅》《诰》奥义，其归一揆。"（汉语大字典编辑委员会，2010：589）
⑤ 遠：深远，深奥。《易·系辞下》："其旨远，其辞文，其言曲而中。"也见晋刘琨《答卢谌诗一首并书》。（汉语大字典编辑委员会，2010：4127）
⑥ 備悉：完全知悉，详细知道。《隋书·苏威传》："帝下诏曰：'……早居端揆，备悉国章。'"（汉语大词典编辑委员会、汉语大词典编纂处，1986：1595）
⑦ 方言：语言的地方变体。一种语言中跟标准语有区别的、只通行于一个地区的话。（汉语大词典编辑委员会、汉语大词典编纂处，1990b：1563）这里指中土和其他地区的方言。
⑧ 復：副词，表示重复或继续，另表示频度。（汉语大字典编辑委员会，2010：896）
⑨ 恨：遗憾，后悔。用例见《荀子·成相》："不知戒，后必有恨。"也见三国蜀诸葛亮《前出师表》。（汉语大字典编辑委员会，2010：2461）
⑩ 支：指支谶。
⑪ 竺：指竺法护，参见本书第二章注释。
⑫ 文製：指作文。北齐颜之推《颜氏家训·文章》："江南文制，欲人弹射，知有病累，随即改之。"也见南朝梁钟嵘《诗品·总论》。（汉语大词典编辑委员会、汉语大词典编纂处，1990b：1523）
⑬ 古質：古雅质朴。唐段成式《酉阳杂俎·寺塔记下》："佛殿内西座，番神甚古质。"（汉语大词典编辑委员会、汉语大词典编纂处，1989a：27）
⑭ 廼：同"乃"，副词。表示时间，相当于"于是"。（汉语大字典编辑委员会，2010：55；440）
⑮ 臨：面对，如临危不惧。《诗·小雅·小旻》："如临深渊，如履薄冰。"也见《论语·述而》。（汉语大字典编辑委员会，2010：2996）
⑯ 致：致使，导致。《盐铁论·非鞅》："不知其为秦致亡道也。"（汉语大字典编辑委员会，2010：3007）
⑰ 生：竺道生，释慧皎《高僧传卷第七·义解四》正传所录第一位僧人。
⑱ 融：道融，释慧皎《高僧传卷第六·义解三》正传所录第九位僧人。
⑲ 影：昙影，释慧皎《高僧传卷第六·义解三》正传所录第十位僧人。
⑳ 叡：僧叡，释慧皎《高僧传卷第六·义解三》正传所录第十一位僧人。
㉑ 嚴：慧严，释慧皎《高僧传卷第七·义解四》正传所录第三位僧人。
㉒ 觀：慧观，释慧皎《高僧传卷第七·义解四》正传所录第四位僧人。
㉓ 恒：道恒，释慧皎《高僧传卷第六·义解三》正传所录第十二位僧人。
㉔ 肇：僧肇，释慧皎《高僧传卷第六·义解三》正传所录第十三位僧人。

润珠玉，执笔承旨①，任②在伊人③，故长安所译，欝④为稱首⑤。是时姚兴窃号，跨有⑥皇畿⑦，崇爱⑧三宝，城堑⑨遗法⑩。使夫⑪慕道来仪⑫，遐迩⑬烟萃，

---

① 承旨：亦作"承指"。1. 逢迎意旨。2. 接受圣旨。（汉语大词典编辑委员会、汉语大词典编纂处，1986：772）此处应指其译本成文下笔秉承其师的意旨。

② 任：rèn，凭依，依据。《史记·平津侯主父列传》："昔秦皇帝任战胜之威，蚕食天下，并吞战国，海内为一，功齐三代。"（汉语大词典编辑委员会、汉语大词典编纂处，1986：1197）

③ 伊人：此人，这个人，指意中所指的人。高亨注《诗·秦风·蒹葭》："所谓伊人，在水一方。"（汉语大词典编辑委员会、汉语大词典编纂处，1986：1216）

④ 欝：同"鬱"，高大。用例见司马相如《长门赋》和班固《西都赋》。（汉语大字典编辑委员会，2010：1422；922）

⑤ 稱首：第一。用例见南朝梁刘勰《文心雕龙·才略》和《北史·张蒲传》。（汉语大词典编辑委员会、汉语大词典编纂处，1991b：115）

⑥ 跨有：据有。三国魏曹冏《六代论》："且今之州牧郡守，古之方伯诸侯，皆跨有千里之土。"《三国志·蜀志·诸葛亮传》："若跨有荆益，保其岩阻。"（汉语大词典编辑委员会、汉语大词典编纂处，1992b：459）

⑦ 皇畿：旧指京城管辖的地区。《三国志·魏志·高堂隆传》："镇抚皇畿，翼亮帝室。"（汉语大词典编辑委员会、汉语大词典编纂处，1991b：265）

⑧ 崇爱：推崇喜好。南朝梁刘勰《文心雕龙·时序》："及明帝迭耀，崇爱儒术。"（汉语大词典编辑委员会、汉语大词典编纂处，1989a：848）

⑨ 城堑：亦作"城壍"，指城池。（汉语大词典编辑委员会、汉语大词典编纂处，1988：1098）

⑩ 遗法：指前代传下的佛法。《隋书·经籍志四》："每佛灭度，遗法相传，有正、象、末三等淳醇之异。"（汉语大词典编辑委员会、汉语大词典编纂处，1992b：1198）

⑪ 夫：fú，表示近指，相当于"这""这个""这些"。《左传·成公十六年》："夫二人者，鲁国社稷之臣也。"（汉语大字典编辑委员会，2010：564）

⑫ 来仪：比喻杰出人物的降临。汉刘桢《赠从弟》诗之三："何时当来仪，将须圣明君。"晋干宝《搜神记》卷十六："不悟阴阳运，哲人忽来仪。"（汉语大词典编辑委员会、汉语大词典编纂处，1986：1305）

⑬ 遐迩：远近。用例见汉桓宽《盐铁论·备胡》和《汉书·韦玄成传》。（汉语大词典编辑委员会、汉语大词典编纂处，1992b：1109）

三藏①法門②，有緣③必睹④，自像運⑤東遷，在茲爲盛。其佛賢⑥比丘，江東⑦所譯《華嚴》大部，曇無讖⑧河西所翻《涅槃》妙教，及諸師所出《四含》⑨、

---

① 三藏：梵语"trīṇi piṭakāni"，巴利语"tiṇi piṭakāni"，又作三法藏，指经、律、论藏，是印度佛教圣典的三种分类。（慈怡，1988：690）

② 法門：梵语"dharma-paryāya"，佛所说，且为世之准则者，称为法；此法既为众圣入道之通处，复为如来圣者游履之处，故称为门。（慈怡，1988：3363）

③ 有缘：指于佛道有缘。（慈怡，1988：2457）

④ 睹：看见。《易·乾》："圣人作而万物睹。"用例也见《孟子·告子下》。（汉语大字典编辑委员会，2010：1912）

⑤ 像運：像法之时运，称为像运，指像法之教化。像法就是在佛陀入灭经五百年正法后之教法，像教即指此时期佛法之总称。（慈怡，1988：5757）

⑥ 佛賢：梵名"buddhabhadra"，音译名是佛陀跋陀罗（359—429），意译名还有觉贤，北印度人，于后秦弘始十年（408）左右至长安，与罗什门下不合。（慈怡，1988：2739）释慧皎《高僧传卷第二·译经中》正传所录第六位僧人。（释慧皎，1992：69）

⑦ 江東：三国时孙吴建都建邺（今江苏南京市），故时人又称其统治的全部地区为江东。（史为乐，2005：1079）

⑧ 曇無讖：昙无谶（385—433），北凉译经僧人，梵名"Dharma-rakṣa"，又名昙无忏，意译为法丰。中印度人。北凉玄始元年（412），河西王沮渠蒙逊迎入姑臧，翻译《涅槃经》之前分，世称"北本涅槃经"。（慈怡，1988：6234）释慧皎《高僧传卷第二·译经中》正传所录第七位僧人。

⑨ 《四含》：此指北传《四阿含》，即长、中、增一和杂《阿含经》，原本都以梵文书写，属于原始佛教经典。（慈怡，1988：3619-3620）

五部①、犍度②、婆沙③等。并皆言符法本④,理惬⑤三印⑥。而童寿⑦有别室⑧之愆⑨,佛贤有摈黜⑩之迹⑪,考之实录,未易⑫详究⑬。或以时运⑭浇薄⑮,道

① 五部:五部律的简称,即昙无德、萨婆多、弥沙塞、迦叶遗、摩诃僧祇五部所传持之五种小乘律。(慈怡,1988:1154;1156)
② 犍度:就是八犍度,梵语"khandha",意为蕴、聚、分段,即迦旃延以诸法门各从其类,分为八聚,称之为八犍度论。(慈怡,1988:299-300)此处应指《八犍度论》,凡三十卷,《阿毗昙八犍度论》之略称,又称《迦旃延阿毗昙》,迦多衍尼子作,苻秦建元十九年(383)僧伽提婆与竺佛念合译。收于《大正藏》第二十六册。全论分杂、结使、智、行、四大、根、定、见八篇。(慈怡,1988:299-300)
③ 婆沙:毗婆沙,梵语"vibhāṣā",注解书之意,又作毗婆娑等,略作婆沙,意译广解、广说等。一般以律、论之注解为主者,称为毗婆沙。现存汉译藏经有关律之注释,有《萨婆多毗尼毗婆沙》《善见律毗婆沙》;有关论之注释,有《大毗婆沙论》《五事毗婆沙论》等。又广解说之经论,统称为《毗婆沙论》(vibhāṣā-śāstra)。大藏经中,题为《毗婆沙论》者有四部。(慈怡,1988:3855-3856)此处不知指哪一部,似乎是统称。
④ 法本:梵语"dharmatā",巴利语"dhammatā",指诸法之真实体性,亦即宇宙一切现象所具有之真实不变之本性。又作真如法性、真法性、真性,又为真如之异称。法性乃万法之本,故又作法本。(慈怡,1988:3358)
⑤ 惬:恰当,合适。用例见南朝梁任昉《为齐明帝让宣城郡公第一表》和《晋书·李重传》。(汉语大字典编辑委员会,2010:2490)
⑥ 三印:三法印,可作为佛教特征之三种法门,即诸行无常、诸法无我、涅槃寂静三项佛法根本。此三项义理可用以印证各种说法是否正确,故称三法印。(慈怡,1988:571)
⑦ 童寿:鸠摩罗什(344—413,一说350—409),梵名"Kumārajīva",略称罗什,意译童寿。东晋龟兹国人(今新疆疏勒),中国古代四大译经家之一。(慈怡,1988:5709)
⑧ 别室:妾,侧室。《北史·后妃传下·彭城太妃》:"彭城太妃尔朱氏,荣之女,魏孝庄后也,神武纳为别室。"(李延寿,1999:339)
⑨ 愆:过失,罪过。《书·冏命》:"中夜以兴,思免厥愆。"用例也见《三国志·蜀志·诸葛亮传》。(汉语大字典编辑委员会,2010:2490)鸠摩罗什破戒娶妻有两次,一次是吕光强迫,一次是姚兴逼迫,《高僧传·译经篇中·鸠摩罗什》都有记载。(释慧皎,1992:50;53)
⑩ 摈黜:斥退废黜。(汉语大词典编辑委员会、汉语大词典编纂处,1990b:945)佛贤比丘在长安广收门徒,其中一人妄称得阿那含果,佛贤受连累而被僧团驱逐,后至庐山被慧远收留,其后离开庐山去江陵。(慧皎,1992:71-72)
⑪ 迹:行迹,行踪。用例见《楚辞·九章·悲回风》和《吕氏春秋·必己》。(汉语大字典编辑委员会,2010:4085)
⑫ 未易:不易,难于。用例见汉司马迁《报任安书》和三国魏曹植《与杨德祖书》。(汉语大词典编辑委员会、汉语大词典编纂处,1989b:688)
⑬ 详究:详细探究。用例见《三国志·吴志·韦曜传》和唐权德舆《魏国公〈贞元十道录〉序》。(汉语大词典编辑委员会、汉语大词典编纂处,1993a:204)
⑭ 时运:人一生的吉凶遭际均由命运决定,并通过时间的运转表现出来,称为时运。(汉语大词典编辑委员会、汉语大词典编纂处,1990a:703)
⑮ 浇薄:指社会风气浮薄。用例见《后汉书·朱穆传》和《新唐书·循吏传·陈君宾》。(汉语大词典编辑委员会、汉语大词典编纂处,1990b:121)

丧人離，故所感①見②，爰至於此。若以近③迹④而求，蓋亦珪璋⑤之一玷⑥也。又⑦世高⑧、無讖⑨、法祖⑩、法祚⑪等，並理思⑫淹通⑬、仁澤⑭成霧⑮，而皆不得其死，將⑯由業有⑰傳感，義無違避，故羅漢雖諸漏已盡⑱，尚貽⑲貫腦⑳之

---

① 感：感应，相互影响。《易·咸》："天地感而万物化生。"（汉语大字典编辑委员会，2010：2485）

② 见：用在动词后面表示结果。（汉语大字典编辑委员会，2010：3905）

③ 近：浅近，浅显。《孟子·尽心下》："言近而指远者，善言也。"（汉语大字典编辑委员会，2010：4073）

④ 迹：理。《玉篇·辵部》："迹，理也。"（汉语大字典编辑委员会，2010：4085）

⑤ 珪璋：玉制的礼器。古代用于朝聘、祭祀。用例见《庄子·马蹄》和《南齐书·礼志上》。也用以比喻高尚的人品。（汉语大词典编辑委员会、汉语大词典编纂处，1989b：543-544）

⑥ 玷：玉上的瑕斑。用例见《诗·大雅·抑》和袁宏《三国名臣赞》。（汉语大字典编辑委员会，2010：1183）

⑦ 又：表示补充申说。（汉语大字典编辑委员会，2010：424）

⑧ 世高：参见以上"安清"的注释。最后安世高在会稽闹市中遇有人打架，被误中头部而亡。（释慧皎，1992：6）

⑨ 无谶：见以上"昙无谶"的注释。北魏主拓跋焘听说昙无谶会道术，派人到北凉索迎昙无谶。沮渠蒙逊既害怕北魏的强大而不敢拒绝，又畏惧谶去魏之后，对他不利，于是阴谋除谶。正当谶有再去西域求《涅槃经》后分之意。蒙逊假意赞助谶出发，暗中派刺客在路上杀害了他。时为义和三年（433），谶49岁。（释慧皎，1992：78-79）

⑩ 法祖："帛远，字法祖……河内人。"（释慧皎，1992：26）《高僧传卷第一·译经上》正传所录第九位僧人。他被秦州刺史张辅鞭打致死。（释慧皎，1992：36）

⑪ 法祚：法祖的弟弟，附现于《帛远传》。他被梁州刺史张光害死。（释慧皎，1992：27）

⑫ 理思：思辨力，合理的思考。南朝齐慧琳《新安寺释玄运法师诔》："敷说驾乎当时，理思冠乎中世。"（汉语大词典编辑委员会、汉语大词典编纂处，1989b：572）

⑬ 淹通：弘广通达。用例见南朝宋刘义庆《世说新语·品藻》《北史·文苑传·王褒》。（汉语大词典编辑委员会、汉语大词典编纂处，1990a：1352）

⑭ 仁泽：仁德恩泽。《三国志·吴志·薛综传》："岂悟圣朝仁泽流盈。"（汉语大词典编辑委员会、汉语大词典编纂处，1986：1101）

⑮ 成霧：此处汤用彤的校注是："三本、金陵本'霧'作'務'"。（释慧皎，1992：143）成务，成就事业。《易·系辞上》："夫《易》何为者也？夫《易》，开物成务，冒天下之道，如斯而已者也。"用例又见南朝梁刘勰《文心雕龙·程器》。（汉语大词典编辑委员会、汉语大词典编纂处，1990a：201）

⑯ 将：代词，相当于"此""这"。《左传·昭公十二年》："且夫《易》，不可以占险，将何事也？且可饰乎？"又《襄公二十五年》："将可乎哉？殆必不可。"（汉语大字典编辑委员会，2010：2544）

⑰ 业有：七有之一，又称为行有，为果报之因。"有"的意思是因为地狱等五趣的存在而依果报而存在。（慈怡，1988：96）

⑱ 诸漏已尽：漏尽，梵语"āsrava-kṣaya"，"kṣina-āsrava"，漏，烦恼之异称。以圣智断尽烦恼，称为漏尽，与无漏同义。（慈怡，1988：5826）

⑲ 贻：遗留。用例见《书·五子之歌》和晋陆机《文赋》。（汉语大字典编辑委员会，2010：3876）

⑳ 贯脑：指使脑穿裂。（汉语大词典编辑委员会、汉语大词典编纂处，1992b：132）

厄①，比干雖忠謇②竭誠③，猶招賜劍之禍，匪④其然乎⑤。間⑥有竺法度⑦者，自言專執⑧小乘，而與三藏乖越⑨，食用銅鉢⑩，本非律儀所許，伏地⑪相向⑫，又是懺法⑬所無。且法度生本南康⑭，不遊天竺，晚⑮值⑯曇摩耶舍⑰，又非專

---

① 厄：困苦，灾难。（汉语大字典编辑委员会，2010：78）

② 忠謇：亦作"忠蹇"，指忠诚正直。汉蔡邕《上封事陈政要七事》："臣愚以为宜擢文右职，以劝忠謇。"用例又见《三国志·吴志·王蕃传》。（汉语大词典编辑委员会、汉语大词典编纂处，1991a：420）

③ 竭诚：忠诚，尽心。（汉语大词典编辑委员会、汉语大词典编纂处，1991b：394）

④ 匪：代词。相当于"彼"。《诗·小雅·小旻》："如匪行迈谋，是用不得于道。"（汉语大字典编辑委员会，2010：100）

⑤ 乎：表示肯定语气。《韩非子·解老》："故曰：'礼者，忠信之薄也，而乱之首乎。'"（汉语大字典编辑委员会，2010：42）

⑥ 間：同"閒"。如中间、父子之间。（汉语大字典编辑委员会，2010：4364）

⑦ 竺法度：《高僧传卷第一·译经篇上》所录第十五位外来僧人昙摩耶舍正传所附现的僧人。竺法度是在中国出生的外国商人的后代，是昙摩耶舍的弟子。耶舍东晋时罽宾僧人，晋隆安中初达广州，至宋元嘉中辞还西域。（释慧皎，1992：42）

⑧ 專執：不是一个词，"专"为副词，表示范围，相当于"全""都"。《管子·任法》："专听其大臣者，危主也。"（汉语大字典编辑委员会，2010：551）。"执"指治理，从事（某种工作）。（汉语大字典编辑委员会，2010：491）

⑨ 乖越：不相称，差错。（汉语大词典编辑委员会、汉语大词典编纂处，1986：661）

⑩ 鉢：梵语"pātra"，巴利语"patta"，音译钵多罗或钵和罗的略称，又称为钵盂，是僧尼常持道具之一，一般用作食器。（慈怡，1988：5687）佛教律制规定钵只能由瓦或铁制成，不许用金、银、铜等材料。（祥云法师，1993：55）

⑪ 伏地：俯伏在地上。《汉书·淮南厉王传》："追念罪过，恐惧伏地。"（汉语大词典编辑委员会、汉语大词典编纂处，1986：1181）

⑫ 相向：相对，面对面。《孟子·滕文公上》："昔者孔子没，三年之外，门人治任将归，入揖于子贡，相向而哭，皆失声，然后归。"（汉语大词典编辑委员会、汉语大词典编纂处，1991a：1140）

⑬ 懺法：指根据诸经之说而忏悔罪过的仪则，又作忏仪，依准此类仪则而修行称为修忏。忏悔原把自己生活上所犯过失，于一特定日在僧团众僧前告白，表忏悔之意。后渐包含人类精神整体之六根忏悔，与身、口、意之三业忏悔两类。我国佛教的忏法，起源于晋代，渐盛于南北朝。自南朝梁代以来，采用大乘经典中忏悔与礼赞内容而成之忏法，以种种形式流行，从而产生许多礼赞文及忏悔文。（慈怡，1988：6770）

⑭ 南康：南康郡，西晋太康三年置，治所在雩都县（今江西于都县东北）。东晋永和五年移治赣县（今赣州市西南），义熙七年徙治葛姥城（今赣州市东北）。南朝宋永初元年改为南康国，齐永明初复为南康郡。梁承圣元年徙治赣州市西南。（魏嵩山，1995：772）

⑮ 晚：老年。《史记·孔子世家》："孔子晚而喜《易》……读《易》，韦编三绝。"用例也见南朝宋鲍照《升天行》。（汉语大字典编辑委员会，2010：1623）

⑯ 值：遇，逢。《史记·酷吏列传》："宁见乳虎，无值宁成之怒。"（汉语大词典编辑委员会，2010：208）

⑰ 曇摩耶舍：见以上竺法度的注释。昙摩耶舍是罽宾人，拜师佛若多罗，公元397—401年到达广州，广收徒众。后在405—418年入长安，与昙摩崛多在414年完成汉译《舍利弗阿毗昙》。后耶舍南游江陵，424—453年返回西域，不知所终。（释慧皎，1992：41-42）

小①之師，直②欲谿壑③其身，故爲矯異④。然而達量君子，未曾迴⑤適⑥，尼衆易從，初⑦稟⑧其化。夫女人理教難愜，事迹易翻，聞因果則悠然⑨扈⑩背⑪，見變術則奔波⑫傾飲⑬，隨墮之義即斯謂也。竊⑭惟⑮正法⑯淵廣⑰，數盈⑱八億⑲，傳譯所得，卷止千餘。皆由踰越沙阻，履跨危絕，或望烟渡險，或附

---

① 專小：應是上文"专执小乘"之意。
② 直：仅，只是。杨树达《词诠》卷五："直，表态副词，为'但'、'仅'之义，与今语'不过'同。"用例见《孟子·梁惠王上》和《文心雕龙·乐府》。（汉语大字典编辑委员会，2010：72）
③ 谿壑：喻贪欲。《南齐书·垣崇祖传》："频烦升擢，溪壑靡厌，恐以弥广。"（汉语大词典编辑委员会、汉语大词典编纂处，1992b：1322）
④ 矯異：故意与众不同，有意立异。（汉语大词典编辑委员会、汉语大词典编纂处，1991a：1551）
⑤ 迴：回避，逃避。用例见《北史·阴寿传附骨仪》。（汉语大字典编辑委员会，2010：4082）
⑥ 適：抵触。《方言》卷十三："适，牾也。"（汉语大字典编辑委员会，2010：4135）
⑦ 初：副词，表示时间、频率，相当于"才""刚刚"。《书·召诰》："若生子，罔不在厥初生，自贻哲命。"（汉语大字典编辑委员会，2010：359）
⑧ 稟：领受，承受。用例见《论衡·实知》和三国魏曹植《橘赋》。（汉语大字典编辑委员会，2010：2571；2800）
⑨ 悠然：徐缓貌。（汉语大词典编辑委员会、汉语大词典编纂处，1991a：533）
⑩ 扈：跟随。（汉语大字典编辑委员会，2010：2425）
⑪ 背：听觉不灵。（汉语大字典编辑委员会，2010：2207）
⑫ 奔波：忙碌奔走。汉仲长统《昌言·杂篇》："救患赴急，跋涉奔波者，忧乐之尽也。"
⑬ 傾飲：犹痛饮，谓饮酒过量。（汉语大词典编辑委员会、汉语大词典编纂处，1986：1650）
⑭ 竊：谦辞，私自，私下。用例见《论语·述而》："述而不作，信而好古，窃比于我者发。"又见于李斯《谏逐客书》。（汉语大字典编辑委员会，2010：2939）
⑮ 惟：思考，想。《诗·大雅·生民》："载谋载惟，取萧祭脂。"《汉书·邹阳传》："愿大王留意详惟之。"（汉语大字典编辑委员会，2010：2480）
⑯ 正法：梵语"sad-dharma"，巴利语"saddhamma"，指真正之法，也就是佛陀所说之教法。（慈怡，1988：1992）
⑰ 淵廣：深广。（汉语大词典编辑委员会、汉语大词典编纂处，1990a：1489）
⑱ 盈：足够，满足。《左传·襄公三十一年》："年且未盈五十，而谆谆焉如八九十者，弗能久矣。"（汉语大字典编辑委员会，2010：2740）
⑲ 億：数词，万万为亿。古又有以十万为亿者。（汉语大字典编辑委员会，2010：268）该数词加上前面的"八"都不是确指，意思是多得数不清。

杙①前身，及相會②推求③，莫不④十遺八九。是以⑤法顯⑥、智猛⑦、智嚴⑧、法勇⑨等，發趾則結旅成群，還至則顧影唯一，實足傷哉。當知一經達此，豈非⑩更賜壽命⑪。而頃世⑫學徒，唯慕鑽求⑬一典，謂言⑭廣讀多惑，斯蓋墮⑮學

---

① 杙：木桩。(汉语大字典编辑委员会，2010：1242)"行经三日，复过大雪山，悬崖壁立，无安足处，石壁皆有故杙孔，处处相对，人各执四杙，先拔下杙，手攀上杙，展转相攀，经日过讫。及到平地相待，料检同侣，失十二人。"(释慧皎，1992：93)《高僧传·昙无竭》卷三这段文字可帮助我们理解这句。

② 相會：相见，会面。《左传·桓公二年》："特相会，往来称地，让事也。"(汉语大词典编辑委员会、汉语大词典编纂处，1991a：1158)

③ 推求：寻求，探索。用例见《后汉书·独行传·王烈》和北魏贾思勰《齐民要术·作酱等法》。(汉语大词典编辑委员会、汉语大词典编纂处，1990b：671)

④ 莫不：无不，没有一个不。《诗·周颂·时迈》："薄言震之，莫不震迭。"《左传·成公十六年》："民生敦庞，和同以听，莫不尽力，以从上命。"(汉语大词典编辑委员会、汉语大词典编纂处，1992a：415)

⑤ 是以：连词，因此，所以。《老子》："功成而弗居。夫唯弗居，是以不去。"(见第一章第三节注释)

⑥ 法顯：《高僧传·译经下》卷三正传所载第一位僧人。法显，今山西人，公元399年他约了几位僧人一同从长安出发，渡流沙经西域，游历了古印度和狮子国，后经海路回国。法显此行前后历时十五年，游历三十余国，这是以往求法僧人所没有过的经历。后来，他在晋都建康（今南京）翻译佛经。(释慧皎，1992：87-90)

⑦ 智猛：《高僧传·译经下》卷三正传所载第十位僧人，为今陕西临潼人。公元404年他结侣十多人从长安出发经今天新疆，游历罽宾（今克什米尔）、古印度等国。回国时同伴仅一人，后在凉州翻译佛经。437年到四川，卒于成都。(释慧皎，1992：125-126)

⑧ 智嚴：《高僧传·译经下》卷三正传所载第五位僧人。智严，今甘肃人，去西域、罽宾和古印度取经求法，请到佛陀跋陀罗回中土传法，住长安大寺。公元427年与宝云一起翻译佛经。后修道生疑，又经海路到古印度咨询大德，78岁卒于罽宾。(释慧皎，1992：98-100)

⑨ 法勇：《高僧传·译经下》卷三正传所载第二位僧人。释昙无竭，又名法勇，俗姓李，今辽宁人。公元420年召集沙门25人经西域，翻越大雪山到了罽宾。后游月支国和古印度，后由海路抵达广州。回国后翻译佛经。一路上经千辛万苦，过大雪山时"失十二人"，过中天竺时同伴仅余五人。(释慧皎，1992：93-94)

⑩ 豈非：见本节上文注释。

⑪ 更賜壽命：佛经原本在中土"更赐寿命"，再传播。约1400多年以后，德国的本雅明（Walter Benjamin）也有类似的说法，译作是"原作生命的延续阶段"（their stage of continued life）或是原作生命的"延续"（afterlife）。(Benjamin，2000：16)。

⑫ 頃世：犹近代。用例见南朝梁阮孝绪《〈七录〉序》和北齐颜之推《颜氏家训·诫兵》。(汉语大词典编辑委员会、汉语大词典编纂处，1993b：227)

⑬ 鑽求：犹钻营。用例见《初刻拍案惊奇》卷五。(汉语大词典编辑委员会、汉语大词典编纂处，1993a：1435)但此处是褒义，应是钻研谋求的意思。

⑭ 謂言：以为，说是。《玉台新咏·古诗为焦仲卿妻作》："谓言无罪过，供养卒大恩。"用例又见唐元稹《青云驿》。(汉语大词典编辑委员会、汉语大词典编纂处，1993a：343)

⑮ 墮：通"惰"，懈怠。《文选·七发》："血脉淫濯，手足堕窳。"唐孟浩然《将适天台留别临安李主簿》："江海非堕游，田园失归计。"(汉语大字典编辑委员会，2010：520)

之辭，匪曰通方①之訓②。何者③，夫欲考尋④理味⑤，決正⑥法門，豈⑦可斷以胸衿⑧而不博尋衆典。遂使空勞傳寫，永瑿⑨箱匣，甘露⑩正说，竟莫披⑪尋，無上⑫寶珠，隱而弗用，豈⑬不惜哉。若能貫⑭採禪律，融治經論，雖復祇樹⑮息蔭，玄風⑯尚扇，娑羅⑰變葉，佛性猶彰。遠報能仁⑱之恩，近稱傳譯之德，

---

① 通方：指不限于一经一论的研究方法。"学者们常想把各方面全部搞通，因而研究时也就不拘限于一经一论。不过，各家的研究还是互有短长，从学的人笃守师说，因而成了各别的师说传承。这种不限于一经一论的研究方法，叫作'通方'，即通达一切。"（吕澂，1979：124-125）

② 訓：典范，准则。用例见《诗·大雅·烝民》和《镜花缘》第七十九回。（汉语大字典编辑委员会，2010：4199）

③ 何者：为什么，用于设问。用例见《公羊传·桓公二年》和《史记·儒林列传》。（汉语大词典编辑委员会、汉语大词典编纂处，1986：1228）

④ 考尋：考察探求，研求。《后汉书·张敏传》："愿陛下留意下民，考寻利害。"《宋书·隐逸传·宗炳》："乃下入庐山，就释慧远考寻文义。"（汉语大词典编辑委员会、汉语大词典编纂处，1991b：637）

⑤ 味：意义，旨趣。《晋书，成公简传》："潜心道味。"（汉语大字典编辑委员会，2010：645）

⑥ 決正：认为正确而决定依从。《汉书·西域传上·大宛国》："贵女子；女子所言，丈夫乃决正。"（汉语大词典编辑委员会、汉语大词典编纂处，1990a：1018）

⑦ 豈：表示反诘的副词，相当于"难道"。（见第二章第五节注释）

⑧ 胸衿：亦作"胸襟"，犹臆测。《敦煌变文集·降魔变文》："此乃诗书所载，非擅胸襟。"（汉语大词典编辑委员会、汉语大词典编纂处，1990b：1253-1254）

⑨ 瑿：隐藏，藏匿。用例见《文选·甘泉赋》和《三国志·魏志·管宁传》。（汉语大字典编辑委员会，2010：3577）

⑩ 甘露：佛教语，梵语"amṛta"的意译，喻佛法、涅槃等。用例见《法华经·药草喻品》《和王卫军解讲》和南朝梁萧统《东斋听讲》诗。（汉语大词典编辑委员会、汉语大词典编纂处，1991a：976）

⑪ 披：翻开，翻阅。用例见《世说新语·贤媛》和唐韩愈《进学解》。（汉语大字典编辑委员会，2010：1969）

⑫ 無上：至高，无出其上。《荀子·君子》："尊无上矣。"（汉语大词典编辑委员会、汉语大词典编纂处，1991a：99）

⑬ 豈：副词，表示反诘，相当于"难道"。（见第二章第五节注释）

⑭ 貫：通，贯通。《论语·里仁》："吾道一以贯之。"用例又见《楚辞·招魂》和《史记·乐书》。（汉语大字典编辑委员会，2010：3868）

⑮ 祇樹：全称祇树给孤独园，指祇陀太子的树林和给孤独长者的园地，此园在古印度舍卫国，佛陀常在那里讲经说法，印度佛教的圣地之一，略称祇树或祇园。（慈怡，1988：3920）

⑯ 玄風：此处应指佛法教化之风。

⑰ 娑羅：指娑林，地名，梵文"sālavana"，又称坚固林。佛在拘尸那城阿利罗跋提河边，娑罗树四方各二株双生中间入灭，故佛之入灭处谓之娑罗林，又佛涅槃时，双树悉变白如鹤，故谓之鹤树。（丁福保，1991：1717）

⑱ 能仁：释迦牟尼，梵名"sākyamuni"，一译曰能仁。（丁福保，1991：1847）

儻①獲身命，寧②不勖③欤④。

赞⑤曰：頻婆⑥揜⑦唱⑧，疊⑨教攸⑩陳⑪，五乘⑫竟轉⑬，八萬彌綸⑭。周星

第四章 梁代慧皎的《高僧传·译经论》

---

① 儻：连词，表示假设，相当于"倘若""如果"。用例见《史记·伯夷列传》和三国魏曹擅《王仲宣诔》。（汉语大字典编辑委员会，2010：281）

② 宁：副词。表示反诘，相当于"岂""难道"。《史记·陈涉世家》："王侯将相宁有种乎！"（汉语大字典编辑委员会，2010：1019）

③ 勖：同"勗"，勉励，如勖勉。《书·牧誓》："勖哉夫子！尔所不勖，其于尔躬有戮！"（汉语大字典编辑委员会，2010：1622；408）

④ 欤：语气词，表示疑问、反诘、推测、停顿、感叹，语气徐缓而安舒，用于句末。用例见《楚辞·渔父》和汉曹操《论吏士行能令》。（汉语大字典编辑委员会，2010：2307）

⑤ 赞：文体名，以赞美为主。南朝梁萧统《文选序》："美终则诔发，图像则赞兴。"（汉语大字典编辑委员会，2010：3886；3900）《文心雕龙·颂赞》曰："赞者，明也，助也。"（刘勰，2001：100；102）赞这种文体就是对自己先前所论做出的总结、概括和辅助说明。

⑥ 频婆：频婆树，其果实鲜红色，称为频婆果。（慈怡，1988：6365）后秦鸠摩罗什译《摩诃般若波罗蜜经》卷二十四《78 四摄品》说佛有八十随形好。"云何为八十随形好？一者无见顶；二者鼻直高好孔不现；……二十九者唇赤如频婆果色；……八十者手足有德相。"（T223，8.395c27－396b9）所以，此处慧皎以佛的八十随形好之一的唇随形好代指佛陀。

⑦ 揜：唐慧琳《一切经音义》卷八十九解释"揜唱"的"揜"："上淹俨反，毛诗传云揜抚也，字书作奄，又从手作掩，训义同。"（T2128，54.875c22）同"掩"，止息。汉班昭《女诫》："是故室人和则谤掩。"潘岳《西征赋》："掩细柳而抚剑，快孝文之命帅。"（汉语大字典编辑委员会，2010：2004）

⑧ 唱：发起，倡导，后作"倡"。用例见《国语·吴语》和《史记·陈涉世家》。（汉语大字典编辑委员会，2010：691）

⑨ 叠：重叠，累积。汉班固《西都赋》："矢不单杀，中必叠双。"用例也见唐杜牧《阿房宫赋》。（汉语大字典编辑委员会，2010：2736）

⑩ 攸：迅疾。《孟子·万章上》："始舍之，圉圉焉，少则洋洋焉，攸然而逝。"通"悠"，久远。秦始皇《峄山刻石文》："登于峄山，群臣从者，咸思攸长。"（汉语大字典编辑委员会，2010：165）

⑪ 陈：显示，呈现。《国语·齐语》："相示以巧，相陈以功。"（汉语大字典编辑委员会，2010：4450）

⑫ 五乘：乘的梵语"yāna"，指道、船、车，即运载之义。为教化众生而将之运载至理想世界之五种法门，称为五乘。通常指人乘（manuṣya-yāna）、天乘（deva-yāna）、声闻乘（śāvaka-yāna）、缘觉乘（pratyeka-buddha-yāna）和菩萨乘（bodhisattva-yāna）。（慈怡，1988：1126）

⑬ 竟转：究竟转依的略称，指至如来地，得究竟得圆满究竟之果。（慈怡，1988：6618）

⑭ 彌綸：1. 统摄，笼盖。《易·系辞上》："《易》与天地准，故能弥纶天地之道。此二句言《易经》所讲之道与天地齐等，普遍包络天地之道。"用例又见《周书·尉迟运等传论》。2. 综括、贯通。汉蔡邕《太傅胡公碑》："谭其旧章，弥纶古训。"用例也见《梁书·刘勰传》。（汉语大词典编辑委员会、汉语大词典编纂处，1989b：160）

曜魄①，漢夢通神②。騰、蘭、讖、什，殉道③來臻④，慈雲⑤徙蔭，慧水⑥傳津，俾⑦夫季末⑧，方樹⑨洪⑩因。(T2059, 50.345b14 - 346a27)

二、简体原文

第一篇

第 1 部

1.1.1 论曰：传译之功尚矣，固无得而称焉。昔如来灭后，长老迦叶、阿难、末田地等，并具足住持八万法藏，弘道济人，功用弥博，圣慧日光，余晖未隐。是后迦旃延子、达磨多罗、达摩尸利帝等，并博寻异论，各著言说，而皆祖述《四含》，宗轨三藏。

1.1.2 至若龙树、马鸣、婆薮盘豆，则于方等深经，领括枢要。源发般若，流贯双林，虽曰化洽洼隆，而亦俱得其性。故令三宝载传，法轮未绝，是以五百年中，犹称正法在世。

---

① 周星曜魄："周星"即岁星。南朝梁庾肩吾《咏同泰寺浮图》诗："周星疑更落，汉梦似今通。"(汉语大词典编辑委员会、汉语大词典编纂处，1989a：300)"曜魄"，指北极星。《渊鉴类函·天四·星》引《尚书大传》："北辰谓之曜魄。"(汉语大词典编辑委员会、汉语大词典编纂处，1990a：848) 这四字直译：岁星在北辰，是上古的星岁纪年法，早在楚汉相争之间"失其缵续"(刘坦，1957：233)，再后已"无可索解"(刘坦，1957：233)。笔者认为原作者慧皎仅以此显其文采，无法据此确定在哪一年。

② 指佛教初传入华的"永平求法"著名传说。后汉明帝永平年间（58—75 年在位）的梦感求法，晋代以后的文献常常将此作为佛法传入中士的开端。但"永平求法"传说本身表明，当时佛教已经在汉地传播较为广泛，这并非佛教初传。(赖永海，2010：88；91) 该传说《高僧传》开头也有个版本。(释慧皎，1992：1)

③ 殉道：为道义或某种主张而献身。《孟子·尽心上》："天下无道，以身殉道。"(汉语大词典编辑委员会、汉语大词典编纂处，1990a：165)

④ 來臻：来到。晋陆云《大将军宴会被命作诗》："肃雍往播，福禄来臻。"(汉语大词典编辑委员会、汉语大词典编纂处，1986：1306)

⑤ 慈雲：比喻慈心广大，覆于一切，譬如云也。鸡跖集曰："如来慈心，如彼大云，荫注世界。"(丁福保，1991：2325)

⑥ 慧水：智慧能洗烦恼之垢，故譬为水。(丁福保，1991：2532)

⑦ 俾：bǐ，使。用例见《诗·大雅·民劳》和晋陆机《辨亡论上》。(汉语大字典编辑委员会，2010：217)

⑧ 季末：末世，衰世。汉桓宽《盐铁论·忧边》："周之季末，天子微弱，诸侯力政。"(汉语大词典编辑委员会、汉语大词典编纂处，1989b：209 - 210)

⑨ 樹：种，植。《诗·小雅·巧言》："荏染柔木，君子树之。"《吕氏春秋·任地》："日至，苦菜死而资生，而树麻与菽。"(汉语大字典编辑委员会，2010：1380)

⑩ 洪：大。《尔雅·释诂上》："洪，大也。"南朝宋颜延之《陶征士诔》："韬此洪族，蔑彼名级。"(汉语大字典编辑委员会，2010：1716)

第 2 部

1.2.1　夫神化所接，远近斯届，一声一光，辄震他土；一台一盖，动覆恒国。振丹之与迦维，虽路绝葱河，里踰数万，若以圣之神力，譬犹武步之间，而令闻见限隔，岂非时也。

1.2.2　及其缘运将感，名教潜洽，或称为浮图之主，或号为西域大神。故汉明帝诏楚王英云："王诵黄老之微言，尚浮图之仁祠。"及通梦金人，遣使西域，乃有摄摩腾、竺法兰怀道来化。

1.2.3　协策孤征，艰苦必达，傍峻壁而临深，蹑飞絙而渡险。遗身为物，处难能夷，传法宣经，初化东土，后学而闻，盖其力也。

第二篇

第 1 部

2.1.1　爰至安清、支谶、康会、竺护等，并异世一时，继踵弘赞。然夷夏不同，音韵殊隔，自非精括诂训，领会良难。属有支谦、聂承远、竺佛念、释宝云、竺叔兰、无罗叉等，并妙善梵汉之音，故能尽翻译之致。

2.1.2　一言三复，词旨分明，然后更用此土宫商饰以成制。论云："随方俗语，能示正义，于正义中，置随义语。"盖斯谓也。

第 2 部

第 1 分

2.2.1　其后鸠摩罗什，硕学钩深，神鉴奥远，历游中土，备悉方言。复恨支、竺所译，文制古质，未尽善美，乃更临梵本，重为宣译。故致今古二经，言殊义一。

2.2.2　时有生、融、影、叡、严、观、恒、肇，皆领悟言前，词润珠玉，执笔承旨，任在伊人，故长安所译，郁为称首。是时姚兴窃号，跨有皇畿，崇爱三宝，域堑遗法。使夫慕道来仪，遐迩烟萃，三藏法门，有缘必睹，自像运东迁，在兹为盛。

第 2 分

2.2.3　其佛贤比丘，江东所译《华严》大部，昙无谶河西所翻《涅槃》妙教，及诸师所出《四含》、五部、犍度、婆沙等。并皆言符法本，理惬三印。

第 3 部

第 1 分

2.3.1　而童寿有别室之愆，佛贤有摈黜之迹，考之实录，未易详究。或以时运浇薄，道丧人离，故所感见，爰至于此。若以近迹而求，盖亦珪璋之一

2.3.2 又世高、无谶、法祖、法祚等,并理思淹通、仁泽成雾,而皆不得其死,将由业有传感,义无违避,故罗汉虽诸漏已尽,尚贻贯脑之厄,比干虽忠謇竭诚,犹招赐剑之祸,匪其然乎。

第2分

2.3.3 间有竺法度者,自言专执小乘,而与三藏乖越,食用铜钵,本非律仪所许,伏地相向,又是忓法所无。且法度生本南康,不游天竺,晚值昙摩耶舍,又非专小之师,直欲溪壑其身,故为矫异。

2.3.4 然而达量君子,未曾回适,尼众易从,初禀其化。夫女人理教难悛,事迹易翻,闻因果则悠然扈背,见变术则奔波倾钦,随堕之义即斯谓也。

第三篇

第1部

3.1.1 窃惟正法渊广,数盈八亿,传译所得,卷止千余。皆由踰越沙阻,履跨危绝,或望烟渡险,或附杙前身,及相会推求,莫不十遗八九。

3.1.2 是以法显、智猛、智严、法勇等,发趾则结旅成群,还至则顾影唯一,实足伤哉。当知一经达此,岂非更赐寿命。

第2部

3.2.1 而顷世学徒,唯慕钻求一典,谓言广读多惑,斯盖堕学之辞,匪曰通方之训。何者,夫欲考寻理味,决正法门,岂可断以胸衿而不博寻众典。遂使空劳传写,永翳箱匮,甘露正说,竟莫披寻,无上宝珠,隐而弗用,岂不惜哉。

3.2.2 若能贯采禅律,融治经论,虽复祇树息荫,玄风尚扇,娑罗变叶,佛性犹彰。远报能仁之恩,近称传译之德,傥获身命,宁不勖欤。

第四篇 结论

4.1 赞曰:频婆挣唱,迭教攸陈,五乘竞转,八万弥纶。

4.2 周星曜魄,汉梦通神。腾、兰、谶、什,殉道来臻,慈云徙荫,慧水传津,俾夫季末,方树洪因。

三、今译

第一篇 中土佛教翻译的前提与初传期

第1部 印度佛教的发展和传播

1.1.1 我对此发表议论如下:佛教的发展传播及其经典翻译之丰功伟业由来已久,以什么样的言辞来赞扬都不为过。当初如来涅槃后,上首弟子迦

叶、阿难、末田地等都佛法具足，护法弘法，使之久住世间，济世利人，其功绩与日俱增，使佛教的圣慧日光绵延常耀。此后，迦旃延子、达磨多罗、达摩尸利帝等，各自研究了各种论著后立论著述，但都阐述了小乘四部《阿含经》，且以佛教经律论三藏为准则。

1.1.2 至于龙树、马鸣、婆薮盘豆，则记录并概括了大乘经典的关键内容。大乘佛教源发于般若，贯通于佛法，虽然教化对象的水平高下不等，但也都使他们得其佛性。因而使佛法僧三宝相续向前传播，法轮辗转不停，所以佛灭后两个五百年中依然称为正法在世。

第2部　佛教初传中土

1.2.1 佛法教化之所及，由远及近，一声一光，总是震慑外邦；一台一庙也往往遍及古国。中国与迦维罗卫（释迦牟尼的诞生地）两地之间，虽有如葱岭和黄河那样的万水千山横亘其间，道路不通，且两地相隔数万里，但若用佛菩萨的神通力，那就如半步之遥，而教化见闻的一时阻隔还不是因为时运未到。

1.2.2 到了机缘时运开始相互作用的时候，佛法的声名教化与之相符合，佛陀或称为浮图之主，或号为西域大神，在中土即流传开了。因而汉明帝下诏楚王刘英，说："楚王念诵黄老学说的玄妙之言，礼赞佛陀的仁德之慈。"乃至后汉明帝夜梦金人，向西域派遣使者，然后才有摄摩腾、竺法兰携经来中土教化众生。

1.2.3 中土早期外来僧人，要么有人同路，要么只身出行，纵经千辛万苦，不坠传法之志；他们越峭壁临深渊，脚踏飞索渡险川。他们舍身为人，也总化险为夷，弘法讲经，开始教化中土，后学能闻道，多亏了其开拓之功。

第二篇　历代译者论

第1部　译者汉译的条件、翻译程序和原理

2.1.1 于是，安世高、支娄迦谶、康僧会、竺法护等外僧，虽来自不同的国度，但先后在关键时刻来中土弘法译经。可外夷与华夏不同，双方的语言文字相差甚远，若非精通外语，要懂得原典都很困难。当时正好有支谦、聂承远、竺佛念、释宝云、竺叔兰、无罗叉等人，都精通梵汉语言，所以能把翻译的功用发挥到极致。

2.1.2 佛经原本先经过一言三复、词旨分明的若干转换程序之后，再用此中土语言文字最后形成译本。《成实论》上说："跟随着方言土语之迹，能见正义，在正义中，布置顺应正义之语词。"大概这就是翻译的原理。

第 2 部　三大译场人才荟萃

第 1 分　后秦关中译场

2.2.1　他们之后的鸠摩罗什学问渊博，探赜索隐、英明睿智，游历中土多年，通晓多门语言。他屡屡对支谶和竺法护等先贤的佛经汉译本感到遗憾，觉得其行文古雅质朴，还不完善，于是再对照梵本重新宣译。所以才致使佛经汉译有今古两种译本的行文不同但意义一致的情况。

2.2.2　当时竺道生、道融、昙影、僧睿、慧严、慧观、道恒、僧肇是罗什的高足，都面承其师的言传身教，词润珠玉，汉译下笔成文完全凭借和秉承其师的意旨，所以关中长安所译佛经蔚为大观、天下第一。那时姚兴僭号称帝，实据有以长安为京城的后秦，他推崇喜好佛法僧三宝，其治下佛教兴隆。这使得那些崇尚佛法之俊杰远近慕名而来，荟萃如云，而佛教法门，只要与佛有缘就一定可见，因而自佛教东传以来，在此为盛。

第 2 分　东晋江左、北凉等译场

2.2.3　当时有天竺僧人佛贤在公元 415 年后于江左译出《华严经》大部，北凉僧人昙无谶在姑臧汉译了《涅槃经》，还有诸位法师汉译了四部《阿含经》、五部律、八犍度论、毗婆沙论等，其语文都符合法性，其道理皆与三法印相一致。

第 3 部　译者僧德有亏与弟子随之堕落

第 1 分　轻度犯戒缺德

2.3.1　然而鸠摩罗什有娶女破戒之过失，佛陀跋陀罗有遭僧团驱逐的行迹，考证以史籍，却难以定论。他俩或是因时运使然和迫于强权世风的压力之相互作用，或由失道而致人心背离，所以在如此大势影响下才有那样的结果。若以浅近的道理而论之，也不过白璧微瑕而已。

2.3.2　还有安世高、昙无谶、法祖、法祚等，于大道思虑周详、气度恢宏，仁德恩泽、事业有成，却都死于非命，这样的因果报应在于其因的流转作用，既无法逆转又不能回避，所以罗汉虽以圣智断尽烦恼，依然遭受脑穿裂之遗祸，比干虽忠诚正直还招来挖心之祸，那因果报应真是这样的。

第 2 分　重度犯戒缺德

2.3.3　其中还有竺法度，自称专修小乘法门，却与经律论三藏的规定相违背，他还用铜钵进食，这本来就是律制所不允许的，且面对面俯伏在地上忏悔，这是佛教忏法所没有的。况且法度本来出生于南康（今江西境内），并未游历过天竺，晚年才遇到昙摩耶舍这位并非专修小乘的法师，法度只不过以其自己的贪欲拖累其身罢了，才有此标新立异之举。

2.3.4　然而其徒众都是达量君子，未曾回避抵制，尤其是尼众易盲从，又才刚入师门。那些女人难以把佛教之理与事相结合，行为反复，听说有因果报应则渐渐随人俯仰都听不进去了，一见到变术就趋之若鹜，这就是随堕，即随师堕落的意思啊。

第三篇　中土僧人研习译典的态度和方法

第1部　佛经来之不易

3.1.1　鄙人以为佛法高深莫测，经籍浩如烟海，其法门数不胜数，传播至此，经过汉译后所得不过一千多经卷。这些原经都由僧人携带而来，一路上跨流沙，翻峭壁，或望烟波渡江海，或身附杙柱而攀壁，历经千难万险到了目的地，相会清点同行人数，无不十遗八九。

3.1.2　所以，法显、智猛、智严、法勇等僧人，西行求法刚出发时结旅成群，回来时形单影只，真令人悲伤啊。应当知道一本佛经到达我中土，难道不是被赐予了更长的寿命！

第2部　钻研汉译佛经的正反方法和态度

3.2.1　而当今有人学佛，只一心探索钻研一部经典，说是读多了反而疑惑丛生，这恐怕是学业懈怠的借口，绝非全通佛法的榜样。这是因为若要寻求佛理、考究理趣，抉择所依从的法门，怎能凭私意而定不广寻众经？否则这就等于把经卷压在箱底，让法师和同道已付出的翻译传写的努力付之东流，甘露一样的佛经无人翻阅和研究，就像把无价的宝珠暗藏不用，这不是太可惜了吗？

3.2.2　若能贯通博采禅宗和律宗，融汇兼治经藏和论藏，就算祇园荫翳不再，也劲吹着佛法教化之风，即使佛陀涅槃处的娑罗林树叶再次变色，佛性也能依旧彰然。这样学佛，远能报佛祖释迦之慈恩，近可弘扬传译佛经诸法师的恩德，倘若于己身体和生命之修行有所进益，这就是在勖勉要更努力上进啊。

第四篇　结论

4.1　赞曰：佛陀涅槃后不再亲自说法，但历年层累的遗教依然得以迅速传播，经久绵延不绝，大而论之佛教有五乘究竟圆满的法门，小而言之包罗有八万四千之多。

4.2　时运与机缘相合，岁星在北辰那年，汉明帝（58—75在位）夜梦金人，佛教已传至中土。摄摩腾、竺法兰、支谶、鸠摩罗什等外僧先后来中土舍身弘法，佛陀的慈悲之云将其荫蔽转移至中土，其智慧之水所形成的江河流到了中国，使这后汉末世才种下了这个大因缘。

本节结论

解读慧皎《高僧传·译经论》，必须克服解读文言关键实词和虚词的困难，读懂若干佛教术语也是要完成的功课，术语包括中印佛教史上的重要人物事迹、佛教专业概念、佛经及其典故等。

第四节 《高僧传·译经论》翻译理论的内容和结构

《高僧传》译经科末尾的论述主要在于说佛典汉译之理，臧否史上的佛典翻译，说明译经的意义、源流，概评其中重要译经、僧人，就是一篇以本译经科所录僧传突出事迹为主要内容的中土佛典翻译史论。最后的赞是用更加文艺的形式，高度概括了史论的内容，是整个史论的收尾和结论。这篇翻译论根据其内容和推理应该分为 4 篇共 20 段。论文的中心思想是中土的佛典翻译史，整个论述从印度佛教的发展和传播之始直到作者所处时代，是一篇中国佛典汉译史论。

一、第一篇 中土佛经翻译的前提与初传期

本篇共有两部，第 1 部先论佛陀涅槃后佛教在印度的发展和传播，第 2 部论佛教在中土的传播和翻译。

（一）第 1 部 印度佛教的发展和传播

本部简述佛陀涅槃后印度佛教的发展史。

1.1.1 段：印度佛教在佛涅槃后由部派发展至小乘佛教

第一句开宗明义就说："传译之功尚矣"（佛教的发展传播及其经典翻译之丰功伟业由来已久），这里第一层意思是"传"，即佛教的传播和发展，这是中土佛经汉译的根本前提。因而本段简论佛陀涅槃后古印度佛教由小乘向大乘佛教的发展。请读者注意在此语境下此处的"传"主要指佛教的发展和传播。

佛教在印度产生、传播和发展本身就与翻译问题密切相关，所以这个"传"暗含"译"的意思。首先佛经上说，佛陀传教是用神通来解决语言难题，针对不同的对象说不同的语言。比如《十诵律》卷二六："佛以圣语说四谛法：苦、集、尽、道。二天王解得道，二天王不解。佛更为二天王以驮婆罗语说法。……是二天王一解一不解。佛复作弥梨车语。……四天王尽解，示教

利喜已，礼佛足而去。"（T1435，23.193a11-20）这已超出我们今天科学研究的范畴，存而不论。但如果佛陀不用神通说话，应该说其母语古摩揭陀语或半古摩揭陀语。（季羡林，1998：470；472）

再者，古印度佛教分成若干派别，各派别都规定了一种语言为自己的经堂语。"巴利上座部、昙无德部、弥沙塞部都以俗语为经堂语，而说一切有部和根本说一切有部则以梵文为经堂语。"（季羡林，1998：422）而佛教各派都有自己的经典，现流传下来的大致有四种语言写成的经典，一是巴利文，二是其他中世纪印度文，三是混合梵文，四是梵文。（季羡林，1998：413）"佛典在随着佛教的传播而逐渐形成的过程中，确实有'翻译'的问题，这个事实是谁也否认不掉的。所谓'梵文化'实际上也是翻译的一种特殊形式。"（季羡林，1998：499）所以慧皎这篇论文开篇第一段的印度佛教发展传播之论本身就含有翻译问题，"传译"二字你中有我，我中有你，其功"尚"，即由来已久，此"尚"并非简单地指伟大，而是久远的意思。

这段的"传"和"尚"两个字如解释不透彻，与下文的内容就脱节。这段第一句原文"论曰：传译之功尚矣，固无得而称焉。"有学者译成："论：翻译的功绩太伟大了，确实没法来称赞它。"（释慧皎，2010：194）这里"传译"只译出了翻译而没有"传"的佛教发展传播的意思，与下文内容就不相符。"尚"只译出了伟大而没有久远的意思，也与下文的论述不符。

1.1.2 段：龙树、马鸣、婆薮盘豆推动大乘佛教的发展

论述龙树、马鸣、婆薮盘豆推动大乘佛教的发展，"是以五百年中，犹称正法在世"。印度佛教的发展和传播是下文中土佛典翻译的根本缘由。

（二）第2部　佛教初传中土

本部上承第1部的文脉，主题是佛教向中国的传播及最早译家的开拓之功，有三层意思。

1.2.1 段：中印间佛法教化一时阻隔皆因时运机缘未到

中国与印度之间，虽有地理阻隔，但在佛菩萨的神通力面前本不在话下，而佛法教化一时被阻隔还是因为时运机缘未到。

本段中的"若以圣之神力"，其中的"神力"是佛教术语，又作神通力，指佛菩萨所示现的种种神变不可思议之力。诸经中，多处载有佛菩萨显现神力之说，如《法华经》卷六《如来神力品》等。这里的"神力"今译成"圣灵之神力"（释慧皎，2010：194），就显然不是佛教的术语，应是其他宗教的说法。

1.2.2 段：后汉机缘成熟以致佛教初传中土

机缘一旦成熟（"及其缘运将感"），佛教就在后汉明帝时传到了中土并流传开来。汉明帝下诏楚王刘英时就提到了佛陀的仁德之慈，明帝夜梦金人，向西域派遣使者，然后才有摄摩腾、竺法兰携经来中土教化众生，汉译佛经。

1.2.3 段：早期外来僧人历经千辛万苦传法译经的开拓

本段论述早期传法僧人的译经开拓之功。本段的"遗身为物"，有学者今译成"死后丢下遗体权当异物"（释慧皎，2010：194），完全从字面解释，差之毫厘失之千里。"遗身"这里也是佛教术语，相当于舍身的意思，指舍弃身命，又作烧身、遗身、亡身，以舍身供养佛等，或布施身肉等予众生，是佛教最上乘的布施行为。此处的"物"是他人的意思，连起来的意思是舍身为人。

（三）第一篇的内容和结构

第一篇的内容和结构如表 4-1 所示：

表 4-1　第一篇的内容和结构

部、段主题	字数（个）	占比（%）
第 1 部　印度佛教的发展和传播	167	12.98
1.1.1 印度佛教在佛涅槃后由部派发展至小乘佛教	99	7.69
1.1.2 龙树、马鸣、婆薮盘豆推动大乘佛教的发展	68	5.28
第 2 部　佛教初传中土	199	15.46
1.2.1 中印间佛法教化一时阻隔皆因时运机缘未到	71	5.52
1.2.2 后汉机缘成熟以致佛教初传中土	76	5.91
1.2.3 早期外来僧人历经千辛万苦传法译经的开拓	52	4.04
小计	366	28.44

本篇第 1 部先论中土佛经翻译的前提，接着第 2 部论中土佛经翻译初期的情况。

二、第二篇　历代译者论

本篇含三部，先从历史的角度论述译者的条件、翻译程序和原理，再论史上几大译场人才荟萃的盛况和优秀译作之丰饶，最后论僧德即译者之德。

（一）第 1 部　译者汉译的条件、翻译程序和原理

本部将从东汉到东晋，差不多到作者所处时代的佛典翻译家一口气列举出来，仅是为了说明三个翻译之理：一是译者的必要条件，要精通外语，懂得原典；二是佛典汉译的转换程序；三是直接引用《成实论》讲明翻译的原理：跟随方言土语之迹，能见正义，在正义中，布置顺应正义之语词。

2.1.1 段：四朝佛经译家表明梵汉皆通的译者条件

本段列举了四个朝代的佛经译家，其中有著名的本土助译，包括从东汉末的安世高和支娄迦谶，到三国吴的康僧会和支谦，然后是西晋的竺法护、竺叔兰、无罗叉和聂承远（助译），东晋的释宝云和前秦的竺佛念。他们具备精通梵汉语言的条件，所以能把翻译的功用发挥到极致。

2.1.2 段：翻译程序和原理

当时译者的佛经翻译程序如下：一言三复、词旨分明的若干转换，之后再用此中土语言文字最后形成译本。《成实论》上说翻译原理是"随方俗语，能示正义，于正义中，置随义语"。

《成实论》（梵名 "Satyasiddhī-śāstra"）是佛教论书，古印度诃梨跋摩著，后秦鸠摩罗什译，十六卷（一作十四卷或二十卷）。"成实"即成就四谛之意，为反对小乘说一切有部"诸法实有"理论，提倡"人法二空"，弘扬苦、集、灭、道四谛之理。此论在印度未见流传，梵文原本早已佚失，现存梵本乃从汉译本回译。此论传到中国，自后秦弘始十四年（412）鸠摩罗什译出，其门下就争相研习，竞作注疏。僧导撰《成实义疏》，又聚众讲述，弘传此论，门下逾千，形成寿春系，流行于南方。僧嵩至彭城（今江苏徐州）也弘扬《成实论》，经其弟子几代弘传，形成了彭城系，流行于北方。南齐永明年间，在齐武帝次子竟陵王萧子良主持下，集名僧数百人，以僧柔、慧次为上首，经过对此论要义的讨论后，将此论二十卷删为九卷，时僧祐亦作《略成实论记》，学士周颙撰《钞成实论序》。以后，此略本曾风行一时。到了梁代，对《成实论》的研究更盛。智藏、僧旻、法云被称为梁代三大家。他们常融会《成实论》宣讲大乘思想，故称为"成论大乘师"。（中国大百科全书总编辑委员会，2001）

（二）第 2 部　三大译场人才荟萃

本部含两分，第 1 分论述后秦关中译场的译才和成就，第 2 分论东晋江左和北凉译场的译才和成就，重点在前者。当时佛典汉译鼎盛离不开三个条件，

其一是佛典译场发达，以国主赞助为后盾，后秦国主姚兴甚至亲自参加译场翻译（见本书第七章）；其二是译才精通佛学和外语，以作为译主的鸠摩罗什为代表；其三是译才能深刻把握本土语言文化，以鸠摩罗什的几个徒弟为代表。

第1分　后秦关中译场

2.2.1段：鸠摩罗什关中长安译场所译佛经天下第一

鸠摩罗什作为外来译主学识渊博，通多门语言，主持关中长安译场，所译佛经天下第一，他重译古本，使得同一本佛经有今古两种译本。

2.2.2段：鸠摩罗什有优秀徒弟助译，又有国主姚兴的赞助

鸠摩罗什有竺道生、道融、昙影等优秀的徒弟作为助译。本段所列举的鸠摩罗什的徒弟，其中竺道生（钱穆，1988：150）和僧肇（侯外庐等，1957：444-465）在中国思想史上都占有一席之地。该译场还得到了后秦国主姚兴强有力的赞助。

第2分　东晋江左、北凉等译场

2.2.3段：江东佛贤译《华严经》，北凉昙无谶译《涅槃经》等

当时优秀译才译作荟萃的另外几个历史证明，一是天竺僧人佛贤在公元415年于江东译出《华严经》，二是北凉僧人昙无谶在姑臧汉译了《涅槃经》，此外，还有其他法师译出了四部《阿含经》、五部律、八犍度论、毗婆沙论等。

（三）第3部　译者僧德有亏与弟子随之堕落

本部在讲僧德即译德问题，关于译德的论述完全是佛教性质的。佛教翻译论总是把僧德等同于译德，表面上没有论述翻译，但实际上讲了翻译的道理。这里列举了几个例子，具体史实在《高僧传》每个僧人的传记里也都有记录。

第1分　轻度犯戒缺德

2.3.1段：鸠摩罗什和佛陀跋陀罗的轻微过失

鸠摩罗什娶女破戒（释慧皎，1992：50；53），第一次是大将吕光逼迫，第二次是国主姚兴强迫。佛陀跋陀罗（佛贤）因为徒弟的过失遭僧团驱逐（释慧皎，1992：71-72），有管教不严之过。这两例要么事主身不由己，要么因人受过，白璧微瑕而已。

2.3.2段：安世高、昙无谶等死于非命

安世高、昙无谶、法祖、法祚等本来这一世德行无亏，但在因果报应的铁律作用下前世的罪过这一世受报。就连道行很高的罗汉，历史上忠诚正直的比干都还有因果报应。这是在说僧人守戒至关重要，干了坏事总是有报应的，现世不报，来世也跑不了，前世不报，这一世躲不掉。

第 2 分　重度犯戒缺德

2.3.3 段：僧人竺法度严重犯戒

以竺法度重度犯戒为例，他自称专修小乘法门，破戒用铜钵进食，还标新立异搞律法不容的奇怪仪式。

2.3.4 段：译经者乃传授所译学问的老师而师错生亦误也

本段是整个第 3 部的结论，指出关键在于师父破戒，其弟子随之堕落，罪莫大焉。从本段我们可以推论出译者译德不修的后果。佛经译者从某种程度上说也是传授所译学问的老师，老师犯错，学生肯定跟着栽跟斗。

（四）第二篇的内容和结构

第二篇的内容和结构如表 4-2 所示：

表 4-2　第二篇的内容和结构

部、分、段主题	字数（个）	占比（%）
第 1 部　译者汉译的条件、翻译程序和原理	128	9.95
2.1.1　四朝佛经译家表明梵汉皆通的译者条件	80	6.22
2.1.2　翻译程序和原理	48	3.73
第 2 部　三大译场译才荟萃	203	15.77
第 1 分　后秦关中译场	151	11.73
2.2.1　鸠摩罗什关中长安译场所译佛经天下第一	61	4.74
2.2.2　鸠摩罗什有优秀徒弟助译，又有国主姚兴的赞助	90	6.99
第 2 分　东晋江左、北凉等译场		
2.2.3　江东佛贤译《华严经》，北凉昙无谶译《涅槃经》等	52	4.04
第 3 部　译者僧德有亏与弟子随之堕落	275	21.37
第 1 分　轻度犯戒缺德	136	10.57
2.3.1　鸠摩罗什和佛陀跋陀罗的轻微过失	62	4.82
2.3.2　安世高、昙无谶等死于非命	74	5.75
第 2 分　重度犯戒缺德	139	10.80
2.3.3　僧人竺法度严重犯戒	80	6.20
2.3.4　译经者乃传授所译学问的老师而师错生亦误也	59	4.60
小计	606	47.09

本篇第 1 部论译者之理只占全文约 9.95% 的篇幅，第 2 部以占全文约 15.77% 的篇幅论史上三大译场的成就，第 3 部论僧德即译德用了占全文约 21.37% 的篇幅，可见作者对僧德即译德的重视。

三、第三篇　中土僧人研习译典的态度和方法

从翻译学而言，这是讨论译作读者对待译作应采取的正确态度，应珍惜佛典，珍重先贤的传译之功。这个论题是以往翻译论所没有提到的。

（一）第 1 部　佛经来之不易

3.1.1 段：佛典都由历代僧人历经辛苦拼命携来中土

论述佛典来之不易，都是历代僧人历经千辛万苦，冒着生命危险携来中土的。

3.1.2 段：以法显、智猛等僧人西行求法为例

法显、智猛等僧人西行求法，刚出发时结旅成群，回来时形单影只。还告诫说：应当知道一本佛经到达我中土，难道不是被赐予了更长的寿命！（"当知一经达此，岂非更赐寿命。"）

约 1400 多年以后，德国的本雅明也有类似的说法，译作是"原作生命的延续阶段"（their stage of continued life）或是原作生命的"延续"（afterlife）（Benjamin, 2000：16）。但本雅明说的语境和此处的语境不同。慧皎此处是说佛经原本由僧人冒着生命危险携来中土，此经达此即"更赐寿命"。而本雅明说艺术原作本身是有生命的，译作是原作生命的延续。

笔者把本雅明类似说法和涉及前后语境的那几句的权威中译文直接引用如下，请读者对比（波浪线由笔者所加）。

似乎有理由认为，翻译得再好的译作也不可能具有和原作一样的重要性。但原作会因其可译性而同译作紧密地联系在一起。事实上，由于这种联系对原作已不再重要，因此它会更加紧密。我们可以把这种联系视为一种天生的联系，或更明确地说，一种生命联系。如生命的各种表现形式与生命现象密切相连但对生命现象却并不具有重要性一样，译作出自原作——与其说是出自其生命，不如说是出自其生命之延续。译作总是比其原作更晚问世，而且因为世间重要的文学作品决不会在其问世之际就找到它们命中注定的译者，所以译作标志着原作生命延续的阶段。对艺术作品的生命和生命延续这个概念，我们应该用一种绝无比喻意义的客观视角来

认识。……原作的生命在译作中返老还童，焕发青春。（本雅明，1923：381-382）

翻译之后，读者如何正确对待翻译作品的问题，慧皎在此首先提出。

（二）第2部　钻研汉译佛经的正反方法和态度

本部先批评了学习中土汉译佛典不当的方法，然后才指出正确的方法。

3.2.1 段：学佛只习一典既怠惰又枉费先贤译经努力

学佛只钻研一部经典是懈怠学业，是仅凭私意而不广寻众经，这是枉费先师和同道的译经努力，枉费译出的众经。慧皎此处"主张博览，反对空疏又可想"（陈垣，2001：18）。

3.2.2 段：贯通博采各宗、融汇兼治诸藏才是正法

学习汉译佛经的正确方法是贯通博采各宗，融汇兼治诸藏，这样才能彰显佛性，远可报佛祖释迦之慈恩，近能弘扬传译佛经诸法师的恩德，这样才能进步和有收获。

（三）第三篇的内容和结构

第三篇的内容和结构如表4-3所示：

表4-3　第三篇的内容和结构

部、段主题	字数（个）	占比（%）
第1部　佛经来之不易	103	8.00
3.1.1　佛典都由历代僧人历经辛苦拼命携来中土	56	4.35
3.1.2　以法显、智猛等僧人西行求法为例	47	3.65
第2部　钻研汉译佛经的正反方法和态度	149	11.58
3.2.1　学佛只习一典既怠惰又枉费先贤译经努力	94	7.30
3.2.2　贯通博采各宗、融汇兼治诸藏才是正法	55	4.27
小计	252	19.58

四、第四篇　全文结论

本篇是全文的总结，用文学形式高度概括和赞美了前文所论述的内容，是论文的结论。

4.1 段：佛陀涅槃后的佛教法门

佛陀涅槃后，其遗教迅速传播和发展，有五乘法门及其所包含的八万四千法门。本段第一句原文中的"频婆掆唱"意指佛涅槃后不再传法，其中的文学色彩鲜明浓厚，而语义显得相对单薄。这就是赞这种文体的特色。

4.2 段：东汉佛教传到中土

后汉明帝（58—75 年在位）时佛教传至中土，摄摩腾、竺法兰、支谶、鸠摩罗什等外僧先后来中土舍身弘法，由此发展至今。

本段的"周星曜魄"，"周星"即岁星。南朝梁庾肩吾《咏同泰寺浮图》诗："周星疑更落，汉梦似今通。""曜魄"指北极星。《渊鉴类函·天四·星》引《尚书大传》："北辰谓之曜魄。""周星曜魄"这四字直译是"岁星在北辰"，属于上古的星岁纪年法，早在楚汉相争之际算法便已失传。笔者认为原作者慧皎仅以此显其文采，无法据此确定在哪一年。这更是形式胜过内容的文学语言。

本篇在翻译上最容易出现的问题就是翻译不足。笔者的语内翻译是译出了意思，但失去了原文的文学形象，而更糟糕的翻译是文学形象和意义都丧失殆尽，比如有学者把"频婆掆唱"今译成"唱赞亿兆法数，传布深厚之教"，把"周星曜魄"译成"岁星光耀心魄"（释慧皎，2010：196）。

五、全文的理论和结构

《高僧传·译经论》全文的理论和结构如表 4-4 所示：

表 4-4 《高僧传·译经论》全文的理论和结构

篇、部和段主题	字数（个）	占比（%）
第一篇　中土佛经翻译的前提与初传期		
第 1 部　印度佛教的发展和传播	167	12.98
第 2 部　佛教初传中土	199	15.46
小计	366	28.44
第二篇　历代译者论		
第 1 部　译者汉译的条件、翻译程序和原理	128	9.95
第 2 部　三大译场译才荟萃	203	15.77
第 3 部　译者僧德有亏与弟子随之堕落	275	21.37
小计	606	47.09

续表4-4

篇、部和段主题	字数（个）	占比（%）
第三篇　中土僧人研习译典的态度和方法		
第1部　佛经来之不易	103	8.00
第2部　钻研汉译佛经的正反方法和态度	149	11.58
小计	252	19.58
第四篇　结论		
4.1　佛陀涅槃后的佛教法门	23	1.79
4.2　东汉佛教传到中土	40	3.11
小计	63	4.90
总共	1287	100.00

从以上的分析我们可以看到，这是篇完整的翻译史论，论述中土的佛典汉译史。第一篇论中土佛经翻译的前提与初传期，首先论述印度佛教在佛陀涅槃后从部派到小乘和大乘佛教的发展和传播，这是中土佛教传播和佛典翻译的前提；其次论述佛教在中国的传播及最早译家的开拓之功。

第二篇是中土历代译者论。首先列举了从佛经传播的最开始到东晋四朝的佛经译者，说明了译者的条件、汉译程序和翻译原理；其次论述三大译场译才译作的荟萃；最后论述译者僧德有亏与弟子随之堕落。对佛典翻译论而言，僧德即译德，合情合理。本篇占全文内容的约47.09%，译者论占了近全文内容的一半。

第三篇是中土僧人研习译典的态度和方法。

第四篇是赞形式的全文总结。

从论述的内容看，第一和第二篇都是史论，占全文内容的约75.51%，第三篇论中土僧人研习译典的态度和方法，也用的是《高僧传》的史料，也是史论。其实翻译史主要是译者的历史。皮姆认为，翻译史知识研究的核心对象绝不该是译本，也不该是译本的语境系统，更不该是译本的各种语言学特征，其核心必须是作为译者的人，因为只有人才有那种引发社会因果关系的能量。（Pym，2007：xxiii）所以翻译史论必以历代的译者论为主。

本节结论

《高僧传·译经论》共有1287个字，是中土佛经翻译史论。

第五节 《高僧传·译经论》的历史地位和意义

慧皎的翻译论之前,中国古代翻译理论经历了一百多年的肇始期,在此期间已有两篇佛经序言翻译论,一是三国孙吴支谦的《法句经序》,二是东晋道安的《摩诃钵罗若波罗蜜经抄序》。在慧皎翻译论出现的几年前,僧祐发表了其从语言论出发的翻译论:《出三藏记集·胡汉译经文字音义同异记》。僧祐的翻译论出自其佛经目录,而慧皎翻开了中国古代翻译理论发展的新篇章,使之进入了僧传翻译论阶段。慧皎《高僧传·译经论》是一篇中土佛经翻译史论,论文中所举的例子都出自其《高僧传》前三卷"译经"科收录的僧人传记。

一、继承和发展

考察释慧皎《高僧传·译经论》的理论继承和发展,我们要通过与之前支谦的《法句经序》、道安的《摩诃钵罗若波罗蜜经抄序》和僧祐的《胡汉译经文字音义同异记》三篇翻译译论的同异之比较,才可看到慧皎翻译论的理论独特性。

(一) 与之前翻译论的理论共同点

第一,慧皎《高僧传·译经论》与几年前出现的《胡汉译经文字音义同异记》、更早的《法句经序》和《摩诃钵罗若波罗蜜经抄序》是一脉相承的翻译论,其理论的背景和基础相同,即讨论的都是古代中土佛典译场的翻译,翻译方向都是外译汉,此外,都是由外国人口译或主译,中土优秀人才助译。

第二个最明显的共同点就是其理论结构的完整性。四篇翻译论都有头有尾,有中心论题,是有系统的且各部分相互支持的、有紧密逻辑联系和支撑的翻译论。

第三,慧皎《高僧传·译经论》就是中土翻译史论。《法句经序》在第二篇2.3段曰:"唯昔蓝调、安侯世高、都尉、弗调,译梵为秦,实得其体,斯以难继。后之传者,虽不能密,犹常贵其宝,粗得大趣。"这是借佛典史论推出翻译标准。道安在《摩诃钵罗若波罗蜜经抄序》第三篇3.1.1段也有翻译史论,曰:"前人出经,支谶、世高,审得胡本难系者也。"三篇翻译论都有翻译史论,这是其共同点。

第四,慧皎《高僧传·译经论》与几年前的《胡汉译经文字音义同异记》

还有一个共同点，就是都论述了译者应具备的条件。慧皎《高僧传·译经论》第二篇 2.1.1 段中强调中土佛典译者要精通梵汉两种语言和懂得原典，如此才能把翻译的功用发挥到极致。《胡汉译经文字音义同异记》第二篇 2.3.1 和 2.3.2 两段说中土佛典译者必须通胡汉两种语言，才能互通无碍，文辞周密畅达，也才能通彻原文的思想内容；要是语言和文化上没有全通，就可能造成译文义滞不畅。这里两篇翻译论都明确指出了合格译者的条件，这是共同点。

（二）与之前三篇翻译论的理论差异

慧皎《高僧传·译经论》与之前吴支谦的《法句经序》、道安的《摩诃钵罗若波罗蜜经抄序》和《胡汉译经文字音义同异记》虽有以上四个理论的共同点，但它们的理论差异是主要的，这正显示了其理论的独创性和翻译理论发展期的特性，兹详论如下。

1. 性质、篇幅和理论的纯粹性不同

首先，从翻译理论性质而言，慧皎《高僧传·译经论》与几年前的《胡汉译经文字音义同异记》都不是某部佛经的序言，也不是副文本，完全是自成一体的关于中土佛典翻译的、纯粹的专篇论文。之前的理论肇始期两篇佛典译论以介绍某部佛经及其汉译情况为主线来展开译论，多少带有叙事成分。《高僧传·译经论》与《胡汉译经文字音义同异记》都是处于更高阶段的、更成熟的、更纯粹的翻译论。

再从篇幅上而言，慧皎《高僧传·译经论》总共有 1287 个字，《法句经序》才 699 个字，道安《摩诃钵罗若波罗蜜经抄序》有 904 个汉字，《胡汉译经文字音义同异记》也有 1335 个字。慧皎的翻译论比第一阶段翻译论更纯粹，而字数也比第一阶段的翻译论更多，表明其翻译理论内容比第一阶段翻译论的理论内容更丰富。

2. 理论的独创性和体系性

慧皎这篇中土佛经翻译史论兼译者论所论述的问题都是以往的翻译论没有涉及的新理论。比如其第一篇第 1 部的佛教在印度的发展和传播论，第 2 部论述佛教在中国的传播及最早译家的开拓之功，第二篇第 1 部提出的三个翻译道理：译者的条件、汉译程序和翻译原理，以及第 2 部第 1 分对鸠摩罗什翻译的高度评价，以往这些都不曾有。此外，还有第 3 部的僧德与译德论，第三篇论述的中土学佛者对汉译佛典的态度和学习方法，都是以往的翻译论没有论述过的。

其论文的系统性在于先论印度佛教的发展和传播，其中如前所述已包含翻

译问题，第二步论述佛教在中国的传播及最早译家的开拓之功，然后通过历代译者事例论述翻译之理，之后论述僧德即译者之德，最后是读者对翻译作品的正确态度和学习译作的方法论。论述过程如行云流水，线索分明，可见该论文是一篇一流的翻译史论。

二、历史地位

3世纪中叶左右至4世纪下半叶，这一百多年是中国古代翻译理论的肇始阶段，《法句经序》是中国最早一篇完整的翻译论。一百多年后，道安撰写第二篇佛经序言形式的完整翻译论《摩诃钵罗若波罗蜜经抄序》。道安之后一百多年，5世纪下半叶中国古代翻译理论迈入发展阶段，僧祐先发表《胡汉译经文字音义同异记》这篇比上一阶段译论更纯粹的翻译专论，是出自佛经目录的唯一的专篇翻译论文。

在僧祐翻译论发表的几年后，慧皎创作了《高僧传·译经论》，这也是一篇开创性的纯粹翻译论，开启后世僧传翻译论的先河。它论述的翻译理论问题也多半具有开创性，是僧传翻译论的开山之作，处于中国古代翻译理论发展阶段，是整个中国古代翻译理论史上第四篇完整的翻译论，作为翻译史论是最优秀的一篇。

本节结论

《高僧传·译经论》是中国古代翻译理论发展阶段的第二篇系统完整的翻译论，是僧传翻译论的开山之作，是整个中国古代翻译理论史上的第四篇翻译论。

章末结语

南朝的史学、经学、玄学都兴旺发达，而佛教兴盛的重点在佛教义理的研究，这又推动了中国古代哲学的发展。在这样的文化背景下，中国的翻译理论也随之进入发展阶段。慧皎的《高僧传·译经论》作为翻译史论，是中国古代翻译理论发展阶段的第二篇代表作。

第五章　隋朝彦琮的《辩正论》

隋朝的历史背景

隋朝是中国古代翻译理论的高峰期，隋朝彦琮的《辩正论》是中国古代翻译理论的巅峰之作。继南朝中国古代翻译理论的发展之后，隋朝出现了一篇专门探讨佛经译者规律的《辩正论》。另外，《大唐内典录》卷十记载："隋炀帝东都雒滨上林园翻经馆沙门释明则撰《翻经法式》十卷。"（T2149，55.332c7-8）《大唐内典录》卷五也有类似记录，且对作者明则的生平有简短介绍（T2149，55.280b5-11）。《翻经法式》十卷这么大篇幅，应该是一部翻译专著，可惜仅留其名，文本今已不存。我们今天见到的隋彦琮的《辩正论》也非单独一卷，而是大部保留在唐道宣《续高僧传·彦琮传》中。

根据《中国通史》第三册，581年隋文帝杨坚受北周静帝禅让，建立隋朝，统一南北，结束了西晋末年以来近三百年的动乱分裂。南北民众得以休养生息，社会空前繁荣。秦始皇创秦制，为汉以后各朝所沿袭；隋文帝创隋制，也为唐以后各朝所因循。隋文帝加强统一、巩固行政，在定制度、克敌国等方面，都取得了巨大的政治成就。隋文帝实际上实行的是"重佛轻道犹轻儒"的文化政策。（范文澜、蔡美彪等，1995：5；4；98）隋炀帝大业元年（605）创设进士科，到清光绪三十一年（1905）科举才被废除，科举制在中国历史上延续了1300年之久。陆法言在仁寿元年（601）写成《切韵》五卷，综合了汉语古今南北多种语音，吸收了前人韵书所有长处，是为音韵学奠基的一部巨著。另外，隋朝的目录学发达。《隋书·经籍志》采用四分法，分群书为经、史、子、集四大类，直到清朝撰《四库全书总目提要》，体例相沿不变。隋文帝时，法经等撰《大隋众经目录》，费长房撰《历代三宝记》，彦琮撰《隋仁寿年内典录》。隋炀帝时，内道场僧人智果撰《众经目录》，道士撰《道经目录》。（范文澜、蔡美彪等，1995：104；106；109）

南北朝佛教总体发展的特点是南方偏重玄谈，义学发达，而北方偏重实践，禅法流行。到了南北朝末期南北方社会发展接近，南北佛学各家师说逐渐有了综合调和的趋势，开始酝酿形成佛教的中国宗派。（吕澂，1979：159）南北大一统的隋朝是佛教思想史上的转折点，佛教从南北各有侧重到南北融合与统一，形成有别于印度的中国新佛教。（镰田茂雄，1986：165）佛教在中国发展的极盛期从隋朝开始。

隋朝文帝和炀帝从建寺、立塔、造像、写经、讲经、翻译、度僧尼等各方面支持佛教发展。文、炀二帝统治期间，新建寺院3985所，新度僧尼236200人。这大大超过了当年"南朝四百八十寺，多少楼台烟雨中"的佛教发展盛况，而且文帝还做了一件对佛教发展影响很大的事，即以长安为中心建立佛学教学体系。从当时流行的佛学派别中选出著名学者，集中于通都大邑，分为五众（团体），即涅槃众、地论众、大论众、讲律众和禅门众，每众设众主负责教学。（黄忏华，1977：1-11）这当然有助于不同派别就佛学理论与实践相互接触参酌。

根据《中国佛教通史》第六卷，天台宗是中国佛教史上最早出现的宗派，同时也是第一个中国化的佛教宗派，其实际创始人是陈、隋之际的智顗（538—597）。天台宗自形成以来，虽时兴时衰、命运多舛，但其法脉不曾断绝，一直绵延至今，其影响也早已超出了其诞生地中国大陆，遍及我国港台地区，及至日、韩和东南亚。时至今日，天台宗仍十分活跃且是具有世界意义的中国佛教宗派之一。（赖永海，2010：1）

三论宗也是中国较早形成的佛教宗派，该宗以《中论》《百论》《十二门论》三部论为依据，故称"三论宗"。三论宗的形成经历了数百年。"三论"最初由鸠摩罗什在姚秦弘始年间译为汉文，其学生僧肇、僧叡等弘传研究，初步形成了三论学派，"开创了以'三论'立宗的端绪"（赖永海，2010：183）。中经南朝宋、梁时期的僧朗、僧诠以及陈朝的法朗，至隋代的嘉祥吉藏才最终形成宗派。（赖永海，2010：183）

根据《中国佛教通史》第六卷，"隋开皇九年（589）之后的几年内"僧人信行（540—594）在隋都长安创立了非常中国化的佛教宗派——三阶教。尽管该宗派受到各方面的压制，但仍然绵延了近三百年之久，甚至比公认属于中国佛教"八宗"范围的三论、法相、唯识宗延续的时间都要长些。（赖永海，2010：328-329）

从上文《法句经序》中可以看到，中土佛经基本翻译制度是某外来僧人作为译场的主译，辅以若干本土助译，虽分工粗略但还是可以辨别出主译、笔

受、校对和制序的分工。佛典翻译自东晋十六国的秦凉以来至隋朝都以官办译场形式的翻译为主。

王文颜认为，隋代是译场制度发展的关键期。（王文颜，1984：92）马祖毅虽也没有把隋代专列为佛典翻译的一个时期，但强调秦凉间乃至南北朝的确有若干译场，不过都是临时性的，隋朝在大兴善寺和洛阳上林苑的翻经馆是常设的译场。（马祖毅等，2006：93）曹仕邦研究古代佛经译场的问题，注意到了隋朝译场处于中国佛典翻译史承上启下、继往开来的关键阶段。隋朝的译场最多几十人，而前面几代的译场有上千或数百人。这说明自隋起佛典译场组织渐趋精密，译者（主要是本土助译）素质比以前大大提高，"译场遂为专家之集会"。（曹仕邦，1990：19；23；24）正是在这样的历史背景下，隋朝翻译理论异军突起，出现了一篇专门探讨佛经译者规律的翻译论。

彦琮擅长佛教理论著述，且著作颇丰。关于隋彦琮的《辩正论》，笔者已出版专著《全注全译隋释彦琮〈辩正论〉》（2014），该书中有更详细的研究和原始资料可资参考。

第一节　彦琮生平

根据彦琮本传（T2060，50.436b15），彦琮俗姓李，557 年出生在今天的河北省邢台市隆尧县。（黄小芃，2014：5）根据其生平资料，他有以下突出事迹。

一、隋彦琮生平突出事迹

（一）彦琮文学和儒道修养事迹

从彦琮 16 岁、21 岁和 23 岁的事迹记载，可以看出他外学修养深厚。他自 10 岁出名，12 岁起与达官贵人、文人名士打交道，16 岁左右可以说已经精通外学，"游历篇章。爱逮子史颇存通阅"（T2060，50.436c4-5），还与当时的文人雅士交好。21 岁时其玄学修养已经很高，达到"共谈玄籍，深会帝心，敕预通道观学士"，且"与宇文恺等周代朝贤，以大易老庄陪侍讲论"（T2060，50.436c8-11）的地步。他作为北周通道观学士参加过北周武帝敕纂的中国最早的道教类书《无上秘要》的编撰工作。

(二) 彦琮佛教修养、著述和活动

根据其生平资料，1 岁至 9 岁、10 岁、12 岁、14 岁、16 岁、24 岁、25 岁、27 岁、36 岁、45 岁、46 岁、48 岁时，彦琮均有内学修养和佛教活动。彦琮一生的佛教活动包括听、诵、讲、译佛经，受敕护送舍利，撰写经序经录和佛教论著（包括译经法则），主持高级别的佛教仪式。他 16 岁就通小乘律藏的戒本，25 岁之前，诵讲的多半是大乘佛教的经论，如《大方等大集经》《法华经》《大智度论》《无量寿经》《仁王经》《般若经》。25 岁时，彦琮于当年正月正式削发为僧，至其年二月十三日，高祖杨坚受禅，改号开皇。所以，彦琮一生主要活动在隋朝，是隋朝的高僧。

36 岁住日严寺期间，"琮乃专寻教典，日诵万言。故《大品》《法华》《维摩》《楞伽》《摄论》《十地》等，皆亲传梵书，受持诵读，每日暗阅要周乃止"（T2060，50.437a25 - 62）。这说明他懂梵语，且很勤奋地研读梵语原经。

根据《中国佛教思想资料选编》第二卷第三册，彦琮善写佛教理论著作，"曾著有《福田论》《僧官论》《慈悲论》《默语论》《通极论》《通学论》《辩圣论》《辩正论》《善知识录》《鬼神录》等。今存者有《辩正论》，见《续高僧传》卷二；《通极论》，见《广弘明集》卷四；《福田论》，见《广弘明集》卷二十五；《合部金光明经序》，见频伽本大藏经黄九"（石峻、楼宇烈等，1983：299）。

仁寿二年（602），彦琮 46 岁撰《众经目录》共五卷（T2060，50.437c1 - 2），也称为《琮录》或《仁寿录》；隋大业中又编《昆仑经录》五卷（T2060，50.437c11 - 19）。

(三) 彦琮佛经翻译事迹

根据彦琮 26 岁、27 岁、29 岁、30 岁、31 岁、34 岁至 54 岁、35 岁、36 岁、39 岁、41 岁、46 岁、50 岁的事迹记载，彦琮的佛经翻译活动包括担任译场笔受、译本校勘，为译毕的佛经制序引，但没有资料显示他是隋朝佛经译场的主译。（黄小芃，2014：7 - 19）

根据《中国佛教通史》第五卷，从开皇二年（582）到大业三年（607），隋朝在京城共建立了五处译场，即瞿昙法智译场、毗尼多流支译场、那连提黎耶舍译场、阇那崛多译场、达摩笈多译场。（赖永海，2010：46）。彦琮至少参加过其中三个译场的活动，还多次为译毕的佛经作序。这表明他在译场地位

较高，因为从北周开始他在朝廷有学士官职。

而且，他在隋朝至少有两次明确被皇帝任命为译场的负责人。第一次是彦琮36岁时，在开皇十二年，"敕召入京，复掌翻译，住大兴善，厚供频仍"（T2060，50.437a20-21），奉皇帝敕令再次负责大兴善寺译场。第二次是彦琮50岁时，"大业二年，因即下敕，于洛阳上林园，立翻经馆以处之，供给事隆倍逾关辅"（T2060，50.437c11-15）。隋炀帝命他掌管洛阳上林园翻经馆。他当时的政治地位大致相当于今天的中央编译局局长。

二、彦琮在朝廷的官职

笔者用现有资料证明了彦琮既是高僧又是隋朝的官员——学士，具双重身份。（黄小芃，2014：21-26）他不仅负责佛经译场，且亲自参加译场翻译工作，也为皇帝提供佛教礼仪和佛教事务咨询，还受敕护送佛舍利，从事这种亦佛亦政的活动。

本节结论

彦琮童年和少年时代在北朝末年（北齐和北周）度过，从25岁至54岁去世共30年在隋朝度过。从北齐、北周直到隋朝，彦琮与三朝帝王都保持着良好的关系。彦琮少而聪明睿智，精通内外之学，21岁时北周武帝任命他为通道观学士，时年将原名道江更名为彦琮。25岁时，杨坚为北周丞相，佛法稍兴，彦琮当年正月落发为僧，当年二月隋朝建立。从25岁至54岁去世，彦琮都是隋的高僧，不愧为隋朝中华佛门一代名僧，也是朝廷负责佛典翻译、佛教事务咨询和主持佛教礼仪的官员——学士。他既参加隋朝译场译事，有佛经翻译实践经验，又是翻译理论家，有深刻而丰富的内外学理论背景和积累。他写出了今存中国古代历史上高水平的系统专篇翻译论文。

第二节 《辩正论》译注

今天我们见到的彦琮《辩正论》出自唐朝高僧道宣《续高僧传·译经篇二·彦琮》卷第二。道宣在给彦琮作传时说："然琮久参传译，妙体梵文，此土群师皆宗鸟迹，至于音字诂训，罕得相符。乃著《辩正论》，以垂翻译之式。其词曰……"（T2060，50.438a16-19）这句话至少透露了五个信息。一是《辩正论》是彦琮参加佛经翻译很久以后才写成的。二是彦琮通晓梵语。三是《辩正论》对治两大问题：本土众多佛教法师只懂汉语，不懂梵语；梵

汉语之间，语音、文字和解释不是一一对应。第四个信息是彦琮作《辩正论》就是为了让佛典翻译的法则流传后世。第五，"其词曰"（T2060，50.438a19）是道宣所引用的《辩正论》开始的明确标志。道宣所引用的《辩正论》结尾也有明显的标志——"文多不载"（T2060，50.439b27），表明论文结尾部分有省略。

笔者所研究的《辩正论》出自《大正藏》，原文只有句读。笔者研究了《辩正论》的语体、文体、其他版本，经详细注释以后（黄小芃，2014：34 - 173），给原文加上了现代标点，并经过篇章结构分析之后（黄小芃，2014：174 - 226）为该文分篇、部、段，比如1.1.1指第一篇第一部第一段，其余以此类推，本节的简体原文部分和今译部分都这样划分。

一、繁体原文加注

辯正①論

  彌天②釋道安③每④稱：譯胡爲秦，有⑤五失⑥本、三不易也。一者，胡言盡⑦倒，而使從秦，一失本也。二者，胡經尚質，秦人好文，傳可⑧衆心，非文不合，二失本也。三者，胡經委悉⑨，至於嘆咏，丁寧反覆⑩，或三或四，

---

 ① 辩正："辩"通"辨"，分别。（汉语大字典编辑委员会，2010：4310）典出《易经·系辞下传》："夫《易》，彰往而察来，而微显阐幽，开而当名辨物，正言断辞则备矣。"（高亨，1979：580）"当名辨物"意指使所有的卦爻名物适当，"正言"的意思是使言辞明正。（黄寿祺、张善文，2001：591）

 ② 弥天：道安法师在襄阳，习凿齿负才来谒云："'四海习凿齿.'安曰：'弥天释道安.'"（释慧皎，1992：180）。自此称为弥天释道安。

 ③ 道安：道安（314—385），东晋僧人，本姓卫，常山扶柳（今河北冀县）人，师从佛图澄。（参见第二章第一节）

 ④ 每：副词，经常，屡次。（汉语大字典编辑委员会，2010：2548）

 ⑤ 有：存在，产生，发生。（汉语大字典编辑委员会，2010：2189）

 ⑥ 失：变易。（见第二章第五节注释）

 ⑦ 盡：副词，全部，都。（汉语大字典编辑委员会，2010：2749）

 ⑧ 可：符合，适合。（汉语大词典编辑委员会、汉语大词典编纂处，1989a：31）

 ⑨ 委悉：细说，详尽。（见第二章第五节注释）

 ⑩ 覆：重复。（汉语大字典编辑委员会，2010：3001）

不嫌其繁，而今裁斥，三失本也。四者，胡有义说①，正似乱②词，寻检向③语，文无以异，或一千或五百，今并刈而不存，四失本也。五者，事以合成，将更旁及，反腾前词，已乃后说，而悉除此，五失本也。然④《智经》⑤ 三达⑥之心，覆面⑦所演⑧，圣⑨必因⑩时，时俗有易，而删⑪雅⑫古，以适今时，一不易也。愚⑬智⑭天隔，圣⑮人⑯叵⑰阶⑱，乃欲以千载之上微言⑲，传使合百

---

① 义说：三国魏何晏《论语集解·序》："近故司空陈群、太常王肃、博士周生烈，皆为义说。"宋邢昺疏："谓作注而说其义，故云义说。"从下文看，道安借"义说"一词指佛经中偈颂体的一种，即"祇夜"（geya）。祇夜与伽陀（gāthā）不同。伽陀之前没有散文（长行），直接用韵文记录之教说，称为孤起偈，而祇夜之前有散文，最后用韵文重复之前教说之意，故也称为重颂。（慈怡，1988：4383）

② 乱：luàn，辞赋篇末总括全篇要旨的话。《楚辞·离骚》："乱曰：已矣哉，国无人莫我知兮，又何怀乎故都！"（汉语大词典编辑委员会、汉语大词典纂处，1986：797-798）

③ 向：原来的，旧的，从前。用例见《吕氏春秋·察今》和晋陶渊明《桃花源记》。（汉语大字典编辑委员会，2010：628）

④ 然：表示让步关系，相当于"虽然"。（汉语大字典编辑委员会，2010：2373）

⑤ 《智经》：即《般若经》，《祐录》此处是《般若经》，参见本书第二章第五节。《般若经》是大乘般若类经典的丛书。"般若"为大乘佛教根本教理"六度"中最重要的一度，是一切大乘修行法门赖以滋生的本母。般若类经典因此在所有大乘经中成立年代最早。《般若经》各部在魏晋南北朝时期先后译出，而较流行的译本有西晋无罗叉和竺叔兰译的《放光般若经》、支谶译的《道行般若经》、竺法护译的《光赞般若经》、支谦译的《大明度无极经》等。（任继愈，2002：1029）

⑥ 三达：参见第二章第五节注释。

⑦ 覆面：指佛所具有的三十二瑞相之一，舌广长，而且柔软红薄，能覆面至发际，《智度论》《涅槃经》和《中阿含经》皆有记载。（丁福保，1991：275）这舌长覆面的瑞相，尤其是上文的三达之心为佛陀特有，笔者以为，此二者的意思是作者强调佛亲自且以其特有的智慧演说《般若经》。

⑧ 演：推衍，阐发。（汉语大字典编辑委员会，2010：1854）

⑨ 圣：指佛教的圣人，梵语"Ārya"，音译为阿离野，译言圣者圣人，与凡夫相对，指大小乘见道以上，断惑证理之人。（丁福保，1991：2295）此处指佛陀。

⑩ 因：顺随，顺着。（汉语大字典编辑委员会，2010：766）

⑪ 删：裁定，以有所取舍。（汉语大字典编辑委员会，2010：362）

⑫ 雅：正，合乎规范的。（汉语大字典编辑委员会，2010：4405）

⑬ 愚：指愚痴，是佛教术语，三毒之一，梵名"Moha"，音译慕何，意译曰痴，指心性暗昧，无通达事理之智明也，与无明同。（丁福保，1991：2330）

⑭ 智：指智慧，也是佛教术语，梵语"Jñāna"，译曰智，于事理决断也。（丁福保，1991：2196）

⑮ 圣：参见上文注释。

⑯ 人：参见第二章第五节注释。

⑰ 叵：不可。（汉语大字典编辑委员会，2010：95）

⑱ 阶：上达，达到。（汉语大字典编辑委员会，2010：4458）

⑲ 微言：精深微妙的言辞。（见第二章第五节注释）

王①之下末俗②，二不易也。阿難③出經，去佛未久，尊④大迦葉令⑤五百六通⑥迭察迭書，今雖⑦千年，而以近意量截⑧。彼阿羅漢⑨乃兢兢若此，此生死人平平若是，豈⑩將⑪不以⑫知法⑬者猛⑭乎？斯三不易也。涉⑮兹五失經、三不易，譯胡爲秦，詎可不慎乎？正當⑯以不關⑰異言⑱，傳⑲令知⑳會通㉑耳㉒，何復

---

① 百王：历代帝王。（汉语大词典编辑委员会、汉语大词典编纂处，1991b：221）

② 末俗：末世的习俗，低下的习俗。（见第二章第五节注释）

③ 阿難：梵文"Ānanda"，全称"阿难陀"，亦名"庆喜""欢喜"等，是释迦牟尼的堂弟，也是其十大弟子之一，出家随伺佛陀二十余年，擅记忆多闻。佛陀逝世后第一次结集，阿难背诵出经藏。（任继愈，2002：711）

④ 尊：指尊者，佛教术语，梵语"Ārya"，译作圣者、尊者，指智德具尊者，罗汉之尊称。（丁福保，1991：2214）

⑤ 令：使，让。（汉语大字典编辑委员会，2010：143）

⑥ 六通：佛教名数，三乘圣者所得之六种神通，即天眼通、天耳通、他心通、宿命通、神足通、漏尽通，亦称六神通。《法华经》曰："如世所恭敬，如六通罗汉。"（丁福保，1991：651）所以，六通此处指罗汉。"六通"的梵文"ṣaḍ-abhijña"。（荻原云来，1979：1364b）

⑦ 雖：《大正藏》页脚的校勘记指出，宋、元、明三本和旧宋本，"雖"即"離"（T2060, 50.438）。

⑧ 截：《大正藏》页脚的校勘记指出，宋、元、明三本和旧宋本，"截"即"裁"（T2060, 50.438）。

⑨ 阿羅漢：佛教术语，梵文"Arhat"的音译，亦译"阿罗诃"，略称"罗汉"。小乘佛教修行的最高果位。（任继愈，2002：704）

⑩ 豈：表示反诘的副词，相当于"难道"。（见第二章第五节注释）

⑪ 將：表示疑问的副词，相当于"尚""还"。（汉语大字典编辑委员会，2010：2543）

⑫ 以：认为，以为。（汉语大字典编辑委员会，2010：137）《摩诃钵罗若波罗蜜经抄序》没有这里的"以"字，请参见本书第二章第五节。

⑬ 法：佛教术语，指佛法，包括佛所说之法，即八万四千法门；佛所得之法，即无上之真理；佛所知之法，即世出世间之一切法。（丁福保，1991：1164）

⑭ 猛：严厉。（汉语大字典编辑委员会，2010：1453）《摩诃钵罗若波罗蜜经抄序》此处是"勇"字，请参见本书第二章第五节。

⑮ 涉：经历。（汉语大字典编辑委员会，2010：1738）

⑯ 當：表示承接的连词，相当于"则"。（汉语大字典编辑委员会，2010：2728）

⑰ 關：通"贯"，贯通。（汉语大字典编辑委员会，2010：4396）。此处应是懂得的意思。此处的"'关'如'交关'之关，'通'也"（钱锺书，1979：1263）。

⑱ 異言：不同的语言，语言不同。（见第二章第五节注释）

⑲ 傳：此处的"'传'如'传命'之传，'达'也"（钱锺书，1979b：1263）。传命：传达命令。《礼记·聘义》："介绍而传命，君子于其所尊弗敢质，敬之至也。"《孟子·公孙丑上》："德之流行，速于置邮而传命。"所以，此语境下的"传"指传译。

⑳ 知：zhì，同"智"。（汉语大字典编辑委员会，2010：2764）。笔者认为在此语境指般若（prajñā）之智。

㉑ 會通：融会贯通。（参见第三章第五节注释）

㉒ 耳：表示限止的语气词，相当于"而已""罢了"。（汉语大字典编辑委员会，2010：2974）

嫌①於得失乎？是乃②未所敢③知也。余觀④道安法師，獨稟神慧，高振⑤天才，領袖⑥先賢，開通⑦後學⑧；修《經録》則法藏逾闡，理⑨衆儀則僧寶⑩彌⑪盛，稱⑫印手菩薩⑬，豈虚也哉！詳⑭梵典難易，詮⑮譯人之得失，可謂洞⑯入幽微，能究深隱。至於天竺字體，悉曇⑰聲例，尋⑱其雅論⑲，亦似閑明⑳。舊㉑唤彼

---

① 嫌：疑惑。（汉语大字典编辑委员会，2010：1148）
② 乃：表示转折的副词，相当于"却"。（汉语大字典编辑委员会，2010：56）
③ 敢：不敢。（汉语大字典编辑委员会，2010：1568）加上前面的"未"双重否定成肯定。
④ 觀：观察，审查。（汉语大字典编辑委员会，2010：3920）
⑤ 振：扬起，显扬。（汉语大字典编辑委员会，2010：1988）
⑥ 領袖：为人仪则，为他人作表率。（汉语大词典编辑委员会、汉语大词典编纂处，1993b：282）
⑦ 開通：开导，使不闭塞。（汉语大词典编辑委员会、汉语大词典编纂处，1993b：54）
⑧ 後學：后进的学者或面对前辈学者的自谦辞。（汉语大词典编辑委员会、汉语大词典编纂处，1989a：970）
⑨ 理：治理，料理；修整，整理。（汉语大字典编辑委员会，2010：1194）
⑩ 僧寶：佛、法、僧是佛教徒所尊敬供养的三宝，又作三尊，此三者威德至高无上，永不变移，如世间之宝，故称三宝，僧为其中之一宝，指修学佛法之佛弟子团，梵语"saṃgha"。（慈怡，1988：701）
⑪ 彌：副词，表示程度加深。（汉语大字典编辑委员会，2010：1072）
⑫ 稱：根据《大正藏》当页校勘记，宋、元、明和旧宋本，"稱"前有"世"字。（T2060，50.438）
⑬ 印手菩薩：晋道安之名号。《佛祖通載》七曰："安左臂有肉，方寸许，隆起如印，时号印手菩萨。"（丁福保，1991：1025-1026）印手菩萨的梵文是"ratnamudrāhasta"，《维摩诘经》开头（T475，14.537b5）就提到这位菩萨。梵文"mudrā"不是印章的印，而指手有出宝之相，手有此印乃非凡之人。（许里和，1998：388）
⑭ 詳：详细知道。（汉语大字典编辑委员会，2010：4231）
⑮ 詮：《大正藏》校勘记指出，宋、元、明三本和旧宋本的"詮"即"銓"（T2060，50.438）。銓：排列等第，评定高下。（汉语大字典编辑委员会，2010：4521）
⑯ 洞：透彻，明晰。（汉语大字典编辑委员会，2010：1722）
⑰ 悉曇：一种梵语字母，是记录梵语所用书体之一，7世纪前悉昙字体已盛行于印度。南北朝时悉昙字体通过译经者传入中国。（慈怡，1988：4564）梵语字母历经多次变革，中世纪盛行悉昙字母（Siddham），自8世纪起被天城体（Deva-nāgarī）所取代。（裴文：2007：23）
⑱ 尋：探究，研究。（见第三章第二节注释。）
⑲ 雅論：犹高论，雅正之论。亦用为敬辞。（汉语大词典编辑委员会、汉语大词典编纂处，1993a：828）这里的"雅"训为正。
⑳ 閑明：閑：通"嫻"，熟练，熟悉。（汉语大字典编辑委员会，2010：4363）明：明白，清楚。（汉语大字典编辑委员会，2010：1599）
㉑ 舊：从前。（汉语大字典编辑委员会，2010：3246）

方①，總②名胡國，安雖遠識③，未變常語。胡④本雜戎⑤之胤⑥，梵⑦惟⑧真聖之苗，根既懸殊，理無相濫⑨。不善諳悉，多致雷同⑩。見有胡貌，即云梵種；實是梵人，漫⑪云⑫胡族，莫分真偽，良⑬可哀哉！語⑭梵雖⑮訛，比⑯胡猶別。改爲梵學⑰，知非胡者。竊以⑱佛典之興，本來⑲西域⑳；譯經之起，原自㉑東

① 方：地方，区域。(汉语大字典编辑委员会，2010：2329)
② 總：表范围的副词，相当于"皆""一概"。(汉语大字典编辑委员会，2010：3673)
③ 遠識：这是道安的师父佛图澄赞扬道安的原话。《高僧传》卷五："澄曰：'此人远识非尔俦也。'"(T2060, 50.351) 意思是此人有远识，不是你们所能及。远识：高远的见识。(汉语大词典编辑委员会、汉语大词典编纂处，1992b：1134) 这是用典的修辞手法。
④ 胡：见第四章第二节注释。彦琮这里指的"胡"应与唐时的"胡"一致。
⑤ 戎：古代泛指我国西部的少数民族。(汉语大字典编辑委员会，2010：1500)
⑥ 胤：嗣，后代。(汉语大字典编辑委员会，2010：45)
⑦ 梵：梵文为古印度书面语，故对印度等地的事物，常称梵或冠以梵字，以示与中华有别。又佛经原用梵语写成，故凡与佛家有关的事物，皆称梵。(汉语大字典编辑委员会，2010：1296) 在此语境指古印度人。
⑧ 惟：《大正藏》当页校勘记指出，元本、明本，"惟"即"唯"。(T2060, 50.438)
⑨ 相濫：相：相貌，模样。(汉语大词典编辑委员会、汉语大词典编纂处，1991a：1135-1136) 濫：失实。(汉语大字典编辑委员会，2010：1893)
⑩ 雷同：雷发声，万物同时响应。泛指相同。(汉语大词典编辑委员会、汉语大词典编纂处，1993a：678)
⑪ 漫：随便地，胡乱地。(汉语大字典编辑委员会，2010：1845)
⑫ 云：说。(汉语大字典编辑委员会，2010：418)
⑬ 良：副词，表示程度，相当于"很""甚"。用例见《史记·秦始皇本纪》《后汉书·公孙述传》。(汉语大字典编辑委员会，2010：3379-3380)
⑭ 語：yù，告诉。(汉语大字典编辑委员会，2010：4235)
⑮ 雖：通"须"，副词，本，本来。(汉语大词典编辑委员会、汉语大词典编纂处，1993a：849)
⑯ 比：用来比较性状和程度的差别的介词，和……相比。(汉语大字典编辑委员会，2010：1519)
⑰ 梵學：指佛学，《甘泽谣》曰："圆观者，大历末雒阳惠林寺僧。能事田园，富有粟帛，梵学之外，音律大通。"(丁福保，1991：1872)
⑱ 以：认为，以为。(汉语大字典编辑委员会，2010：137)
⑲ 本來：这分别是两个词。本：副词，本来，原来。(汉语大字典编辑委员会，2010：1234) 来：由彼至此，由远到近，与"去""往"相对。《论语·学而》："有朋自远方来。"(汉语大字典编辑委员会，2010：175) 此处的"来"是动词。
⑳ 西域：西汉以后对中国玉门关、阳关以西地区的总称。狭义专指葱岭以东，广义则指凡通过狭义西域所能到达的地区，包括今亚洲中西部、印度半岛、欧洲东部和非洲北部。(史为乐，2005：939-940) 此处应指广义的西域，采用以整体代局部的修辞手法指天竺，这样可以和后面的"东京"对偶。
㉑ 原自：原：副词，本来。(汉语大字典编辑委员会，2010：85) 自：开始。(汉语大词典编辑委员会、汉语大词典编纂处，1991b：1306)

京,歷代轉①昌,迄茲無墜。久云②流變稍③疑虧,動競逐澆波④,尠⑤能迴覺。討⑥其故事⑦,失在昔人。至如⑧五欲⑨順情,信⑩是⑪難棄,三衣⑫苦節⑬,定非易忍,割遺體之愛⑭入道要門⑮,捨天性之親出家恒務。俗有可反⑯之致⑰忽然⑱已⑲反,梵有可學之理何因不學?又且,發蒙⑳草創㉑,伏膺㉒章簡㉓,同鸚

---

① 轉:副词,渐渐,更加。(汉语大字典编辑委员会,2010:3790)
② 云:《大正藏》当页校勘记指出,宋本、元本、明本和旧宋本的"云"即"之"。(T2060,50.438)
③ 稍:朝向。(汉语大字典编辑委员会,2010:2790)
④ 澆波:指浮薄的社会风气。(汉语大词典编辑委员会、汉语大词典编纂处,1990b:119)
⑤ 尠:同"鲜",少。(汉语大字典编辑委员会,2010:612)
⑥ 討:研究,探讨。(汉语大字典编辑委员会,2010:4197)
⑦ 故事:旧事。(汉语大词典编辑委员会、汉语大词典编纂处,1990a:432)
⑧ 至如:连词,表另提一件事,也表让转。即便,即使。(汉语大词典编辑委员会、汉语大词典编纂处,1991b:786)
⑨ 五欲:教义名数,梵文"pañca-kāmāḥ"的意译,1.指能引起众生情欲的色、声、香、味、触"五境",即,色、声、香、味、触五欲。2.指财、色(淫)、名、饮食和睡眠欲。(任继愈,2002:256)
⑩ 信:确实,的确。(汉语大字典编辑委员会,2010:200)
⑪ 是:表示加重或加强肯定语气。(汉语大字典编辑委员会,2010:1606)
⑫ 三衣:即袈裟,是僧尼的"法衣",其最基本、最正规的衣着。(丁福保,1991:299)(祥云法师,1993:91-92,88)(白化文,1998:115;116)袈裟的梵文"kaṣāya"。(任继愈,2002:1140)
⑬ 苦節:坚守节操,矢志不渝。(汉语大词典编辑委员会、汉语大词典编纂处,1992a:323)
⑭ 愛:亲爱,对人或事物怀有很深的感情。(汉语大字典编辑委员会,2010:2487)
⑮ 要門:精要之门,指《观无量寿经》所说之定散二门。(慈怡,1988:3953)
⑯ 反:违背,违反。(汉语大字典编辑委员会,2010:426)
⑰ 致:事理。(汉语大字典编辑委员会,2010:3008)
⑱ 忽然:不经心,忽略。(汉语大词典编辑委员会、汉语大词典编纂处,1991a:429)该词是虚词,与后面"何因"对偶。
⑲ 已:止,停止。(汉语大字典编辑委员会,2010:1074)
⑳ 發蒙:开始学习识字读书。(汉语大词典编辑委员会、汉语大词典编纂处,1991b:566)
㉑ 草創:此二字同义,指写字撰文。草:创始,起稿。(汉语大字典编辑委员会,2010:3414)創:chuàng,撰写,创作。(汉语大字典编辑委员会,2010:384)"草創"二字连用也有起稿的意思。(汉语大词典编辑委员会、汉语大词典编纂处,1992a:373)
㉒ 伏膺:《大正藏》当页校勘记指出,元本、明本的"伏"即"服"。(T2060,50.438)服膺:铭记在心,衷心信奉。(汉语大词典编辑委员会、汉语大词典编纂处,1990b:1204)
㉓ 章簡:此二字分别为两个词。章:指诗歌或乐曲的段落,也指文章的段或篇。(汉语大词典编辑委员会、汉语大词典编纂处,1991b:381)简:泛指书籍。(汉语大字典编辑委员会,2010:3216)

鹉之言，傚邯鄲之步①；經營②一字，爲力至多，曆覽數年，其道方博，乃能包括今古，網羅天地，業似山丘，文③類淵海。彼之梵法大聖④規摹⑤，略⑥得章本⑦，通⑧知體式⑨，研若有功，解便無滯。匹⑩於此域，固⑪不爲難。難尚須求，況其易也。或以內⑫執⑬人我⑭，外慚諮問⑮，枉⑯令秘術⑰，曠隔⑱神

---

① 邯鄲之步：此典出《庄子·秋水》："且子独不闻夫寿陵余子之学行于邯郸与？未得国能，又失其故行矣，直匍匐而归耳。"意思是：你难道没听说燕国寿陵的小孩到赵国都城邯郸去学习走路吗？没有学到邯郸人的走法，又忘了自己原先怎么走的，只有爬着回国。"邯郸学步"即出于此。

② 經營：本义是筹划营造。（汉语大词典编辑委员会、汉语大词典编纂处，1992a：868）在此应是得心应手、掌握的意思。

③ 文：《大正藏》当页校勘记指出，元本、明本的"文"即"志"（T2060，50.438）。

④ 大聖：佛教术语，佛陀的尊号。（丁福保，1991：422）

⑤ 規摹：即"规模"，规划，筹谋，计划。（汉语大词典编辑委员会、汉语大词典编纂处，1992b：328－329）另，《大正藏》当页校勘记指出，宋本、元本、明本和旧宋本的"摹"即"謨"。（T2060，50.438）規謨：规划谋议。（汉语大词典编辑委员会、汉语大词典编纂处，1992b：330）

⑥ 略：取，获得。（汉语大字典编辑委员会，2010：2721－2722）

⑦ 章本：此处是佛经文本或典籍的意思。如《续高僧传》卷六："释灵裕，俗姓赵。……年登六岁便知受戒。父母强之誓心无毁。寻授章本及以千文。不盈晦朔，书诵俱了。"（T2060，50.495）《大唐内典录》卷十："故法兰创出章本，世高广译众经。"（T2060，50.338）

⑧ 通：副词，全部，透彻。（汉语大字典编辑委员会，2010：3846）

⑨ 體式：体裁格式，字体式样。（汉语大词典编辑委员会、汉语大词典编纂处，1993b：413）

⑩ 匹：此处是动词，比得上、相当的意思。（汉语大字典编辑委员会，2010：94）

⑪ 固：副词，一再，坚决地。（汉语大字典编辑委员会，2010：772）

⑫ 内：nèi，心里，内心。（汉语大字典编辑委员会，2010：111）

⑬ 執：固执，坚持己见。（汉语大字典编辑委员会，2010：491）

⑭ 人我：佛教术语，人固执主宰之我有实体为常，称我之相，人我之见，由此执见而生种种之过失。（丁福保，1991：269）

⑮ 諮問：咨询，请教。（汉语大词典编辑委员会、汉语大词典编纂处，1993a：350）

⑯ 枉：徒然，白费。（汉语大字典编辑委员会，2010：1246）在此语境作者表示十分惋惜之情。

⑰ 秘術：此处指佛法。秘：稀奇。（汉语大字典编辑委员会，2010：2785）術：学说，主张，道术。（汉语大字典编辑委员会，2010：888）

⑱ 曠隔：远隔。（汉语大词典编辑委员会、汉语大词典编纂处，1990a：846）

州！静言思之，憨①而流涕②。向使③法蘭④歸漢，僧會⑤適⑥吴，士行⑦、佛念⑧之儔⑨，智嚴⑩、寶雲⑪之末⑫，纔⑬去俗衣，尋⑭教梵字，亦⑮霑⑯僧數⑰，

第五章　隋朝彦琮的《辩正论》

① 憨：悲痛，忧伤。（汉语大字典编辑委员会，2010：2489）
② 此典出《汉书·贾谊传》："臣窃惟事势，可为痛哭者一，可为流涕者二，可为长太息者六。"
③ 向使：假令，假使。（汉语大词典编辑委员会、汉语大词典编纂处，1989a：139）连词，表假设。
④ 法蘭：竺法兰（Dharmarakṣa），相传为东汉明帝（58—75在位）时来华译经的印度僧人。据《高僧传》卷一载，竺法兰本为中天竺人。自言诵经论数万章，曾与摄摩腾共契游化，并随来汉地。译有《十地断结》等五部佛经。六十多岁时卒于洛阳。然其事南朝刘宋前未见记载，南朝齐王琰的《冥祥记》、梁僧祐的《出三藏记集》等也只提摄摩腾而未提及竺法兰，故难以确证。（任继愈，2002：777）
⑤ 僧會：康僧会（？—280），三国时期僧人，祖籍康居，世居天竺，其父因商贾移交趾。僧会少丧双亲，入道励行，深达三藏。吴孙权赤乌十年（247）至建业（今江苏南京）翻译佛经，因请得舍利而为孙权所叹服，为他立建初寺乃江南佛寺之始。（任继愈，2002：1118）
⑥ 適：往，至。（汉语大字典编辑委员会，2010：4134）
⑦ 士行：朱士行，曹魏时僧人，汉地真正的第一位沙门，也是汉僧西行求法第一人。魏甘露五年（260），西行沙漠在于阗得到《放光般若》的梵本。该梵本在太康三年（282）才由其弟子送回洛阳，十年后，于西晋元康元年（291）由无罗叉和竺叔兰译出。士行本人80岁在西域病故。他求得的《放光般若》虽译文不全，但对当时义学影响很大。（中国佛教协会，1982：12）
⑧ 佛念：竺佛念，东晋十六国的前后秦僧人，佛典翻译家，凉州（今甘肃武威）人。苻秦时在长安与外僧翻译佛典，任传译。姚秦时既与外僧共译又自译佛典。他为苻姚二代"译人之宗"。（任继愈，2002：776）
⑨ 儔：同类，侪辈。（汉语大字典编辑委员会，2010：270）
⑩ 智嚴：智严（350—427），东晋译经僧人，西凉州（今甘肃）人，西行至罽宾入摩天陀罗精舍受禅法，后请禅师佛驮跋陀罗一同东归至秦都城长安，住大寺。刘宋元嘉四年（427）与宝云共译自西域的梵本。后又前往天竺取经，归国途径罽宾圆寂，世寿七十八。（慈怡，1988：5039）
⑪ 寶雲：宝云（376—449），东晋时西行求法译经僧人，凉州人。隆安初年西渡流沙至西域，翻雪岭经于阗游天竺等国，遍学梵书，精研音字训诂，后归长安师事佛驮跋陀罗，刘宋时与智严共译佛典。宝云华梵兼通，音字允正，翻译独步晋宋。（慈怡，1988：6756）
⑫ 末：终了，末尾，最后。（汉语大字典编辑委员会，2010：1232）
⑬ 纔：表示时间的副词，后作"才"，表示时间，相当于"才""刚才""刚刚"。（汉语大字典编辑委员会，2010：3700）
⑭ 尋：表示时间，相当于"经常""时常"。（见本书第二章第五节注释）
⑮ 亦：副词，相当于"又""也"。（汉语大字典编辑委员会，2010：310）
⑯ 霑：zhān，同"沾"，熏陶，感化。（汉语大字典编辑委员会，2010：4334；1696）
⑰ 數：shù，规律，法则，道理。（汉语大字典编辑委员会，2010：1580）

先①披②葉典③，則應④五天⑤正語⑥，充布閻浮⑦，三轉⑧妙音⑨，並⑩流震旦⑪；人人共⑫解，省⑬翻譯之勞，代代咸⑭明，除⑮疑網之失。於是舌根⑯恒净，心

---

① 先：xiān，时间或次序在前的。（汉语大字典编辑委员会，2010：292）此处作副词。
② 披：pī，翻开，翻阅。（汉语大字典编辑委员会，2010：1968-1969）
③ 葉典：指佛教原典。清代弘赞辑《兜率龟镜集》卷二："琼乃专寻叶典，日诵万言，故大品、法华、维摩、楞伽、摄论、十地等，皆亲传梵音，受持读诵。"（R149，558.a17-18）同上卷："叶典者，天竺以贝多罗叶书写经卷，故曰叶典。"（R149，558.b8）
④ 應：yìng，应验。（汉语大字典编辑委员会，2010：2526）
⑤ 五天：地名，五天竺的略称。（丁福保，1991：506）五天竺就是整个印度半岛东南西北中的总和。
⑥ 正語：正确的言语，亦即对人说真诚和善的话，为八正道之三。（陈义孝，2002：150）八正道，又名八圣道，即八条圣者的道法。一，正见，即正确的知见。二，正思维，即正确的思考。三，正语，即正当的言语。四，正业，即正当的行为。五，正命，即正当的职业或生活。六，正精进，即正当的努力。七，正念，即正确的观念。八，正定，即正当的禅定。修此八正道，便可证得阿罗汉果。（陈义孝，2002：31）正语的梵文"samyag-vāc"（荻原云来，1979：1438b）。
⑦ 閻浮：又名阎浮提，阎浮是树名，华译为赡部，因为赡部洲的中心有阎浮树的森林，依此树的缘故，此洲称为赡部洲；赡部洲，梵文称阎浮提，就是我们现在所住的娑婆世界。（陈义孝，2002：304）阎浮提是梵文"Jambu-dvīpa"（荻原云来，1979：543a）的音译。
⑧ 三轉：佛教名数，三转法轮的略称。佛于鹿野苑对声闻乘人说苦集灭道之四谛有示劝证之三转：示转、劝转、证转。于此三转，上根者以第一之示转，中根者以第二之劝转，下根者以第三之证转，而各悟道。（丁福保，1991：360-361）三转法轮的梵文是"triparivarta-dvādaśākāra-dharma-cakra"（荻原云来，1979：556b）。
⑨ 妙音：指妙法音。"妙"（术语）是精微、奥妙、绝妙、不可思议的意思。"法音"指说佛法的声音（陈义孝，2002：177；186）。"妙"音即绝妙的说法的声音。
⑩ 並：《大正藏》当页校勘记指出，宋本、元本、明本和旧宋本的"並"即"普"，笔者译文从之。（T2060，50.438）
⑪ 震旦：古印度称中国为震旦。（见第四章第三节注释）
⑫ 共：副词，一同，皆。（汉语大字典编辑委员会，2010：120）
⑬ 省：shěng，废去，去掉。（汉语大字典编辑委员会，2010：2647-2648）
⑭ 咸：表示范围，相当于"都""全"。（汉语大字典编辑委员会，2010：1507）
⑮ 除：去掉，清除。（汉语大字典编辑委员会，2010：4445）
⑯ 舌根：梵文"jihvā-indriyam"（荻原云来，1979：229a），舌根是六根（眼、耳、鼻、舌、身、意）之一。眼、耳、鼻、舌、身、意分别是视、听、嗅、味、触、念虑之根。根者能生之义，如草木有根，能生枝干，识依根而生，有六根则能生六识，亦复如是。（陈义孝，2002：170；119）另，《灵枢·脉度篇》说："心气通于舌，心和则舌能知五味矣。"（张登本，2008：123）《素问·阴阳应象大论》说"心主舌"，又说"心主舌……在窍为舌"（张登本，2008：31）。这些都说明心与舌的密切关系，即舌的形态和功能的变化可反映心的状态。中医临症中也常通过观察舌体的胖瘦、舌色泽的浓淡以及舌运动的灵拙等来判断心的功能（主血脉和主神明）的情况。舌能反应"心"的功能活动状态，舌根清净即心境明朗。

镜①弥朗，藉②此闻思③，永为种性④。安之所述，大启玄门⑤，其间曲细，犹或未尽。更⑥凭⑦正文，助光遗迹。粗⑧开⑨要例⑩，则有十条：字声一，句韵二，问答三，名义五⑪，经论五，歌颂六，咒功七，品题八，专业九，异本十⑫，各疏⑬其相⑭，广文如论。安公⑮又云：前人出经，支谶⑯、世高⑰，审⑱

---

① 心镜：指心。众生之心犹如明镜，能映照万象，故称为心镜。(慈怡，1988：1410) 笔者认为此心为生理之心与心理和思想的心之综合体。据禅宗著名慧可求法的公案，慧可请求其师达摩："我心未宁，乞师与安！"摩曰："将心来，与汝安。"良久慧可曰："觅心了不可得。"摩曰："吾与汝安心竟。"禅宗的心似有但拿不出来，似无又可安之，在有无之间其用不已。

② 藉：凭借，依靠。(汉语大字典编辑委员会，2010：3528)

③ 闻思：三慧 (闻思修) 当中的二慧。三慧指：一，闻慧，依见闻经教而生之智慧。二，思慧，依思惟道理而生之智慧。三，修慧，依修禅定而生之智慧。前之二慧为散智，但为发修慧之缘，修慧为定智而正有断惑证理之用，见成实论二十。(丁福保，1991：2471；354) 三慧的梵文为"trividhā prajñā"。(Hirakawa, 1997：17)

④ 种性：梵语 "gotra"，指佛、声闻、缘觉和菩萨等三乘人各具有可能证得菩提之本性。(慈怡，1988：5870)

⑤ 玄门：玄妙的法门，指佛法。(陈义孝，2002：151)

⑥ 更：gèng，相当于"再""复""又"。《左传·僖公五年》有用例。(汉语大字典编辑委员会，2010：2517)

⑦ 凭：依赖，依仗。(汉语大字典编辑委员会，2010：23)

⑧ 粗：微略。(汉语大字典编辑委员会，2010：3352)

⑨ 开：解说，表达。用例见《易·系辞下》《史记·曹相国世家》和《三国志·蜀志·诸葛亮传》。(汉语大字典编辑委员会，2010：4362)

⑩ 要例：要：yào，纲要，关键。(汉语大字典编辑委员会，2010：2998) 例：规程惯例。(汉语大字典编辑委员会，2010：181)

⑪ 《大正藏》这里有误。笔者查阅《龙藏·此土著述 (三)》第113册，此处"五"是"四"。

⑫ 《大正藏》此处"十条"的句读不对，应该按照陈福康的标点才读得通 (陈福康，2000：26)。

⑬ 疏：同"疏"，分条记录或分条陈述。(汉语大字典编辑委员会，2010：3952；3954；2942)

⑭ 相：梵语"lakṣaṇa"，形象或状态。一切法有总相，有别相。(慈怡，1988：3898) 此处指别相。

⑮ 公：(宋) 洪迈《容斋续笔·公为尊称》："尊其道而师之曰公""年之长者曰公""凡人相与称呼者，贵之则曰公"。笔者认为此处作者彦琮称道安曰"安公"应是第一种情况。

⑯ 支谶：支娄迦谶 (Lokakṣema)，东汉僧人，简称支谶，本西域月氏人，乘佛教典籍汉地翻译的创始人。东汉桓帝末年 (167) 来洛阳。他通晓汉语，学问广博，其所译经文尽量保全原意，故多用音译。后人谓其译文特点是辞质多胡音。支敏度则称：凡所出经，类多深玄，贵尚实中，不存文饰。其所译《道行般若经》对后来义学影响很大；所译《般舟三昧经》阐述大乘观想方法，对后世亦有影响。其弟子有月氏的支亮，再传支谦，继承和发扬其学风。世称天下博知，不出"三支"。(中国大百科全书总编辑委员会，2001)

⑰ 世高：东汉末僧人，有史记载以来最早以汉文系统翻译佛经的著名译家。名清，本为安息国太子，故号"安侯"，让国予叔，出家为僧。博晓三藏，尤精阿毗昙学，诵持禅经。汉桓帝在位时来汉地从事译经。先后译出《安般守意经》《阴持入经》等三十九部。所传思想称为"禅数学"，多属说一切有部系统，影响远至东晋道安、慧远。(任继愈，2002：564)

⑱ 审：真实，果真，信。(见第二章第五节注释)

得①胡本②，難繼③者也；羅叉④、支越⑤，斲⑥鑿⑦之巧者也。竊以⑧得⑨本開⑩
質，斲巧由⑪文，舊⑫以爲鑿，今固⑬非審⑭。握管⑮之暇，試復論之。先覺諸
賢，高名參聖⑯，慧解⑰深發，功業弘啓，創發玄路⑱，早入空門⑲，辯⑳不虛

---

① 得：适合，投契。（见第一章第三节注释）
② 胡本：《大正藏》当页的校勘记指出，宋本、元本、明本和旧宋本的"胡"即"故"。（T2060, 50.439）
③ 繼：继续，延续。（汉语大字典编辑委员会，2010：3695）《摩诃钵罗若波罗蜜经抄序》此处是"繁"字，参见本书第二章第五节。
④ 罗叉，指无叉罗（Mokṣala），又名"无叉罗"，东晋僧人，本为于阗人，西晋惠帝元康元年（291）在陈留仓垣（今河南开封附近）与竺叔兰等译出由朱士行在于阗所得之《放光般若》。（任继愈，2002：210-211）无罗叉活动的年代比下文支谦的活动年代稍晚。
⑤ 支越：即支谦（约3世纪），名越，号恭明，其祖先是后汉灵帝时入中国籍的月支族后裔。（见第一章第一节）
⑥ 斲：zhuó，本义是斧斤之类的木工工具，引申为砍、削的动作，也有雕饰的意思。（汉语大字典编辑委员会，2010：2173）
⑦ 鑿：本义是挖槽、穿孔用的工具，引申为打孔、穿孔的动作，也有更造、改的意思。（汉语大字典编辑委员会，2010：4606-4607）
⑧ 以：以为，认为。（见本节上文注释。）
⑨ 得：投合，投契。（见第一章第三节注释）
⑩ 開：解说，表达。（见本节上文注释）
⑪ 由：欲，想要。（汉语大字典编辑委员会，2010：2706）
⑫ 舊：从前。（见本节上文注释。）
⑬ 固：副词，必然，一定。（汉语大字典编辑委员会，2010：772）
⑭ 審：真实，果真，信。（见第二章第五节注释）
⑮ 握管：执笔，谓书写或作文。（汉语大词典编辑委员会、汉语大词典编纂处，1990b：781）
⑯ 參聖：位跻圣人之列。（汉语大词典编辑委员会、汉语大词典编纂处，1988：846）參：罗列，并立。（汉语大词典编辑委员会、汉语大词典编纂处，1988：838）。
⑰ 慧解：佛教术语，指智慧之用，能解了诸法。（丁福保，1991：2538）梵文"pratyavagama"（Hirakawa, 1997：500）。
⑱ 玄路：佛教术语，指玄妙之道路，真理。（丁福保，1991：878）
⑲ 空門：佛教术语，破常有之见，我空、法空、有为空、无为空等空相之法门也。又，四门之一。有空四句分别之论法，第一为有门，第二为空门，第三为亦有亦空门，第四为非有非空门。又，佛教之总名。以佛教主以空法为涅槃之门故也。（丁福保，1991：1273）此处应指佛教高境界。空门的梵文"śūnyatā"（Hirakawa, 1997：908）。
⑳ 辯：慧，聪明。（汉语大字典编辑委员会，2010：4310）此处应指"辩才"，就是巧于辩述，单称辩，即善于巧说法义的才能。佛菩萨等于多劫中由口业庄严之功力而具足各种辩才，如四无碍辩、七辩、八辩、九辩。四无碍辩又称四无碍解、四无碍智，广义指辩才无碍自在之解智，特别以其中的第四辩无碍解为无碍自在、正确辩说之智。（慈怡，1988：6873）看来，佛教把翻译才能归类于辩才，认为其属于一种智。

起，義應雅①合。但佛教初流，方音②勘③會④，以斯譯彼，仍恐難明。無廢⑤後生⑥，已承前哲。梵書漸播，真宗⑦稍⑧演，其所宣出，窮⑨謂⑩分明⑪。聊⑫因⑬此⑭言⑮，輒⑯銓⑰古譯。漢縱⑱守本⑲，猶敢⑳遥議，魏雖在昔㉑，終欲懸㉒討㉓；或繁㉔或簡，理容㉕未適㉖，時野㉗時華，例頗㉘不定。晋、宋㉙尚于談

① 雅：正，合乎规范的。（参见本节上文注释。）
② 方音：本指方言。（汉语大词典编辑委员会、汉语大词典编纂处，1990b：1563）笔者认为，此语境下"方音"是外语的意思。
③ 勘：同"鲜"。少。（参见本节上文注释。）
④ 會：理解，领悟。用例见《世说新语·言语》。（汉语大字典编辑委员会，2010：1635）
⑤ 廢：停止，终止。（汉语大字典编辑委员会，2010：969）
⑥ 後生：该词是主语，本应前置，即"后生无废"，但为了与下句对偶后置。
⑦ 真宗：释道两教谓所持的真正宗旨，正宗。（汉语大词典编辑委员会、汉语大词典编纂处，1988：144）
⑧ 稍：此处是时间副词，渐，逐渐。（汉语大字典编辑委员会，2010：2790）
⑨ 窮：《大正藏》当页脚的校勘记指出，宋本、元本、明本和旧宋本的"窮"即"竊"（T2060，50.439）。
⑩ 謂：认为，以为。（汉语大字典编辑委员会，2010：4259）
⑪ 分明：明确，清楚。（汉语大词典编辑委员会、汉语大词典编纂处，1988：573）
⑫ 聊：副词，表示动作行为的暂时和权宜性，相当于"姑且""暂且"。（汉语大字典编辑委员会，2010：2979）
⑬ 因：依靠，凭借。（汉语大字典编辑委员会，2010：766）
⑭ 此："此"近指代词，吕叔湘说，可指人、物、地、时和事。（汉语大字典编辑委员会，2010：1541）笔者认为在此处指现在。
⑮ 言：言论、见解、意见。先秦、西汉、三国的典籍都有此用法的例子。（汉语大字典编辑委员会，2010：4193）
⑯ 輒：专擅，擅自。（汉语大字典编辑委员会，2010：3767）
⑰ 銓：度，衡量。排列等第，评定高下。（见本节上文注释）
⑱ 縱：连词，表示转折关系，相当于"虽""虽然"。（汉语大字典编辑委员会，2010：3675）
⑲ 本：事物的起始、根源。（汉语大字典编辑委员会，2010：1234）
⑳ 敢：谦辞，自言冒昧。（汉语大字典编辑委员会，2010：1568）
㉑ 昔：《广雅·释诂一》："昔、本，始也。"（徐复，1992：1）
㉒ 懸：系连，关联。（汉语大字典编辑委员会，2010：2535）
㉓ 討：研究，探讨。（见本节上文注释）
㉔ 繁：多，复杂。（汉语大字典编辑委员会，2010：3672）
㉕ 容：通"裕"。（汉语大词典编辑委员会、汉语大词典编纂处，1989a：1489）
㉖ 適：恰当。（汉语大字典编辑委员会，2010：4135）
㉗ 野：质朴。（汉语大字典编辑委员会，2010：3926）
㉘ 頗：偏，不正，不平，不全。（汉语大字典编辑委员会，2010：4653）
㉙ 宋：此处指南北朝南朝第一朝，史称刘宋（420—479），公元420年，宋武帝刘裕取代东晋政权而建立。国号宋，定都建康（今南京）。

説①，争②壞③其淳④！秦⑤、梁⑥重於文才⑦，尤從⑧其質。非無四五⑨高德⑩，緝⑪之以道，八九大經⑫，録⑬之以正。自茲以後，迭相⑭祖述⑮，舊典成法，且可憲章⑯，展轉⑰同見⑱，因循⑲共寫，莫問是非，誰窮始末。"僧鬢⑳"惟

① 談说：指玄谈或清谈，是流行于魏晋南北朝的思想风尚。当时名流由内（道儒）入外（佛）、由外入内，探讨形上的学问。名士名僧之间往来密切，中国玄学与外来佛教的般若学相互影响很大。
② 争：代词，表示指示、疑问或感叹，相当于"怎""怎么"。（汉语大字典编辑委员会，2010：2178）此处应表感叹。
③ 壞：毁掉，折毁。（汉语大字典编辑委员会，2010：537）
④ 淳：chún，质朴，敦厚，纯粹。（汉语大词典编辑委员会、汉语大词典编纂处，1990a：1407-1408）
⑤ 秦：指中国历史上东晋时十六国当中，位于中国北方的前（苻）秦国（351—394）和后（姚）秦国（384—417）。
⑥ 梁：《大正藏》第50册第439页页脚的校勘记指出，宋本、元本、明本和旧宋本的"梁"即"凉"。此"凉"指东晋十六国时期在今甘肃的河西走廊和青海湟水流域一带的"五凉"。鸠摩罗什（344—413）曾在后凉滞留十六七年后才到达姚秦都城长安。
⑦ 文才：文章或文学的写作才能。（汉语大词典编辑委员会、汉语大词典编纂处，1990b：1514）"文才"指人写文章的才能或文学写作才能。这里应指当时佛典翻译注重参加佛典翻译的译人之"文才"，即其文章和文学的表达能力。
⑧ 從：随行，跟随，今天简化成"从"。用例见《论语·公冶长》《史记·项羽本纪》和唐杜甫《石壕吏》。（汉语大字典编辑委员会，2010：136；891）
⑨ 四五：此处的"四五"与下句的"八九"非指，"五"或"九"是古汉语常见的虚数用法（顾久，1987：36-41），这里应是分别以"五"和"九"为核心的虚用法。
⑩ 高德：指有崇高德行的人（汉语大词典编辑委员会、汉语大词典编纂处1993b：958），这样的人应该包括僧人和士大夫。
⑪ 緝：jī，通"辑"，协调整理。（汉语大字典编辑委员会，2010：3653）
⑫ 大經：此处"大经"与前一句的"高德"（高僧）相对应。佛教各派以本派最主要的经典为大经。如净土宗称《无量寿经》为大经，天台宗称《涅槃经》为大经。（汉语大词典编辑委员会、汉语大词典编纂处，1988：1386-1387）
⑬ 録：总领。（汉语大字典编辑委员会，2010：4550）
⑭ 迭相：相继，轮番。（汉语大词典编辑委员会、汉语大词典编纂处，1992b：758）
⑮ 祖述：效法，仿效。（见第四章第三节注释）
⑯ 憲章：效法。《礼记·中庸》："仲尼祖述尧舜，宪章文武。"（汉语大词典编辑委员会、汉语大词典编纂处1991a：729）
⑰ 展轉："辗转"也作"展转"，本卧不安席貌。（汉语大字典编辑委员会，2010：3787）但在此处应是经过多人之手的意思。（汉语大词典编辑委员会、汉语大词典编纂处，1992a：1313）
⑱ 見：读xiàn，显示，显露，出现，实现。（汉语大字典编辑委员会，2010：3905）
⑲ 因循：沿袭，承袭，守旧。（汉语大词典编辑委员会、汉语大词典编纂处1989a：606）
⑳ 僧鬢：译曰对面施。戒疏二上曰："僧鬢物者，此梵本音。据唐言之对面物也，即是现前对面之施耳。"（丁福保，1991：2488）

對面之物，乃作"華鬘①"，"安禪"本合掌之名，例②爲"禪定"，如斯等類，固亦衆矣。留支③洛邑④，義少⑤加新。真諦⑥陳時，語多飾⑦異⑧。若令梵師⑨獨斷⑩，則微言⑪罕⑫革⑬，筆人⑭參制⑮，則餘辭必混。意⑯者⑰寧⑱貴⑲撲⑳而

---

① 華鬘：即花鬘。（汉语大词典编辑委员会、汉语大词典编纂处，1992a：410）花鬘：古印度人用作身首饰物的花串。也有用各种宝物雕刻成花形，连缀而成。（汉语大词典编辑委员会、汉语大词典编纂处，1992a：306.）

② 例：大抵，全部。（汉语大字典编辑委员会，2010：181）

③ 留支：指菩提留支，北印度人，北魏永平元年（508）来到洛阳，汉译《入楞伽经》。此经在刘宋时代那跋陀罗曾译过一部略本（四卷），但求那的翻译相当晦涩难懂，留支因此特别重翻大本，"加字混文"，力求畅达，并为人讲说，留下了《义疏》（今佚）。这一矫正在义解上不免有偏差的地方。（中国佛教协会，1982：79；80）

④ 洛邑：一作雒邑，本商邑，在今河南洛阳市东北白马寺东。西周成王时由周公主持加以扩建，称成周城，迁殷人居此。战国时改成周名洛阳城（一作雒阳城）。三国魏改为洛阳。北魏时城东西二十里，南北十五里，内有街坊三百二十二，宅里二百二十。先后为东周、东汉、三国魏、西晋、北魏（孝文帝以后）都城。（魏嵩山，1995：850；851）

⑤ 少：程度副词，相当于"稍""微略"。（汉语大字典编辑委员会，2010：608）

⑥ 真谛：真谛（Paramārtha，499—569），南朝梁、陈间僧人，佛经翻译家。本为内天竺优禅尼国人，梁大同十二年（546）受梁使臣之请赍经论达于南海（今广东广州）。太清二年（548）闰八月，抵达京邑（今江苏南京）。他主要译介了无著、世亲的大乘瑜伽行派学说。后有论师弘扬其所译《摄大乘论》和《俱舍论》，形成摄论学和俱舍学，至隋代大盛，直接影响到初唐的法相宗，下接华严宗。（任继愈，2002：997）

⑦ 饰：表彰，表明。（汉语大字典编辑委员会，2010：4737）

⑧ 异：不平常的，特别的，异于常。（汉语大字典编辑委员会，2010：2720）

⑨ 梵师：从外国携来梵经的高僧，大藏经中如《箋论略注》卷四（R96，612.b14－613a1），《法华经通义》卷一（R49，802.b9－18），《观楞伽经记》卷一（R25，729.a13－b16）都有记载。他们既是所带来佛经的专家又通梵文，但汉语不好，在中土佛经译场都多半被奉为译主。

⑩ 断：裁决，决定。（汉语大字典编辑委员会，2010：2175）

⑪ 微言：隐微不显、委婉讽谏的言辞。（汉语大词典编辑委员会、汉语大词典编纂处，1989a：1053）

⑫ 罕：少，稀少。（汉语大字典编辑委员会，2010：333）

⑬ 革：更改，改换。（汉语大字典编辑委员会，2010：4610）"微言罕革"直译是：不明确的话很少改变，那么就还是不明、模糊。

⑭ 笔人：就是古代佛典译场的笔受，在译场受译主之言，笔之以汉言。

⑮ 制：决断，裁决。（汉语大字典编辑委员会，2010：367）

⑯ 意：意见，见解。（汉语大字典编辑委员会，2010：2488）指作者本人的意见和见解。

⑰ 者：用在名词主语之后，表明语音停顿并引出下文，可译出。（何乐士、敖镜浩等，1985：789）

⑱ 宁：连词，表示选择，如宁愿、宁可。《论语·八佾》："礼，与其奢也，宁俭；丧，与其易也，宁戚。"（汉语大字典编辑委员会，2010：1019）

⑲ 贵：欲，想要。（汉语大字典编辑委员会，2010：3872）

⑳ 撲：《龙藏》（此土著述三）第113册第205页："意者宁贵朴而近理不用巧而背源。"为"朴"字。《永乐北藏》第148册第407页此处也是"朴"。笔者以为此处应从《龙藏》和《永乐北藏》，"扑"应为"朴"，而不是"扑"。"朴"典出《老子》。

近理，不用①巧而背源。儻見淳質②，請勿嫌③怪④。昔日仰對尊颜，瞻⑤尚不等，親承妙吼⑥，聽⑦之猶別。諍論⑧起迷。豫⑨晒⑩涅槃⑪之記⑫。部黨輿⑬執⑭，懸⑮著⑯文殊⑰之典，雖二邊⑱之義⑲，佛⑳亦㉑許可，而兩間之道，比丘㉒

① 用：采纳，采用；要，需要。（汉语大字典编辑委员会，2010：112）
② 淳質：敦厚质朴。（汉语大词典编辑委员会、汉语大词典编纂处，1990a：1410）
③ 嫌：疑惑。（汉语大字典编辑委员会，2010：1148）
④ 怪：埋怨，责备。（汉语大字典编辑委员会，2010：2450）
⑤ 瞻：瞻仰，敬视。（汉语大字典编辑委员会，2010：2696）
⑥ 妙吼：笔者认为，此处"妙吼"指"狮子吼"，佛教常用来比喻佛陀的说法，毫无怖畏，声震十方，群魔摄伏，好像狮子一叫，百兽降伏一样。（陈义孝，2002：278）"狮子吼"的梵文为"siṃha-nāda"（荻原云来，1979：1468a）
⑦ 聽：听取，听信。（汉语大字典编辑委员会，2010：2992）
⑧ 諍論：佛教术语，张我见而互诤也。（丁福保，1991：2651）诤论的梵文为"vivāda"。（Hirakawa，1997：1085）
⑨ 豫：预先，事先。（汉语大字典编辑委员会，2010：3856）
⑩ 晒：同"炳"，显示，显现。（汉语大字典编辑委员会，2010：1607；2352）
⑪ 涅槃：佛教术语，梵语"Nirvāṇa"，圆寂、灭或寂灭的意思；灭者，灭生死因果之义也。（丁福保，1991：1790）笔者认为，此处的"涅槃"指《涅槃经》（mahā-parinirvāṇa-sūtra）（Hirakawa，1997：726），即《大般涅槃经》的略称，属大乘《涅槃经》。（陈士强，2000：83-84）隋代义学高僧盛行讲述此经。（中国佛教协会，1989a：153）其卷三二有著名的盲人摸象的故事，与本段头两句讲的情况类似。
⑫ 記：典籍。（汉语大字典编辑委员会，2010：4200）
⑬ 興：兴起。（汉语大字典编辑委员会，2010：131）
⑭ 執：固执，坚持己见。（汉语大字典编辑委员会，2010：491）
⑮ 懸：凭空设想。（汉语大字典编辑委员会，2010：2535）
⑯ 著：记载。（汉语大字典编辑委员会，2010：3441）
⑰ 文殊：菩萨名，梵文"Mañjuśrī"，文殊师利的略称，此菩萨司智慧，与普贤为一对，常侍释迦如来之左。（丁福保，1991：664）冠以"文殊"之名，且译在隋之前的佛经有五部，其中提到"二边"的有两部，梁扶南国三藏僧伽婆罗译《文殊师利问经》卷一（T468，14.b23）和元魏天竺三藏菩提流支译《文殊师利菩萨问菩提经论》卷二（T1531，26.334c5）。这里不知作者到底指哪一部。
⑱ 二邊：梵文"anta-dvaya"（Hirakawa，1997：85），指离中道的两个极端。《中论》卷四：二边指有、无或常、无常。《顺中论》卷下：指常、断。（慈怡，1988：251）佛教认为所说道理不堕极端，脱离二边，即为中道，乃最高真理。（中国大百科全书总编辑委员会，2001）
⑲ 義：意义，道理。（汉语大词典编辑委员会、汉语大词典编纂处，1992a：173-174）
⑳ 佛：根据骈文的文体要求，后应有"陀"字才能与后句的"比丘"相对，上下才成对偶句式。
㉑ 亦：根据骈文的文体要求，后应有"与"类似的动词，才能与后句的"未允"相对。
㉒ 比丘：佛教术语，梵文"Bhikṣu"（Hirakawa，1997：696），又名苾刍、煏刍，为出家受具足戒者之通称，男曰比丘，女曰比丘尼。（丁福保，1991：729）又，比丘含有三义：乞士、破恶和怖魔。（陈义孝，2002：95）

未允其致①。雙林②早潛，一味③初④損⑤。千⑥聖⑦同志，九旬⑧共⑨，集⑩雜⑪碎⑫之條，尋⑬訛本⑭，誡⑮水鵠之頌⑯，俄⑰舛⑱昔經，一聖纔亡，法門⑲即⑳滅。千年已遠，人心轉偽，既乏㉑寫㉒水之聞，復寡懸河㉓之說，欲求冥會㉔，詎可得乎？且儒學古文，變猶紕繆㉕，世人今語，傳尚參差。況凡聖殊倫，東

---

① 致：達到。（汉语大字典编辑委员会，2010：3007）
② 雙林：即双树，指娑罗双树，是释迦牟尼入灭之处。（见第四章第三节注释）本文双林代指佛陀。
③ 一味：佛教术语，指如来之教法，譬如甘味，教法之理趣，唯一无二，故名一味。（丁福保，1991：28）"一味"的梵文是"eka-rasa"。（Hirakawa, 1997：14）
④ 初：相当于表时间的副词，"才""刚刚"的意思。（汉语大字典编辑委员会，2010：359）此处应是"不久"的意思。
⑤ 損：丧失，损失。（汉语大字典编辑委员会，2010：2046）
⑥ 千：表示多。（汉语大字典编辑委员会，2010：68）相关权威工具书都说，参加佛教第一次结集的只有五百比丘。
⑦ 聖：此语境下指参加第一次结集的阿罗汉、比丘等。
⑧ 旬：十日为旬。（汉语大字典编辑委员会，2010：1592）"九旬"就是90天，共三个月。
⑨ 共：共同具有或承受。（汉语大字典编辑委员会，2010：120）此字应在"九旬"之前才文从字顺，上下才成对偶句式。
⑩ 集：成就，完成。（汉语大词典编辑委员会、汉语大词典编纂处，1993a：798）
⑪ 雜：指紊乱失序。（汉语大字典编辑委员会，2010：4417）
⑫ 碎：零星，不完整。（汉语大字典编辑委员会，2010：2611）
⑬ 尋：探究，研究。（参见第三章第二节注释。）
⑭ 訛本：错误虚假的根源。本：根源，本源。本句应在"本"后断句，即"寻讹本"。
⑮ 誡：戒备，警惕，也作"戒"。（汉语大字典编辑委员会，2010：4233）
⑯ 頌：sòng，通"诵"，朗读。（汉语大字典编辑委员会，2010：4650）笔者认为，此处"水鵠之頌"典出西晋安息三藏安法钦译《阿育王传》卷四："尊者阿难在竹园中闻一比丘诵《法句偈》言：'若人生百岁不见水鹄鹤，不如生一日得见水鹄鹤。'尊者阿难在傍过已语言：'子佛不作是说。佛所说者：若人生百岁不解生灭法，不如生一日得解生灭法。'"（T2042, 50.115b19-25）
⑰ 俄：瞬间，极短暂的时间。（汉语大字典编辑委员会，2010：197）
⑱ 舛：chuǎn，相违背，相矛盾。（汉语大字典编辑委员会，2010：924）
⑲ 法門：指佛所说的法，因是众生超凡入圣的门户，故称"法门"。（陈义孝，2002：189）该词的梵文为"dharma-mukha"。（荻原云来，1979：635a）
⑳ 即：表示时间的副词，相当于"就""即刻"。（汉语大字典编辑委员会，2010：345）
㉑ 乏：无，没有。
㉒ 寫：《大正藏》当页的校勘记指出，宋本、元本、明本和旧宋本的"寫"即"瀉"。（T2060, 50.439）
㉓ 懸河：佛教指讲经说法口若悬河，一般用来指无碍辩才的人。与上句的"瀉水"指如瓶泻水相似，意指毫无保留、诲人不倦地讲经说法。这里的"泻水之闻"和"悬河之说"相映衬，都指佛陀亲自说法。
㉔ 冥會：1. 默契，暗合。2. 心灵相通，内心领会。（汉语大词典编辑委员会、汉语大词典编纂处，1988：454-455）
㉕ 紕繆：错误。（汉语大词典编辑委员会、汉语大词典编纂处，1992a：756）

西隔域，難之又難，論莫能盡。必慇懃①於三②覆③，靡④造次⑤於一言⑥。歲校⑦則利有餘，日計則功不足。開大明⑧而布範⑨，燭長夜而成務⑩。宣譯⑪之

① 慇懃：亦作"殷勤"，情意恳切。(汉语大词典编辑委员会、汉语大词典编纂处，1991a：671)
② 三：泛指多数或多次。(汉语大字典编辑委员会，2010：4) 此处应是多次的意思。
③ 覆：审察。(汉语大字典编辑委员会，2010：3001)
④ 靡：表示否定的副词，相当于"没""不"。用例见《诗·小雅·节南山》和汉贾谊《旱云赋》。(汉语大字典编辑委员会，2010：4355)
⑤ 造次：轻率，随便。(汉语大词典编辑委员会、汉语大词典编纂处，1992b：901)
⑥ 言：1. 语言或文章中的字。2. 口语或文章中的句子。(汉语大字典编辑委员会，2010：4193)
⑦ 校：jiào，考核，考究；计算，查点。(汉语大字典编辑委员会，2010：1290-1291)
⑧ 開大明：典出佛经。《杂阿含经》卷十三："唯有智慧者发朦开大明。"(T99, 2.88c14)《大方等大集经》卷十六："世尊为是舍依止护为世盲冥开大明。"(T397, 13.108c19) 所以，"开大明"就是自我觉悟。"大明"的梵语为"mahā-prabha"(荻原云来，1979：1016b)。
⑨ 布範：广泛宣传和示范，如《广弘明集》卷二五："令僧跪拜父母，斯则崇扬孝始，布范敬源。"(T2103, 52.290a17-18) 此例"崇扬"与"布范"对举，二者相互说明。
⑩ 成務：成就事业（汉语大词典编辑委员会、汉语大词典编纂处，1990a：201），即成就佛教事业。
⑪ 宣譯：宣讲和翻译。如《出三藏记集》卷八："时手执胡文，口自宣译，道俗虔虔，一言三复。"(T2145, 55.58b15)《出三藏记集》卷一三："遂共名德法师道安集僧宣译，跋澄口诵经本，外国沙门昙摩难提笔受。"(T2145, 55.99a27)《高僧传》卷二："愿凡所宣译，传流后世，咸共弘通。"(T2059, 50.333a1)《续高僧传》卷二："耶舍每于宣译之暇，时陈神咒。"(T2060, 50.432c15-16)《法苑珠林》卷四二："宋初来游中国宣译至典甚众。"(T2122, 53.616c22)

業①，未可加②也，經不容易③，理藉④名賢⑤。常思⑥品藻⑦，終⑧慚⑨水鏡⑩。兼⑪而取之，所備⑫者八。誠心⑬愛法⑭，志願⑮益⑯人，不憚久時⑰，其備一

---

① 业：学习的内容或过程，如学业、毕业。《孟子·告子下》："愿留而受业于门。"（汉语大字典编辑委员会，2010：1337）笔者认为，这里的"业"指佛典翻译的内容。

② 加：外加，把本来没有的添上去。（汉语大字典编辑委员会，2010：399）有人训成"强加"（赵振铎，1999：348），不妥，还有训成"夸大"（李汉平，2021：143），牵强。

③ 容易：此处的"容易"是两个词，"容"是动词，可以、允许的意思。从上古到现代，"容"都有这个用法。（汉语大词典编辑委员会、汉语大词典编纂处，1989a：1488）"易"，此处也是动词，改变的意思。（汉语大字典编辑委员会，2010：1602）

④ 藉：jiè，凭借，依靠。（见本节上文注释。）

⑤ 名贤：著名的贤人。（汉语大词典编辑委员会、汉语大词典编纂处，1989a：176）贤：佛教术语，证真谓之圣，邻于圣谓之贤。玄义四下曰："邻圣曰贤。"（丁福保，1991：2540）此处的"贤"指第一次结集的阿罗汉和后来几次结集的比丘。

⑥ 思：相怜哀，悲伤。（汉语大字典编辑委员会，2010：2441）

⑦ 品藻：品评，鉴定。典出《汉书·扬雄传下》："爱及名将尊卑之条，称述品藻。"（汉语大词典编辑委员会、汉语大词典编纂处，1989a：326）

⑧ 终：表示时间的副词，相当于"常""久"。（汉语大字典编辑委员会，2010：3607）

⑨ 慚：同"惭"，羞愧。（汉语大字典编辑委员会，2010：2510；2507）

⑩ 水镜：喻指明鉴之人。典出《三国志·蜀志·庞统传》："称统当为南州士之冠冕。"裴松之注引晋习凿齿《襄阳记》："诸葛孔明为卧龙，庞士元为凤雏，司马德操为水镜，皆庞德公语也。"（汉语大词典编辑委员会、汉语大词典编纂处，1990a：889）

⑪ 兼：尽（汉语大字典编辑委员会，2010：127），即全部、整个、完全的意思。

⑫ 备：齐备。备，具也。（汉语大字典编辑委员会，2010：239）

⑬ 诚心：真心诚意，诚恳的心意。（汉语大词典编辑委员会、汉语大词典编纂处，1993a：163）诚：真心诚意，信也。（汉语大字典编辑委员会，2010：4222）

⑭ 爱法：佛教术语，指爱乐执着于佛法的心。（丁福保，1991：2352）"爱法"的梵文为"dharma-kāma"。（Hirakwa，1997：495）法：指佛法，梵文为"dharma"（荻原云来，1979：631a）。爱法乐法喜法之心，即爱法之心、乐法之心、喜法之心。为赞叹净土菩萨功德之语，出自《大无量寿经》卷下。净影《大无量寿经义疏》谓，始求法时心喜，称为喜法；中间闻法时，味如甘露，心生爱乐，称乐法；终而得法时，心生爱著，称爱法。璟兴之《无量寿经连义述文赞》中，就闻思修三慧而言，谓闻慧乐爱，故称爱法；思慧味著，故称乐法；修慧润神，故称喜法。（慈怡，1988：5459）

⑮ 志愿：有志向、愿望或期望、愿意的意思。（汉语大词典编辑委员会、汉语大词典编纂处，1991a：401）在此语境应是愿意的意思。

⑯ 益：助，补助，有益。（汉语大字典编辑委员会，2010：2742）

⑰ 不惮久时："惮"指畏难、畏惧（汉语大字典编辑委员会，2010：2521）的意思。"久时"是长期、长时间，久时不光涉及帮助他人（行法），而且指这之前提到的所有事，即爱法和以法益人。

也。將踐①覺場②，先牢③戒足④，不染譏⑤惡⑥，其備二也。筌⑦曉三藏⑧，義⑨

① 踐：到，登临。(汉语大字典编辑委员会，2010：3959)
② 覺場：隋天竺三藏阇那崛多译《观察诸法行经》卷二："念无数劫持诸法体，寂灭诸恶清净诸疑，得空等智，顺到灭烦恼处，速践觉场，天龙当赞。"(T649, 15. 732b16 - 18) 大隋南印度三藏达摩笈多译《菩提资粮论》卷一："诸菩萨等从初发心乃至觉场皆应供养。菩萨有七种：一初发心，二正修行，三得无生忍，四灌顶，五一生所系，六最后生，七诣觉场。此等菩萨于诸佛后次应供养，以身口意及外物等而供养之。初发心者未得地，正修行者乃至七地，得无生忍者住第八地，灌顶者住第十地，一生所系者方入兜率陀，最后生者兜率陀处住，诣觉场者欲受用一切智智。于七种菩萨中，初发心菩萨一切众生皆应礼敬，何况余者。"(T1660, 32. 518a16 - 26) 尤其是根据后者，"诣觉场"或"践觉场"是七种菩萨中受用佛智的最高水平的菩萨，到达差不多要成佛的位置。
③ 牢：使牢固，加固。(汉语大词典编辑委员会、汉语大词典编纂处，1990b：240)
④ 戒足：这是个比喻。"戒者进趣佛道之要具，故以譬足。行事钞上曰：'经云：若欲生天等必须护戒足。'《资持记》上一之三曰：'戒以足譬，颇符发趣之义。'"(丁福保，1991：1106)"牢戒足"直译就是严守佛家戒律才算起步。
⑤ 譏：笔者认为"譏"在此语境指佛教术语八风或八法，即用利、衰、毁、誉、称、讥、苦、乐当中之一法，代指整个八法。八法常为世人所爱憎，且能煽动人心，所以叫作八风(陈义孝，2002：25)。另，世间法的梵语为"loka-dharma"，指自感业因缘所生之三界有情、非有情等一切此等诸法皆有漏无常。在所有世间法中，利、衰、毁、誉、讥、苦、乐特称为八世间法，又称八风。(慈怡，1988：1526) 寒山子诗曰："寒山无漏岩，其岩甚济要。八风吹不动，万古人传妙。寂寂好安居，空空离讥诮。孤月夜长明，圆日常来照。虎丘兼虎溪，不用相呼召。"(钱学烈，1998：448)笔者认为，这首诗先说"八风"吹不动，后面"空空离讥诮"句的"讥"从上下文来看明显既以局部代整体，指整个"八风"，又有平常讥嘲的意思，只理解成平常的讥嘲，未免小看高僧寒山。彦琮此处的写作手法与寒山一样。
⑥ 惡：佛教术语，梵语"pāpa"，为三性之一，与"善""无记"相对，和"不善"（akuśala）同义，指能招感苦果或可厌毁之不善法，及恶思之所作。其性质包括违理背法、违损自他、障害圣道，与贪嗔或其他烦恼相应等。恶是破坏人伦秩序之一切品格、心意行为。(慈怡，1988：4944)
⑦ 筌：参见本书第三章第二节"筌"字的注释。
⑧ 三藏：教义名数。梵文"Tripiṭaka"的意译，亦称"三法藏"，指三类佛教经典。一为经藏(Sūtra-piṭaka)，又名"素怛缆藏"等，指由弟子结集的释迦牟尼佛的教言。二为律藏(Vinaya-piṭaka)，又名"毗奈耶藏"等，指释迦牟尼制定的各种戒律。三为论藏(Abhidharma-piṭaka)，又名"阿毗达摩藏"等，指释迦牟尼和后代佛教学者所著阐明佛教义理的著作。佛教三藏约形成于部派佛教时期。"三藏"有时亦泛指所有的佛教经典。(任继愈，2002：109)
⑨ 義：yì，意义，意思。(汉语大字典编辑委员会，2010：3339 - 3340)

貫①兩乘②，不苦③闇④滯⑤，其備三也。旁⑥涉⑦墳史⑧，工⑨綴⑩典⑪詞，不過魯⑫拙，其備四也。襟抱⑬平恕⑭，器量⑮虛融⑯，不好專執，其備五也。沈⑰於道術⑱，澹於名利，不欲⑲高⑳衒㉑，其備六也。要識梵言，乃㉒閑㉓正譯，不

---

① 貫：通，贯通。（汉语大字典编辑委员会，2010：3868）
② 兩乘：指佛教的大乘和小乘。大乘，梵文"Mahāyāna"的意译，音译"摩诃衍那""摩诃衍"等，"大乘佛教"的简称，亦称"大乘教"。（任继愈，2002：138）小乘，梵文"Hinayāna"的意译，音译"希那衍那"，"小乘佛教"的简称，亦称"小乘教"。亦称为"二乘"，即"声闻乘""缘觉乘"。其主要经典是后来在各部派中形成的经、律、论三藏。（任继愈，2002：184）
③ 苦：困扰，困辱。（汉语大词典编辑委员会、汉语大词典编纂处，1992a：316）
④ 闇：愚昧，糊涂；不了解，不通晓。通"暗"。（汉语大字典编辑委员会，2010：4386）此处指不通佛教经文教理。
⑤ 滞：停止。（汉语大字典编辑委员会，2010：1843）此处指学无长进。
⑥ 旁：广泛，普遍；别的。笔者认为这里的"旁"字除了有广博之意，还有旁及的引申义。（汉语大字典编辑委员会，2010：2336）联系上一备来看，佛门中人通佛教经文晓教理乃其分内之事，广涉本土文化历史典籍，善于汉文学辞章是分外的事，因为佛门有内学（佛学）与外学（教外之典籍及世间法）之分。
⑦ 涉：泛泛阅读。（汉语大字典编辑委员会，2010：1738）
⑧ 墳史：指中华古代典籍和史书。（汉语大词典编辑委员会、汉语大词典编纂处，1988：1212）
⑨ 工：擅长，善于；精巧，精致。（汉语大字典编辑委员会，2010：541）
⑩ 綴：缀字联词，写作。（汉语大字典编辑委员会，2010：3649）
⑪ 典：典雅。（汉语大词典编辑委员会、汉语大词典编纂处，1988：112）典词，即典雅之词。
⑫ 鲁：迟钝，笨拙。（汉语大字典编辑委员会，2010：4988）
⑬ 襟抱："襟"指胸怀，心怀。（汉语大词典编辑委员会、汉语大词典编纂处，1992a：141）"抱"本指人体胸腹间的部位，引申为胸怀、心情。（汉语大词典编辑委员会、汉语大词典编纂处，1990b：488）此处"襟抱"指心地、心气。
⑭ 平恕：持平宽仁。（汉语大词典编辑委员会、汉语大词典编纂处，1988：935）"平"指公平。恕：乃仁也（《说文》）。《孟子》："强恕而行，求仁莫近焉"；《礼记·中庸》："忠恕违道不远"；《论语·卫灵公》："子贡问曰：'有一言而可以终身行之者乎？'子曰：'其恕乎！己所不欲，勿施于人。'"所以，这个"恕"可译成善良。
⑮ 器量：器局，才识，度量。（汉语大词典编辑委员会、汉语大词典编纂处，1989a：524）
⑯ 虛融：冲虚融和。（汉语大词典编辑委员会、汉语大词典编纂处，1991b：831）"虚"，《尔雅》："'虚'者空也。""融"是通达、融合的意思。
⑰ 沈：《大正藏》当页的校勘记指出，宋本、元本、明本和旧宋本的"沈"即"耽"。（T2060，50.439）
⑱ 道術：佛教术语，指道法技术，通于内外出世之法者。（丁福保，1991：2368）在此语境中指与宣译佛经有关的、世出世间的方法技术。
⑲ 欲：想，想要。（汉语大字典编辑委员会，2010：2294）
⑳ 高：在一般标准或平均程度之上。（汉语大字典编辑委员会，2010：4894）
㉑ 衒：炫耀。（汉语大字典编辑委员会，2010：893）
㉒ 乃：表示递进关系的连词，相当于"且"。（汉语大词典编辑委员会，2010：56）
㉓ 閑：通"嫻"，熟练、熟悉的意思。（汉语大字典编辑委员会，2010：4363）

墜①彼學②，其備七也。薄③閱《蒼》《雅》④，粗⑤諳篆隸，不昧⑥此文，其備八也。八者備矣，方是得⑦人。三業⑧必長，其風⑨靡⑩絕⑪。若復⑫精搜十步，應見⑬香草⑭。微⑮收一用，時⑯遇良材⑰。雖往者而難儔⑱，庶⑲來者而能繼。

① 墜：落下。(汉语大字典编辑委员会，2010：520)
② 彼學：指印度那边相关的学问，就是和梵语相关之学，与下面第八备"此文"相对。
③ 薄：数量少。(汉语大字典编辑委员会，2010：3526) 与后面的"粗"相对仗。
④ 《蒼》《雅》："苍"通"仓"(汉语大字典编辑委员会，2010：3483)，《仓》此处指《仓颉篇》，秦李斯所著教育学童识字的字书，秦始皇帝统一文字时又成为小篆书体的样板（参见《中国大百科全书》光盘1.2版）。《雅》指《尔雅》，是中国最早的一部词典。
⑤ 粗：微略。(汉语大字典编辑委员会，2010：3352)
⑥ 昧：特指眼不明。《左传·僖公二十四年》："耳不听五声之和为聋，目不别五色之章为昧。"（汉语大字典编辑委员会，2010：1605）在此语境中应为认不得、不识的意思。
⑦ 得：适合，适当。(汉语大字典编辑委员会，2010：890)
⑧ 三业：梵语"tri-karman"（荻原云来，1979：555a）的意译，教义名数，指身、口、意，即身之行动、口之言语和意识之活动。（任继愈，2002：83）。典出《成实论·业相品》。
⑨ 其風：指业风，梵语"karma-Vāyu"，以风比喻业力，谓众生因善恶业力而漂流生死海中，犹如风吹枯叶或风吹船舶。（慈怡，1988：5499) 业：佛教术语，梵语"Karma"，身口意善恶无记之所作也。其善性恶性，必感苦乐之果，故谓之业因。其在过去者，谓为宿业，现在者谓为现业。（丁福保，1991：2341）业力：佛教术语，善业有生乐果之力用，恶业有生恶果之力用。（丁福保，1991：2343）业力总是和因果报应、轮回说联系在一起。
⑩ 靡：参见本章本节上文注释，否定副词。
⑪ 絕：停止。(汉语大字典编辑委员会，2010：3621)
⑫ 復：副词，表示重复或继续，相当于"再"，也可表示频度，相当于"又"也"。（汉语大字典编辑委员会，2010：896)
⑬ 見：遇见。(汉语大字典编辑委员会，2010：3905)
⑭ 香草：比喻忠贞之士。汉刘向《说苑·谈丛》："十步之泽，必有香草；十室之邑，必有忠士。"（汉语大词典编辑委员会、汉语大词典编纂处，1993b：428）此用典故来比喻"八备"的佛典传译人才。
⑮ 微：数量少。(汉语大字典编辑委员会，2010：900)
⑯ 時：副词，相当于"常常""经常"。（汉语大字典编辑委员会，2010：1614)
⑰ 良材：喻优秀的人才。（汉语大词典编辑委员会、汉语大词典编纂处，1992a：261）
⑱ 儔：动词，匹敌，伦比。（汉语大字典编辑委员会，2010：270)
⑲ 庶：众多。(汉语大字典编辑委员会，2010：951)

法橋①未斷，夫復何言。則②延③、鎧④之徒，不迴⑤隆于魏室，護⑥、顯⑦之輩，豈偏⑧盛于晋朝。或⑨曰："一音⑩遥説，四生⑪各⑫解，普⑬被⑭大慈⑮，

---

① 法橋：譬喻。佛法能使人渡生死之大河，譬如桥也。用例见《长阿含经》二、《华严经》十三和《涅槃经》十九。（丁福保，1991：1413）此也属用典。
② 则：表示因果关系。（汉语大字典编辑委员会，2010：373）
③ 延：白延，三国曹魏僧，龟兹国人，又称帛延。他资性明敏，善晋、胡两语，博解群籍，兼综内外。曹髦在位时（254—260）至洛阳，住白马寺，译有《首楞严经》《须赖经》等，其生卒年代均不详。（慈怡，1988：2085）
④ 鎧：指康僧铠（人名），据《高僧传》《开元录》等载，原居康居国（一说印度）。曹魏嘉平年间（249—254）来洛阳，译出《郁伽长者经》《无量寿经》等四部（一说三部）佛经。（任继愈，2002：1118）
⑤ 迴：副词。相当于"再""又""复"。（汉语大词典编辑委员会、汉语大词典编纂处，1992b：770）
⑥ 護：指竺法护，参见本书第二章第五节注释。
⑦ 顯：指法显（约337—约422），东晋僧人，平阳武阳（今山西襄垣）人，俗姓龚。隆安中，自长安西度流沙，历西域列国，后乘船远至狮子国（今斯里兰卡），持经由海路归国，至京师，译出佛经多部。（任继愈，2002：840-841）
⑧ 偏：表示范围的副词，相当于"只""单单"。（汉语大字典编辑委员会，2010：234）
⑨ 或：泛指人或事物的代词，相当于"有人""有的"。（汉语大字典编辑委员会，2010：1505）
⑩ 一音：梵语"eka-svara"（Hirakawa，1997：15），佛教术语，指如来的说法。《维摩经·佛国品》曰："佛以一音演说法，众生随类各得解。"《止观》七下曰："一音殊唱，万听咸悦。"（丁福保，1991：32）
⑪ 四生：梵文"catvāro yonayaḥ"（Hirakawa，1997：279），指胎生、卵生、湿生、化生。胎生是在母胎内成体之后才出生的生命，如人类；卵生是在卵壳内成体之后才出生的生命，如鸟类；湿生是依靠湿气而受形的生命，如虫类；化生是无所依托，只凭业力而忽然而生的生命，如诸天和地狱及劫初的人类。（陈义孝，2002：135）
⑫ 各：副词，皆。（汉语大字典编辑委员会，2010：631）
⑬ 普：全面，遍及。（汉语大字典编辑委员会，2010：1631）
⑭ 被：覆盖，到达，施加。（汉语大字典编辑委员会，2010：3288）
⑮ 大慈：梵文"mahā-maitrī"（Hirakawa，1997：329），佛菩萨给予富乐为大慈，拔出痛苦称大悲。为诸众生灭除一切无利益之事就是大慈。（慈怡，1988：3263）

咸①蒙②遠③悟。至若④開源⑤白馬⑥，則語逐⑦洛陽；發序赤烏⑧，則言隨建業。未應⑨強⑩移⑪此韻⑫，始⑬符⑭極⑮旨⑯。要⑰工⑱披讀⑲，乃究玄宗⑳，遇本㉑即

---

① 咸：感知，感化。（汉语大字典编辑委员会，2010：1507）
② 蒙：愚昧，无知。（汉语大字典编辑委员会，2010：3488）
③ 遠：差距大（汉语大字典编辑委员会，2010：4127），在此上下文应指离觉悟差距大的众生。此"远"是其后的动词"悟"的宾语。
④ 至若：连词，表示另提一事。（汉语大词典编辑委员会、汉语大词典编纂处，1991b：787）
⑤ 開源：指开始出现河流的源头。（汉语大词典编辑委员会、汉语大词典编纂处，1993b：61）
⑥ 白馬：指白马寺，位于河南洛阳东。始建于东汉永平十一年（68）。永平七年，汉明帝遣郎中蔡愔、博士弟子秦景等赴天竺求佛法。十年，同中天竺高僧摄摩腾、竺法兰携佛经、佛像回洛阳，初居鸿胪寺。次年，诏令于雍门外别建住所，仍名为"寺"。东汉时绝大部分佛经都在洛阳翻译，而白马寺是最重要的译场，摄摩腾、竺法兰在此译出《四十二章经》，为现存中国第一部汉译佛典。（任继愈，2002：421）
⑦ 逐：随，跟随。（汉语大字典编辑委员会，2010：4094）
⑧ 赤烏：唐代诗僧灵澈有诗云："经来白马寺，僧到赤乌年。"第二句说的就是康僧会的事迹。关于康僧会请参见前面的注释。
⑨ 未應：yīng，犹不曾。（汉语大词典编辑委员会、汉语大词典编纂处，1989b：692）
⑩ 強：勉强。（汉语大字典编辑委员会，2010：1067）
⑪ 移：变易，改变。（汉语大字典编辑委员会，2010：2788）
⑫ 韻：指汉语音节的韵母部分。（汉语大字典编辑委员会，2010：4791）
⑬ 始：副词，方才，然后。（汉语大字典编辑委员会，2010：1115）
⑭ 符：相合。（汉语大字典编辑委员会，2010：3155）
⑮ 極：最高的，最终的。（汉语大字典编辑委员会，2010：1330）
⑯ 旨：主张，意见。（汉语大字典编辑委员会，2010：1593）
⑰ 要：须，应当。（汉语大字典编辑委员会，2010：2999）
⑱ 工：精巧，精致，擅长，善于。
⑲ 披讀：阅读。（汉语大词典编辑委员会、汉语大词典编纂处，1990b：530）
⑳ 玄宗：玄妙之宗旨，佛教之通名。（丁福保，1991：873）
㉑ 本：版本，如刻本、古本、抄本、善本。（汉语大字典编辑委员会，2010：1234）该语境多半指抄本。

依①，真爲②篤信。案③常④無改，世⑤稱⑥仰⑦述⑧。誠⑨在⑩一心⑪，非關⑫四辯⑬，必令存梵，詎⑭是通方⑮？"對⑯曰："談⑰而不經⑱，旁⑲慚博識；學而無

① 依：顺从，同意，遵循，按照。（汉语大字典编辑委员会，2010：187）
② 爲：《大正藏》当页校勘记指出，宋本、元本、明本和旧宋本的"爲"即"僞"。（T2060，50.439）
③ 案：表示承接关系的连词，相当于"于是""则"。（汉语大字典编辑委员会，2010：1293）
④ 常：永久的，固定不变的。（汉语大字典编辑委员会，2010：856）
⑤ 世：指世世代代。（汉语大字典编辑委员会，2010：16）
⑥ 稱：颂扬。（汉语大字典编辑委员会，2010：2804）
⑦ 仰：敬慕，企盼。（汉语大字典编辑委员会，2010：157-158）
⑧ 述：遵循。（汉语大字典编辑委员会，2010：4075-4076）
⑨ 誠：副词，相当于"真正""确实"。（汉语大字典编辑委员会，2010：4222）
⑩ 在：取决于。（汉语大字典编辑委员会，2010：449-450）
⑪ 一心：1. 指真如的理体独一无二。2. 专心一意。（陈义孝，2002：2）其梵文为"eka-citta""dhyāna""ekâgra"（Hirakawa，1997：12）又，一心：佛教术语，唯一之信心不为他心所夺，谓之一心。（丁福保，1991：11）笔者认为，在该语境，一心就是专心一意的意思。
⑫ 關：关系，涉及。（汉语大字典编辑委员会，2010：4395）
⑬ 四辯：即四无碍智。"法华玄赞二曰：'四辯者，即四无碍解。'"（丁福保，1991：792）四无碍智：又名四无碍解，或四无碍辯，即法无碍智、义无碍智、词无碍智、乐说无碍。法无碍智是通达诸法的名字，分别无滞；义无碍智是了知一切法之理，通达无碍；词无碍智是通晓各种言语，能随意演说；乐说无碍是辩说法义，圆融无滞，为众生乐说自在。（陈义孝，2002：144）四辯的梵文为"pratisaṃvid"（Hirakawa，1997：281）。
⑭ 詎：副词，表示反问，相当于"怎么""难道"。（汉语大字典编辑委员会，2010：4202）
⑮ 通方：通晓道术。（汉语大词典编辑委员会、汉语大词典编纂处，1992b：923）此处指完全通晓佛法之道。
⑯ 對：回答，应答。（汉语大字典编辑委员会，2010：554）
⑰ 談：对话，谈论。（汉语大字典编辑委员会，2010：4254）这里指嘴上空谈。
⑱ 經：经过，经历。（汉语大字典编辑委员会，2010：3627）
⑲ 旁：边，侧。（汉语大字典编辑委员会，2010：2336）此处应是实词虚用，在一边的意思。

友，退①愧寡聞。獨②執管錐③，未該④穹壤⑤。理絕⑥名⑦想⑧，彌⑨難穿鑿⑩。

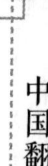

① 退：谦让，柔和貌。（汉语大字典编辑委员会，2010：4089）
② 獨：副词，表示范围，相当于"只""仅仅"。（汉语大字典编辑委员会，2010：1472）
③ 管锥：典出《庄子·秋水》："子乃规规然而求之以察，索之以辩，是直用管窥天，用锥指地，不亦小乎？"
④ 該：包容，包括。（汉语大字典编辑委员会，2010：4230）
⑤ 穹壤："穹"指天，"壤"指地。这句话直译是"只通过手握的管子看不到整个天空，仅用锥子刺不遍整个大地"。
⑥ 絕：割断，切断。（汉语大字典编辑委员会，2010：3621）这里是分离的意思。
⑦ 名：指名词、名称或者概念，也就是中国先秦名家名实之辩的那个"名"。
⑧ 想：《大正藏》当页校勘记指出，宋本、元本、明本和旧宋本的"想"即"相"。（T2060，50.439）"相"是佛教名词，对"性"而言。佛教把一切事物外现的形象状态称之为相（汉语大字典编辑委员会，2010：2645）。又，"相"即"相状"，如法相之相，对法性而得名。此相字，即相状之相，乃斥指色心诸行而名之也。故法相一词，略当通途所云现象。（熊十力，1996：17）所以，这个"相"就是现象的意思。
⑨ 彌：副词，表示程度加深。（见本节上文注释）在此为更加的意思。
⑩ 穿鑿：开凿，挖掘。（汉语大词典编辑委员会、汉语大词典编纂处，1991b：436）比喻理解。

在昔圆音①之下，神力②冥③加④；满字⑤之间，利根⑥迥⑦契⑧。然今地⑨殊⑩王

第五章 隋朝彦琮的《辩正论》

---

① 圆音：佛教术语，圆妙之声音，谓佛语也。《楞严经》曰："愿佛哀愍，宣示圆音。"（丁福保，1991：2333）此外，据《法华玄义释谶》与《唯识论》（《大乘起信论》《释摩诃衍论》）载，此土之众生耳根较利，释尊遂依昔声，假立名、句、文等，而宣演大法，称为圆音一演；若于诸佛国土，则依光明妙香味等而为说法。（慈怡，1988：5403）笔者认为，此处的"圆音"与上文"一音"的意思一样，都指佛陀亲自传法。

② 神力：梵语"ṛddhi"，巴利文"iddhi"，又译作神通力，指佛、菩萨所示现的种种神变不可思议之力，其表现和分类甚多。（慈怡，1988：4244）

③ 冥：即幽冥，指无法看见和听见。（慈怡，1988：4054）

④ 加：指加被，即诸佛如来以慈悲心加护众生。（慈怡，1988：1577）佛菩萨暗中添力、帮助、指导（加被），称为冥加。（慈怡，1988：4054）

⑤ 满字：指梵字之摩多（母音）与体文（子音）相合而成之全字，以义理具足，故称满字。梵书之制文分为半字、满字。半字，以义未具足，故字体半偏；满字，以理既究竟，故字体圆满烦。北本《涅槃经》卷五以半字比喻小乘经，以满字比喻大乘经。（慈怡，1988：5831-5832）笔者认为，此处应指梵本大乘经。

⑥ 利根：梵语"tikṣa-indriya"，指受教修道的素质，速疾而生妙解。利指速疾，根指根机、根性或根器。利根之人能敏锐理解佛法，进而达到解脱。（慈怡，1988：2809）

⑦ 迥：同"迥"（汉语大字典编辑委员会，2010：4084），迥：jiǒng，独的意思（汉语大字典编辑委员会，2010：4077）。

⑧ 契：契合、符合。（汉语大词典编辑委员会、汉语大词典编纂处，1988：1533）

⑨ 地：指作者彦琮自己所在的中土。

⑩ 殊：异，不同。《世说新语·言语》："风景不殊，正自有山河之异。"（汉语大字典编辑委员会，2010：1486）

舍①，人異金口②，即令③懸解④，定知⑤難會⑥。經音⑦若圓⑧，雅懷⑨應合，直餐⑩梵響⑪，何待⑫譯言⑬。本尚虧圓，譯豈純實。等⑭非圓實，不無踈⑮近。本

---

① 王舍：指王舍城（Rājagṛha），初期佛教的传教中心，古印度摩揭陀国都城，今印度比哈尔邦底赖雅附近，有新旧城之分。旧王舍为摩揭陀国频婆娑罗王建都之地，四周有鞞婆罗跋恕山、萨多般那求呵山、因陀世罗求呵山等五座山峰，佛经称为"灵山"。新王舍城系频婆娑罗之子阿阇世王所建，在灵山五峰之外，距鞞婆罗跋恕山约两公里，规模小于旧城。释迦牟尼生前经常在此进行传教活动和居住。释迦牟尼逝世后，弟子们曾在此举行第一次结集。(任继愈，2002：190-191)

② 金口：即如来之口。称为金口，原因有二：其一，如来的身相是黄金色，故其口叫作金口；其二，如来的口舌如金刚一般坚固不坏，故称。(陈义孝，2002：205)

③ 即令：即使。(汉语大词典编辑委员会、汉语大词典编纂处，1988：530)

④ 懸解：解除束缚。(汉语大词典编辑委员会、汉语大词典编纂处，1991a：781) 在此语境是于尘世的烦恼有所解脱的意思。

⑤ 定知：即定智。"知"同"智"(汉语大字典编辑委员会，2010：2764)。定智就是禅定和智慧。(陈义孝，2002：196) 禅定的梵文为"dhyāna"(Hirakawa，1997：898)；智慧的梵文为"prajñā"(Hirakawa，1997：607)。

⑥ 會：领悟，理解，如体会、意会、心领神会。(汉语大字典编辑委员会，2010：1635) 在此处是理解到家的意思。

⑦ 音：《大正藏》当页校勘记指出，宋本、元本、明本和旧宋本的"音"即"旨"(T2060，50.439)。

⑧ 圓：完整，丰满，周全。(汉语大字典编辑委员，2010：780)

⑨ 雅懷：高雅的胸怀。(汉语大词典编辑委员会、汉语大词典编纂处，1993a：830) 但笔者认为，此处的"雅怀"应是具有正信之心者。"雅"是正确、符合规范的意思，"怀"指人的内心。

⑩ 餐：听取，听。(汉语大字典编辑委员会，2010：4745)

⑪ 梵響：念佛诵经之声。(汉语大词典编辑委员会、汉语大词典编纂处，1989b：1032) 笔者认为，"梵响"在此处应是佛的说法的意思。

⑫ 待：需要。(汉语大字典编辑委员会，2010：879)

⑬ 譯言：指译者。(汉语大词典编辑委员会、汉语大词典编纂处，1993a：446)

⑭ 等：等同，同样。(汉语大字典编辑委员会，2010：3159)

⑮ 踈：同"疏"，疏远，不亲近。(汉语大字典编辑委员会，2010：3952；3954；2941)

固①守②音③，譯④疑變⑤意。一向⑥能守⑦，十例⑧可明。緣⑨情⑩判義，誠所未敢⑪。若夫⑫孝始孝終⑬，治家治國⑭，足⑮宣⑯至德，堪⑰弘要道。況復⑱淨名⑲

---

① 本固："本"是根本，本源的本，此指佛法之本。"固"是牢固的意思，根据句式对偶原则，"固"应该在"本"之前。
② 守：指遵守。（汉语大字典编辑委员会，2010：978）
③ 音：指上文的"一音""圆音"，即佛的声音，佛的亲口教导。
④ 譯：解释，阐述。（汉语大字典编辑委员会，2010：4289）
⑤ 變：通"辨"。明辨。《商君书·禁使》："夫物至则目不得不见，言薄则耳不得不闻；故物至则变，言至则论。"（汉语大词典编辑委员会、汉语大词典编纂处，1990a：526）
⑥ 一向：梵语"śama-eka-ayana-mārga"，有二义，一是专心一意，二是全然彻底。（慈怡，1988：33-34）此典出佛经。笔者认为，能守"一向"是对中土译经僧人在佛教修正功夫上的要求。
⑦ 守：保持。（汉语大字典编辑委员会，2010：978）
⑧ 十例：此十例指"声教十例"（超海等，1735：386），唐京兆西崇福寺沙门法藏述《华严经旨归》卷一载："次别现言声亦有十例。一如来语业圆音自说。二如来毛孔出声说法。三如来光明舒音演法。舍那品中，一切如来毛孔，及光明中说偈等。四令菩萨口业说法，如加普贤令说法等。五令菩萨毛孔亦令出音声说法同如法界品云，于一毛孔出一切佛妙法雷音。又如《密严经》中，金刚藏菩萨遍身毛孔，出声说法。六令菩萨光明亦有音声说法。舍那品中，诸菩萨光明中说偈等。七令诸刹海出声说法。彼品云，诸宝罗网相扣磨，演佛音声常不绝。八令一切众生悉为说法。彼品云，以一切众生言音，入佛音声法门教化。九以三世音声说法。十以一切法中皆出声说法故。"（T1871，45.592c4-16）
⑨ 緣：yuán，凭借，依据。（汉语大字典编辑委员会，2010：3661）
⑩ 情：实情，情形。（汉语大字典编辑委员会，2010：2476）
⑪ 敢：表示有胆量做某事。（汉语大字典编辑委员会，2010：1568）
⑫ 若夫：至于。用于句首或段落的开始，表示另提一事。（见第二章第五节注释）
⑬ 孝始孝终：这四字是《孝经》几句话的化用，这也是用典，是典型的中国文言的修辞手段。原文是："身体发肤，受之父母，不敢毁伤，孝之始也。立身行道，扬名于后世，以显父母，孝之终也。夫孝，始于事亲，中于事君，终于立身。"（胡平生，1996：1）侍奉双亲为孝之始，效忠和服务君王为孝之中，建功扬名和光宗耀祖为孝之终。（胡平生，1996：3）孝从侍奉双亲出发，扩展为忠君、建功立业，光宗耀祖的孝道，是中国千年传统社会的核心权威思想，也是伦理道德规范和礼仪律令的基础。应注意的是，此字面上虽只有孝，但忠也是其中非常重要的内容。
⑭ 治家治国：此处的"家"和"国"特指中国传统社会的家和国。"家"相当于英文的"clan"（宗族），指供奉共同先祖，在一族长治理下，由若干同姓家庭组成的宗族。"国"不是现代民族国家的国，而是中国古代的封国或封地，英译是"feud"。
⑮ 足：可以，能够。（汉语大字典编辑委员会，2010：3929）
⑯ 宣：表达，表白。（汉语大字典编辑委员会，2010：991）
⑰ 堪：可，能。（汉语大字典编辑委员会，2010：494）
⑱ 况复：何况，况且。（汉语大词典编辑委员会、汉语大词典编纂处，1990a：1084）
⑲ 净名：指净名居士，就是维摩诘，翻为净名。（丁福保，1991：1979）维摩，人名，梵语"Vimalakirti"的音译，略称维摩或维摩诘，旧译曰净名，新译曰无垢称。（丁福保，1991：2513）维摩诘是在家的大乘佛教居士，著名的在家菩萨。据《维摩诘经》，维摩诘是古印度毗舍离地方的富翁，得圣果成就，称为菩萨，又号金粟如来。维摩诘才智出众，享尽人间富贵又善论佛法，深得佛祖尊重。《维摩诘经》后汉至唐朝都有译本，是中国流传甚广的大乘经典，是与整个中国佛教和中国文化的关系最大、对中国佛教与文化影响最深、历史最久的一部经典。

之勸①發心②，善生③之歸④妙覺⑤。奚假⑥落髮翦鬚⑦，苦⑧違⑨俗訓，持衣捧盋⑩，頓⑪改世儀，坐⑫受⑬僧號，詳⑭謂⑮是理。遙學梵章⑯，寧⑰容非法。崇佛爲主，羞討佛字之源，紹⑱釋爲宗，恥尋釋語之趣⑲。空⑳睹㉑經葉㉒，弗㉓

---

① 勸：劝说，劝告。（汉语大字典编辑委员会，2010：416）
② 發心：发愿求取无上菩提的心。（陈义孝，2002：263）梵文为"bodhicitta-samutpāda"。（Hirakawa, 1997：859）
③ 善生：人名，梵文"Sujàta"，王舍城长者之子，又云尸加罗越（Sīgàlo），佛对之说六方礼之法。见善生经。（丁福保，1991：2073）善生是在家青年男子，佛陀对他讲的经即为《善生经》，是佛陀对在家信徒讲的一部佛经。此经后汉和东晋都有中文译本。
④ 歸：归依。（汉语大字典编辑委员会，2010：1550）梵文为"śaraṇa"。（Hirakawa, 1997：689）
⑤ 妙覺：自觉觉他，觉行圆满，智德不可思议，称为"妙觉"，为佛果的无上正觉，证得此正觉的人，被称为"佛"。（陈义孝，2002：178）这句的意思：居士虔心向佛，善生是典范。
⑥ 奚假：何止。（汉语大词典编辑委员会、汉语大词典编纂处，1988：1545）
⑦ 落髮：剃发出家。（汉语大词典编辑委员会、汉语大词典编纂处，1992a：488）另，任继愈先生是这样解释"落发染衣"的："出家的别称。落发，即剃除须发；染衣，即将衣服改染颜色，意为换穿僧衣。"（任继愈，2002：1157）由此看来，出家为僧不光剪去头发，还要剃掉胡须，换掉俗衣，穿上专用的僧服。
⑧ 苦：副词，表示程度，相当于"甚""很"。（汉语大字典编辑委员会，2010：3396）
⑨ 違：违背，违反。（汉语大字典编辑委员会，2010：4125）
⑩ 盋："盋"同"鉢"（汉语大字典编辑委员会，2010：2741），所以"衣盋"即衣钵。衣指袈裟，钵是出家人用来盛放施主供养食物的应器，二者都是出家人重要的法物，并可作为师承的信证，衣钵的授受即代表心法的授受。（陈义孝，2002：171）另，《大正藏》当页校勘记指出，宋本、元本、明本和旧宋本的"盋"即"鉢"（T2060, 50.439）。
⑪ 頓：副词，表示情态，相当于"立刻""忽然"。（汉语大字典编辑委员会，2010：4648）
⑫ 坐：副词，空，徒然。（汉语大字典编辑委员会，2010：455-456）
⑬ 受：得到，得。（汉语大词典编辑委员会、汉语大词典编纂处，1988：881）
⑭ 詳：周遍，详细。（汉语大字典编辑委员会，2010：4230）
⑮ 謂：告诉，说。（汉语大字典编辑委员会，2010：4259）
⑯ 梵章：指佛经。宋咸淳四明东湖沙门志磐撰《佛祖统纪》卷四三："诏令高品、王文寿选惟净等十人引见便殿，诏送译经院受学。惟净者江南李煜之侄，口受梵章即晓其义。岁余度为僧，升梵学笔受。"（T2035, 49.398c27）
⑰ 寧：nìng，副词，表示反诘，相当于"岂""难道"。（汉语大字典编辑委员会，2010：1019）
⑱ 紹：shào，继承，接续。（汉语大字典编辑委员会，2010：3611）
⑲ 趣：旨意，旨趣。（汉语大字典编辑委员会，2010：3722）
⑳ 空：kōng，此处是副词，徒然，白白地。（汉语大字典编辑委员会，2010：2910）
㉑ 睹：懂得，明白。（汉语大字典编辑委员会，2010：3912）
㉒ 葉：《大正藏》当页校勘记指出，宋本、元本、明本和旧宋本的"葉"即"業"。（T2060, 50.439）經業：本指学习儒家经书的学业。（汉语大词典编辑委员会、汉语大词典编纂处，1992a：866）在此语境应指学习佛典的学业。
㉓ 弗：副词，表示否定，相当于"不"。（汉语大字典编辑委员会，2010：1057）

興①敬仰，總②見梵僧，例③生侮慢④，退本追末，吁⑤可笑乎！象運⑥將窮⑦，斯法見⑧續，用茲⑨紹繼⑩，誠可悲夫。"（T2060，50.438a19－439b27）

二、简体原文

辩正论

第一篇

第1部

1.1.1 弥天释道安每称：译胡为秦，有五失本、三不易也。一者，胡言尽倒，而使从秦，一失本也。二者，胡经尚质，秦人好文，传可众心，非文不合，二失本也。三者，胡经委悉，至于叹咏，丁宁反覆，或三或四，不嫌其繁，而今裁斥，三失本也。四者，胡有义说，正似乱词，寻检向语，文无以异，或一千或五百，今并刈而不存，四失本也。五者，事以合成，将更旁及，反腾前词，已乃后说，而悉除此，五失本也。

1.1.2 然《智经》三达之心，覆面所演，圣必因时，时俗有易，而删雅古，以适今时，一不易也。愚智天隔，圣人叵阶，乃欲以千载之上微言，传使合百王之下末俗，二不易也。阿难出经，去佛未久，尊大迦叶令五百六通迭察迭书，今虽千年，而以近意量裁。彼阿罗汉乃兢兢若此，此生死人平平若是，岂将不以知法者猛乎？斯三不易也。涉兹五失经、三不易，译胡为秦，讵可不

---

① 興：产生。（汉语大词典编辑委员会、汉语大词典编纂处，1988：163）

② 總：用同"縱"，纵然，即使。（汉语大字典编辑委员会，2010：3674）

③ 例：《大正藏》当页校勘记指出，宋本、元本、明本和旧宋本的"例"即"倒"。（T2060，50.439）倒：副词，表示转折关系，相当于"反而""却"。（汉语大字典编辑委员会，2010：211）

④ 侮慢：亦作"侮嫚"，或"侮谩"，指对人轻忽，态度傲慢，乃至冒犯无礼。（汉语大词典编辑委员会、汉语大词典编纂处，1986：1402）

⑤ 吁：xū，表示惊叹的叹词。（汉语大字典编辑委员会，2010：623）

⑥ 象運：《大正藏》当页校勘记指出，宋本、元本、明本和旧宋本的"象"即"像"（T2060，50.439），所以象运即像运，就是像法之时运。佛灭后500年为正法，正法后1000年为像法，像者似也。（丁福保，1991：2488）另，像法是正法末三时之一，像者相似，在佛入灭之后500年为正法时代，其后1000年间所行之法，与正法相似而非正法，故名"像法时代"。（陈义孝，2002：286）像法的梵文为"saddharma-pratikṣepa"。（Hirakawa，1997：147）佛灭于公元前5世纪（前486），从佛灭至公元元年已约有500年，佛教认为的正法时代已完结，而隋朝在6至7世纪（581—618），从公元元年至隋朝，1000年已过半，所以作者认为他所处的时代是像法将要结束的时代。此典出佛经。

⑦ 窮：尽，完结。（汉语大字典编辑委员会，2010：2929）

⑧ 見：用在动词前表被动。（汉语大字典编辑委员会，2010：3905）

⑨ 茲：指示代词，相当于"此""这个"。（汉语大字典编辑委员会，2010：3424）

⑩ 紹繼：继承。（汉语大词典编辑委员会、汉语大词典编纂处，1992a：800）

慎乎？正当以不关异言，传令知会通耳，何复嫌于得失乎？是乃未所敢知也。

1.1.3　余观道安法师，独禀神慧，高振天才，领袖先贤，开通后学；修《经录》则法藏逾阐，理众仪则僧宝弥盛，称印手菩萨，岂虚也哉！详梵典难易，诠译人之得失，可谓洞入幽微，能究深隐。

第2部

第1分

1.2.1　至于天竺字体，悉昙声例，寻其雅论，亦似闲明。旧唤彼方，总名胡国，安虽远识，未变常语。

1.2.2　胡本杂戎之胤，梵惟真圣之苗，根既悬殊，理无相滥。不善谙悉，多致雷同。见有胡貌，即云梵种；实是梵人，漫云胡族，莫分真伪，良可哀哉！语梵虽讹，比胡犹别。改为梵学，知非胡者。

1.2.3　窃以佛典之兴，本来西域；译经之起，原自东京，历代转昌，迄兹无坠。久之流变稍疑亏，动竞逐浇波，鲜能回觉。讨其故事，失在昔人。

第2分

1.2.4　至如五欲顺情，信是难弃，三衣苦节，定非易忍，割遗体之爱入道要门，舍天性之亲出家恒务。俗有可反之致忽然已反，梵有可学之理何因不学？

1.2.5　又且，发蒙草创，伏膺章简，同鹦鹉之言，仿邯郸之步；经营一字，为力至多，历览数年，其道方博，乃能包括今古，网罗天地，业似山丘，志类渊海。彼之梵法大圣规摹，略得章本，通知体式，研若有功，解便无滞。

1.2.6　匹于此域，固不为难。难尚须求，况其易也。或以内执人我，外惭咨问，枉令秘术，旷隔神州！静言思之，憨而流涕。

1.2.7　向使法兰归汉，僧会适吴，士行、佛念之俦，智严、宝云之末，才去俗衣，寻教梵字，亦沾僧数，先披叶典，则应五天正语，充布阎浮，三转妙音，并流震旦；人人共解，省翻译之劳，代代咸明，除疑网之失。于是舌根恒净，心镜弥朗，藉此闻思，永为种性。

第3分

1.2.8　安之所述，大启玄门，其间曲细，犹或未尽。更凭正文，助光遗迹。粗开要例，则有十条：字声一，句韵二，问答三，名义四，经论五，歌颂六，咒功七，品题八，专业九，异本十，各疏其相，广文如论。

第3部

1.3.1　安公又云：前人出经，支谶、世高，审得胡本，难继者也；罗叉、支越，斫凿之巧者也。窃以得本开质，斫巧由文，旧以为凿，今固非审。

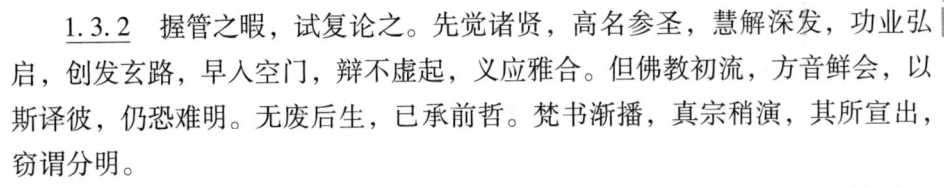

1.3.2 握管之暇，试复论之。先觉诸贤，高名参圣，慧解深发，功业弘启，创发玄路，早入空门，辩不虚起，义应雅合。但佛教初流，方音鲜会，以斯译彼，仍恐难明。无废后生，已承前哲。梵书渐播，真宗稍演，其所宣出，窃谓分明。

1.3.3 聊因此言，辄铨古译。汉纵守本，犹敢遥议，魏虽在昔，终欲悬讨；或繁或简，理容未适，时野时华，例颇不定。

1.3.4 晋、宋尚于谈说，争坏其淳！秦、凉重于文才，尤从其质。非无四五高德，缉之以道，八九大经，录之以正。

1.3.5 自兹以后，迭相祖述，旧典成法，且可宪章，辗转同见，因循共写，莫问是非，谁穷始末。"僧鬘"惟对面之物，乃作"华鬘"，"安禅"本合掌之名，例为"禅定"，如斯等类，固亦众矣。留支洛邑，义少加新。真谛陈时，语多饰异。

1.3.6 若令梵师独断，则微言罕革，笔人参制，则余辞必混。意者宁贵朴而近理，不用巧而背源。傥见淳质，请勿嫌怪。

第二篇

第1部

2.1.1 昔日仰对尊颜，瞻尚不等，亲承妙吼，听之犹别。诤论起迷，豫炳涅槃之记。部党兴执，悬著文殊之典，虽二边之义，佛亦许可，而两间之道，比丘未允其致。

2.1.2 双林早潜，一味初损。千圣同志，九旬共，集杂碎之条，寻讹本，诚水鹄之颂，俄舜昔经，一圣才亡，法门即减。

第2部

2.2.1 千年已远，人心转伪，既乏泻水之闻，复寡悬河之说，欲求冥会，讵可得乎？且儒学古文，变犹纰缪，世人今语，传尚参差。况凡圣殊伦，东西隔域，难之又难，论莫能尽。

2.2.2 必殷勤于三覆，靡造次于一言。岁校则利有余，日计则功不足。开大明而布范，烛长夜而成务。

2.2.3 宣译之业，未可加也，经不容易，理藉名贤。常思品藻，终惭水镜。兼而取之，所备者八。

第3部

2.3.1 诚心爱法，志愿益人，不惮久时，其备一也。将践觉场，先牢戒足，不染讥恶，其备二也。筌晓三藏，义贯两乘，不苦暗滞，其备三也。旁涉坟史，工缀典词，不过鲁拙，其备四也。襟抱平恕，器量虚融，不好专执，其

备五也。

2.3.2　耽于道术,澹于名利,不欲高衒,其备六也。要识梵言,乃闲正译,不坠彼学,其备七也。薄阅《苍》《雅》,粗谙篆隶,不昧此文,其备八也。八者备矣,方是得人。

第4部
2.4.1　三业必长,其风靡绝。若复精搜十步,应见香草。微收一用,时遇良材。虽往者而难俦,庶来者而能继。

2.4.2　法桥未断,夫复何言。则延、铠之徒,不回隆于魏室,护、显之辈,岂偏盛于晋朝。

第三篇

第1部
3.1.1　或曰:"一音遥说,四生各解,普被大慈,咸蒙远悟。

3.1.2　至若开源白马,则语逐洛阳;发序赤乌,则言随建业。未应强移此韵,始符极旨。

3.1.3　要工披读,乃究玄宗,遇本即依,真伪笃信。案常无改,世称仰述。诚在一心,非关四辩,必令存梵,讵是通方?"

第2部
3.2.1　对曰:"谈而不经,旁惭博识;学而无友,退愧寡闻。独执管锥,未该穹壤。理绝名相,弥难穿凿。

3.2.2　"在昔圆音之下,神力冥加;满字之间,利根迥契。然今地殊王舍,人异金口,即令悬解,定智难会。经音若圆,雅怀应合,直餐梵响,何待译言。

3.2.3　"本尚亏圆,译岂纯实。等非圆实,不无疏近。本固守音,译疑变意。一向能守,十例可明。缘情判义,诚所未敢。

3.2.4　"若夫孝始孝终,治家治国,足宣至德,堪弘要道。况复净名之劝发心,善生之归妙觉。奚假落发翦须,苦违俗训,持衣捧钵,顿改世仪,坐受僧号,详谓是理。

3.2.5　"遥学梵章,宁容非法。崇佛为主,羞讨佛字之源,绍释为宗,耻寻释语之趣。空睹经叶,弗兴敬仰,总见梵僧,例生侮慢,退本追末,吁可笑乎!像运将穷,斯法见续,用兹绍继,诚可悲夫。"

三、今译

辩正论

第一篇　论翻译原则

第1部　道安的"五失本三不易"原则

1.1.1 著名高僧道安常说：胡文佛经译为秦言必定要发生五种变化并且存在着三大困难。第一，胡经语序完全颠倒，翻译后要使之符合秦言的顺序，这是首先要变的。第二，胡经崇尚质朴，而秦人喜好文采，传译后的佛经译文要让秦人称心如意，一定非有文采不可，这是第二变。第三，佛经原文论述十分详细，咏唱赞叹的时候更是再三反复，有时重复三四次不嫌其烦，翻译时要裁减冗赘和重复，这是第三变。第四，佛经原文有偈颂，相当于此间辞赋篇末"乱曰"那部分总括全篇要旨的话，与前文相对照意思没什么不同，有时有一千或者五百个词的偈颂，今天在译文中一并删去而不保留，这是第四变。第五，佛经原文从多方面讲完一事要更换话题时，则要重复前事的内容才更换，而译文把重复部分全部删除，这是第五变。

1.1.2 虽然《般若经》佛陀以其三达之智亲自阐发，但佛陀当年也一定顺应他所在的时代和风俗随机施教，况且时代和风俗古今变化又很大，而今天中土佛典译者要裁定古正的圣典以适应当今时代的需要，这是传译佛经第一大困难。愚痴和智慧有天地之别，佛陀超越凡夫高不可攀，而今天的凡夫译者想要把佛陀上千年以前的精妙说法传译得符合历代帝王以下现世的陋俗，这是宣译佛经第二大困难。当年阿难第一次结集出经时离释迦离世不久，佛的另一大弟子摩诃迦叶使五百罗汉反复会诵、审核、甄别经文，然后才系统固定下来。今天离那时有千年之遥，但如今翻译按凡人浅近之意衡量和裁择原典。当年那有神通的阿罗汉出经那么小心谨慎，可如今凡夫宣译者如此稀松平常，难道还不明白真知佛法者要求很严格吗？这就是传译佛经的三大困难。经过这五大转变和涉及这三大困难，胡文佛经译成秦言岂能不慎重？则正因为此间人不懂外语，传译此典不过让大家全面透彻地理解般若之智而已，又怎会疑虑于译文的得失？这得失却并非不可知。

1.1.3 我研究了道安法师，他特有超凡智慧的禀赋，充分展现了自己的天才，为中土佛教先贤之表率，引领了后来的学佛者。他撰修经录使佛经之典藏更清楚了，整理和修订僧尼轨范和佛法宪章使僧团日益壮大。世人尊称他为"印手菩萨"，他当之无愧。道安法师详细了解梵文佛经的难易之处，评价了传译者的得失，他的研究可以说深入细致，探讨了别人难以发现的问题。

第 2 部　辨胡梵原则、通梵语原则和道安的正文"十条"

第 1 分　辨胡梵原则

1.2.1　至于天竺梵语字母悉昙之字体和发音，我研究了道安的高明而正确的论述后发现他也似乎很精通熟练。以前把天竺称为那个地方，笼统地冠名为胡国，虽道安被其师佛图澄赞为有"远识"，但他并没有改变这种习以为常的含混名称。

1.2.2　胡本来指中夏以西各民族的子孙，而梵才是佛陀的后人。此胡梵两地的民族之根源截然不同，照理不应混同，但中土之人不知其中的原委，大多把二者混为一谈。每当有胡人模样的都说成是梵人，别人确实为梵人却乱称为胡人，真伪不辨可悲可叹！说别人是梵人本来也不对，与胡人相比又还有区别。今天胡学要改称为梵学，因为已知不属于胡。

1.2.3　我认为佛典本来起源于天竺，而中土佛典翻译本来最早从东汉都城洛阳开始，此后历代逐步兴盛直到今天。久而久之以讹传讹，佛典胡本与梵本的区别就分不清了，加之世风日益浅薄，世人舍本逐末，很少有人能醒悟知错。考察这段历史，胡梵混淆的错误（不在道安而）应归咎于其之前的人。

第 2 分　通梵语原则

1.2.4　再者，人有财、色、名、饮食和睡眠这五欲，当然顺乎世俗人情，确实难以舍弃，且作为僧人身披袈裟、苦守戒律，虽说这常人一定难以心甘情愿地坚持，但僧人还是上别父母下离妻子，舍天伦之情出家入佛门坚持求道。作为僧人，世俗人情一旦有背弃之理就出世而背离不顾，而天竺有可学之真理为什么不学呢？

1.2.5　况且，中土小儿发蒙识字作文，背诵诗文，虔心奉行经典的教导，如鹦鹉学舌人云亦云，似小儿学步亦步亦趋；如此这般要学好和掌握一个汉字都要付出很大的努力，积数年苦读之功才算学问广博，才能学贯古今、经天纬地，才能去干一番大事业，以图鸿鹄之志。那源自天竺的佛法乃大圣释迦牟尼所创，只要能取得其经本，也还是可以彻底了解其理论体系和表达样式，研习若有收获，理解就不会有障碍。

1.2.6　有的佛门同道凡事顽固坚持以本土为中心，不去克服困难直接研究原典。可还是有些佛门同道迎难而上，再难也一定研究原典，更何况相对容易的梵文。还有的佛门同道内心执人我之相，耻于向他人学习，只可惜让世之稀有的佛法长期远离中土！沉思默想之，我真是痛哭流涕。

1.2.7　早期来中土译经的外僧中有竺法兰，于东汉明帝时来朝，三国时又有外僧康僧会到吴都。远行西域甚至印度求法的中土僧人，最早有曹魏时代

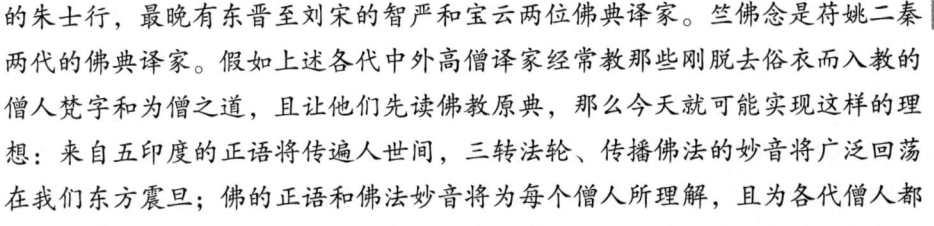

的朱士行，最晚有东晋至刘宋的智严和宝云两位佛典译家。竺佛念是符姚二秦两代的佛典译家。假如上述各代中外高僧译家经常教那些刚脱去俗衣而入教的僧人梵字和为僧之道，且让他们先读佛教原典，那么今天就可能实现这样的理想：来自五印度的正语将传遍人世间，三转法轮、传播佛法的妙音将广泛回荡在我们东方震旦；佛的正语和佛法妙音将为每个僧人所理解，且为各代僧人都明白，解除了翻译的辛劳，避免失足落入迷惑之网。这样，其舌根作为六根之一，为知味发言之根本则永远清净，而其内心也就如明镜般越发明朗，这闻思二慧的依托将永成其佛性。

第3分　道安的正文"十条"

1.2.8　道安法师的论述大开佛法玄妙之门，其中的曲折详细或有不尽之处。他还凭借正文法，更加光大了佛陀遗留的圣迹。摘其要者大致而论，则我以为正文法有十条：第一字声，第二句韵，第三问答，第四名义，第五经论，第六歌颂，第七咒功，第八品题，第九专业，第十异本，分门别类，加以陈述，其细节如其鸿文。

第3部　中土佛经翻译史论带翻译标准原则

1.3.1　道安法师又说，前人如东汉桓帝建和元年（147 年）至洛阳的安世高，又如桓帝末年（167 年）至洛阳的支娄迦谶，翻译佛经确实符合原本，后世难以赓续；三国吴支谦和西晋西域僧人无罗叉译经，译文雕巧删改。我以为，符合原本译文表达才质朴，译文雕巧删节为追求文采。以前认为雕巧删改过分的，今天看来不一定确切。

1.3.2　借此机会再来讨论早期译经的情况。佛门先觉诸贤久负盛名，位跻佛教圣人之列，起智慧之用，发起了深厚的道功，走上了真理之路，早已进入佛教的高境界，多亏了他们巧说法义的辩才，译文义理总体而言正确而符合原典。但当时佛教毕竟是震旦初传，此间懂得原典语言的人很少，即便有懂行的人用中土语言翻译原典，恐怕依然有难以完全阐明佛法真义之处。可是，我佛门后继者并不放弃，继承前贤之佛经宣译事业。随着佛教梵文经书越来越多、愈来愈广泛地传入中土，佛教真正的宗旨逐渐阐发明确，后继者宣译出来的佛经我以为总体而言清楚明了。

1.3.3　我姑且依靠今天的见解，妄评中土古时佛经翻译。汉和以曹魏为代表的三国虽说是佛经翻译之肇始，但鄙人还是不揣冒昧，在数百年之后的今天还是要把这两代联系起来探讨，议论其得失。这两代的佛经译文有的过繁，则佛理表达冗赘，有的过简，则佛理表达有亏；译文时而太质朴，因此体例有偏颇，时而太华丽，体例因此又不一定。

1.3.4　后来两晋与刘宋崇尚玄谈，怎么也败坏了佛典翻译的纯正之质！前后秦和五凉之间佛经翻译注重译者的文才，尤其依从原文的本质。此间不时有高僧大德、各宗大经指导传译依循正道。

1.3.5　从此以后，前代传译的旧典成法后世相沿承袭，译者不同却众口一词、译文雷同，书面上也都按老规矩成文，谁也不问是非，不寻根探究事情的真相。梵音"僧鬘"不过对面之物的意思，偏译成"华鬘"（其意为身首饰物的花串），"安禅"本来是合掌的梵称，都译成"禅定"，诸如此类的陈规陋译确实很多。菩提留支，北印度人，北魏永平元年（508）来到洛阳，他翻译佛经在原意的基础上加入了些许自己的见解。真谛，西印度人，梁武帝太清二年（548）八月到建业翻译佛典，其翻译大多反映佛教某派学说特定时代、特定人物的思想。

1.3.6　佛经传译若仅让译场梵僧译主独自裁定译文，那原文精深微妙的言辞在译文中表达得还是不甚充分，让本土笔受参与译文的裁决，译文又必定混杂多余的言辞。我的看法是佛典传译宁要本真而更接近佛法之理，不要华巧而违背佛法之源。倘若见到纯正本真的佛经译文，不要怀疑，也不要抱怨。

第二篇　佛典译者论

第1部　原本佛典形成论

2.1.1　昔日佛弟子满怀敬仰面对佛陀，聆听他亲口讲经说法，但各自看到和听到的都不一样。于是他们各执己见、争论不休，反而迷惑不定，这预示了《涅槃经》的意义。佛教派别兴起，各执己见，居然有派别这样毫无根据地记载"文殊经"，说什么即便二边（断常有无、有边无边）之义，佛陀也认可。但实际上这两个极端就是一介比丘也绝对不允许落在任何一边。

2.1.2　佛陀过早涅槃，不再亲自传法。此后不久，五百比丘在当年雨季利用三个月的安居时间结集，把已变得紊乱失序和零星不完整的佛陀先后说法加以整理补齐，然后系统结集成经；他们找出了教内错误的根源，避免把"不解生灭法"背诵成"不见水鹄鹤"那样的诵经错误，杜绝这类似顷刻间对佛说法的歪曲，制止了佛教法门因释迦离世可能随之减少的危险。

第2部　佛典翻译的困难、目的和要求论

2.2.1　佛亲自传法离今有一千多年之遥，当今人心虚伪，而佛陀辩才无碍、诲人不倦、毫无保留、口若悬河的讲经说法已没有了。那今天我中土学佛者想领会大道怎么可能呢？而且儒家经典在今天也变得有错误，今日之人用今语传达同样的意思今语都有差别。更何况我们与释迦具凡圣之别，印度和中土又有东西地理的差异。所以我们在中土宣译佛经困难重重、难以言表。

2.2.2 要克服上述困难，宣译者必须认真负责、反复校对、一字一句也不能马虎。这样辛劳一年之后译作还算可观，但一天的收获又太少。为了觉悟而广传佛法，宣译佛典只有夜以继日地辛勤劳动才对成就佛教事业有所裨益。

2.2.3 宣译佛经的内容不能凭空添枝加叶，不允许改变原经，因为佛理的保存靠的是阿罗汉和其他佛门先贤当初结集的记录。我常为鉴定佛典翻译发愁，总让内行明眼人感到惭愧。要把佛理完全宣译出来，佛典传译僧人要具备以下八个条件。

第3部　佛典译者条件论

2.3.1 第一，僧人佛典译者要诚心爱佛法，心甘情愿以法助人，不要怕经久费时。第二，要成佛必先从严守佛门戒律起步，不染世俗八风和违教的恶行恶念。第三，佛教经律论三藏的经义理解要透彻，大小乘的道理要贯通，不要为不通经文教理和学无长进所困。第四，要广泛涉猎佛教以外的中土文化、历史典籍，善于汉文辞章，不要腹中少文，下笔过于鲁钝。第五，做人要宽仁平和，虚怀若谷，通达圆活，不专断偏执。

2.3.2 第六，要埋头钻研并掌握翻译佛典所需的内外方法技术，淡于名利，不要自以为是、高调炫耀。第七，要通梵语且善于正确翻译，不要让与梵语相关的学问落后。第八，大致要了解《仓颉篇》《尔雅》这类汉语汉字工具书，基本能识别汉字篆隶这类古体，不要连本土语言文字都不通。具备这八个条件，这才算合格的传译僧人。

第4部　佛典译者生成论

2.4.1 人之身口意三业必定在不断增长，业力如风势不可挡，一定促成宣译人才。要是反复在周围考察，还是可能遇见学有所成的具有上述八个条件的传译人才。只要先收用少数几个，后来还会遇到更多优秀人才。虽说我们现在不敢与过去相比，但将来一定人才济济，继往开来。

2.4.2 佛法之桥没断，还在渡人已不必多说。比如，沙门白延和康僧铠等外来僧人不曾在曹魏时代于中土翻译佛经，弘扬佛法，成就非凡。之后各朝岂止晋朝有竺法护和法显等中外僧人宣译弘法，功载千秋。

第三篇　学佛译典者通梵语论

第1部　某人发表意见后提问

3.1.1 有人提问说："佛陀当年说法，胎生、卵生、湿生、化生，这四众生都能理解，佛陀普遍地赐福于众生，广泛地感化蒙昧、开悟迷惘。

3.1.2 "至于中土佛典翻译，始于东汉明帝时的洛阳白马寺，众信徒都依从洛阳的佛经传译之言；三国吴主孙权在赤乌年为外僧在吴都建业建立江南

有史以来第一座佛寺，大家又信奉在建业的佛典宣译之语。这两代的佛经传译都不曾过分音译，方才符合佛法的宗旨。

3.1.3 "众信徒必善于精读译本，按图索骥以探佛教之究竟，可他们每逢佛经译本即遵从，无论真伪，笃信无疑。于是，那时的译本就这样原封不动地流传到今天，世代颂扬和恭敬地遵从。当初宣译确实取决于坚定的信仰，与四无碍智无涉，可一定要佛典译本保留梵音，这怎么透彻了解佛法呢？"

第2部　彦琮回答：学佛译典者通梵语的道理

3.2.1 我回答说："嘴上空谈而没有实际经历，会为别人博学多识而在一旁感到惭愧；学佛而没有道友就会心服口服地自责孤陋寡闻。一个人顽固坚持自己狭隘的见解，看问题就有局限性和不全面。抽象概念与具体的现象分离，道理就更加难以完全理解透彻。

3.2.2 "当初佛亲自说法，以其神通力暗中支持、帮助和指导着其弟子；（佛不在）读梵本大乘佛经，特别有利于上根者契合佛法。而今天我辈佛门中人地处中土已不是佛陀当年常居住和说法的王舍城，讲经说法者亦非佛陀本身，今日中土信众即使有所解脱，也难以领会禅定和智慧。但原本佛经若本来音意圆满，应有正信之心与之契合，那么在此间假如可以直接读梵典领略佛陀以梵语的说法，何必需要翻译。

3.2.3 "但假如宣译僧人的佛法之根本有亏，翻译佛典怎么能真实完美，而译本同样有缺失，与佛法就有出入。然而，只要牢固佛法之根本和奉行佛陀的教诲，就可解释疑难和判别佛的真义。传译僧人只要保持意向专一，无散乱之心，十例也可明白；否则宣译僧人确实不敢凭实情来判定佛之真义。

3.2.4 "至于中土俗人终生持忠孝之道，齐家治国，光宗耀祖，能宣讲儒家圣德才能弘扬其圣道。况且，居士善劝人发愿求取无上菩提心者有维摩诘，虔心向佛者还有善生。故而僧人岂止剪发剃须、决然背离俗世之教养和规范，岂止身披袈裟、手持钵盂，顿然改变世俗的仪容，岂止徒然享有僧之名号，还必须周详地向他人讲解佛法之理。

3.2.5 "我们中土僧人学习古时流传下来的梵本佛经，岂能容忍非佛法的因素。尊佛陀为教主，怎会羞于探讨佛字之源，奉释迦牟尼为教宗，弘扬佛法，怎会耻于探索佛祖话语的旨趣。若如此，懂得佛经也是徒劳，内心对之不起敬仰之情，倘若见到天竺僧人反而生起轻视和傲慢之心，如此本末倒置，真可笑啊！在这像法时代将要终结之时，这样本末倒置的现象更不会停止。这样来做佛弟子，真可悲啊！"

四、《辩正论》的其他译本

关于《辩正论》，在笔者的今译和英译本（黄小芃，2014：419－444）之前，已有三个译本，一是赵振铎（1999：330－356）的今译文，二是两位香港学者余丹和张佩瑶合译的英文全译本（Yue & Cheung，2006：136－143），另外还有傅惠生的零星"译释"（傅惠生，2011：19－23）。

要译好《辩正论》，要明确该论文是汉文佛典，文体属于骈文。在语体上，以纯粹的汉语文言形式，运用典型的汉语文言句式，将汉语固有词汇混之于外来之梵文佛教专门词汇中。论文的语体和文体都表明《辩正论》的语言风格是以汉语文言为基础的、佛教混合汉语的风格。对《辩正论》的性质、语体、文体没有明确的认识，对中国佛经翻译史没有相当的了解，缺乏文言常识和训诂的训练，对相关的佛教专业知识没有相当的了解，都译不好《辩正论》。关于其他译本的翻译问题请读者细读我的专著相关部分以参其详。（黄小芃，2014：269－376）

本节结论

要正确解读和翻译彦琮这篇翻译论，必须对该文的性质、文体、语体、语言风格要有正确的认识，对中国佛经翻译史要相当地了解，要有文言常识和训诂的训练，对相关的佛教专业知识也要有正确的理解，否则就会产生误读和误译。

第三节　《辩正论》的翻译理论内容与结构

讲究结构并非当代西方结构主义者的专利，中国古人作文讲究文章结构由来已久，但古代几乎无人研究《辩正论》的篇章结构。东晋高僧道安（312—385）治学严谨，学佛成就斐然，曾用科判的方法把佛经的内容分成章段、标列清楚，这样容易抓住中心环节，再用"析疑""甄解"的方法，对每个名词或每种句式加以分析推详，自然就"文理会通，经义克明"。（中国佛教协会，1982：24）笔者在此也主要运用类似于道安科判的方法，把《辩正论》划成篇、部、分和段，标列清楚，以便进一步研究。

《辩正论》根据其理论内容，全文应该分为三篇，篇下分部，有的部又划成若干分，然后才分段，段以内由若干句子组成。《辩正论》全文摘自《大正

藏》，标点和分段参照《大正藏》的句读，以及罗新璋（1984：44-47）、罗新璋、陈应年（2009：60-63）、石俊、楼宇烈、方立天等（1991：300-303）、严可均（1999：386-389）、赵振铎（1999：330-354）、朱志瑜、朱晓龙（2006：95-102）、道宣（2014：53-57）的分段和标点，再根据自己的研究确定。

一、第一篇　论翻译原则

本篇论述了中土佛经外译汉的三大原则，一是道安的"五失本三不易"原则，二是彦琮提出的辨胡梵原则、通梵语原则和道安的正文"十条"，三是中土佛经翻译史论带翻译标准原则。本篇一开头就推出前贤道安的翻译原则和理论，其意图是要告诉读者，道安的译论既启发了其自身后续的理论又是作者理论的根基。

（一）第1部　道安的"五失本三不易"原则

本部中，作者直接转述前贤释道安提出的"五失本三不易"佛教翻译原则并加以肯定评价。

1.1.1 段：五失本
本段理论内容和性质，见本书第二章第六节。

1.1.2 段：三不易
本段理论内容和性质，也请见本书第二章第六节。

1.1.3 段：肯定评价道安的成就
本段以赞扬道安的成就结束第1部并向下一部过渡。

（二）第2部　辨胡梵原则、通梵语原则和道安的正文"十条"

第1分　辨胡梵原则

1.2.1 段：道安不甚辨胡梵
委婉指出道安不甚辨胡梵。

1.2.2 段：中土佛教界不辨胡梵和琮能辨胡梵
陈述了中土佛教界不辨胡梵和琮能辨胡梵。

1.2.3 段：胡梵莫辩的历史原因
译经者能分清胡梵，其一是为了辨清佛教真正的起源，其二是为了下面第2分的中土学佛译典者必须通梵语原则作铺垫。

第 2 分　通梵语原则

1.2.4 段：学习来自印度的佛教是僧人的本分

承接上分的思路，分清胡梵后，说明学习来自印度的佛教是中土僧人的本分。

1.2.5 段：既然汉学靠汉典能学好那么佛教靠佛典能学好

说明中土之人学中土之道都从汉字和本土经典开始，虽然也很难，都能学好，而学佛只要有原典，外来佛教也能学好。

1.2.6 段：中土佛教界学佛的流弊

中土佛教界学佛的流弊就是凡事以本土为中心。

1.2.7 段：以假言推理论证中土僧人通梵语的原则

以谈理想的形式（假言推理）说明中土僧人通梵语的好处，间接提出中土僧人学佛须通梵语原则。彦琮在本段提出假设，也可算是理想，就是在彦琮之前的高僧大德如东汉的竺法兰、三国吴的康僧会、曹魏时代的沙门朱士行、苻氏建元中的竺佛念、东晋的宝云和南北朝的智严，假设他们既翻译佛经又教授刚入佛门的僧徒梵语文，这才"则应五天正语，充布阎浮，三转妙音，并流震旦；人人共解，省翻译之劳，代代咸明，除疑网之失。于是舌根恒净，心镜弥朗，藉此闻思，永为种性"。所以中华佛徒习原典（梵文佛经）必先通梵文。

以往的学者研究到此，都着重说释彦琮这里提出了"翻译无益论"（梁启超，2001a：187）、"废译论"或"翻译功能消亡论"（王宏印，2017：37）。看似很正确，但都不怎么强调和具体论述彦琮在提出这个废亡翻译的观点之前有个上述假设的梵语教育前提——中土传译僧人一开始不光翻译而且教授当时刚入佛门弟子梵语和梵经，然后才有可能实现上述理想。梁启超把这个重要前提的关键字词用省略号省去了。（梁启超，2001a：187）其实，彦琮的着眼点不在废亡翻译，实际上也根本废不了，历史也不容假设和虚拟，而在于阐明他的观点：学佛译典之人懂梵语文的好处和必要性，提出中土佛典翻译必须通梵语原则。

曹仕邦研究彦琮在此提出了中土僧人学佛须通梵语的原则，表明了其另外一个极端的观点，说："琮公之说，盖欲华人尽弃固有之语言文字，改从梵天书语，未免因热心宗教故，不觉言之太过也。"（曹仕邦，1990：84）仔细读原文，彦琮无非说中土僧人学佛须通梵语，哪里说了要摈弃自己的母语呢？

第 3 分　道安的正文"十条"

1.2.8 段：道安的正文"十条"

道安正文"十条"，属于佛典外汉翻译的方法。本部从行文和文脉来看，

彦琮是在转述道安的"十条"。正什么文呢，应该是根据佛经原典订正当时汉译佛经文本之法，这是一种佛典汉译的正文法。也许这个方法在当时中土佛教界佛典译场上广为人知，彦琮转载道安"十条"的原文内容明显有省略，其中的"更"是"又""再"或"复"的意思，有递进的意味，表明在这前面应该有个什么重要的观点，被省略只保留这个正文法。这段最后"广文如论"更是非常明显有省略文本细节的标志，译成现代汉语就是"其中细节如其鸿文"。笔者赞同陈福康的观点，认为"十条"不是彦琮提出的，而是转述的道安的观点。（陈福康，2000：26）

道安这正文"十条"由于被彦琮在其《辩证论》中引用，因此在后世佛教工具书里总跟随在彦琮的"八备"之后，二者都算在彦琮的名下，如五代的《义楚六帖》①（义楚，1990：163），又如北宋的《释氏要览》和南宋的《翻译名义集》。直到20世纪20年代出版的1991年影印的丁福保编《佛学大辞典》也直接引用《义楚六帖》（丁福保，1991：144），中国佛协权威杂志《法音》也是一提到隋释彦琮就是"八备十条"，1984年第6期也有苑艺、荣宽的一篇论文《释彦琮及其"八备""十条"》。佛教界从古至今在这个问题上可谓一以贯之。

笔者特别提醒读者，这句原文的"更"和"广文如论"是两个明显的原文有省略的标志，表明此两处经过了彦琮的编辑，让原文有所省略，以致整个这段放在这个位置从篇章结构而言显得不太协调。从1.2.8段现有内容来看，应该放在本篇第1部才合适。

（三）第3部　中土佛经翻译史论带翻译标准原则

本部是彦琮的中土佛经翻译史论及其翻译标准原则论，是本篇说理的高潮。

1.3.1 段：道安评价中土早期佛典翻译

道安评价中土东汉、三国和西晋的佛典翻译。彦琮正面评价中土早期佛典翻译，说符合原本译文才明朗质朴，译文雕凿精巧则为了顺从中土译文读者好文的习性。以前认为雕巧删改过分的，今天看来不一定确切。

1.3.2 段：彦琮对中土早期佛典翻译的总体评价

彦琮首先肯定中土佛门早期先觉诸贤早已进入较高学佛境界，多亏了他们巧说法义的辩才，译文义理总体而言正确并符合原典。尽管有缺点（"但佛教

---

① 也称《释氏六帖》，五代后周义楚编撰，收录佛教掌故的类书性质的工具书。

初流，方音鲜会"），还有本土语言人才缺乏造成的翻译困难（"以斯译彼，仍恐难明"），可还是翻译得清楚明白（"其所宣出，窃谓分明"），以历史和发展的观点，总体上肯定了中土当时佛经翻译的主流，着重于对早期中土佛典汉译的正面评论。

1.3.3 段：评价东汉和三国时代的佛典翻译

本段评价了中土佛典翻译肇始阶段，即汉和以曹魏为代表的三国时代的佛经译文有时过繁而佛理表达冗赘，有时过简则佛理表达有亏；汉译文时而太质朴（野），因此体例有偏颇；时而又过于华丽，体例因此又不一定。从这段开始至 1.3.5 段是分阶段的中土佛经翻译的具体评价。

1.3.4 段：评价晋至刘宋和秦凉的佛典翻译

彦琮评价了两晋到刘宋、二秦和五凉之间的佛典汉译，说这个时代佛教界的风气崇尚玄谈，破坏了佛典翻译的纯正朴实。

1.3.5 段：评价南北朝及其两位译家的佛典翻译

彦琮在本段说南北朝佛典翻译的旧典成法流弊甚广。他还特别指出了南北朝时菩提留支和真谛佛典翻译的缺点，认为前者加入了些许自己的见解，后者的翻译有所偏向、不全面。这一论述是为了后面第二篇第 2 部中的佛典翻译要求论开道。

1.3.6 段：总评主流佛典翻译带出佛经翻译标准原则

本段总体评价了中土古今（隋朝）主流佛典翻译之后，带出了彦琮自己的佛典翻译标准原则。本部是整个第一篇的总结和论理的高潮，而本段上接中土佛经翻译史论，总结翻译的得失，指出以往和当下佛典译场翻译制度的流弊和缺点："梵师独断"和"笔人参制"的翻译都有偏差，可以说让佛经汉译处在两难的境地。

在绝境中，彦琮最后提出自己的佛经翻译标准原则："意者宁贵朴而近理，不用巧而背源"，来脱离这个两难的处境。这个标准原则的关键字是"朴"与"理"和"巧"与"源"。"理"和"源"二者所指同一，就是佛法。佛经译本的意义，其表现风格要质朴不要巧凿，但都以"理"和"源"为准。由于秦凉以来佛经翻译有重文采的倾向，彦琮告诫大家：只要翻译纯正，不要排斥质朴的译文。迄今，各家研究到此，都注意到彦琮提出的佛经汉译的文学风格问题，就是贵朴弃巧，但似乎忽略了近理顺源的问题，"理"和"源"没有选择的余地，二者都是佛经翻译理想的最高标准。

请读者注意的是，这个佛经翻译标准是从中土翻译史论引出的，其道理只有一条，无非暗示说史上的译典先贤都遵循这个标准，但这一标准本身并没有

经过论证。

(四) 第一篇的内容和结构

第一篇的内容和结构如表 5-1 所示：

表 5-1　第一篇的内容和结构

部、分、段及其主题	字数（个）	占比（%）
第1部　道安的"五失本三不易"原则	434	19.22
1.1.1 五失本	168	7.44
1.1.2 三不易	189	8.37
1.1.3 肯定评价道安的成就	77	3.41
第2部　辨胡梵原则、通梵语原则和道安的正文"十条"	569	25.20
第1分　辨胡梵原则	176	7.79
1.2.1 道安不甚辨胡梵	38	1.68
1.2.2 中土佛教界不辨胡梵和琮能辨胡梵	78	3.45
1.2.3 胡梵莫辨的历史原因	60	2.66
第2分　通梵语原则	307	13.60
1.2.4 学习来自印度的佛教是僧人的本分	63	2.79
1.2.5 既然汉学靠汉典能学好那么佛教靠佛典也能学好	90	3.99
1.2.6 中土佛教界学佛的流弊	48	2.13
1.2.7 以假言推理论证中土僧人通梵语的原则	106	4.69
第3分　道安的正文"十条"	86	3.81
1.2.8 道安的正文"十条"	86	3.81
第3部　中土翻译史论带翻译标准原则	375	16.61
1.3.1 道安评价中土早期佛典翻译	57	2.52
1.3.2 彦琮对中土早期佛典翻译的总体评价	91	4.03
1.3.3 评价东汉和三国时代的佛典翻译	45	1.99
1.3.4 评价晋至刘宋和秦凉的佛典翻译	44	1.95
1.3.5 评价南北朝及其两位译家的佛典翻译	89	3.94
1.3.6 总评主流佛典翻译带出佛经翻译标准原则	49	2.17
小计	1378	61.03

从表 5-1 可以看到本篇第 2 部辨胡梵原则、通梵语原则和道安的正文"十条",部之下还有 3 分的区划,分之下再划段,理论结构比其他两部更复杂。

二、第二篇　佛典译者论

本篇是一套系统的佛典译者理论,或称之为"八备学说"。这是彦琮这篇翻译论中最重要的理论之一。"八备学说"是整个《辩正论》的第二篇,是前文理论逻辑线索的延伸。上文第一篇是中土佛经翻译原则,遵循这样的原则要靠合格的佛典译者,所以本篇专论佛典译者。本篇与上文之间,及本篇四部相互之间还有起承转合的照应和支撑。

本篇说理按照以下理路:原作(ST)是译者(translator)的工作对象,没有对象就不能制作译作(TT),所以本篇先论述译者所必然依据的工作对象(原典)。依据对象进行翻译的是人,人做事都有目的,所以接着明确佛典译者的工作目的("开大明而布范")。之后提出译者应遵守的操作技术要求——译经三大要求。然后才详细和具体地列举译者应该具备的八个"学术"条件。最后论述的是译者生成的动力。所以,本篇理论以译者为论述中心,是具有非常严密逻辑的佛典译者理论,并非只有干瘪而孤立的、板着面孔规范而无实际描述的八条("八备"),堪称我们今天翻译学译者理论的楷模。

(一)第 1 部　原本佛典形成论

本部是译者理论之缘起(起),论述佛典译者工作对象即佛典的形成,这是中土需要汉译佛典的根本原因和依据。本部为下面论述学佛和译经之难的观点埋下伏笔。

2.1.1 段:佛陀说法众弟子领会有差别致部派纷争

本段简述了印度原始佛教和后来部派佛教产生发展的因由。因众弟子领会佛陀说法有差别导致部派纷争,佛教由此出现各宗派。

2.1.2 段:佛典形成的缘由和历史

本段阐述佛教形成经文和原本佛经产生的过程。简单地说,佛经乃佛法的一部分和形式,是佛亲口说法的记录,后世无论口诵还是书写都不能违背佛法,产生佛经的目的就是更好更长久地弘扬佛法。

（二）第 2 部　佛典翻译的困难、目的和要求论

2.2.1 段：作者所处时代中土学佛之难

本段先论述了作者所处时代和环境下学佛和译经之难之辛苦，这明显与上面道安的三不易论相呼应，相互说明。

2.2.2 段：克服译典困难的方法和学佛译典之目的

本段明确指出了克服佛经翻译困难的唯一方法，就是精进努力，顺势提出了佛典译者翻译之目的——"开大明而布范"，这个信仰的目的和佛经翻译的目的一致，再大再多的困难也要克服。

2.2.3 段：佛典翻译的技术要求

本段提出佛经翻译的技术要求"宣译之业，未可加也"，即对翻译的内容不可添枝加叶，上述菩提留支翻译时就加了，不好；"经不容易"，即不允许改变原来的经义和"兼而取之"，就是要把佛理完全宣译出来。如上述真谛的翻译着重汉译某流派特定时代和代表人物的学说，义理也有偏差，不全面。这与上述对留支翻译的评价相呼应。

这佛经翻译三大要求"未可加也""经不容易"和"兼而取之"，承接上文佛典翻译标准原则，是历代研究者都忽略的部分。此处佛经翻译的三大要求与上面彦琮提出的近理顺源的佛经翻译标准一致，可以说是这个佛典翻译标准原则在操作和技术层面的具体化。本段提出的对佛典译者汉译的技术要求承接上文佛典翻译标准（承）。

佛经翻译三大要求提出的原因在于经中的佛理靠的是当年五百大阿罗汉结集（"理藉名贤"）。最早佛在世之时，佛教并无成文经典，全靠口耳相传。佛说教法结集成经，经历了佛入灭后的四次集结，前后有五百年以上的岁月，才实现了从口语佛经到书面佛经的历史性转折。（陈士强，2000：14 - 25）彦琮这里只用四个字"理藉名贤"叙述这个原因，显然是极其简略、高度概括的说法，古汉语之简洁凝练可见一斑。

（三）第 3 部　佛典译者条件论

本部从正反两方面展开，论述了佛典译者应具备的八个条件——"八备"，这是转而立论（转）。本部承接上面佛典翻译标准和要求的论述后推出佛经译者应该具备的条件。从"备一"到"备八"，每一备从前正后反两个方面立论，前八个字告诫要什么，后四个字申告不要什么，前者为主为肯定为前提，后者为辅为否定为推论，前后文气连贯，论述同一件事。用现代汉语来表

述就是"八备"的每一条（备）都是"八要八不要"的格局。

2.3.1 段：译者的品德和学问条件（学）

本段论述佛经译者的学行条件，含"备一"至"备五"。"备一"是对宣译佛典的僧人在佛教浅层思想行为上的要求。"备二"要求宣译僧人严守佛门戒律，这是教内相对深层次的思想行为要求。这第一和第二条一浅一深形成意义对偶。"备三"要求宣译僧人通内学。"备四"要求他们通外学。这第三和第四条一内一外又形成意义的对偶。第五要求宣译僧人必须遵守做人的基本道德规范。这第一到第五条可以用一个"学"字来高度概括，当然，这个"学"包含了学识和学行，包含了学术和道德的要求。

2.3.2 段：译者应具备的技术条件（术）

本段论述佛经译者的技术或方法条件，从"备六"至"备八"。这三条是整个"八备"最后三条，可以用一个"术"字来总体概括。此处"术"指方法、技术和技艺。

"备六"是学佛之人理应要通世出世间的所有方法技术，是个总体和理想的要求。"备七"是对彼方外国语言文字和翻译术的要求。"备八"是对此土语言文字术的要求。这两条又是彼此意义偶对。

所以，本部的佛典译者条件论"八备"的结构十分严谨，不容挪动半分。"八备"的八个条件以"学""术"两个概念提纲挈领，不仅逻辑结构严丝合缝，在意义上也兼具深浅内外多个维度且彼此互相说明，其中还有起承转合的节奏和衔接，不乏美学效果，也很有说服力。

（四）第 4 部　佛典译者生成论

本部是第二篇最后一部，以佛教业力说为中土佛典译者生成论的收尾和总结，提出业力是决定产生传译人才的根本力量，并佐证以中土传译人才的历史实际情况。本部是整个"八备"学说的结论和合拢（合）。

2.4.1 段：业力是佛典译者生成的动力

本段只说在业力作用下该来的宣译人才必定要来。佛教业力说总是和因果报应和轮回说联系在一起。关于有情流转的业力说是佛教基本学说之一，因此彦琮寥寥几笔带过。印顺法师说，凡有情之身、口、意的活动都在造业。凡有情都被业的力量所左右而受果报，这是三世业感说。（印顺，1998：49-56）佛典译者生成论以佛教业力学说为主要内容，这是纯粹的佛教理论。

2.4.2 段：曹魏和两晋等朝佛典译者产生的例子

本段含蓄指出本土虽然一开始没有译者，但业力也推动他们从外国来此。

曹魏时只有白延和康僧铠等外来僧人翻译佛经，西晋有月支侨民竺法护翻译佛经，而到东晋时就有本土汉人法显开始翻译佛经，功载千秋。至此，佛典译者理论以业力说收尾。

本篇含上述四部，每部一个子理论，构成整个佛典译者理论。

（五）第二篇的内容和结构

第二篇的内容和结构如表 5-2 所示：

表 5-2　第二篇的内容和结构

部、段主题	字数（个）	占比（%）
第 1 部　原本佛典形成论	113	5.00
2.1.1 佛陀说法众弟子领会有差别致部派纷争	67	2.97
2.1.2 佛典形成的缘由和历史	46	2.04
第 2 部　佛典翻译的困难、目的和要求论	149	6.60
2.2.1 作者所处时代中土学佛之难	70	3.10
2.2.2 克服译典困难的方法和学佛译典之目的	42	1.86
2.2.3 佛典翻译的技术要求	37	1.64
第 3 部　佛典译者条件论	154	6.82
2.3.1 译者的品德和学问条件（学）	89	3.94
2.3.2 译者应具备的技术条件（术）	65	2.88
第 4 部　佛典译者生成论	77	3.41
2.4.1 业力是佛典译者生成的动力	43	1.90
2.4.2 曹魏和两晋等朝佛典译者产生的例子	34	1.51
小计	493	21.83

从表 5-2 可以看到，本篇的佛经译者理论相当严密，分为四部，推理步步为营。

三、第三篇　学佛译典者通梵语论

本篇是《辩正论》现存整个文本的实际结尾篇。作者在本篇用一问一答的方式，对论文第一篇 1.2.7 段和第二篇 2.3.2 段已出现过的学佛和译典者通梵语的观点进行了更详细的论述，这又对应了道宣传文中"此土群师，皆宗鸟迹，至于音字训诂，罕得相符"的问题。

(一) 第1部 某人发表意见后提问

有人在本部末提问之前先阐述了自己的观点，说了三层意思，说的这一席话不算长篇大论，但言之有物。他从佛陀传教开始叙述，然后说佛教在东汉和三国初传到中土时佛经翻译的情形。此人面对当时国立翻译馆的学士、佛经翻译的中央领导侃侃而谈，且提出了大领导值得回答的问题。可见此人定非当时佛教界的等闲之辈。

3.1.1 段：佛亲自说法让众生都理解而开悟

佛陀在世说法，众生（无论人或其他生物）都能理解而开悟，不存在翻译问题。佛陀当年说法，胎生、卵生、湿生、化生四众生都能理解。

3.1.2 段：东汉和三国的佛典翻译并不过分音译

佛教传入中国后，佛教东汉传到中土，必需翻译，中心在洛阳，三国时翻译中心在吴建业，这两代宣译佛经不过分强求音译，这才符合佛法的宗旨（"未应强移此韵，始符极旨"），信徒都虔信无疑。这说明佛典音译是中国佛典翻译史一开始就存在的大问题。

3.1.3 段：佛经翻译总有音译何以通佛理

其实，东汉和三国的佛典翻译并没有达到四无碍智（"四辩"）的水平。最后提出问题：佛典译本必定多少保留了梵音，这样读者怎能透彻地了解佛法呢（"必令存梵，讵是通方"）？

他说的这个"四辩"当然是难以达到的、非常高的理想标准。前面彦琮提出的翻译标准无非"意者宁贵朴而近理，不用巧而背源"（近理不背源），道安也曾为后世佛经译者与当年的阿罗汉相比的凡圣之别而叹息。

四辩就是四无碍智，这四无碍智指佛、菩萨、圣众等所具有的四种自在无碍辩，乃大小乘之通目，用来显示佛、菩萨、圣众等所具有的无碍自在说法教化的德用。小乘经《大毗婆沙论》卷一八〇、《舍利弗阿毗昙论》卷九、《阿毗达摩品类足论》卷五等就此义有所广说。大乘经典如新译《华严经》卷三十八、《大方广大集经》卷五、南本《涅槃经》卷十五等就此有详细的解说，《法界次第》卷下也有略说。这些大小乘经都说，凡夫没有四无碍智。又按照道安上述三不易的观点，当时佛经翻译要达到四无碍当然只能是理想。

另外，从此提问者的观点可以看出，佛经翻译属于佛教说法教化的德用范围，与第二篇第2部提到的佛经翻译之目的相呼应。由此可见，佛经翻译的标准与佛教说法教化的标准一致，尽管彦琮没这样说，但他通过该提问者之口说出来了。这样我们可以理解为什么彦琮在第二篇第2部（2.2.3段）说"常思

品藻，终惭水镜"。

（二）第 2 部　彦琮回答：学佛译典者通梵语的道理

本篇是彦琮对上述提问的回答，层层阐述自己的观点，有五层意思。

3.2.1 段：学佛要明白的通理

学佛和其他学问的学习一样要眼界开阔，广结道友，事理不二，名实合一。

3.2.2 段：学佛三等级状态

本段是对上一段意思的进一步阐述，彦琮用学佛三等级状态说明。学佛若佛在，当然理所从佛，这时的佛法当然是名副其实的名实合一的第一等级理想状态。

第二等级状态是佛不在时遵从梵文大乘佛经，言下之意这就需要学梵语。此时已存在名实分离的情况。学者特别需要有利根，佛典应是大乘梵典。

第三等级状态是作者所在之中土，学佛大多读译典，然而与原典相比，学佛者更应直接读原典，那就应懂梵语。

彦琮提出的学佛三等级状态，实为论述佛陀、梵文原经和中土译经三者的关系，佛陀是标准，后两者距离这个标准是疏远和再疏远的状态，佛陀已不在了，而学佛者为了离佛陀相对接近一些，还是要学梵语读梵经。除了在第一等级状态，都必须懂梵语。

如用翻译学的道理来讲并不复杂，目标语（TL）文化所在的人（包括译者）要了解源语（SL）文化必读源语原版著作，那就必须懂源语，因为源语原版著作与译作相比毕竟更接近源语文化，这充分说明懂源语的重要性。

3.2.3 段：中土宣译僧人要牢固佛法之根本

佛法之根本在梵文原典而宣译无法落实佛的真意，那如何牢固佛法之本？第二层意思都说了，还是要通梵语读原典。

3.2.4 段：僧人更应该能宣佛理才能弘法

俗人持忠孝之道只有能宣讲（儒）圣德才能弘扬（儒）圣道，而僧人行佛教之道更要向他人详解佛法之理。而在中土，佛理来自读梵文佛经。

3.2.5 段：僧人学佛弘法离不开佛言故须懂梵文

本段从反面说明僧人懂梵语的重要性。

（三）第三篇的内容和结构

第三篇的内容和结构如表 5-3 所示：

表 5-3　第三篇的内容和结构

部、段主题	字数（个）	占比（%）
第 1 部：某人发表意见后提问	101	4.47
3.1.1 佛亲自说法让众生都理解而开悟	21	0.93
3.1.2 东汉和三国的佛典翻译并不过分音译	35	1.55
3.1.3 佛经翻译总有音译何以通佛理	45	1.99
第 2 部　彦琮回答：学佛译典者通梵语的道理	283	12.53
3.2.1 学佛要明白的通理	39	1.73
3.2.2 学佛三等级状态	58	2.57
3.2.3 中土宣译僧人要牢固佛法之根本	45	1.99
3.2.4 僧人更应该能宣佛理才能弘法	64	2.83
3.2.5 僧人学佛弘法离不开佛言故须懂梵文	77	3.41
小计	384	17.01

从表 5-3 可以看到，本篇的说理也是层层推进，扎实进行。

四、《辩正论》全文的内容和结构

《辩正论》全文的内容和结构如表 5-4 所示：

表 5-4　《辩正论》全文的内容和结构

篇、部及其主题	字数（个）	占比（%）
辩正论	3	0.13
第一篇　论翻译原则		
第 1 部　道安的"五失本三不易"原则	434	19.22
第 2 部　辨胡梵原则、通梵语原则和道安的正文"十条"	569	25.20
第 3 部　中土佛经翻译史论带翻译标准原则	375	16.61
小计	1378	61.03
第二篇　佛典译者论		
第 1 部　原本佛典形成论	113	5.00
第 2 部　佛典翻译的困难、目的和要求论	149	6.60
第 3 部　佛典译者条件论	154	6.82

篇、部及其主题		字数（个）	占比（%）
第4部　佛典译者生成论		77	3.41
	小计	493	21.83
第三篇　学佛译典者通梵语论			
第1部　某人发表意见后提问		101	4.47
第2部　彦琮回答：学佛译典者通梵语的道理		283	12.53
	小计	384	17.01
原文带句读总共		2258	100.00

从表5-4可以看到，这篇翻译论恰如道宣所说是彦琮在"以垂翻译之式"，即在论述和确立中土佛典翻译原则，第一篇翻译原则论占了全篇字数的61%以上，原则是译者应遵循的原则，第二篇是译者论，第三篇是译者通梵语论，全文都是译者理论。

赵振铎把《辩正论》分成15段（赵振铎，1999：330-354），从这样的分段、其注释和其开头的编者按可看出，仅从文学角度研究，彦琮这篇翻译论的文脉和其作为古代翻译论高峰之作的庐山真面目依然云雾缭绕。有学者分析了赵振铎收录《辩正论》的"误译、误释"（高查清，2016：115）。

五、《辩正论》的翻译理论特点

任何系统理论或学说存在的先决条件是必须论之有物，即有实在的理论内容。

（一）理论内容和构成

《辩正论》作为翻译论由三篇理论构成：第一篇的佛典翻译原则论（含前贤道安的翻译原则及其"十条"正文法，彦琮的辨胡梵、通梵语原则和中土译经史论、佛经翻译标准论原则）、第二篇的佛典译者理论［包含佛典原本形成论、佛典翻译目的论、佛典翻译要求论、佛典译者条件论（"八备"）和佛典译者生成论等理论］、第三篇的中土学佛者通梵语论三大理论。所以，《辩正论》是篇实在的翻译理论文章。

（二）理论的系统性

1. 各组成部分之间的联系

《辩正论》各个理论之间具有相互支撑的逻辑关系。简单来说，论文先论证佛典翻译原则，而原则都要由佛典译者去执行、掌握和实现，所以论文的第二大理论是佛典译者理论，第三大理论是对第一和第二大理论当中已经出现的佛典译者必通梵语观点的进一步论述。而各个理论内部也有紧密的联系。

2. 三大理论内部的联系

《辩正论》的第一大理论——佛典翻译原则论的内部，道安的"五失本"是佛典翻译客体论，即只针对译作的五个规定性原则；"三不易"是主体论，暗含的潜台词是译者主体面对三个佛典翻译的困难，自己应该怎样做才能克服。彦琮的佛典翻译标准论"宁贵朴而近理，不用巧而背源"表面上针对翻译客体，即译典的意义一定要崇尚质朴而更接近佛理，绝不要华巧而违背佛法之源，实际上是在道安理论基础上的主客体合论。

第二大理论——佛典译者理论当中，作者彦琮先论述译者的工作对象（佛典原本形成论），再论述佛典译者的翻译目的，接着阐述佛典翻译的具体要求；之后列举佛典传译者应该具备的八个"学术"条件（著名的"八备"），前五条属于"学"条件（学识和学行），后三条为"术"（技术）条件，前后不可颠倒，顺序不能打乱，前后逻辑关系紧密；最后彦琮阐述中土佛典译者的生成论。这五个理论前后如珍珠般排列，并由佛典译者这根金线穿在一起。佛家理论说理之严密，构思之精巧由此可见一斑。"八备"也属于佛典译者主体性论，是对道安"三不易"的回应和发展。

第三个也是最后一个理论——中土学佛者（包含佛典译者）通梵语论，一反前面论证推导夹杂评价历史的方式，以一问一答为主线，从五个方面再论证学佛者（当然包括译典者）应通梵语直到无可辩驳为止，然后论文煞尾。

这五个方面的联系是首举事理合一之理，次论学佛三等级说，其中佛在随佛为佛法事理合一的最佳状态，次佳状态是读梵本大乘佛经，第三等状态是读汉译佛经，其中第二和第三等状态都需要中土僧人通梵语，之后阐述牢固佛法之本和守"一向"对翻译佛典的好处，再后树立教外教内一丝不苟弘法的榜样（通梵语才能相对更准确地弘法），最后强调要学好佛经必先通晓梵语。

《辩正论》的严密体系还在于有理论传承（前承道安），不是无源之水，各大理论之间相互说明而主题明确，先后论理的顺序不能颠倒。道安的理论不可缺少，否则没有根基和延续性；彦琮的佛典翻译标准论也不可缺少，否则接

下来的佛典译者理论就缺失灵魂。最后的佛典译者通梵文论的理论重要性要低些，是对前面已出现论点的补充论述。

（三）用佛家、道家、儒家或其他理论说翻译之理

《辩正论》既用佛教理论又用道家或儒家的理论来说翻译之理。

1. 用佛教理论来说翻译之理

《辩正论》首先是佛教的翻译论，更多地利用佛教的道理来讲翻译之理。论文第一篇第1部道安"五失本三不易"翻译原则论，其中1.1.2段的"三不易"如第二章第六节所说，完全是译者佛化论，把佛典翻译的困难转化为译者成佛成阿罗汉或掌握佛法的困难，用佛教的道理在讲翻译之理。1.2.4段讲中土僧人为何学佛，也是佛教思想。1.2.7段讲学佛译典者为什么要通梵语，用了几个佛教概念在论述。1.3.2段是彦琮对中土早期佛典翻译的总体评价，都用佛教概念在阐述，说明中土佛经翻译活动完全是佛教传法的性质。翻译论第一篇的佛教概念比重不小。

第二篇第1部是原本佛经形成论，2.1.2段中的佛教思想是原典形成所依据的佛法不可违背。2.2.3段佛典翻译的技术要求也不能违背佛法。佛经翻译之目的与2.2.2段信佛之目的一致，都是自觉、觉他的大小乘佛教的精神。2.3.1段佛经译者应具备的两个首要条件与佛教信徒必备的两个条件：皈依佛法、严守戒律基本一致。2.4.1段佛经译者的产生由业力推动。所以，佛教思想也贯穿整个第二篇的翻译理论。

第三篇也有丰富的佛教思想。如3.1.1段佛为天人师的思想当然来自佛教。佛陀说法不需要翻译（"一音遥说，四生各解"），这是佛教特有的思想。3.1.2段彦琮提出了一个命题：佛典翻译达到四辩的水准。那么言下之意就是，如其命题成立，那后汉与三国的佛典翻译不会有任何问题；不成立则问题就很多。3.2.2段的学佛等级论。佛在随佛，是最理想的第一等状态；佛不在读梵本大乘佛经（通梵语），为第二等状态；读翻译佛典（通梵语），为第三等状态。与其要第三等不如在第二等状态，所以中土僧人必须通梵文。这也是佛教思想。此外，3.2.4段还论及印度佛教史和中国佛经翻译史的内容，举证以史上一些著名人物的事迹，如印度佛教两个著名居士维摩诘和善生。最后3.2.5段作者以佛法的正像末三期中的像法之末期学说为据，对一些中土僧人拒学梵语、蔑视梵僧的无理表达自己的无奈。

所以，笔者强调，《辩正论》出自高僧兼官员之手，保留在佛教大藏经中，属于汉文佛典，其理论是中土佛典翻译理论。论文用佛教理论来阐述佛典

翻译理论。研究者必须搞清其中的佛教理论，然后才能加以提取。若不厘清其中的佛教理论，试图跨越式跳上纯翻译理论的阶梯，则必定摔跟斗，跌得鼻青脸肿。总体而言，论文中所运用的佛教理论多于本土理论。

2. 用道家的概念来说翻译之理

《辩正论》第一篇第3部1.3.6提出的佛典翻译标准："宁贵朴而近理，不用巧而背源。傥见淳质，请勿嫌怪。""精通外学的彦琮在此借用道家'朴'这个概念的外壳，除了有质朴之意，而更强调的是本真的道这个概念，但彦琮的道当然不是中国道家的道而是佛法之道。"（黄小芃，2014：238）

3. 用儒家或本土古代哲学或文艺批评的概念

上述翻译标准中的"淳"本来就是质朴的意思，而"质"是孔子说的"文质彬彬"的质。孔子之说指人本有的先天素质，而此处彦琮用"质"来形容佛典译文，那译文本来有的特点应该指偏向原文的特点。"质"用来形容翻译，不光是文体的质朴、朴素，也指偏向原文的特点，而佛典的"理"和"源"指的是佛法。（黄小芃，2014：238）

《辩正论》1.3.3段彦琮对汉魏两代的佛经翻译的评价是："或繁或简，理容未适，时野时华，例颇不定。"他批评汉和三国两代佛典翻译，有时过繁，有时过简，过繁则佛理表达冗赘，过简则佛理表达有亏；译文时而过于质朴，时而过于华丽。过于质朴则体例有偏颇，过于华丽体例又不一定。他主要用了两对概念：繁简和野华，都是中国古代哲学或文艺批评常用的概念。（黄小芃，2014：233-234）

例如，"目好色，而文章致繁，妇女莫众焉"（《荀子·王霸》），"繁文滋礼以弇其质"（《淮南子·道应训》），"文以辨洁为能，不以繁缛为巧"（《文心雕龙·议对》），这三例的"繁"与彦琮用的"繁"相当。

又如，"乾以易知，坤以简能。易则易知，简则易从。……易简，而天下矣之理得矣"（《易经·系辞上传》），"或简言以达旨，或博文以该情"（《文心雕龙·征圣》），"其取事也必核以辨，其摘文也必简而深，此其大要也"（《文心雕龙·铭箴》）。由此可见，中国古代哲学和文学皆尚简。

说到"野"，"子曰：质胜文则野，文胜质则史。文质彬彬，然后君子"（《论语·雍也》）。这句话指出儒家理想的君子应有的整体素质，"质"是人的先天本质，"文"是后天文化熏陶所形成的素质，先天本质超过了后天人文素质是"野"，反过来则"史"，即文绉绉也不好，孔子认为质与文二者要适当相称才是"文质彬彬"的君子。另外，庄子曰："自吾闻子之言，一年而野，二年而从……九年而大妙。"（《庄子·寓言》）此"野"乃质朴也。"观

其结体散文，直而不野，婉转附物，怊怅切情，实五言之冠冕也。"（《文心雕龙·明诗》）此处的"野"乃粗野之意。

关于"华"（文采或华丽或形式），《文心雕龙》多处提到。如"必使繁约得正，华实相胜"（《文心雕龙·章表》），强调文章繁简适中，文采与内容相称。又如"然则圣文之雅丽，固衔华而佩实者也"（《文心雕龙·征圣》），"吐纳经范，华实相扶"（《文心雕龙·才略》），这两句说文章要有华有实、形式和内容相互促进才好。

（四）人本主义的佛典翻译理论

《辩正论》虽然多用佛理阐释译理，也利用本土学理阐释译理，但其主流是人本主义的。

1. 没有说要用佛或菩萨的神通力

《辩正论》首先推出的道安"三不易"原则和论文后面彦琮的学佛等级论，让凡人窥测到佛法名实之间相对距离拉大的情况。佛住世说法，佛法名实一致，到阿罗汉结集时代其名实开始有距离，再到中土翻译佛经的时代距离更远，而佛经译者在佛法的名实距离拉大的总趋势下，要克服缩小距离的困难。在这样的情形下，即便排除道安和彦琮自谦的成分，仍然可以看到道安和彦琮翻译原则论的可贵。而道安和彦琮作为佛门高僧完全站在佛教的立场制定佛典翻译原则，都没有要求凡夫译者在如此山穷水尽的地步借助佛或菩萨的神通力。

2. 没有"神气"也不冒"佛气"

西方早期要求《圣经》译者必须受到上帝的感召才能翻译《圣经》。（Robinson，2006：13-14；34）而道安和彦琮的翻译原则是人本主义的，没有像西方早期《圣经》译论家满脸的"神气"，更没有佛教界浑身的"佛气"。道安和彦琮从头至尾坚持佛法不可违的原则，但都没有把佛经翻译的原则神学化，依然把佛经翻译视为凡人的事业。

从整篇《辩正论》来看，它就是一篇中土佛经凡人译者的理论。第一篇翻译原则论，论述的是中土佛经凡人译者应该遵循的原则。第二篇是凡人译者理论本身，凡人译者并没有摆脱业力之风。第三篇是佛经译者通梵语论，都是针对凡人译者的要求。论文三篇理论都可纳入佛经凡人译者论。

六、《辩正论》的结构和理论缺陷

(一)《辩正论》的结构缺陷

1. 全文应该有结尾

《辩正论》最后还应该有个结尾部分(第四篇),即对整篇文章的主题和内容进行总结和回应,其结构才稳当和完整。现存文本结尾明明还在学佛译典者通梵语的论证过程中,文章却戛然而止。笔者认为,论文结尾后道宣写的"文多不载"(T2060,50.439b27)四字就是省略了论文结尾部分的证据和标志,表明道宣引用时本来有结尾部分而没有用,使论文结构有缺陷。隋彦琮学通内外,擅长为文之道,作为当时中华佛教界写作论文的高手,他应该使这篇论文有结尾才稳妥。

古人论为文之道,距隋彦琮远者有三国曹魏曹丕的《典论·论文》,再近一点有西晋陆机的《文赋》,已在讲究文章的谋篇布局,其中说:"然后选义按部,考辞就班。"(陆机:2002:60)距离隋彦琮最近的是中国古代文论的鸿篇巨制——《文心雕龙》,其作者刘勰的生活年代比隋彦琮早九十多年,刘勰写成这本中国古代文论的顶峰之作在501年前后(周振甫,1986:1),约五十多年后隋彦琮就出生了。《文心雕龙》有从不同的角度论述为文的结构条理、首尾相应的理论和方法。《文心雕龙》是中国古代文学创作的传统思想融合了印度佛学思想的产物①,对隋彦琮应该是有影响的。再从佛教思想特点而言,来自印度的纯宗教的形而上学思想比中国的要玄妙精密得多。(张东荪,1995:414)既然精密,其行文自然有讲究,佛经行文结尾部分也很有讲究。所以,彦琮的佛经翻译论结尾也不应该马虎。结尾在理论上应该有而现存文本没有,说明隋彦琮的传记作者道宣对结尾不重视而将其省略,这使今人所见到的论文结构有很大的欠缺。没有结尾,论文整体结构不完整,很遗憾,但并不影响论文表现其中心思想及其系统论述。

后文的"文多不载"四个字至少表明,唐道宣在其《续高僧传》中收入前代隋彦琮写的《辩正论》一文时,于结尾处有删节。这是省略的标志,证明收入的这篇论文的结构和内容只是大致完整。历史给今人留下了宝贵的遗产,也留有深深的遗憾。

---

① 饶宗颐先生从征圣的态度、《文心》的命名、全书的体例、带数法的运用、论修辞术、论文章的音乐性等方面,证明了《文心雕龙》与印度佛教及其文化的关系。(饶宗颐,1996:170-177)

2. 另两处文章内容省略

此外，论文还有两处明显的省略。第一处并不影响整个论文的中心思想，但说解欠详，且有点影响文章结构。第二处既说解欠详，又损害全文的结构。

（1）第一处

论文第一篇第 2 部第 3 分（1.2.8 段）粗略介绍道安正文"十条"句中的"更"字和句尾"广文如论"这两处是非常明显的文本省略的证据。

这个"广文如论"从上下文来看应是彦琮的手笔，也许说明他当时在隋朝所掌握的关于道安提出的正文"十条"资料很翔实，也许为当时佛典翻译界广为人知，这里就没有详述。到底为什么省略，要真正得到《辩正论》的彦琮原本，或者发掘到更翔实的相关史料才可以知道事情的真相。但是，该省略对《辩正论》的整个论文结构没有影响，对了解论文的中心思想也没有大碍。我们今天距离彦琮的时代又有一千五百年之遥，历经唐武宗和后周世宗的灭佛以及多少次改朝换代的社会动乱、外敌入侵。隋彦琮当年以为平常的佛典汉译的理论和方法资料，对今天的我们来说弥足珍贵。

笔者认为，《辩正论》确有删节造成了说解欠详的情况，仅两处，其一是以上 1.2.8 段转述道安正文"十条"时的"更"和"广文如论"。该段在现存《辩正论》中的位置显然不正常，根据其现存文本的内容应该放在论文第一篇第 1 部 1.1.3 段之前。在现有位置显得多余，又不能划入下面的第 3 部，确实说解欠详，且影响第 2 部的结构。

（2）第二处

第二处省略便是论文最后的"文多不载"，这既说解欠详又有损整个文章结构。论文其他部分不存在王文颜所说的删节并造成文意不连贯的地方（王文颜，1984：236－237）。

张佩瑶说，《辩正论》原文本有两处缺行（Line Missing?）（Cheung, 2006：138；139）。笔者认为从文章的线索和结构而言这两处并没有什么缺失，也如张佩瑶自己在注释中所说，声称有这样的缺失并没有真凭实据①（Cheung, 2006：136）。比如，第 138 页上她说的"Line Missing?"（Cheung, 2006：138），根据笔者的分析，这里并没有什么删节，也没有由此造成文意不连贯的地方。这个"Line Missing?"之前一段的主题是辨胡梵，之后一段的主题是学佛者要懂梵语，意思很清楚，文理连贯。又如第 139 页上的"Line

---

① 其原话是："It is virtually impossible to find empirical evidence to support such a view." (Cheung, 2006：136)

Missing?"（Cheung，2006：139），根据笔者的分析，之前是在讲学佛者懂梵语的好处，之后转述道安的翻译方法——正文"十条"，在其中如上述确有删节，造成了文意不连贯，最后通过"广文如论"彦琮明确告诉读者此处有删节。

笔者认为，凭唐道宣的才学和佛学修养（见下文道宣的生平介绍），即便他编辑了《辩正论》，对其有所删节，也不会把它删改得整体结构凌乱，使其文意不连贯，笔者上文所指出的道宣处理现存《辩正论》的开头前那两句话就是证明（黄小芃，2014：186-187）。现存《辩正论》除了上述两处结构毛病和解说不详，论文没有其他结构凌乱和文意不连贯的地方，有的只是古汉语正常的精炼表达和适当的跳跃，而通过上下文的互文可以弥补意义表达的跳跃性而无损前后理路的连贯通畅。

《辩正论》现有结构的最大缺陷是全文没有结尾，在3.2.5段论证译者通梵语的过程中戛然而止。陈士强说："《辩正论》是一部专门论述翻译规式的著作，后佚。但是，唐道宣在《续高僧传》卷二《彦琮传》中辑引了它的主要内容，于中可以窥知大旨。"（陈士强，2000：193）虽说这个缺陷从整体上而言对《辩正论》的理论体系及其内容的大旨并无大碍，但毕竟是个缺陷。有这样的缺陷，历经约一千四百年的历史沧桑，还能保持现存的面貌实属不易。

笔者根据现存文本从理论上分析认为，《辩正论》应该有正常的结尾部分。从此角度而言，收入现有大藏经《续高僧传》隋彦琮本传里面的《辩正论》结构只是大致完整，其结尾缺失是论文结构的最大遗憾。当然，笔者这里只是提出明显的文本证据和理论上的证明，而最可靠的证明是实物和考古新发现的证据，但这可遇而不可求，唯有以待来者。虽然论文有结尾缺失造成的结构缺陷，但对整篇论文中心思想的表达、论文整体结构的稳固和逻辑线索的伸展影响不大。

（二）《辩正论》的理论缺陷

《辩正论》因为被《续高僧传》的作者道宣大部引用，收入大藏经才得以流传至今，在理论上不免有缺陷。

1. 论文有论证不详和论述不明确的缺陷

《辩正论》第一篇翻译原则论的论证明显有三个缺陷。最重要的佛经汉译的标准原则"意者宁贵朴而近理，不用巧而背源"本身并没有经过论证，这是本篇第一个缺陷。

笔者认为，这其中的原因首先恐怕要从作者的身份来探讨。彦琮是高僧和朝廷的高级僧官，他这篇论文的言说对象都是当时的佛教徒。佛教徒一切以佛法为准，这一点没有必要在论文里说太多的道理。当时乃至今天佛教徒修学和弘扬佛法所凭依的四个基本原则——"四依"① 和信徒的必备条件之一——"三皈依"② 都以佛法为核心。既然佛教一切以佛法为准，佛经翻译（属于弘法的一部分）当然也以佛法为最高标准。佛住世佛法以佛为准，佛灭以佛经为准。这些准则对佛教徒而言是最基本的原则，无须多言。这就造成今天教外之人看来，论文提出的佛经翻译最高标准几乎没有论述，以致多年来学界尤其是翻译学界对此关注不多。大家都只注意到佛经汉译的译文表现风格或质或朴的问题，不关注翻译标准。笔者认为，这个缺陷仅对教外之人而言算缺陷。

彦琮为了引出自己的佛典翻译标准原则，主要用力于中土佛典翻译史论，其道理无非是说以往各代都以此为翻译的标准，而对此标准本身没有论述。

本篇的第二个缺陷就是用了第 2 部中两分共 7 段（1.2.1 至 1.2.7 段）的篇幅论证中土学佛译典者的通梵语原则，但就是没有明确提出来。结论最后落在 1.2.7 段那个假言推理的长句上，反而转移了读者的注意力。所以，古今学者几乎无人注意到这个原则。

正如上述，本篇的第三个缺陷就是最后 1.2.8 段转述道安正文"十条"也十分简略，今天无法据此了解这个方法的具体内容，明显删略过多。

2. 论文有内容服从形式的倾向

论文作者为了追求骈文体及句式对偶，有让论文内容服从其形式的倾向。比如，论文 1.2.5 段有"同鹦鹉之言，仿邯郸之步"，这两句意思一样，无非说中土小儿发蒙学习汉语汉字很难。

又如，1.2.7 段有"士行、佛念之俦，智严、宝云之末"，句式整齐，但实际上，根据朱士行、竺佛念、智严和宝云这四位僧人的现存生平资料，朱士行是西行（至西域）求法的第一位（即最早的）中土僧人，但没有翻译佛典之事迹；智严和宝云既远行西域去天竺求法又是当时中土的佛典译家，离作者彦琮的时代最近，所以原文说"之末"。朱士行、智严和宝云三位僧人才是具有大致共同特点的一组（"之俦"）。竺佛念只是苻姚二秦两代的著名优秀佛典译家，没有西行求法的经历，应单列。原作者彦琮在此为了追求对偶的文学形

---

① 四依：参见第二章第二节注释。
② 皈依：皈向、依靠、救度之义。皈依佛、皈依法、皈依僧，叫作"皈依三宝"，也叫作"三皈依"。（陈义孝，2002：210）佛法僧为三宝，三宝以法宝为核心。

式造成两个缺陷,一是行文过简,人名有省略;二是按时间先后顺序排列,上述六位僧人与他说的"士行、佛念之俦"又有矛盾,因为朱士行、智严和宝云才是大致同类型的僧人。

(三) 笔者之前的学者研究方法的缺陷

严格说来,这不是《辩正论》本身的缺陷,属于研究者的缺陷,但造成有关这篇翻译论的错误观点。

1. 古人研究方法对今天研究的影响

从五代起,古人一说到《辩正论》或者彦琮只提"八备",偶尔也提到"十条"。(黄小芃,2014:34-35)这样的狭隘眼光对今天研究彦琮《辩正论》的视野有很大的影响。比如,1988年台湾出版的《佛光大辞典》讲古代佛典翻译,只收录了彦琮《辩正论》中的"八备""十条"。(慈怡,1988:6807-6808)今天学者研究《辩正论》,依然如此(李炜,2011:3-4)。从上文可以看到,"八备"作为中土佛经译者的条件论,其仅有154个字,只占全文字数的6.82%。眼光之狭隘由此可见一斑。据上文笔者的研究,"十条"不是彦琮的发明而是道安的手笔。

笔者对彦琮《辩正论》的研究在前人的基础上扩展至整个文本,从论文的局部扩大到了论文的整体,且注意文本各部分的相互联系。

2. 近代及当今学者的不当研究方法及其不良后果

近现代学者除了局限于上述古人的狭隘眼光,还有断章取义的错误方法。这造成了读者眼中的文章结构混乱。梁启超罔顾《辩正论》第三篇第2部的具体语境,单挑出3.2.2段"直餐梵响,何待译言"(今译:那么在此间要是可以直接倾听佛陀以梵语的说法,何必需要佛经译本)和3.2.3段的"本尚亏圆,译岂纯实"(今译:但假如宣译僧人的佛法之根本有亏,译典怎么能真实完美)。(梁启超,2001a:187)这两句分别属原文3.2.2段的最后一句和3.2.3的开头句,各自的语境不同。梁先生把二者硬扯在一起,与《辩正论》第一篇第2部1.2.7段中的"三转妙音,并流震旦;人人共解,省翻译之劳"放在一起,说这是彦琮的"废译论""翻译无用论"。

梁启超跳过同篇文章不同语境,连接不同句子成分(梁启超,2001a:187),从而拼凑出一个似是而非、似有实无的原作者的观点。这种断章取义的研究方法对今天翻译学研究彦琮《辩正论》的影响很大(马祖毅等,2006:92)(王宏印,2017:36-37)。这种研究方法见木不见林,完全忽视论文的篇章理路和系统性,东拉西扯、移花接木,把原作似有而实无的东西硬塞给读

者。这种手法对今天的读者有相当的欺骗性，不仅让不细读原文的读者产生了文章结构混乱的错觉，而且以为彦琮真的有"废译论"的观点。

笔者认为，与其说隋彦琮的《辩正论》提出和论述"废译论"或"翻译消亡论"，还不如说彦琮当年留下的词句启发了近代梁启超和今日学者自己的废译论或翻译消亡论。"废译论"或"翻译消亡论"逻辑推理似乎可以成立，但中国古代佛经翻译史表明，此种理论从来也没有被实践过。从翻译的现实而论，这也都是空头理论。笔者认为，隋彦琮在论文第一篇第 2 部 1.2.7 段并未提出"废译论"，而是明显在提倡学佛译典者要学梵语、读原典以更接近佛法。

本节结论

占《辩正论》全文篇幅最大的第一篇是中土佛典翻译原则论，共 1378 个字，占全文总字数 2258 个字的 61.03%，确实如《续高僧传》的作者道宣所说，该论是"以垂翻译之式"。这些原则都是佛典译者应该遵循的原则。第二篇是佛典译者论本身。第三篇是佛典译者通梵语论。简言之，该文可以说是一篇中土佛典译者专论。论文尽管有结构缺陷，但理论结构基本完整，各部分相互说明，前后照应，条理清楚，层层推进，中心突出。

第四节　《辩正论》的历史地位

《辩正论》在中国翻译理论史、中国古代佛典译论史上，甚至以西方翻译理论史为参照都有其特殊的地位。但应该注意的是，考察标准不同，考察环境不同，其地位也就不同。从中国翻译理论史角度纵向考察与西方翻译理论史横向对比各有一番气象。《辩正论》是佛经译者专论，不是某经文的序跋，也不是只言片语，完全符合我们今天所谓理论的基本特征，即理论是概念和原理的体系，是系统化的理性认识，论证全面，有逻辑性和系统性的特征。

一、中国古代佛典翻译理论史

《辩正论》是中国古代翻译理论史上第五篇论文。古代最早两篇完整的翻译论：三国吴支谦的《法句经序》和东晋道安的《摩诃钵罗若波罗蜜经抄序》是两篇以佛经序言为形式的翻译论，是某佛经的副文本，作为翻译论有不太纯粹或成熟的缺点。南朝齐梁间僧祐的《胡汉译经文字音义同异记》确实是一篇系统完整的从语言文字论出发的纯粹翻译论，但出自其《出三藏记集》的

卷一。南朝梁慧皎的纯粹翻译论虽也完整，但出自其《高僧传》。《辩正论》之后唐朝道宣的翻译论出自其《续高僧传》，宋赞宁的翻译论也出自其《宋高僧传》。

根据唐朝的经录《法苑珠林》卷第一百记载，唐朝僧人道世当时见到的、彦琮所作的《辩正论》与他其另外九部佛教论著一样，是单独成一卷的。

另外一部唐朝的经录《大唐内典录》（道宣作）卷第十曰："隋朝日严寺沙门释彦琮撰诸论传二十许卷别集十卷：《通学论》、《辩教论》、《辩正论》、《通极论》、《福田论》、《僧官论》、《善财录》、《诸新经序笈多传》四卷、《西域志》十卷。"（T2149，55.332b11-16）从此我们也可以看到，《辩正论》与彦琮所作其他论著一起单独并立。

再者《大唐内典录》卷第五又说："《达摩笈多传》四卷、《通极论》、《辩教论》、《辩正论》、《通学论》、《善财童子诸知识录》、《新译经序》合右六部，合十卷，日严寺沙门释彦琮撰。琮俗缘李氏，赵郡柏仁人。"（T2149，55.278c27-279a6）这再次表明，《辩正论》与彦琮所作其他论著一起是单独并立的，这里还指出了彦琮的出生地，后面还有《通极论》《辩教论》《通学论》和《善财童子诸知识录》四篇论文的简短介绍。所以，《辩正论》原本是单独成卷的专篇翻译论。

《辩正论》诞生在古代佛经翻译承上启下的转型期。在这个时期（隋朝），中国的佛经译场从之前的临时译场开始转变为官办常设的译场。其理论来源于佛经翻译和佛教活动的实践，对以后的翻译实践有指导和预测作用，如其佛典译者理论，甚至启发今天的译论，比如今天学者们热议的废译论。其中的"八备"学说虽是古代佛经译者的素质和条件论，但对我们今天的译者理论和翻译应用理论也有参照作用。就佛经翻译史而言，《辩正论》作为佛经翻译理论，来自佛经翻译实践，对后世的佛经翻译有指导作用。

从翻译理论的性质而言，《辩正论》通篇是纯粹的佛经译者论。七百多年的中国古代佛经翻译理论史，独立成篇、单独为一卷的纯粹翻译论仅此《辩正论》一篇，可谓世之稀有。

二、与以前翻译理论的纵向比较

中国最早的翻译论《法句经序》中就说："明圣人意深邃无极，今传梵义，实宜径达。"这已经在论述译者与原作者的差距问题；还说"名物不同，传实不易"，这是在说译者所遇到的语言文字的不同导致其所指的不同所造成的翻译困难；也说"唯昔蓝调、安侯世高、都尉、弗调，译梵为秦，实得其

体，斯以难继。后之传者，虽不能密，犹常贵其宝，粗得大趣"，这是借翻译史的回顾推出译者要遵循的忠实原文的翻译标准。

第二篇翻译论《摩诃钵罗若波罗蜜经抄序》中的"三不易"论述的译者所遇到的翻译困难比《法句经序》更详细，如上文所说，读者还可以从中读出克服困难的方法；该序言还提出译者要遵守的翻译三维标准论："审得胡本"（不杂）、"合符"与"复叠"。僧祐在《胡汉译经文字音义同异记》中说译者要具备"胡汉两明""兼习华戎"的语言文化条件；还说译者要遵循"质文允正"（内容和形式准确而规范）的翻译标准。慧皎《高僧传·译经论》说，译者要具备"精括诂训""妙善梵汉之音"的条件，还指出了译者翻译的程序："一言三复，词旨分明，然后更用此土宫商饰以成制。"

《辩正论》集以上译者论之大成，全文是一篇系统的译者论，分为三篇。第一篇是译者翻译原则论（含方法论），放在首位的就是道安的"五失本三不易"原则。该篇中译者通梵语原则论是彦琮的独创，翻译标准论原则的论述和表述"宁贵朴而近理，不用巧而背源"也是彦琮的创造。

《辩正论》第二篇更是精彩的译者理论，包括原本佛典形成、佛典翻译的困难、目的和要求、佛典译者条件（"八备"）和佛典译者生成论等理论，相互之间逻辑关系紧密，相互说明。

《辩正论》第三篇是译者通梵语论，提问有三层推理，回答有五层论述，通过问答说明主题。《辩正论》是精彩且系统的译者论，从篇幅和理论严密性而言比慧皎《高僧传·译经论》略胜一筹，是中国古代翻译理论的高峰之作。

三、与西方古代翻译理论史的横向对比

以《辩正论》为焦点，如果把文艺复兴（14—16世纪）前的西方译论史定为古代部分，那么以系统和专论为标准横向对比中西翻译理论史，可考察《辩正论》的历史地位。

从希罗多德到中世纪共1700多年的西方古代翻译理论史，并没有系统的翻译专论，但不断有零星的译论出自各种译作的序言、书信、文学、历史等著作中。

差不多与隋彦琮（557—610）同代的教皇格里高利一世（Gregory the Great, 540—604）有两小段摘自其书信的译论。第一段大意是告诫译者不要逐词翻译，而要译出其意义，不要过于专注词的精译，否则无力表达思想。第二段大意是从拉丁语译成希腊语，只守住词而几乎不顾其意，既译不出词又害其意。（Robinson, 2006：36）这两小段译论谈不上系统，也不算专论。

斯坦纳把整个西方译论的发展分成初期（公元前1世纪的西塞罗至19世纪初的施莱尔马赫）、第二期（19世纪初至1946年），以及第三期（20世纪中叶以后）。而斯坦纳所推崇且特别提到的西方初期的系统专论，如布鲁尼的译论（1424）、于埃的译论（1661）、英国泰特勒的译论（1790）和德国施莱尔马赫的译论（1813）都不在古代的范围内。（Steiner, 2001: 248-249）所以，即便放在西方古代译论史中考察，《辩正论》也可昂首独步，彪炳千秋。

本节结论

《辩正论》在中国古代翻译理论史和中国古代佛典翻译理论史上，甚至与西方古代翻译理论史横向对比下，都是不可多得的翻译专篇论文，是古代翻译理论的一篇高峰之作。

章末结语

隋朝僧人和学士彦琮的《辩正论》是中国古代翻译理论史上的高峰之作。《辩正论》总共含三篇，第一篇是中土佛典翻译原则论，第二篇是佛典译者论，第三篇是佛典译者通梵语论。论文整体就是中土佛典译者论。现存论文尽管有结构缺陷，但理论基本完整，各部分相互说明，前后照应，条理清楚，层层推进，中心突出。

第六章　唐朝道宣的《续高僧传·译经篇论》

唐朝的历史背景

根据《中国通史》第三册，公元618年李渊在长安称帝，建立唐朝，逐步结束了自604年隋炀帝执政后倒行逆施所造成的社会大动乱，消灭了大大小小的割据势力。唐朝是南北大一统的王朝，经济繁荣，中外文化交流隆盛，各方面人才辈出，创造了辉煌灿烂的唐文化，不仅是中国古代文化的高峰，也是世界古文化的高峰。唐祚近290年，经历了初唐、中唐和晚唐三个时期。（范文澜、蔡美彪等，1995：113－114）

根据《中国通史》第四册，唐朝是中华文化继上古夏商周和秦汉两大高潮之后的又一个辉煌时代，是生机勃勃、活力迸发的创新时代。儒学虽依然墨守师说、拘泥于训诂的束缚，但开创了空言说经、缘词生训的新风气。儒学本来限于训诂名物，是不谈哲学思想的显学，也开始了穷理尽性之说，汉学系统由此逐渐转入宋学系统。唐朝是儒学发展转化的重要历史时期。（范文澜、蔡美彪等，1995：242）儒佛道三家在唐朝都很兴盛，朝廷在总体上调和三家的矛盾，尽管儒佛道相互斗争，互有高下，基本上平衡蓬勃发展。

唐朝是中国佛教发展的鼎盛期，也处于佛教中国化的极盛期。前述产生于隋朝的天台宗、三论宗和三阶教在初唐都十分活跃，而且仅在初唐就有中国佛教八宗当中大部分宗派的创立，比如唯识宗、华严宗、禅宗的南宗、律宗的南山宗和净土宗。根据《中国佛教通史》第六卷，唯识宗由玄奘及其弟子窥基创立，既在很大程度上继承了印度佛教的相关学说，又有自己的创见，是印度唯识学在中国的继续发展。（赖永海，2010：392）根据《中国佛教通史》第七卷，华严宗"建构了中国佛教史上最具理论色彩的华严教义学体系"，"法藏（643—712）是晋译《华严》经义阐释的集大成者，也是唐代华严教义学理论建构的总结者与完善者，被后世推尊为'华严三祖'成为唐代华严宗的

实际创立者"。（赖永海，2010：1；15）慧能（638—713）开创禅宗南禅一系，史称南宗，和北宗相对称，其禅法可称之为"佛学的革命"。南宗实际上成了后来整个禅宗的代表。从南宗禅的思想特色和历史影响来看，六祖慧能是禅宗的创始人，其《坛经》推动了中国化佛教的最终确立。（赖永海，2010：176；192-193）

道宣（596—667）开创了南山律宗，其南山律学在今天中国南北汉传佛教界影响很大。道宣著述甚多，包括律学、佛教史传、目录学类等著作。唐天宝年末，鉴真东渡日本，把道宣《行事钞》等南山律学著作传入日本，开日本律学之风，促进了日本律学的发展。（赖永海，2010：502；509-510）善导（613—681）完备了净土宗的教义和行仪，是净土宗集大成者。从古至今，佛教界和学术界都认定善导为净土宗祖师，有的甚至认为善导就是净土宗的实际创始人。（赖永海，2010：388；390）开元三大士——善无畏（637—735）、金刚智（669—741）和不空（705—774）创立了密宗。唐代密法形成了绵长的传法体系。善无畏和金刚智在中国的法脉延续了五六代，最后传到了日本，至今绵延不绝。（赖永海，2010：613；630）

上述中国佛教自创宗派的建立，既要充分理解消化印度佛教的原理和方法，又要在此基础上有自己的创新和对中国文化及具体国情的适应调整，是极具开创精神的佛教理论和实践活动。

根据《中国佛教通史》第五卷，唐朝从初唐直到晚唐都在翻译佛经，佛典翻译大多由朝廷主持，采用官办译场的形式进行。佛典翻译事业空前发达，是唐代佛教繁荣的标志，也推动佛教一步步走向辉煌。从唐太宗贞观三年（629）朝廷组织译场开始，直至唐宪宗元和六年朝廷罢译事为止，李唐一代译出佛典总数达372部，共2159卷。唐朝有好几十位著名佛经译家，其中最重要的是玄奘、菩提流志、实叉难陀、义净、善无畏、金刚智、不空、般若等人，其中玄奘、义净、不空贡献最大。（赖永海，2010：314-315）在上述历史背景下，道宣撰写了中国古代历史上第二篇出自僧传的翻译论。

第一节　道宣生平

根据赞宁《宋高僧传·道宣》卷第十四，道宣俗姓钱，"长城"（赞宁，1987：327）人，西晋时属吴兴郡，今浙江长兴县（史为乐，2005：435）；一说丹徒人，今江苏省丹徒市东南（史为乐，2005：460）。但范祥雍在《道宣传》校勘记［一］中说，道宣所著书常自署"吴兴释道宣"，当以自署为正。

道宣父亲在陈朝时曾任吏部尚书。根据《道宣传》最后所记，"安坐而化，则乾封二年（667）十月三日也，春秋七十二，僧腊五十二"（赞宁，1987：329），从其去世时间倒推，道宣出生在公元596年，即隋文帝（杨坚）开皇十六年（中国历史大辞典编纂委员会，2000：3328），而李渊称帝于公元618年，建立唐朝，所以道宣在隋朝生活了22年以上。根据其传记和大藏经的资料，在此可为道宣编制一个粗略的年表如下。

一、隋朝：1—22岁

隋文帝（杨坚）开皇十六年（596），1岁。

  姓钱氏，丹徒人也，一云长城人。

隋文帝（杨坚）仁寿末年（604），9岁。

  九岁能赋。

隋炀帝（杨广）大业六年（610），15岁。

  十五厌俗，诵习诸经，依智顗律师受业。

隋炀帝（杨广）大业七年（611），16岁。

  洎十六落发（削发为僧——笔者按），所谓除结，非欲染衣，便隶日严道场。

隋炀帝（杨广）大业十一年（615），20岁。

  弱冠，极力护持，专精克念，感舍利现于宝函。隋大业年中从智首律师受具（从师智首律师受具足戒——笔者按）。

二、唐朝：23—72岁

唐高祖（李渊）武德年间（618—625），23—30岁。

  从师智首律师习律修禅。随智顗往终南山居仿掌谷行定慧。

唐高祖（李渊）武德九年（626），31岁。

  撰《四分律删繁补阙行事钞》3卷（今作12卷）①，阐发他律学开宗

---

① 道询《芝苑遗编》卷之下："《内典录》题云：'行事删补律仪武德九年制，贞观四年重修。'"（R105，570. a18 - b3）

的见解。

唐太宗（李世民）贞观元年（627），32岁。

撰《四分律拾毗尼义钞》3卷（今作6卷）①。

唐太宗（李世民）贞观四年（630），35岁。

外出参学，广求诸律异传，曾到魏郡访法砺律师，请决疑滞②。

撰《四分律比丘含注戒本》1卷，疏3卷③。

唐太宗（李世民）贞观八年至九年（634—635），39—40岁。

撰《四分律删补随机羯磨》2卷，疏4卷④。

唐太宗（李世民）贞观十九年（645），50岁。

撰成《比丘尼钞》3卷⑤（今作6卷）。

撰成《续高僧传》初编。（道宣，2014：2）

时玄奘三藏从西域归国，道宣于同年被征召至长安弘福寺译场任缀文大德，参与译事⑥。

唐高宗（李治）永徽元年（650），55岁。

撰成《释迦方志》2卷。（T2154，55.561c28）

唐高宗（李治）显庆五年（660），65岁。

---

① 道询《芝苑遗编》卷之下："《四分律拾毗尼义钞》三卷，有本题云：'拾毗尼要，贞观元年制。后流新罗，此方绝本。'"（R105，570.b4-6）

② 道宣《量处轻重仪》卷一："至大唐贞观四年，发愤关表，四出求异，传见者多，并部诵语守文，河阳准疏约断，繁词琐语结轸连衡。有魏郡砺律师者，即亦一方名器，撰述文疏，独步山东，因往从之请询疑滞。"（T1895，45.840a4-8）

③ 道宣在该戒本序言中说："遂以贞观四年庚寅之岁，薄游岳渎，广评律宗。"（T1806，40.429a29-b1）

④ 道询《芝苑遗编》卷之下："《四分律删补随机羯磨》二卷，贞观八年出，二十一年重修，本一卷，后分三卷。见大藏。《四分律删补随机羯磨疏》四卷，贞观九年撰，二十二年重修。本二卷，后增为四卷，今分为八卷。"（R105，570 c9-14）

⑤ 道询《芝苑遗编》卷之下："《四分律比丘尼钞》三卷，诸录不出。今准后流通，题云：'贞观十九年撰。今分六卷。见行。'"（R105，571.a6-8）

⑥ 冥祥《大唐故三藏玄奘法师行状》卷一："以贞观十九年春正月到长安。……谒帝于洛阳，三月一日奉敕还京师，即于弘福翻译。"（T2052，50.218a3-7）另，《佛祖统纪》卷二九："（玄奘）十九年正月归长安。留守房元龄备幡幢鼓吹释部威仪，道俗数万众，以宝辇迎师。二月至洛阳……诏就弘福寺与沙门道宣、灵纲等同翻译。"（T2035，49.294c1-6）

撰成《佛法东渐图赞》① 1 卷。

唐高宗（李治）龙朔元年（661），66 岁。

撰成《集古今佛道论衡》② 3 卷。

唐高宗（李治）麟德元年（664），69 岁。

同年又撰成《大唐内典录》③ 10 卷、《广弘明集》④ 30 卷和《集神州三宝感通录》（一名《东夏三宝感通记》）3 卷⑤。

唐高宗（李治）麟德二年（665），70 岁。

撰成《释迦氏谱》⑥（一名《释迦略谱》）1 卷。

最后完成《续高僧传》（道宣，2014：884）

唐高宗（李治）乾封二年（667），72 岁。

安坐而化，则乾封二年十月三日也。春秋七十二，僧腊五十二。

从以上年表可以看出，唐道宣 23 岁以前在隋朝度过，这段时间是其佛教修养和活动的基础阶段，之后至 72 岁去世都处在唐朝。隋彦琮 610 年去世，这年道宣 15 岁；道宣于 645 年初编《续高僧传》，相距隋彦琮去世才 35 年，并不遥远；最后完成《续高僧传》在 665 年，他已 70 岁了。道宣参加过玄奘译场的译事，任缀文一职，对佛典翻译亦内行。

道宣著述甚多，以律学自立于中国佛教界，至今不衰，他对佛教文史学也有很大的贡献。（中国大百科全书总编辑委员会，2001）唐智升在《开元释教录》卷八中称他"外博九流，内精三学，戒香芬洁，定水澄齐，存护法城，著述无辍，尤工律藏，删补章仪，常于终南山以坚其志"（T2154，55.562a10 - 12）。后人因他长期居终南山，并在山中树立了他的律学范畴，即

---

① 道询《芝苑遗编》卷之下："《佛法东渐图赞》二卷。显庆五年制。"（R105，572. b17 - 18）
② 道询《芝苑遗编》卷之下："《集古今佛道论衡》三卷《开光录》云：'前三卷龙朔元年撰，第四卷麟德元年撰，故或为四卷。见大藏。'"（R105，572. b7 - 9）
③ 道询《芝苑遗编》卷之下："《大唐内典录》十卷，麟德元年甲子于西明寺撰。见大藏。"（R105，572. a16 - 17）
④《广弘明集》：这是与儒道辩论的杰作，"唐麟德元年西明寺沙门释道宣撰"（T2103，52.97a3）。
⑤《集神州三宝感通录》卷三："予以麟德元年夏六月二十日于终南山北鄠阴之清宫精舍集之。"（T2106，52.435a13 - 14）
⑥ 道询《芝苑遗编》卷之下："《释迦略谱》二卷，麟德二年九月十八日，于西明寺撰。"（R105，573. a7 - 9）

称他所传弘的《四分律》学为南山宗，并称他为南山律师。中国出家僧徒至今大多还以其《四分律》为行持的楷模。（中国佛教协会，1982：120）

本节结论

道宣是初唐的杰出僧人，律宗创始人，著述丰饶的佛教史学家。在他70岁时最后完成了《续高僧传》。

第二节 《续高僧传·译经篇论》译注

道宣的《续高僧传》（T2060，50.425a1 - 707a27），简称《唐传》《续传》，31卷，续南朝梁慧皎《高僧传》而作。初稿完成于贞观十九年（645），自序称，正传331人，附见160人。后20年间，又陆续增补，写成《后集续高僧传》10卷。随后两书合并，而其所载实止于麟德二年（665），全书仍作31卷，记载南北朝至唐麟德年间的高僧，实有正传498人，附见229人。全传分为十科：译经、义解、习禅、明律、护法、感通、遗身、读诵、兴福、杂科。（中国佛教协会，1989b：158；160）

该僧传第一至第四卷是译经篇，载有梁至唐代译经僧人的传记，本传15人，附现35人，其中汉僧所占比例相当大。这意味着中国佛教发展到梁、陈、隋、唐时已有自己能直接翻译佛经的专家，并显示佛典翻译文学进入了繁荣时代。译经篇末"论曰"部分是一篇佛经翻译论，乃论述从东汉一直到作者所处时代中土佛典汉译的一篇完整论文。

一、繁体原文加注

論曰：觀①夫②翻譯之功③，誠④遠⑤大矣，前錄所載，無德稱焉⑥。斯何故耶？諒⑦以言傳⑧理詣⑨，惑遣⑩道⑪清⑫，有⑬由⑭寄⑮也。所以⑯列代賢聖，祖

---

① 觀：观察，审察。（见第三章第二节注释）
② 夫：近指代词，相当于"这""这个""这些"。《左传·成公十六年》："夫二人者，鲁国社稷之臣也。"（汉语大字典编辑委员会，2010：564）
③ 功：指功绩，又可指功业（汉语大字典编辑委员会，2010：398）。显然此处应指功业或伟大事业。
④ 诚：副词，相当于"真正""确实"。《史记·春申君列传》："相国诚善楚太子乎？"《礼记·经解》："衡诚县，不可欺以轻重。"（汉语大字典编辑委员会，2010：4222）
⑤ 远：久远，指时间漫长。（汉语大字典编辑委员会，2010：4126）在此语境中指历史的久远，即指距今时间漫长。
⑥ 这句和本书第四章慧皎《高僧传·译经论》开篇第一句类似，不过这里着重在论述中土佛典翻译事业。
⑦ 谅：相信。用例见《诗·鄘风·柏舟》："母也天只，不谅人只。"诚然，的确。用例见《诗·小雅·何人斯》："及尔如贯，谅不我知。"《楚辞·九章·惜往日》："谅聪不明而蔽壅兮，使谗谀而日得。"（汉语大字典编辑委员会，2010：4252）
⑧ 傳：chuán，1. 转达，递送。《孟子·公孙丑上》："速于置邮而传命。" 2. 表达，流露。《抱朴子·外篇·行品》："而口不传心，笔不尽意。"（汉语大字典编辑委员会，2010：247；248）
⑨ 詣：符合。唐刘禹锡《答饶州元使君书》："若执事之言政，诣理切情。"（汉语大字典编辑委员会，2010：4228）
⑩ 遣：排除，抒发。《晋书·王浚传》："吾始惧邓艾之事，畏祸及，不得无言，亦不能遣诸胸中，是吾褊也。"（汉语大字典编辑委员会，2010：4128）
⑪ 道：门类，方法，事理，思想体系。（汉语大字典编辑委员会，2010：4119）
⑫ 清：清楚，明白。《荀子·解蔽》："凡观物有疑，中心不定，则外物不清。五虑不清，则未可定然否也。"（汉语大字典编辑委员会，2010：1756）
⑬ 有：与"无"相对，表存在，呈现，产生，发生，拥有。（汉语大字典编辑委员会，2010：2189）
⑭ 由：经由，经历。《论语·为政》："视其所以，观其所由，察其所安。"（汉语大字典编辑委员会，2010：2705）
⑮ 寄：托人传达，送交。又，古代翻译东方语言的官。《礼记·王制》："五方之民，言语不通，嗜欲不同。达其志，通其欲，东方曰寄……"孔颖达疏："通传东方之语官，谓之曰寄，言传寄内外言语也。"贾公彦疏："寄者，宾主不相解语，故寄中国〔语〕于东夷，又寄东夷语于中国，使相领解。"（汉语大字典编辑委员会，2010：1005；1006）
⑯ 所以：用以，用来。《庄子·天地》："是三者，非所以养德也。"用例又见《史记·孟尝君列传》。（汉语大词典编辑委员会、汉语大词典编纂处，1991a：350）

述①弘導②之風，奉信賢明，憲章③翻譯之意。宗師舊轍，頗④見詞人⑤；埏埴⑥既圓，稍⑦功⑧其趣⑨。至如梵文天語，元⑩開⑪大夏⑫之鄉；鳥跡⑬方韻，出自

第六章 唐朝道宣的《续高僧传·译经篇论》

① 祖述：效法，仿效。（见第四章第三节注释）
② 弘導：广泛地开导，即让众生觉悟。弘：大；广大。《易·坤》："含弘光大。"另见《诗·大雅·民劳》。导：开导；启发。《孟子·尽心上》："导其妻子，使养其老。"另见《颜氏家训·勉学》。（汉语大字典编委会，2010：555）
③ 憲章：效法。（见第五章第二节注释）
④ 頗：副词，表示范围，相当于"悉""皆"。《汉书·灌夫传》："于是使御使簿责婴所言灌夫颇不仇，劾系都司空。"（汉语大字典编辑委员会，2010：4653-4654）
⑤ 詞人：擅长文辞的人，包括骚、赋作者，诗人和填词的人。（汉语大词典编辑委员会、汉语大词典编纂处，1993a：119）笔者认为此处也指既善于翻译又擅长文学辞章的人。
⑥ 埏埴：和泥制作陶器。《老子》："埏埴以为器，当其无，有器之用。"河上公注："埏，和也；埴，土也。谓和土以为器也。"用例又见汉桓宽《盐铁论·通有》。（汉语大词典编辑委员会、汉语大词典编纂处，1988：1100）
⑦ 稍：表时间状态的副词，随即，不久。（汉语大字典编辑委员会，2010：2790）
⑧ 功：通"攻"，治理，致力于（某事）。《管子·乘马数》："此齐力而功地。"《汉书·佞幸传·董贤》："贤第新成，功坚。"（汉语大字典编辑委员会，2010：398-399）
⑨ 趣：旨意，旨趣。《列子·汤问》："曲每奏，钟子期辄穷其趣。"用例又见《晋书·隐逸传·陶潜》和《隋书·天文志上》。（汉语大字典编辑委员会，2010：3722）
⑩ 元：根源，根本。《文子·道德》："夫道者德之元，天之根，福之门，万物待之而生。"用例又见《资治通鉴·齐明帝建武三年》。（汉语大词典编辑委员会、汉语大词典编纂处，1988：207）
⑪ 開：开创。（汉语大字典编辑委员会，2010：4362）
⑫ 大夏：据此语境，这个大夏不是古希腊人称之为巴克特里亚的中亚古国（史为乐，2005：138）。唐代广智撰《悉昙字记》卷一曰："案西域记，其阎浮地之南五天之境，楚人居焉。地周九万余里，三垂大海北背雪山，时无轮王膺运，中分七十余国，其总曰五天竺，亦曰身毒，或云印度，有曰大夏是也。人远承梵王，虽大分四姓，通谓之婆罗门国，佛现于其中，非胡土也。而雪山之北傍临葱岭，即胡人居焉。"（T2132，54.1186a27-b2）道宣本人撰《释迦氏谱》卷一曰："今以剡浮一域，中分葱岭西号大夏，五竺统焉。"（T2041，50.87b7-11）据此可知，道宣此处说的大夏就是指古五印度。
⑬ 鳥跡：此处指汉字。许慎在《说文解字》中说："黄帝之史仓颉见鸟兽蹄迒之迹，知分理之可相别异也，初作书契。"（1963：314）刘勰在《文心雕龙》中也说："自鸟迹代绳，文字始炳。"（周振甫，1995：12）所以，道宣此处用"鸟迹"二字代指汉字，属于运用典故。

神州之俗。具①如別傳②，曲盡③規④猷⑤。遂⑥有僥倖⑦時譽⑧，叨⑨臨⑩傳述⑪，逐囀⑫鋪詞，返音列喻，繁略斟斷，比事⑬擬倫⑭，語跡⑮雖同，校理⑯誠異。

① 具：表示范围的副词，相当于"都""皆"，也作"俱"。《诗·小雅·四月》："秋日凄凄，百卉具腓。"（汉语大字典编辑委员会，2010：124）

② 傳：传扬，流传。《礼记·祭统》："有善而弗知，不明也。知而弗传，不仁也。"《文心雕龙·宗经》："夫文以行立，行以文传。"（汉语大字典编辑委员会，2010：248）

③ 曲盡：竭尽。唐白居易《记画》："凡十余轴，无动植，无小大，皆曲尽其能，莫不向背无遗势，洪纤无遁形。"（汉语大词典编辑委员会、汉语大词典编纂处，1990a：572）

④ 規：法度。《韩非子·饰邪》："释规而任巧，释法而任智，惑乱之道也。"《三国志·魏志·臧洪传》："而以趣舍异规，不得相见"。（汉语大字典编辑委员会，2010：3906）

⑤ 猷：道，法则。《诗·小雅·巧言》："秩秩大猷，圣人莫之。"又见晋阮种《泰始七年举贤良对策》。（汉语大字典编辑委员会，2010：1454）

⑥ 遂：相当于"竟然""终于"。《左传·文公七年》："士季曰：'吾与之同罪，非义之也，将何见焉？'及归，遂不见。"《史记·高祖本纪》："及高祖贵，遂不知老父处。"（汉语大字典编辑委员会，2010：4122）

⑦ 僥倖：亦作"侥幸"，指意外获得成功或免除灾害，犹幸运。汉王符《潜夫论·述赦》："或抱罪之家，侥幸蒙恩，故宣此言，以自悦喜。"又见唐韩愈《病鸱》诗。（汉语大词典编辑委员会、汉语大词典编纂处，1986：1660）

⑧ 時譽：时人的称誉。《后汉书·吴良传》："（良）每处大议，輙据经典，不希旨偶俗，以徼时誉。"唐高适《巨鹿赠李少府》诗："李侯虽薄宦，时誉何籍籍。"（汉语大词典编辑委员会、汉语大词典编纂处，1990a：707）

⑨ 叨：谦辞，忝，表示非分的承受。三国蜀诸葛亮《街亭自贬疏》："臣以弱才，叨窃非据，亲秉旄钺以厉三军。"唐王勃《滕王阁序》："他日趋庭，叨陪（孔）鲤对。"（汉语大字典编辑委员会，2010：621）

⑩ 臨：来到，到达。《楚辞·远游》："朝发轫于太仪兮，夕始临乎于微闾。"汉曹操《步出夏门行》："东临碣石，以观沧海。"（汉语大字典编辑委员会，2010：2996）

⑪ 傳述：转述，传授，传说。《后汉书·西域传论》："张骞但著地多暑湿，乘象而战，班勇虽列其奉浮图，不杀伐，而精文善法导达之功靡所传述。"又见北齐颜之推《颜氏家训·音辞》。（汉语大词典编辑委员会、汉语大词典编纂处，1986：1618）此处指汉译传述佛经。

⑫ 囀：1. 鸟婉转地叫。北周庾信《春赋》："新年鸟声千种囀，二月杨花满路飞。" 2. 婉转动听的歌唱。汉繁钦《与魏文帝笺》："都尉薛访车子，年始十四，能喉囀引声，与笳同音。"（汉语大字典编辑委员会，2010：760）

⑬ 比事：指连缀性质相同的事类以为比拟。南朝梁刘勰《文心雕龙·章表》："其《三让公封》，理周辞要，引义比事，必得其偶。"（汉语大词典编辑委员会、汉语大词典编纂处，1990a：263）

⑭ 擬倫：比拟，伦比。《资治通鉴·唐太宗贞观十一年》："以隋之府库、仓廪、户口、甲兵之盛，考之今日，安得拟伦？"又见宋苏辙《祭文与可学士文》。（汉语大词典编辑委员会、汉语大词典编纂处，1990b：938）

⑮ 跡：痕迹。（汉语大字典编辑委员会，2010：4085）

⑯ 校理：校勘整理。《汉书·刘歆传》："孝成皇帝闵学残文缺，稍离其真，乃陈发秘臧，校理旧文。"（汉语大词典编辑委员会、汉语大词典编纂处，1989b：1002）

自非①明②逾前聖，德邁往賢，方能隱括③殊方④，用通弘致⑤。道安著論，五失易窺；彥琮⑥屬文⑦，八例難涉。斯並古今通敘，豈妄登臨⑧？若夫⑨九⑩代所傳，見存⑪簡錄。漢魏守本⑫，本固去⑬華。晉宋傳揚，時開⑭義舉⑮，文質

第六章　唐朝道宣的《續高僧傳·譯經篇論》

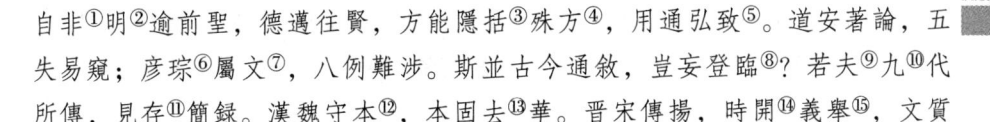

① 自非：参见第四章第三节注释。
② 明：贤明，贤能。《书·尧典》："明明扬仄陋。"又见宋王安石《封舒国公》。（汉语大字典编辑委员会，2010：1599）
③ 隱括：亦作"隱栝"。1. 引申为标准、规范。唐长孙无忌《进律疏议表》："撰《律疏》三十卷，笔削已了，实三典之隐括，信百代之准绳。" 2. 概括。（汉语大词典编辑委员会、汉语大词典编纂处，1993a：1124-1125）
④ 殊方：远方，异域。汉班固《西都赋》："寙昆仑，越巨海，殊方异类，至于三万里。"又见唐王维《晓行巴峡》诗。（汉语大词典编辑委员会、汉语大词典编纂处，1990a：158）
⑤ 弘致：1. 大义。《梁书·武帝纪上》："盖闻受金于府，通人弘致；高蹈海隅，匹夫力节。" 2. 远大的志趣。《晋书·祖逖传》："逖方当摧锋越河，扫清冀朔，会朝廷将遣戴若思为都督，逖以若思吴人，虽有才望，无弘致远识。"（汉语大词典编辑委员会、汉语大词典编纂处，1989b：103）
⑥ 彥琮：《续高僧传·译经篇》卷二正传所载第四位僧人。（道宣，2014：48-58）
⑦ 屬文：撰写文章。《汉书·刘歆传》："歆字子骏，少以通《诗》《书》能属文召，见成帝，待诏宦者署，为黄门郎。"《文选·文赋》："每自属文，尤见其情。"（汉语大词典编辑委员会、汉语大词典编纂处，1989b：64）
⑧ 登臨：登山临水。也指游览。（汉语大词典编辑委员会、汉语大词典编纂处，1991b：538）这里比喻前述进入译场关键位置进行佛经汉译。
⑨ 若夫：至于。用于句首或段落的开始，表示另提一事。（见第二章第五节注释）
⑩ 九：非确指，"九"是古汉语常见的虚数用法之一。（顾久，1987：36-41）
⑪ 見存：見 xiàn，现存。南朝宋宗炳《明佛论》："若谁佛见存，一切洞彻，而威神之力，诸法自在，何为不曜光仪于当今？"又见宋孔平仲《续世说·赏誉》。（汉语大词典编辑委员会、汉语大词典编纂处，1992b：313）
⑫ 本：事物的起始、根源。（汉语大字典编辑委员会，2010：1234）
⑬ 去：放弃，丢弃。《论语·子路》："善人为邦百年，亦可以胜残去杀矣。"又见《汉书·匈奴传上》。（汉语大字典编辑委员会，2010：419）
⑭ 開：开创，如别开生面。《易·师》："大君有命，开国承家，小人勿用。"另见《论衡·书解》。又开始，如开学、开业。《楚辞·九章·思美人》："开春发岁兮，白日出之悠悠。"（汉语大字典编辑委员会，2010：4362）
⑮ 義舉：指译事的盛况。

恢恢①，讽味②馀逸。厥③斯以降④，轻靡⑤一期⑥，腾实⑦未闻，讲悟⑧盖⑨寡。皆由⑩词遂⑪情转，义⑫写⑬情⑭心⑮，共激波澜，永成通⑯式⑰。充车⑱溢藏，法

---

① 恢恢：宽阔广大貌。《老子》："天网恢恢，疏而不失。"另见《史记·滑稽列传序》和晋欧阳建《临终》诗。（汉语大词典编辑委员会、汉语大词典编纂处，1991a：513）

② 讽味：讽诵玩味。南朝宋刘义庆《世说新语·赏誉》："闲习礼度，不如式瞻仪形；讽味遗言，不如亲承音旨。"另见唐刘长卿《送薛据宰涉县》诗。（汉语大词典编辑委员会、汉语大词典编纂处，1993a：347）

③ 厥：助词，用在句首。《史记·太史公自序》："左丘失明，厥有《国语》；孙子膑脚，而论兵法。"（汉语大字典编辑委员会，2010：88）

④ 以降（jiàng）：犹言以后，表示时间在后。《后汉书·逸民传序》："自兹以降，风流弥繁。"（汉语大词典编辑委员会、汉语大词典编纂处，1986：1089）

⑤ 轻靡：轻佻浮浅。南朝梁刘勰《文心雕龙·体性》："轻靡者，浮文弱植，缥缈附俗者也。"另见唐高仲武《中兴间气集·〈李希仲诗〉序》。（汉语大词典编辑委员会、汉语大词典编纂处，1992a：1279）

⑥ 一期：犹一时。宋赞宁《宋高僧传·释智威》："望重一期，声闻远近。"另见宋赞宁《宋高僧传·释道膺》。（汉语大词典编辑委员会、汉语大词典编纂处，1986：82）

⑦ 腾实：谓功绩传扬。《北史·周宗室传论》："飞声腾实，不灭于百代之后。"另见《隋书·元德太子昭传》。（汉语大词典编辑委员会、汉语大词典编纂处，1990b：1413）

⑧ 讲悟：佛教语，讲解启悟。唐道宣《续高僧传·义解四·法上》："讲悟昏情，词无繁长，智者恐其言少，愚者虑其不多。"另见唐道宣《续高僧传·义解五·灵裕》。（汉语大词典编辑委员会、汉语大词典编纂处，1993a：364）

⑨ 盖：gài，连词，承接上文，表示原因和理由。用例见《论语·季氏》和《史记·屈原贾生列传》。（汉语大字典编辑委员会，2010：3476-3477）

⑩ 由：遵从，遵照。《诗·大雅·假乐》："不愆不忘，率由旧章。"《论语·泰伯》："民可使由之，不可使知之。"又听凭，听任。《论语·颜渊》："为仁由己，而由人乎哉？"另见唐孟郊《南浦篇》。（汉语大字典编辑委员会，2010：2706）

⑪ 遂：顺应，符合。《国语·周语下》："如是，而铸之金，磨之石，系之丝竹，越之瓠竹，节之鼓而行之，以遂八风。"另见《论衡·问孔》。（汉语大字典编辑委员会，2010：4122）

⑫ 义：意义，意思。唐玄宗《孝经序》："且传以通经为义，义以必当为主。"（汉语大字典编辑委员会，2010：3339-3340）

⑬ 写：xiě，移置，放置。《管子·白心》："卧名（颐舌）利者写生危。"《礼记·曲礼上》："御食于君，君赐余，器之溉者不写，其余皆写。"（汉语大字典编辑委员会，2010：1023）

⑭ 情：实情，情形。《左传·哀公八年》："叔孙辄对曰：'鲁有名而无情，伐之必得志焉。'"另见《史记·吕不韦列传》和《三国志·吴志·吴主传》。（汉语大字典编辑委员会，2010：2476）

⑮ 心：思想，心思。《诗·小雅·巧言》："他人有心，予忖度之。"另见三国魏曹丕《与吴质书》。（汉语大字典编辑委员会，2010：2427）

⑯ 通：tōng，共同的，通常的。《墨子·经上》："君臣萌，通约也。"南朝梁沈约《立左降诏》："是故减秩居官，前代通则。"（汉语大字典编辑委员会，2010：4100；4102）

⑰ 式：法度，规矩。《楚辞·天问》："天式从横，阳离爰死。"《新唐书·刑法志》："唐之刑书有四，曰：律、令、格、式。……式者，其所常守之法也。"（汉语大字典编辑委员会，2010：604）

⑱ 充车：满车，喻数量众多。南朝梁僧祐《出三藏记集·杂录序》："书序之繁，充车而被畛矣。"（汉语大词典编辑委员会、汉语大词典编纂处，1988：255）

寶①住持②，得在福流③，失在訛④競⑤。故⑥勇猛⑦陳請⑧，詞同世華⑨，制⑩

第六章 唐朝道宣的《续高僧传·译经篇论》

① 法寶：就是佛法，根据佛陀所悟而向人宣说之教法，包括佛所说三藏十二部等一切教法。（慈怡，1988：701；3432）

② 住持：久住护持佛法。（慈怡，1988：2602）

③ 福流：福流这个词在相关专业工具书中都查不到，在大藏经可查到唐朝以前用例较多，之后越来越少。晋法炬共法立译《法句譬喻经》卷二《16 述千品》（T211，4.589c22），西晋竺法护译《贤劫经》卷八《24 嘱累品》（T426，14.65c17），费长房《历代三宝纪》卷十二（T2034，49.107c5），都有"福流"一词的用例。根据其用法，结合此处的语境，"福流"应是福报的流转之意。福报是佛教术语，指福利之果报。如六趣中人天之福报。《增一阿含经》卷一曰："虽受梵天福，犹不至究竟。"百论上曰："福报灭时，离所乐事。"《大乘义章》卷九曰："依智起福，依福起报。"（丁福保，1991：2502）

④ 訛：讹误，差错。（汉语大字典编辑委员会，2010：4205）

⑤ 競：角逐，比赛。《说文·诸部》："竞，逐也。"另见《诗·大雅·桑柔》《庄子·齐物论》。（汉语大字典编辑委员会，2010：2907）

⑥ 故：表因果的连词，相当于"因此""所以"。（汉语大字典编辑委员会，2010：1557）

⑦ 勇猛：勇敢有力。《汉书·杜业传》："窃见朱博忠信勇猛，材略不世出，诚国家雄俊之宝臣也。"另见《敦煌变文集·张义潮变文》。（汉语大词典编辑委员会、汉语大词典编纂处，1988：793）

⑧ 陳請：陈述理由以请求。晋干宝《搜神记》卷五："刘赤父者，梦蒋侯召为主簿。期日促，乃往庙陈请。"南朝梁刘勰《文心雕龙·章表》："表以陈请，议以执异。"（汉语大词典编辑委员会、汉语大词典编纂处，1993a：1015）

⑨ 世華：世俗的荣华。晋陆云《荣启期赞》："耽此三乐，遗彼世华。"唐王绩《策杖寻隐士》诗："岁岁长如此，方知轻世华。"（汉语大词典编辑委员会、汉语大词典编纂处，1986：500）

⑩ 制：禁止，抑制。《说文·刀部》："制，一曰止也。"《商君书·画策》："衣服有制，饮食有节，则出寡矣。"（汉语大字典编辑委员会，2010：366）

本①受行②，不惟③文绮④。至圣⑤殷鉴⑥，深有其由，群籍所传，灭⑦法故⑧也，即事⑨可委⑩，况⑪弘识⑫乎？然而习俗⑬生常⑭，知过难改，虽欲徙辙，终陷前

---

① 本：佛教术语，指根本烦恼，又曰本惑，本烦恼。谓大乘百法中贪、瞋、痴、慢、疑、恶见之六大烦恼也。恶见以外，谓为五钝使。开恶见之一，则有身、边、邪、取、戒之五见，此谓为五利使，合而为十，谓之十随眠或十使，共为根本烦恼。其他为随烦恼，又五住地之中，第五之无明住地为根本烦恼，其他之四住地为枝末。（丁福保，1991：1807）

② 受行：笔者查大藏经，"受行"的用例也不少，根据其语境都是接受实行佛教戒律、佛法和佛经的意思。比如，《长阿含经》卷五："我所说法弟子受行者，舍有漏成无漏，心解脱、慧解脱。"（T01，01.34a23-26）

③ 惟：在，在于。《书·大禹谟》："德惟善政，政在养民。"（汉语大字典编辑委员会，2010：2480）

④ 文绮：比喻华丽的文辞。南朝梁刘勰《文心雕龙·书记》："或全任质素，或杂用文绮。"（汉语大词典编辑委员会、汉语大词典编纂处，1990b：1540）

⑤ 至圣：指道德智能最高的人。《礼记·中庸》："唯天下至圣，为能聪明睿知，足以有临也。"另见《墨子·辞过》。（汉语大词典编辑委员会、汉语大词典编纂处，1991b：789）

⑥ 殷鉴：亦作"殷监"。谓殷人子孙应以夏之灭亡为鉴戒。《诗·大雅·荡》："殷鉴不远，在夏后之世。"《韩诗外传》卷五作"殷监"。后泛指可以作为借鉴的往事。另见南朝梁刘勰《文心雕龙·史传》和唐陈子昂《上军国利害事·人机》。（汉语大词典编辑委员会、汉语大词典编纂处，1990b：1487）

⑦ 灭：梵语"vyupaśama"，寂灭之略称，即涅槃之意。度脱生死，进入寂静无为之境地，称为入灭。（慈怡，1988：5507）

⑧ 故：事理，法则。《易·系辞上》："仰以观于天文，俯以察于地理，是故知幽明之故。"另见宋王安石《材论》。（汉语大字典编辑委员会，2010：1557）

⑨ 即事：面对眼前事物。晋陶潜《癸卯岁始春怀古田舍》诗："虽未量岁功，即事多所欣。"另见宋王安石《乙巳九月登冶城作》诗。（汉语大词典编辑委员会、汉语大词典编纂处，1988：531）

⑩ 委：累积，堆积。《公羊传·桓公十四年》："御廪者何？粢盛委之所藏也。"另见《文选·甘泉赋》。（汉语大字典编辑委员会，2010：1112）

⑪ 况：表示递进关系的连词，相当于"何况""况且"。《易·丰》："日中则昃，月盈则食，天地盈虚，与时消息，而况于人乎？"《史记·苏秦列传》："苏秦喟然叹曰：此一人之身，富贵则亲戚畏惧之，贫贱则轻易之，况众人乎！"（汉语大字典编辑委员会，2010：1700）

⑫ 弘识：整个大藏经都没有"弘识"的提法，疑是弘法之误。

⑬ 习俗：1. 习惯风俗。《荀子·大略》："政教习俗，相顺而后行。"另见《史记·秦始皇本纪》。2. 犹流俗。唐刘肃《大唐新语·著述》："此乃不经之鄙言，习俗之虚语。"（汉语大词典编辑委员会、汉语大词典编纂处，1992a：647）

⑭ 常：永久的，固定不变的。《书·咸有一德》："天难谌，命靡常。"另见《后汉书·文苑传·边让》。（汉语大字典编辑委员会，2010：856）

蹤①。粤②自漢明，終于唐運，翻傳梵本，多信③譯人，事④語易明，義求罕⑤見，厝⑥情獨斷⑦，惟任筆功，縱⑧有覆疏⑨，還遵舊緒。梵僧執葉，相等⑩情乖⑪，音語莫通，是非俱濫⑫。至如⑬三學⑭盛典，唯⑮詮⑯行⑰旨⑱，八藏⑲微

---

① 蹤：zōng，足迹。后作"踪"。《汉书·扬雄传上》："轶五帝之遐迹兮，蹑三皇之高踪。"（汉语大字典编辑委员会，2010：3981）

② 粤：yuè，助词，用于句首。《周书》曰："'粤三日丁亥。'"另见《汉书·翟方进传附翟义》。（汉语大字典编辑委员会，2010：3355）

③ 信：依靠，凭借。唐白居易《对酒闲吟赠同老者》："扶持仰婢仆，将养信妻儿。"唐王周《道院》："忘虑凭三乐，消闲信五禽。"

④ 事：事情。《论语·八佾》："子入太庙，每事问。"《礼记·大学》："物有本末，事有终始。"（汉语大字典编辑委员会，2010：26）

⑤ 罕：少，稀少。《论语·子罕》："子罕言利与命与仁。"（汉语大字典编辑委员会，2010：333）

⑥ 厝：cuò，通"措"，措置，放置。《列子·汤问》："命夸娥氏二子负二山，一厝塑东，一厝雍南。"另见《晋书·王羲之传》。（汉语大字典编辑委员会，2010：84）

⑦ 獨斷：独自决断，专断。《管子·明法解》："明主者，兼听独断，多其门户，群臣之道，下得明上，贱得贵贵，故奸人不敢欺。"另见《史记·李斯列传》。（汉语大词典编辑委员会、汉语大词典编纂处，1990a：126）

⑧ 縱：表示假设关系的连词，相当于"即使"。《论语·子罕》："且予纵不得大葬，予死于道路乎？"（汉语大字典编辑委员会，2010：3675）

⑨ 覆疏：反复论辩。晋葛洪《抱朴子·祛惑》："但恨我不学，不能与之覆疏耳。"另见南朝宋刘义庆《世说新语·文学》。（汉语大词典编辑委员会、汉语大词典编纂处，1991b：769）

⑩ 相等：犹相同。（汉语大词典编辑委员会、汉语大词典编纂处，1991a：1155）

⑪ 乖：错。《后汉书·郭玉传》："针石之闲，毫芒即乖。"（汉语大字典编辑委员会，2010：44）

⑫ 濫：失实。《左传·昭公八年》："民听滥也。"（汉语大字典编辑委员会，2010：1893）

⑬ 至如：连词，表示另提一事。（汉语大词典编辑委员会、汉语大词典编纂处，1991b：786）

⑭ 三學：戒、定、慧三学。戒即禁戒，律藏之所诠，能防止人们造作一切身口意的恶业；定即禅定，经藏之所诠，能使人们静虑澄心；慧即智慧，论藏之所诠，能使人们发现真理而断愚痴。修此三学，可以由戒得定，由定发慧，最终获得无漏道果，所以三学又名为"三无漏学"。（陈义孝，2002：65）

⑮ 唯：副词，也作"惟""维"，只有，只是。《易·序卦》："盈天地之间者唯万物。"另见《楚辞·离骚》和唐韩愈《韩滂墓志铭》。（汉语大字典编辑委员会，2010：692）

⑯ 詮：详细解释，阐明事理。《晋书·武陔传》："文帝甚亲重之，数与诠论时人。"（汉语大字典编辑委员会，2010：4226）

⑰ 行：xíng，规律，道理。《易·复》："反复其道，七日来复，天行也。"《礼记·缁衣》："《诗》云：人之好我，示我周行。"（汉语大字典编辑委员会，2010：872）

⑱ 旨：主张，意见。（见第三章第二节注释）

⑲ 八藏：佛说圣教分为八种藏：胎化、中阴、摩诃衍方等、戒律、十住菩萨、杂、金刚和佛。另外一种分类是大小乘各有经、律、论、杂四藏，合称为八藏。（慈怡，1988：315）

言①，宗②开③词义④，前翻后出，靡⑤坠风猷⑥，古哲今贤，德殊恒律；岂非⑦方言⑧重阻⑨，臆断⑩是⑪授⑫，世转浇波⑬，奄⑭同浮俗⑮？昔闻淳风⑯雅畅⑰，

① 微言：精深微妙的言辞。（见第二章第五节注释）
② 宗：根本，主旨。《国语·晋语四》："礼宾矜穷，礼之宗也。"《老子》第四章："渊兮似万物之宗。"（汉语大字典编辑委员会，2010：984）
③ 开：解说，表达。（见第五章第二节注释）
④ 词义：1. 文辞、言词的义趣。南朝梁沈约《内典序》："而经记繁广，条流舛散，一事始末，帙理卷分，或词义离断，或文字互出。"另见唐李德裕《近世节士论》。2. 文词和义理。《隋书·杨素传》："帝命素为诏书，下笔立成，词义兼美。帝嘉之。"另见宋朱熹《答严居厚书》。（汉语大词典编辑委员会、汉语大词典编纂处，1993a：124）
⑤ 靡：表示否定的副词。（见第五章第二节注释）
⑥ 风猷：1. 风教德化。《文选·为范始兴作求立太宰碑表》："原夫存树风猷，没著徽烈，既绝故老之口，必资不刊之书。"2. 指人的风采品格。南朝齐谢朓《奉和随王殿下》之七："风猷冠淄邺，衽席愧唐牧。"（汉语大词典编辑委员会、汉语大词典编纂处，1993b：623）
⑦ 岂非：参见第四章第三节注释。
⑧ 方言：参见第四章第三节注释。
⑨ 重阻：重重险阻。汉祢衡《鹦鹉赋》："流飘万里，崎岖重阻。"另见晋左思《蜀都赋》。（汉语大词典编辑委员会、汉语大词典编纂处，1992b：379）
⑩ 臆断：1. 凭臆测而下的决断。晋葛洪《抱朴子·微旨》："世人信其臆断，仗其短见，自谓所度，事无差错。"另见《梁书·文学传上·庾肩吾》。2. 主观地判断。晋葛洪《抱朴子·明本》："而管窥诸生，臆断瞽说。"（汉语大词典编辑委员会、汉语大词典编纂处，1990b：1395）.
⑪ 是：表示承接的副词，相当于"则""就""便"。《管子·君臣上》："非兹是无以理民，非兹是无以生财。"（汉语大字典编辑委员会，2010：1606）
⑫ 授：给予，付与。（汉语大字典编辑委员会，2010：2012）
⑬ 浇波：指浮薄的社会风气。（参见第五章第二节的注释）
⑭ 奄：yǎn，昏暗，暗昧。后作"晻"。《晏子春秋·内篇问上八》："鲁之君臣，犹好为义，下之妥妥也，奄然寡闻。'"另见汉刘向《古列女传·续列女传·班婕妤》。（汉语大字典编辑委员会，2010：578）
⑮ 浮俗：1. 浮薄的习俗。南朝梁萧统《令旨解二谛义》："正以浮俗，故无义可辨，若有义可辨，何名浮俗。"另见唐杜甫《赠虞十五司马》诗。2. 浅薄，粗俗。宋严羽《沧浪诗话·诗证》："《太白集》中《少年行》，只有数句类太白，其他皆浅近浮俗，决非太白所作。"（汉语大词典编辑委员会、汉语大词典编纂处，1990a：1243）
⑯ 淳风：敦厚古朴的风俗。晋葛洪《抱朴子·逸民》："淳风足以濯百代之秽，高操足以激将来之浊。"另见《资治通鉴·梁武帝天监元年》。（汉语大词典编辑委员会、汉语大词典编纂处，1990a：1409）
⑰ 雅畅：亦作"雅昶"，典雅流畅。（见第三章第二节注释）

既①在皇唐，綺飾②訛雜③，寔④鍾⑤季葉⑥，不思本實⑦，妄接詞鋒⑧，競掇⑨刍

第六章 唐朝道宣的《续高僧传·译经篇论》

---

① 既：表示范围的副词，相当于"全""都"。（汉语大字典编辑委员会，2010：1229）
② 綺飾：华丽的妆饰。见《后汉书·刘虞传》和南朝梁简文帝《七励》。（汉语大词典编辑委员会、汉语大词典编纂处，1992a：883）
③ 訛雜：错乱混杂。《后汉书·儒林传论》："其著名高义开门受徒者，编牒不下万人，皆专相传祖，莫或讹杂。"另见南朝梁慧皎《高僧传·唱导·法愿》。（汉语大词典编辑委员会、汉语大词典编纂处，1993a：75-76）
④ 寔：shí，通"實"。《礼记·坊记》："实受其福。"唐李白《为吴王谢责》："驽拙有素，天实知之。"（汉语大字典编辑委员会，2010：1011）
⑤ 鍾：集聚。《左传·昭公二十一年》："天子省风以作乐，器以钟之，舆以行之。"另见《新唐书·白居易传》。（汉语大字典编辑委员会，2010：4557）
⑥ 季葉：犹季世。汉扬雄《司空箴》："昔在季叶，班禄遗贤。"唐李白《赠常侍御》诗："大贤有卷舒，季叶轻风雅。"（汉语大词典编辑委员会、汉语大词典编纂处，1989b：211）
⑦ 本實：本来的真实含义。唐孔颖达《〈周易正义〉序》："易者易也，音为难易之音，义为简易之义，得纬文之本实也。"（汉语大词典编辑委员会、汉语大词典编纂处，1989b：718）
⑧ 詞鋒：亦作"詞峰"，文辞的锋芒，喻文辞造诣高。唐卢照邻《益州至真观主黎君碑》："词峰云郁，触剑石以飞扬；义壑泉奔，横玉轮而浩荡。"另见唐王勃《上武侍极启》。（汉语大词典编辑委员会、汉语大词典编纂处，1993a：122）
⑨ 掇：拾取。见《诗·周南·芣苢》和《韩非子·五蠹》。（汉语大字典编辑委员会，2010：2021）

芻①，郑聲②難偃③。原夫④大覺⑤希言⑥，絶⑦世特立⑧，八音⑨四辯⑩，演暢⑪

---

① 芻蕘：1. 割草采薪。《孟子·梁惠王下》："文王之囿方七十里，芻蕘者往焉，雉兔者往焉，与民同之。"另见《隋书·炀帝纪下》。2. 浅陋的见解，多用作自谦之辞。唐刘禹锡《为杜相公让同平章事表》："辄抒事理，冀尽刍荛。"（汉语大词典编辑委员会、汉语大词典编纂处，1988：190）

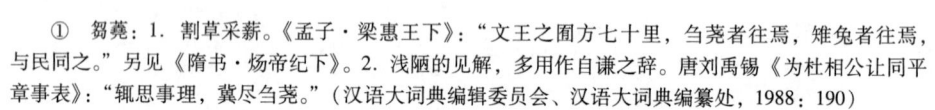

② 郑聲：原指春秋战国时郑国的音乐，因与孔子等提倡的雅乐不同，故受儒家排斥。此后，凡与雅乐相悖的音乐，甚至一般的民间音乐，均被崇"雅"黜"俗"者斥为"郑声"。见《论语·卫灵公》《五经异义·鲁论》和南朝梁刘勰《文心雕龙·乐府》。（汉语大词典编辑委员会、汉语大词典编纂处，1992b：691）

③ 偃：隐藏。《淮南子·俶真》："命偃其聪明而抱其太素。"另见《北史·周本纪上》。（汉语大字典编辑委员会，2010：224）

④ 夫：fú，助词，用于句中。《周礼·秋官·司烜氏》："掌以夫遂取明火于日，以鉴取明水于月。"郑玄注引郑司农云："夫，发声。"（汉语大字典编辑委员会，2010：564－565）

⑤ 大覺：指佛陀。南朝宋谢灵运《佛赞》："惟此大觉，因心则灵。"另见北齐颜之推《颜氏家训·归心》和宋岳珂《桯史·献陵疏文》。（汉语大词典编辑委员会、汉语大词典编纂处，1988：1401）

⑥ 希言：少言，少说话。一说指平淡无味的话。《老子》："希言自然。"河上公注："希言者，是爱言也。爱言者，自然之道。"按，爱，吝惜。（汉语大词典编辑委员会、汉语大词典编纂处，1989a：696）

⑦ 絶：抛弃，免除。见《左传·哀公十五年》《老子》第十九章。（汉语大字典编辑委员会，2010：3621）

⑧ 特立：谓有坚定的志向和操守。《礼记·儒行》："儒有委之以货财，淹之以乐好，见利不亏其义；劫之以众，沮之以兵，见死不更其守……其特立有如此者。"《东观汉记·周泽传》："少修高节，耿介特立。"宋欧阳修《〈苏氏文集〉序》："其始终自守，不牵世俗趋舍，可谓特立之士也。"（汉语大词典编辑委员会、汉语大词典编纂处，1990b：261）

⑨ 八音：佛所特有的八种声音：极好音、柔软音、和适音、不误音、不女音、尊慧音、深远音和不竭音。（慈怡，1988：292）

⑩ 四辯：指四无碍解，梵语"catasraḥ pratisaṃvidaḥ"，略作四无碍、四解、四辩，指四种自由自在而无所滞碍之理解能力（智解）及言语表达能力（辩才），均以智慧为本质，故称为四无碍智，包括法无碍解（dharma-pratisaṃvid）、义无碍解（artha-pratisaṃvid）、词无碍解（nirukti pratisaṃvid）、辩无碍解（pratibhāna-pratisaṃvid）。（慈怡，1988：1778）

⑪ 演暢：阐明，阐发。晋葛洪《抱朴子·释滞》："古人质朴……解之又不深远，不足以演畅微言，开示愤悱，劝进有志，教戒始学。"宋王禹偁《谢除礼部员外郎知制诰启》："敢不慎修儒行，演畅皇猷，庶凭翰墨之功，少答陶镕之力。"（汉语大词典编辑委员会、汉语大词典编纂处，1990b：107）

無垠①；安②得凡懷③，虛④參⑤聖慮⑥，用爲標⑦擬⑧，誠非立言⑨。雖復⑩樂

第六章　唐朝道宣的《续高僧传·译经篇论》

---

① 無垠：无边际。《楚辞·远游》："道可受兮而不可传，其小无内兮其大无垠。"唐王维《送秘书晁监还日本国》诗序："乾元广运，涵育无垠。"（汉语大词典编辑委员会、汉语大词典编纂处，1991a：122）

② 安：表示疑问的副词，相当于"岂""怎么"。《左传·宣公十二年》："暴而不戢，安能保大?"《论语·先进》："安见方六七十如五六十而非邦也者?"《史记·高祖本纪》："安得猛士兮守四方!"（汉语大字典编辑委员会，2010：980）

③ 懷：畏惧。唐元钟《思元极》："思不从兮空自伤，心搔揖兮意惶懷。"（汉语大字典编辑委员会，2010：2538）

④ 虛：副词，徒然，白白地。《汉书·匡衡传》："是以群下更相是非，吏民无所信。臣窃恨国家释乐成之业，而虚为此纷纷也。"（汉语大字典编辑委员会，2010：3015）

⑤ 參：cān，杂。《商君书·来民》："彼土狭而民众，其宅参居而并处。"另见唐魏征《论时政疏》。（汉语大字典编辑委员会，2010：422）

⑥ 聖慮："聖"应指佛陀。"慮"：意念，心思。《楚辞·卜居》："心烦虑乱，不知所从。"另见唐李白《化城寺大钟铭》。（汉语大字典编辑委员会，2010：2508）

⑦ 標：榜样，准的。《晋书》："桢之曰：'亡叔一时之标，公是千载之英。'"又见《马隆传》。（汉语大字典编辑委员会，2010：1369）

⑧ 擬：指向，比画。唐玄应《一切经音义》卷十六："拟，向也。"另见《汉书·苏建传附苏武》和《北史·贺拔允传》。（汉语大字典编辑委员会，2010：2093）

⑨ 立言：1. 指著书立说。《左传·襄公二十四年》："大上有立德，其次有立功，其次有立言，虽久不废，此之谓不朽。"另见晋葛洪《抱朴子·行品》。2. 泛指写文章。南朝梁刘勰《文心雕龙·章句》："夫人之立言，因字而生句，积句而成章，积章而成篇。"（汉语大词典编辑委员会、汉语大词典编纂处，1991b：374）

⑩ 雖復：犹纵令。三国魏嵇康《家诫》："虽复守辱不已，犹当绝之。"另见北周庾信《周上柱国齐王宪神道碑》。（汉语大词典编辑委员会、汉语大词典编纂处，1993a：849）

説①不窮②，隨③類各④解，理開⑤情⑥外，詞逸⑦寰中⑧，固⑨當斧藻⑩標⑪奇⑫，文高金玉⑬，方可聲通天樂⑭，韻過⑮恒致⑯。近者晉宋，顏謝⑰之文，世尚企⑱

---

① 樂說：就是四无碍解之一的辯无疑解（pratibhāna-pratisaṃvid），又作辯无碍智、辯无碍辯、乐说无碍解、乐说无碍智、乐说无碍辯、应辯。谓随顺正理而宣扬无碍；或亦称乐说，系为随顺对方之愿求而乐于为之巧说，故称乐说。（慈怡，1988：1778）

② 不窮：无穷尽，无终极。《老子》："大成若缺，其用不敝。大盈若冲，其用不穷。"另见三国魏何晏《景福殿赋》。（汉语大词典编辑委员会、汉语大词典编纂处，1986：469）

③ 隨：顺着，顺应。《书·禹贡》："禹敷土，随山刊木，奠高山大川。"（汉语大字典编辑委员会，2010：4473）

④ 各：副词，皆。《书·盘庚下》："各非敢违卜，用宏兹贲。"另见《春秋繁露·阳尊阴卑》。（汉语大字典编辑委员会，2010：631）

⑤ 開：通达，通过。《小尔雅·广诂》："开，达也。"《文选·雪赋》："始缘甍而冒栋，终开帘而入隙。"（汉语大字典编辑委员会，2010：4362）

⑥ 情：指有情，梵语"sattva"，巴利语"satta"，音译为萨埵等，旧译为众生，生存的意思。有识、有灵等也是有情的异称。（慈怡，1988：2441）

⑦ 逸：超绝。《三国志·蜀志·诸葛亮传》："亮少有逸群之才。"另见《文选·答卢谌诗一首并书》。（汉语大字典编辑委员会，2010：4108）

⑧ 寰中：宇内，天下。晋孙绰《喻道论》："焉复睹夫方外之妙趣、寰中之玄照乎？"另见唐王勃《拜南郊颂序》。（汉语大词典编辑委员会、汉语大词典编纂处，1989a：1635）

⑨ 固：副词，必然，一定。《左传·桓公五年》："蔡、冲不枝，固将先奔。"另见唐柳宗元《封建论》。（汉语大字典编辑委员会，2010：772）

⑩ 斧藻：修饰。汉扬雄《法言·学行》："吾未见好斧藻其德，若斧藻其楶者也。"另见《文选·三月三日曲水诗序》。（汉语大词典编辑委员会、汉语大词典编纂处，1990b：1057）

⑪ 標：标致，美好。宋高似孙《剡录·草木禽鱼诂》："绿叶抽条，生于首峰之侧；紫花标色，出自郑岩之下。"（汉语大字典编辑委员会，2010：1369）

⑫ 奇：qí，美好，美妙。《乐府诗集·杂曲歌辞·焦仲卿妻》："今日违情义，恐此事非奇。"（汉语大字典编辑委员会，2010：577）

⑬ 金玉：1. 黄金与珠玉，珍宝的通称。《左传·襄公五年》："无藏金玉，无重器备。" 2. 比喻珍贵和美好。《诗·小雅·白驹》："毋金玉尔音，而有遐心。"另见晋葛洪《抱朴子·钧世》和唐韦应物《郡斋雨中与诸文士燕集》诗。（汉语大词典编辑委员会、汉语大词典编纂处，1993a：1142）

⑭ 天樂（yuè）：犹仙乐，常借指美妙的音乐。唐沈佺期《峡山寺赋》："仙人共天乐俱行，花雨与香云相逐。"（汉语大词典编辑委员会、汉语大词典编纂处，1988：1447）此处的天乐应指佛教的法音。

⑮ 過：至，到达。唐裴迪《竹里馆》："来过竹里馆，日与道相亲。"另见宋范成大《自天平岭过高景庵》。（汉语大字典编辑委员会，2010：4105-4106）

⑯ 致：志向，目标。《易·系辞下》："天下何思何虑？天下同归而殊涂，一致而百虑。"《晋书·祖逖传》："虽有才望，无弘致远识。"（汉语大字典编辑委员会，2010：3008）

⑰ 顏謝：指南朝宋诗人颜延之、谢灵运。《宋书·颜延之传》："延之与陈郡谢灵运俱以词彩齐名，自潘岳、陆机之后，文士莫及也，江左称颜谢焉。"（沈约，2000：1257）

⑱ 企：希求，企及。晋郭璞《江赋》："塞童不能企其景。"《文中子·天地》："程元曰：'不敢企（董）常。'"（汉语大字典编辑委员会，2010：149）

而無比①，況②乖③於此，安可言乎？必踵④斯蹤，時俗變矣⑤，其中蕪亂，安足涉言？往者西涼⑥法讖⑦，世號⑧通人，後秦童壽⑨，時稱⑩僧傑，善披⑪文意⑫，妙顯經心，會達言方，風骨⑬流便⑭，弘衍於世，不虧傳述。宋有開士⑮

---

① 無比：无与伦比。《汉书·霍去病传》："于今尊贵无比。"另见唐权德舆《杂兴》诗之四。（汉语大词典编辑委员会、汉语大词典编纂处，1991a：101）

② 况：副词，表示程度加深，相当于"愈""更加"。《诗·小雅·出车》："忧心悄悄，仆夫况瘁。"《国语·晋语一》："以众故不敢爱亲，众况厚之。"（汉语大字典编辑委员会，2010：1700）

③ 乖：差错。《后汉书·郭玉传》："针石之间，毫芒即乖。"《辽史·穆宗纪下》："朕醉中处事有乖，无得曲从。"（汉语大字典编辑委员会，2010：44）

④ 踵：跟踪，跟随。唐玄应《一切经音义》卷四引《说文》曰："踵，相迹也。"《左传·昭公二十四年》："爱踵筮，而疆场无备，邑能无亡乎？"另见《汉书·武帝纪》。（汉语大字典编辑委员会，2010：3969）

⑤ 矣：语气词，表示必然。《老子》第七十四章："夫代大匠斲者，希有不伤其手矣。"另见《汉书·食货志》。（汉语大字典编辑委员会，2010：2763）

⑥ 西凉：古时凉州泛指今甘肃河西走廊及青海温水流域一带。（魏嵩山，1995：129）东晋时，凉州曾先后有五个凉国，根据《中国历史大辞典》分别是：前凉（301—376），从张轨起历76年；后凉（386—403），为吕光所建，历18年；南凉（397—414），为鲜卑族人所建，历18年；北凉（399—439），卢水胡沮渠氏所建，凡39年；西凉（400—420），为汉人李暠所建，历21年。合称"五凉"。

⑦ 法讖：读道宣撰《集神州三宝感通录》卷二和道世撰《法苑珠林》卷十三，其中都说"法讖译大涅槃"，后"北凉河西王蒙逊"，"乃使刺客害之"。（T2106，52.418a10-26；T2122，53.387b10-26）这明显讲的是北凉僧人昙无谶汉译《大涅槃经》的史实。这里的"法讖"应指的是昙无谶。

⑧ 號：称谓，给以称号。《左传·昭公四年》："未问其名，号之曰'牛'。"《韩非子·五蠹》："有圣人作，构木为巢以避群害，而民悦之，使王天下，号曰有巢氏。"另见《汉书·陈胜传》和唐刘禹锡《巫山神女庙》。（汉语大字典编辑委员会，2010：3016）

⑨ 童壽：鸠摩罗什。

⑩ 時稱：犹时誉。唐李肇《唐国史补》卷上："昂（郗昂）有时称，忽一日触犯三人，举朝嗟叹。"另见宋王谠《唐语林·企羡》。（汉语大词典编辑委员会、汉语大词典编纂处，1990a：704）

⑪ 披：分析，辨析。《魏书·礼志一》："臣等承旨，披究往说，各有其理。"（汉语大字典编辑委员会，2010：1969）

⑫ 文意：文辞的意义，文章的意境。见《汉书·王莽传下》和南朝梁刘勰《文心雕龙·宗经》。（汉语大词典编辑委员会、汉语大词典编纂处，1990b：1538）

⑬ 風骨：指诗文书画的风格。《魏书·祖莹传》："文章须自出机杼，成一家风骨。"另见南朝齐谢赫《古画品录·曹不兴》和《法书要录》卷六引唐窦臮《述书赋下》。（汉语大词典编辑委员会、汉语大词典编纂处，1993b：604）此处指译文的风格。

⑭ 流便：指文笔流畅，不滞涩。《南史·任昉传》："任昉晚节转好著诗，欲以倾沈，用事过多，属辞不得流便。"另见宋阮阅《增修诗话总龟》卷二二。（汉语大词典编辑委员会、汉语大词典编纂处，1990a：1265）

⑮ 開士：也是高僧的尊号。（慈怡，1988：5298）

慧嚴①、寶雲②，世③係④賢明⑤，勃興⑥前作⑦，傳度廣部⑧，聯輝⑨絶⑩蹤⑪；

---

① 慧嚴：应指智严。（慈怡，1988：5039）本句提到的两个事迹都属于刘宋时的智严。一是在427年与宝云共译佛经。二是智严尝就自得之戒律怀有疑虑，且"积年禅观而不能自了"，遂重至天竺；偶遇罗汉比丘而问其事，然亦未得判解。师"乃为严入定，往兜率宫谘于弥勒"（释慧皎，1992：100），获得戒之印可。

② 寶雲：参见第五章第二节的注释。

③ 世：副词，从来。（汉语大字典编辑委员会，2010：16）

④ 係：是，属。用例见宋苏轼《相度准备赈济第三状》和元关汉卿《窦娥冤》第四折。（汉语大字典编辑委员会，2010：200）

⑤ 賢明：有才德有见识（的人）。《战国策·燕策二》："臣闻贤明之君，功立而不废，故着于《春秋》。"用例另见汉王褒《圣主得贤臣颂》等。（汉语大词典编辑委员会、汉语大词典编纂处，1992b：239）

⑥ 勃興：蓬勃兴起。《后汉书·冯衍传下》："思唐虞之晏晏兮，揖稷契与为朋；苗裔纷其条畅兮，至汤武而勃兴。"另见《新唐书·儒学传序》。（汉语大词典编辑委员会、汉语大词典编纂处，1988：788）

⑦ 前作：前人的著作。唐柳宗元《与友人论为文书》："而为文之士，亦多渔猎前作，戕贼文史。"另见唐乐朋龟《僖宗皇帝哀册文》。（汉语大词典编辑委员会、汉语大词典编纂处，1988：124 - 125）此处应指佛经。

⑧ 廣部：梵文为"vaipulya"，原指十二部经中的第十类"方广经"，后泛指大乘经典。（任继愈，2002：335）

⑨ 聯輝：笔者认为这指的是智严与宝云联袂汉译佛经。

⑩ 絶：竭，尽。周武王《书井》："源泉滑滑，连旱则绝。"《淮南子·本经》："江河山川，绝而不流。"高诱注："绝，竭也。"另见唐李白《赠华州王司士》。（汉语大字典编辑委员会，2010：3621）

⑪ 蹤：足迹。后作"踪"。（见本节上文注释）

將①非面奉②華胥③，親承詁訓，得④使聲⑤流千載，故⑥其然⑦哉！餘則事義⑧相傳，足開神府⑨。寧⑩得如瓶瀉水⑪，不妄⑫叨⑬流⑭！薄乳之喻⑮，復存今

① 將：jiāng，表示假设的连词，如果，假若。《左传·昭公二十七年》："令尹将必来辱，为惠已甚，吾无以酬之，若何？"另见《孙子·计》和《史记·齐太公世家》。（汉语大字典编辑委员会，2010：2542；2543－2544）

② 面奉：当面受命。五代王定保《唐摭言·慈恩寺题名游赏赋咏杂记》："延英面奉入青闱，亦选功夫亦选奇。"（汉语大词典编辑委员会、汉语大词典编纂处，1993b：382）

③ 華胥：《列子·黄帝》："〔黄帝〕昼寝，而梦游于华胥之国。华胥氏之国在弇州之西，台州之北，不知斯齐国几千万里。盖非舟车足力之所及，神游而已。其国无帅长，自然而已；其民无嗜欲，自然而已……黄帝既寤，怡然自得。"（杨伯峻，1979：41－42）作者借此引出自列子的典故，指智严请罗汉比丘入定亲自面见弥勒咨询事。

④ 得：副词，表示反诘，相当于"岂""难道"，如《庄子·盗跖》："今昔阙然，数日不见，车马有行色，得微往见跖邪？"另见唐杜甫《次晚洲》。（汉语大字典编辑委员会，2010：890）

⑤ 聲：名，名誉。《诗·大雅·文王有声》："文王有声，遹骏有声。"另见《淮南子·修务》和《文心雕龙·情采》。（汉语大字典编辑委员会，2010：2986）

⑥ 故：连词，表示因果。相当于"因此""所以"。《论语·先进》："丞也退，故进之；鱼也兼人，故退之。"（汉语大字典编辑委员会，2010：1557）

⑦ 其然：1. 犹言如此。《论语·宪问》："子曰：'其然，岂其然乎？'"另见《后汉书·党锢传序》和《周书·王杰王勇等传论》。2. 必如此。《左传·襄公二十三年》："〔申丰〕对曰：'其然，将具敝车而行。'"（汉语大词典编辑委员会、汉语大词典编纂处，1988：103）

⑧ 事义：1. 指文章的思想内容。汉王充《论衡·谢短》："《五经》题篇，皆以事义别之。"另见南朝梁刘勰《文心雕龙·附会》。2. 事理，情理。《三国志·魏志·高堂隆传》："苟如此，则可易心而度，事义之数亦不远矣。"（汉语大词典编辑委员会、汉语大词典编纂处，1986：552）

⑨ 神府：犹灵府，谓精神之宅。《晋书·文苑传论》："季鹰纵诞一时，不邀名寿，《黄花》之什，浚发神府。"另见唐骆宾王《上瑕丘韦明府启》。（汉语大词典编辑委员会、汉语大词典编纂处，1991a：867）

⑩ 寧：连词，表示选择。（见第五章第二节注释）

⑪ 如瓶瀉水：唐道宣《广弘明集》卷二〇："又大迦叶召千罗汉结集法藏。阿难从锁须入，诵出佛经一无遗漏，如瓶泻水置之异器。"（T2103，52.245c7－9）这里指完全译出了佛法，没有一点遗漏。

⑫ 妄：胡乱，随意。《庄子·齐物论》："予尝为女妄言之，女亦以妄听之。"另见《文选·高唐赋》。（汉语大字典编辑委员会，2010：1100）

⑬ 叨：谦辞，忝，表示非分的承受。（见本节上文注释）

⑭ 流：传布。《孟子·公孙丑上》："德之流行，速于置邮而传命。"另见唐封演《封氏闻见记·饮茶》。（汉语大字典编辑委员会，2010：1749）

⑮ 薄乳之喻：即鹅王别乳（传说），水乳置之于一器，则鹅鸟但饮乳汁而留水。祖庭事苑五曰："正法念经云：譬如水乳同置一器，鹅王饮之，但饮其乳汁，其水犹存。"玄义五上曰："无明是同体惑，如水内乳。唯登住已去菩萨鹅王，能唼无明乳，清法性水。"此鹅王喻菩萨。（丁福保，1991：2822－2823）（R113，140.b1－9）

日，終虧受誦，足定澆淳①。世有奘公，獨高聯類②，往還震動，備盡③觀④方⑤。百有餘國，君臣謁敬⑥，言議⑦接對，不待⑧譯人，披析幽旨⑨，華戎胥⑩悦⑪。故唐朝後譯，不屑⑫古人，執本⑬陳勘，頻開⑭前失。既闕⑮今乖，未遑⑯

---

① 澆淳：亦作"澆湻"，指浮薄的风气破坏了淳厚的风气。《梁书·武帝纪上》："夫在上化下，草偃风从，世之澆淳，恒由此作。"另见宋陆游《龟堂杂兴》诗。（汉语大词典编辑委员会、汉语大词典编纂处，1990b：120）

② 聯類：联接同类。南朝梁刘勰《文心雕龙·物色》："是以诗人感物，联类不穷。"（汉语大词典编辑委员会、汉语大词典编纂处，1991b：707）

③ 備盡：周备详尽。唐韩愈《谢许受王用男人事物状》："臣才识浅薄，词艺荒芜，所撰碑文，不能备尽事迹。"另见宋陈鹄《耆旧续闻》卷三。（汉语大词典编辑委员会、汉语大词典编纂处，1986：1596）

④ 觀：观察，审察。（见第三章第二节注释）

⑤ 方：地方，区域。《易·系辞上》："故神无方而易无体。"《论语·学而》："有朋自远方来，不亦乐乎？"（汉语大字典编辑委员会，2010：2329）

⑥ 謁敬：晋谒致敬。《后汉书·马援传》："牧守谒敬，同之将军。"（汉语大词典编辑委员会、汉语大词典编纂处，1993a：341）

⑦ 言議：议论，言论。《墨子·公孟》："因左右而献谏，则谓之言议。"另见宋曾巩《移沧州过阙上殿札子》。（汉语大词典编辑委员会、汉语大词典编纂处，1993a：12）

⑧ 不待：用不着，不用。《尹文子·大道上》："善人之与不善人，名分日离，不待审察而得也。"另见《后汉书·逸民传·周党》。（汉语大词典编辑委员会、汉语大词典编纂处，1986：430）

⑨ 幽旨：深奥玄妙的旨趣。《晋书·王湛等传论》："叶宣尼之远契，玩道韦编；遵伯阳之幽旨，含虚牝谷。"另见唐牛肃《纪闻·牛应贞》。（汉语大词典编辑委员会、汉语大词典编纂处，1989b：433）

⑩ 胥：表示范围的副词，相当于"皆""都"。（见第三章第二节注释）

⑪ 悦：悦服，如心悦诚服。《书·武成》："大赉于四海，而万姓悦服。"另见《新唐书·柏耆传》。（汉语大字典编辑委员会，2010：2469）

⑫ 不屑：1. 认为不值得。《诗·墉风·君子偕老》："鬒发如云，不屑髢也。"另见元刘祁《归潜志》卷八。2. 形容轻视。北齐颜之推《颜氏家训·勉学》："至见服虔、张揖音义则贵之，得《通俗》《广雅》而不屑。"（汉语大词典编辑委员会、汉语大词典编纂处，1986：438）

⑬ 執本：把握根本。《管子·君臣下》："有道之君者执本，相执要，大夫执法，以牧其群臣。"另见《汉书·艺文志》。（汉语大词典编辑委员会、汉语大词典编纂处，1988：1132）

⑭ 開：开列，一项一项写出。《古今韵会举要·灰韵》："开，条陈也。"（汉语大字典编辑委员会，2010：4362）

⑮ 闕：què，亏缺，残破。也作"缺"。《礼记·礼运》："三五而盈，三五而阙。"（汉语大字典编辑委员会，2010：4392）

⑯ 未遑：没有时间顾及，来不及。汉扬雄《羽猎赋》："立君臣之节，崇贤圣之业。未遑苑囿之丽、游猎之靡也。"另见南朝梁刘勰《文心雕龙·时序》。（汉语大词典编辑委员会、汉语大词典编纂处，1989b：691）

釐正①，輒②略陳③此，夫復何言！（T2060，50.459a19 – c9）

二、简体原文

引言

0　论曰：观夫翻译之功，诚远大矣，前录所载，无德称焉。斯何故耶？谅以言传理诣，惑遣道清，有由寄也。所以列代贤圣，祖述弘导之风，奉信贤明，宪章翻译之意。宗师旧辙，颇见词人；埏埴既圆，稍功其趣。

第一篇

1.1　至如梵文天语，元开大夏之乡；鸟迹方韵，出自神州之俗。具如别传，曲尽规猷。遂有侥幸时誉，叨临传述，逐啧铺词，返音列喻，繁略科断，比事拟伦，语迹虽同，校理诚异。

1.2　自非明逾前圣，德迈往贤，方能隐括殊方，用通弘致。道安著论，五失易窥；彦琮属文，八例难涉。斯并古今通叙，岂妄登临？

第二篇

2.1　若夫九代所传，见存简录。汉魏守本，本固去华。晋宋传扬，时开义举，文质恢恢，讽味余逸。

2.2　厥斯以降，轻靡一期，腾实未闻，讲悟盖寡。皆由词遂情转，义写情心，共激波澜，永成通式。

2.3　充车溢藏，法宝住持，得在福流，失在讹竞。故勇猛陈请，词同世华，制本受行，不惟文绮。

第三篇

3.1　至圣殷鉴，深有其由，群籍所传，灭法故也，即事可委，况弘识乎？然而习俗生常，知过难改，虽欲徙辙，终陷前踪。

3.2　粤自汉明，终于唐运，翻传梵本，多信译人，事语易明，义求罕见，厝情独断，惟任笔功，纵有覆疏，还遵旧绪。梵僧执叶，相等情乖，音语莫通，是非俱滥。

---

① 釐正：考据订正，整治改正。唐孔颖达《〈毛诗正义〉序》："先君宣父，厘正遗文，缉其精华，褫其烦重。"（汉语大词典编辑委员会、汉语大词典编纂处，1992b：421）

② 辄：副词，即，就。《史记·商君列传》："〔商鞅〕复曰：'能徙者，予五十金。'有一人徙之，辄予五十金，以明不欺。"另见《汉书·吾丘寿王传》。（汉语大字典编辑委员会，2010：3767）

③ 略陈：简要地陈述。汉王褒《圣主得贤臣颂》："敢不略陈愚心，而抒情素。"另见唐刘知几《史通·六家》。（汉语大词典编辑委员会、汉语大词典编纂处，1991a：1356 – 1357）

3.3 至如三学盛典，唯诠行旨，八藏微言，宗开词义，前翻后出，靡坠风猷，古哲今贤，德殊恒律；岂非方言重阻，臆断是授，世转浇波，奄同浮俗？昔闻淳风雅畅，既在皇唐，绮饰讹杂，寔钟季叶，不思本实，妄接词锋，竞掇刍荛，郑声难偃。

3.4 原夫大觉希言，绝世特立，八音四辩，演畅无垠；安得凡懔，虚参圣虑，用为标拟，诚非立言。

3.5 虽复乐说不穷，随类各解，理开情外，词逸寰中，固当斧藻标奇，文高金玉，方可声通天乐，韵过恒致。近者晋宋，颜谢之文，世尚企而无比，况乖于此，安可言乎？必踵斯踪，时俗变矣，其中芜乱，安足涉言？

第四篇

4.1 往者西凉法谶，世号通人，后秦童寿，时称僧杰，善披文意，妙显经心，会达言方，风骨流便，弘衍于世，不亏传述。

4.2 宋有开士慧严、宝云，世系贤明，勃兴前作，传度广部，联辉绝踪；将非面奉华胥，亲承诂训，得使声流千载，故其然哉！

4.3 余则事义相传，足开神府。宁得如瓶泻水，不妄叨流！薄乳之喻，复存今日，终亏受诵，足定浇淳。

4.4 世有奘公，独高联类，往还震动，备尽观方。百有余国，君臣谒敬，言议接对，不待译人，披析幽旨，华戎胥悦。

结尾

5 故唐朝后译，不屑古人，执本陈勘，频开前失。既阙今乖，未遑厘正，辄略陈此，夫复何言！

三、今译

引言

0 我议论说，纵观中土佛经翻译，其功业确实宏伟、由来已久，历代经录所记载的译籍作用巨大，言辞已无法形容。这是什么原因呢？大家都确信用汉语转换和表述佛理是一致的，消除了疑惑，讲清了佛教的体系、门类、方法和原理，其内容和历史等都翻译过来了。有赖于此，中土佛教历代圣贤得以效法佛祖觉悟众生之风范，信奉各代贤明，得以师从汉译佛典精义之教导。各大宗师的行迹都显示其或善于辞章，或长于翻译；道行既成，随即达其究竟。

第一篇　论佛经译者应具备的条件和遵循的原则

1.1 至于梵文梵语产生于古印度，汉字汉语出自华夏神州。其他源流的

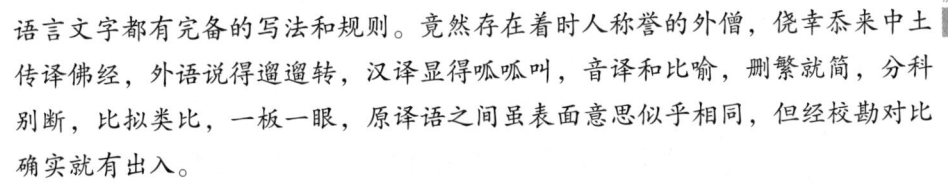

语言文字都有完备的写法和规则。竟然存在着时人称誉的外僧，侥幸忝来中土传译佛经，外语说得遛遛转，汉译显得呱呱叫，音译和比喻，删繁就简，分科别断，比拟类比，一板一眼，原译语之间虽表面意思似乎相同，但经校勘对比确实就有出入。

1.2　倘若不是才胜先贤，德超往圣，怎能概括和规范异域的佛教，充分发挥其作用。东晋道安的论著让我辈不难看到其汉译佛经的五失本准则；读隋朝彦琮撰写的翻译论，可见译者要具备"八备"的条件并不容易。这些都讲明了中土佛经汉译者的通理，居译主之位岂能率尔操觚？

第二篇　论佛经

2.1　至于历代所传译的佛典，现存于各经录。东汉及其以曹魏为代表的三国时期是中土佛典翻译的肇始期，汉译忠实原文，弃绝华丽。两晋至刘宋是佛典翻译的发展期，不时有译事之盛况出现，佛典翻译文质彬彬，读起来兴味盎然。

2.2　自此以后，佛典传译一度华而不实，没听说有多大的切实功绩，因而讲解启悟的事例也很少。汉译用词都要随着实际情况而转变，传译要表达真情实意，词语与真义相互激荡，这永远是传译遵从的通则。

2.3　译出的佛经卷帙浩繁，佛法因而久住人间，优点在于福报得以代代流传，缺点在于翻译错误也逐流而下。所以大胆陈情，用词与世俗荣华之风相符，但止断烦恼、信奉佛教，不在于华丽的文辞。

第三篇　论译场各方弊病

3.1　本土圣人事迹言行、前朝兴亡教训，都有其深刻的缘由，而佛教经籍所流传的是涅槃的法则和原理，这样的事都可以经年累月而成，何况弘法呢？然而习惯成自然，明知有错却难以改正，即使想改弦更张，还是重蹈覆辙。

3.2　自从佛教在东汉明帝时传入中土，到今天的大唐，传译梵本佛经大多依靠译者，但叙事的言语容易翻译明白，讲理的言语译得就模糊；译文最后成形唯赖笔受之功，最后由他酌情独断，即使译场上有过反复的辩论，最后成文还是遵照他的旧思路。梵僧负责原本的解释，同样出差错，因为梵汉语言不通，是非混淆。

3.3　至于佛教戒定慧三学之典籍重在阐明其道理和旨意，八藏典籍言辞精深微妙，其根本也在于义理的表达，前后的译本都译出了这些典籍的风采神韵，古哲今贤虽事迹不同但学说一致，可这些典籍的汉译难道不是有外语重重的障碍，不是有凭臆断就交差的敷衍，还不是受到了浅薄污浊社会风气的影

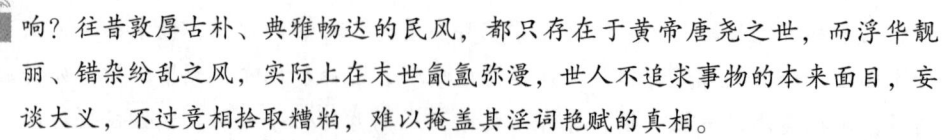

响？往昔敦厚古朴、典雅畅达的民风，都只存在于黄帝唐尧之世，而浮华靓丽、错杂纷乱之风，实际上在末世氤氲弥漫，世人不追求事物的本来面目，妄谈大义，不过竞相拾取糟粕，难以掩盖其淫词艳赋的真相。

3.4 佛陀当初说的话并不多，出世而特行独立，以其特有的八音和四辩之智慧、理解、表达和化度能力，阐发弘扬无限的佛法；佛陀岂有凡人畏惧之心，徒然掺和自己的圣智，还把凡心当作榜样，这确实不是佛陀立言之道。

3.5 虽然佛陀以辩无碍智的说法无穷无尽，当然能顺应各类众生，且使他们都能理解，佛讲的道理已超越众生范围，用词遣句也超越世间，但是译者成文还是必须修饰优美，有一流的文采，才可以其声通法音，以其韵达佛教永恒的目标。近一点的南朝宋颜延之、谢灵运诗文之美，世人尚且钦仰得无与伦比，而汉译佛经的文采比这还差，怎么说得过去？可非去赶世人好文采的时尚，而时尚必定要变，这世俗的浑水又怎能趟涉？

第四篇　史上优秀译者论

4.1 史上西凉的昙无谶，世人称他为通人，后秦的鸠摩罗什，时人誉其为僧杰，他们善于分析经意，妙手表达佛法，精通外语、擅长翻译，其汉译文优美的风格和流畅的文笔，世人传为佳话，世人的赞誉当之无愧。

4.2 刘宋有高僧智严、宝云，本来就德才兼备，重振译经大业，二人联手汉译大乘诸佛经；若不是智严再入天竺，使罗汉比丘入定，升兜率宫当面受教于弥勒，他岂能名留青史，岂能有这么大的成就啊！

4.3 史上其余高僧汉译佛经，其事其理相互阐释，足以开启智慧。他们宁愿译文做到万无一失，也不做不合格的译者来胡乱传译！鹅王别乳那样的受法之才幸好至今犹存，就算有的信徒接受佛法不足，但中土译出之经典足以廓定浮薄的风气。

4.4 当世玄奘法师是佛典汉译的翘楚，离开和回到大唐都震动朝野，周游西域和天竺列国，学富五车。沿途一百多个国家的君臣都向他晋谒致敬，无论日常对话还是议论以及待人接物他都不用译人，分析佛法深奥玄妙的旨趣，使中外诚服。

结尾

5 唐朝当今所汉译的佛经傲视古人的汉译，对照原本，校勘之前各个译本，陆续刊列了以前的错误。缺少今天的错误译例，就来不及考据订正，即点到为止，还能再说什么呢！

本节结论

《续高僧传·译经篇论》文字艰深，有些许骈文的特点，用典有出自本土典籍，又有来自佛经，加上佛教术语的运用，详细注释和精读若干遍才能抓住其要旨。如无读大藏经积累的学养和经验，这篇翻译论很可能读得云里雾里。

第三节　《续高僧传·译经篇论》翻译理论及篇章结构分析

道宣这篇翻译论只有896个字（带句读），篇幅小，但依然有自己的主题、内容和篇章结构。论文分四篇含16段，中心思想就是中土的佛典翻译。

一、引言

0段：确定佛经译史基调：论译作和译者

开篇定下了中土佛经翻译史论的基调，确定了该翻译论的两个主要内容，一是要论译作，二是要论译者。

二、第一篇　论佛经译者应具备的条件和遵循的原则

本篇先论中外语言文字不同，有人语言能力不过关导致汉译佛典出问题，再论译者的条件。

1.1段：译者语言能力与译典质量

本段首先说梵汉语言文字不同，还存在其他多门外语。然后说有人语言能力不过关翻译佛经出现问题。

1.2段：论佛典译者的德才条件

本段首先强调译者的德才条件。其次，干脆亮出东晋道安汉译佛经的"五失本"准则和隋朝彦琮的"八备"。道安和彦琮把翻译的主客体所应具备的条件都论述得很详细了，所以告诫佛门中人翻译佛典不能率尔操觚。

关于中土佛经译者的德才条件前人道安和彦琮都有论述，道宣完全承袭，没有自己的理论创建。

三、第二篇　论佛经

本篇先评价唐以前的汉译佛典，认为其既有优点又有缺点。然后论述汉译佛典用词的规则。

2.1 段：对东汉至南朝汉译佛典的好评

本段对东汉及三国时期、两晋至南朝刘宋的佛典汉译作了肯定评价。

2.2 段：对隋朝佛典翻译评价不高

本段对北朝的佛典翻译只字不提，对南北朝之后的隋朝持否定态度，说是没有多大的切实功绩，讲解启悟的事例也很少（"轻靡一期，腾实未闻，讲悟盖寡"）。然后讲佛经翻译的用词规则：汉译用词要随实际情况而转变，传译要表达真情实意，词语与真义相互激荡（"皆由词遂情转，义写情心，共激波澜"）。

2.3 段：汉译佛典的优缺点

汉译佛典卷帙浩繁，好处在于佛法因而久住人间，福报得以代代流传，缺点在于翻译错误也逐流而下。信奉佛教不在于华丽的文辞，暗示汉译错误多半是因为世俗用词追求文辞华丽。

关于翻译客体论，以往只有道安的"五失本"，照理应是道宣可以发挥的机会，但只有上面 2.2 段中的一句话："皆由词遂情转，义写情心，共激波澜，永成通式。"这样的论述，不成其为理论。

四、第三篇 论译场各方弊病

译场是分工明确、各有所长和各司其职的有组织的译者集体。中土译场从东晋二秦关中译场起就是官办译场，在最高统治者的支持下，以朝廷官僚机构的方式在运行。这样的佛经译者组织存在着各种弊端。

3.1 段：译场不可避免的弊端之一

本段是第三篇的开场白。虽然建立译场译传佛经是为了行法和弘法，但译场法久弊生，不良积习导致明知有错却难以改正。

3.2 段：译场主要角色之弊

从东汉至大唐，译者译事的言语明白，译理的言语模糊。译本成文笔受有最后决定权，即便大家讨论后也由他独断。执本的梵僧也不时因梵汉语言不通而出差错。

3.3 段：译场不可避免的三个问题

虽然总体而言佛典译场前后的译本都译出了典籍的风采神韵，但典籍汉译不可避免有三个问题：一是外语重重障碍造成的问题，二是有凭臆断就交差的敷衍，三是受浅薄污浊的社会风气影响，世人不追求事物的本来面目，妄谈大义，竞相拾取糟粕，犹好淫辞艳赋。

3.4 段：凡心与佛意的混淆

译场汉译有时把佛陀的圣智与世俗之人的凡心相混淆，并非佛陀立言之道。

上述佛经译场的三方面弊端，其原因都在 3.3 段，论述并不充分。

3.5 段：佛典本身文采与世俗好文之间的调和

汉译佛典有一流的文采，才可以达到佛教的宗旨，所以汉译佛经的文采不能亚于南朝宋颜延之、谢灵运诗文之美。而佛经正常文采与世人好文采的时尚之间如何调和？

本段提出了问题，但没有揭示问题的成因，也没有指出解决问题的方法。

五、第四篇　史上优秀译者论

4.1 段：西凉的昙无谶和后秦的鸠摩罗什

赞扬西凉的昙无谶是通人，后秦的鸠摩罗什为僧杰，他们善于分析经意，妙手表达佛法，精通外语，擅长翻译，其汉译文风格优美、文笔流畅。

4.2 段：刘宋高僧智严和宝云译典成就非凡

刘宋高僧智严、宝云，本来就德才兼备，二人联手汉译大乘诸佛经；智严再入天竺，使罗汉比丘入定，升兜率宫当面受教于弥勒，汉译佛典名留青史、成就非凡！

4.3 段：史上其余合格的译典高僧

本段赞扬史上其余高僧翻译佛经，足以开启智慧，其译文万无一失，是合格的译者。

4.4 段：玄奘法师是当世唐朝译典的翘楚

当世玄奘法师是佛典翻译的翘楚，对西域和天竺列国了解深入，对多门外语掌握充分，都可谓世之奇才；他分析佛法深奥玄妙的旨趣，使中外诚服。唐朝当今所译的佛经傲视古人的翻译，迄今最好。

本段罗列了历代优秀译者，但最后并没有在理论上归纳总结他们的优点。

六、结尾

5 段：唐朝译经有史以来最佳

以赞扬唐朝汉译佛经为有史以来最佳为全文作结。

这个结尾可以说很潦草，根本不能算对全文的总结和归纳。

七、全文的内容和结构

《续高僧传·译经篇论》全文的内容和结构如表 6-1 所示：

表 6-1　《续高僧传·译经篇论》全文的内容和结构

篇、段及主题	字数（个）	占比（%）
引言		
0 确定佛经译史基调：论译作和译者	89	9.93
第一篇　论佛经译者应具备的条件和遵循的原则		
1.1 译者语言能力与译典质量	72	8.04
1.2 论佛典译者的德才条件	54	6.03
小计	126	14.06
第二篇　论佛经		
2.1 对东汉至南朝汉译佛典的好评	39	4.35
2.2 对隋朝佛典翻译评价不高	37	4.13
2.3 汉译佛典的优缺点	37	4.13
小计	113	12.61
第三篇　论译场各方弊病		
3.1 译场不可避免的弊端之一	48	5.36
3.2 译场主要角色之弊	63	7.03
3.3 译场不可避免的三个问题	98	10.94
3.4 凡心与佛意的混淆	39	4.35
3.5 佛典本身文采与世俗好文之间的调和	88	9.82
小计	336	37.50
第四篇　史上优秀译者论		
4.1 西凉的昙无谶和后秦的鸠摩罗什	52	5.80
4.2 刘宋高僧智严和宝云译典成就非凡	53	5.92
4.3 史上其余合格的译典高僧	42	4.69
4.4 玄奘法师是当世唐朝译典的翘楚	48	5.36
小计	195	21.76
结尾		

篇、段及主题	字数（个）	占比（%）
5 唐朝译经有史以来最佳	37	4.13
总计	896	100.00

本节结论

从内容看，除了引言和结尾段，第一、第三和第四篇都在论译者（译场是有组织的译者集体），占总字数的73.32%以上；第二篇论历代的佛经，占总字数的12.61%。所以，这篇中土佛经翻译史论以中土佛典译者论为主，译作论为辅。每篇内容分段就可以，不需要向下进行二级甚至三级划分，说明这篇翻译论理论结构较为简单。

第四节 道宣翻译论的汉英翻译问题

关于道宣这篇翻译论，笔者上文不仅有作者生平研究，还对原文作了详尽的注释，包括文言训诂和佛教术语的注释并有今译文，也研究了道宣这篇翻译论的篇章结构，已有结论。笔者立足于上述研究考察现有英译本。

中国历史上最早刊刻的大藏经是北宋初年的《开宝藏》，金代根据《开宝藏》的版式翻刻的大藏经称之为《赵城金藏》，二者已收录有《续高僧传》的三十卷本。（道宣，2014：7-8）《续高僧传》入藏时间甚早，是汉文佛典的一部分。汉文佛典用语既有文言又有当时口语的成分，还有大量的佛经原典语言成分，其语体属于汉语的特殊语言变体，可称为佛教混合汉语（朱庆之，1992：8-15）。

解释文言必须要用传统训诂的方法，即根据汉字的字形、字声寻求字义，或核证以文献，或考察以社会，这些都是行之有效的寻求古汉语字词语义的科学方法。（陆宗达，2002：170）解释文言字或词义的正确途径是先推求字词的本义，即尽量推溯最原始和核心的意义，然后沿着词义发展的线索找出其引申义。（陆宗达，2002：4-5）古汉语的虚词具有语法功能，这也是训诂的常识。如果解释文言不顾虚词的含义，实词不讲本义和引申义的规律，或者不讲究语法和语言风格，可断为不讲训诂。历代训诂研究的精髓和汉语字词的层累性的语义都收录在当今最优秀的字典和词典里。追寻文言语义要以相关权威字典和词典为根据和基础，而文言字词义项在不同语境下的取舍乃由解释者的相

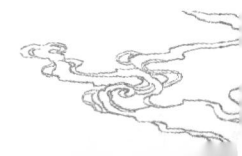

关学问水平而定。若翻译古文献某字或词，其义不在最权威的字词典收录的范围，或超出了词义发展的时代界限，前者是臆译，后者是不合时宜。另外，解释佛教术语必须以相关佛教专业工具书或大藏经为准，仅凭个人肤浅的见解进行字面解释，也可视为不讲训诂。

笔者认为，汉英翻译《续高僧传·译经篇论》，起码的要求是英译本底本来源应该可靠，此其一；翻译应该讲究训诂，此其二；译本说理应该与原文一致，此其三。下面我们来看这篇翻译论时下流行的一个英译本是否达到了这三个要求。

一、原本的可靠性

道宣这篇翻译论有香港学者余丹和张佩瑶（以下简称余张）联袂翻译的英译本，宣称也采用了罗新璋收录的本子为底本 "text prepared by Luo Xinzhang"（Yue & Cheung, 2006：149-152），而罗新璋收编的道宣论文题目是"大恩寺释玄奘传论"，且宣称出自《全唐文》卷九一一（罗新璋，1984：50）。《全唐文》卷九一一确有这么一篇放在道宣名下的论文，但并没有指明出处（董诰等，1983：9497-9498）；况且《全唐文》中华书局的"出版说明"告诫读者说，该书的严重缺陷之一就是"采辑群书不注出处"（董诰等，1983：5）。那么问题就来了，两位英译者标出的"续高僧传"的"译经篇（四）附论"（Yue & Cheung, 2006：149）与罗新璋当年收录的"大恩寺释玄奘传论"是什么关系？而后者究竟出自何处？

二、开篇引言段的英译问题

道宣这篇翻译论总共 16 段，分为四篇，引言段是全文的关键，定下了本文的翻译史论基调。

1. 首段中心论点的英译

原文开篇段第一句"观夫翻译之功，诚远大矣"，这是原文这段的中心论点。

首先，这里的"观"，笔者认为是"纵观"的意思（参见本章第二节注释），这是道宣站在自己时代的立场回顾过去，是动词，在英译文开篇首句这个词一点痕迹都没有了（Yue & Cheung, 2006：149）。这是英译的第一个变化。

其次，"功"的本义为功绩、功业（参见本章第二节注释），显然此处应指功业或伟大事业。"功"字前面虽仅有"翻译"二字，连在一起指的是中土

佛经翻译的宏伟事业，应是特指，可是，余张二人的英译文是"The contributions of translation"（翻译的贡献）（Yue & Cheung，2006：149），这成了泛论翻译的贡献。原文特指中土佛经翻译史论的基调，英译成了泛指，变换成了纯翻译论的基调。这是英译不该有的第二个翻译之变。英译者这种在目标文本中所进行的泛化处理导致源文本特定意义缺失的翻译行为，在翻译学上称之为欠额翻译（undertranslation）（Shuttleworth & Cowie，2004：191），在翻译批评中常把它略称为欠翻译。

再次，"远大"二字应该分开理解，"远"此处指历史的久远，即指时间漫长（参见本章第二节注释），否则意思就是不限于目前的长远（汉语大词典编辑委员会、汉语大词典编纂处，1992b：1121），着眼于未来，这样的时间基调与整篇论文史论的时间基调就不甚调和。可是，余张二人此处的英译就是"are far-reaching"（深远的）（Yue & Cheung，2006：149），结合英语的一般现在时①和"far-reaching"的含义来看，这是指向未来。从时间定位而言，原文是论述中土翻译史，向后（站在原作者的立场）指向过去，而英译文是向前指向未来。这是英译不该有的第三个变动。

原文开篇第一句是原文开篇段的核心观点，也为全文定下了中土翻译史论的基调，其意思是"我议论说，纵观中土佛经翻译，其功业确实宏伟、由来已久，历代经录所记载的译籍作用巨大，言辞已无法形容"。而这段英译文与原意有很大的差距，存在着上述三个不该有的扭曲变化，其一是漏译原句前部的"观"，二是特指变泛指，三是论过去变成论未来，其中第二、第三处的扭曲是致命的误译。

2. 第一个论据的英译

这段提出上述中心论点以后，作者证之以三个论据。第一个论据是中土佛典翻译起到了应有的作用，原文说得很精炼："谅以言传理诣，惑遣道清，有由寄也。"这里的"言"具体指的是中土佛经汉译之言，应是特指，但是余张的英译还是"translation"（Yue & Cheung，2006：149），这说明她们还是延续上述泛论翻译的纯翻译论思路，把"言"仅英译为"translation"，这与此处语境、文章主题和内容不符。

"理诣"的"理"指佛理而不是余张英译成的、又泛化处理的任何道理"ideas"（Yue & Cheung，2006：149）。"惑遣"指消除了中土学佛者的疑惑，

---

① 英语一般现在时表示经常或习惯的动作、现在的状态、普遍真理及某些条件下的未来情况，仅在非常特殊的情况下可表示过去，如小说或新闻的戏剧性描述等。（张道真，1979：114-118）

而不是余张英译的消除了任何人的一切疑惑"eliminating doubts"（Yue & Cheung，2006：149），"道清"指讲清了佛教的体系、门类、方法和原理，而不是余张英译的澄清了泛泛而论的思想"clarifying thoughts"（Yue & Cheung，2006：149）。

此处的"有"与"无"相对，表存在、拥有（参见本章第二节注释），在此语境中应指佛教内容。"由"指经由、经历（Yue & Cheung，2006：149），在此特指佛教的历史。"寄"指传达、送交，又可以指古代译传东方语言的官（Yue & Cheung，2006：149），此处是动词，指翻译过来的意思。这三个词余张都漏译了，可以说原文明显存在的内容没有译出来。

所以，余张英译本段第一个论据，把其中的关键词"言""理诣""惑遣"都进行了泛化处理，欠翻译，削弱了原来的论证力度，加之漏译句尾的"有由寄也"，使这部分英译文基本上失去了原文那种支撑本段中心论点的作用。

3. 第二个论据的英译

原文："所以列代贤圣，祖述弘导之风，奉信贤明，宪章翻译之意。"这句意思是"有赖于此，中土佛教历代圣贤得以效法佛祖觉悟众生之风范，信奉各代贤明，得以师从汉译佛典精义之教导"。这还是在说中土佛典翻译所起的巨大作用。这句的主语"列代贤圣"，应特指中土佛教的历代贤圣，而余张英译的"sages"（Yue & Cheung，2006：149），又是泛指，这样中土的佛教圣贤与印度的佛教圣贤就分不清了。"宪章翻译之意"余张英译成"laid down the principles of translation"（Yue & Cheung，2006：149）（回译："制定了若干翻译准则"），译错了。

"宪章"是文言动词，效法的意思（参见本章第二节注释），比如《礼记·中庸》曰"仲尼祖述尧舜，宪章文武"，没有制定的意思；再者，此处原文"翻译之意"的"意"训不出原则、准则（principle）的义项，连引申义都没有。

余张的英译文："<u>In ages past, sages passed down from generation to generation the story of the Buddha, who went in quest of enlightenment and eventually founded the great tradition</u>, and they followed the teachings of his disciples and laid down the principles of translation."（Yue & Cheung，2006：149）回译："历代贤圣传扬佛陀求觉悟、终于创佛教的事迹，且遵循佛陀各弟子的教诲，还制定了若干翻译准则。"英译句子前部（下画直线部分）臃肿，后部（下画波浪线部分）意思也不到位或有错，尤其把原句中的关键部

分"宪章翻译之意"英译错了,这也使其丧失了本应有的支持本段中心论点的作用。

4. 第三个论据的英译

原文:"宗师旧辙,颇见词人;埏埴既圆,稍功其趣。"其意是说中土各大宗师的行迹都显示其或善于辞章,或长于翻译;道行既成,随即达其究竟。这无非是说,中土有佛教修养深厚和成就极高的各大宗师,他们要么文采飞扬,要么善于翻译。这还是赞扬中土佛典翻译的功绩,是支持本段中心论点的第三个论据。注意这句中的"词人"是本句的关键词,既指擅长文辞(骚赋诗词)的人(参见本章第二节注释),又指善于佛经翻译的人。

而这句余张的英译文:"By following the early masters' views on translation and adopting their works as models, a goodly number of translators with literary flair appeared. When the basic formats were laid down, greater artistry was achieved."(Yue & Cheung, 2006:149)回译成中文:"大批有文采的译者遵循先师的译论,以其翻译作品为典范涌现而来。当基本格局确定后,取得了更大的艺术效果。"画线部分都过于脱离原意,存在臆译的成分。原文关键词"词人"意义并没有充分英译出来,原文所说的佛经翻译曾有过的巨大作用也没有译出来,从而无法支持本段论点。

所以,余张英译这段的中心论点有三个上述致命的扭曲和误译。英译这段第一个论据,泛化其中的关键概念,欠翻译,削弱了原来的论证力度,还漏译了其中的关键概念。英译第二个论据又误译其中的关键词。英译第三个论据用了很大的篇幅,但并没有把其中关键概念的全部内容充分译出来,有欠翻译的毛病,还有臆译成分。总体而言,这篇翻译论第一段的英译有因为不讲训诂造成的误译,还有原因不明的漏译和欠翻译的缺点。这些英译缺陷使这部分英译文基本失去了原文第一段本该有的给全文定下翻译史论基调的作用。

三、第一篇1.1段第一句的英译

这句是在为本段主题"中土佛典译者的德才条件中的才能条件"做论证的铺垫。原句:"至如梵文天语,元开大夏之乡;鸟迹方韵,出自神州之俗。"这句意思是梵文梵语产生于古印度,汉语汉字出自华夏神州文化,这是在说梵汉语言文字的起源问题。

"元开"的"元"指根源或根本。比如《文子·道德》:"夫道者德之元,天之根,福之门,万物待之而生。"又如《资治通鉴·齐明帝建武三年》:"夫土者,黄中之色,万物之元也。"(参见本章第二节注释)"元开"两个字连在

一起应是"开源"的意思，亦作"开原"，指开始出现河流的源头。如先秦道家著作《鹖冠子·泰鸿》有用例，北魏郦道元《水经注·河水四》也有用例。（参见本章第二节注释）但余张把这里的"元开"英译成"came to ...from ..."（从某处来到某处）（Yue & Cheung, 2006：149）。这样英译与原意拉开了相当的距离，因为从大夏来不一定就原产在大夏。

而且，原文的"大夏"不应英译成"Bactria"（Yue & Cheung, 2006：149）。唐代广智撰《悉昙字记》曰："案西域记，其阎浮地之南五天之境，楚人居焉。地周九万余里，三垂大海北背雪山，时无轮王膺运，中分七十余国，其总曰五天竺，亦曰身毒，或云印度，有曰大夏是也。人远承梵王，虽大分四姓，通谓之婆罗门国，佛现于其中，非胡土也。而雪山之北傍临葱岭，即胡人居焉。"（T2132, 54.1186 a27 - b2）。据此可见，古时候中国人有时也把五天竺即印度半岛称为大夏。另外，道宣本人撰《释迦氏谱》卷一曰："今以剡浮一域，中分葱岭西号大夏，五竺统焉。"（T2041, 50.87b7 - 8）据此可知，道宣此处说的大夏在葱岭（今新疆西南帕米尔高原）以西，属五天竺的范围。余张把道宣此处说的"大夏"英译成今天西方学者认定的相当于今天阿富汗和部分中亚地区的"Bactria"（Yue & Cheung, 2006：149），这不符合梵文产生于古印度的历史事实。

原文的"鸟迹"指汉字，也不应英译成"Chinese script"（Yue & Cheung, 2006：149）。"script"这个英语单词指笔迹、手迹、手书、手写体、印刷体、字母表（陆谷孙，2007：1793），根据《韦氏新国际英语足本词典（第三版）》，其词源可上溯到拉丁语，与汉字一点关系都没有，却总与字母文字有关。所以汉字还是英译成"Chinese character"或者"Sinogram"要恰当一些。另外余张还漏译了这句中的"方韵"，与上文的"天语"（梵语）相对仗，"方韵"就是汉语的意思。

所以，这句有四个关键词，前三个都没有英译好，第四个是漏译。

四、第二篇 2.3 段的英译

这段评价唐以前汉译的佛典，指出了其优缺点。原文："充车溢藏，法宝住持，得在福流，失在讹竞。故勇猛陈请，词同世华，制本受行，不惟文绮。"这句的意思：译出的佛经卷帙浩繁，佛法因而久住护持人间，优点在于福报得以代代流传，缺点在于翻译错误也逐流而下。所以大胆陈情，用词与世俗荣华之风相符，但止断烦恼、信奉佛教，不在于华丽的文辞。

余张的英译文："Translations adopting this approach were abundantly

produced and highly treasured. In the positive sense they helped the religion to spread, but in the negative sense they distorted a lot of meanings, for the boldness with which the Buddha's disciples directed difficult questions to him lost its spirit when the questions were couched in a florid style in the translations. The canons have been established as the basis for spiritual training, after all, not for aesthetic appreciation."（Yue & Cheung，2006：150）回译："以这样的方法译出的译作丰富且曾被视为至宝。优点是它们有助于佛教的传播，但缺点是它们又扭曲了许多经意，原因在于佛弟子们以译本中的炫华之辞向佛陀勇猛地提出众多高深的问题，有勇猛之名而无其实。从古至今所创制的藏经乃精神训练之根本，而毕竟不在于审美享受。"英译有以下问题。

1. 不讲究训诂

原文"失在讹竞"，余张把其中的"讹竞"英译成"distorted a lot of meanings"（扭曲许多意义）。这里的"竞"是不及物动词，意思应是"逐"（参见本章第二节注释），在此语境中应指逐流而下；"讹"在此语境中应指佛经翻译错误，英译成许多意义（"a lot of meanings"）又是不讲训诂。

2. 因果颠倒、编造故事和误译

原文"故"是个连词，表明这句在下结论，应是所以的意思（参见本章第二节注释），表示前句说的是原因，后面这句是结果。但是余张把它英译为表示原因的"for"（Yue & Cheung，2006：150），这就倒果为因，因果颠倒，造成下句的英译在凭空编造故事而不是在翻译。

原文"勇猛陈请"不过四个汉字，其中的"勇猛"为大胆的意思（参见本章第二节注释），"陈请"指大胆说理以请求（参见本章第二节注释），怎么会有上述英译文双下划线部分说的那么多故事？

原文"制本受行"，其中"制本"的"制"指禁止、抑制（参见本章第二节注释），"本"是佛教术语，指根本烦恼（参见本章第二节注释），"受行"指信奉佛教（参见本章第二节注释），英译文画波浪线部分又是不讲训诂的误译。

所以，这句的英译有上述不讲训诂、因果颠倒、编造故事和误译的毛病。

五、第三篇两句的英译

本篇的主题是论译场各方翻译弊病。下文对 3.4 段第一句和第二句展开分析。第一句论述有的佛经译者存在着把自己的凡心与佛意相混淆的汉译缺点，第二句说中土佛典译场有的译者汉译缺乏文采。

1. 3.4 段第一句

原文："原夫大觉希言，绝世特立，<u>八音四辩，演畅无垠</u>；<u>安得凡懔，虚参圣虑，用为标拟，诚非立言</u>。"这句的意思：佛陀当初说话并不多，出世而特行独立，以其特有的八音和四辩之智慧、理解、表达和化度能力，阐发弘扬无限的佛法；佛陀岂有凡人畏惧之心，徒然掺和自己的圣智，还把凡心当作榜样，这确实不是佛陀立言之道。这句表面上从头至尾都在说佛陀如何如何，而实际上在说中土有的佛典译者的翻译缺点。

余张的英译文："In itself, [the great enlightenment] needs few words; [the wonderful, unique message] stands apart from this world, and finds full expression in the supple and melodic use of tones and all forms of delivery used by the Buddha. If only [we] could find the man who knows his mortal limitations and surrenders his will to the revelations of the Buddha so that he could propagate the truth single-mindedly rather than asserting his own authorship!"（Yue & Cheung, 2006：150－151）回译："[伟大的觉悟]在其本身无须多言；[美妙而特别的佛意]独立于世，<u>且在佛各种形式说法和流畅悦耳的语调中得以充分表达</u>。要是[我们]能找到那个知其有凡夫种种局限且屈其志于佛陀的种种开示的人，这样他才能诚心诚意宣扬真理，而不是坚持其作者身份，这该多好啊！"

其一，原文整句只有一个主语"大觉"，指佛陀（参见本章第二节注释），英译文（方括号中）有三个主语，第一和第二个主语都与佛沾边，但第三个是"we"（我们），非常奇怪，原句主语都是佛陀，从头至尾都在说佛怎么样，这里的"we"到底指的是原文中的谁，这是莫名其妙地增加了原文所没有的意义？

其二，原文的"八音四辩，演畅无垠"八个字，其中的"八音"是佛陀特有的八种声音（参见本章第二节注释），四辩也是指只有佛陀才有的四种智慧（参见本章第二节注释），这印证了前面的"大觉"指的就是佛陀；"演畅无垠"指阐发弘扬无限的佛法。英语画直线部分用了那么大的篇幅，显然没有把这八个字的意思充分译出来，这是漏译佛教术语或欠翻译。

其三，原文的关键虚词"安"表示疑问，相当于"岂""怎么"（参见本章第二节注释），余张英译成"if only"（要是……该多好啊！）又是不讲训诂造成误译原文虚词。

原文"凡懔"的"懔"是畏惧的意思（参见本章第二节注释），"虚参圣虑"中的"虚"是徒然的意思（参见本章第二节注释），"参"指掺杂（参见本章第二节注释），"圣虑"指佛陀的圣智。

原句最后八个字"用为标拟，诚非立言"，其中"用"是用作，"标"指榜样或准的（参见本章第二节注释），"拟"是指向（参见本章第二节注释）。以上这些意思在余张的英译文画波浪线部分里连影子都没有了。

所以，余张的英译文不仅臃肿冗长，其画波浪线部分还基本上是臆译，既不讲训诂又不顾具体语境，至少有三个毛病：一是主语混乱，原文只有一个佛陀，英译冒出三个主语，表明英译者理解原文的思路混乱，凭空增加了原文没有的意义，造成译文前言不搭后语；二是漏译佛教术语；三是原句中关键虚词（双下划线部分）的翻译也不讲训诂，致使原句的说理与英译文的说理大相径庭。

2. 3.5段第一句

原文："虽复乐说不穷，随类各解，理开情外，词逸寰中，固当斧藻标奇，文高金玉，方可声通天乐，韵过恒致。"这句的意思：虽然佛陀以辩无碍智的说法无穷无尽，当然能顺应各类众生，且使他们都能理解，佛讲的道理已超越众生范围，用词遣句也超越世间，但是译者成文还是必须修饰优美，有一流的文采，才可以其声通法音，以其韵达佛教永恒的目标。这句是对中土佛典译场译者汉译的文采要求。原句是个主从复合句，开头的分句以"虽复"为明显的标志，"虽复"即虽然（参见本章第二节注释），表示让步，其主语是佛陀，主句从"固"字开始，主语是中土佛典译者，是前让步后转折的逻辑关系。

余张的英译文："［Such a man］, preaching the doctrines untiringly like the Buddha, offering explanations in different contexts as the Buddha did, and setting reason apart from feeling, could spread the Buddha's words to all corners of the world. Nonetheless, his use of language should be truly inspiring, his literary style lofty and sonorous, and his translations incisive and chiseled; for only then can ［they］ become heavenly music and surpass ordinary expression."（Yue & Cheung, 2006：151）回译："只有［此人］像佛陀那样不知疲倦地传法，像佛陀那样在不同的语境下进行不同的解释，且把理智与感情分开，他才能够把佛说的话传到世界的各个角落。然而他的用语确实应振奋鼓舞，他的文学风格必须高远深沉，他的译文必须深刻清晰；因为只有这样［它们］才能成为天乐，超越凡响"。

首先，如上所述，原文只有一句，前后是让转的逻辑关系，基本意思是虽然佛陀怎么样，但是中土佛典译者还是必须怎么样。而英译文是两个句子，分别都是"只有……才"结构，表示条件与结果的逻辑关系，致使英译这句的

推理与原文迥然不同。

其次，原句从句的主语是佛陀，主句的主语虽然隐含，但可以推断出是中土佛典译者。而英译的第一个句子主语是"此人"（Such a man），佛陀在语法上退居次要的位置。"此人"（Such a man）这个主语从其语境看是个来历不清的人。英译第二个句子以分号为界由两个并列分句组成，分号前的第一个分句又有四个并列子句，每个带主语暂且不论，分号后面的第二个分句的主语是"they"（它们），令人费解，其指代的是位置相对最近的"his translations"还是包括稍前的四个子句的主语呢？所以，这两个英译分句的主语极其混乱，指代不清，来源不明，这表明英译者对原文内容和结构的认识混乱。

再次，余张英译文漏译了原句前面分句的"乐说不穷"中的佛教术语"乐说"。"乐说"指四无碍解之一的辩无疑解（pratibhāna-pratisaṃvid），又作辩无碍智、辩无碍辩、乐说无碍解、乐说无碍智、乐说无碍辩、应辩。谓随顺正理而宣扬无碍；亦称乐说，系为随顺对方之愿求而乐于为之巧说，故称乐说。（参见本章第二节注释）相关大小乘经都说，凡夫没有四无碍智。而中土佛经翻译论从头至尾都说佛经译者属于凡夫。所以，这前半句在"乐说"的只能是佛陀，从其内容看也只有佛陀说法才有这样的效果。这一重要的佛教术语，余张英译文漏译了。

最后，英译文有四处脱离原文。第一处，原文"随类各解"，其中的"随"是顺应的意思（参见本章第二节注释），"类"指各类众生，"各"是副词，皆的意思（参见本章第二节注释），"解"指理解，余张单下划线部分的英译文没有译出这些意思，原因在于不讲训诂。

第二处，原文"理开情外"，其中的"理"指佛陀讲的道理，"开"指达到（参见本章第二节注释），"情"指有情，梵语"sattva"，众生（参见本章第二节注释）。原文"词逸寰中"，"词"指佛说法的用词遣句，"逸"指超越（参见本章第二节注释），"寰中"指宇内、天下（参见本章第二节注释），在此语境中是人世间的意思。将原文上述含义与余张英译文单下划线部分相对比，可以看出余张译文脱离了原文。

第三处，原文主句八个字："斧藻标奇，文高金玉"，"斧藻"指修饰（参见本章第二节注释），"标"是标致、美好的意思（参见本章第二节注释），"奇"也是美好之意（参见本章第二节注释），"金玉"比喻珍贵和美好（参见本章第二节注释），总之无非说文采飞扬、雅致珍贵。把这八个汉字的含义与余张英译文上述双下划线部分对比分析，可以看到余张二人用了那么大的篇幅，英译的意思却并不到位，原因一是这些都属于一个来源不明的人（his），

二是不讲训诂。

第四处"声通天乐，韵过恒致"也是八个字，其中的"天乐"（yuè）指仙乐或美妙的音乐（参见本章第二节注释）。但此处的天乐应紧贴此处的语境喻指佛教的法音。"过"指至、到达（参见本章第二节注释），"致"是志向、目标（参见本章第二节注释），在此语境中指佛教的目标。把这八个字的含义与余张画波浪线部分的英译文相对比，可以看到，余张似乎不是在议论佛经翻译，而是在讨论音乐艺术，这又是不讲训诂，脱离了具体语境。

所以，余张英译这句，一是讲的道理与原文不同；二是译文主语混乱，指代不清，来源不明；三是漏译关键佛教术语；四是不讲训诂，脱离原文。

六、第四篇两句的英译

本篇是在赞扬中土的佛典汉译者，论述从东晋北凉的昙无谶到唐朝的佛经译家玄奘的译经事迹。

1.4.2 段第一句

原文："宋有开士慧严、宝云，世系贤明，勃兴前作，传度广部，联辉绝踪；将非面奉华胥，亲承咄训，得使声流千载，故其然哉！"这句的意思：刘宋有高僧智严、宝云，本来就德才兼备，重振译经大业，二人联手汉译大乘诸佛经；若不是智严再入天竺，使罗汉比丘入定，升兜率宫当面受教于弥勒，他岂能名留青史，岂能有这么大的成就啊！

余张的英译文："In the Liu Song Dynasty ［of the Northern and Southern Dynasties Period］, the scholar-monks Hui Yan 慧嚴 ［363 – 443 CE］ and Bao Yun 寶雲 ［376 – 449 CE］, along with other eminent scholars of the period, revived earlier translations and brought forth ［chu 出］ further translations to consolidate the Buddhist collections. If they had not done the ultimate by going to the Indian subcontinent to study the etymological roots of words, their voices would not have passed down in history for a millennium."（Yue & Cheung, 2006：151）回译："刘宋朝的士人和尚慧严和宝云与同代其他著名的士人一起复兴了早期的译本，还译出了其他译本加强佛藏。他们若不是做到了极致靠西行天竺去研究词源学的词根，其语声怎么会在历史上流传千载。"

余张英译这句有三个严重的翻译错误。第一个错误是把原文"开士"英译成"scholar-monks"（单下划线部分），表明她们对佛教了解不多，因为"开士"乃高僧的尊号（参见本章第二节注释）。

第二个错误是把原文的"广部"英译成"加强佛藏"（双下划线部分）。

"广部"是佛教术语,指方广部,"方广"的梵文为"vaipulya",原指十二部经中的第十类"方广经",后泛指大乘经典。(参见本章第二节注释)

第三个错误最严重,"面奉华胥,亲承诂训"余张英译成"靠西行天竺去研究词源学的词根"(波浪线部分)。这样英译过于抬高西方语言学的地位。

词源学是历史比较语言学的一部分,起源于18世纪和19世纪的欧洲,研究重点是印欧语系诸语言的语音系统,为现代语言学的建立奠定了基础,是语言学自立门户的标志。所以西方(欧西)语言学不过近两三百年的产物,而说刘宋(公元5世纪)时的古代中国僧人就跑到古印度去学习词源学是不妥当的。

"华胥"本来典出《列子·黄帝》(参见本章第二节注释),而原作者借此典故想概括的是《高僧传》卷三有关智严的相关事迹。智严曾经就自得之戒律怀有疑虑,且积年修禅观而不能自了,遂重至天竺;偶遇罗汉比丘而问其事,然亦未得判解。师为他即自入禅定,升兜率宫谘于弥勒,获得戒之印可。(参见本章第二节注释)余张英译这句有以上三个严重错误,尤其是其中有关"华胥"典故的翻译。

2.4.3 段第三句

原文:"薄乳之喻,复存今日,终亏受诵,足定浇淳。"笔者今译:"鹅王别乳那样的受法之才幸好至今犹存,就算有的信徒接受佛法不足,但中土译出之经典足以廓定浮薄的风气。"

"薄乳之喻"这里明显用了典故。字面上这样的典故有两个,一个是贬义的,另一个是褒义的。贬义的出自《出三藏记集》卷八道朗撰《大涅槃经序》,曰:"如来去世,后人不量愚浅,抄略此经,分作数分,随意增损,杂以世语,缘使违失本正,如乳之投水。"(T2145,55.59c29-60a2)这里"乳之投水"的比喻明显是贬义的。褒义的根据北宋《祖庭事苑》卷五出自佛经,曰:"正法念经云,譬如水乳同置一器,鹅王饮之,但饮其乳汁,其水犹存。出曜经云,昔有人多捕群鹤,孚乳滋长,展转相生,其数无限。养鹤之法,以水和乳,乃得饮之,鹤之常法,当饮之时,鼻孔出气,吹水两避,纯饮其乳。"(R113,140.b1-5)这里说,把牛奶掺进水里,让鹅或鹤去喝,可以喝进其中的奶,吐掉水。这里显然在赞扬鹅或鹤能够吸取精华,去掉糟粕,当然是褒义的。

余张英译:"However, the metaphor of diluting milk with water is still applicable today, and the faithful listening to the recitation of these translations would receive only a thinned-out message."(Yue & Cheung, 2006:151)回译:

"然而，以水释乳所比喻的现象至今犹存，信众们听了这些经文的诵读，往往得到的不过是稀释的经义。"这（画线部分）当然是贬义的，在批评中土的佛经汉译原文偷工减料，汉译不彻底。这样译与整段的主题和语境不符，余张择典不当造成译文乖谬。

本节结论

笔者分析了《续高僧传·译经篇论》余丹和张佩瑶英译本存在的三个问题。第一是英译文所依据的原文来源不清。第二是英译本好几处不讲究训诂。第三是英译本说理有好几处与原文不一致。从以上研究我们可以看到，《续高僧传·译经篇论》的现有英译水平不高。

第五节　道宣翻译论的历史意义

道宣这篇翻译论从体例而言，上承梁慧皎《高僧传·译经论》的翻译论，下接宋赞宁《宋高僧传·译经篇》的翻译论。从翻译史论和译者论的理论内容而言，既有所继承，又有所创新。

一、以往学者的评介

根据笔者收集的资料，如上节所述，古代只有清朝董诰领衔官修的《全唐文》收录了道宣这篇翻译论，文字与《大正藏》略有出入，但论文标题是"大恩寺释玄奘传论"，张冠李戴，莫名其妙，出处不详。当然不能指望清人对道宣此文能做出正确的评价。

张佩瑶与余丹合作英译的道宣这篇翻译论，如上所述，有很大的缺陷，其评价也不得要领。她们第一个评注（Yue & Cheung, 2006: 152）抓住的都是只言片语，集中在论文的第三篇，比如"固当斧藻标奇"（3.5段）、"诚非立言"（3.4段）、"本实"（3.3段），并未触到本篇和整个文章的主题，况且其评注的基础不牢固，相关英译文都有问题。她们的第二个评注（Yue & Cheung, 2006: 152）也立足于上述错误的英译原文"薄乳之喻"。她们的第三个评注说，道宣翻译观自相矛盾，认为佛教传播离不开翻译，却又希望不要翻译，似乎在说翻译自我毁灭之时就是在它取得最大成就之时。（Yue & Cheung, 2006: 152）而笔者在道宣这篇翻译论中并未看到这样的翻译观。看来道宣这篇翻译论的现有研究存在不少问题，结论并不可靠。

二、道宣翻译论的理论和结构缺陷

道宣《续高僧传·译经篇论》开篇引言段共 5 句话，定下了全篇中土佛经翻译史论的基调，且明确划定了论述的主题：一是译作，二是译者。所以全文第一、第三和第四篇都在论译者（译场是有组织的译者集体），占总字数的 73.32% 以上；第二篇论历代的佛经，占总字数的 12.61%。所以，这篇中土佛经翻译史论以中土佛典译者论为主，译作论为辅。

第一篇论佛经译者应具备的条件，只有 126 个字，仅占全文的 14.06%，除了直接提到东晋道安的"五失本"和隋朝彦琮的"八备"，并没有自己的观点和创新。这说明本篇内容完全承袭自道安和彦琮。

第二篇论历代的佛经，113 个字，占全文字数的 12.61%。道宣评价隋之前的汉译佛经，用的都是读过大藏经内相关评论的读者耳熟能详的用词，并无新意。字里行间恰恰对离他最近的前朝隋的佛经汉译评价不高，说："厥斯以降，轻靡一期，腾实未闻，讲悟盖寡。"但仅仅有这么一句话而已，既不摆事实又不讲道理。然后又转到另一个方面，说到汉译佛经的用词规则："皆由词遂情转，义写情心，共激波澜，永成通式。"也只有这么一句，没有解释，没有下文。

第三篇论历代佛经译场的各种弊病，336 个字，占全文字数的 37.50%。这一方面以往翻译论还不曾有专门论述，照理说是道宣提高他这篇翻译史论理论档次的机会。这篇共 5 段，每段有个小主题。但是他每段都仅仅指出译场上存在的若干问题，没有提出解决问题的方法，更没有分析问题的原因，失去了提升其理论高度的机会。

第四篇论述史上优秀译者，用的也是藏经史传部分几乎现成的词语，并无新意。

最后，结尾 5 段可以说草草结束，也没有对全文加以提炼和总结。

文章的结构缺陷也很明显，第二篇历代译作论夹在前后译者论的中间，显得全篇文意不畅，会让读者觉得这点译作论放在这个位置显得多余。

三、与以往翻译论的比较

道宣这篇翻译论是自汉末三国东吴以来中国历史上的第六篇，应该首先在理论上将其与之前五篇翻译论相比较，搞清楚它到底传承了以往的什么理论内容，它又到底有什么理论的独特性。这样才能确立它在历史上的地位，看清其历史意义。

(一) 篇幅和结构的比较

道宣这篇翻译论总共只有 896 个字,比道安的《摩诃钵罗若波罗蜜经抄序》(904 个字) 少了几个字,只比支谦的《法句经序》(699 个字) 多 197 个字。所以道宣这篇翻译论篇幅太小的缺点显而易见,似乎退回到了中土古代翻译理论的肇始期。

再从篇章结构而言,《续高僧传·译经篇论》与支谦的《法句经序》一样进行篇和段的二级划分就可以了,不像其他翻译论要进行篇、部和段三级划分,有时部以下还必须加一级分的区划。这说明道宣翻译论的结构也倒退到中国古代翻译理论的起点阶段。

篇幅太小和结构简单决定了道宣这篇翻译史论的理论深度和广度的有限性。

(二) 与之前的中土翻译史论相比较

中国传统文化是伦理史官文化,所以古代翻译论无不谈中土佛经翻译史。中国最早的两篇翻译论支谦的《法句经序》和道安的《摩诃钵罗若波罗蜜经抄序》,其中土翻译史论都只有一两句话,且最后都归结到翻译标准论。

而僧祐的《胡汉译经文字音义同异记》的整个第三篇含 4 段都是中土佛经翻译史论,比以上两篇翻译论的史论已有长足的进步,不只是一两句,而有 209 个字,约占全文字数的 15.06%,最后也归结到"明允之匠",其中的"明允"既是衡量译作的尺度,又是判定译者的标准。

1. 慧皎翻译论的理论和结构

南朝梁慧皎《高僧传·译经论》整个都是一篇中土翻译史论的杰作。全文 1287 个字,分为四篇,第一篇首先论述印度佛教在佛陀涅槃后从部派到小乘和大乘佛教的发展和传播,这是中土佛教传播和佛典翻译的前提;其次论述佛教初传中土和最早译家的开拓之功。本篇字数占全篇的 28.44%。第二篇是中土历代译者论。首先列举了从东汉到东晋四朝的佛经译者,说明了译者的条件、汉译程序和翻译原理。其次论述三大译场译才译作的荟萃。最后论述译者德行。对佛典翻译论而言,僧德即译德,合情合理。本篇约占全篇内容的 47.09%,历代译者论占了近全篇内容的一半。第三篇是中土僧人学习译典的态度和方法论。最后第四篇是赞形式的全文总结和结论。

从论述的内容看,第一和第二篇都是史论,约占全篇内容的 75.53%,第三篇论中土僧人习译典的态度和方法也用的是《高僧传》的史料,也是史论。

翻译史主要是译者的历史，翻译史的核心是作为译者的人。所以，翻译史论和译者论也不可分割。翻译史论必然以历代的译者为论述的对象。全文理论逻辑联系清晰合理，通过中土佛典翻译史讲译者的道理。

2. 慧皎翻译论与道宣翻译论的比较

①总字数和段落数的比较：慧皎翻译论有 1287 个字，共 20 段；道宣翻译论只有 896 个字，16 段，差 391 个字，差 4 段，其理论内容肯定相对较少（见表 6-2）。

表 6-2　道宣翻译论与慧皎翻译论的比较

项目	道宣翻译论	慧皎翻译论	差
总字数（字）	896	1287	391
篇数（篇）	4	4	0
段数（段）	16	20	4

②道宣的翻译论没有而慧皎翻译论有的理论内容（见表 6-3）。

表 6-3　慧皎翻译论独有的理论内容

篇	主题	字数（字）	占比（%）
一	论述中土佛典翻译前提及佛教初传中土	366	28.44
三	中土僧人对待汉译佛典的态度和方法论	252	19.58
	总计	618	48.02

慧皎翻译论的第一篇和第三篇总共 618 个字的内容是道宣翻译论所没有的。

③虽然慧皎和道宣两篇翻译论都有译者德才论，但慧皎翻译论的第二篇历代译者论（275 个字）论述译者的条件、翻译程序和僧德即译德论，比道宣第一篇论译者德才条件（126 个字）内容更丰富，多出 149 个字，且道宣多援引道安和彦琮的理论，没有创新。

④另外，慧皎有对全文的总结篇，而道宣虽也有最后段但没有对全文进行总结，草草结束。

总之，慧皎翻译论只是没有涉及道宣翻译论第三篇的内容，即论译场的各种翻译弊病。所以，经过以上的对比，总体而言，道宣的中土佛典翻译史论没有慧皎的翻译史论丰富和具有原创性。

（三）与之前译者论的比较

离道宣翻译论最近的隋彦琮《辩正论》是中国古代佛经翻译理论作为译者论的巅峰之作。《辩正论》总共有 2258 个字，分为三篇，第一篇是中土佛典翻译原则论，第二篇是佛典译者论，第三篇是佛典译者通梵语论，全文是精彩的中土佛典译者理论。其理论结构基本完整，各部分相互说明，前后照应，条理清楚，层层推进，中心突出。

从前朝这篇译者论可以看到，道宣翻译论中的译者论虽也与之一脉相承，但相形见绌。

四、从原作者生平分析

本章第一节道宣的生平显示，他是初唐的杰出僧人，律宗创始人，佛教史学家，佛教著述甚多。他有高超的写作能力，但他这篇翻译论作为翻译史论不如梁代慧皎，作为译者论不如前朝隋彦琮。上文笔者说过，论述佛经译场是道宣可以充分发挥其写作能力，显示其翻译理论水平的绝佳机会，但他没有抓住。唯一的解释就是，他对翻译理论没有兴趣，这个题目提不起他的精神，他仅仅在完成一个任务，那就是以往慧皎《高僧传》有翻译论，道宣自己这本《续高僧传》也必须有，而自己又没多大兴趣，就敷衍了事。这表明，中国佛教发展到了盛唐，其尖端人才对佛经翻译理论的兴趣开始衰退。

本节结论

道宣《续高僧传·译经篇论》有一些骈文的特点，富有文采，时而用典，是中国古代翻译理论史上第六篇翻译论。它作为翻译史论没有达到梁代释慧皎《高僧传·译经论》的理论高度，作为译者论也没有前朝隋彦琮《辩正论》优秀，有翻译理论衰退的迹象，表明古代翻译理论水平和兴趣开始在下降。

章末结语

初唐的杰出僧人、律宗创始人、佛教史学家道宣在他 70 岁时最后完成其《续高僧传·译经篇论》。这篇翻译论从整体而言，是一篇以中土佛典译者论为主而以译作论为辅的中土翻译史论，其现有余丹和张佩瑶的英译本存在三个严重问题。道宣这篇翻译论是中国古代翻译理论史上第六篇翻译论，作为翻译

史论没有达到梁代慧皎《高僧传·译经论》的理论高度,作为译者论也没有前朝隋彦琮《辩正论》优秀,与盛唐佛典翻译实践盛况相比较而言存在着翻译理论水平下降的迹象,表明中国古代翻译理论的发展开始由盛而衰。

第七章　北宋赞宁《宋高僧传》中的翻译论

本章专门研究赞宁作《宋高僧传·义净传·系》和《宋高僧传·译经篇论》这两篇翻译论。笔者研究采用了《大正藏》的原文，也参考了中华书局1987年版《宋高僧传》（全二册）中相关章节。《宋高僧传·译经篇论》卷三是中国古代翻译理论的绝唱。后来《大明高僧传》只有《译经篇》《解义篇》《习禅篇》三科，其《译经篇》只录有元代译家沙啰巴一人的正传，附现二人，传末有简短的"系"，译经篇全部篇幅不到一页，已写不出翻译论了（T2062，50．b15－22）。研究《宋高僧传·义净传·系》有助于更好地研究《宋高僧传·译经篇论》。

北宋的历史背景

根据《中国通史》第五册，公元960年赵匡胤在陈桥驿黄袍加身，推翻后周建立宋朝，定都东京，史称北宋。宋太祖从962年起，先后平荆湖、灭后蜀、亡南唐，976年宋太祖威慑吴越王钱俶到东京朝见，先后消灭了五代以来的割据军阀，建立了又一个大一统的中央集权王朝。一百多年后，在1126年底，金兵攻陷东京，次年掳走徽、钦二帝，北宋灭亡。1127年赵构在南京（今商丘）称帝（庙号高宗），此后迁都杭州，为南宋；1130年建都临安（今杭州）。1276年元兵攻入临安，南宋被灭。（范文澜、蔡美彪等，1995：5；8；12；237－238；414）

根据《中国通史》第七册，宋代是中国古代文化发展的新阶段。唐孔颖达撰《五经正义》结束了汉魏以来的儒家经学。唐以前的经学被称为"汉学"，宋以后的儒学称为"宋学"。宋学的特点是不拘经义训诂，凭己意说经。宋学自称直接继承孔子的道统，凭依孔子的经书，探讨有关自然界与社会的起源和构成原理，形成了自己的哲学系统，与汉学迥然不同。宋学中居统治地位的学说是道学，即理学。理学包括哲学和伦理纲常，即传统社会政治学说两大

部分。理学家用哲学的义理论证传统社会的统治秩序,对以后的社会产生了巨大的影响。宋以后,占统治地位的儒学基本上是理学。(范文澜、蔡美彪等,1995:403)

根据《中国通史》第五册,宋太宗任用文臣执政,儒学逐渐兴起,佛教也渐流行。宋真宗自称"礼乐并举,儒术化成",大力提倡儒术,同时又提倡佛教,信奉道教,建立起儒佛道的思想统治。宋太祖一统江山后,对佛教采取保护政策。河南府进士李蔼作《灭邪集》反佛,太祖说他是"非毁佛教,诳惑百姓",将其流放。宋太宗进而认为佛教"有裨益政治",在五台山、峨眉山、天台山等修建寺庙,在开封设译经院翻译佛经。(范文澜、蔡美彪等,1995:120;121)

太祖开宝年间又开始在益州雕印大藏经,太宗时雕版完成。这是第一部印行的佛经总集。宋朝建立时,各地僧徒不过68000多人,太宗时增加到24万。宋真宗更是大力提倡佛教,撰写《崇儒术论》的同时,又作《崇释论》说佛教与孔孟"迹异而道同"。真宗继续建寺译经,并亲自作佛经注释。全国僧徒增加到近40万,尼姑6万多。真宗统治时期为赵宋一朝僧徒最多、佛教最盛期。(范文澜、蔡美彪等,1995:121-122)

根据《中国佛教通史》第九卷,北宋佛经翻译历经太宗、真宗、仁宗、英宗、神宗五朝,前后持续百年左右,主要集中在太宗、真宗及仁宗朝。从太宗太平兴国七年(982)到仁宗天圣五年(1027),译经院每年都有新经译出,前后总共翻译了佛经五百余部。此后梵经匮乏,译事时断时续,维持到徽宗政和元年(1111)左右才全面停止。(赖永海,2010:273)

第一节 赞宁生平

关于赞宁生平,最早的资料是赞宁本人撰《大宋僧史略》,其中有赞宁的小传(T2126,54.234a12-29)。其次是北宋诗人、散文家王禹偁(954—1001)所作《小畜集》①卷二十中的《通惠大师文集序》,还有稍晚的南宋宗鉴《释门正统·赞宁传》卷八(R130.900a4-901a7)。更晚的有元代释念常的《佛祖历代通载》卷十八,其中有赞宁的小传(T2036,49.659 b11-22)。元朝觉岸编的《释氏稽古略》卷四也记载有赞宁的事迹(T2037,49.860c17-861a20)。

---

① 今有《四部丛刊》本。

一、1—59 岁

赞宁俗姓高,祖籍本在渤海,今山东境内(魏嵩山,1995:1135),隋朝时迁徙到吴兴郡德清县,大致相当于今浙江德清县(史为乐,2005:2873)。赞宁本人于"唐天佑十六年岁在己卯"(王禹偁序中所说),实际上是后梁贞明五年(919)出生。赞宁在后唐天成三年(928),即10岁时在杭州龙兴寺出家,后晋天福四年(939)前后,也就是20岁左右入天台山受具足戒,专习南山律。赞宁多戒律著述,有"律虎"之称。内学之外,兼善儒、老、百家之言,博闻强记,擅长诗文,声望日增,为吴越王钱俶所敬,署为两浙僧统,赐"明义宗文"称号。

二、60—83 岁

太平兴国三年(978)吴越王钱俶降宋。赞宁在花甲之年奉阿育王寺真身舍利来到汴京(今河南开封),宋太宗见之于滋福殿,多次宣召,赐予紫衣及"通慧大师"号,入翰林院。六年(981),充右街副僧录。七年(982),又奉诏回杭州编纂《宋高僧传》。端拱元年(988)上表撰成,历时七年,受到宋太宗褒奖,命僧录司编入大藏流通。淳化元年(990)任左街讲经首座,翌年任史馆编修。至道元年(995)掌洛京(今河南洛阳)教门事。咸平元年(998)加右街僧录。次年迁左街僧录。

赞宁以学识广博知名,太平兴国初年奉诏旨编修《大宋僧史略》三卷,记载佛教事务及典章制度的起源和沿革。著作尚有《四分律行事钞音义指归》三卷(已佚)、《舍利宝塔传》一卷、《护塔灵鳗菩萨传》一卷等。此外还有外学著作多种,大多佚失不存。

三、赞宁生平表格示意

赞宁生平事迹见表 7-1:

表 7-1 赞宁生平事迹

帝王年号	公元年	年龄	事迹
后梁贞明五年	919	1	出生
后唐天成三年	928	10	在杭州龙兴寺出家
后晋天福四年	939	21	入天台山受具足戒

续表7-1

帝王年号	公元年	年龄	事迹
乾祐元年	948	30	吴越王钱俶所敬,署为两浙僧统,赐"明义宗文"称号
太平兴国三年	978	60	吴越王钱俶降宋。赞宁奉阿育王寺真身舍利来到汴京,宋太宗见之于滋福殿,多次宣召,赐予紫衣及"通慧大师"号,入翰林院
太平兴国六年	981	63	任右街副僧录
太平兴国七年	982	64	奉诏回杭州编纂《宋高僧传》
端拱元年	988	70	上表撰成《宋高僧传》,历时七年,受到太宗褒奖,命僧录司编入大藏流通
淳化元年	990	72	任左街讲经首座
淳化二年	991	73	任史馆编修
至道元年	995	77	掌洛京(今河南洛阳)教门事
咸平元年	998	80	加右街僧录
咸平二年	999	81	迁左街参政;迁左街僧录
咸平四年	1001	83	去世

本节结论

赞宁既是僧人又是北宋的佛教史学家,内外学著作颇丰,最后升任中央最高级的僧官。他撰写的《宋高僧传》和《大宋僧史略》都钦定入藏。在吴越王钱俶治下,赞宁担任两浙僧统官职,已是高级僧官。北宋皇帝赐予赞宁紫衣及"通慧大师"号,入翰林院,最后官居左街僧录,为中央最高级僧官,极尽尊荣。所以,赞宁是当时的僧人,也是北宋朝廷负责掌管佛教的中央最高级僧官。

第二节　《宋高僧传·义净传·系》译注

《宋高僧传》中有些僧人传记末尾带作者写的"系"作为该传记的总结,用以申明作者的宗旨,或自为问答,解释某疑难,或列出相关理论探索,均是有感而发,这是以往僧传所没有的。

陈垣说，《宋高僧传》体例循道宣的《续高僧传》，所不同的是《宋高僧传》僧人传末"亦时有论述，或申明作者之旨焉，名之曰系，其有答问，则谓之通。系者法《张衡赋》，通则法《白虎通》，此与《续传》不同者也"（陈垣，2001：32）。

如《宋高僧传》卷一的第一个僧传《义净传》，以"系曰"结尾（T2061，50.711a19-b4），《不空传》（赞宁，1987：12）、《法秀传》（赞宁，1987：466）、《智江传》（赞宁，1987：703）最后也是以"系曰"结尾。僧传后只要自带赞宁议论，都以"系曰"开始，"系"内有问答称之为"通"，没有例外。

本节笔者研究的就是《宋高僧传·义净传·系》。这是一篇虽短小，带句读只有269个字，但完整的翻译论。赞宁在此论述了关于佛典翻译的两个非常重要的观点：一是什么是翻译，二是什么样的人才具有较强的翻译能力。这是赞宁非常重要的翻译论。《义净传》位居《宋高僧传》第一卷，且是其《译经篇》中的第一个僧人传记，对介绍中土自唐以来的佛典翻译起到了开宗明义的作用。

一、繁体原文加注

系①曰：譯之②言易③也④，謂⑤以所有易所無也。譬諸枳⑥橘焉，由易土而

---

① 系：辞赋末尾总结全文的言辞。《文选·思玄赋》："系曰：天长地久岁不留，俟河之清祇怀忧。"（汉语大字典编辑委员会，2010：3582）赞宁用"系"这种汉文传统的文学形式来议论唐高僧义净的生平事迹。此处"系"或他处的"通"还可能来源于"佛教早期的讲经制度"（杨志飞，2012：61）。

② 之：连接主谓语的连词，表示假设，相当于"若""如果"。《论语·子张》："我之大贤与，于人何所不容？我之不贤与，人将拒我，如之何其拒人也？"《左传·成公二年》："大夫之许，寡人之愿也；若其不许，亦将见也。"（汉语大字典编辑委员会，2010：49）

③ 易：交换，替代，转变。（汉语大字典编辑委员会，2010：1602）

④ 也：yě，用来引起下文的助词，比如：《左传·襄公三十一年》："子产之从政也，择能而使之。"《史记·李斯列传》："彼贤人之有天下也，专用天下适己而已矣。"（汉语大字典编辑委员会，2010：57—58）

⑤ 謂：通"为"（wéi），相当于"是"。《易·小过》上六曰："是谓灾眚。"《诗·宾之初筵》曰："醉而不出，是谓伐德。"《左传·庄公二十二年》："是谓观国之光。"（汉语大字典编辑委员会，2010：4260）

⑥ 枳：木名，枸橘，又称"臭橘"。芸香科，灌木或小乔木。有粗刺，果小，味酸，不能食，可入药。中药称未成熟者为"枳实"，称成熟已干者为"枳壳"。《周礼·考工记·序官》："广橘踰淮而北为枳。"（汉语大字典编辑委员会，2010：1267）

殖，橘化爲枳。枳橘之呼雖殊，而辛①芳幹葉無異。又如西域尼拘律陀樹，即東夏之楊柳，名雖不同樹體是一。自漢至今皇宋，翻譯之人多矣。晉魏之際②，唯西竺人來，止③稱④尼拘耳。此方參譯之士，因西僧指楊柳，始體⑤言意。其後東僧往彼，識尼拘是東夏之柳，兩土方言⑥一時⑦洞了⑧焉。唯⑨西唯東，二類之人未爲盡善⑩。東僧往西，學盡梵書，解盡佛意，始⑪可稱善傳譯者。宋齊已還⑫，不無⑬去彼迴者，若⑭入境觀風⑮必聞其政者⑯，奘師、法師

---

① 辛：辣味。《楚辞·招魂》："大苦醎酸，辛甘行些。"宋苏轼《再和曾子开从驾》："最后数篇君莫厌，捣残椒桂有余辛。"（汉语大字典编辑委员会，2010：4300）

② 際：彼此之间，如国际、厂际、校际。《韩非子·难一》："君臣之际，非父子之亲也。"宋陈亮《上孝宗皇帝第一书》："天人之际，岂不甚可畏哉！"（汉语大字典编辑委员会，2010：4471）

③ 止：副词，相当于"仅""只"，如不止一回。《庄子·天运》："止可以一宿，而不可久处。"唐柳宗元《三戒·黔之驴》："技止此耳！"（汉语大字典编辑委员会，2010：1538）

④ 稱：述说，声言。《国语·晋语八》："其知不足称也。"韦昭注："称，述也。"《史记·屈原贾生列传》："上称帝喾，下道齐桓，中述汤武，以刺世事。"（汉语大字典编辑委员会，2010：2804）

⑤ 體：体贴，体谅，体恤。《四书·中庸》："敬大臣，体群臣也。"朱熹注："体，谓设以身处其地而察其心也。"南朝宋鲍照《代夜坐吟》："体君歌，逐君音，不贵声，贵意深。"（汉语大字典编辑委员会，2010：4709）

⑥ 方言：参见第四章第三节注释。此处指两处不同的语言。

⑦ 一時：即时，立刻。南朝宋刘义庆《世说新语·容止》："始入门，诸客望其神姿，一时退匿。"（汉语大词典编辑委员会、汉语大词典编纂处，1986：62-63）

⑧ 洞了：透彻地领悟。南朝梁沈约《枳园寺刹下石记》："深达法相，洞了宗极。"唐善生《送玉禅师》诗："洞了曹溪旨，宁输俗者机。"（汉语大词典编辑委员会、汉语大词典编纂处，1990a：1143）

⑨ 唯：副词，也作"惟""维"，只有或只是的意思。（见第六章第二节注释）

⑩ 善：擅长，会。如能歌善舞、循循善诱、英勇善战。《孙子·军争》："善用兵者，避其锐气，击其惰归。"《礼记·学记》："善歌者使人继其声，善教者使人继其志。"又见《宋史·沈括传》。（汉语大字典编辑委员会，2010：712）

⑪ 始：方才，然后。《左传·襄公二十五年》："程郑卒，子产始知然明。"另见唐白居易《琵琶行》。（汉语大字典编辑委员会，2010：1115）

⑫ 已還：以后，以来。唐白居易《唐故虢州刺史赠礼部尚书崔公墓志铭并序》："自天宝已还，山东士人，皆改葬两京，利于便近。"另见《旧唐书·吐蕃传论》。（汉语大词典编辑委员会、汉语大词典编纂处，1989b：72）

⑬ 不無：犹言有些。北齐颜之推《颜氏家训·杂艺》："所有部帙，楷正可观，不无俗字，非为大损。"（汉语大词典编辑委员会、汉语大词典编纂处，1986：450）

⑭ 若：及，到。《国语·晋语五》："病未若死。"（汉语大字典编辑委员会，2010：3397）

⑮ 觀風：谓观察民情，了解施政得失。语出《礼记·王制》："命大师陈诗以观民风。"唐张说《奉和圣制暇日与兄弟同游兴庆宫作应制》："问俗兆人阜，观风五教宣。"（汉语大词典编辑委员会、汉语大词典编纂处，1992b：361）

⑯ 必聞其政：语出《论语·学而篇第一》："子禽问于子贡曰：'夫子至于是邦也，必闻其政，求之与？抑与之与？'子贡曰：'夫子温、良、恭、俭、让，以得之。夫子之求之也，其诸异乎人之求之也。'"

爲得其實①。此二師者兩全通達，其猶見璽②文知是天子之書③，可信④也。《周禮》象胥氏，通夷狄之言，净之才智，可謂釋門之象胥也歟。（T2061，50.711a19 - b4）

二、简体原文

系曰：译之言易也，谓以所有易所无也。譬诸枳橘焉，由易土而殖，橘化为枳。枳橘之呼虽殊，而辛芳干叶无异。又如西域尼拘律陀树，即东夏之杨柳，名虽不同树体是一。自汉至今皇宋，翻译之人多矣。晋魏之际，唯西竺人来，止称尼拘耳。此方参译之士，因西僧指杨柳，始体言意。其后东僧往彼，识尼拘是东夏之柳，两土方言一时洞了焉。唯西唯东，二类之人未为尽善。东僧往西，学尽梵书，解尽佛意，始可称善传译者。宋齐已还，不无去彼回者，若入境观风必闻其政者，奘师、法师为得其实。此二师者两全通达，其犹见玺文知是天子之书，可信也。《周礼》象胥氏，通夷狄之言，净之才智，可谓释门之象胥也欤。

三、今译

总之，翻译若从语言转换而论，就是用此间已有的（中土语言）转换此间没有的（外来语言）。就以枳和橘这两种树木来比拟，因改变土地种植，橘就化为枳。枳橘二者名称不同，但其特有的辛辣香气、树干树叶没有什么不同。又如西域的尼拘律陀树就是中土的杨柳，名称不同而树本身一样。从汉朝到如今北宋，从事翻译的人很多。直到曹魏与两晋之间，我中土从事佛典翻译的仅有从西方天竺而来的外僧，只会说尼拘律陀树。本土参与译事的人因为西来僧人（一边说尼拘律陀树一边）指着杨柳才开始体会到这个外来名词的意义。之后东土僧人去到天竺那边，方才知道尼拘律陀就是此间东土的杨柳，两地的语言随即得到透彻的理解。只知东土或只知西域的人，这两种人能力都不全面。东土僧人应该到西域去学尽梵文经书，全面彻底地了解佛陀的意思，才

---

① 實：事实。汉李固《遗黄琼书》："盛名之下，其实难副。"另见晋左思《〈三都赋〉序》。（汉语大字典编辑委员会，2010：1021）

② 璽：xǐ，印章，古时尊卑通用。自秦以后，唯帝王印称玺。（汉语大字典编辑委员会，2010：1224）

③ 書：古代皇帝的诏书，如《汉书·董仲舒传》："今以一郡一国之众，对无应书者，是王道往往而绝也。"（汉语大字典编辑委员会，2010：1619）

④ 信：证实，验应，如《老子》第二十一章："其精甚真，其中有信。"《国语·晋语一》："臣之不信，国之福也。"（汉语大字典编辑委员会，2010：200）

可谓善于弘教翻经之人。自南朝宋齐至今，不乏去过西域又回到中土的僧人，能深入对方佛门和社会彻底了解其各方面情况，得其真髓者，其中只有玄奘和义净法师。这两位法师完全通达双方文化，到了见到玉玺印文就知道这是天子的诏书的程度，可以相互验证。《周礼》中提到的象胥是会夷狄语言的通译之官，以义净法师这样的才智，也就是我佛门中的象胥啊。

四、理论内容和结构

赞宁在这篇简短的翻译论中提出了两个观点，第一个是翻译的定义："译之言易也，谓以所有易所无也。"翻译若从语言转换而论，就是用此间已有的（中土语言）转换此间没有的（外来语言）。这个翻译的定义放在今天，与当今的翻译定义也可以交相辉映。卡特福德说，翻译是"一种语言（源语）的文本材料被另一种语言（目标语）中对等的文本材料所替换"（Catford，1965：20），其中的关键词是"替换"（replacement）。雅可布逊说，"但很常见的是，语言之间的翻译总是把一种语言的信息完整替换成另一种语言的信息，而不是替换个别编码单位"（Jakobson，2004：114），这里的关键词也是"替换"（substitute）。"replacement"和"substitute"是英语同义词，与赞宁所说的"易"（交换、替代、转变）有异曲同工之妙。

赞宁这个翻译定义还有学者这样今译："译就是变易的易，指将所无的变易为所有的。"（尉迟治平等，1994：3）这里漏掉了两个原文关键词，一是"言"，二是"之"。"言"就是语言，"之"是虚词，连接主谓语，表示假设关系，相当于"若""如果"。具有如此关键的语法和逻辑功能的词漏译，译文质量大打折扣。

赞宁这个翻译定义有学者这样英译："To translate [yì 譯] means to exchange [yì 易]; that is to say, to exchange what one has for what one does not have."（Cheung，2006：174）可以回译为"译乃易也，谓以所有易所无也"。这个英译与上述今译同病。

要避免这两个毛病应这样英译："In short, as for transfer of languages (yì 易) translation (yì 译) is to use the native language one has to transfer a foreign language one does not have."

当然，赞宁的翻译定义与今天译学的定义之间的区别也非常明显。赞宁的定义显然没有脱离当时中土佛典翻译的大背景，即一如既往的从外（此所无的外语）向内（此所有的本土语）的外汉翻译（"谓以所有易所无也"），鲜有与此相反的逆向的从本土汉语向外语的翻译。今天翻译学的翻译定义更抽

象，更广泛，尽量无所不包，唯恐有漏网之鱼。

支撑赞宁这第一个观点的论据之一是南橘化北枳的比拟，道理是名称变了，本质相同。这当然是翻译语言转换的明显特点。论据之二是西域人称的"尼拘律陀"就是中土人说的杨柳。但当时中外僧人双方语言文化沟通不畅，外僧一边说"尼拘律陀"一边指着杨柳，这时中土僧人才恍然大悟。论据之三，只有到了中土僧人亲自深入西域文化之时，双方才能实现彻底的沟通。这自然过渡到下面的观点。

赞宁这段中的第二个观点："唯西唯东，二类之人未为尽善。东僧往西，学尽梵书，解尽佛意，始可称善传译者。"只知西域或只知东土的人，这两种人能力都不全面。东土僧人应该到西域去学尽梵文经书，全面彻底地了解佛陀的意思，才可谓善于弘教翻经之人。

有学者这样今译这句原文："如果只有西方或者只有东方人，就不能使译事尽善尽美。东僧前往西土，学尽梵书，透彻了解佛学，才能称得上高明的传译者。"（尉迟治平等，1994：3）这样今译，关键词"唯西唯东""尽善"和"佛意"没有译好。"唯西唯东"在此语境中应该是只知道西方或只知道东方，而不是指"只有西方或者只有东方人"。"尽善"不是"尽善尽美"而是不全面的意思，"佛意"在此绝不能与佛学画等号。

还有这样的英译文："Neither the translators from the west nor the translators from the east could reach perfection by themselves. Only after the monks from the east had traveled west and studied Fan［Sanskrit］canons thoroughly could they be considered good at the job of translating."（Cheung，2006：174）笔者回译："译者无论西东都不能各自达到尽善尽美。唯有东僧西行，学尽［梵］典之后才能视为善译者。"这个还是"唯西唯东"和"尽善"没有译好，"解尽佛意"居然漏译。英文"neither...nor"把二者都否定了，而"唯西唯东"是只知东方和只知西方的意思，并没有二者皆否定的意思。

支撑这个观点的论据之一是玄奘和义净的榜样事迹，论据之二用皇帝玉玺的印文与诏书相互印证和东西互通作比拟，论据之三是用古证今——今天（赞宁时代）的义净相当于古代的象胥。这就成了《义净传》的一个精彩的系论。以上观点分析，可以列下表（见表7-2）显示，一目了然。

表 7-2 观点分析

项目	内容
论点 1	翻译定义："译之言易也,谓以所有易所无也"。
论据	1) 南橘化北枳的比拟:名称变了,本质相同。 2) 举例:西域"尼拘律陀"即中土杨柳,外僧指着此物说,汉人才懂(双方开始都不太懂对方)。 3) 汉僧去天竺,才透彻理解(双方都通)。
论点 2	"唯西唯东,二类之人未为尽善。东僧往西,学尽梵书,解尽佛意,始可称善传译者。"梵汉都通、不唯西东才是翻译全才。
论据	1) 玄奘和义净的榜样事迹。 2) 比喻:玉玺印文与诏书之间的印证。 3) 古籍中有通译官象胥,"义净"就是佛门中的象胥。

上述两个观点表明,赞宁对翻译概念有十分清醒的认识,什么是中土佛典译者的真才实学,赞宁也十分内行。研究赞宁此处关于翻译的定义,很容易忽略"译之言易也"其中的"之"和"言",只大谈其中的"易"。(陈福康,2000:39)还有学者好不容易提到一下这里的"言"等于"语言",但完全未提到"之"的意思。(王宏印,2017:83)

而此处赞宁的第二个观点:梵汉都通、不唯西东才是翻译全才,王宏印研究时注意到了,但评价说这是对彦琮"八备"说的"一种补充和完善"(王宏印,2017:88)。彦琮的"八备"关于中土佛典译者要具备的"学术"条件以及要拥有中土与天竺的相关学问,可以说就是"不唯西东",哪里需要赞宁此处来补充和完善,只不过说法不同而已。而马祖毅等在其《中国翻译通史》(古代部分 全一卷)中只注意到第一个观点,却忽略了这第二个观点。(马祖毅,2006:112)

本节结论

赞宁《宋高僧传·义净传·系》虽是一篇完整的翻译论,但篇幅太小,带句读仅有 269 个字,但可以让我们看到他的翻译理论水平和能力。他对翻译概念的认识表明他具有较高的翻译理论水平。

第三节 《宋高僧传·译经篇论》译注

北宋赞宁的《宋高僧传》上承梁慧皎《高僧传》和唐道宣的《续高僧

传》，体例上也分成十科：译经、义解、习禅、明律、护法、感通、遗身、读诵、兴福、杂科①，每篇末都有作者的总论。《译经篇》共有三篇，第一篇正传三人，附现一人；第二篇正传十五人，附现八人；第三篇有正传十四人，附现三人；三篇共编录了四十四位参加过佛典翻译的僧人传记，其中只有四位是后周僧人，其他全部是唐朝僧人。（赞宁，1987：1-2）《译经篇论》（赞宁，1987：52-58）在整个《译经篇》的末尾，共7页，总共有3681个字，是十科总论（其他只有1000多字）中最长的，乃论述中土佛典翻译的完整论文。

有学者不明古代僧传的体例，把《译经篇论》这篇完整的论文误读为出自《宋高僧传》的《译经篇》第一之三的《唐京师满月传》（Cheung, 2006: 176），并且活生生把它断成两节，分别自编了一个篇名："Notes On Translating"（Cheung, 2006: 176）和"The different posts established in translation assemblies and the responsibilities of the officials in each post"（Cheung, 2006: 188）。

还有学者把赞宁这篇翻译论称之为"译经篇总论"（罗新璋、陈应年，2009：88），从其功能和意义上而言，这个冠名没有错。但是，凡读过赞宁《宋高僧传》的，都可以看到上述十科后面都附有一篇完整论文，且都从"论曰"开始。除上文提到的《译经篇》外，《义解篇》（赞宁，1987：164-167）、《习禅篇》（赞宁，1987：317-320）、《明律篇》（赞宁，1987：404-407）、《护法篇》（赞宁，1987：434-436）、《感通篇》（赞宁，1987：576-578）、《遗身篇》（赞宁，1987：603-606）、《读诵篇》（赞宁，1987：646-649）、《兴福篇》（赞宁，1987：711-713）、《杂科声德篇》（赞宁，1987：756-758），也都以"论曰"开头，没有例外，都没说"总论曰"。

---

① 见《大宋高僧传序》。（赞宁，1987：1-3）

一、繁体原文加注

論曰：無漏①海中，震潮音②而可怪③；總持言下，書梵字而不常。未聞者聞，聞光音天④之餘響；未解⑤者解，解最上法⑥之所詮。聖賢飲之爲醇

---

① 無漏：梵文"Anāsravaḥ"的意译，属无为法（任继愈，2002：218），谓涅槃、菩提和断绝一切烦恼根源之法。与"有漏"相对。《百喻经·宝箧镜喻》："禅定道品，无漏诸善，三乘道果，一切都失。"另见唐王维《能禅师碑》。（汉语大词典编辑委员会、汉语大词典编纂处，1991a：148）

② 潮音：即海潮音，海潮声势雄壮，涨落有时，常用来比喻佛、菩萨应时对机的说法。如《楞严经》卷二说："佛兴慈悲，哀悯阿难及诸大众，发海潮音，便告诸善男子。"（中国佛教文化研究所，2008：178）

③ 怪：奇异的，不常见的。《书·禹贡》："铅松怪石。"另见宋王安石《游褒禅山记》。（汉语大字典编辑委员会，2010：2450）

④ 光音天：梵文、巴利文"Ābhassara-deva"的意译，此界众生不使用语言，仅以定心发出光明，以互通新意，所以称为光音天。（蓝吉富，1994：1857）

⑤ 解：晓悟，理解，知道。《庄子·天地》："大惑者，终身不解；大愚者，终身不灵。"另见《列子·黄帝》和宋范成大《大暑舟行含山道中》。（汉语大字典编辑委员会，2010：4182）

⑥ 最上法：指最上法门，梵文"dharma-paryāya"，法华经谈唯一乘实相之理，一切无量名句所诠法义，无不含摄，于诸经中最胜最上。（慈怡，1988：3406）

醪①，凡劣②啜③之成糟粕④。若夫⑤有緣⑥則遇⑦，無道⑧則違⑨。秦獄⑩既械⑪其利防⑫，此無緣也；漢庭⑬肇迎其白馬⑭，斯有感⑮焉。聽彼異呼⑯，覽其橫

---

① 醇醪：味厚的美酒。《史记·袁盎晁错列传》："乃悉以其装赍置二石醇醪。"另见唐高适《宋中遇林虑杨十七山人因而有别》诗。(汉语大词典编辑委员会、汉语大词典编纂处，1992a：1421)

② 凡劣：平庸低劣。《晋书·刘隗传》："及臣凡劣，复蒙罔极之眷，恩隆累世，实非糜身倾宗所能上报。"另见《宋书·王景文传》和《南史·宋卢江王袆传》。(汉语大词典编辑委员会、汉语大词典编纂处，1988：284-285)

③ 啜：chuò，尝，喝。《礼记·檀弓下》："孔子曰：'啜菽饮水尽其欢，斯之谓孝。'"另见宋陆游《睡乡》。(汉语大字典编辑委员会，2010：699)

④ 糟粕：酒滓。喻指粗恶食物或事物的粗劣无用者。汉刘向《新序·杂事二》："凶年饥岁，士糟粕不厌，而君之犬马有余谷粟。"另见《韩诗外传》卷五。(汉语大词典编辑委员会、汉语大词典编纂处，1992a：236)

⑤ 若夫：至于。用于句首或段落的开始，表示另提一事。(见第二章第五节注释)

⑥ 有缘：佛教术语，指有缘于佛道者。《观无量寿经》曰："有缘众生，皆悉得见。"《报恩经》七曰："佛世尊应现世间，引接有缘，有缘既尽。迁神涅槃。"(丁福保，1991：1021)

⑦ 遇：得志，见赏。《史记·儒林列传》："世以混浊莫能用，是以仲尼干七十余君无所遇。"另见《论衡·逢遇》和宋王安石《次韵酬宋玘六首》之六。(汉语大字典编辑委员会，2010：4113)

⑧ 无道：不行正道，做坏事。多指暴君或权贵者的恶行。《韩非子·外储说左上》："吾闻宋君无道，蔑侮长老，分财不中，教令不信，余来为民诛之。"另见《后汉书·李固传》。(汉语大词典编辑委员会、汉语大词典编纂处，1991a：139)

⑨ 違：去，离开。《诗·召南·殷其雷》："何斯违斯，莫敢或遑？"《楚辞·离骚》："虽信美而无礼兮，来违弃而改求。"唐乔知之《拟古赠陈子昂》："节物感离居，同衾违故乡。"(汉语大字典编辑委员会，2010：4125)

⑩ 秦獄：《陈书·周弘正传》："韩非之智，不免秦狱，刘歆之学，犹弊亡新，音尘不嗣，每以耿灼。"(姚思廉，2000：215) 这也是用典的笔法，与下文"汉庭"相对仗，其意与暴秦相当。用一词或一字表达作者褒贬之意，可谓春秋笔法。

⑪ 械：拘禁，拘系。唐元稹《叙奏》："百司皆牢狱，有栽接，吏械人逾岁而台府不得而知之者。"另见宋曾巩《刑部郎中张府君神道碑》。(汉语大词典编辑委员会、汉语大词典编纂处，1989b：1027)

⑫ 利防：指沙门释利防。隋费长房《历代三宝纪》卷一："又始皇时，有诸沙门释利防等十八贤者，赍经来化。始皇弗从，遂禁利防等。夜有金刚丈六人来破狱出之，始皇惊怖稽首谢焉。"(T2034, 49.23c20-23) 又唐道宣撰《释迦方志》卷二 (T2088, 51.970b18-23)，《广弘明集》卷十一 (T2103, 52.166a4-7)，唐道世撰《法苑珠林》卷十二 (T2122, 53.379a6-10) 都有类似的说法，都不出隋唐两代。

⑬ 漢庭：指汉朝。汉张衡《思玄赋》："王肆侈于汉庭兮，卒衔恤而绝绪。"另见唐杜甫《秋日荆南述怀三十韵》。(汉语大词典编辑委员会、汉语大词典编纂处，1990b：50)

⑭ 白馬：指白马寺，佛教传入中国内地后营建的第一座寺院，位于河南洛阳市东10公里。据《洛阳伽蓝记》所载，汉明帝遣使求法，"时白马负经而来"，遂以为寺名。据说当时建造格式仿照印度祇园精舍，中有塔，殿内有壁画。摄摩腾和竺法兰在此译出《四十二章经》，为现存中国第一部汉译佛典。同时译的《十地断结》等经，已佚失不传。东汉时绝大部分佛经都在洛阳翻译，该寺是最重要的译馆。(中国大百科全书总编辑委员会，2001)

⑮ 感：感应，相互影响。《易·咸》："天地感而万物化生。"宋张载《正蒙·太和篇》："其感遇聚散，为风雨，为霜雪。"(汉语大字典编辑委员会，2010：2485)

⑯ 異呼：指外国的口头言语。

字，情①可求②而呼相亂③，字雖殊④而意且⑤同。是故⑥《周禮》有象胥氏通六蠻語⑦，狄鞮⑧主七戎，寄司九夷，譯知⑨八狄。今四方之官，唯譯官顯著⑩者何也？疑⑪漢已來⑫多事⑬北方⑭，故譯名爛熟⑮矣。又如周秦輶軒⑯使者，

① 情：实情，情形。《史记·吕不韦列传》："于是秦王下吏治，具得情实。"《三国志·吴志·吴主传》："忠不匿情，智无遗计。"（汉语大字典编辑委员会，2010：2476）

② 求：寻找，探索。《诗·王风·黍离》："知我者，谓我心忧；不知我者，谓我何求。"另见唐李白《梦游天姥吟留别》。（汉语大字典编辑委员会，2010：1657）

③ 亂：杂乱，无条理。如《左传·庄公十年》："吾视其辙乱，望其旗靡，故逐之。"另见《文心雕龙·附会》和《云笈七笺》卷十三。（汉语大字典编辑委员会，2010：66）

④ 殊：异，不同。（见第五章第二节注释）

⑤ 且：副词，倒，却。张相《诗词曲语辞汇释》卷一："且，犹倒也。"另见唐白居易《元微之除浙东观察使喜得杭越邻州》。（汉语大字典编辑委员会，2010：17）

⑥ 是故：连词，因此，所以。《论语·先进》："其言不让，是故哂之。"另见唐柳宗元《刘叟传》。（汉语大词典编辑委员会、汉语大词典编纂处，1990a：661）

⑦ 六蠻語：《周礼·秋官·象胥》："掌蛮、夷、闽、貉、戎、狄之国使，掌传王之言而谕说焉，以和亲之。"（杨天宇，2004：584）

⑧ 狄鞮：古时翻西方民族语言的译人。《礼记·王制》："五方之民，言语不通，嗜欲不同。达其志，通其欲，东方曰寄，南方曰象，西方曰狄鞮，北方曰译。"另见宋黄庭坚《款塞来享》诗。（汉语大词典编辑委员会、汉语大词典编纂处，1990a：26）此处指翻译中原以西各族语的人，后泛指通译官，翻译人员。

⑨ 知：主持，掌管。《左传·襄公二十六年》："公孙挥曰：'子产其将知政矣！让不失礼。'"魏了翁《读书杂钞》："后世官制上知字，如知府、知县，始此。"用例另见《国语·越语》和《新唐书·王世充传》等。（汉语大字典编辑委员会，2010：2764）

⑩ 顯著：显露，炫耀。宋储泳《祛疑说》："夫鬼神者，本无形迹之可见，声臭之可求，谓之有则不可，至于寒暑之代谢，日星之运行，雷电风雨之倏变倏化，非鬼神之显著者乎？"另见宋无名氏《李师师外传》。

⑪ 疑：似，好像。北周庾信《舟中望月》："山明疑有雪，岸白不关沙。"另见宋陆游《游山西村》。（汉语大字典编辑委员会，2010：2943）

⑫ 已来：以后。《史记·秦始皇本纪》："自今已来，除谥法。"另见唐杜甫《韦讽录事宅观曹将军画马图》诗。（汉语大词典编辑委员会、汉语大词典编纂处，1989b：71）

⑬ 多事：多事故，多事变。《庄子·天地》："多男子则多惧，富则多事，寿则多辱。"另见《汉书·平帝纪》和唐韩愈《与冯宿论文书》。（汉语大词典编辑委员会、汉语大词典编纂处，1989a：1178）

⑭ 北方：北部地区。在我国多指黄河流域及其以北地区。见《左传·文公九年》和唐韩愈《刘公墓志铭》。（汉语大词典编辑委员会、汉语大词典编纂处，1988：192）

⑮ 爛熟：极其透彻周详，极其熟悉、熟练。见《北齐书·王晞传》和宋陆游《醉中浩歌罢戏书》诗。（汉语大词典编辑委员会、汉语大词典编纂处，1991a：321）

⑯ 輶軒：古代使臣的代称。汉扬雄《答刘歆书》："尝闻先代輶轩之使，奏籍之书皆藏于周秦之室。"另见《文选·七命》。（汉语大词典编辑委员会、汉语大词典编纂处，1992a：1306）

奏①籍②通③别④国方言，令君王不出户庭坐知绝⑤邈⑥异俗⑦之语也。若然⑧者，象胥知其远也，方言知其近也。大约不过察异俗、达远情者矣。懿⑨乎⑩东汉，始译《四十二章经》⑪，复加之为翻也。翻也者，如翻锦绮，背面俱花，但其花有左右不同耳。由是翻译二名行焉。初则梵客⑫华僧，听言揣⑬意，方圆共

---

① 奏：特指向帝王上书或进言，或古代向皇帝进言的一种文体。（汉语大字典编辑委员会，2010：581）
② 籍：记录。（汉语大字典编辑委员会，2010：3226）
③ 通：通晓。《易·系辞上》："曲成万物而不遗，通乎昼夜之道而知。"另见宋王安石《上仁宗皇帝言事书》。
④ 别：各。《易纬·稽览图》："其余六十卦，卦有六爻，爻别主一日，凡主三百六十日。"《新唐书·郭子仪传》："属者房来，称四节度，将别万人，人兼数马。"（汉语大字典编辑委员会，2010：360）
⑤ 绝：距离远，隔绝难通。《史记·卫将军骠骑列传》："因前使绝国功，封骞博望侯。"唐薛能《逢友人边游回》："游子新从绝塞回，自言曾上李陵台。"（汉语大字典编辑委员会，2010：3621）
⑥ 邈：远。《书·太甲下》："若升高，必自下；若陟遐，必自迩。"《汉书·扬雄传下》："邈萌为之不安，中国蒙被其难。"晋陶潜《归去来辞》："策扶老以流憩，时矫首而遐观。"宋范祖禹《资州路东津寺》："地邈怪物聚，寺古深殿存。"（汉语大字典编辑委员会，2010：4124）
⑦ 异俗：指异域或荒僻地区。见晋慧远《沙门袒服论》和唐杜甫《东屯北崦》诗。异域有两义，第一个意义是他乡、外地。《楚辞·九章·抽思》："有鸟自南兮，来集汉北。好姱佳丽兮，胖独处此异域。"另见唐杜甫《寄贺兰铦》诗。第二个意义是外国。《后汉书·班超传》："大丈夫无它志略，犹当效傅介子、张骞立功异域。"另见唐王维《送秘书晁监还日本国》诗。（汉语大词典编辑委员会、汉语大词典编纂处，1991a：1348；1350）
⑧ 若然：如果这样。《后汉书·西域传序》："若然，则虏财贿赂益增……威临南羌，与之交连。"另见宋周密《癸辛杂识前集·王小官人》。（汉语大词典编辑委员会、汉语大词典编纂处，1992a：332）
⑨ 懿：yī，同"噫"，叹声。《书·金縢》："噫！公命我勿敢言。"《诗·大雅·瞻卬》："懿厥哲妇，为枭为鸱。"（汉语大字典编辑委员会，2010：2538）
⑩ 乎：相当于"于"。《易·系辞上》："吉凶者，言乎其失得也……是故列贵贱者存乎位，齐小大者存乎卦，辩吉凶者存乎辞。"另见《战国策·燕策二》和《史记·司马相如列传》。（汉语大字典编辑委员会，2010：42）
⑪ 《四十二章经》：关于《四十二章经》是否为中国第一部汉译佛经，近代以来学者们至少有三种观点。一种观点认为此经是华人伪造。第二种观点与此相反，认为该经出世甚早，不是伪作但译本有二，后又迭经改窜，加入了大乘教义和老庄玄学思想。第三种认为后汉有此经译本，抑或可信，但说现今流通的《四十二章经》是汉译，则绝对不可信。（任继愈，2002：393）
⑫ 梵客：指僧人。明徐渭《横榻哀吟》之一："衣袒右肩慵梵客，柳生左肘任皇天。"（汉语大词典编辑委员会、汉语大词典编纂处，1989b：1031）
⑬ 揣：估量，忖度，如《韩非子·八说》："尽思虑，揣得失，智者之所难也。"另见《列子·力命》和宋岳飞《奏乞出师札子》。（汉语大字典编辑委员会，2010：2030）

鑿①，金石②難和，椀③配④世間⑤，擺名⑥三昧⑦，咫尺⑧千里，覿面⑨難通。次則彼曉漢談，我知梵説，十得八九，時有差違⑩，至⑪若⑫怒目⑬看世尊⑭、彼

---

① 方圆共鑿：意思与成语"方枘圆凿"同，亦作"方枘圜凿"，指方形榫头与圆形榫眼，比喻彼此不相投合，事不能成。见《文子·上义》和《史记·孟子荀卿列传》。（汉语大词典编辑委员会、汉语大词典编纂处，1990b：1558－1559）

② 金石：指钟磬一类乐器。《国语·楚语上》："而以金石匏竹之昌大、器庶为乐。"另见南朝梁江淹《别赋》和唐司空图《连珠》。（汉语大词典编辑委员会、汉语大词典编纂处，1993a：1143）

③ 椀：同"盌"（碗），小盂。后作"碗"。（汉语大字典编辑委员会，2010：1328；2741）

④ 配：匹敌，媲美。《书·君牙》："对扬玄、茜之光命，追配于前人。"另见《文选·东京赋》和宋王安石《礼乐论》。（汉语大字典编辑委员会，2010：3811）

⑤ 世间：人世间，世界上。《百喻经·观作瓶喻》："诸佛大龙出，雷音遍世间。"另见晋陶潜《饮酒》诗之三和宋陆游《高枕》诗。（汉语大词典编辑委员会、汉语大词典编纂处，1986：502）

⑥ 擺名："名"通"明"。（汉语大字典编辑委员会，2010：631）"摆名"即"摆明"，指明显露出。（汉语大词典编辑委员会、汉语大词典编纂处，1990b：959）

⑦ 三昧：佛教教义名词，梵文"Samādhi"的音译，亦译"三摩地""三摩提"等，意译"定""等持"。（任继愈，2002：96）

⑧ 咫尺：形容距离近。《左传·僖公九年》："天威不违颜咫尺。"另见《淮南子·道应训》和唐牟融《寄范使君》诗。（汉语大词典编辑委员会、汉语大词典编纂处，1989a：349）

⑨ 覿面：当面，迎面，见面。宋陆游诗："世人欲觅何由得，觌面相逢唤不应。"（汉语大词典编辑委员会、汉语大词典编纂处，1992b：358）

⑩ 差違："差"，失当，差错，如《书·吕刑》："察辞于差，非从惟从。"另见唐韩愈《石鼓歌》。（汉语大字典编辑委员会，2010：544）"违"：过失，错误，如《乐府诗集·杂曲歌辞·焦仲卿妻》："十七遣汝嫁，谓言无誓违。"另见《后汉书·朱景王杜马刘傅马传论》。（汉语大字典编辑委员会，2010：4125）

⑪ 至：及，达到。《诗·小雅·伐木序》："自天子至于庶人，未有不须友以成者。"另见《庄子·人间世》和《礼记·乐记》。（汉语大字典编辑委员会，2010：3006）

⑫ 若：同，相当。《孟子·滕文公上》："布帛长短同，则贾相若。"（汉语大字典编辑委员会，2010：3397）

⑬ 怒目：圆睁的眼睛。《敦煌变文集·大目乾连冥间救母变文》："叫谦似雷惊振动，怒目得电光耀鹤。"（汉语大词典编辑委员会、汉语大词典编纂处，1991a：465）另，关于金刚怒目的意义，见宋庞世英《谈薮·薛道衡》："隋吏部侍郎薛道衡尝游钟山开善寺，谓小僧曰：'金刚何为努（怒）目？菩萨何为低眉？'小僧答曰：'金刚努（怒）目，所以降服四魔；菩萨低眉，所以慈悲六道。'道衡怃然，不能对。"（中国佛教文化研究所，2008：125）

⑭ 世尊：梵文"Bhagavat"和"Lokanātha"的意译，音译"薄伽梵"或"婆伽婆"。佛教用以尊称佛祖释迦牟尼。《大乘且章》卷二〇："佛备众德，为世钦重，故号世尊。"亦为佛的10种尊号之一。（任继愈，2002：363）

岸①度無極②矣。後則猛③、顯④親往，奘⑤、空⑥兩通，器請師子之膏⑦，鵝得水中之乳⑧，内竪對文王之問⑨，揚雄⑩得絶代之文，印印皆同，聲聲不别，斯

---

① 彼岸：佛教术语，梵语"pāra"，意译为彼岸。生死的境界比喻为此岸，业烦恼比喻成中流，而把涅槃比喻为彼岸。《大智度论》十二和《思益经》一都有这样的比喻。（丁福保，1991：1484）

② 度无极：佛教术语，梵语"Pāramita"，音译波罗蜜多，旧译度无极，新译到彼岸。度者，即到彼岸之义，无极，谓其行法无际限也。玄应音义三曰："度无极，或言到彼岸，皆一义也。梵言波罗蜜多是也。"（丁福保，1991：1575）

③ 猛：指智猛，即释智猛，后秦僧人，公元404年与人结伴从长安出发，出阳关西入流沙，途经鄯鄯、龟兹、于阗诸国，过葱岭，至波伦国，后翻越雪山至罽宾国，后又至奇沙国。复西南行千三百里至迦维罗卫国，后至华氏国阿育王旧都。得佛经若干卷，誓愿流通。后从天竺出发回国。回到凉州后出泥洹本二十卷。元嘉十四年入蜀。十六年七月造传记所游历。元嘉末卒于成都。（释慧皎，1992：125-126）

④ 顯：指法显（？—约422），俗姓龚，平阳郡武阳（今山西省襄丘县）人，东晋安帝隆安三年（399）与其他僧人从长安出发，到达印度中部并逗留了六年，归程经狮子国等地，又三年才回到青州，前后历十五年，游经三十余国。东晋义熙九年（413）秋，法显在晋都建康（今江苏省南京市）道场寺与佛驮跋陀罗及宝云等从事佛经翻译，之后在荆州辛寺逝世。法显西行带回了大小乘三藏要籍。416年他撰《历游天竺记传》一卷，详述其西行求法的经历，是介绍印度和斯里兰卡等国的中国古代第一部旅行记，也是后来中土去印度求法僧人的路线图，保存了西域诸国的古代史地珍贵资料，近代有英、法等译本，各国学者视为珍宝。（中国佛教协会，1982：44-47）

⑤ 奘：玄奘（约602—664），唐代僧人，法相宗创始人，佛经翻译家、旅行家。俗姓陈，名祎。洛州缑氏（今河南偃师）人。西行求法始自长安神邑，终于王舍新城，长途跋涉五万余里。他历经西域，历游五印度，在古印度诸国访师参学。贞观十九年正月二十五日，玄奘返抵长安回国译经。据载，玄奘前后共译经论75部，总计1335卷。所译之经，后人均称为新译。玄奘之学，博大精深，一时硕彦，俱集门下。（中国大百科全书总编辑委员会，2001）

⑥ 空：不空（705—774），梵名"Amoghavajra"，又作不空金刚，南印度狮子国人，唐代译经家、密教付法第六祖。大历九年（774）入寂，享年七十。不空与鸠摩罗什、真谛、玄奘并称中土四大翻译家，又与善无畏、金刚智并称开元三大士。付法弟子有含光、慧超等，其嫡传之惠果称真言付法第七祖。（慈怡，1988：975）

⑦ 師子之膏：《善见律毗婆沙》卷六《舍利弗品》："若有人以此理问者，乃以彼语而答，若能辩者有所问难，随问而答无所脱落，如以金碗请师子膏，不得漏失，故名不杂。"（T1462, 24.716 c19-25）

⑧ 鹅得水中之乳：鹅王择乳之典出自《祖庭事苑》卷五："正法念经云：譬如水乳同置一器，鹅王饮之，但饮其乳汁，其水犹存。"（R113, 140. b1-2）这比喻择其上乘精华而用之。

⑨ 内竪对文王之问：《礼记·文王世子》名篇，周代如何重视对世子及其他贵族子弟的教育，从本篇中可以窥其一斑。

⑩ 扬雄：扬雄（前53—18），字子云，西汉蜀郡成都（今四川成都）人，是西汉后期最著名的赋家，今存《甘泉赋》《河东赋》等七篇赋和另外几篇赋残文。（章培恒、骆玉明，1997：245）扬雄也是哲学家，撰《太玄》等，将源于老子之道的玄作为最高范畴，以玄为中心思想，是汉朝道家思想的继承者和发展者，对后世影响深远。（中国大百科全书总编辑委员会，2001）

謂之大備①矣。逖②觀③道安也，論五失三不易。彥琮也籍其八備，明則④也撰翻經儀式，玄奘也立五種不翻⑤，此皆類《左氏》⑥之諸⑦凡⑧，同史家之變例⑨。今立新意⑩，成六例焉。謂譯字譯音爲一例，胡語梵言爲一例，重譯直

---

① 大備：一切具备，完备。《庄子·徐无鬼》："夫大备矣，莫若天地；然奚求焉，而大备矣。"另见宋欧阳修《吉州学记》。（汉语大词典编辑委员会、汉语大词典编纂处，1988：1377）

② 逖：tì，远。《书·牧誓》："逖矣，西土之人。"另见《文选·封禅文》和《隋书·音乐志》。（汉语大字典编辑委员会，2010：4099）

③ 覯：观察，审察。（见第三章第二节注释）

④ 明则：明则的著述和活动在藏经中都有记录，遗憾的是都很简略。参见本书第五章注释。《开元释教录·达摩笈多传》卷七："笈多乘机专主传译，从大业初年终大业末岁，译大方等善住意等经九部，并文义澄洁、华质显畅。沙门彦琮、明则、行矩等笔受。"（T2154，55.552b22-25）这显示明则与彦琮等人曾共事。

⑤ 五种不翻：《翻译名义集》卷一，周敦义序云："唐奘法师论五种不翻。一秘密故。如陀罗尼。二含多义故。如薄伽梵具六义。三此无故。如阎净树。中夏实无此木。四顺古故。如阿耨菩提。非不可翻。而摩腾以来常存梵音。五生善故。"（T2131，54.1055 a11-15）。

⑥ 《左氏》：指《春秋左氏传》，简称《左传》，是儒家重要经典，鲁国的左丘明大约在公元前403至前386年之间注解《春秋》所作的一部史书，与《公羊传》《谷梁传》合称"春秋三传"。（中国大百科全书总编辑委员会，2001）

⑦ 諸：众，各个。《诗·小雅·沔水》："嗟我兄弟，邦人诸友，莫肯念乱，谁无父母！"另见《礼记·祭统》和宋王安石《自金陵至丹阳道中有感》。（汉语大字典编辑委员会，2010：4243）

⑧ 凡：概括之辞，纲要。《春秋繁露·深察名号》："号凡而略，名详而目。目者，遍辨其事也；凡者，独其大也。"另见《汉书·扬雄传下》和晋杜预《〈春秋〉序》。（汉语大字典编辑委员会，2010：303-304）

⑨ 變例：不符合常例的变通条例。晋杜预《春秋经传集解序》："推变例以正褒贬，简二传而去异端，盖丘明之志也。"另见《宋史·杨亿传》。（汉语大词典编辑委员会、汉语大词典编纂处，1990a：529）變：奇异的，怪诞的。见《楚辞·九章·思美人》和《后汉书·彭宠传》。（汉语大字典编辑委员会，2010：1588）又规程、惯例。见《汉书·何武传》和唐杜甫《送樊二十三侍御赴汉中判官》。（汉语大字典编辑委员会，2010：181）

⑩ 新意：新的意义、见解、想法。晋杜预《〈春秋经传集解〉序》："然亦有史不书，即以为义者，此盖《春秋》新意。"另见宋赵与时《宾退录》卷八。（汉语大词典编辑委员会、汉语大词典编纂处，1990b：1077）

譯爲一例，粗言①細語爲一例，華言②雅俗爲一例，直語③密語④爲一例也。初則⑤四句，一譯字不譯音，即陀羅尼是。二譯音不譯字，如佛胸前卍⑥字是。三音字俱譯，即諸經律中純華言是。四音字俱不譯，如經題上ɔ̃二字是。第二胡語梵言者，一在五天竺，純梵語。二雪山⑦之北是胡，山之南名婆羅門國，與胡絶，書語不同，從⑧羯霜那國⑨字源本二十餘言，轉而相生，其流漫

---

① 粗言："粗言"即粗恶的话、粗俗的话。《起世经·斗战品》："瞋恚骂詈出粗言。"《起世因本经·最胜品下》："粗言呵责，以手打头。"另见宋苏轼《龙尾砚歌》。（汉语大词典编辑委员会、汉语大词典编纂处，1993b：1307）

② 華言：指中原地区的语言。后泛指汉语。宋梅尧臣《送祖择之学士北使》诗："献鲜秃发驰，问译华言答。"（汉语大词典编辑委员会、汉语大词典编纂处，1992a：400）

③ 直语：没有藻饰的语言。晋葛洪《抱朴子·黄白》："且此内篇，皆直语耳，无藻饰也。"另见南朝梁刘勰《文心雕龙·书记》和唐殷璠《河岳英灵集》。（汉语大词典编辑委员会、汉语大词典编纂处，1986：865）后汉安世高译《佛说大安般守意经》卷二（T602，15.170，b7-8）和实叉难陀译《大方广佛华严经》卷十四《12 贤首品》（T279，10.75b9-14）都有用例。

④ 密语：佛教术语，指以密意说之语也，如来说涅槃是隐如来常住之意而说，故云密语。（丁福保，1991：1907）

⑤ 则：规律，法则。《管子·形势》："天不变其常，地不易其则。"《马王堆汉墓帛书·经法·君正》："一年从其俗，则知民则。"（汉语大字典编辑委员会，2010：373）

⑥ 卍：用今天汉语拼音读 wàn，佛教中以"卍"为佛陀"三十二相"之一。根据《翻译名义集·唐梵字体》，武则天时，定其读音为"万"。（汉语大词典编辑委员会、汉语大词典编纂处，1986：767）世界各地卍自古流行甚广，关于其起源，学说纷纭。在古印度，除佛教以外，婆罗门教、耆那教均曾使用该符号。《罗摩衍那》等书中也有此记号。卍的书写方式，古代印度认为右旋与左旋有别，中国则左右旋多混用。卍本来不是文字，但与汉字"萬"的俗体字"万"形相似而意相近，遂通称为"万"，梵文是"śrīvatsanaksana, svastika"，汉译为"吉祥云海"，都有幸运的意思。初见于小亚细亚，当为阿利安族之产物，所以其出生也当在中亚细亚，而后东西流布到世界各地。（蓝吉富，1994：1864-1869）

⑦ 雪山：亦名大雪山，今兴都库什山。（史为乐，2005：2334）兴都库什山即"Hindu Kush"。（白鸟库吉，2015：1）

⑧ 從：今天简化成"从"，随行、跟随的意思。（见第五章第二节注释）

⑨ 羯霜那國：羯霜那国就是史国，都城在乞史城（今乌兹别克斯坦撒马尔罕南沙赫里夏勃兹）。《新唐书·西域传》："史，或曰怯沙，曰羯霜那。"（史为乐，2005：2879）"羯霜那"的阿拉伯文是"Kāšāni"或"Kāšāniya"。（白鸟库吉，2015：59）季羡林注释说，羯霜那国的梵文是"Kasanna"或"Kuśāna"，阿拉伯-波斯语"Kašš""Kišš"的对音。国名，亦为城名。城址在飒秣建（撒马尔罕）南七十五公里处，为中世纪从飒秣建至缚喝（Balkh）大路中途之大城，始建于 7 世纪初。从 14 世纪中叶帖木儿时代起称"Shahr-isabz"，意为绿城，为帖木儿帝之原籍。（玄奘、辩机，1985：98）

廣，其書豎讀同震旦①歟？至吐貨羅②，言音漸異，字本③二十五言，其書橫讀。度葱嶺④南，迦畢試國⑤言字同吐貨羅，已上雜類⑥爲⑦胡也。若⑧印度言字，梵天所製，本四十七言，演⑨而遂廣，號⑩青藏⑪焉。有十二章，教授童蒙，

① 震旦：古印度称中国为震旦。（见第四章第三节注释）
② 吐貨羅：或称吐火罗，中亚古国名，亦用为地名。我国古代各朝对此有各种汉译名，如兜佉勒、兜沙罗、吐呼罗、睹货罗等，在葱岭西，今阿姆河南一带。公元8世纪为阿拉伯所灭。《隋书·西域传·吐火罗》和《新唐书·西域传下·吐火罗》都有记载。（汉语大词典编辑委员会、汉语大词典编纂处，1989a：84）根据季羡林的注释，上述汉译名中，玄奘以"睹货罗"三字校正"吐火罗"的译法，或许意在强调梵名原文"Tukhāra"第二音节为长元音。（玄奘、辩机，1985：102）
③ 字本：指元音。（参见第三章注释。）
④ 葱嶺：新疆西南帕米尔高原（Pamir Plateau）上的山脉，是亚洲大陆诸山脉之主轴，自古称"世界屋脊"。其南接北印度，东至新疆乌缎国（Usaa 或 Osh），西抵阿富汗斯坦之国（Kunduz），北连天山，而把西域一分为二。我国与印度之间的通道有南北二路，其北道大多须经此山系之崇山峻岭。古代东土僧人西行，西来和尚东渡大多经此山系。（慈怡，1988：5596-5597）
⑤ 迦畢試國：迦毕试乃唐代西域国名，约今卡菲里斯坦地方至喀布尔河中下游之间。季羡林注释说，迦毕试国在公元前五至四世纪作"Kāpiśī"。古代伊朗之阿契米尼王朝大流士大帝摩崖碑作"Kāpiśa-Kāpiš"，意为城、镇。汉籍又作迦臂施、迦毗试、迦卑试，劫比舍也等。其地在今阿富汗境内之"Begram"，贵霜王丘就却（Kujula-Kadphises）伸张势力于此地，至迦腻色迦王时为贵霜帝国之夏都。"Begram"位于喀布尔以北62公里，北抵兴都库什山，西临"Paghāman"山脉，东南为低地所包围的盆地。（玄奘、辩机，1985：137）
⑥ 雜類：混杂的种类，非纯正的种类，亦指各种类别。见晋干宝《搜神记》卷十二和《魏书·铁弗刘虎传》。（汉语大词典编辑委员会、汉语大词典编纂处，1993a：880）
⑦ 爲：wéi，制作，创作。《尔雅·释言》："作，为也。"见唐柳宗元《断刑论》和宋沈括《梦溪笔谈·技艺》。（汉语大字典编辑委员会，2010：2181）
⑧ 若：1. 表示承接关系，相当于"而"。《易·夬》："君子夬夬独行，遇雨若儒。"另见《三国志·魏志·陈思王植传》。2. 表示转折关系，相当于"至于"。《荀子·劝学》："故学数有终，若其义则不可须臾舍也。"另见宋欧阳修《醉翁亭记》。（汉语大字典编辑委员会，2010：3398）
⑨ 演：推演，阐发。司马迁《文选·报任少卿书》："盖文王拘而演《周易》，仲尼厄而作《春秋》。"另见《后汉书·周党传》。（汉语大字典编辑委员会，2010：1854）
⑩ 號：称谓，给以称号。见第六章第二节注释。
⑪ 青藏：季羡林认为，梵语"nīlapiṭa"，音译为尼罗蔽荼，意译为青藏，指古印度史册、官方文书记录的总称，类似中土的史诰。（玄奘、辩机，1985：185）

大成①《五明論》②，大抵③與胡不同。五印度境彌④亙⑤既遥，安無少⑥異乎？又以⑦此方始從⑧東漢傳譯，至于隋朝，皆指西天⑨以爲胡國，且失⑩梵天⑪之

---

① 大成：大的成就。指学问。《礼记·学记》："九年知类通达，强立而不反，谓之大成。"（汉语大词典编辑委员会、汉语大词典编纂处，1988：1336）

② 五明論：五明是佛教教义名数，梵文"Pañcavidyā"的意译。"明"是梵文"vidyā"的意译，明亮的意思，引申为学问，是印度佛教授与学徒的五种学问。"五明"指声明（音韵学和语言学）、工巧明（工艺、技术、历算等）、医方明（医药学）、因明（相当于逻辑学）、内明（佛学）。（任继愈，2002：246）《胜鬘宝窟》卷二："五明论者，谓内论、因明论、声明论、医方论、工巧论，故称五也。此五并须宾主论量，故称为论。但前之四种，假文处多，说之为论。"（T1744, 37.35c6-9）

③ 大抵：大都，表示总括一般的情况。《史记·太史公自序》："《诗》三百篇，大抵贤圣发愤之所为作也。"另见《汉书·杜周传》。（汉语大词典编辑委员会、汉语大词典编纂处，1988：1346）

④ 彌：远。《左传·哀公二十三年》："以胆之得备弥甥也。"另见《文选·西京赋》。又，广，大。《汉书·扬雄传下》："天丽且弥，地普而深。"另见《文选·游天台山赋》。（汉语大字典编辑委员会，2010：1072）

⑤ 亘：连接，连绵不断。汉班固《西都赋》："北弥明光而亘长乐。"《北史·隋本纪下》："旌旗亘千里。"（汉语大字典编辑委员会，2010：19）

⑥ 少：副词，表示程度，相当于"稍""略微"。《庄子·徐无鬼》："今予病少痊，予又且复游于六合之外。"另见《史记·匈奴列传》。（汉语大字典编辑委员会，2010：608）

⑦ 以：介词，表示行为产生的原因，相当于"因为""由于"。《论语·卫灵公》："君子不以言举人，不以人废言。"（汉语大字典编辑委员会，2010：137）

⑧ 從：介词，表示对象，相当于"向"。《世说新语·任诞》："刘伶病酒渴甚，从妇求酒。"（汉语大字典编辑委员会，2010：892）

⑨ 西天：我国古代对印度的通称。印度古称天竺，因在中国之西，故称西天。见唐皇甫曾《锡杖歌送明楚上人归佛川》和宋晁冲之《以承宴墨赠僧法一》诗。（汉语大词典编辑委员会、汉语大词典编纂处，1991b：739）

⑩ 失：迷失，找不着。《楚辞·九章·惜诵》："欲横奔而失路兮，坚志而不忍。"另见宋王安石《舒州七月十七日雨》。（汉语大字典编辑委员会，2010：568）

⑪ 梵天：梵文"Brahmā"，印度思想把万有之根源"梵"神格化，是婆罗门教、印度教中的创造神，与湿婆（Śiva）、毗湿奴（Viṣṇu）并称为婆罗门教与印度教的三大神。佛教把其位列于色界的初禅天。又称为梵王，名尸弃（Śikhi）或世主（Prajāpati），印度古传说中为劫初时从光音天下生，造作万物，佛教中则以之与帝释天同为佛教的护法神。（慈怡，1988：4627）

苗裔①，遂②言胡地之經書。彥琮法師獨明斯致③，唯④徵⑤造錄，痛責⑥彌天⑦，符佛地而合《阿含》，得之在我，用胡名而迷梵種，失則誅⑧誰？唐有宣公，亦同鼓唱⑨。自此若聞彈舌，或睹黑容，印定⑩呼爲梵僧，雷同⑪認爲梵語。琮師可謂忙於執斧捕前白露之蟬，瞢⑫在迴光照後黃衣之雀⑬。既云西土有梵有胡，何不南北區分，是非⑭料簡⑮？致有三失⑯。一改胡爲梵，不析胡

---

① 苗裔：从子孙后代的本义，引申指学术上派生之支流。（汉语大词典编辑委员会、汉语大词典编纂处，1992a：338）

② 遂：副词，相当于"于是""就"，见《论语·卫灵公》《左传·僖公四年》和《宋史·种世衡传》。（汉语大字典编辑委员会，2010：4122）

③ 致：事理。晋袁宏《三国名臣序赞》："所以存亡殊致，始终不同。"又特指玄妙的道理，如《头陀寺碑文》："万象已存，悟太极之致。"（汉语大字典编辑委员会，2010：3008）

④ 唯：只有，只是。（见第六章第二节注释）

⑤ 徵：chéng，用同"澂"。澄清。用例见《资治通鉴·汉桓帝延熹二年》（汉语大字典编辑委员会，2010：905）

⑥ 痛責：严厉责骂或责罚。（汉语大词典编辑委员会、汉语大词典编纂处，1991b：326）

⑦ 彌天：指弥天释道安。道安法师在襄阳，习凿齿负才来谒云："'四海习凿齿'。安答曰：'弥天释道安'"。（释僧祐，1992：180）。自此称为弥天释道安。

⑧ 誅：指责，责备。《论语·公冶长》："朽木不可雕也，粪土之墙不可圬也；于土与何诛？"另见《后汉书·朱浮传》。（汉语大字典编辑委员会，2010：4224）

⑨ 鼓唱：亦作"鼓倡"，指鼓吹倡导。宋苏辙《论西边商量地界札子》："故上下鼓唱，愿有边衅。"另见《宋史·倪涛传》。（汉语大词典编辑委员会、汉语大词典编纂处，1993b：1391）

⑩ 印定：固定不变。（汉语大词典编辑委员会、汉语大词典编纂处，1988：515）

⑪ 雷同：随声附和，泛指相同。《礼记·曲礼上》："毋剿说，毋雷同。"另见《后汉书·桓谭传》和唐杜甫《前出塞》诗之九。（汉语大词典编辑委员会、汉语大词典编纂处，1993a：678）

⑫ 瞢：méng，目不明。《山海经·中山经》："其上多扭木，其下有草焉，葵本而杏叶，黄华而夹实，名曰蓣，可以已瞢。"用例又见《文选·洞箫赋》和唐李白《上安州李长史书》。（汉语大字典编辑委员会，2010：2682；2699）

⑬ 黃衣之雀：与此前的"白露之蟬"都化用《庄子·山木》的典故："睹一蝉，方得美荫而忘其身，螳螂执翳而搏之，见得而忘其形；异鹊从而利之，见利而忘其真。"作者批评隋彦琮顾前不顾后，胡梵分辨得不精细。

⑭ 是非：对的和错的，正确与错误。《礼记·曲礼上》："夫礼者，所以定亲疏，决嫌疑，别同异，明是非也。"另见晋陶潜《拟挽歌辞》之一。（汉语大词典编辑委员会、汉语大词典编纂处，1990a：660）

⑮ 料簡：亦作"料拣"，指选择、拣择。《隶续·汉平舆令薛君碑》："料拣真实，好此徽声。"另见汉蔡邕《司空杨秉碑》《新唐书·宦者传上·马存亮》和宋叶适《〈徐斯远文集〉序》。（汉语大词典编辑委员会、汉语大词典编纂处，1991a：334；335）

⑯ 失：错误，过失。（见第三章第二节注释）

開①，胡還②成梵，失也。二不善胡梵二音，致令胡得③爲梵，失也。三不知有重譯，失也。當初盡④呼爲胡，亦猶隋朝已來總⑤呼爲梵，所謂過猶不及也。如據宗本⑥而談，以梵爲主；若從枝末而説，稱胡可存。何耶？自五天至嶺北，累累⑦而譯也，乃⑧疑琮公留此以待今日，亦不敢讓焉。三亦胡亦梵，如天竺經律傳到龜兹，龜兹不解⑨天竺語，呼天竺爲印特伽國者，因⑩而譯之。若⑪易解者猶存梵語。如此胡梵俱有者是。四二非句⑫，純華言是也。第三重

---

① 開：解说，表达。（见第五章第二节注释）
② 還：hái（旧读 huán），表示转折的副词，相当于"却""反而"。《论衡·定贤》："（韩信之徒）战国获其功，称为名将；世平能无所施，还入祸门矣。"唐白居易《哭皇甫七郎中》："不得人间寿，还留身后名。"（汉语大字典编辑委员会，2010：4147）
③ 得：晓悟，了解。《韩非子·外储说左下》："臣昔者不知所以治经，今臣得矣，愿请玺，复以治制。"另见《礼记·乐记》和宋苏轼《答黄鲁直书》。（汉语大字典编辑委员会，2010：890）
④ 盡：副词，全部，都。《左传·昭公二年》："屋礼尽在鲁矣。"另见《史记·李将军列传》。（汉语大字典编辑委员会，2010：2749；1035）
⑤ 總：表示范围的副词，相当于"皆""一概"。宋朱熹《春日》："等闲识得春风面，万紫千红总是春。"（汉语大字典编辑委员会，2010：3673；126）
⑥ 宗本：分枝和本根。见五代王仁裕《开元天宝遗事·竹义》。（汉语大词典编辑委员会、汉语大词典编纂处，1989a：1349）
⑦ 累累：屡屡，多次。《谷梁传·哀公十三年》："吴，东方之大国也，累累致小国以会诸侯。"另见唐韩愈《送孟秀才序》。（汉语大词典编辑委员会、汉语大词典编纂处，1992a：789）
⑧ 乃：连词，相当于"而"。《荀子·正论》："然则斗与不斗邪，亡于辱之与不辱也，乃在于恶之与不恶也。"另见《史记·周本纪》。（汉语大字典编辑委员会，2010：56）
⑨ 解：解释，注解，讲解。《庄子·徐无鬼》："以不惑解惑，复于不惑，是尚大不惑。"另见唐杜牧《郡斋独酌》。（汉语大字典编辑委员会，2010：4182）
⑩ 因：沿袭，承接，如因循、陈陈相因。《论语·为政》："殷因于夏礼，所损益，可知也；周因于殷礼，所损益，可知也。"引申为连接。《逸周书·作雒》："城方千七百二十丈，郭方七百里，南系于洛水，北因于刻山。"另见宋陆游《城西接待院后竹下作》。（汉语大字典编辑委员会，2010：766）
⑪ 若：代词，用于他称，相当于"其""他的"。《墨子·天志下》："今人处若国得罪，将犹有异国所，以避逃之者矣。"另见《论衡·实知》。（汉语大字典编辑委员会，2010：3398）
⑫ 句：jù，语句，诗句。《玉篇·句部》："句，止也，言语章句也。"《文心雕龙·章句》："位言曰句……句者，局也；局言者，联字以分疆。"（汉语大字典编辑委员会，2010：619）

譯直譯者，一直譯，如五印夾①牒②直來東夏譯者是。二重譯，如經傳嶺北③樓蘭④、焉耆⑤，不解天竺言，且⑥譯爲胡語，如梵云鄔波陀耶⑦，疏勒⑧云鶻祉，于闐⑨云和尚。又天王⑩，梵云拘均羅⑪，胡云毗沙門⑫是。三亦直亦重，如三

---

① 夾：指梵夾，亦作"梵筴"或"梵筴"，就是佛书。佛书以贝叶作书，贝叶重叠，用板木夹两端，以绳穿结，故称。唐李贺《送沈亚之歌》："白藤交穿织书笈，短策齐裁如梵夹。"另见《资治通鉴·唐懿宗咸通三年》。（汉语大词典编辑委员会、汉语大词典编纂处，1989b：1029）

② 牒：古代书写用的木（竹）片。《左传·昭公二十五年》："右趣不敢对，受牒而退。"另见《论衡·知实》。（汉语大字典编辑委员会，2010：2162-2163）此处应指简札形式的佛书。

③ 嶺北：山的北面。（汉语大词典编辑委员会、汉语大词典编纂处，1989a：871）此山应指南山，即今新疆南境阿尔金山。昆仑山、阿尔金山与甘肃南界祁连山汉时通称南山。《汉书·西域传》："南北有大山，其南山东出金城，与汉南山属焉。"（魏嵩山，1995：759）

④ 樓蘭：楼兰国是西域城国，国都在扜泥城（今新疆尉犁县东罗布泊西北孔雀河北岸，一说即今新疆若羌县）。西汉元凤四年迁都伊循城（今若羌县东米兰），改名鄯善。（魏嵩山，1995：1159）玄奘经过此地时，称此国为"纳缚波故国"，季羡林注释说，其梵文很可能是"Navāp"。楼兰的佉卢文作"Kroraina"，回鹘文作"Lulan"，公元前77年更名鄯善，其城均在罗布泊以南。（玄奘、辩机，1985：1033-1035）

⑤ 焉耆：根据季羡林的注释，焉耆是古代西域焉耆语"Argi/Arki"或"Arśi"的音写，古焉耆国的疆域魏晋以后还有汉代的危须、尉犁，东至榆树沟（喀喇和色驿），且与高昌交界，西南出铁云谷至库尔勒而与龟兹接壤。唐玄奘经过此国时，称阿耆尼国。阿耆尼为梵文"Agni"（火）的译音，在今新疆维吾尔自治区焉耆回族自治县。（玄奘、辩机，1985：49）

⑥ 且：副词，只，但。唐杜甫《送高三十五书记》："崆峒小麦熟，且愿休王师。"宋苏轼《虞美人》："持杯复更劝花枝，且愿花枝长在，夜披离。"（汉语大字典编辑委员会，2010：17）

⑦ 鄔波陀耶：梵文"Upādhyāya"的确切音译，"和尚"是不确切的音译，还有"和社""和阇""乌社""和上"的音译；意译"亲教师""近诵""力生""依学"。在古印度原为师父的俗称。（任继愈，2002：776）

⑧ 疏勒：疏勒国是西域城国，国都在疏勒城（今新疆喀什市）。西汉神爵二年后属西域都护府。（魏嵩山，1995：1153）唐玄奘经此地时，此国称为佉沙。季羡林注释说，佉沙的原音应为"Khaṣal"；疏勒应是古粟特语"Suγlaq"或"Suγdaq"的汉译名。（玄奘、辩机，1985：996）

⑨ 于闐：于闐国，又作于寘国，西域城国，国都在西城（一作西山城，今新疆和田县境）。西汉神爵二年后属西域都护府。唐于其地置毗沙都督府。（魏嵩山，1995：32）唐玄奘经过此地时称瞿萨旦那国，根据季羡林的注释，瞿萨旦那是梵文化的名称，原文应为"Gostana"，汉代于闐古音似应是"Ódan"。（玄奘、辩机，1985：1002-1003）

⑩ 天王：佛教有四天王，从下文判断，这里指其中的多闻天王，即北天王，梵文"Vaiśravaṇa"，巴利文"vessavaṇa"。（蓝吉富，1994：1574-1575）

⑪ 拘均羅：笔者查阅《大正藏》，只有三国吴支谦译《太子瑞应本起经》卷下载："四天大王，赏别善人。东提头赖、南维睒文、西维楼勒、北拘均罗当护汝等令不遭横。"（T185，3.479b18-20）

⑫ 毗沙門：笔者查阅《大正藏》从西晋沙门法立共法炬译《大楼炭经》（T23，01.293c15-c16），北凉天竺三藏昙无谶译《大涅槃经》（T374，12.479b18），后秦佛陀耶舍（罽宾沙门）共竺佛念汉译的《佛说长阿含经》（T01，01.30b21）到唐不空译的《金刚顶瑜伽护摩仪轨》（T909，18.923c19）都称北天王为毗沙门。赞宁说这是译自胡音，不可信。

藏直賫①夾牒而來，路由胡國，或帶胡言。如覺明②口誦《曇無德律》③中有和尚等字者是。四二非句，即賫經三藏雖兼④胡語，到此不翻譯者是。第四粗言細語者，聲明中一蘇漫多⑤，謂汎⑥爾⑦平語言辭也；二彥底多⑧，謂典正言辭也。佛説法多依蘇漫多，意住於義，不依於文，又被⑨一切故。若彥底多非諸類所能解故。亦名全聲者，則⑩言音分明典正，此細語也。半聲者，則言音不分明而訛僻⑪，此粗語⑫也。一是粗非細，如五印度時俗⑬之言是。二唯細非粗，如法護、寶雲、奘師、義净，洞解聲明音律，用中天細語典言而譯者是。三亦粗亦細，如梵本中語涉粗細者是。或注云此音訛僻，即粗言也。四二非句闕。第五華言雅俗者，亦云音有楚夏⑭同也。且此方言語，雅即經籍之文，俗

---

① 賫：jī，携或持的意思。（汉语大字典编辑委员会，2010：3887；5102）

② 覺明：梵名 "Buddhayaśas"，汉语音译名是佛陀耶舍，又称佛驮耶舍，意译觉明、觉名、觉称。东晋译经家，北印度罽宾国人。（慈怡，1988：2640）

③《曇無德律》：书名，四分律之异名。（丁福保，1991：2671）

④ 兼：同时涉及两件或两件以上的行为或事物，如兼职、兼收并蓄。《易·系辞下》："《易》之为书也，广大悉备。有天道焉，有人道焉，有地道焉，兼三材而两之，故六。"（汉语大字典编辑委员会，2010：127）

⑤ 蘇漫多：梵语 "Subanta" 的音译，又作苏槃多，指梵语名词语尾的格例变化，即语尾有 "su" 之意。（慈怡，1988：315-316）

⑥ 汎：广泛。（汉语大字典编辑委员会，2010：1664）

⑦ 爾：同"邇"，近。《周礼·地官·肆长》："实相近者相尔也。"另见宋苏轼《和陶杂诗十一首》之七。又浅近，如《荀子·天论》："祅是生于乱；三者错，无安国。其说甚尔，其葘甚惨。"（汉语大字典编辑委员会，2010：31）

⑧ 彥底多：动词之活用变化，称为底彦多声，恰与苏漫多声相反。底彦多为梵语 "tinanta" 之音译，又作丁岸哆，即词尾有 "ti" 之意。动词分为自言与为他言两种，各有一人称、二人称、三人称之别，并各个活用单数，双数、复数三变化，共成为二个九转声，合而为十八转声（十八转、二九韵）。（慈怡，1988：316）此处的"彦底多"疑是"底彦多"的误写。这说明赞宁的梵语语法知识并不可靠。

⑨ 被：加被，指诸佛如来以慈悲心加护众生，又作加备、加佑、加威、加。（慈怡，1988：1577）

⑩ 则：副词，用于判断句表示肯定，相当于"就"。《诗·小雅·十月之交》："日予不戕，礼则然矣。"唐柳宗元《捕蛇者说》："非死，则徙尔。"（汉语大字典编辑委员会，2010：373）

⑪ 訛僻：讹误。僻，误。北齐颜之推《颜氏家训·音辞》："今之学士，语亦不正；古独何人，必应随其讹僻乎？"另见唐刘知几《史通·古今正史》。（汉语大词典编辑委员会、汉语大词典编纂处，1993a：75）

⑫ 粗語：指粗朴的语言。《大般涅槃经·梵行品之六》："诸佛常软语，为众故语粗。粗语及软语，皆归第一义。是故我今者，归依于世尊。"（汉语大词典编辑委员会、汉语大词典编纂处，1993b：1310）

⑬ 時俗：世俗，流俗。《楚辞·离骚》："固时俗之工巧兮，偭规矩而改错。"另见三国魏曹植《杂诗》之四。（汉语大词典编辑委员会、汉语大词典编纂处，1990a：699）

⑭ 楚夏：南楚和诸夏。汉荀悦《申鉴·时事》："文有磨灭，言有楚夏，出有先后……执不俱是，比而论之，必有可参者焉。"（汉语大词典编辑委员会、汉语大词典编纂处，1989b：1156）

乃術①巷之说，略同②西域。細即典正，粗即訛僻也。一是雅非俗，如經中用書籍言是。二是俗非雅，如經中乞頭③、博頰④等語是。三亦雅亦俗，非學士⑤潤文，信僧執筆⑥，其間渾⑦金璞玉⑧交雜相投⑨者是。四二非句闕。第六直語⑩密語者，二種作⑪句，涉俗⑫爲直，涉真⑬爲密⑭，如婆留師⑮是。一是直非密，謂婆留師翻爲惡口住，以惡口⑯人人不親近故。二是密非直。婆留師翻⑰

---

① 術：中华书局1987版《宋高僧传》此处是"街"（赞宁，1987：55）。

② 略同：大致相同。《汉书·平当传》："〔平当〕文雅虽不能及萧望之，匡衡，然指意略同。"另见唐韩愈《论淮西事宜状》。（汉语大词典编辑委员会、汉语大词典编纂处，1991a：1356）

③ 乞頭：讨取头钱。唐李肇《唐国史补》卷下："假借分画谓之囊家，囊家什一而取谓之乞头。"另见宋洪迈《夷坚丁志·夏氏骰子》。（汉语大词典编辑委员会、汉语大词典编纂处，1986：765）

④ 博頰：此处"博"应是"搏"。在古汉语里"搏頰"本是打嘴巴的意思。（汉语大词典编辑委员会、汉语大词典编纂处，1990b：796-797）吴康僧会译《旧杂譬喻经》（T206，4.512b12-15）有用例。此处宋、元、明三个版本的"博"都是"搏"。根据田启涛的研究，"搏頰"本是早期道教仪式，意在向神灵求请，一般不单独施行，往往与"叩头"构成一套连贯动作。"叩头"表认罪，"搏頰"则是自我惩罚，两者常结合一起使用。道教"搏頰"仪式的施行，不晚于东汉末魏晋初，后来到东晋义熙初年此行在道教仪式中被去除，如今的道教斋醮上章求请文书中已见不到关于"搏頰"的记载。（田启涛，2011：57）

⑤ 學士：官名。南北朝以后，以学士为司文学撰述之官。唐代翰林学士亦本为文学侍从之臣，因接近皇帝，往往参与机要。宋代始设专职，其地位职掌与唐代略同。明代设翰林院学士及翰林院侍读、侍讲学士，学士遂专为词臣之荣衔。清代改翰林院学士为掌院学士，余如故。清末期内阁、典礼院亦置学士。（汉语大词典编辑委员会、汉语大词典编纂处，1989b：242）

⑥ 執筆：引申为记录或写作。《魏书·山伟传》："二十许载，时事荡然，万不记一，后人执笔无所凭据。"（汉语大词典编辑委员会、汉语大词典编纂处，1988：1137）

⑦ 渾：纯，无杂质。（汉语大字典编辑委员会，2010：1808）

⑧ 璞玉：包在石中而尚未雕琢之玉。《韩非子·喻老》："宋之鄙人得璞玉而献之子罕。"另见晋葛洪《抱朴子·仙药》、宋黄庭坚《休亭赋》和元杨弘道《投蓝田县令张伯直启》。（汉语大词典编辑委员会、汉语大词典编纂处，1989b：633）

⑨ 相投：彼此合得来。《朱子语类》卷三二："但庄子说的怪诞，但他是与这般人相投，都自恁地没检束。"（汉语大词典编辑委员会、汉语大词典编纂处，1991a：1142）

⑩ 語：yù，告诉。《论语·阳货》："居，吾语汝。"另见《左传·隐公元年》和《晋书·陶侃传》。（汉语大字典编辑委员会，2010：4235）

⑪ 作：从事或进行某种活动，如作揖、作弄。（汉语大字典编辑委员会，2010：168）

⑫ 俗：大众的，通行的。（汉语大字典编辑委员会，2010：199）

⑬ 真：真实，相对于假、俗、伪等义而言。最究竟者，称为真；假则为方便、一时之义。例如佛身分为真身与应身，相对于应化身者即称真身；又如法门分为真谛与俗谛，相对于世俗谛者即称真谛；此外，真假与权实亦为同义语。或谓俗即指"覆蔽真"之事物，伪指"虚妄离真而似真"之事物。（慈怡，1988：4193）

⑭ 密：秘密。《易·系辞上》："几事不密则害成。"宋周邦彦《风流子·秋怨》："多少暗愁密意，唯有天知。"（汉语大字典编辑委员会，2010：1008）

⑮ 婆留師：恶口，其梵语是"pūruṣya"。（Hirakawa，1997：486）

⑯ 惡口：十恶之一，新译粗恶语，就是口出粗恶语毁訾他人。据《大乘义章》卷七载，言辞粗鄙，故视为恶；其恶从口而生，故称之为恶口。（慈怡，1988：4946）

⑰ 翻：翻转，翻倒。（汉语大字典编辑委员会，2010：3579）

爲菩薩所知彼岸也，既通達三無性理，亦不爲衆生所親近故。三兩亦句，即同善惡眞俗，皆不可親近故。四二非句，謂除前相故。又阿毗持呵婁目數數得定、鬱婆提目生起拔根弃背、婆羅目眞實離散亂，此諸名在經論中，例顯直密語義也。更①有胡梵文字，四句易解。凡諸類例括彼經詮，解者不見其全牛②，行人但隨其老馬③矣。或曰："翻梵夾須④用此方文籍⑤者，莫⑥招濫涉儒雅⑦之過乎？"通⑧曰："言⑨不關⑩典，非子⑪史⑫之言，用其翻對，豈可以委巷⑬之談而糅⑭于中耶？故道安云：'乃欲以千載上之微言，傳所合百王下之末俗'，斯爲不易矣。"或曰："漢魏之際盛行斯意，致使陳壽《國志》述臨兒國⑮云：

---

① 更：副词，相当于"再""复""又"。唐王之涣《登鹳雀楼》："欲穷千里目，更上一层楼。"（汉语大字典编辑委员会，2010：23）

② 此典出《庄子·养生主》："始臣之解牛之时，所见无非全牛者。三年之后，未尝见全牛也。"

③ 老马：典出《韩非子·说林上》："管仲、隰朋从于桓公伐孤竹，春往冬反，迷惑失道。管仲曰：'老马之智可用也。'乃放老马而随之。遂得道。"

④ 须：连词，表示让步关系，相当于"虽"。宋辛弃疾《卜算子·饮酒成病》："不饮便康强，佛寿须千百，八十余年入涅盘。"（汉语大字典编辑委员会，2010：4645）

⑤ 文籍：文章典籍，泛指书籍。《后汉书·文苑传下·赵壹》："文籍虽满腹，不如一囊钱。"另见唐白行简《李娃传》和宋俞文豹《吹剑四录》。（汉语大词典编辑委员会、汉语大词典编纂处，1990b：1546）

⑥ 莫：表示揣测或反问。（汉语大字典编辑委员会，2010：3430）

⑦ 儒雅：指儒术。《汉书·公孙弘等传赞》："汉之得人，于兹为盛。儒雅则公孙弘、董仲舒、儿宽；笃行则不建、不庆。"另见《后汉书·方术传上·谢夷吾》和北齐颜之推《颜氏家训·诫兵》。（汉语大词典编辑委员会、汉语大词典编纂处，1986：1715）

⑧ 通：陈述。《世说新语·文学》："谢（安）看题，便各使四坐通。支道林先通，作七百许语。"（汉语大字典编辑委员会，2010：4101）

⑨ 言：说，说话。《书·无逸》："三年不言。"宋欧阳修《与尹师鲁第一书》："出城而还，言不见舟矣。"（汉语大字典编辑委员会，2010：4192）

⑩ 關：关系，涉及。唐李白《猛虎行》："肠断非关陇头水，泪下不为雍门琴。"（汉语大字典编辑委员会，2010：4395）

⑪ 子：指先秦百家的著作，及此后图书四部分类（经、史、子、集）中的第三部类，包括哲学、科技、艺术等类书籍。如《老子》《荀子》《韩非子》等。（汉语大字典编辑委员会，2010：1079）

⑫ 史：记载历史的书籍。（汉语大字典编辑委员会，2010：618）

⑬ 委巷：指僻陋曲折的小巷。借指民间。《礼记·檀弓上》："小功不为位者，是委巷之礼也。"另见《旧唐书·代宗纪》。（汉语大词典编辑委员会、汉语大词典编纂处，1989b：327）

⑭ 糅：混杂，混合。唐玄应《一切经音义》卷三："《说文》：'糅，杂饭也。'今胃异色物相集曰糅也。"《论衡·对作》："紫朱杂厕，瓦玉集糅。"（汉语大字典编辑委员会，2010：3364）

⑮ 临儿国："临儿国，《浮屠经》云其国王生浮屠。浮屠，太子也。父曰屑头邪，母云莫邪。浮屠身服色黄，发青如丝，乳青毛，蛉赤如铜。始莫邪梦白象而孕，及生，从母左胁出，生而有结，堕地能行七步。此国在天竺城中。天竺又有神人，名沙律。昔汉哀帝元寿元年，博士弟子景卢受大月氏王使伊存口受浮屠经曰复立者其人也。浮屠所载临蒲塞、桑门、伯闻、疏闻、白疏间、比丘、晨门，皆弟子号也。浮屠所载与中国老子经相出入，盖以为老子西出关，过西域之天竺，教胡。浮屠属弟子别号，合有二十九，不能详载，故略之如此。"（陈寿，2000：637）

'浮屠所載，與中國《老子經》而相出入①。蓋②老子西出關，過西域之天竺，教胡爲浮屠。'""此爲③見譯家用道德二篇中語，便認云與《老子經》互相出入也。設有華人能梵語，與西僧言說，兩相允④會⑤，可便謂此人爲天竺人耶？盍⑥窮⑦其始末⑧乎？是知若用外書⑨，須招此謗⑩。如童壽譯《法華》，可謂折中⑪，有天然西域之語趣矣。今觀房融潤文於《楞嚴》，僧肇⑫徵引而造⑬

---

① 出入：謂或出或入，有相似處，亦有相异處。宋苏辙《历代论四·梁武帝》："东汉以来佛法始入中国，其道与《老子》相出入，皆《易》所谓形而上者。"（汉语大词典编辑委员会、汉语大词典编纂处，1988：474－475）

② 蓋：副词，表示揣测、推断，相当于"大概"。《论语·里仁》："有能一日用其力于仁矣乎？我未见力不足者。盖有之矣，我未之见也。"另见《史记·孔子世家》。（汉语大字典编辑委员会，2010：3477）

③ 爲：wèi，介词，表示原因，相当于"因""由于"。唐杜荀鹤《乱后逢村叟》："因供寨木无桑柘，为著乡兵绝子孙。"（汉语大字典编辑委员会，2010：2183）

④ 允：副词，诚然，果真。《诗·大雅·公刘》："度其夕阳，豳居允荒"。（汉语大字典编辑委员会，2010：290）

⑤ 會：领悟，理解，如体会、意会、心领神会。唐孟郊《听琴》："闻弹一夜中，会尽天地情。"另见宋陈亮《念奴娇·登多景楼》。（汉语大字典编辑委员会，2010：1635）

⑥ 盍：表示疑问的代词，相当于"何""什么""怎么"。也可作表示反问或疑问的副词。相当于"何不"，如《论语·公冶长》："颜渊季路侍。子曰：'盍各言尔志？'"另见《新唐书·窦建德传》。（汉语大字典编辑委员会，2010：2740－2741）此处是副词。

⑦ 窮：寻根究源。《易·说卦》："穷理尽性，以至于命"。另见《史记·酷吏列传》。（汉语大字典编辑委员会，2010：2929）

⑧ 始末：首尾经过，底细。《梁书·徐勉传》："既立墅舍，以乖旧业，陈其始末，无愧怀抱。"另见《新唐书·武平一传》。（汉语大词典编辑委员会、汉语大词典编纂处，1989b：335）

⑨ 外書：佛教徒称佛经以外的书籍为外书。（汉语大词典编辑委员会、汉语大词典编纂处，1989a：1159）

⑩ 謗：指责别人的过失、罪恶。《国语·周语上》："厉王虐，国人谤王。"另见《战国策·齐策一》和汉贾山《至言》。（汉语大字典编辑委员会，2010：4271）

⑪ 折中：亦作"折衷"，调节使适中。《尸子》卷上："听狱折衷者，皋陶也。"另见《南史·江淹传》和唐韩愈《上张仆射第二书》。（汉语大词典编辑委员会、汉语大词典编纂处，1990b：376）

⑫ 僧肇：僧肇（384—414），东晋时后秦僧人，在罗什门下十余年，被称为什门"四圣"或"十哲"之一，又以"解空第一"著称。僧肇在世时曾撰佛教论文数篇，阐述般若义旨。僧肇曾在鸠摩罗什和佛陀耶舍的译场担任助译。僧肇虽早年曾受老庄影响，但其学问实得于鸠摩罗什，以《维摩诘经》、《般若》、三论为宗。后世的三论宗人很推尊僧肇，常常把他和鸠摩罗什并称，有"什、肇山门"之语，以他的学说为三论宗的正系。（中国佛教协会，1982：52－54）

⑬ 造：制作。也指著述。《论衡·案书》："《新语》，陆贾所造，盖董仲舒相似类焉。"另见南朝宋范晔《狱中与诸甥侄书目自序》。（汉语大字典编辑委员会，2010：4097）

論，宜當①此誚②焉。苟③參④鄙俚⑤之辭，曷異屠沽⑥之譜⑦？然則糅⑧書勿如無書，與其⑨典也，寧⑩俗。儻⑪深溺⑫俗，厥過不輕；折中適時，自存法語，斯謂得譯經之旨矣。故佛說法多依蘇漫多⑬也。又傳譯之興，奉行之意，不明本起⑭，何示⑮將來？今究⑯其宣揚⑰，略陳梗概。夫教者不倫⑱，有三疇類⑲；

---

① 當：承擔，承受，如当之无愧。《论语·卫灵公》："当仁，不让于师。"《史记·刺客列传》："亲供养备，不敢当壬之赐。"（汉语大字典编辑委员会，2010：2726）

② 誚：责备，呵斥；讥议，嘲讽。（汉语大字典编辑委员会，2010：4236）

③ 苟：表示假设关系的连词，相当于"若""如果"。《论语·里仁》："苟志于仁矣，无恶也。"《史记·陈涉世家》："苟富贵，无相忘。"另见唐柳宗元《与韩愈论史官书》。（汉语大字典编辑委员会，2010：3405）

④ 參：cān，杂。《商君书·来民》："彼土狭而民众，其宅参居而并处。"另见唐魏征《论时政疏》。（汉语大字典编辑委员会，2010：422）

⑤ 鄙俚：粗野，庸俗。晋左思《魏都赋》："非鄙俚之言所能具。"另见唐孟棨《〈本事诗〉序》。（汉语大词典编辑委员会、汉语大词典编纂处，1992b：677）

⑥ 屠沽：亦作"屠酤"，本指宰牲和卖酒，也泛指职业微贱的人。《墨子·迎敌祠》："举屠酤者置厨给事，弟之。"另见《后汉书·郭太传》。（汉语大词典编辑委员会、汉语大词典编纂处，1989b：52）

⑦ 譜：按照事物类别或系统编成的表册、书籍。（汉语大词典编辑委员会、汉语大词典编纂处，1993a：427）比如流水账之类。

⑧ 糅：混杂，混合。（见上文注释）

⑨ 與其：连词，在比较两件事或两种情况的利害得失而表示有所取舍时，"与其"用在舍弃的一面。（汉语大词典编辑委员会、汉语大词典编纂处，1988：161）

⑩ 寧：表示选择的连词，如宁愿、宁可。（见第五章第二节注释）

⑪ 儻：表示假设的连词，相当于"倘若""如果"。（见第四章第三节注释）

⑫ 溺：nì，沉湎，无节制。《庄子·齐物论》："其溺之所为之，不可使复之也。"另见《文心雕龙·明诗》。（汉语大字典编辑委员会，2010：1833）

⑬ 从此处语境可以看到，赞宁把文体的雅俗与梵语的语法"苏漫多"混为一谈。

⑭ 本起：梵语"jātaka"的意译，也作本缘和本生，略称生，还可音译为阇陀伽等。佛教有本生类经典，为佛典九种类别（九部经）或十二种类别（十二部经）之一。（慈怡，1988：1952；6529）在此语境，用该词在判教，以明各宗派的源流。

⑮ 示：教导。《礼记·檀弓下》："国奢则示之以俭，国俭则示之以礼。"另见《盐铁论·本议》。（汉语大字典编辑委员会，2010：2553）

⑯ 究：深入探求，钻研。《晋书·郑冲传》："耽玩经史，遂博究儒术及百家之言。"又引申为追查。唐韩愈《原毁》："其于人也……举其一，不计其十；究其旧，不图其新。"（汉语大字典编辑委员会，2010：2909）

⑰ 宣扬：1. 广泛传布，传扬。2. 对众讲解、说明。（汉语大词典编辑委员会、汉语大词典编纂处，1989a：1412-1413）

⑱ 不伦：犹言超凡拔俗。《后汉书·独行传·向栩》："〔向栩〕少为书生，性卓诡不伦。"另见《魏书·桓玄传》和《北史·魏汝南王悦传》。（汉语大词典编辑委员会、汉语大词典编纂处，1986：435）

⑲ 疇類：本指同类、同辈的人。（汉语大词典编辑委员会、汉语大词典编纂处，1991a：1407）但此处仅是类型之意。

一顯教①者，諸乘經律論也不同瑜伽論中顯了教，是多分大乘藏教。二密教②者，《瑜伽灌頂五部護摩三密曼拏羅法》也瑜伽隱密教是多分聲聞藏教。三心教者，直指人心，見性成佛，禪法也。次一法輪③者，即顯教也，以摩騰④爲始祖焉。次二教令輪⑤者，即密教也，以金剛智⑥爲始祖焉。次三心輪者義加此輪，即禪法⑦也，以菩提達磨⑧爲始祖焉。是故傳法輪者以法音傳法音；傳教令輪者，以秘密傳秘密；傳心輪者，以心傳心，此之三教、三輪、三祖，自西而東，化

---

① 顯教：从言语文字上明显说出教法，称为显教。（慈怡，1988：6923）

② 密教：与"显教"相对，因其教义、修法且传承秘密、深奥而称为密教，密教起源于大乘佛教中的陀罗尼。密教发展初期有两个派别，一是公元2世纪的原始密教，即陀罗尼密教，二是公元4世纪开始的持明密教。原始密教传入中国后盛行于魏晋南北朝。持明密教以西印度为中心，南朝时传入中国内地，成为该时代中国密教主流。《金刚大道场经》和《灌顶大道场经》是汉译密典的重要来源，这两部经备足像法、坛法、供养法、护摩法和灌顶法等，形成了比较完备的密法体系，完整的密教至此基本建立。中期密教是6世纪末7世纪初的真言密教，该教广为流行的同时，瑜伽密教——金刚乘开始在南印度兴起，公元7世纪中叶后已形成。金刚乘在公元8世纪初先在南印度流传，继而传到狮子国（今斯里兰卡），同时又由金刚智经海路传入中国，并形成唐代密宗的另一个主要流派。约从10世纪起到13世纪初是密教的消亡期。13世纪后，中国内地的密教趋于衰落和消亡，但藏传密教繁盛，日本密教也继续流传。（任继愈，2002：1134-1135）赞宁此处说的密教，从下文看兼有初期和中期密教特点。

③ 法輪：梵语"dharmacakra"，巴利语"dhammacakka"的意译，是佛法的喻称，以轮比喻佛法，其义有三：摧破、辗转和圆满。此外，法轮一词古来常常用于判教，而有三法轮、三转法轮等名称。（慈怡，1988：3423-3424）此处，赞宁也用法轮这个词在判教。

④ 摩騰：摩騰（？—73），梵名"Kāśyapa-mātanga"，佛教初传中国者，中印度人，又称摄摩腾、竺摄摩腾、竺叶摩腾，略称摩腾；生于婆罗门家，博通大小乘经典，尝至西印度小国讲金光明经。后汉永平十年（67）应汉明帝之请，与竺法兰携经卷与佛像至洛阳，住白马寺，两人合译《四十二章经》，为我国译经之滥觞，亦为东土有佛法之开端。（慈怡，1988：3971）

⑤ 教令輪：教令指如来为教化利益众生所发出之教敕；轮原为一种武器，有摧破作用；于密教，大日如来之教敕坚强，能摧破难化众生之烦恼，犹如转轮王之轮宝，故称教令轮。（慈怡，1988：4599）

⑥ 金剛智：金剛智（671？—741），梵名"Vajirabodhi"，音译跋日罗菩提，是印度密教付法第五祖，中国密教初祖。出身南印度婆罗门，三十一岁跟从南印度龙智学习密教。于唐开元七年（719）携弟子不空由海路经锡兰、苏门答腊至广州，建立大曼荼罗灌顶道场，化度四众。八年，入洛阳、长安，从事密教经典翻译，并传授灌顶之秘法。译有《金刚顶经》等八部十一卷。与善无畏、不空并称"开元三大士"。因病示寂于洛阳广福寺，世寿七十一，谥号"大弘教三藏"。门弟子有一行、慧超、义福、圆照等。（慈怡，1988：3561）

⑦ 禪法：禅那之法门，指禅宗，或指禅之宗旨。佛于灵山会上拈花示众，百万人天不解其意，唯独摩诃迦叶破颜微笑而顿悟佛旨，佛言"我付汝以涅槃之妙心"，此即后世如来禅之所源，故称为佛心宗。常言"禅法"者，即指此佛心宗之禅。（慈怡，1988：6470-6471）

⑧ 菩提達磨：菩提达磨（？—535），梵名"Bodhidharma"，意译作道法，又称菩提达摩、菩提达磨多罗、达磨多罗、达磨各多、菩提多罗，通称达磨，为我国禅宗初祖，西天第二十八祖。南天竺人，梁武帝时达磨从广州入境，与武帝语不相契，渡江至北魏，曾在嵩山少林寺等地传授以壁观法门为中心的禅法。其弟子有慧可、道育、僧副（道副）、昙林等。（慈怡，1988：5207）

凡而圣，流十五代汉、魏、晋、宋、齐、梁、陈、隋、唐、朱梁、後唐、石晋、劉漢、郭周、今大宋，法門之貽①厥②孫謀③，萬二千年，真教④之克昌⑤厥後。"或曰："譯場經館，設官⑥分職⑦，不得⑧聞⑨乎？"曰："此務⑩所司⑪，先宗⑫譯主，即賣葉書⑬之三藏⑭明練⑮顯密二教者充之。次則筆受者，必言通華梵，學綜

---

① 貽：yí，举目貌。《太平广记》卷三十三引杜光庭《神仙感遇传》："山门花辟，曲径烟蘯，眙而望之，不暇他视，真尘外景也。"（汉语大字典编辑委员会，2010：2658）

② 厥：助词，用于句中。《书·无逸》："自时厥后，立王生则逸。"唐韩愈《袁氏庙碑》："收功厥后，五公重尊。"（汉语大字典编辑委员会，2010：88）

③ 孙谋：顺应天下人心的谋略。孙，通"逊"。语出《诗·大雅·文王有声》："诒厥孙谋，以燕翼子。"一说，"孙谋"是为子孙筹划的意思。朱熹集传："谋及其孙，则子可以无事矣。"另见王维《裴仆射济州遗爱碑》和宋黄庭坚《神宗皇帝挽词》之一。（汉语大词典编辑委员会、汉语大词典编纂处，1989b：236）

④ 真教：指佛教，佛法。北魏杨衒之《洛阳伽蓝记·融觉寺》："虽石室之写金言，草堂之传真教，不能过也。"（汉语大词典编辑委员会、汉语大词典编纂处，1988：148）

⑤ 克昌：指子孙昌大，如《诗·周颂·雝》："燕及皇天，克昌厥后。"另见《后汉书·方术传·谢夷吾》和《南史·齐宗室传论》。（汉语大词典编辑委员会、汉语大词典编纂处，1988：262）

⑥ 设官：指设立官府，设置治理政事的机构。《周礼·天官·序官》："惟王建国，辨方正位，体国经野，设官分职，以为民极。"另见北齐邢邵《讯囚请占议》。（汉语大词典编辑委员会、汉语大词典编纂处，1993a：83）

⑦ 分职：各司其职，各授其职。《书·周官》："六卿分职，各率其属，以倡九牧，阜成兆民。"另见《管子·明法解》和《旧唐书·韦思谦传》。（汉语大词典编辑委员会、汉语大词典编纂处，1988：589）

⑧ 不得：不能，不可。《谷梁传·襄公二十九年》："阍，门者也，寺人也，不称姓名。阍不得齐于人。"另见《后汉书·朱俊传》和唐王昌龄《浣纱女》诗。（汉语大词典编辑委员会、汉语大词典编纂处，1986：442-443）

⑨ 闻：通"问"（wèn）。（汉语大字典编辑委员会，2010：4371）

⑩ 务：古代官署名，多为掌管贸易和税收的机构。《文献通考·征榷一》："（宋）凡州县皆置务，关镇或有焉，大则专置官临涖，小则令佐兼领。"（汉语大字典编辑委员会，2010：2958）

⑪ 司：掌管，主持。《诗·郑风·羔裘》："彼其之子，邦之司直。"另见《文赋》。（汉语大字典编辑委员会，2010：620）

⑫ 宗：尊崇，取法。《诗·大雅·公刘》："食之饮之，君之宗之。"另见《后汉书·刘盆子传》。（汉语大字典编辑委员会，2010：984）

⑬ 葉書：贝叶书的简称。古印度人常用贝多罗树的叶子书写佛经，故佛经亦称"叶书"。见南朝梁沈约《均圣论》。（汉语大词典编辑委员会、汉语大词典编纂处，1992a：456）

⑭ 三藏：参见上面的注释，指三藏法师。

⑮ 明練：熟悉，通晓，明达纯熟。（汉语大词典编辑委员会、汉语大词典编纂处，1990a：617）

有①空②,相問③委知④,然後下筆。西晋僞秦已來立⑤此員⑥者,即沙門道含⑦、玄賾⑧、姚嵩⑨、聶承遠⑩父子。至於⑪帝王,即姚興⑫、梁武⑬、天后⑭、

---

① 有:指主张诸法为"有"的宗派,又作有教,与主张一切皆空、般若皆空之"空宗"相对。佛教解释宇宙万有之立场,原不偏于有、空之任一者,然有宗之说,则偏于现实形相之有,此说以小乘之说一切有部(简称"有部")为代表。其后有世亲之教派与龙树空观之对峙,而一再产生空、有之论辩。大乘之有宗则以唯识为根本,属法相宗。(慈怡,1988:2432)

② 空:指空宗,是"有宗"之对称,主张一切皆空,般若皆空之宗派。大乘的般若思想即其代表,以宣扬中道之空观为主。从主张诸法皆空的龙树、提婆之教系中,相对于小乘教俱舍宗之有宗而言,指成实宗;相对于大乘法相宗(唯识)而言,则指三论宗。成实宗主张人、法皆空,所说之空义胜于有部宗、俱舍宗等之仅说人空。三论宗则主张空,有皆无,以"诸法皆无所得"之空为宗义。又禅宗亦称空宗,主张佛、魔皆空,以言语思辨为葛藤而排遣之。此外,有称佛教为空宗者,以佛教主张诸法无我之故。(慈怡,1988:3477)

③ 相问:询问,质问。(汉语大词典编辑委员会、汉语大词典编纂处,1991a:1154)

④ 委知:确实知道。唐李德裕《论陈许兵马状》:"须待弘敬出军表到,方得委知。"《敦煌变文集·伍子胥变文》:"臣不细委知,遣往相看。"(汉语大词典编辑委员会、汉语大词典编纂处,1989b:325)

⑤ 立:设置,设立。《书·周官》:"立太师、太傅、太保。"(汉语大字典编辑委员会,2010:2895)

⑥ 员:官员的通称。(汉语大字典编辑委员会,2010:678)

⑦ 道含:佛陀耶舍应鸠摩罗什之请,于姚秦弘始十年(408)至长安,协助罗什译出《十住经》,其后译出《四分僧戒本》《四分律》,并译《长阿含经》,由竺佛念传译,道含笔受。(慈怡,1988:2640)

⑧ 玄赜:唐代僧,生卒年不详。自贞观二十年(646)正月十七日至闰二月二十九日间,唐玄奘在弘福寺翻经院译出《大乘阿毗达磨杂集论》十六卷时,玄赜曾任笔受之职。又于玄奘译出大菩萨藏经二十卷时,与行友同任缀缉。(慈怡,1988:2034)

⑨ 姚嵩:《妙法莲华经》卷七僧睿序:"秦司隶校尉左将军安城侯姚嵩,拟韵玄门,宅心世表,注诚斯典,信诣弥至,每思寻其文,深识译者之失。既遇鸠摩罗法师,为之传写……是岁弘始八年,岁次鹑火。"(T262,9.62c2-8)

⑩ 聂承远:西晋译经居士,恒居关洛,明解有才干,博通经传,复善于撰文。曾参与竺法护之译经工作,笃志务法,参正文句,而有笔受之功。最初竺法护译出超日明经时,词句繁琐,幸得承远删缀文句,乃雅顺而通达,为世人所乐读。(慈怡,1988:6593)

⑪ 至于:连词,提出突出事例,表示达到某种程度。犹竟至于,甚至于。(汉语大词典编辑委员会、汉语大词典编纂处,1991b:784)

⑫ 姚兴:姚兴(366—416),羌族,姚苌子,是十六国时后秦国主,公元394—416年在位。姚兴崇信佛教,起浮图于永贵里,邀龟兹僧摩罗什翻译佛经。(中国历史大辞典编纂委员会,2000:2326)另《梵网经》卷一:"秦主姚兴,道契百王,玄心大法,于草堂之中,三千学士,与什参定。"(T1484,24.997a7-10)

⑬ 梁武:梁武帝(464—549)萧衍,公元502—549年在位。公元502年自立为帝,国号梁,都建康(今江苏南京)。549年因手下将领谋反忧愤而死。梁武帝笃信佛法,大建寺院,三次舍身同泰寺;尤长释典,制《涅槃》《大品》诸经义记数百卷。(中国历史大辞典编纂委员会,2000:2792)

⑭ 天后:武则天(624—705)即武后,高宗皇后,武周皇帝,公元690—705年在位。天授元年(690),改唐为周,称圣神皇帝,并改名曌。在位期间,兴佛教。她晚岁病重期间,中宗在张柬之等拥戴下复位。她临终遗命去帝号。与高宗合葬于乾陵(在今陕西乾县西北)。(中国历史大辞典编纂委员会,2000:1704)

中宗①，或②躬③執幹④，又謂爲綴文⑤也。次則度語⑥者，正云譯語也。傳度轉令生解，亦名傳語，如翻《顯識論》，沙門戰陀⑦譯語是也。次則證⑧梵本者，求其量果⑨，密⑩能證知⑪，能詮⑫不差，所顯無謬矣。如居士伊舍羅⑬證譯

---

① 中宗：指唐中宗李显。根据《中国通史》第三册，李显是武则天与高宗的第三子，于683年高宗死后即帝位，次年被武则天废为庐陵王；705年在宰相张柬之等拥戴下复辟。710年唐中宗被安乐公主和韦皇后合谋毒杀。（范文澜、蔡美彪等，1994：136-137；144）

② 或：副词，常常。《论语·子路》："不恒其德，或承之羞。"（汉语大字典编辑委员会，2010：1505）

③ 躬：亲自，亲身。三国蜀诸葛亮《前出师表》："臣本布衣，躬耕于南阳。"（汉语大字典编辑委员会，2010：4060）

④ 幹：中华书局1987版《宋高僧传》此处是"翰"（赞宁，1987：57）。笔毫，毛笔。唐柳宗元《送韩丰群公诗后序》："天水赵（佶）秉翰序事。殷勤宣备，词旨当矣。"（汉语大字典编辑委员会，2010：3575）

⑤ 缀文：宋沙门志磐《佛祖统纪》卷四十三中说："第六，缀文，回缀文字，使成句义。如笔受云：'照见五蕴，彼自性空，见此。'今云：'照见五蕴皆空。'大率梵音多先能后所。如'念佛'为'佛念'，'打钟'为'钟打'。故须回缀字句以顺此土之文。"（T2035，49.398b8-17）精通梵文的学者给此处所说的梵文宾语在动词前的情况注释为："佛念"的梵文为"buddhānusmṛti"，"buddha"即"佛"，"ānusmṛ"即"念"。"钟打"的梵文是"ghaṇṭāhan"，"ghaṇṭā"即"钟"，"han"即"打"。（李炜，2011：5）所以，缀文就是把按照梵文句法顺序初译的汉文整理成汉语正常的句法顺序。

⑥ 度语：用今天的话说，"度语"就是实施语言转换（从源语到目标语的转换），让读者根据译文理解原文的人。

⑦ 战陀：《唐大荐福寺故寺主翻经大德法藏和尚传》卷一："命藏笔受，复礼缀文，梵僧战陀、提婆二人译语。"（T2054，50.282a18-21）《翻译名义集》卷一："次则度语，正云译语，亦名传语，传度转令生解矣，如翻显识论，沙门战陀译语是也。"（T2131，54.1067c19-21）

⑧ 證：验证。《后汉书·缪肜传》："时县令被章见考，吏皆畏惧自诬，而肜独证据其事。"（汉语大字典编辑委员会，2010：4286）

⑨ 量果：法相宗认为构成人认识作用的心识有四个分位：一是相分，是认识的对象（客体）；二是见分，为认识之主体作用；三是自证分，又作自体分，即自体上证知见分的作用，亦即自身能证知自己的认识活动；四是证自证分，就是自证分的再证知。于八识中皆各具有此四分，为人类认识活动的必然，例如度量某物，应有"能量"（见分）作为尺度，亦应有"所量"（相分）作为对象，更应该有"量果"（自证分）以得知大小、长短等，而将自证分之"量果"再加以证知，则为证自证分。成唯识论把见分称为能量，相分为所量，自证分为量果。（慈怡，1988：1664；633-634）

⑩ 密：即二密，指理密和事密。理密，说圆融不离之理者；事密，说如来身口意之秘密者。（慈怡，1988：210）

⑪ 證知：证的梵语是"adhigama"，巴利语同。修习正法，如实体验而悟入真理，称为证，即以智慧契合于真理。就能证而言，称为证智，证知。（慈怡，1988：6701-6702）

⑫ 能詮：经文就是能诠，义理为所诠。（慈怡，1988：3249-3250）

⑬ 伊舍罗：《根本说一切有部毗奈耶尼陀那目得迦摄颂》卷一："翻经婆罗门东天竺国大首领臣伊舍罗证梵本。"（T1457，24.520b10-11）

《毗柰耶》梵本是也。至①有立證梵義一員，乃②明③西義得失，貴④令華語下不失梵義也。復立證禪義一員，沙門大通⑤充之。次則潤文一位，員數不恒，令通內外學者充之，良⑥以⑦筆⑧受⑨在其油素⑩，文言豈無俚俗，儻⑪不失於佛意，何妨刊而正之。故義淨譯場，則李嶠、韋嗣立、盧藏用等二十餘人次文潤色也。次則證義，蓋⑫證已譯之文所詮之義也。如譯《婆沙論》，慧嵩、道朗

---

① 至：副词，竟，竟至。《韩非子·外储说左上》："先生之巧，至能使木鸢飞。"另见唐柳宗元《与吕道州温论〈非国语书〉》。（汉语大字典编辑委员会，2010：3006）

② 乃：指示代词，相当于"此""这个"。连词，相当于"而"。《史记·周本纪》："乃断弃其先祖之乐，乃为淫声。"（汉语大字典编辑委员会，2010：56）

③ 明：分辨，区分。《左传·隐公五年》："昭文章，明贵贱，辨等列，顺少长，习威仪也。"另见《史记·老子韩非列传论》。（汉语大字典编辑委员会，2010：1599）

④ 貴：想要。《战国策·东周策》："贵合于秦以伐齐。"另见宋欧阳修《与梅圣俞书》。（汉语大字典编辑委员会，2010：3872）

⑤ 沙门大通：根据《大正藏》的记载，"大通"是千佛寺的一位僧人。比如《大方广佛华严经》卷四十记载：该经"罽宾国三藏赐紫沙门般若宣梵文……成都府正觉寺沙门道弘润文，章敬寺沙门鉴虚润文，大觉寺沙门道章校勘证义，千福寺沙门大通证禅义"（T293，10.84c17-25）。又如《贞元新定释教目录》卷一七："《大方广佛华严经》一部四十卷，千福寺沙门大通证禅义。"（T2157，55.895 b6-7）

⑥ 良：精善，见《周礼·春官·巾车》《左传·襄公二十六年》和《礼记·月令》。（汉语大字典编辑委员会，2010：3379）

⑦ 以：介词，表示行动的时间、处所、范围，相当于"在""于"，见《左传·桓公二年》《论衡·偶会》和唐柳宗元《断刑论》。（汉语大字典编辑委员会，2010：137）

⑧ 筆：文笔，写文章的技巧，用例见《论衡自纪》《南史·范泰传附范晔》和宋范成大《喜收知旧书复畏答书二绝》之一。（汉语大字典编辑委员会，2010：3168）此处指汉译文的行文。

⑨ 受：适合，中。用例见《吕氏春秋·园道》。（汉语大字典编辑委员会，2010：432）

⑩ 油素：光滑的白绢，多用于书画，见汉扬雄《答刘歆书》和南朝梁任昉《为范始兴作求立太宰碑表》。（汉语大词典编辑委员会、汉语大词典编纂处，1990a：1075）此处指译文具体的语境。

⑪ 儻：连词，表示假设，相当于"倘若""如果"。（见第四章第三节注释）

⑫ 蓋：语气词。（汉语大字典编辑委员会，2010：3477）

等三百人考正文义①，唐复礼②累③场充任焉。次则梵呗④，法筵肇启，梵呗前兴，用作先容⑤，令生物善⑥，唐永泰中方闻此位也。次则校勘，雠⑦对已译之文，隋前彦琮覆⑧疏文义，盖⑨重慎⑩之至⑪也。次则监护大使，后周平高公侯寿为总监检校，唐则房梁公为奘师监护，相次许观、杨慎交、杜行顗等充之。或用僧员⑫，则隋以明穆、昙迁等十人监掌翻译事，诠定宗旨。其处⑬则秦逍

---

① 考正文义：《高僧传》卷三："浮陀跋摩，此云觉铠，西域人也。……宋元嘉之中达于西凉。……得《毗婆沙》梵本十有万偈。……于凉州城内闲豫宫中请跋摩译焉。泰即笔受，沙门慧嵩、道朗与义学僧三百余人考正文义。"（T2059，50.339a14-24）《历代三宝纪》卷九："《阿毗昙毗婆沙论》六十卷……宋文帝世，西域沙门浮陀跋摩，或云佛陀，凉言觉铠，于凉州城内闲预宫寺，永和五年为逊子虔译。沙门道泰笔受，慧嵩、道朗与名德僧三百余人，考正文义再周方讫。"（T2034，49.84c20-85 a2）

② 复礼：唐代僧人，据大藏经记载，《华严经探玄记》卷二〇《34 入法界品》："是以于大唐永隆年，西京西太原寺三藏法师地婆诃罗，唐云日照，共京十大德道成律师等奉敕译补，沙门复礼亲从笔受。"（T1733，35.484 c12-15）此外还有"复礼法师润文"（T1737，36.704a16-19），"僧复礼缀文"（T2074，51.176b4-6）的记载。

③ 累：lěi，连续，屡次。晋王鉴《劝元帝亲征杜驶疏》："去年以来，累丧偏将军师。"（汉语大字典编辑委员会，2010：3604）

④ 梵呗：梵呗译自梵语"bhāṣā"，指以曲调诵经、赞咏和歌颂佛德，又作声呗、赞呗、经呗等，略称梵呗，全称呗匿，又作婆师、婆陟，即赞叹、止断之意，因依梵土（印度）曲谱咏唱，故称为梵呗。中土梵呗始于三国时期，之后以印度的声律读汉译的经文广为流行。东晋以后梵呗盛行于南方。至唐代，梵呗渐盛于民间，遂立梵呗为译经道场九种职位之一。（慈怡，1988：4635）

⑤ 先容：本指先加修饰，后引申为事先为人介绍、推荐或关说。语出《文选·于狱中上书自明》："蟠木根柢，轮囷离奇，而为万乘器者，何则？以左右先为之容也。"另见唐司马逸客《雅琴篇》。（汉语大词典编辑委员会、汉语大词典编纂处，1988：243）

⑥ 生物善：《无量寿经义疏》卷二曰："自具功德，能生物善，名胜福田。"（T1745，37.111a29-b1）物指一切众生，能帮助一切众生生善，这就是殊胜福田。

⑦ 雠：chóu，校勘，如晋左思《魏都赋》："雠校篆籀，篇章毕觌。"另见《新唐书·王珪传》。（汉语大字典编辑委员会，2010：4424）

⑧ 覆：重复。（汉语大字典编辑委员会，2010：3001）

⑨ 盖：连词，承接上文，表示原因和理由。如《论语·季氏》："盖均无贫，和无寡，安无倾。"《史记·屈原贾生列传》："屈平之作《离骚》，盖自怨生也。"（汉语大字典编辑委员会，2010：3477）

⑩ 重慎：犹慎重。汉荀悦《汉纪·成帝纪三》："或问温室中树皆何等木，光默然不应，更答以他语。其重慎如此。"另见唐韩愈《与鄂州柳中丞书》。（汉语大词典编辑委员会、汉语大词典编纂处，1992b：394）

⑪ 至：极点，到极点。《易·坤》："至哉坤元。"《孟子·离娄上》："规矩，方员之至也。"（汉语大字典编辑委员会，2010：3006）

⑫ 僧员："员"表明这些僧人也是朝廷官员。根据《中国佛教通史》第五卷，昙迁就是隋初文帝从全国招来的"六大德"之一，"五众""二十五众"众主的供给由朝廷提供。（赖永海，2010：30；36）

⑬ 处：chù，处所，地方，如住处、何处。《史记·五帝本纪》："迁徙往来无常处，以师兵为营卫。"另见唐黄巢《题菊花》。（汉语大字典编辑委员会，2010：3018）

遥園,梁壽光殿、瞻雲館,魏汝南王宅。又隋煬帝置翻經館,其中僧有學士之名①。唐於廣福等寺,或宮園不定。又置正字字學,玄應曾當是職。後或置或否。朝延罷②譯事,自唐憲宗元和五年至于周朝,相望③可④一百五十許歲,此道寂然⑤。迨我皇帝臨大寶之五載⑥,有河中府⑦傳顯密教沙門法進請西域三藏法天⑧譯經于蒲津⑨,州府官⑩表⑪進⑫,上覽大悅,各賜紫衣⑬,因勅造譯經院於太平興國寺之西偏。續勅⑭搜購天下梵夾,有梵僧法護、施護同參其務,左

---

① 名:名分,名号,名义。(汉语大字典编辑委员会,2010:630)指隋朝廷学士官的名号。(黄小芃,2013:22-26)

② 延罷:此处为两个词。延:停息。(汉语大字典编辑委员会,2010:439)罷:停止,如《论语·子罕》:"夫子循循然善诱人,博我以文,约我以礼,欲罷不能。"另见《后汉书·南匈奴传》。(汉语大字典编辑委员会,2010:3120)

③ 相望:互相看见,形容接连不断,极言其多。(汉语大词典编辑委员会、汉语大词典编纂处,1991a:1153)

④ 可:副词,约略,如《韩非子·外储说左上》:"御可数百步,以马为不进,尽释车而走。"另见唐柳宗元《至小丘西小石潭记》。(汉语大字典编辑委员会,2010:615)

⑤ 寂然:形容寂静的状态。《易·系辞上》:"易,无思也,无为也,寂然不动,感而遂通天下之故。非天下之至神,其孰能与于此?"(汉语大词典编辑委员会、汉语大词典编纂处,1989a:1516)

⑥ 指宋太祖赵匡胤乾德二年(964)。

⑦ 河中府:唐乾元三年(760),蒲州又升为河中府,治河东县(今永济市西南蒲州),辖境相当今山西西南部的永济、临猗、运城、河津、万荣等市和芮城、陕西大荔两县的部分地区。唐属河东道,北宋属永兴军路,金属河东路,元属晋宁路。(中国历史大辞典编纂委员会,2000:1951)

⑧ 法天:法天(?—1001)中印度僧人,宋朝开宝六年(973年)来华,初住漉州蒲津,译出《圣无量寿经》等,由河中府梵学沙门法进执笔缀文。咸平四年示寂,世寿不详。自太平兴国七年至咸平三年十一月,法天译经共有四十六部七十一卷。(慈怡,1988:3338)

⑨ 蒲津:蒲津又作蒲坂津,在今山西永济市蒲州镇与陕西大荔县朝邑镇之间。(魏嵩山,1995:1165)

⑩ 府官:官职,州府的长官。(汉语大词典编辑委员会、汉语大词典编纂处,1989a:1215)

⑪ 表:古代奏章的一种。《释名·释书契》:"下言于上曰表。"(汉语大字典编辑委员会,2010:24)

⑫ 進:引进,举荐,如《周礼·夏官·大司马》:"进贤兴功,以作邦国。"另见《吕氏春秋·论人》和唐李白《为宋中丞自荐表》。(汉语大字典编辑委员会,2010:4107)

⑬ 赐紫衣:根据《中国佛教通史》第九卷,赐紫衣是宋代褒奖僧人的三种方式之一,宋太祖赵匡胤颁赐紫衣于僧众的事例在史籍屡见不鲜。皇帝向僧人敕赐紫衣、师号还有若干"制度性"的规定,其中献梵文贝叶经和天竺高僧入译场者属于历朝给予译经者的殊荣,是获赐紫衣理所当然的资格。(赖永海,2010:179-189)

⑭ 敕:自上命下之词。汉世凡尊长或官长告诫子孙或僚属,皆称敕。南北朝以后专指皇帝诏书。(汉语大字典编辑委员会,2010:1564)

街僧錄①智照大師慧溫證義。又詔②滄州三藏道圓證梵字，慎選兩街③義解④沙門志顯綴文，令遵、法定、清沼筆受，守巒、道真、知遜、法雲、慧超、慧達、可瓌⑤、善祐、可支證義，倫次⑥綴文，使臣劉素、高品⑦王文壽監護，禮部郎中⑧張洎、光祿卿⑨湯悅次文潤色，進《校量壽命經》《善惡報應經》《善見變化》《金曜童子》《甘露鼓》等經。有命⑩授⑪三藏天息災、法天、施護師號⑫，外⑬試⑭鴻臚少卿⑮、賜厩馬等。筆受證義諸沙門各賜紫衣并帛有差⑯。

---

① 左街僧錄：根据《中国佛教通史》第九卷，左街僧录是宋朝中央级僧署——僧录司里面的常设主官，其地位高于右街僧录。（赖永海，2010：143；145）

② 詔：皇帝下达命令。《新唐书·魏征传》："帝痛自咎，即诏停册。"（汉语大字典编辑委员会，2010：4218）

③ 兩街：根据《中国佛教通史》第九卷，宋代有中央级的僧官称之为"两街僧录"（赖永海，2010：147），此僧人冠有"两街"二字，也许显示其官阶属于中央级。

④ 義解：佛教术语，义理之解释，解释佛经之深义也。《高僧传》十科中有义解一科。（丁福保，1991：2310）

⑤ 瓌：同"瑰"。（汉语大字典编辑委员会，2010：1226）

⑥ 倫次：条理次序。《北齐书·冯子琮传》："（冯子琮）擢引非类，以为深交；纵其子弟，官位不依伦次。"

⑦ 高品：虽然"高品"也有德高望重的人的意思，上文都在显示相关人员的高级官阶，所以此"高品"应指高的官阶或品级。《旧唐书·职官志一》："千牛备身左右，卫官已上、王公已下高品子孙起家为之。"（汉语大词典编辑委员会、汉语大词典编纂处，1993b：940）

⑧ 禮部郎中：礼部是宋朝中央级官署的六部之一，郎中是其中的职官。（俞鹿年，1992：414；1424）

⑨ 光祿卿：光禄寺是宋朝中央级官署九寺之一，掌酒醴、膳羞，主官为光禄卿（光禄寺卿），副长官为光禄寺少卿，从四品，正六品。（俞鹿年，1992：344；345；1425）

⑩ 命：帝王锡命臣下职位、爵禄的文书。《文心雕龙·诏策》："命喻自天，故授官锡胤。"黄叔琳注："命以授官，《书》：《微子之命》《蔡仲之命》《毕命》《冏命》是也。"（汉语大字典编辑委员会，2010：653）

⑪ 授：任命，委任。（汉语大字典编辑委员会，2010：2012）

⑫ 師號：对道行出众的僧人所加的称号。宋司马光《谕若讷》："天下僧受师号何可胜纪，有能亲屈帝笔如若讷之光荣者乎！"另见宋苏轼《乞子珪师号状》。（汉语大词典编辑委员会、汉语大词典编纂处，1989a：722）

⑬ 外：另外，其他，别的。（汉语大字典编辑委员会，2010：924）

⑭ 試：宋官制。宋代任职低于阶官名衔二等，称为"试"。《宋史·职官志九》："凡除职事官，以寄禄官之高下为准：高一品已上为行，下一品为守，下二品已下为试，品同者否。"（汉语大词典编辑委员会、汉语大词典编纂处，1993a：135-136）

⑮ 鴻臚少卿：就是鸿胪寺少卿。鸿胪寺是宋朝中央级官署九寺之一，掌少数民族及外国朝贡，宗室、大臣凶仪，僧道的管理，主官为鸿胪寺卿，副长官为鸿胪寺少卿，从四品，正六品。（俞鹿年，1992：353；354；1426）

⑯ 有差：不一，有区别。《后汉书·张敏传》："今托义者得减，妄杀者有差，使执宪之吏得设巧诈。"（汉语大词典编辑委员会、汉语大词典编纂处，1990b：1154）

御製新譯經序，冠于經首。觀①其佛日重光，法輪發軔②，赤玉箱而啓秘，青蓮朶③以開芳，聖感如然，前代就堪④比也。又以宣譯之者樂略樂繁，隋之已前，經題簡少，義淨已降，經目⑤偏長。古⑥則隨取強名，後則繁盡我意。又舊翻秘咒，少注合呼⑦。唐譯明言⑧，多祥音反，受持有驗，斯勝古蹤。净師大譯諸經，偏精律部，自高⑨文彩⑩，最有可觀⑪。金剛智也秘藏祖師，阿目

---

① 觀：示人，给人看。《吕氏春秋·博志》："此其所以观后世已。"唐杜甫《冬狩行》："君不见，东川节度兵马雄，校猎亦似观成功。"（汉语大字典编辑委员会，2010：3920-3921）

② 發軔：拿掉支住车轮的木头，使车前进。借指出发，起程。《楚辞·离骚》："朝发轫于苍梧兮，夕余至乎县圃。"（汉语大词典编辑委员会、汉语大词典编纂处，1991b：556）

③ 青蓮朶："朶"同"朵"。（汉语大字典编辑委员会，2010：1238）《晋书·艺术传·佛图澄》："佛图澄，天竺人也。本姓帛氏。少学道，妙通玄术……勒（石勒）召澄，试以道术。澄即取钵盛水，烧香呪之，须臾钵中生青莲花，光色耀目。"后因以"青莲朶"喻指佛法。（汉语大词典编辑委员会、汉语大词典编纂处，1993a：545）

④ 堪：可，能。（汉语大字典编辑委员会，2010：494）

⑤ 經目：经书的名称。南朝梁刘勰《文心雕龙·论说》："昔仲尼微言，门人追记，故仰其经目，称为《论语》。"（汉语大词典编辑委员会、汉语大词典编纂处，1992a：861）

⑥ 古：唐玄奘及其以后翻译的佛典称之为新译，玄奘以前汉译的佛经称为旧译；或把姚秦鸠摩罗什以前汉译的佛经称之为古译。（慈怡，1988：6807）

⑦ 合呼：就是"合声"，谓合二字成一字之音。黄侃《声韵略说》："合声即反语，谓合二字急疾呼之以成声。"（汉语大词典编辑委员会、汉语大词典编纂处，1989a：159）

⑧ 明言：相当于上文的"密咒"。佛经汉译的"咒"，原文来源不一。梵语"dhāraṇī"是总持的意思，"vidya"（vijjyā）有明、术的意思，也译作明咒，"mantra"译作真言。（慈怡，1988：3114）

⑨ 自高：自然高大。《庄子·田子方》："若天之自高，地之自厚，日月之自明，夫何修焉。"另见唐魏征《论治疏》。（汉语大词典编辑委员会、汉语大词典编纂处，1991b：1324）

⑩ 文彩：就是文采，泛指文辞。宋司马光《进〈瞻彼南山诗〉表》："谨成《瞻彼南山》诗七章，随表上进，文采鄙野。"也指文学才华。（汉语大词典编辑委员会、汉语大词典编纂处，1990b：1523）

⑪ 可觀：优美。唐元稹《叙诗寄乐天书》："其中有旨意可观，而词近古往者，为古讽。"（汉语大词典编辑委员会、汉语大词典编纂处，1989a：40）

佉①也多經譯匠，師資②相接③，感應④互彰。無畏言辭且多樸實。覺救⑤加佛頂之句，人無間然⑥。日照⑦出顯識之文，刃有餘地。思惟⑧《胃索》，學喜⑨《華嚴》，密語斷章⑩，大人⑪境界。流志⑫《寶積》，菩提⑬曼荼⑭，華胥⑮之理

---

① 阿目佉：又汉作阿牟伽，阿谟伽，意译曰不空。（丁福保：1991：1420）
② 师资：犹师生，师徒。《后汉书·廉范传》："范叩头曰：'臣无状愚戇，以为汉等皆已伏诛，不胜师资之情，罪当万坐。'"另见《旧唐书·方伎传·孙思邈》。（汉语大词典编辑委员会、汉语大词典编纂处，1989a：722）
③ 相接：连续，连接。《楚辞·九章·哀郢》："心不怡之长久兮，忧与忧相接。"另见南朝梁刘勰《文心雕龙·熔裁》。（汉语大词典编辑委员会、汉语大词典编纂处，1991a：1151）
④ 感应：受影响而引起反应。《易·咸》："柔上而刚下，二气感应以相与。"另见《汉书·礼乐志》和宋周密《志雅堂杂钞·诸玩》。（汉语大词典编辑委员会、汉语大词典编纂处，1991a：616）
⑤ 觉救：根据《宋高僧传》卷二，佛陀多罗，华言觉救，北天竺罽宾人，唐代僧人，赍经止洛阳白马寺，译出《大方广圆觉了义经》。带来《佛顶尊胜陀罗尼经》梵本并重译的是佛陀波利。（赞宁，1987：27；28）另，佛陀波利的梵文为"Buddha-pāla"，华言觉护，北印度罽宾国人，唐代译经家。676年杖锡五台山后，重返本国取来《佛顶尊胜陀罗尼经》梵本初译，于679年又与僧人顺贞再次汉译。（慈怡，1988：2639-2640）
⑥ 间然：非议，异议。《论语·泰伯》："子曰：'禹，吾无间然矣。'"（汉语大词典编辑委员会、汉语大词典编纂处，1993b：87）
⑦ 日照：日照（613—687），唐代僧，梵名为"Divākara"，音译地婆诃罗，中印度人。676—678年间至唐，介绍印度中观派的新学说，至武后垂拱年间译出《大乘显识经》等。（慈怡，1988：1455-1456）
⑧ 思惟：宝思惟（？—721），梵名"Maṇicinta"或"Ratnacinta"，音译阿你真那，北印度迦湿蜜罗国人，意译宝思惟，犹擅咒术。唐天后长寿二年（693）至洛阳，译出《不空胃索陀罗尼经》等。开元九年示寂，寿百有余岁。（慈怡，1988：3673-3674）
⑨ 學喜：实叉难陀（652—710），梵名"Śikṣānanda"，音译实叉难陀，意译学喜、喜学，于阗（今新疆和田）人。唐代译经三藏，带着《华严经》梵本于证圣元年（695）到达洛阳，重译《华严经》。（慈怡，1988：5784-5785）
⑩ 断章：诗文的一章一段。唐元稹《善歌如贯珠赋》："吟断章而离离若间，引妙啭而一一皆圆。"（汉语大词典编辑委员会、汉语大词典编纂处，1990b：1092）
⑪ 大人：指德行高尚、志趣高远的人。汉扬雄《法言·学行》："大人之学也为道，小人之学也为利。"另见三国魏阮籍《大人先生传》。（汉语大词典编辑委员会、汉语大词典编纂处，1988：1322）
⑫ 流志：菩提流志（562—727），梵名"Bodhiruchi"，意译觉爱，南天竺人。公元693至唐长安，则天武后厚礼之。他历经八年，译出《大宝积经》。（慈怡，1988：5204-5205）
⑬ 菩提：指上文的金刚智。
⑭ 应是"荼"字之误。此处"曼荼"应指曼荼罗教，是佛教术语，真言教之异名也，曼荼罗一译真言，故谓真言教曰曼荼罗教或曼荼罗藏。见秘藏记本。（丁福保，1991：1916）
⑮ 華胥：本是出自《列子·黄帝》的典故，后用以指理想的安乐和平之境，或作梦境的代称。但唐法琳《辩正论》卷四曰："典略云，黄帝梦游华胥氏之国，华胥氏者即天竺国也，在佛神游之所。"（T2110，52.520b8-11）这已是中西结合的例子。赞宁手法相同。

致①融明②，灌頂③之風標④秘邃⑤，迪公⑥勤其筆受，般若⑦終⑧乎譯場。其餘諸公，皆翻夾牒，欲知狀貌⑨，聊⑩舉喻言。其猶⑪人也，人皆人也，奈何⑫姿

---

① 理致：义理情致。南朝宋刘义庆《世说新语·文学》："裴徐理前语，理致甚微，四坐咨嗟称快。"另见北齐颜之推《颜氏家训·文章》。（汉语大词典编辑委员会、汉语大词典编纂处，1989b：572）

② 融明：融通明彻。宋苏轼《初别子由》诗："我少知子由，天资和而清。好学老益坚，表里渐融明。"另见宋苏辙《张公生日》诗。（汉语大词典编辑委员会、汉语大词典编纂处，1991b：942）

③ 灌頂：人名，天台章安大师，名灌頂，字法云，章安人，天台之法嗣。《玄义》《文句》《止观》三大部，皆成于师之笔。唐贞观六年八月七日终于国清寺，寿七十二。见《续高僧传》十九。（丁福保，1991：2942）

④ 風標：1. 风度，品格。唐杨炯《和刘长史答十九兄》："风标自落落，文质且彬彬。"2. 形容优美的姿容神态。见宋文同《再赠鹭鸶》诗。（汉语大词典编辑委员会、汉语大词典编纂处，1993b：626）

⑤ 秘邃：隐秘幽邃。宋杨亿《受诏修书述怀感事》诗："纷纶开四部，秘邃接千卢。"（汉语大词典编辑委员会、汉语大词典编纂处，1991a：904）

⑥ 迪公：据《宋高僧传》卷三，怀迪，唐代僧，循州（今广东惠阳东北）人，初住罗浮山南楼寺，博通经论，与梵僧学成梵语。公元 706 年菩提流志译宝积经，怀迪奉诏入京证义。他还在其他译场做过笔受。（赞宁，1987：44）

⑦ 般若：般若（734—？），唐代译经僧，又称般剌若。北印度迦毕试国（罽宾）人。乘船遍游南海诸国，于公元 781 年抵达广州，旋入长安，788 年译出《大乘理趣六波罗蜜多经》十卷等。曾奉敕出使迦湿弥罗国。未久，受赐"般若三藏"之名及紫衣，后又译出多部佛经。（慈怡，1988：4302）

⑧ 終：成就，完成。《左传·昭公十三年》："百事不终。"另见唐张鷟《陈情表》。（汉语大字典编辑委员会，2010：3607）

⑨ 狀貌：相貌，容貌。《战国策·赵策一》："豫让又漆身为厉，灭须去眉，自刑以变其容，为乞人而往乞，其妻不识，曰：'状貌不似吾夫，其音何类吾夫之甚也。'"（汉语大词典编辑委员会、汉语大词典编纂处，1990a：12）

⑩ 聊：副词，表示动作行为的暂时和权宜性，相当于"姑且""暂且"。（汉语大字典编辑委员会，2010：2979）

⑪ 猶：均，同样地。《论语·尧曰》："犹之与人也，出纳之吝，谓之有司。"另见《战国策·燕策三》。（汉语大字典编辑委员会，2010：1458）

⑫ 奈何：怎么，为何。《礼记·曲礼下》："国君去其国，止之曰'奈何去社稷也'；大夫曰'奈何去宗庙也'；士曰'奈何去坟墓也'。"（汉语大词典编辑委员会、汉语大词典编纂处，1988：1515）

制①形仪②，各从③所肖④，肖其父焉。若如此，大则同而小有异耳。良⑤由⑥译经是佛法之本，本立则道生。其道所生，唯生释子⑦，是以此篇冠首。故曰先王⑧将禜⑨海，必先有事于河者，示不忘本也。"（T2061，50.723a13 - 725b8）

二、简体原文

《宋高僧传·译经篇论》在《大正藏》中并未分段，有3681个字，笔者根据内容将全文分成四篇，每篇又分成若干部，部之下又分段，这样才有助于抓住全文的主旨。

第一篇

第1部

1.1.1　论曰：无漏海中，震潮音而可怪；总持言下，书梵字而不常。未闻者闻，闻光音天之余响；未解者解，解最上法之所诠。圣贤饮之为醇醪，凡劣啜之成糟粕。

1.1.2　若夫有缘则遇，无道则违。秦狱既械其利防，此无缘也；汉庭肇迎其白马，斯有感焉。

第2部

1.2.1　听彼异呼，览其横字，情可求而呼相乱，字虽殊而意且同。

1.2.2　是故《周礼》有象胥氏通六蛮语，狄鞮主七戎，寄司九夷，译知八狄。今四方之官，唯译官显著者何也？疑汉已来多事北方，故译名烂熟矣。

---

① 姿制：姿态，仪容。《晋书·陆云传》："华为人多姿制。"另见《新唐书·张易之传》。（汉语大词典编辑委员会、汉语大词典编纂处，1989b：345）

② 形仪：仪容，仪表。唐黄滔《丈六金身碑》："翌日，我公礼阏之，乃与梦中一类其形仪，长短大小无少差。"另见宋苏轼《颜书》诗。（汉语大词典编辑委员会、汉语大词典编纂处，1989a：1119）

③ 从：随行，跟随。（见第五章第二节注释）

④ 肖：相貌相似。引申为相像。如：惟妙惟肖、子肖其父。宋苏轼《影答形》："我依月灯出，相肖两奇绝。"（汉语大字典编辑委员会，2010：2193）

⑤ 良：副词，表示肯定，相当于"的确""果然"。（见本节上文注释）

⑥ 由：介词，相当于"因为""由于"。如《书·秦誓》："邦之杌陧，曰由一人。"另见南朝梁江淹《杂体诗三十首》之二十九。（汉语大字典编辑委员会，2010：2706）

⑦ 释子：僧徒的通称。取释迦弟子之意。《杂阿念经》："若欲为福者，应于沙门释子所作福。"另见唐韦应物《寄皎然上人》诗和《初刻拍案惊奇》卷七。（汉语大词典编辑委员会、汉语大词典编纂处，1992b：1312）

⑧ 先王：指上古贤明君王。《易·比》："先王以建万国，亲诸侯。"另见宋朱熹《〈大学章句〉序》。（汉语大词典编辑委员会、汉语大词典编纂处，1988：236）

⑨ 禜：yǒng，古代禳灾之祭。为禳风雨、雪霜、水旱、疫疫而祭日月星辰、山川之神。《周礼·地官·党正》："春秋祭禜，亦如之。"（汉语大词典编辑委员会、汉语大词典编纂处，1991a：950）

又如周秦輶轩使者,奏籍通别国方言,令君王不出户庭坐知绝遐异俗之语也。若然者,象胥知其远也,方言知其近也。大约不过察异俗、达远情者矣。

1.2.3　懿乎东汉,始译《四十二章经》,复加之为翻也。翻也者,如翻锦绮,背面俱花,但其花有左右不同耳。由是翻译二名行焉。

第 3 部

1.3.1　初则梵客华僧,听言揣意,方圆共凿,金石难和,碗配世间,摆名三昧,咫尺千里,觌面难通。

1.3.2　次则彼晓汉谈,我知梵说,十得八九,时有差违,至若怒目看世尊、彼岸度无极矣。

1.3.3　后则猛、显亲往,奘、空两通,器请师子之膏,鹅得水中之乳,内竖对文王之问,扬雄得绝代之文,印印皆同,声声不别,斯谓之大备矣。

第二篇

第 1 部

2.1.1　逖观道安也,论五失三不易。彦琮也籍其八备,明则也撰翻经仪式,玄奘也立五种不翻,此皆类《左氏》之诸凡,同史家之变例。

2.1.2　今立新意,成六例焉。谓译字译音为一例,胡语梵言为一例,重译直译为一例,粗言细语为一例,华言雅俗为一例,直语密语为一例也。

第 2 部

2.2.1　初则四句,一译字不译音,即陀罗尼是。二译音不译字,如佛胸前卍字是。三音字俱译,即诸经律中纯华言是。四音字俱不译,如经题上 ॐ ह्रीं 二字是。

第 3 部①

2.3.1.1　第二胡语梵言者,一在五天竺,纯梵语。

2.3.2　二雪山之北是胡,山之南名婆罗门国,与胡绝,书语不同,从羯霜那国字源本二十余言,转而相生,其流漫广,其书竖读同震旦欤?至吐货罗,言音渐异,字本二十五言,其书横读。度葱岭南,迦毕试国言字同吐货罗,已上杂类为胡也。

2.3.1.2　若印度言字,梵天所制,本四十七言,演而遂广,号青藏焉。有十二章,教授童蒙,大成《五明论》,大抵与胡不同。

---

① 本部的论述条理有点乱。根据"四句"的表达形式和格式,本部第二例应该先论述第一种情况梵语(2.3.1.1),但本段显然还未说完,即开始 2.3.2 段,论述何为胡语,然后 2.3.1.2 段又在说梵语及其文化,这显然是 2.3.1 段的第二层意思。从 2.3.f.1 至第 2.3.f.4 段共四层意思,都在不同的层面分清胡语和梵语,即辨胡梵,整个是一段,应该放在本部的最后。

2.3.f.1　五印度境弥亘既遥，安无少异乎？又以此方始从东汉传译，至于隋朝，皆指西天以为胡国，且失梵天之苗裔，遂言胡地之经书。

2.3.f.2　彦琮法师独明斯致，唯澄造录，痛责弥天，符佛地而合《阿含》，得之在我，用胡名而迷梵种，失则诛谁？唐有宣公，亦同鼓唱。自此若闻弹舌，或睹黑容，印定呼为梵僧，雷同认为梵语。琮师可谓忙于执斧捕前白露之蝉，瞢在回光照后黄衣之雀。

2.3.f.3　既云西土有梵有胡，何不南北区分，是非料简？致有三失。一改胡为梵，不析胡开，胡还成梵，失也。二不善胡梵二音，致令胡得为梵，失也。三不知有重译，失也。

2.3.f.4　当初尽呼为胡，亦犹隋朝已来总呼为梵，所谓过犹不及也。如据宗本而谈，以梵为主；若从枝末而说，称胡可存。何耶？自五天至岭北，累累而译也，乃疑琮公留此以待今日，亦不敢让焉。

2.3.3　三亦胡亦梵，如天竺经律传到龟兹，龟兹不解天竺语，呼天竺为印特伽国者，因而译之。若易解者犹存梵语。如此胡梵俱有者是。

2.3.4　四二非句，纯华言是也。

第4部

2.4.1　第三重译直译者，一直译，如五印夹牒直来东夏译者是。

2.4.2　二重译，如经传岭北楼兰、焉耆，不解天竺言，且译为胡语，如梵云邬波陀耶，疏勒云鹘社，于阗云和尚。又天王，梵云拘均罗，胡云毗沙门是。

2.4.3　三亦直亦重，如三藏直赍夹牒而来，路由胡国，或带胡言。如觉明口诵《昙无德律》中有和尚等字者是。

2.4.4　四二非句，即赍经三藏虽兼胡语，到此不翻译者是。

第5部

2.5.1　第四粗言细语者，声明中一苏漫多，谓泛尔平语言辞也；二彦底多，谓典正言辞也。佛说法多依苏漫多，意住于义，不依于文，又被一切故。若彦底多非诸类所能解故。亦名全声者，则言音分明典正，此细语也。半声者，则言音不分明而讹僻，此粗语也。

2.5.2　一是粗非细，如五印度时俗之言是。二唯细非粗，如法护、宝云、奘师、义净，洞解声明音律，用中天细语典言而译者是。三亦粗亦细，如梵本中语涉粗细者是。或注云此音讹僻，即粗言也。四二非句阙。

第6部

2.6.1　第五华言雅俗者，亦云音有楚夏同也。且此方言语，雅即经籍之

文,俗乃街巷之说,略同西域。细即典正,粗即讹僻也。

2.6.2　一是雅非俗,如经中用书籍言是。二是俗非雅,如经中乞头、博颊等语是。三亦雅亦俗,非学士润文,信僧执笔,其间浑金璞玉交杂相投者是。四二非句阙。

第7部

2.7.1　第六直语密语者,二种作句,涉俗为直,涉真为密,如婆留师是。

2.7.2　一是直非密,谓婆留师翻为恶口住,以恶口人人不亲近故。二是密非直,婆留师翻为菩萨所知彼岸也,既通达三无性理,亦不为众生所亲近故。三两亦句,即同善恶真俗,皆不可亲近故。四二非句,谓除前相故。又阿毗持呵娄目数数得定、郁婆提目生起拔根弃背、婆罗目真实离散乱,此诸名在经论中,例显直密语义也。更有胡梵文字,四句易解。凡诸类例括彼经诠,解者不见其全牛,行人但随其老马矣。

第8部

第1分

2.8.1　或曰:"翻梵夹须用此方文籍者,莫招滥涉儒雅之过乎?"通曰:"言不关典,非子史之言,用其翻对,岂可以委巷之谈而糅于中耶?故道安云:'乃欲以千载上之微言,传所合百王下之末俗',斯为不易矣。"

2.8.2　或曰:"汉魏之际盛行斯意,致使陈寿《国志》述临儿国云:'浮屠所载,与中国《老子经》而相出入。盖老子西出关,过西域之天竺,教胡为浮屠。'""此为见译家用道德二篇中语,便认云与《老子经》互相出入也。设有华人能梵语,与西僧言说,两相允会,可便谓此人为天竺人耶?盍穷其始末乎?

2.8.3　"是知若用外书,须招此谤。如童寿译《法华》,可谓折中,有天然西域之语趣矣。今观房融润文于《楞严》,僧肇征引而造论,宜当此消焉。苟参鄙俚之辞,曷异屠沽之谱?然则糅书勿如无书,与其典也,宁俗。傥深溺俗,厥过不轻;折中适时,自存法语,斯谓得译经之旨矣。故佛说法多依苏漫多也。

第2分

2.8.4　"又传译之兴,奉行之意,不明本起,何示将来?今究其宣扬,略陈梗概。夫教者不伦,有三畴类;一显教者,诸乘经律论也不同瑜伽论中显了教,是多分大乘藏教。二密教者,《瑜伽灌顶五部护摩三密曼拏罗法》也瑜伽隐密教是多分声闻藏教。三心教者,直指人心,见性成佛,禅法也。

2.8.5　"次一法轮者,即显教也,以摩腾为始祖焉。次二教令轮者,即

密教也，以金刚智为始祖焉。次三心轮者义加此轮，即禅法也，以菩提达磨为始祖焉。

2.8.6　"是故传法轮者以法音传法音；传教令轮者，以秘密传秘密；传心轮者，以心传心，此之三教、三轮、三祖，自西而东，化凡而圣，流十五代汉、魏、晋、宋、齐、梁、陈、隋、唐、朱梁、后唐、石晋、刘汉、郭周、今大宋，法门之贻厥孙谋，万二千年，真教之克昌厥后。"

第三篇

第1部

3.1.1　或曰："译场经馆，设官分职，不得闻乎？"曰："此务所司，先宗译主，即赍叶书之三藏明练显密二教者充之。

3.1.2　"次则笔受者，必言通华梵，学综有空，相问委知，然后下笔。西晋伪秦已来立此员者，即沙门道含、玄赜、姚嵩、聂承远父子。

3.1.3　"至于帝王，即姚兴、梁武、天后、中宗，或躬执翰，又谓为缀文也。

3.1.4　"次则度语者，正云译语也。传度转令生解，亦名传语，如翻《显识论》，沙门战陀译语是也。

3.1.5　"次则证梵本者，求其量果，密能证知，能诠不差，所显无谬矣。如居士伊舍罗证译《毗奈耶》梵本是也。至有立证梵义一员，乃明西义得失，贵令华语下不失梵义也。复立证禅义一员，沙门大通充之。

3.1.6　"次则润文一位，员数不恒，令通内外学者充之，良以笔受在其油素，文言岂无俚俗，傥不失于佛意，何妨刊而正之。故义净译场，则李峤、韦嗣立、卢藏用等二十余人次文润色也。

3.1.7　"次则证义，盖证已译之文所诠之义也。如译《婆沙论》，慧嵩、道朗等三百人考正文义，唐复礼累场充任焉。

3.1.8　"次则梵呗，法筵肇启，梵呗前兴，用作先容，令生物善，唐永泰中方闻此位也。

3.1.9　"次则校勘，雠对已译之文，隋前彦琮覆疏文义，盖重慎之至也。

3.1.10　"次则监护大使，后周平高公侯寿为总监检校，唐则房梁公为奘师监护，相次许观、杨慎交、杜行颛等充之。或用僧员，则隋以明穆、昙迁等十人监掌翻译事，诠定宗旨。

3.1.11　"其处则秦逍遥园、梁寿光殿、瞻云馆、魏汝南王宅。又隋炀帝置翻经馆，其中僧有学士之名。唐于广福等寺，或宫园不定。又置正字字

学，玄应曾当是职，后或置或否。

3.1.12 "朝延罢译事，自唐宪宗元和五年至于周朝，相望可一百五十许岁，此道寂然。

第2部

3.2.1 "迨我皇帝临大宝之五载，有河中府传显密教沙门法进请西域三藏法天译经于蒲津，州府官表进，上览大悦，各赐紫衣，因敕造译经院于太平兴国寺之西偏。

3.2.2 "续敕搜购天下梵夹，有梵僧法护、施护同参其务，左街僧录智照大师慧温证义。又诏沧州三藏道圆证梵字，慎选两街义解沙门志显缀文，令遵、法定、清沼笔受，守峦、道真、知逊、法云、慧超、慧达、可瑰、善祐、可支证义，伦次缀文，使臣刘素、高品王文寿监护，礼部郎中张洎、光禄卿汤悦次文润色，进《校量寿命经》《善恶报应经》《善见变化》《金曜童子》《甘露鼓》等经。

3.2.3 "有命授三藏天息灾、法天、施护师号，外试鸿胪少卿、赐厩马等。笔受证义诸沙门各赐紫衣并帛有差。御制新译经序，冠于经首。观其佛日重光，法轮发轫，赤玉箱而启秘，青莲朵以开芳，圣感如然，前代就堪比也。

第3部

3.3.1 "又以宣译之者乐略乐繁，隋之已前，经题简少，义净已降，经目偏长。古则随取强名，后则繁尽我意。又旧翻秘咒，少注合呼。唐译明言，多祥音反，受持有验，斯胜古踪。

3.3.2 "净师大译诸经，偏精律部，自高文彩，最有可观。金刚智也秘藏祖师，阿目佉也多经译匠，师资相接，感应互彰。无畏言辞且多朴实。觉救加佛顶之句，人无间然。日照出显识之文，刃有余地。思惟《胃索》，学喜《华严》，密语断章，大人境界。流志《宝积》，菩提曼荼，华胥之理致融明，灌顶之风标秘邃，迪公勤其笔受，般若终乎译场。

第四篇

4.0 "其余诸公，皆翻夹牒，欲知状貌，聊举喻言。其犹人也，人皆人也，奈何姿制形仪，各从所肖，肖其父焉。若如此，大则同而小有异耳。良由译经是佛法之本，本立则道生。其道所生，唯生释子，是以此篇冠首。故曰先王将营海，必先有事于河者，示不忘本也。"

三、今译

译经篇论
第一篇　中土佛典翻译史论

第1部　佛法初传中土的必然性

1.1.1　我议论如下。无漏海中，佛说法像海潮音，世之稀有；秘咒下，梵文书写的词句，不同凡响。没有听而听见了，听到了光音天的余音；不悟而悟了，悟到了最上法门的内涵。圣贤饮之是美酒，庸人用之成糟粕。

1.1.2　至于与佛有缘，则不期而遇，无道则远离。暴秦把携经来中土的西域沙门释利防等十八人关押，这是无缘；而汉朝始迎白马驮经的迦叶摩腾、竺法兰，这是双方心气相通。

第2部　翻译之理及其历史回顾

1.2.1　听外僧说外语，其意可知，但与我们的语音不同，读其横写的文字，与我们汉字也不同，但意义相同。

1.2.2　所以《周礼》记载，南方有象胥氏通六蛮语，西方有狄鞮掌握七戎语，东方有寄掌九夷语，北方有译知晓八狄语。上述四方之官，为什么当今只有译官引人注目呢？这也许是自汉以后北方多大事，所以大家熟知译官之名。又如周、秦有輶轩使者，上奏、记录和通晓各诸侯国方言，使君王足不出户安坐于庭就知道偏远外地的方言。如是这样，象胥则知道远方的情形，而通过方言则可了解近地的形势。大体上不过体察异域的风俗，了解远方的民情而已。

1.2.3　到了东汉，开始汉译《四十二章经》，又加"翻"字。所谓"翻"，如同翻锦绣，正反都有花，但花有左右不同。从此翻、译两个词都通行。

第3部　中土佛经翻译的三个阶段

1.3.1　起初汉僧听外僧说话，揣摩其语意，结果是方枘圆凿，原本和译本语义冲突如金石难和，或大小配搭不当似碗配世间，比如表达术语三昧，咫尺千里，面对面都难以沟通。

1.3.2　接着，梵僧懂汉语，汉僧通梵文，双方十得八九，但时有差池，以至于有这样的译文，像怒目看世尊（搭配失当），彼岸度无极（新旧译得不同），但无原则性的大失误。

1.3.3　以后智猛、法显亲自去印度求法，玄奘、不空更是梵汉皆通，深得佛法精髓，汉译印印皆同、声声无别，文辞精妙，曲尽梵本义蕴，如器请师

子膏那样万无一失，鹅得水中乳那样去粗取精，原译文之间如文王和武王那样的理想君臣父子人伦关系，译文的水平如杨雄绝代之文。这是佛典汉译的鼎盛期。

第二篇　六例论

第1部　回顾史上的佛典翻译原则和提出六例原则

2.1.1　遥看当年诸贤，道安论述了"五失三不易"的汉译原则，彦琮罗列了"八备"的译者条件，明则也撰写了翻经仪式的条陈，玄奘还确立了"五种不翻"的音译原则，这些都类似于《左传》的纲目，史家所录的变例。

2.1.2　今天根据新情况，一并归纳成六例的汉译原则：译字译音、胡语梵言、重译直译、粗言细言、华言雅俗和直语密语。

第2部　第一例　译字译音

2.2.1　第一例是四种外汉翻译的方法。第一种译字不译音，就是完全音译，比如汉译词陀罗尼（梵文 dhāraṇī）的翻译法。第二种是译音不译词，就是用汉音译出但完全保留梵词，如佛胸前卍字就是汉音梵字。第三种是梵文音义的完全汉译，即指常见的佛典汉译本中完全译成汉音汉字的文本。第四种是语音和词义都不译，如经题上的ᘯ二字。

第3部　第二例　胡语梵言

2.3.1.1　首先是五（东南西北中）天竺的纯梵语。

2.3.2　其次，雪山（今兴都库什山）以北是胡语流行的区域，山之南是婆罗门国，与胡不连属，语言文字也不同，效法羯霜那国的二十多个字母，展转相拼，词由此滋生无穷，文字竖读与中国相同。到了吐货罗国，语音逐渐变异，字母有二十五个，其文字横读。越葱岭之南，迦毕试国与吐货罗语言文字相同。以上是各不相同的民族所创的胡语。

2.3.1.2　而印度语言文字，是大梵天王所创，字母四十七个，词语由此转拼滋衍，写成典籍称作青藏，教授童蒙用悉昙十二章，掌握五明大论才算学成，整个都与胡语不同。

2.3.f.1　五印度有东南西北中之分，疆土辽阔，彼此难道没有微略的差别？加之因为此地是开始向中土东汉传译佛典的源头，直到隋朝，大家都还把中国以西的印度当成胡国，不见梵天之源流，而误把佛经说成胡地的经书。

2.3.f.2　彦琮法师独明此理，只有撰经录时以澄清混淆，严厉批评道安，告诫不要超出佛地的范围，要与《阿含》一致，不能自以为是，否则胡梵之名混为一谈的错误又怪谁呢？唐代道宣法师也有同样观点。从此一听外国人说话有弹舌音，或见到黑色皮肤的人，就一成不变地把这样的外国人称作梵僧，

且不加区别地认定其语言为梵语。彦琮法师可以说是螳螂忙捕蝉，曾不知黄雀在后，知前非而不知后亦误。

2.3.f.3 既说西土有梵语也有胡语，为什么不区别南北、判定是非呢？以致产生三种错误。第一种错误就是把胡改称为梵，不辨析胡本自身话语，胡反而成了梵。第二种错误是不通胡语和梵言的语音，以致将胡语词理解为梵语词。第三种错误是不知有重译。

2.3.f.4 当初一概都称作胡，就像隋朝以来全称作梵，所谓过犹不及即如此。就根本及其枝末而论，以梵为根本，若从枝末而言，称胡不无道理。为什么呢？因为从五天竺到葱岭以北，梵经确实经过了多次重译啊，而疑彦琮留下这些问题以待今日来解答，我辈也不敢谦让呢。

2.3.3 第三，既有胡语又有梵语，例如天竺的经律传到龟兹，龟兹译的时候也有保留天竺语词而不译的地方，比如称天竺为印特伽国，我们又承袭此龟兹译本相续而汉译。其中易解的还是梵语犹存之处。这就是胡梵语都有的情况。

2.3.4 第四，既非胡语又非梵语的情况，就是纯粹的汉语。

第4部　第三例　重译直译

2.4.1 其第一种情况就是直译，如五印度梵经直接东传入华夏汉译。

2.4.2 第二种是重译，如佛经传到葱岭以北的楼兰、焉耆，有的梵语词不意译，只译成胡音，如梵语邬波陀耶，疏勒译成"鹘社"，于阗译为"和尚"，中土接着按胡音汉译。又如北天王，梵语是拘均罗，胡语说"毗沙门"。

2.4.3 第三种既是直译又是重译，如三藏法师从天竺携梵经前来中土，途经诸胡国，有的本子带胡语，中土再译该本子。例如佛陀耶舍口诵《四分律》中有"和尚"等词。

2.4.4 第四种是既非重译也非直译，即携经三藏法师虽然也懂胡语，但来中土后并不翻译。

第5部　第四例　粗言细语

2.5.1 第四例是梵语的粗言细语，声明中一是有苏漫多，指浅近平常的、广泛使用的言辞；二是有底彦多，是典雅的语词。佛说法多用苏漫多，原因在于佛意寄托于语义，不依靠文采，又加被一切众生，其底彦多并非众生都能理解的缘故，又称作全声，语音也分明、典雅规范，这就是细语。半声就是语音不分明且讹僻，这就是粗语。

2.5.2 本例包括一是粗语而非细语的情况，比如五印度流行的世俗语言。二是只细而不粗的梵语，如法护、宝云、玄奘、义净，洞晓声明音律，根据中

印度典正细语汉译。三是又粗又细的梵语，如梵本中语涉粗言细语，有时还注明此音讹僻，那就是粗言。四是既非粗又非细的梵语，这样的情况并不存在。

第6部　第五例　华言雅俗

2.6.1　第五例是汉语的雅俗，也可说是与口音有楚夏之分的情况相同。而且，我中土的汉语，雅即典籍的文言，俗就是街谈巷语，跟西域的情况大致相同。细语就典雅规范，粗语就讹谬僻陋。

2.6.2　此例首先是只雅而不俗的言语，如经中所用书面语。其次是只俗而不雅的言语，如汉译经中所用"乞头""搏颊"等词。其三是又雅又俗的言语，如不是学士润文，而是僧人手笔，行文之间雅俗混杂的情况。其四非雅非俗的情况不存在。

第7部　第六例　直语密语

2.7.1　第六例直语密语是汉译时的两种表达方式，涉及俗谛，要浅明易懂就直接表达，涉及真谛要秘密表达，例如梵语词"pāruṣya"汉译成婆留师。

2.7.2　此例一是直非密，比如把婆留师汉译作"恶口住"，因为口出恶言人皆不亲近。二是密非直，把婆留师汉译作"菩萨所知彼岸"，因为已经通达三无性之理，也不被众生所亲近。三又直又密，即同时具有善恶真俗的性质，都不可亲近。四非直非密，指的是汉译文不著善恶二相。译例还有"阿毗持呵娄"汉译成"目数数得定"、"郁婆提"译成"目生起拔根弃背"、"婆罗"译为"目真实离散乱"，这些汉译文在经论中按例要表达出直密语义。加上有原胡梵文字，这四种汉译文容易理解。以上各汉译条例是从经注中概括所得，但解释零散而不全面，读经者只能凭已有经验揣摩。

第8部　佛经译者的能力素质要求

第1分　汉译佛经要做到内外典籍引用的折中，雅俗风格的调和

2.8.1　有人问："汉译梵经虽总借用本土典籍，难道不会导致滥涉儒学的过失吗？"我解释说："下笔与本土经典无涉，汉译文就不是华夏先哲和史籍那样的言辞，以此汉译，岂可用市井里巷的陋说混在其中？所以道安说：'想把一千多年前佛陀的微言大义，传译得符合历代帝王以下的陋俗'，这确实不易啊。"

2.8.2　有人说："汉魏之际这种梵华经典相结合的观点如此盛行，致使陈寿《三国志》写到临儿国时说：'佛经所载，与中国《老子》多有相似之处。大概老子西出函谷关，经西域的天竺，教胡人行佛教。'""这不过是因为看到佛典译家借用了《老子》道经和德经中的话，便认为与《老子》彼此相似。假设某华人会梵语，同西僧对话，果真可相互心领神会，那就可以说此人

是天竺人吗？为何不搞清事情的原始要终呢？

2.8.3 "由此可知，要是借用佛教以外的典籍，一定会遭到这种批评。比如鸠摩罗什汉译《妙法莲华经》，可说调和了梵汉两种典籍，又具有天然西域语言的语趣。而今细读经房融润文后的《大佛顶首楞严经》，僧肇大量引用而撰论文，正当受到此非议。如果掺杂粗俗的言辞，佛书同商贩的账册有何区别？但混杂了外书还不如无书，与其典雅不如通俗。若太过于通俗，其过失又太严重，但二者折中、合乎时宜，自会保留佛法的语趣，这才算符合译经的宗旨，所以佛说法多依苏漫多。

第2分 译者要能分宗判教及辨别源流

2.8.4 "再者，传译佛经，奉行佛法，不明各宗源流，怎能教育后学？现追寻本教各宗的弘法精神，略叙梗概。本教不同凡响，宗派有三大类：一是显教，就是各乘经律论（不同于瑜伽论中显了教，是多分大乘藏教）。二是密教，属践行《瑜伽灌顶五部护摩三密曼拏罗法》的法门（这瑜伽隐密教是多分声闻藏教）。三是心教，直指人心，见性成佛，就是禅法。

2.8.5 "其次，一法轮即显教，以迦叶摩腾为始祖。二教令轮即密教，以金刚智为始祖。三心轮（义加此轮）就是禅法，以菩提达摩为始祖。

2.8.6 "因此如来法轮的传承，以佛的法音传法音；传大日如来教令轮的，以秘密传秘密；传心轮者，以心传心，这三教、三轮、三祖，从西向东，化凡为圣，已传十五代：汉、魏、晋、宋、齐、梁、陈、隋、唐、朱梁、后唐、后晋、刘汉、郭周、当朝大宋，本教各法门源远流长，惠及子孙后代，共一万二千年，愿佛教代代相传、愈发兴盛。"

第三篇 中土佛经译场翻译史

第1部 从西晋、姚秦以来至唐佛典译场设官分职的历史

3.1.1 有人问："译场经馆，设官分职的情况，不能询问吗？"我回答说："该部所掌之职，首先译主之位最尊崇，即由携来梵经的三藏法师中精通显密二教的人担任。

3.1.2 "其次是笔受一职，必兼擅梵汉两种语言，全通佛教有空二宗，询问确知后再下笔。西晋、伪秦以来就设立了此官位，就任者有沙门道含、玄赜和姚嵩、聂承远父子。

3.1.3 "甚至贵为帝王，如后秦姚兴、梁武帝、唐武后、唐中宗，常亲自执笔，又称作缀文。

3.1.4 "其次是度语，正确的称呼是译语。度梵为汉、转传语文使汉人理解，也称传语，如译《显识论》，沙门战陀就是译语官。

3.1.5 "再次是证梵本的官，为了求得量果（自证分），理事二密能证知，直到验证经文不差、经义无误为止。如居士伊舍罗证汉译《根本说一切有部毗奈耶》的梵本就是这样。甚至设证梵义员一职，且分辨原经义的得失，想要使汉译文不失梵义。还设证禅义员的职位，沙门大通曾任此职。

3.1.6 "再次是润文一职，担任的人数不定，使通佛学和外学且擅长使汉语行文适应具体语境的人充任，即使文言也有俚俗之分，只要不失于佛意，何妨加以调适理顺。所以义净译场内，有李峤、韦嗣立、卢藏用等二十多人次文润色。

3.1.7 "再次则是证义，验证汉译文所表达的意义。如译《阿毗昙婆沙论》，慧嵩、道朗等三百人考正汉译文义，唐朝僧复礼在译场屡任此职。

3.1.8 "又次是梵呗官，召开法会以此员唱梵呗为先导，使众生生善，唐永泰中期才听说有此职。

3.1.9 "再次是校勘，校对已出的汉译文，隋朝彦琮曾反复辨析文义，这是因为对译事慎重到极点。

3.1.10 "接着是监护大使，后周平高公侯寿曾任总监检校，唐梁国公房玄龄为玄奘法师监护，以后依次是许观、杨慎交、杜行颛等担任。或起用僧官，隋即以明穆、昙迁等十人监掌译事，解释和确定宗旨。

3.1.11 "译场的处所，姚秦在逍遥园，梁在寿光殿、瞻云馆，北魏在汝南王宅。又隋炀帝设立翻经馆，其中僧人有朝廷学士官之名号。唐朝在广福寺等寺庙或宫园，地点不定。另设正字字学，玄应曾任此官职，以后或设或否。

3.1.12 "朝廷停办译事，从唐宪宗元和五年（810）到后周（951—960），持续约一百五十年，佛经翻译寂然无闻。

第2部　北宋佛典译场简史

3.2.1 "我大宋皇帝即位的第五年，河中府有传显密教沙门法进请西域三藏法天在蒲津翻译佛经，州长官上表举荐，皇上阅后大喜，各赐紫衣，即敕在太平兴国寺西侧设立译经院。

3.2.2 "接着皇上下敕搜购天下梵经，有梵僧法护、施护同参译事，左街僧录智照大师慧温证义。皇上又下诏令沧州三藏道圆证梵字，命令慎选两街义解沙门志显缀文，令遵、法定、清沼笔受、守峦、道真、知逊、法云、慧超、慧达、可瑰、善祐、可支证义并顺次缀文，使臣刘素、高官王文寿监护，礼部郎中张洎、光禄卿汤悦次文润色，译毕奉上《佛说校量寿命经》《分别善恶报应经》《大乘善见变化文殊师利问法经》《佛说金曜童子经》《楼阁正法

甘露鼓经》等经。

3.2.3 "皇帝下诏授予三藏法师天息灾、法天、施护师号，另授予外试鸿胪少卿的官职，并赐厩马等。笔受、证义诸沙门各赐紫衣并帛不等。皇帝亲撰《新译三藏圣教序》放在译出经集之首。这显示佛日重光，法轮再转，佛法兴盛就像赤玉箱启秘、青莲朵开芳，如此盛况可比前朝。

第 3 部　评介古译、隋唐（主要是唐）的佛典翻译

3.3.1 "另外，宣译梵经，有的好简略，有的喜繁复，隋以前经题简短，唐义净以来经题又偏长。古译取名或随意或勉强，后来经题繁复以充分表达自己的意思。又旧译秘咒，很少注明合声。唐译秘咒多详注反切，所以持咒比以前灵验。

3.3.2 "义净法师汉译诸经，偏精律部，言辞自为高妙，文采最为优美。金刚智是密藏祖师，不空也汉译了大量密经，师徒上下相续，灵应互相彰显。善无畏汉译言辞朴实。佛陀波利再译《佛顶尊胜陀罗尼经》，人皆无可非议。日照汉译《大乘显识论》，笔力游刃有余。宝思惟汉译《不空罥索陀罗尼自在王咒经》，实叉难陀译《大方广佛华严经》，前者的密语和后者的篇章都达到了极高境界。菩提流志译《大宝积经》，佛法之义理情致融通明彻，金刚智译密教经典，灌顶的优美姿容隐秘幽邃，怀迪法师勤于笔受，般若三藏之大成还是出自佛典译场。

第四篇　结语

4.0 "本僧传译经篇所载其余法师，都曾汉译梵经，若要知道他们共同的容貌和行迹，姑且用譬喻一言以蔽之。他们同样为人，别人也都是人，为什么容貌神态都有相似之处，这是因为大家都像自己的父亲。若如此，他们只是大同小异罢了。原因确实在于译经是佛法的根本，本立则道生。佛法之道化育佛门弟子，因而把译经篇放在全书之首。所以说上古贤明君王将祭祀海神，一定先祭黄河的神，以示不忘本。"

本节结论

本节除了给原文详细加注，将汉字由繁体转简体，给简体和繁体文本加现代标点之外，还将原行文由上而下从右向左竖读改为今天从左到右横读。在简体文本和今译文部分，将全文分为四篇，篇下分部，每部又分段；为今译文的篇、部、段加小标题，以便抓住主旨。

第四节 《宋高僧传·译经篇论》译理及篇章结构

全文带句读共有 3681 个字,是关于中土佛典翻译篇幅最长的论文。

一、第一篇 中土佛典翻译史论

(一) 第 1 部 佛法初传中土的必然性

1.1.1 段:佛法世之稀有而圣贤总会欣赏和接受

佛法世之稀有,秘咒不同凡响,圣贤总会与之同声相应、同气相求。

1.1.2 段:与佛法有缘时佛法东来而无道时则违

暴秦无道,把携经来中土的僧人人关押,这是无缘,而汉朝始迎白马驮经的迦叶摩腾、竺法兰,这是双方心气相通。

(二) 第 2 部 翻译之理及其历史回顾

1.2.1 段:外来与本土语言文字的共性和差异性

听外僧说外语,其意可知,但其音与我们的语音不同,读其横写的文字,虽与我们汉字的书写方式不同,但意义相同。这就是翻译学上可译性,赞宁此处在强调人类不同语言之间存在着同质性,也在让大家注意其异质性,语言之间的翻译不过是在这样的同异狭缝间走出一条路来。赞宁在北宋用文言做出这样的论断,其翻译理论水平在当时显然是很高的。

但是,今天有学者把这句话今译成"听梵僧的外语,看横写的梵文,才能了解语意……"(尉迟治平等,1994:31),其缺点是漏译原文信息太多。原文有两个"呼"字,第二个显然与第一个的意思有差异,第一个是外来口头语言,第二个显然是本土语言和外语的语音的意思。原句的两个"字"也同理。

赞宁这句话还有这样的英译:"Listening to their language [Sanskrit], we find it different in sound from our language. Likewise their script, which runs horizontally rather than vertically, differs from ours. Nonetheless, it is possible to get a sense of what they wish to express even though the sounds are baffling to our ears, and meaning can still be communicated despite the differences in the two scripts."(Cheung, 2006:177)

这段英译文与原文相比意义相差不大,但原文表达方式简洁,英译繁复。

要是笔者英译，我会把这句译成："Listening to their foreign speaking, we still can get their sense even though the voices are quite strange to our ears. Reading their horizontally-running script, we find the same meaning as ours despite the differences in the two writings."

再者，秦始皇时有僧人释利防等来华的记载最早见于隋费长房《历代三宝纪》卷一："又始皇时，有诸沙门释利防等十八贤者，赍经来化。始皇弗从，遂禁利防等。夜有金刚丈六人来破狱出之，始皇惊怖稽首谢焉。"（T2034，49.23c20-23）今天研究中国佛教史的学者考证后认为，这个说法不可信。（任继愈，1981：58）那么，断定他们说的外语是梵文（Sanskrit）有何根据？汉英翻译或者古汉语译成现代汉语要做到繁简适度很不容易，翻译时原文意义的转移太过或不足都不好。

1.2.2 段：华夏上古翻译史

那时，汉语与来自东南西北不同方位的语言文字的差异问题由对应译官负责克服解决。作者主要用挖掘古籍史料的方法，以儒家十三经当中的《周礼》和《礼记》，汉扬雄《方言》为证。

1.2.3 段：东汉中土佛经的首译以及"翻译"一词的来历

通过比喻解释何为翻译，说翻译就像"翻锦绣"，如果不结合本章第二节《宋高僧传·义净传·系》的两个观点及其论述，此处就显得肤浅。这个比喻确实有点类似塞万提斯的"翻译如翻转花毯"（钱锺书，1979b：1264-1265），但应该注意的是，西班牙文艺复兴时期文学大师的这个比喻比赞宁的晚了几百年，另外还有锦绣和花毯的材料不同。

（三）第 3 部　中土佛经翻译的三个阶段

1.3.1 段：第一阶段佛经翻译水平欠佳

起初汉译结果是方枘圆凿，原本和译本语义冲突，或大小配搭不当，就像两个人之间咫尺千里，面对面都难以沟通。

1.3.2 段：第二阶段翻译十得八九但时有差池

第二阶段梵僧懂汉语，汉僧通梵文，双方十得八九，但时有差池，以至于有这样的译文：像怒目看世尊（搭配失当），彼岸度无极（新旧译得不同），但无原则性的大失误。

1.3.3 段：第三阶段翻译质量最佳

此一阶段，汉僧去印度，梵僧来华，梵汉皆通，深得佛法精髓，是翻译鼎盛期。本段赞宁一连用了四个典故说明为什么这是佛典翻译的最佳时期。"师

子之膏"典出佛经,"鹅王择乳"典出《祖庭事苑》,"内竖对文王之问"出自《礼记》,扬雄是西汉的辞赋家和哲学家。该段文学艺术色彩浓厚,形式炫目,但没有实际的材料和推理来证明所提出的观点。

(四) 第一篇的内容和结构

第一篇的内容和结构如表 7-3 所示:

表 7-3 第一篇的内容和结构

部、段及其主题	字数（个）	占比（%）
第 1 部　佛法初传中土的必然性	105	2.85
1.1.1 佛法世之稀有而圣贤总会欣赏和接受	67	1.82
1.1.2 与佛法有缘时佛法东来而无道时则违	38	1.03
第 2 部　翻译之理及其历史回顾	199	5.41
1.2.1 外来与本土语言文字的共性和差异性	25	0.68
1.2.2 华夏上古翻译史	124	3.37
1.2.3 东汉中土佛经的首译及"翻译"一词的来历	50	1.36
第 3 部　中土佛经翻译的三个阶段	137	3.72
1.3.1 第一阶段佛经翻译水平欠佳	41	1.11
1.3.2 第二阶段翻译十得八九但时有差池	37	1.01
1.3.3 第三阶段翻译质量最佳	59	1.60
小计	441	11.98

本篇为全文开头,是标准的中土翻译史论。作者按照以往高僧传惯例完成佛典翻译史论的任务,也为整个论文定下了史论的基调。本篇只有 441 个字,占全文字数的 11.98%。读者读到这里都会以为这篇翻译论仅会是一篇中土翻译史论。但是,论文下一篇笔锋一转而引出"六例"论。

二、第二篇　六例论

本篇是全文的重点,内容最多,结构也最复杂,8 部之下还有分的区划。

(一) 第 1 部　回顾史上的佛典翻译原则和提出六例原则

2.1.1 段:以前的中土佛典翻译原则

回顾作者以前的中土佛典翻译原则:道安的"五失三不易"、彦琮的"八

备"、明则的翻经仪式、玄奘的"五种不翻"。

2.1.2 段：提出自己的六例原则

赞宁提出自己的六例原则：译字译音、胡语梵言、重译直译、粗言细言、华言雅俗和直语密语。

(二) 第 2 部　第一例 译字译音

2.2.1 段：译字译音即四种外汉翻译的方法

第一例就是四种外汉翻译的方法。第一种是译字不译音，即完全音译法。第二种是译音不译词，就是用汉音译出但完全保留梵词。第三种是梵文音义的完全汉译。第四种是语音和词义都不译。

(三) 第 3 部　第二例 胡语梵言

本部就是要分清胡语和梵言的区别，有四种情况。

2.3.1.1 段：第一种情况是梵语

2.3.2 段：第二种情况是胡语

胡地之内，还有羯霜那国、吐货罗和迦毕试国的语言和文字的不同。

2.3.1.2 段：印度语言文字及其学问

2.3.f.1 段：佛教东传之源印度直到隋朝还被误以为是胡

五印度是佛教东传的源头，直到隋朝还被误以为是胡，因此中土之人误把佛经说成是胡地的经书。

2.3.f.2 段：隋彦琮和唐朝道宣澄清过胡梵混淆的问题

彦琮澄清过胡梵混淆的问题，批评道安把胡梵混为一谈，唐朝道宣亦然，但后来依然有人胡梵不分。

2.3.f.3 段：胡梵莫辨的三个错误

第一种错误就是把胡改称为梵，不辨析胡本自身话语，胡反而成了梵。第二种错误是不通胡语和梵言的语音，以致将胡语词理解为梵语词。第三种错误是不知有重译。

2.3.f.4 段：胡梵莫辨另外的两种情况

一是隋以前一概称为胡，二是隋以后一概称为梵，都是胡梵不分。

2.3.3 段：第三种情况是既有胡语又有梵语

例如天竺的经律传到龟兹，龟兹译时保留天竺语词而不译，我们又承袭此龟兹译本相续而汉译。这就是胡梵语都有的情况。

2.3.4 段：第四种情况是非胡非梵

既非胡语又非梵语的情况，就是纯粹的汉语。

（四）第 4 部　第三例　重译直译

这是六例的第三例，主题是分清重译和直译的四种情况。

2.4.1 段：第一种是直译

指来自五印度的梵经直接东传入华夏汉译。

2.4.2 段：第二种是重译

如佛经传到葱岭以北的楼兰、焉耆，有的梵语词不意译，只译成胡音，如梵语邬波陀耶等，中土接着按胡音汉译。

2.4.3 段：第三种既是直译又是重译

如三藏法师从天竺携梵经前来中土，途经诸胡国，有的本子带胡语，中土再译该本子。例如佛陀耶舍口诵《四分律》中有"和尚"等词。

2.4.4 段：第四种是既非重译也非直译

携经三藏虽然兼懂胡语，但来中土后不翻译。

（五）第 5 部　第四例　粗言细语

梵语的粗细就是雅俗问题，有四种情况。

2.5.1 段：粗言与细语

一是苏漫多，指浅近平常的、广泛使用的言辞，或称半声，即语音不分明且讹僻，这就是粗言。二是有底彦多，又称作全声，语音也分明、典雅规范，这就是细语，即典雅的语词。

2.5.2 段：粗言细语的四种情况

一是梵语只粗（俗）不细，二是只细不粗，三是梵语又粗又细，四是梵语非粗非细的情形，第四种情况并不存在。

（六）第 6 部　第五例　华言雅俗

汉语雅俗的定义及雅俗的四种情况。

2.6.1 段：汉语的雅与俗

汉语的雅等于典籍的文言或典雅规范，俗就是街谈巷语、讹谬僻陋。

2.6.2 段：汉语雅俗的四种情况

一是只雅不俗，二是只俗不雅，三是又雅又俗，四是非雅非俗，第四种非雅非俗的情况并不存在。

（七）第 7 部　第六例　直语密语

第六例是佛典梵汉翻译时汉语表达的直语和密语。

2.7.1 段：直语与密语

直语就是汉译时涉及俗谛，要浅明易懂就直接表达。密语就是汉译时涉真谛要秘密表达，例如梵语词"pāruṣya"汉译成婆留师。

2.7.2 段：直语与密语的四种情况

一是直非密，如把婆留师汉译作"恶口住"，二是密非直，把婆留师汉译作"菩萨所知彼岸"，三是又直又密，四是非直非密。

又举三个外汉翻译的例子说明非直非密。这些汉译文在经论中，按例要表达出直密语义。加上有原胡梵文字，这四种汉译表达情况容易理解。

以上汉译各条例是从经注中概括所得，但举例解释零散而不全面，读经者只能凭已有经验揣摩。

（八）第 8 部　佛经译者的能力素质要求

第 1 分　汉译佛经要做到内外典籍引用的折中，雅俗风格的调和

2.8.1 段：典籍引用折中与雅俗风格的调和

通过一问一答的方式说明译者汉译佛经时应做到内外典籍引用的折中，雅俗风格的调和。

2.8.2 段：内外典籍调和不当举例

又通过一问一答的方式说明史书上的老子化胡说是没有搞清楚事情的来龙去脉，内外典籍调和不当。

2.8.3 段：折中调和的告诫

告诫内外典籍运用要折中，雅俗风格要调和

第 2 分　译者要能分宗判教及辨别源流

2.8.4 段：三教之分

佛教有显教、密教和心教三教之分。

2.8.5 段：三轮之别

一法轮即显教以迦叶摩腾为始祖。二教令轮即密教，以金刚智为始祖。三心轮，就是禅法，以菩提达摩为始祖。

2.8.6 段：三三相续

佛教传承，以佛的法音传法音，传大日如来教令轮者，以秘密传秘密；传心轮者，以心传心。这三教、三轮、三祖，从西向东，从汉传承至今。

（九）第二篇的内容和结构

第二篇的内容和结构如表 7-4 所示：

表 7-4　第二篇的内容和结构

部、分、段及其主题	字数（个）	占比（%）
第 1 部　回顾史上的佛典翻译原则和提出六例原则	113	3.07
2.1.1 以前的中土佛典翻译原则	54	1.47
2.1.2 提出自己的六例原则	59	1.60
第 2 部　第一例　译字译音	64	1.74
2.2.1 译字译音即四种外汉翻译的方法	64	1.74
第 3 部　第二例　胡语梵言	546	14.83
2.3.1.1 第一种情况是梵语	17	0.46
2.3.2 第二种情况是胡语	103	2.80
2.3.1.2 印度语言文字及其学问	48	1.30
2.3.f.1 佛教东传之源印度直到隋朝还被误以为是胡	55	1.49
2.3.f.2 隋彦琮和唐朝道宣澄清过胡梵混淆的问题	104	2.83
2.3.f.3 胡梵莫辨的三个错误	70	1.90
2.3.f.4 胡梵莫辨另外的两种情况	81	2.2
2.3.3 第三种情况是既有胡语又有梵语	57	1.55
2.3.4 第四种情况是非胡非梵	11	0.30
第 4 部　第三例　重译直译①	152	4.13
第 5 部　第四例　粗言细语	194	5.27
2.5.1 粗言与细语	111	3.02
2.5.2 粗言细语的四种情况	83	2.25
第 6 部　第五例　华言雅俗	118	3.21
2.6.1 汉语的雅与俗	51	1.39
2.6.2 汉语雅俗的四种情况	67	1.82
第 7 部　第六例　直语密语	204	5.54
2.7.1 直语与密语	29	0.79

---

① 本部第三例不是"六例"的重点，所含四种情况的数据就不展开，仅显示该例的总数据。

部、分、段及其主题	字数（个）	占比（％）
2.7.2 直语与密语的四种情况	175	4.75
第 8 部 佛经译者的能力素质要求①	610	16.57
第 1 分 汉译佛经要做到内外典籍引用的折中，雅俗风格的调和	327	8.88
第 2 分 译者要能分宗判教及辨别源流	283	7.69
小计	2001	54.36

（十）六例的表现形式、性质和特点

六例的表达形式呆板，其性质不是抽象之理而是外汉翻译佛经的六个注意事项，属于对译者的能力素质要求。

1. 六例的重点

六例的重点不在外汉翻译的方法，即第 2 部的第一例。六例的重点是第 3 部的第二例分清梵语和胡语（546 字），第 5 部的第四例梵语的粗细（194 字），第 6 部第五例汉语的雅俗（118 字），以及第 8 部佛经译者的能力素质要求（610 字）。这四部字数相加有 1468 个字，占第二篇 2001 个字的约 73.36％，占整个六例的大部分篇幅。

第 2 部第一例四种汉译方法（64 个字），第 4 部第三例重译直译（152 个汉字）和第 7 部第六例直语密语（204 个字），总共才 420 个字，约占整个六例 2001 个字的 20.99％。这三例不是六例的重点。

2. 六例表现形式的缺陷

关于"六例"采用佛教"四句"的表现形式，王宏印独具慧眼，已有比较详尽的论述（王宏印，2017：98-101）。关于这一点，笔者再补充点资料，以方便读者追本溯源。

根据《佛光大辞典》（慈怡，1988：1675-1676），"四句"又称为四句分别，以肯定、否定、复肯定、复否定四句来分类诸法之形式，又作四句法，梵语"cātuṣkoṭika"。该形式用一种标准（A）或两种标准（A 与 B），把诸法分类为下列四种（四句）。

第一句"是 A（非非 A）"。第二句"非 A"。第三句"亦 A 亦非 A"。第

---

① 本部有两分共含六段，虽说也是"六例"的重点，数据显示到分即可说明问题，因此未显示各段的数据。

四句"亦非 A 亦非非 A"。有时非 A 即 B，在任何场合，A 与非 A（或 B）均相互包含。例如，对有无而言，可成立"有、无、亦有亦无、非有非无"四句，称为"有无四句"。在诸经论中，常以此四句法之形式来解释各种义理，如《中论》卷一之"无生四句"为"不自生、不他生、不共生、不无因生"；《俱舍论》卷二五之"厌离四句"为"厌而非离、离而非厌、亦厌亦离、非厌非离"；《成唯识论》卷一所举外道之"一异四句"："一、异、亦一亦异、非一非异"；《法华文句》卷三上之"权实四句"为"权、实、亦权亦实、非权非实"。此外，对有与空、常与无常、自与他、净与秽等，均亦可作此四句之分别。

四句之中，第一句为单纯肯定，故称为第一单句；第二句为单纯否定，故称为第二单句；第三句是复合之肯定，故称为第三俱句、双亦句；第四句为复合之否定，故称为第四俱非句、双非句。

然佛教之真理无法仅用此四句分别而把握之，因其为空不可得，故《大乘玄论》卷二五，真谛之理乃"离四句，绝百非"。"百非"即是对有无等一切概念——加上"非"字，以表示否定之意。此即谓，佛教之真理不仅不宜以四句分别，亦乃超越百非之否定。

"四句"是一种固定表达方式或者思维模式，也可谓一种思维定式，赞宁借用来表达翻译之理，如王宏印所言已经赞宁"变通和改造"（王宏印，2017：99）。即便如此，整个六例也有两处"四二非句阙"，翻译现象和道理虽不像佛法"离四句，绝百非"，但也灵活多变，包罗万象，硬套死板的公式也有踏空的时候。

3. 六例的性质

六例不具备理论的性质，更像是当时佛典汉译时译者应注意的六条事项，属于对佛经译者语言文字及相关文化能力素质的要求。整个六例属于译者论的范围。所以，必须把下文第 8 部佛经译者的两大能力素质要求包括在内。六例实际上是七例，包括第二篇第 8 部论述的对佛经译者的两大能力素质要求。

4. 第二篇第 8 部有跑题之嫌

本篇第 8 部第 2 分（含 2.8.4、2.8.5 和 2.8.6 段）述及佛典译者要有中土佛教的分宗判教及辨别宗派源流的能力素质，有 283 个字，约占全篇字数的约 14.14%，对翻译论而言有跑题的嫌疑，都在说佛教的道理，并没有谈翻译之理。

三、第三篇　中土佛经译场翻译史

（一）第1部　西晋、姚秦以来至唐佛典译场设官分职的历史

本部各段都是中土译场史料的叙述和记录。

3.1.1 段：译主

携来梵经、精通显密二教的三藏法师担任译主，译主在佛典译场中的地位最高。

3.1.2 段：笔受

兼擅梵汉两种语言，全通佛教有空二宗的人员叫笔受，笔受须确信懂了译语后再谨慎笔录。

3.1.3 段：缀文

贵为帝王的人，如后秦姚兴、梁武帝、唐武后、唐中宗，常在译场亲自执笔，又称作缀文。

3.1.4 段：度语

度语确切的称呼是译语，度梵为汉、转传语文使汉人理解，也称传语，这才是译场上真正实施双语转换的人。

3.1.5 段：证梵本、证梵义员和证禅义员

就是证梵本的官，验证原经文、经义无误的人，如居士伊舍罗验证《根本说一切有部毗奈耶》的梵本。甚至设证梵义员一职，以分辨原经义的得失，使汉译文不失梵义。还设证禅义员的职位。

3.1.6 段：润文

任职人数不定，让通佛学和外学的人充任。汉译文即使为文言也有俚俗之分，只要不失于佛意，不妨加以理顺修正、次文润色。

3.1.7 段：证义

证义之员的任务是验证汉译文所表达的意义。

3.1.8 段：梵呗

梵呗，译经法会以此员唱梵呗为先导，唐永泰中期才听说有此职。

3.1.9 段：校勘

校勘的任务是校对译出的汉译文，反复辨析文义，慎重对待译文。

3.1.10 段：监护大使

监护大使，后周也称总监检校，唐房玄龄曾为玄奘译场监护；或起用僧官，如隋以明穆、昙迁等僧官监掌译事，解释和确定宗旨。

3.1.11 段：译场的处所与证字字学职位

姚秦时译场设在逍遥园，梁时设在寿光殿等处；隋炀帝设立翻经馆，其中僧人有朝廷学士官之名号；唐朝译场设在广福寺等寺庙或宫园，地点不定。另设正字字学官。

3.1.12 段：唐朝至后周停办译事的年代

从唐宪宗元和五年（810）到后周（951—960），前后约一百五十年间，佛经翻译寂然无闻。

（二）第 2 部　北宋佛典译场简史

本部是北宋佛典译场及其所译经典史料的叙述和记录。

3.2.1 段：译场开启时间、缘由、位置

我大宋皇帝即位的第五年，河中府有传显密教沙门法进请西域三藏法天在蒲津翻译佛经，州长官上表举荐，皇上阅后大喜，各赐紫衣，即敕在太平兴国寺西侧设立译经院。

3.2.2 段：皇帝敕令购梵经、译场设职以及由此译出的佛典

从购梵经起都经皇帝直接命令，译场设若干职位，译出佛典若干部。

3.2.3 段：皇命奖赏法师和官员并亲自为佛经作序

皇帝下诏奖赏几位法师和若干官员，并亲自为佛经作序。

（三）第 3 部　评介古译、隋唐（主要是唐）的佛典翻译

本部终于算是评论，在说理，但篇幅太少。

3.3.1 段：评价以前译出的佛经

从经题的繁简、秘咒是否注音来评价以前译出的佛经。

3.3.2 段：肯定评价唐朝的译经

肯定义净等十一位大师的翻译。

（四）第三篇的内容和结构

第三篇的内容和结构如表 7-5 所示：

表7-5 第三篇的内容和结构

部、段及其主题	字数（个）	占比（%）
第1部　西晋、姚秦以来至唐佛典译场设官分职的历史①	605	16.44
第2部　北宋佛典译场简史	307	8.34
3.2.1 译场开启时间、缘由、位置	69	1.87
3.2.2 皇帝敕令购梵经、译场设职以及由此译出的佛典	148	4.02
3.2.3 皇命奖赏法师和官员并亲自为佛经作序	90	2.44
第3部　评介古译、隋唐（主要是唐）的佛典翻译	214	5.81
3.3.1 评价以前译出的佛经	73	1.98
3.3.2 肯定评价唐朝的译经	141	3.83
小计	1126	30.59

第3部评介以往（主要是唐朝的）佛典翻译有214个字，占本篇总字数1126字的约19.01%。显然，论述译场翻译史的篇幅大大少于译场翻译史料的篇幅，本篇史料价值超过了理论价值。

四、第四篇　结语

4.0段：译典法师的共同特点

译典法师的共同特点在于都曾传译佛法，译经是佛法的根本，佛法之道化育佛门弟子，因而把《译经篇》放在全书之首。

五、全文的内容和结构

全文的内容和结构如表7-6所示：

表7-6 全文的内容和结构

篇、部、段及其主题	字数（个）	占比（%）
第一篇　中土佛典翻译史论		
第1部　佛法初传中土的必然性	105	2.85

---

① 本部是译场翻译的史料记录，不是翻译理论且有12段之多，仅显示本部总数据即可说明问题，各段内容和数据省略。

续表7-6

篇、部、段及其主题		字数（个）	占比（%）
第2部	翻译之理及其历史回顾	199	5.41
第3部	中土佛经翻译的三个阶段	137	3.72
	小计	441	11.98
第二篇　六例论			
第1部	回顾史上的佛典翻译原则和提出六例原则	113	3.07
第2部	第一例 译字译音	64	1.74
第3部	第二例 胡语梵言	546	14.83
第4部	第三例 重译直译	152	4.13
第5部	第四例 粗言细语	194	5.27
第6部	第五例 华言雅俗	118	3.21
第7部	第六例 直语密语	204	5.54
第8部	佛经译者的能力素质要求	610	16.57
	小计	2001	54.36
第三篇　中土佛经译场翻译史			
第1部	从西晋、姚秦以来至唐佛典译场设官分职的历史	605	16.44
第2部	北宋佛典译场简史	307	8.34
第3部	评介古译、隋唐（主要是唐）的佛典翻译	214	5.81
	小计	1126	30.59
第四篇　结语			
4.0 译典法师的共同特点		113	3.07
	总计	3681	100.00

如表7-6所示，全文分成四篇：第一篇中土佛典翻译史论；第二篇六例论，是整篇论文的重点，共有2001个字，约占全文的54.36%，超过了一半；第三篇是中土佛经译场翻译史，着重叙述唐宋佛典译场的历史，是整篇论文的次重点，共1126个字，约占全文的30.59%；第四篇是论文的结语部分，即第4.0段，指出译典法师的共同特点。论文的重点在第二和第三篇，是非常典型的虎头，中间大肚皮，最后蛇尾的结构。

范祥雍将这篇文章分为10段（赞宁，1987：52-58），笔者则将其分成

四篇含 54 段，分得更细。21 世纪以来的学者研究至此，有的注意到第一篇中土佛典翻译史论，但并未参透，主要关注论文的第二篇"六例"本身；至于第三篇，主要是关于中土佛典译场史的叙述，学者们要么避而不谈，要么一笔带过。（陈福康，2000：38－42；王宏印，2017：86－88；88－101；马祖毅等，2006：113－114）

张佩瑶对《宋高僧传·译经篇论》的研究代表了 21 世纪头十年的最高水平。（Cheung，2006：176－193）她英译了整篇论文，大致认识到了"六例"是全文的最主要部分，还认识到译场翻译史是论文第二大主要部分。（Cheung，2006：187）但缺点是把赞宁这篇完整的文章断为两节，分别命名，一节是"Entry 76 Notes On Translating"（Cheung，2006：176），另一节是"Entry 77 The Different Posts Established in the Translation Assemblies and the Responsibilities of the Officials in Each Post"（Cheung，2006：188），并分别加以评述。她这样处理就让读者丧失了完整的篇章意识，使本来完整的翻译论断成了两截，给英语读者造成该文是两篇论文的错觉。

本节结论

《宋高僧传·译经篇论》分为四篇：第一篇是中土佛典翻译史论，第二篇是六例论，第三篇是中土佛经译场翻译史，第四篇是全文的结语。论文的重点在第二和第三篇，是非常典型的虎头，中间大肚皮，最后蛇尾的结构，较为畸形。

第五节　赞宁两篇翻译论的历史意义

中国古代以佛典翻译为背景的、600 个字以上的翻译论，从 3 世纪中叶前后开始平均每隔约 95 年就出现一篇，一直延续到北宋，赞宁《宋高僧传·译经篇论》是最后一篇。建立官办译场大规模翻译佛经，北宋也是最后一个朝代，随着大规模佛经翻译活动的沉寂，这样的翻译论也在之后的元、明、清三朝消失了。

关于对赞宁佛典译论的历史意义的评价，陈福康说赞宁译论是我国古代佛典译论的殿军（陈福康，2000：42），王宏印将其称为中土千年佛典翻译的理论总结（王宏印，2017：81）。马祖毅等说得更具体，"赞宁是在历代佛经翻译的实践基础上总结这'六例'的。比之释道安的'五失本''三不易'又进了一层"（马祖毅等，2006：114）。

由于他们基本上只研究了赞宁的"六例",其评价也是针对赞宁佛典翻译论的局部。只有张佩瑶的评价是个例外:"但他(指赞宁——笔者注)写出了中国翻译话语史上一篇最丰富的翻译论。"(Cheung,2006:186)她毕竟把《宋高僧传·译经篇论》全篇都英译了出来。

所以,笔者本节先在中国纵向时间轴上整体评价赞宁的译经篇论,然后把它与西方同时代的《圣经》翻译论进行横向比较,探讨赞宁佛经翻译论的历史意义和地位。

一、与中国古代翻译论纵向比较

(一)优点

赞宁《宋高僧传·译经篇论》是中国古代翻译理论史上的第七篇翻译论,原文带句读有3681个字,篇幅最长,之前篇幅最长的隋释彦琮《辩正论》也只有2258个字。所以,赞宁这篇翻译论确如上述张佩瑶所说是一篇内容最丰富的翻译论。它有中土翻译史论、译者论、译作论、翻译概念原则论、胡梵之辨和汉译方法(译场、重译直译)论。

论文明显有三个部分,第一是中土翻译史论,第二是六例论,第三是译场翻译史的叙述。译场翻译是中土古代佛经翻译史贯彻始终的翻译方式和制度,以各司其职、统筹兼顾的有组织、有程序的机构翻译为主,东晋十六国起佛经译场由朝廷设官分职,统一管理。以前的翻译论没有关于佛经译场的如此详细的记录和叙述。

第二篇的"六例"论,有2001个字,超过全文篇幅的二分之一,约占全文的54.36%,是全文的重点。但"六例"不侧重具体的外汉翻译方法,而是在论述佛经译者如何辨胡梵、梵汉语言的雅俗及内外典籍成分和色彩的把握,还夹杂佛经译者分宗判教的素质及其教理掌握的素质。

(二)局限性

虽然这是篇幅最长且写在最后的一篇翻译论,理论内容最丰富,但其理论水平不算最高,原因如下:

第一,赞宁《宋高僧传·译经篇论》属于僧传译经篇论,其翻译史论的理论水平没有超越之前慧皎的《高僧传·译经论》。

第二,"六例"作为翻译原则论和译者论当然没有达到隋释彦琮《辩正论》的理论高度,甚至比不上道安的"五失本三不易"原则。赞宁在《宋高

僧传·译经篇论》2.1.1 段说："逖观道安也，论五失三不易。彦琮也籍其八备，明则也撰翻经仪式，玄奘也立五种不翻，此皆类《左氏》之诸凡，同史家之变例。"2.1.2 段说："今立新意，成六例焉。"他这里明显有把"六例"上升到与道安、彦琮等提出的翻译原则论齐平的理论高度的企图，但通观"六例"的内容，其理论性不强，抽象概括性不够，也不具备理论的系统性。

第三，他在 1.2.1 段对外语及本土语言文字的共性和差异性的论述"听彼异呼，览其横字，情可求而呼相乱，字虽殊而意且同"，在理论上也没有超越梁僧祐写在中国现存最早佛经目录中的翻译论的相关论述。

第四，他在 1.2.3 段还说："翻也者，如翻锦绮，背面俱花，但其花有左右不同耳。由是翻译二名行焉。"这又用比喻来说翻译概念的大道理，其理论高度还不如本章第二节他自己《宋高僧传·义净传·系》论翻译概念的理论高度。

第五，上文说过，赞宁的"六例"套用佛教"四句"的固定表达方式或者思维模式，也可谓一种思维定式，他借来表达翻译之理。翻译现象和道理灵活多变、包罗万象，硬套这种死板的公式，难免胶柱鼓瑟，让自己的理论创新裹足不前。再者，"六例"额外的一例，第 8 部的第 2 分（含 2.8.4、2.8.5 和 2.8.6 段）述及佛典译者要有分宗判教及辨别源流的能力素质，有 283 个字，约占第二篇字数的 14.14%，都在说佛教的道理，没有直接的翻译逻辑和理论联系，从翻译论而言有点跑题。这说明"六例"缺乏理论的严密性。

第六，论文第三篇绝大部分是佛经译场翻译史料的叙述，有史而无论，基本没有讲中土佛经译场翻译史的道理，缺乏理论性。所以，这部分的史料价值高于理论价值。

第七，又从"六例"的重点来看，译者外语和母语的运用能力和梵汉语言雅俗的把握对佛典翻译无疑是重要的，但整个"六例"有两千字以上的篇幅，居然没用一个字来论述佛经翻译必须忠于原作。以往三国吴支谦、东晋道安和齐梁间僧祐的翻译论都有所提及或论述（黄小芃，2017：88-89），隋彦琮《辩正论》也曾有论述（黄小芃，2014：194）。无论译者母语和外语能力怎样，源语和目的语之雅俗又如何把握，其翻译活动都有个标准尺度的问题，标准论的重要性应该高于译者语言能力和雅俗论。这是翻译理论核心要素的缺失。

第八，结语 4.0 段与全文理论内容相比较只讲了一个道理，就是中土佛典译者的共同特点，显得单薄，造成两个不良后果。本来文章整个是论述中土佛典翻译的宏观之论，最后落入单纯针对译者的窄视论，全文的理论视野一下子

变窄,成了僧传译经篇的就事论事。第二个不良后果就是让整篇翻译论呈现出上述虎头象肚蛇尾的畸态,使整篇文章的结构显得很不协调。

总之,从整篇文章而论,其开头虽有循先例以翻译史论开篇的气势,但其文气随着重点第二篇"六例"和次重点第三篇译场翻译史的叙述展开而渐渐消失,至最后以短小的"蛇尾"作结。文章存在着几个方面的缺点:一是重点理论表现方式死板僵硬、要件缺失、走偏跑题;二是次重点理论有史无论;三是论文的蛇尾让全文结构畸形,最后陷入了就事论事的窠臼。尽管《宋高僧传·义净传·系》这篇短小的翻译论(269个字)显示出他有写纯翻译论的能力,但《宋高僧传·译经篇论》从整体而言却不是一篇理论水平最高、前无古人的翻译论。

二、与西方《圣经》翻译论横向比较

如本章开头所述,赞宁的《宋高僧传》于端拱元年(988)即他70岁时成书。那个年代在西方属于中世纪,恰恰有位英国的修道院院长(abbot)叫阿尔弗里克(Aelfric,约955—约1010),大致是赞宁的同代人,是在创作和翻译上也有所建树的基督教人士(Robinson,2006:38)。他在公元989年、992年和997年分别发表了关于基督教拉丁语作品译成英语的翻译论。

阿尔弗里克在989年发表的译论只有一小段,是从他所撰写的天主教布道书第一集的序言中摘出的,说他的布道书是从拉丁语作品和《圣经》翻译而出。他总是用朴素的(plain)英语将拉丁语译成平常的话(ordinary speech),不用生僻的词(difficult words),原因之一是本土英语读者淳朴无华(simple),原因之二是本土读者除了英语不懂其他语言。(Robinson,2006:39)

阿尔弗里克在992年发表的翻译论比上面的篇幅还小,只有两句话,关键在第二句,出自他所撰写的天主教布道书第二集的序言。他说:"我的翻译一直尽量避免饶舌和冗长,不用奇怪的表达法,且在英语中寻求纯粹和朴素(pure and plain)的词,对我们的听众说简单而管用的话,绝不用花言巧语来沽名钓誉,这是我诚挚的天性素所不容。"(Robinson,2006:39)

阿尔弗里克大约在997年发表的译论篇幅最长(Robinson,2006:39-40),有650多个单词,是给《创世纪》所作的序言。罗宾逊说:"他(指阿尔弗里克——笔者注)在序言中明确表示,他不仅坚持要适合英语民族独特风俗习惯的、浅显易懂的译文,而且对自己从拉丁语翻译到英语的行为和结果抱有强烈的禁忌感。这在他《创世纪》序言中的言辞特别明显,表现出超前

的反宗教改革倾向,他担心如果凭各民族语就轻而易举地读懂《圣经》,就会让各民族以为可以像《旧约》时代的祖先那样生活。"(Robinson,2006:39)

由此可见,与赞宁同代的阿尔弗里克从头至尾仅仅在谈自己应该怎么翻译,他想保持目标语的某种风格,他担心自己的翻译会有不好的作用;他的翻译论没有翻译的定义,没有译者所具备的条件的论述,没有同时代或之前主流翻译方法的论述,没有历代翻译原则的回顾,也没有对外语的认识,大部分在论述他的基督教神学事业。这基本上是还属于译者心得体会的、副文本性质的译论,在篇幅上和翻译理论的深度与广度上与赞宁的翻译论不可同日而语。

本节结语

赞宁在《宋高僧传》中撰写了至少两篇翻译论:《义净传·系》和《译经篇论》,前者太短但却是很重要的翻译概念论和译者必要条件论,可视为后者的补充。《译经篇论》才是赞宁翻译论的代表作,是中国古代翻译理论史上篇幅最长、内容最丰富的翻译论,是中国古代翻译理论的收尾之作。尽管其翻译理论水平不算最高,依然为史上的优秀翻译论。它与同期西方《圣经》翻译论相比较,也是优秀的翻译论。

章末结语

赞宁是北宋僧人,最后擢升为朝廷最高级别的僧官,他在《宋高僧传》中的两篇翻译论《义净传·系》和《译经篇论》,是中国自3世纪起一直不断发展的翻译理论的殿军之作,前者篇幅太短,只有269个字,属于零散译论,后者有3681个字,是完整的翻译论。从此以后,中国古代再也没有2000字以上的翻译论出现,赞宁的翻译论是中国古代翻译理论完结的标志。

第八章　前翻译学的中国学派

中国古代有一千多年的佛经翻译史，在此期间到底有没有翻译理论？我们来看 21 世纪初中国学者的答案。

第一节　翻译学和其他学科现有研究

刚进入 21 世纪那几年，中国翻译理论家热衷于讨论中国译学观念的现代化，传统译论是必谈的话题，说"佛经序翻译理论"是中国传统译论的肇始阶段，"以佛经翻译实践为依托，以译经序言为主要形态"是"关于佛经翻译的初步的理论感觉。其中最重要的译论包括：道安的'五失本，三不易'，彦琮的'八备'，玄奘的'五不翻'，以及赞宁的'六例'……但语焉不详，好立条目，难成系统"（王宏印、刘士聪，2002：9）。还有人认为，中西方"早期的翻译论述中"实际上是有论而无理论，因为理论是系统、科学和现代的产物。"他（王宏志——笔者注）分析了中国传统译学中讨论的主要内容，认为徒有理论之虚名而无其实，只是经验的堆砌而已。"（谢天振，2004：10）还有学者说中国和西方 20 世纪上半叶之前都没有翻译理论。（张佩瑶，2004：5）有学者认为中国传统译论的基本缺陷在于理论研究不注重系统性，因而表现为零散性；缺乏统一的范畴和术语体系，因而具有模糊性和流变性；方法上缺乏严密论证和分析，侧重于经验性的阐发和直观推论，因而表现为印象式、感悟式。总的来说，就是理论上缺乏系统性，方法上欠缺科学性（李林波，2006：9）。这里他们所说的中国传统译论，当然包括了古代佛经翻译史上的翻译研究，对此他们都众口一词说没有理论。直到 2015 年都还有翻译理论家撰文说中国古代的翻译理论只是茫茫大山中"自家有富矿"（何刚强，2015：1）而已，成品渺然不可寻。下面我们来考察主要论者已有的相关实际研究，尤其是影响甚广的研究。

一、翻译学

翻译学，英文称之为"Translation Studies"，作为学科名称，这个术语最早在1972年由霍姆斯在其论文"The Name and Nature of Translation Studies"[①]中提出。他指出，就英语而言，此前使用的名称有"Science of Translation""Translation Theory""Translatology""Translatistics""Translistics"等，这些名称都有缺陷，并指出名称不统一是学科发展的障碍，让人们对该学科的实质难以达成共识，所以他建议用"Translation Studies"作为这个学术领域的统一名称。（Holmes，1988：67-71）他把该学科定性为一门经验性学科（empirical discipline），并为之拟定了研究范围，设计了学科框架。（Holmes，1988：71-79）霍姆斯的译学思想在20世纪80年代得到了翻译学界的广泛认同和积极回应，并被"普遍认为是Translation Studies学科的创建宣言"（Gentzler，2004：93）。1995年，图里在其《描述翻译学及其他》一书中，把霍姆斯的译学构想绘制成了"Holmes' basic 'map' of Translation Studies"（Toury，2001：10）。霍姆斯还说，即便语言学发展到今天都还难说是一门科学（science），在可预见的将来，文学也不会成为一门科学，研究翻译活动及其作品的翻译学也不可与数学、物理学、化学和生物学相提并论，只可与社会学、历史学、哲学或者文学学科为伍。（Holmes，1988：70）翻译学应属于人文社会学科，而不是一门自然科学。（吕俊，2001：6-7）

在20世纪80年代，罗新璋也说："我国的译论，原作为古典文论和传统美学的一股支流，慢慢由合而分，逐渐游离独立正在形成一门新兴的学科——翻译学。而事实上，一千多年来，经过无数知名和不知名的翻译家、理论家的努力，已经形成我国独具特色翻译理论体系。"（罗新璋，1984：18）他的《翻译论集》为正在兴起的翻译学摇旗呐喊，吹响了翻译学在中国向前发展的号角。他这本书告诉我们，关于翻译学在中国的发展研究，我们可以利用的最大一笔财富就是古代佛经译论。

（一）罗新璋

罗新璋的《翻译论集》第一辑古代部分（罗新璋，1984：21-87）收录的全部是古代佛经译论，包括支谦的《法句经序》（不全）、道安的《摩诃钵

[①] 1972年8月21日至26日，应用语言学第三届国际会议在哥本哈根召开，美国学者霍姆斯以阿姆斯特丹大学普通文学系教师身份参加会议，并向大会提交了该论文。（Holmes，1988：66）

罗若波罗蜜经抄序》（不全）、彦琮的《辩正论》（全文）和道宣等 11 位僧人以及两位居士支谦和周敦义，还有一位"阙名"的共 14 条译论。其研究成果高度浓缩在开头 19 页编者的序言里。（罗新璋，1984：1 - 19）

罗新璋说："我国古代的翻译理论和翻译经验大多零篇残什。"具体针对汉以来的佛经翻译理论，他还说："各种观点在当时已见大端，译论里也见有信达雅等字，但总的说来，是'开而弗达'，没有形成一种笼罩当世的观点。"（罗新璋，1984：4；14）换言之，他收录了中国古代关于佛经翻译的相关论著，认为不存在系统的翻译理论而只有零星不成系统的译论。最后，罗新璋用了八个字来总结中国传统译论："案本—求信—神似—化境"（罗新璋，1984：19），认为这已为今天"我们建立我国的翻译理论体系奠定最初的基石"（罗新璋，1984：19）。他那八个字当中，头两字"案本"出自道安 383 年写的《鞞婆沙序》中的"遂案本而传"，"求信"应该是罗新璋自己的总结，只有第二个"信"字在支谦的《法句经序》或其他僧人的译论作品中可以找到。

这八字总结可谓精辟，但问题也在这里，难道我们千年佛经翻译实践结出的理论之果就只有出自佛经序言的这么区区几个字或寥寥数语的不连贯之辞？若果真如此，那我们今天翻译学大厦要立足于的就不是稳固的基石，而是几颗凌乱的小石子。况且，隋朝彦琮写的那篇《辩正论》明明是一篇基本完整的论文，应算作是翻译理论呢，还是与其他理论相杂糅的零星译论呢？罗新璋《翻译论集》第一辑古代部分收录的古代佛经译论是否完整？当年笔者读罗新璋这本书时不免提出这样的问题。

（二）陈福康

陈福康在世纪之交研究中国译学理论史，对整个佛经翻译理论做出了评价，但他的评价从整体而言几乎都立足于零星局部文本研究，如支谦的《法句经序》局部文本（陈福康，2000：6 - 7）、道安的《摩诃钵罗若波罗蜜经抄序》局部（陈福康，2000：10 - 11）、鸠摩罗什的零星译论（陈福康，2000：16 - 17；18）、慧远的零星译论（陈福康，2000：19 - 20）、僧睿的一段译论（陈福康，2000：21）、僧祐的《胡汉译经音义同异记》局部文本（陈福康，2000：23 - 24）、彦琮的《辩正论》局部（陈福康，2000：26 - 28）、玄奘的几段译论（陈福康，2000：31 - 33）、放在道宣名下的不明译论局部（陈福康，2000：36 - 37）、赞宁的《宋高僧传·义净传·系》（全文缺两字）以及对其《宋高僧传·译经篇论》（陈福康，2000：39 - 42）的简要分析。

陈福康得出的第一个结论是，我国周秦两汉"有关翻译的论述"罕见得令人遗憾，所以"中国古代译学理论"的主要内容就只能是"六朝以后的佛经译论"（陈福康，2000：68）。十年后这个结论在其新作中并未改变（陈福康，2010：59）。这个论断有道理，但存在两个问题，第一个问题是译学理论是否等于译论，第二个问题涉及六朝的三个定义。第一个定义是三国吴，东晋，南朝的宋、齐、梁和陈，这六朝先后建都于建康（又称建业，相当于今江苏南京）；第二个定义指北朝六朝，即三国的魏、西晋、北魏、北齐、北周及隋，这六个朝代皆建都于北方，也合称六朝；第三个定义是后世对三国至隋统一前南北两方的泛称。（中国历史大辞典编纂委员会，2000：551）这就牵涉佛经翻译理论如何分期，从哪个朝代起到哪个朝代为止的问题。陈福康这个分期，至少让佛经翻译理论的起始时间混乱不清。从陈福康的研究对象来看，他所说的"六朝"大概是指第三个，但他说的"六朝以后"是否只包括隋、唐、宋呢？那三国至隋那一段几百年的时间又放在哪里？

他的第二个结论是，中国古代译经理论虽然大多是零星的、片段的议论，但吉光片羽，弥足珍贵，合而观之，所涉及的面还是比较广的（陈福康，2000：68）。这个结论的前半部分值得商榷。

他的第三个结论是，中国古代译经理论虽然是为外来宗教服务的，但并不那么受宗教的精神禁锢，而是敢于借鉴本土文论，使之植根于传统文化土壤之中（陈福康，2000：69）。这是个中肯的结论，中国古代佛经翻译理论的确是中西合璧的产物，笔者以下有更详细的论述。

（三）王宏印

王宏印的专著《中国传统译论经典诠释——从道安到傅雷》分成卷上和卷下两卷，上卷含上、中、下三编，卷下含余编，总共四部分。（王宏印，2017：1-5）其中，上编"古代部分"（148—1840）分为四章，才100多页，大概五万个字。第一章只研究了道安的"五失本，三不易"（王宏印，2017：13-31），第二章只研究了彦琮的"八备"（王宏印，2017：34-49），第三章研究了玄奘的"五不翻"（王宏印，2017：55-80），第四章只研究了赞宁的"六例"（王宏印，2017：81-101），着重在自己的解读评价。除了玄奘的"五不翻"，都是对相关译论的文本局部研究。这样研究中国古代佛经翻译理论，深度广度不够，质量欠缺。此外，研究文本也是二手甚至三手资料。比如道安的"五失本，三不易"文本出自马祖毅的著作（王宏印，2017：15），彦琮的"八备"说出自《辩正论》（王宏印，2017：35），《辩正论》出自《彦

琮传》（王宏印，2017：35），而这个《彦琮传》又出自何处语焉不详。已有学者专门撰文（李汉平，2019：150-158）指出了王宏印关于玄奘"五不翻"的研究存在着三处误读和误解。基于这样的研究，王宏印最后得出的对整个中国古代"佛经翻译的理论问题"（王宏印，2017：101）之结论不甚可靠。

（四）刘宓庆

刘宓庆在其2005年出版的专著《中西翻译思想比较研究》中，对中国佛经翻译理论的定性也值得注意。他把"中国翻译理论①"（刘宓庆，2005：84）的发展历程分为"佛经翻译期"（刘宓庆，2005：84）、"明末清初科技翻译期"（刘宓庆，2005：86）等五期。他在"佛经翻译期"这一节先说："《法句经序》中提到的翻译思想之争实际上是支谦对中国翻译头一百年（148—253）的一个总结。"（刘宓庆，2005：84-85）接着，他又说："中国传统译论不重视文本，倾全力关注主体的运作（如彦琮提出的'译才八备'，《辩正论》），应该说是有历史渊源的。"（刘宓庆，2005：86）在同页下面几行他还说："特别是经由慧远、罗什、玄奘……为传统翻译思想的折中调和论定下了主旨……"（刘宓庆，2005：86）这里的问题就出来了，翻译理论、译论和翻译思想到底是什么关系？三者显然是不同的，因为他在同一本书开头就有题为"1.1 翻译思想：翻译理论的最高层级"（刘宓庆，2005：3）的专节，其中他把翻译理论分为三个层次，从低到高依次为方法论、对策论和翻译思想（刘宓庆，2005：3-4），但这节他没提到译论的划分归属问题。看来要对中国古代佛经翻译理论做出正确的结论，必须分清什么是翻译理论，什么是译论，什么又是翻译思想，否则就是一锅糨糊。从其出版的论著来看，他对中国古代佛经翻译理论并无实际和具体的研究，其理论定性显得随意漂浮。

（五）张佩瑶

香港学者张佩瑶编注的《中国翻译话语英译选集（上册）：从最早期到佛典翻译》收录了中国古代佛经翻译"话语"（discourse）的英译本，从头至尾甚为齐全，有的是完全由张佩瑶英译，有的是她与别人合译，有的完全由他人英译，每个译本带注释，后面还带有几页编者短小精悍的评论。但有的评论不太恰当，值得商榷，请参见笔者前面的相关章节。

除了隋彦琮《辩正论》的英译本是全译本（Yue & Cheung, 2006：136-

---

① 下着重号均为笔者所加，下同。

143），选集收录的其他佛经翻译话语英译本都不完整，比如支谦《法句经序》的英译本（Yue，2006：58-59）缺头少尾，道安的《摩诃钵罗若波罗蜜经抄序》是英译残本（Yue，2006：79-81），僧祐《出三藏记集》当中的《胡汉译经音义同异记》英译文（Yue & Cheung，2006：118-122）也是残本，省略了原内容的30%以上（见本书第三章第四节）。此外，道宣的《译经篇》（四）附论（Yue & Cheung，2006：149-152）英译本的底本和英译都有问题（见本书第六章第四节）。选集收录的慧皎《高僧传·经师篇》附论（Lai & Cheung，2006：125-126）不属于翻译论，且不是全本英译，本书第四章第二节已经指出。

选集研究佛经翻译话语的另一个缺点是选集编者有个不太恰当的预设，主观认为读者只关注翻译话语而对佛教不感兴趣，因而"尽量少"（"to a minimum"）对佛教概念和术语加脚注（Cheung，2006：17）。从上文笔者的研究可以看到，翻译之理往往通过佛教的道理表达出来，不解释佛理，译理就说不通。再有一个英译缺陷是，译者往往忽略或随意解释文言虚词的意义和功能，导致英译文本的逻辑与原文的逻辑推理大相径庭，结果英译文说理与原文相比较变形走样，以至英译文有的地方前言不搭后语。

另外，张佩瑶以"理论"一词是清末民初从日语的借词（Cheung，2003：392）为理由，再以"理论"是系统、科学和现代的为理由，认为中国古代"只有论翻译的文章而没有翻译理论"（张佩瑶，2004：5）。加之她本人当时对现存中国古代论翻译的文章并没有全面深入的研究，其选集整体上是零星话语研究而不是完整的理论研究。

二、其他学科学者的研究

其他学科，如文学、佛学、历史学的学者，早就研究过属于今天翻译学研究的佛经译论。他们从不同角度出发，在不同的学科背景下进行研究，但几乎没有基于全篇翻译论的研究，为我所用、以点带面的局部研究居多。笔者以下举两例其他学科高水平的研究为代表。

（一）罗根泽

罗根泽研究了中国古代"佛经翻译论"（罗根泽，2003：264），瞄准十个专题：一"支谦的指出翻译之难"［《法句经序》（局部）——笔者注，下同］，二"道安的五失本三不易说"（《摩诃钵罗若波罗蜜经抄序》局部），三"鸠摩罗什的'嚼饭'妙喻"，四"慧远的折中说"，五"僧睿的研究译字"，

六"僧祐的讨论汉梵异同"(《胡汉译经音义同异记》局部),七"彦琮的八备说"(《辩正论》局部),八"玄奘的五种不翻说",九"道宣的批评历代译经",十"赞宁的六例说"(罗根泽,2003:264-278)。但是,罗根泽并未就整个古代佛经翻译论妄下结论。究其原因,笔者认为他应该意识到,自己以文学批评点到为止的手法,只研究了现存古代佛经完整翻译论七篇当中六篇的局部,且鸠摩罗什、慧远、僧睿和玄奘都只有零星译论传世。玄奘的"五不翻"并非其原话,转引自他人。

(二)王文颜

台湾学者王文颜在其佛典汉译史专著中研究了中国古代佛经翻译理论。他说:

> 译经理论是参与译经工作的僧侣们,在长期的实际工作中,逐渐体会出来的译经法则。这些译经理论有的已经条理化了,例如道安的"五失本,三不易",彦琮的"八备",玄奘的"五种不翻",赞宁的"六例"。有的虽然缺乏条理化的名目,但仍然属于具体的译经规矩,其实际内容与前者相同,例如鸠摩罗什的译经理论散见于本传和助译弟子所题的序跋之中,若要了解罗什的译经理论,就得从中一一勾玄提要,重新归纳。有的则已亡佚,例如"明则也撰翻经仪式"(宋高僧传卷三论),因史料没有流传下来,详细内容也就无从查考。另外还有一些零星的意见,散布在佛教史料之中,虽然没有周全的理论架构,但所触及到的译经问题,偶而也有单刀直入,切中要害的效果。(王文颜,1984:203)

他逐条解释了道安的"五失本,三不易",但没有研究整篇序言。(王文颜,1984:204-218)他研究的鸠摩罗什的"译经理论"是他自己用"归纳分类方法"(王文颜,1984:219)总结而出,并非罗什的原话或亲笔(王文颜,1984:219-236)。再者,王文颜虽然研究了彦琮《辩正论》全文,对其中的佛经译者通梵语论和"八备"说的研究有先导启发的作用,但他对这篇翻译论全文的结构、线索和内容并没有搞清楚。王文颜接着主要研究了玄奘"五不翻"的"译经理论"(王文颜,1984:248-270),其中对玄奘译经生涯的研究占了大量篇幅,后逐条解释了"五不翻"。之后,他研究了赞宁的"六例"。最后,王文颜总结说,中国古代佛经翻译理论就是以上"五位大师的译经理论""已大体能够涵盖译经史上所产生的重要论点"(王文颜,1984:

289－290）。王文颜的研究也代表了当时翻译理论研究的最高水平，其原始材料均出自《大正藏》（王文颜，1984：15）。

支谦的《法句经序》、僧祐的《胡汉译经文字音义同异记》、慧皎的《高僧传·译经论》和道宣的《续高僧传·译经篇论》都不在王文颜的研究视野内。看来，佛经汉译史的研究视野与翻译学的不同。

三、现有研究存在的问题

从翻译学研究中国古代佛经翻译理论来看，罗新璋在改革开放之初有开创之功，为我们指明了古代佛经翻译理论研究的发展方向。后来的陈福康和张佩瑶代表了21世纪头十年翻译学的最高水平，其他翻译学者的研究相对单薄。从其他学科学者的研究来看，罗根泽是文艺学家的代表，王文颜属于专攻中国古代佛经翻译史的史学家，二者都代表了各自学科的最高水平。但现有研究明显存在着四个问题。

（一）第一个问题：研究对象不一和理论定性不当

第一个问题就是各学科学者，包括翻译学者研究中国古代佛经翻译理论，其研究的内容和范围都不同，到底如何对其进行理论定性也并无共识，研究者各行其是。比如，罗根泽和陈福康研究的是同样十位大师的译论，好像走的一个路子，而王文颜研究的则是五大师论，至于罗新璋则辑录十四位以上大师的译论，比罗根泽、陈福康和王文颜都多。王宏印研究得最少，只有四位大师。张佩瑶收录的则是几十位大师的译论，数量最多。至于理论定性，罗根泽说的"佛经翻译论"，从其语境判断，似乎是零星散论，王文颜说的是"条理化了"的"译经理论"。定性混乱，上述刘宓庆也是个典型例子。张佩瑶定性为"话语"，说没有理论，主要是为自己的选集确定个框架，对中国古代佛经翻译理论研究并无多大益处。

（二）第二个问题：完整理论碎片化

第二个问题就是所有的研究者都有把完整翻译论碎片化的倾向。中国古代佛经译论有零散不成篇的译论，也有系统成篇的论文，但研究者往往都按照零星散论节选对待和处理，不管三七二十一砍烂再说，所以研究对象都成了满眼直冒金星的"译学思想火花"（孟凡君，2002：15），全部成了"零篇残什"。研究者见木不见林的狭隘眼光和阉割零碎的研究方法人为造成了一幅马赛克图示。直到2020年译学家出版的《中国传统译论文献汇编》收录古代佛经翻译

论,《法句经序》依然缺头少尾（朱志瑜、张旭等，2020：1），《摩诃钵罗若波罗蜜经抄序》也没有结尾（朱志瑜、张旭等，2020：7），而令人欣慰的是，另外五篇翻译论还算基本完整（朱志瑜、张旭等，2020：38；57；76；88；108）。

（三）第三个问题：虚无主义

翻译学界应避免虚无主义。其他学科的学者，如罗根泽研究中国古代佛经翻译理论，起步早、水平高，但他有多少研究说多少话，并不轻言中国古代佛经翻译有没有理论，而后来有的翻译学者只有点皮毛研究或根本没有研究，就贸然说没有理论。王文颜下结论很有分寸，并不一言以蔽之。有的翻译学者明明搜罗了一大堆材料，还下功夫做了评注，研究也有相当的水平，结果断言没理论，岂不怪哉？以西方翻译学者罗宾逊编著的《西方翻译理论：从希罗多德到尼采》（Douglas Robinson，2006）为对照，其书第1至47页收录的从古希腊希罗多德到欧洲文艺复兴时期之前的译论，都零星不完整，其中个别的，如本书第一章最后一节笔者研究过的《阿里斯狄亚书简》应是西方最早的关于《圣经》翻译的完整文献，原文篇幅并不短，罗宾逊也以节选收录之后再加评注的方法开展研究，但他依然把它和其余零星译论都放在西方翻译理论的名下，并不妄言西方古代没有翻译理论。

（四）第四个问题：以西律中的封闭态度

第四是学术和文化态度严苛封闭，今人苛求古人，采取以西律中的西方中心主义态度对待中国古代佛经翻译理论。有学者呼吁翻译学要走出西方中心主义，说："传统上中西方译论研究都是译者经验式的总结，零散而不成系统。至20世纪60年代初，在美国翻译学者奈达（Nida）发表他的专著《翻译科学探索》（1964）之前，西方并没有产生真正科学意义上的翻译研究。"（马会娟，2019：105）在今天不少学者头脑里，西方就等于美国[①]。那英国学者卡特福德（Catford）在1965年出版的《翻译的语言学理论》就不科学，也不算是西方的吗？卡特福德这本书与奈达的那本书科学分量又相差几何？

翻译学者中还不乏留过洋的海归，说中国古代佛经翻译史上没有翻译理论，其主要学术理由是不科学，这是一种科学主义或者唯科学主义精神枷锁，凡事都要以今天西方为标准的衡量尺度。

[①] "中国文化与西方（美国）文化尚处于不平等的权力关系"（张佩瑶，2007：41），这是另外一个认为美国等于西方的例子。

按照西方哲学史的表达,科学是西欧漫长历史发展的产物。经历了古希腊罗马哲学,中世纪经院哲学,文艺复兴和宗教改革哲学,以及近代17、18世纪培根、霍布斯、笛卡尔和莱布尼茨等数代哲学家和科学家持续的努力,科学才得以诞生和发展,由此发扬光大至今。如果说3世纪支谦的《法句经序》不科学,那时欧洲还是罗马帝国时代,本身离科学还差十万八千里;说10世纪下半叶赞宁的《宋高僧传·译经篇论》不科学,那时的欧洲还处于中世纪的黑暗时代,离近代科学的诞生还有七八百年之遥。这样的责难过于苛求,有以西律中之嫌。早就有翻译学者说过,有的翻译学者至今仍持狭隘的科学观,用自然科学的框框去硬套人文学科研究,结果要么走入"死胡同",要么沉入"迷梦"(吕俊,2001:7)。

(五) 第五个问题:纠结于个别概念

第五个问题是有的学者就个别术语无意义地绕圈子。黄忠廉说,翻译思想不等于翻译理论(黄忠廉,2010:77),就其论题而言,在翻译学中似乎合理,但走出这个圈子未必成立。翻开一部中国思想史,可以说卷帙浩繁,先秦诸子的思想,中古道教和佛教思想都在里面,包含的都是中国文化的经典。难道可以说,儒家没有理论,佛教没有理论,法家没有理论,老庄没有理论,兵家没有理论?一篇五千言的《老子》今天全世界有至少数百种译本,没有理论为什么会有那么多译本?《孙子兵法》也是这种情况。葛兆光在其《中国思想史(导论:思想史的写法)》中说"'思想'这个词语比'哲学'富有包孕性质"(葛兆光,2001:6),"思想史"或"哲学史"的著作涵盖了睿智的哲人系列和经典系列(葛兆光,2001:9)。所以翻译学者应该打开眼界,思想未必然不等于理论,应该说思想的内涵比理论还宽广。思想太零散不成系统的确不是理论,但成系统且达到一定的量就是理论。比如,严复说的"信达雅",不能说没有条理和道理,但只在其《天演论》汉译本序言里顺带说了几句,没有达到一定的量,因此不算系统;如果就此专题形成了一篇论文甚至专著,谁也无法否认这就是理论。

本节结论

以往对中国古代译论的研究无论其对象和范围有多么的不同,研究者对现存古代论述佛典翻译的完整成篇的论文都未能进行全面深入的研究,都有把完整成篇的翻译论碎片化的倾向,认为中国古代没有翻译理论,今人苛求古人,采取以西律中的西方中心主义态度对待中国古代佛经翻译理论。

第二节 中国古代翻译理论的分期

笔者本书第一到第七章的研究表明，中国古代一千多年的佛经翻译史上不仅有 600 至 3000 个字以上完整成篇的翻译论文，而且总共还有七篇。这些翻译论文足以代表中国古代的翻译理论水平。即便放在今天，衡量学术水准的一个重要尺度就是论文。今天有的所谓专著也不过是捆绑了一堆相关专题论文的大部头。根据这七篇翻译论，中国古代翻译理论发展可分为三期。

一、完整成篇翻译论出现的时间

历史记载最早的汉译佛经出现在公元前 2 年，从此直到公元 1111 年朝廷大规模停止翻译佛经，这 1113 年当中平均每隔约 159 年就出现一篇完整的佛经翻译论；如果仅从完整翻译论出现的实际开始时间 224 年到 988 年最后一篇翻译论的实际出现时间计算，在这 764 年里平均约 109 年就有一篇完整翻译论出现。在这 700 多年中除了佛经翻译理论还没有发现其他形式和内容的翻译理论[①]，恰如陈福康所说，中国古代翻译理论就是佛经翻译理论（陈福康，2000：68）。以上时间规律见表 8-1。

表 8-1　古代翻译理论形成时间

序号	翻译论篇名	字数（个）	公元年	朝代
1	《法句经序》	699	224—252	三国孙吴
2	《摩诃钵罗若波罗蜜经抄序》	904	382	东晋
3	《胡汉译经文字音义同异记》	1335	494—497	南朝齐梁
4	《高僧传·译经论》	1287	522	南朝梁
5	《辩正论》	2258	592	隋
6	《续高僧传·译经篇论》	896	645	唐
7	《宋高僧传·译经篇论》	3681	988	北宋

从以上中国古代翻译理论出现的时间规律可以看到，其起始、延续和结束的时间都在现代翻译学产生之前，若以霍姆斯那本标志翻译学诞生的论文集 *Translated! Papers on Literary Translation and Translation Studies* 的出版年 1988 年

[①] 18 世纪中叶有个小例外，参见本书第五章第四节，但不在本书规定的时间范围。

计算，即便是最后一篇中国古代翻译论都在现代翻译学诞生的整整 1000 年之前。而所论及的内容和对象都属于今天翻译学研究的范围，其研究确实发生在翻译学产生之前。

再者，中国古代翻译理论活动与中国古代佛经翻译实践基本同步。第一部汉译佛经是公元前 2 年西汉末伊存所授《浮屠经》，到第一篇翻译论支谦的《法句经序》在 224—252 年出现，只相隔两百多年；最后一篇翻译论是北宋赞宁在 988 年写的《宋高僧传·译经篇论》，与朝廷停止大规模佛经翻译的 1111 年只相距 123 年。

二、中国古代翻译理论的分期

根据七篇翻译论的理论内容、性质和水平，中国古代翻译理论从肇始到结束都处于中国历史的中古时代，明显可以分为以下三期。

（一）第一期：理论肇始

肇始期从 3 世纪中叶左右，即东汉之后的三国时期开始，具体地点在孙吴都城武昌（今湖北省鄂州市），地处东南的长江流域。肇始期延续至 4 世纪下半叶，地点在东晋十六国的前秦国都长安，属于北方黄河流域。这第一期有两篇以佛经序言叙事为线索的翻译论：《法句经序》和《摩诃钵罗若波罗蜜经抄序》。前者对原作或主文本的认识论占了大约 40% 的篇幅，后者有 30% 的篇幅都非翻译专论，这表明翻译论还处于有待发展的初期，相对而言不太成熟。

（二）第二期：理论发展和高峰

1. 理论发展

从 494 年开始至 522 年，即从南朝齐朝开始至梁朝，有两篇翻译专论：一是出自《祐录》的《胡汉译经文字音义同异记》，二是《高僧传·译经论》。这两篇翻译论具有翻译理论的独创性，是第一期翻译论基础上的发展。

第一，从翻译理论性质而言，第二期的两篇翻译论都不是某佛经的序言一类的副文本，而完全是自成一体的关于中土佛典翻译的、纯粹的专篇论文。之前理论肇始期的两篇翻译论以介绍某部佛经及其汉译情况为主线来展开译论，带有更多的叙事成分。所以这两篇都是处于更高阶段的、更成熟的、更纯粹的翻译论。

第二，就篇幅而言，《法句经序》才 699 个字，道安《摩诃钵罗若波罗蜜经抄序》有 904 个字，《胡汉译经文字音义同异记》已有 1335 个字，慧皎

《高僧传·译经论》总共有 1287 个字。僧祐和慧皎的翻译论是比第一期更纯粹的翻译论,且字数也比第一期更多,表明其翻译理论内容比以往更丰富。

第三,慧皎的中土佛经翻译史论分为四篇,所论述的问题都是以往的翻译论没有涉及的新理论问题。

第四,第二期翻译论所论证中土佛典翻译之难与第一期的翻译论不同。第二期《胡汉译经文字音义同异记》的论述从梵语的发音和由词成句的语法角度展开,着重在外语语音和语法之难上,而第一期《法句经序》这方面说得很简略:"名物不同,传实不易。"道安的翻译之难论完全是佛教性质的。

2. 理论高峰

公元 592 年以后,即在隋开皇(杨坚)年间产生的《辩正论》是中国古代翻译理论的高峰。《辩正论》作为专篇翻译论,集以往译者论之大成,全文是一篇系统的译者论,分为三部分。第一部分是译者应遵循的翻译原则论;第二部分是精彩的译者理论,包括五个子理论;第三部分是译者通梵语论。《辩正论》是精彩且系统的译者论。

(三)第三期:理论衰退和收尾

1. 理论衰退

中国古代翻译理论衰退从 645 年开始,即从唐太宗(李世民)贞观年间开始,虽处在古代佛经汉译的高峰时代,但翻译理论开始衰退,标志是《续高僧传·译经篇论》这篇完整的翻译论。道宣《续高僧传·译经篇论》是中国古代翻译理论史上第六篇翻译论。尽管它也是一篇优秀的翻译史论,但只有 896 个字,在盛唐却没有达到南朝梁代释慧皎中土翻译史论《高僧传·译经论》的理论高度,作为译者论也没有前朝隋彦琮《辩正论》优秀,出现了翻译理论衰退的迹象,表明古代翻译理论水平和兴趣开始在下降。

中国思想史表明,自 8 世纪中叶起中国佛教理论兴趣开始急剧衰退,转向具有浓厚中国实践实用特点的禅宗。(葛兆光,2001:55-56)道宣的翻译论虽出现在盛唐,但其翻译理论的兴趣和水平表现出衰退的迹象。

2. 理论收尾

在 988 年,即北宋太宗(赵光义)端拱元年,赞宁写成的《宋高僧传·译经篇论》是中国古代翻译理论收尾的标志。古代翻译论中这是篇幅最长(3681 个字)的,比隋朝彦琮的《辩正论》还多出 1423 个字,且是写在最后的一篇翻译论,其理论内容最为丰富,但其理论水平不算最高。

第一,赞宁《宋高僧传·译经篇论》属于僧传译经篇论,其翻译史论的

理论水平没有超越之前的慧皎《高僧传·译经论》和道宣的《续高僧传·译经篇论》。

第二，它的译者论及其翻译原则论又没有达到隋释彦琮《辩正论》的理论高度，其翻译原则论甚至不如道安的"五失本三不易"原则。赞宁在《宋高僧传·译经篇论》中说："逖观道安也，论五失三不易。彦琮也籍其八备，明则也撰翻经仪式，玄奘也立五种不翻，此皆类《左氏》之诸凡，同史家之变例。今立新意，成六例焉。"他这里明显有把他的"六例"上升到与道安和彦琮等提出的翻译原则论齐平的理论高度之企图，但通观"六例"的内容，其理论性不强，说理高度不够。其有关唐宋佛经译场史的叙述，史料的珍贵价值高于理论价值。

第三，他在论文 1.2.1 段对外语及本土语言文字的共性和差异性的论述，在理论上也没有超越梁僧祐写在中国现存最早佛经目录翻译论中的相关论述。

第四，他在 1.2.3 段又用比喻来说翻译概念的大道理，其理论高度还不如他自己写的《宋高僧传·义净传·系》的理论高度。

第五，上文说过，赞宁的"六例"套用佛教"四句"的固定表达方式，也可谓一种思维定式，他借来表达翻译之理。翻译现象和道理灵活多变、包罗万象，硬套这种死板的公式，难免胶柱鼓瑟，让自己的理论创新裹足不前。

第六，赞宁这篇翻译论有两个重点，一是"六例"，二是古代佛经译场简史，但二者之间到底有什么理论联系他也没有交代。

从赞宁《宋高僧传·义净传·系》和《宋高僧传·译经篇论》可以看到，在前者中他努力写义净传的系词，在后者中他写僧传译经篇的论，没有摆脱就事论事的羁绊。尽管他有写纯翻译论的能力，却没有写出一篇理论水平最高、前无古人的翻译论。从此以后，中国古代再也没发现两千字以上的翻译论文，中国古代翻译理论到此结束。

中国古代翻译理论当中序言形式的翻译论有两篇，占七分之二，僧传译经篇翻译论有三篇，占七分之三，出自僧人本传的翻译论只有《辩正论》一篇，出自经录的也只有一篇《胡汉译经文字音义同异记》，其分期用表 8-2 显示如下。

表 8-2　中国古代翻译理论分期

序号	理论分期	公元年	朝代	翻译论篇名	论文性质
1	肇始	224—382	三国孙吴至东晋	《法句经序》 《摩诃钵罗若波罗蜜经抄序》	佛经序言形式的翻译论
2	发展	494—522	南朝齐至梁	《胡汉译经文字音义同异记》	出自经录的专篇翻译论
2	发展	494—522	南朝齐至梁	《高僧传·译经论》	僧传译经篇翻译专论
2	高峰	592	隋开皇年间	《辩正论》	出自僧人本传的专篇翻译论
3	衰退	645	唐贞观年间	《续高僧传·译经篇论》	僧传译经篇翻译专论
3	收尾	988	北宋端拱年间	《宋高僧传·译经篇论》	僧传译经篇翻译专论

本节结论

中国古代翻译理论的实际肇始期延续了150多年，发展高峰期近100年，衰退到结束有340多年，整个从公元224年延续到988年，总共764年，在这期间平均约109年就有一篇完整翻译论出现，分三个发展时期。从以上分期的规律可以看到，并非时间出现晚的翻译论就一定比之前的翻译论在理论上更成熟和领先，处于衰退收尾期的就不如之前发展高峰期的翻译论。

第三节　中国古代翻译理论家

有翻译理论必然就有翻译理论家，他们中除了支谦是优婆塞（居士），其他人都有个共同的身份：僧人。即便是居士，也是在家学佛之人，比一般人离佛教更近。其中四位除了僧人身份还兼有其他身份，以下详论。

一、七位翻译理论家简介

七位翻译论作者的生平上文每章第一节都有研究，在此是结论式的总结和评价。

（一）支谦（194/199？—253/258？）

支谦生卒年现有史籍所载不详，他大约生活在东汉献帝末年至三国东吴孙

权、孙亮或孙休当政时期，享年约60岁。他是七个翻译论作者中唯一的居士。支谦是归化汉朝的大月支人，于东汉末出生在汉地，在多种文化和语言的环境中长大，他的老师是支亮，支娄迦谶是他的师祖。支谦通汉语和多门外语，学通汉学与佛学。后来，支谦与族人为了躲避东汉献帝之末的社会动乱，从洛阳南渡迁入吴地。后吴主孙权听说支谦博学有才慧，即召见他询问佛经中深隐之义，并拜支谦为博士官，还让他当太子的老师，其政治地位非同常人。他在洛阳就汉译过佛经，入东吴后也汉译了若干佛经。根据他的《法句经序》，他是吴译本《法句经》译场的笔受兼主脑人物，并非等闲之辈。所以，支谦是居士，但也是佛经翻译家，兼任东吴朝廷官职，其身份复杂。

（二）道安（312—385）

道安的出生地相当于今天河北省正定县以南。他生于西晋末期怀帝永嘉六年，即公元312年，在东晋孝武帝太元十年，即公元385年卒于长安，享年74岁。他早年主要活动在华北地区，曾为了躲避北方的社会动乱南下居湖北襄阳15年。道安的学说和风范对当时佛教界的影响很大。道安从53岁起就是中国南北公认的佛教领袖人物，虽不是具体做翻译的译者，但以其学行和威望主持和领导前秦长安译场。

支谦和道安是处于中国翻译理论肇始期的理论家，都经历过颠沛流离的逃难生活。

（三）僧祐（445—518）

僧祐在南朝刘宋文帝元嘉二十二年，即公元445年生于建康（今江苏南京市），在梁天监十七年（518）于建初寺逝世，享年74岁。僧祐弘传佛教律学，是律学宗派的一代传人。他造立经藏，史上第一个经藏就是僧祐在建初、定林两寺所创立。他制成《出三藏记集》十五卷，为中国现存最古老的佛经目录。僧祐一生撰写佛教文史著作八部，现只有《出三藏记集》《释迦谱》和《弘明集》三书尚存，其余五种均佚。梁武帝对僧事有疑时，皆遣僧祐等人审议决定。另外，他在佛教工艺上也有很高的造诣。僧祐是古代杰出的佛教文史学家、文献学家，戒德高严，博学多才，是在齐梁两代备受朝野崇敬的僧人。

（四）慧皎（497—554）

慧皎生于公元497年，卒于554年，相当于是今浙江省绍兴市上虞区人，其俗家姓氏不详，是住会稽（在今浙江省绍兴市）嘉祥寺的僧人。他写的

《高僧传》应该完成于540至547年之间，即作者43岁至50岁之间（见本书第四章第二节）。

（五）彦琮（557—610）

彦琮于北齐文宣帝（高洋）天保八年，即公元557年出生在相当于今天河北省邢台市隆尧县，隋炀帝大业年间的610年卒于洛阳翻经馆，享年54岁。他的童年和少年时代在北朝末年度过，从25岁至54岁去世，共30年在隋朝度过。从北齐、北周到隋朝，彦琮与三朝帝王都保持着良好的关系。彦琮21岁时北周武帝任命他为通道观学士，时年从道江更名为彦琮。25岁时，杨坚为北周丞相，佛法稍兴，彦琮当年正月落发为僧，当年二月隋朝建立。从25岁至54岁去世，彦琮都是隋朝的僧人，也是朝廷负责佛典翻译、佛教事务咨询和主持佛教礼仪的学士官员。彦琮通梵文，既参加隋朝译场译事，又是翻译理论家，也有深刻而丰富的内外学理论背景和积累。

（六）道宣（596—667）

道宣相当于今浙江长兴县人，是初唐僧人，南山律宗创始人，佛教史学家。他出生在公元596年，即隋文帝（杨坚）开皇十六年，卒于唐高宗（李治）乾封二年（667），春秋72年。道宣23岁以前在隋朝度过，之后至72岁去世都处在唐朝。道宣于645年开始撰写《续高僧传》，665年完成。道宣参加过玄奘译场的译事，担缀文一职，对佛典翻译亦内行。道宣著述甚多，以律学自立于中国佛教界，至今不衰，对佛教文史学有很大的贡献。后人因他长期居终南山，并在山中树立了他的律学范畴，即称他所传弘的《四分律》学为南山宗，并称他为南山律师。

（七）赞宁（919—1001）

赞宁俗姓高，大致出生在相当于今浙江德清县。他于后梁贞明五年（919）出生，咸平四年（1001）去世，时年83岁。赞宁10岁在杭州龙兴寺出家，16岁时入天台山受具足戒，专习南山律，内学之外，兼善儒、老、百家之言，博闻强记，擅长诗文。他奉诏在杭州编纂《宋高僧传》，端拱元年（988）上表撰成，历时七年，受到宋太宗褒奖，命僧录司编入大藏流通。咸平元年（998）加右街僧录，次年迁左街僧录，为中央级的大僧官。赞宁一向以学识广博知名，奉诏旨编修《大宋僧史略》三卷，记载佛教事务及典章制度的起源和沿革。著作有《四分律行事钞音义指归》三卷（已佚）、《舍利宝

塔传》一卷、《护塔灵鳗菩萨传》一卷等。此外还有外学著作多种，大多佚失不存。

二、七位翻译理论家的相关情况

在此，笔者以表格总结性显示七位翻译理论家的身份、地域、掌握外语的情况。

（一）翻译论作者身份和地域分析

七位翻译论作者身份、地域等情况如表8-3所示：

表8-3 翻译论作者身份、地域等情况

序号	姓名	出生地（今地名）	身份	翻译论写成地（今地名）
1	支谦	河南洛阳？	居士、博士、佛经译家	湖北鄂州市
2	道安	河北正定县	僧人、佛教领袖	陕西西安市
3	僧祐	江苏南京市	僧人、律宗传人	江苏南京市
4	慧皎	浙江绍兴市	僧人	浙江绍兴市
5	彦琮	河北邢台市隆尧县	僧人、学士官	陕西西安市 河南洛阳市
6	道宣	浙江长兴县	僧人、南山律宗宗主	陕西西安市
7	赞宁	浙江德清县	僧人、中央僧官	浙江杭州市

从表8-3可以看到，七篇翻译论的作者有四个是江浙人，两个是河北人，一个是大月支裔在汉地出生并长大的汉朝人，都在今天的中国领土和文化范围内。他们的身份除了慧皎因为原始资料稀少，显示为僧人的单一身份，支谦为居士，但在东吴朝廷有博士官衔，也是佛经翻译家，其他五位都有其他身份，都非普通僧人。他们生长和建功立业的地域不是黄河流域就是长江流域，都处于中华文明的核心范围之内；七篇翻译论中的四篇写在江南，三篇写在北方的黄河流域；用中国这个词来限定这些翻译理论家及其理论很恰当。

（二）翻译论作者掌握外语与译场职务情况

表 8-4　翻译论作者掌握外语与译场职务情况

序号	姓名	掌握外语	译场职务
1	支谦	梵语等	笔受等
2	道安	不详	领导
3	僧祐	不详	不详
4	慧皎	不详	不详
5	彦琮	梵语	领导等职
6	道宣	不详	缀文
7	赞宁	不详	无

在那个年代，掌握梵语就像我们今天懂英语，是懂外语的最基本配置。根据现有资料，支谦和彦琮都是通梵语的，支谦还掌握其他几种胡语。四位翻译论作者都在当时的佛经译场担任过职务，三位是译场主脑人物。

三、前翻译学的中国学派

早在翻译学诞生的一千年前，在中国存在着一个翻译学派，笔者称之为前翻译学的中国学派。这个学派就是由上述七位翻译理论家组成。

（一）学派

根据《韦氏新国际英语足本词典（第三版）》，"school"（学派）就是属于某学科如哲学、神学、医学或政治学的一群学人，他们坚持同样的学说，有同样的师承关系，遵守同样的知识或获得知识的方法①。学派形成"有赖于三种因缘：师承、地域、问题，因而大体上可归为三类，即'师承性学派'、'地域性学派'和'问题性学派'"（陈吉生，2008：19）。西方学术界从古至今学派层出不穷，仅西方近代人类学、民族学就相继涌现出了进化学派、传播学派、社会学派、历史学派、功能学派、心理学派；经济学先后出现了重农学派、古典学派、新古典学派、制度学派、凯恩斯学派、芝加哥学派、奥地利经

---

① A school is a group of persons who hold a common doctrine or accept the same teachings or follow the same intellectual methods: a sect or denomination (as in philosophy, theology, medicine, or politics) belonged to the radical school of economists.

济学派、新自由主义学派等。（陈吉生，2008：18）今天的比较文学有法国学派，据说也有了中国学派。

早在先秦时中国的学派已初露端倪。先秦诸子百家便是古代的学派，其中尤以儒、墨、道、法四家体现出的师承性最明显。这就是因师出同门且学术观点相同而形成的"师承性学派"。处于同一国家、地域、民族、社会，或某一文明的就是"地域性学派"。战国时的齐国有稷下学派，东汉有荆州学派，三国时有蜀学，南北朝有山东学派，宋代有濂、洛、关、闽四大学派，还有浙东学派、湖湘学派等，这些都是"地域性学派"。

以同样的问题为研究对象而形成的具有相同特色学术传统的学术群体就是"问题性学派"。比如，中国古史分期当代研究中就有"有奴派"，代表人物为郭沫若、范文澜、翦伯赞等，还有"无奴派"，代表人物为黄现璠、张广志、胡钟达等。这些学派皆属"问题性学派"。（陈吉生，2008：18-19）

翻译学正式出现之前西方就有语文学派，后来有语言学派，文化转向以后出现了文化学派，接着是解构学派、女性主义和后殖民主义学派等，流派纷呈，不一而足，而中国古代确实有个前翻译学派。

（二）范式

前翻译学的中国学派兼有上述师承、地域和问题三种类型合一的特点。上述七位翻译理论家都以释迦牟尼为宗主，都笃信佛教，都以古印度的佛经和中国古代典籍为终身学习的内容；他们出生、成长在中国，一生的成就都在中国文化的范围内。上述七篇论文都以佛经翻译问题为研究对象，至少写在翻译学产生的一千年以前，但完全属于今天翻译学的研究范围。他们遵循或崇敬的佛经翻译原则有一致性，译场翻译方法也有一致性，所提倡的佛经译者应具备的条件和译德等方面的理论也有一致性。无论相关史籍记载他们通外语与否，他们的翻译论都表现出异乎寻常的跨文化意识。翻译论的言说对象都是译经的僧人，翻译论的作者也从未想过由世俗凡人来翻译佛经。

如果用"范式"（paradigm）一词来高度总结概括这个学派，到底前翻译学的中国学派采用的是什么学术范式？以往有学者用语文学（philology）这个词一竿子把中国古代和欧洲古代的译论扫入囊中，说中西方译论都是语文学的研究。但笔者认为，它也许可以用来概括欧洲古代译论，却不足以成为前翻译学中国学派的范式。《牛津英语词典（足本第二版）》共20卷，收词超过50万条，引证例句250万条，最早词例不过在1150年，收入的"philology"一词的最早用例出自乔叟1386年的手笔。而中国古代翻译论最后一篇都在

988年，比它早多了，这是其一。

其二，"philology"的古义在《牛津英语词典（足本第二版）》中主要有两个，第一个是一组相关的用法，首项指对学问和文学的爱好（love of learning and literature）；次项指广义的文献研究，包括研究语法、文学批评及其解释、文学与历史记载的关系等（the study of literature, in a wide sense, including grammar, literary criticism and interpretation, the relation of literature and written records to history, etc.）；第三项指文艺或古典学术（literary or classical scholarship）；第四项指高雅的学术（polite learning）。"Philology"另外一个用法指语文学，这是近现代以来的用法，意指历史语言学和比较语言学（The study of the structure and development of language; the science of language; linguistics）。这些都不是中国古代翻译理论研究的对象和内容。所以，英文"philology"这个词及其变体不可以也不能成为前翻译学中国学派的范式。

如用东方学"orientalism"这个概念又太宽泛，且全是西方人视角，显然不妥。笔者认为前翻译学的中国学派研究的问题都属于今天翻译学的范围，基础概念都出自中国古代经典和古印度的佛经，其概念源头可以说是古代中印经典主义（Sino-Indo classicalism）；从翻译学而言，研究的问题不出外汉佛经翻译，且理论的预设都是单向外汉翻译，属于单向（one-way 或 unidirectional）且定点（fixed target language）的翻译理论。定点指不管源语（SL）是什么，目标语（TL）都固定指向汉语，这和单向是相关联的。单向定点的理论预设是与今天翻译学的一个非常明显的区别，正是前翻译学的中国古典翻译理论最大的特点。七篇翻译论作为中国著述都收入佛教汉文大藏经，其语言特点是佛教混合汉语。笔者认为前翻译学中国学派的范式就是古典单定翻译理论，其关键词有四个："Chinese""classical""unidirectional"和"fixed TL"，若用一个词来描述就是古典式。

本节结论

上述七位翻译理论家都是佛教著作家，但他们是否为自觉的翻译理论家，这是个问题。从其翻译论而言，他们为弘扬佛法而创作的动机非常明显。他们在佛教事业上的成就过于巨大，其光芒掩盖了其翻译理论成就的光辉。加之中国文化传统并不重视理论，中国古代文化整体上重人道和实际运用技术，文人士大夫不喜欢复杂烦琐的纯理论和思维习惯。他们的翻译理论成就往往被忽略。这个学派在中古的延续时间长达七百多年，世所罕见，被当今学界所忽略又是一大奇观。

第四节　中国古代翻译理论内容、来源和特点

如上所说，中国古代有764年的翻译理论史，平均约109年就有一篇完整翻译论出现，以一千多年的佛经译场翻译实践为背景。七篇翻译论的作者中只有三位没有参加译场翻译活动的记录，另外四位都亲自参加过佛经译场翻译活动。七篇翻译论无一不以译场翻译为背景。译场翻译是分工合作、各司其职的集体翻译，以带来外语佛经并精通此经的外僧为译主，以本土或外来僧人、本土官员或信士为助译。

一、中国古代翻译理论的内容

中国古代翻译理论的主体由七篇翻译论构成，佛经序言形式的翻译论两篇，出自经录的翻译论一篇，出自僧传的专篇翻译论一篇，僧传译经篇翻译论三篇，以下分别论述。

（一）佛经序言形式的翻译论

佛经序言形式的翻译论有两篇：一是《法句经序》，二是《摩诃钵罗若波罗蜜经抄序》，前者比后者早150多年出现，但两篇都属于古代翻译理论肇始阶段的翻译论。

《法句经序》的序言成分占全文近40%的篇幅，翻译理论还不成熟，但隐约成形。《摩诃钵罗若波罗蜜经抄序》的序言成分占全文近30%的篇幅，但包含了成熟且系统的翻译论，即翻译主客体变化论及其变化限度和标准论。

（二）出自经录的专篇翻译论

《胡汉译经文字音义同异记》是唯一出自古代经录的、独具特色的专篇翻译论。全文有1335个字，分为四篇：第一篇论述语言文字的共性和差异性，第二篇论译者，第三篇明确提出了中土佛典译者的翻译标准，最后篇是全文的结论和总结。这是中国古代史上唯一一篇从语言文字共性和差异性出发，论述外汉佛经翻译的论文。这篇翻译论的理论性之强与其他几篇佛典翻译论迥异，且几乎没有宗教成分，这样的翻译理论无疑处于当时的最高水平。这是中国古代翻译理论发展阶段的第一篇翻译论。

(三) 出自僧人本传的专篇翻译论

现存《辩正论》出自《续高僧传》，是唐道宣为隋朝僧人和官员彦琮所作的传记。这是中国古代翻译理论的巅峰之作，全文为一篇精彩的佛经译者论，论文分为三篇。第一篇是译者所遵循的翻译原则论，第二篇是佛经译者论的具体展开和论证，包含了著名的"八备"，第三篇是译者通梵语论。该文是理论最严密，各部分具有紧密联系的系统译者理论。这是中国古代翻译理论的巅峰之作。

(四) 僧传译经篇翻译专论

僧传译经篇翻译专论有三篇：《高僧传·译经论》《续高僧传·译经篇论》和《宋高僧传·译经篇论》。前两篇是中土翻译史论，其共同特点是根据译经篇所录译经僧人传记或其他僧传的内容有感而发。《宋高僧传·译经篇论》既有翻译史论又有译者论，以译者论为主，还有译场翻译史的叙述。

《高僧传·译经论》（1287 个字）是翻译理论水平最高的、标准的中土翻译史论，分为三篇。第一篇论中土佛经翻译的前提与初传期，第二篇是中土历代译者论，第三篇是中土僧人学习译典的态度和方法论，第四篇是赞形式的全文总结和结论。这是中国古代翻译理论发展阶段的第二篇翻译论。

《续高僧传·译经篇论》（896 个字）也是中土翻译史论，但翻译理论水平不高，有翻译理论衰退的迹象。

《宋高僧传·译经篇论》（3681 个字）是整个中国古代翻译理论史上最长，内容最丰富的翻译论，但翻译理论水平并非最高，是中国古代翻译理论的收尾篇。

二、中国古代翻译理论的文化渊源

中国上古以周朝和周边各民族交往翻译为背景的零星译论显示了中原文化相对于周边其他民族文化而言具有强势地位。《周礼·秋官》曰："象胥掌蛮、夷、闽、貉、戎、狄之国使，掌传王之言而谕说焉，以和亲之。若以时入宾，则协其礼，与其辞言传之。凡其出入送逆之礼节、币帛、辞令，而宾相之。"（杨天宇，2004：584）《礼记·王制》曰："中国、夷、蛮、戎、狄，皆有安居、和味、宜服、利用、备器。五方之民，言语不通，嗜欲不同。达其志，通其欲，东方曰寄，南方曰象，西方曰狄鞮，北方曰译。"（戴圣，2001：176）《韩诗外传》卷五云："成王之时累有越裳氏……重九译而至，献白雉于周公：

'道路悠远，山川幽深，恐使人之未达也，故重译而来。'"（赖炎元，1972：207）从以上引文中不难看到中原文化的强势地位。而中古的翻译理论已没有这种强势，代之而起的是对西来佛教的仰视态度，这套理论是中西思想合璧的产物，当然这个"西"不是今天西方的西，而指古印度，因为也处于中华文化的西面。以下笔者用几个典型的例子来证明这个观点。

（一）《法句经序》

笔者在此以序言中的翻译困难论和著名的文质之争为例说明其翻译思想的中西渊源及其结合。

1. 翻译困难论来自佛经

支谦在《法句经序》第二篇2.2段论及中土译者汉译佛经所遇到的三大困难，其中第一大困难是佛陀及其经文中土人世间难逢难遇，这是机缘难遇（"唯佛难值，其文难闻"）。第二大困难是诸佛都出现在天竺，与中土相隔甚远（"又诸佛兴，皆在天竺"）。此两点都是来自佛经的思想。

2. 凡圣之别：中西合璧

《法句经序》第三篇3.3段中的佛言间接引自支谦译《佛说维摩诘经》卷二《13法供养品》（见本书第一章第三节注释），其中老子和孔子的言论当然属于地道的中国本土经典。

中西合璧得最天衣无缝的是这句："明圣人意深邃无极"。其中，"明"的梵文是"vidyā"，巴利文是"vijjā"，是"无明"的对称，指破除愚暗通达谛理之圣慧，于四圣谛可真实抉择现观的无漏圣慧。（蓝吉富，1994：2851 - 2852）"圣"也是佛教用语，指证入正道。（汉语大字典编辑委员会，2010：2981）"无极"本典出《老子》："为天下式，常德不忒，复归于无极。"指形成宇宙万物的本原，以其无形无象，无声无色，无始无终，无可指名，故曰无极。"无极"用来描述佛教之道，这叫"格义"，是当时通行的用中土文化词翻译外来佛教概念的方法。中西合璧得天衣无缝，近代以来能看出此端倪的学者寥寥无几。

（二）《摩诃钵罗若波罗蜜经抄序》

这篇翻译论更是异国佛教和本土经典的天作之合。序言题目就是纯粹的"印度货"，结尾也是，从头到尾都是舶来品。笔者以其中两个论点：翻译三大困难论和翻译之变的限度和标准论来证明整篇翻译论的中西合璧。

1. "三不易"的佛教思想

笔者在本书第二章第六节说过，2.1.1 段和 2.1.2 段的"三不易"完全是用佛教的事理讲翻译的道理。

2. 翻译之变的限度和标准论：本土经典

序言第三篇 3.1.2 段的佛经翻译之变的限度论借用了《庄子》给混沌帝开窍的典故，说明这种过分雕饰的悲剧结果（"巧则巧矣，惧窍成而混沌终矣"）。再用类比，即以不能把文采华丽的《诗经》和质朴的《尚书》删改得符合今人的口味（"若夫以《诗》为烦重，以《尚》为质朴，而删令合今，则马、郑所深恨者也"）为例，说明佛典翻译删改原本文体风格以符合中土今人的口味也要适可而止。道安翻译之变的限度论主要采用地道的中国本土经典在论证。

（三）《辩正论》

笔者在此也用两个例子说明该翻译论的中西结合。

1. 纯粹本土哲学或文艺批评的概念

彦琮在论文第一篇 1.3.3 段评价东汉和三国时代的佛典翻译曰："或繁或简，理容未适，时野时华，例颇不定。"其中都是中国古代哲学或文艺批评常用的概念。

比如，"目好色，而文章致繁，妇女莫众焉。"（《荀子·王霸》）"繁文滋礼以弇其质。"（《淮南子·道应训》）"文以辨洁为能，不以繁缛为巧。"（《文心雕龙·议对》）这三例的"繁"与彦琮用的"繁"相当。

又如，"乾以易知，坤以简能。易则易知，简则易从。……易简，而天下矣之理矣。"（《易经·系辞上传》）"或简言以达旨，或博文以该情。"（《文心雕龙·征圣》）"其取事也必核以辨，其摘文也必简而深，此其大要也。"（《文心雕龙·铭箴》）由此可见，中国古代哲学和文学皆尚简。

说到"野"，"子曰：质胜文则野，文胜质则史。文质彬彬，然后君子。"（《论语·雍也》）这句指出儒家理想的君子应有的整体素质，"质"是人的先天本质，"文"是后天文化熏陶所形成的素质，先天本质超过了后天人文素质是"野"，反过来则"史"，即文绉绉也不好，孔子认为质与文二者要适当相称才是"文质彬彬"的君子。另外，庄子曰："自吾闻子之言，一年而野，二年而从……九年而大妙。"（《庄子·寓言》）此"野"乃质朴也。"观其结体散文，直而不野，婉转附物，怊怅切情，实五言之冠冕也。"（《文心雕龙·明诗》）此处的"野"乃粗野的意思。

关于"华"（文采或华丽或形式），《文心雕龙》多处提到，如"必使繁约得正，华实相胜"（《文心雕龙·章表》）强调文章繁简适中，文采与内容相称。又如"然则圣文之雅丽，固衔华而佩实者也"（《文心雕龙·征圣》）。"吐纳经范，华实相扶。"（《文心雕龙·才略》）后两句说，文章要有华有实、形式和内容相互促进才好。（黄小芃，2014：234）

2. 本土概念外壳换成西来的新内涵

彦琮在1.3.6段提出佛经翻译标准原则："意者宁贵朴而近理，不用巧而背源。傥见淳质，请勿嫌怪。"他的看法是佛典传译宁要本真而更接近佛法之理，不要华巧而违背佛法之源。倘若见到纯正本真的佛经译文，不要怀疑，也不要抱怨。以往各家研究到此，都只注意到彦琮要求佛经译文的表现风格贵朴弃巧，而没有注意到关键的翻译标准——佛经译文的近"理"顺"源"。

"朴"与"理"，"源"和"质"所指同一，就是佛法。佛法是佛经翻译不可动摇的原则，在理论上这个标准超越了上述两难境地。无论谁不管怎么译，佛法原则必须遵循，但也要注意这里的用词，是"近理"，"不背源"，并没有要求完全相等，也就是说实现最高原则的方法并不僵硬和机械，这还是透露出灵活性。"意者宁贵朴而近理，不用巧而背源"是彦琮总结了他之前译经史经验后所提倡的佛经翻译标准。

彦琮此处的"朴"不光是朴素的意思。冯友兰说："'朴'是老子和道家的一个重要观念。'道'就是'璞'（"uncarved Block"，未凿的石料），'璞'本身就是'朴'。没有比无名的'道'更'朴'的东西。"（冯友兰，1985：121-122）《老子》至少有五处提到"朴"，有真、淳朴、质朴、本质和未经雕饰（或未制成器）的原材料这些意思。（陆元炽，1987：60-62）笔者认为，精通外学的彦琮在此借用道家"朴"这个概念的外壳，除了用其质朴之意，更强调的是"本真的道"这个概念，但彦琮的"道"当然不是中国道家的道而是佛法之道。

"意者宁贵朴而近理，不用巧而背源。傥见淳质，请勿嫌怪。"上句的"朴"与下句"淳质"概念一致。"淳"本来就是质朴的意思，而"质"是上文提到的孔子所说的人本有的先天素质。而此处作者用"质"来形容佛典译文，那译文本来有的特点应该指偏向原文的特点。"质"用来形容翻译，不光是文体的质朴、朴素，也指偏向原文的特点，而佛典的"理"和"源"指的是佛法。（黄小芃，2014：237-238）

以上两例，第一例的概念纯粹来自本土文化，第二例是中西结合的概念，可以说结合得天衣无缝，有眼力能看出的学者不多。

(四)《高僧传·译经论》

笔者在此举第一例说明该翻译论的先进性,举第二例说明该论文用纯粹中土的文学形式表达外来的佛教内容。

1. 译作是原作的"更赐寿命":比西方早 1000 多年提出

3.1.2 段以法显、智猛等僧人西行求法为例,刚出发时成群结队,回来时形单影只。还告诫说:应当知道一本佛经到达我中土,难道不是再赐予了更长的寿命。("当知一经达此,岂非更赐寿命。")约 1400 多年以后,德国的本雅明(Walter Benjamin)也有类似的说法,译作"原作生命的延续阶段"(their stage of continued life)或是原作生命的"延续"(afterlife)(Benjamin, 2000: 16)。

译作是原作的"更赐寿命",慧皎早在西方本雅明 1000 多年前就提出了这个观点,但语境不同,含义也不完全相同。

2. 纯粹的本土文学形式表达佛教内容

慧皎翻译论最后第四篇:"赞曰:频婆掭唱,迭教攸陈,五乘竟转,八万弥纶。周星曜魄,汉梦通神。腾、兰、谶、什,殉道来臻,慈云徙荫,慧水传津,俾夫季末,方树洪因。"这是翻译论全文的总结。佛陀涅槃后,其遗教迅速传播和发展,佛教五乘法门及其所包含的八万四千法门发扬光大。后汉明帝(公元 57—75 在位)时佛教传至中土。摄摩腾、竺法兰、支谶、鸠摩罗什等外僧先后来中土舍身弘法,由此发展至今。这段的赞,是用中土文学的高级形式,高度概括和赞美了前文所论述的佛教内容,是论文的收尾和结论。

《文心雕龙·颂赞》卷二云:"赞者,明也,助也。昔虞舜之祀,乐正重赞,盖唱发之辞也。……嗟叹以助辞也。故汉置鸿胪,以唱拜为赞,即古之遗语也。……及景纯注《雅》,动植必赞,义兼美恶,亦犹颂之变耳。然本其为义,事生奖叹,所以古来篇体,促而不广,必结言于四字之句,盘桓乎数韵之辞;约举以尽情,昭灼以送文,此其体也。发源虽远,而致用盖寡,大抵所归,其颂家之细条乎!"(古敏,2001:100-102)

从其本义来看,赞出自对事物的赞美感叹,故自古以来,赞的篇幅都不长,都用四言句子,大约在一二十句左右,简单扼要地讲完内容,清楚明白地写成文辞,这就是赞的要点。赞的产生虽早,但实际运用不多,从其大致趋向看,是"颂"的一个支派。

本段"赞"的第一句原文中的"频婆掭唱",其中的"频婆"指频婆树果实的鲜红色,代指佛八十随形好之一的唇赤如频婆果色,此处慧皎再以此代

指佛陀。"掗"也是间接地指停止，"唱"是弘法的意思，连起来就是佛涅槃后不再传法。这里文学色彩鲜明浓厚，显示出赞这种文体的特色。

第二句中的"周星曜魄"，"周星"即岁星。南朝梁庾肩吾《咏同泰寺浮图》诗云："周星疑更落，汉梦似今通。""曜魄"指北极星。《渊鉴类函·天四·星》引《尚书大传》："北辰谓之曜魄。""周星曜魄"这四字直译是"岁星在北辰"，属于上古的星岁纪年法，早在楚汉相争之间算法已失传。笔者认为慧皎仅以此显其文采，无法据此确定在哪一年。这是华丽的文学形式胜过朴素内容的文学语言。

这段赞以纯粹中土华丽的文学形式来包装完全西来的佛教内容，既给读者耳目一新的文学享受，又有佛教的庄严肃穆。当然佛经里也有梵赞，如有精通梵语的朋友把梵赞和汉赞做一番对比研究，又是一个境界，但这不是此处笔者的论题。

（五）《宋高僧传》

笔者在此举第一例说明原作者用中土的典故表达翻译的概念，举第二例说明赞宁翻译论的第一个重点"六例"采用了纯粹的外来佛教的表达方式。

1. 用中土的典故表达翻译的概念

赞宁在论文 1.2.2 段引用《周礼》回顾华夏上古翻译史。另外，他在《宋高僧传·义净传》末说："系曰：译之言易也，谓以所有易所无也。譬诸枳橘焉，由易土而殖，橘化为枳。……唯西唯东，二类之人未为尽善。东僧往西，学尽梵书，解尽佛意，始可称善传译者。……《周礼》象胥氏，通夷狄之言，净之才智，可谓释门之象胥也欤。"他说《周礼》中提到的象胥是会夷狄语言的通译之官，以义净法师这样的才智，亦可说是我佛门中的象胥啊。赞宁解释翻译概念，也采用来自《周礼》的典故。

2. "六例"的外来佛教表达方式

笔者在本书第七章第四节，说到"六例"是赞宁翻译论的第一个重点，采用外来佛教"四句"的表现形式。这种来自古印度讲究严密逻辑的表达方式对古代大多数只读纯粹本土典籍的、只会汉语的（monolingual）文人士大夫而言有耳目一新、震慑人心的效果。

三、中国古代翻译理论的特点

通观七篇翻译论，其中的译者论和史论尤其发达。译者论中必有史论，史论中必有译者论。

（一）译者论发达：从散论到专论的发展轨迹

纯粹的译者专论只有彦琮的《辩正论》，但其他翻译论都多少有论述佛典译者的内容。

1. 译者论的发展轨迹

支谦《法句经序》第二篇中的2.2段论述中土佛经译者遇到的三个困难。这段译者论不长，只有47个字，占全序总字数的约6.72%，属于论译者的散论。

道安《摩诃钵罗若波罗蜜经抄序》的第二篇中第2部论翻译主体转化原则（三不易）含2.2.1和2.2.2两段，共有150个字的译者论，占全文约16.59%的篇幅在论述译者遇到的困难，这也是散论译者，但篇幅与《法句经序》相比大大增加了。

僧祐的《出三藏记集·胡汉译经文字音义同异记》的第二篇全篇都是译者论，共388个字，占全文字数的约29.06%。中国古代翻译理论已进入发展期，这虽然还是散论译者，但译者论的篇幅比上一期大大增加了。

慧皎的《高僧传·译经论》当中的第二篇历代译者论就有606个字，占全文的约47.09%，几乎全文一半的篇幅都在论述历代佛经译者。

隋彦琮的《辩正论》以全文2258个字的译者专论达到高峰。随后唐朝道宣《续高僧传·译经篇论》虽然其总字数大幅下降到896个字，但其中的历代译者论（第一、第三和第四篇）仍然有657个字，占全文的约73.33%。

最后一篇翻译论是赞宁的《宋高僧传·译经篇论》，其中第二篇的六例论实际上是佛经译者的7条注意事项，有2001个字，占全篇的约54.36%。该文第三篇的中土佛经译场翻译史，虽说论的成分少些，但都还是关于古代译者官办组织的史料，该篇1126个字，占全文字数的约30.59%。第二、三篇二者合计约占全文的84.95%。

从译者论字数的逐步增长可以看到，中国古代翻译理论除了肇始期，从发展期开始直到最后结束都是以译者论为主，且以译者论达到高峰。所以，隋彦琮《辩正论》是中国古代翻译理论的第一高峰。

2. 译者论的发展情况

译者论发展情况如表8-5所示：

表 8-5　译者论发展情况

译者论	字数（个）	占比（%）
1.《法句经序》第二篇 2.2 段的翻译困难论	47	6.72
2.《摩诃钵罗若波罗蜜经抄序》第二篇第 2 部的翻译主体转化原则（三不易）	150	16.59
3.《出三藏记集·胡汉译经文字音义同异记》第二篇的译者论	388	29.06
4.《高僧传·译经论》第二篇的历代译者论	606	47.09
5.《辩正论》全文是译者论	2258	100
6.《续高僧传·译经篇论》第一、第三和第四篇都是译者论	657	73.33
7.《宋高僧传·译经篇论》第二篇是译者论，第三篇是译场翻译史	3127	84.95

注：译场是译者集体，是译者的官方组织。

请读者注意的是，从《高僧传·译经论》和《辩正论》中可以看到，佛教翻译论对译者的道德要求就等于对僧人的道德要求，正如笔者以前所说，古代佛经翻译论的作者"根本没有想过让佛门之外不信佛的人来翻译佛经"（黄小芃，2014：242）。

（二）中土翻译史论也发达

古代翻译论可以说无一不论史，但其中只有两篇专论，其他都是散论。翻译史论可以说与译者论双峰并立。

1. 翻译史论发展的轨迹

中土翻译史论从一开始就有，支谦《法句经序》的第二篇 2.3 段有以翻译标准原则收尾的中土翻译史论，当然这时篇幅很小，才 47 个字，仅占全文约 6.72% 的篇幅。道安《摩诃钵罗若波罗蜜经抄序》中也有翻译史论，在其第三篇的 3.1.1 段，篇幅也小，只有 63 个字，约占全文 6.97% 的篇幅。齐梁间僧祐的《出三藏记集·胡汉译经文字音义同异记》的中土翻译史论的篇幅大大增加了，其整个第三篇都是，有 209 个字，约占全文 15.66% 的篇幅。隋彦琮《辩正论》第一篇第 3 部也有 375 个字的中土翻译史论，约占全文字数的 16.61%。北宋赞宁《宋高僧传·译经篇论》的史论篇幅也很大，毕竟属于僧传译经篇论，其第一篇和第三篇都是史论，第一篇的理论水平很高，第三篇如上文所述，史料盖过史论，理论水平下降，但史论加史料的字数高达

1567个字，约占全文的42.57%。

梁慧皎《高僧传·译经论》全篇都是中土翻译史论，全文分为四篇，总字数为1287个字，这是翻译理论水平最高的、系统的史论。道宣《续高僧传·译经篇论》也是一篇中土佛经翻译史论，但如上文所说，存在没有理论创新、字数太少、论述不详等缺点，有翻译理论兴趣衰退的迹象。慧皎《高僧传·译经论》是中土佛经翻译史论的巅峰之作。

2. 翻译史论发展情况

中土翻译史论发展情况如表8-6所示：

表8-6 翻译史论发展情况

翻译史论	字数（个）	占比（％）
1.《法句经序》第二篇中2.3段有中土翻译史论，以标准原则收尾	47	6.72
2.《摩诃钵罗若波罗蜜经抄序》第三篇中的3.1.1段是带出"审得胡本"翻译标准的翻译史论	63	6.97
3.《出三藏记集·胡汉译经文字音义同异记》的第三篇是中土佛典汉译史带标准论，含2部	209	15.66
4.《高僧传·译经论》全文史论	1287	100
5.《辩正论》第一篇的第3部是翻译史论－汉译标准原则，分6段	375	16.61
6.《续高僧传·译经篇论》全为翻译史论	896	100
7.《宋高僧传·译经篇论》第一篇是中土佛典汉译史论，第三篇是中土译场翻译史料	1567	42.57

（三）史论和译者论的相互纠缠

从上文可以看到，中国古代翻译理论肇始期的两篇翻译论《法句经序》和《摩诃钵罗若波罗蜜经抄序》，二者既有译者论又有史论，但篇幅较小。

《辩正论》全篇是译者论，也含第一篇的第3部中土翻译史论（分6段），共375个字，占全文16.61%的篇幅。《高僧传·译经论》和《续高僧传·译经篇论》全篇都是中土翻译史论，前者的历代译者论约占47.09%，后者的译者论约占73.33%。《宋高僧传·译经篇论》的史论和译者论分别占全文很大的比重。

史论和译者论相互纠缠的原因在于翻译史是译人的历史，论翻译史必然论历代译者，论述译者又离不开翻译史的回顾。

（四）翻译标准总是由史论直接带出

请读者注意的是，头三篇翻译论《法句经序》《摩诃钵罗若波罗蜜经抄序》《出三藏记集·胡汉译经文字音义同异记》，以及隋彦琮的《辩正论》都有个共同点，就是其中土佛经翻译史论直接带出忠实原作的翻译标准。

笔者认为，这其中的道理有两个，一是作者暗示古代的译经大德们都遵循这样的标准，今天我辈译经也应该这样；二是翻译佛经忠实原典的标准与遵循和服从佛法能挂上钩，僧人凡事以佛陀和佛法为标准无须多言，所以几篇翻译论都从史论直接带出翻译标准，都不论证。也因此，从慧皎的《高僧传·译经论》开始，包括以后的两篇僧传翻译论《续高僧传·译经篇论》和《宋高僧传·译经篇论》都只论历史上的优秀佛经译者而不再带出忠实原典标准原则。

四、七篇翻译论的缺陷

上述七篇翻译论都不算太长，全部加起来总共 11060 个字。其中赞宁的翻译论最长，也不过 3681 个字。其总体缺陷是论述不详、说理欠周，理论一提出，数语简单论述后随即转向下一个论点。这个特点与中国其他古典理论相似。

中国古代经论一般都不长，不像今天理论周详细密、寻章摘句，如儒家十三经，老子的《道德经》，庄子的《南华经》，都不似现代洋理论家的长篇大论、卷帙浩繁。《老子》五千言论天地万物之道；《论语》乃师生对话，谈人道与治国安邦之道，每段对话都不长，缺乏首尾相顾、规划整齐的详细论述。冯友兰说，中国先哲表达思想的方式有两大特点，一是言论文章简短，二是古代艺术理想"言有尽而意无穷"，所以古代思想的表达也朦胧隐晦，不推崇明晰，提倡暗示。（冯友兰，1985：15-19）古汉语的显著特点之一是尚简。七篇翻译论毕竟是汉文佛典，出自佛教大藏经，属于中国古代文化的范围，距今时间最短的都有上千年，流传至今难能可贵。对此视而不见，只见零星分散的偏论，或强行把完整翻译论打断成几截，便妄下结论说中国古代没有翻译理论，这是历史虚无主义。而认为凡洋人后来有的翻译理论我中华古已有之，又有点文化自恋和自我陶醉。

五、古代翻译理论的余绪：《翻清说》

"实录馆兼内书房纂修"（七品官）魏象乾，此人以汉人入八旗，曾考入

满文翻译进士,在清"乾隆庚申岁"(1740),著有《翻清说》一篇翻译论。(王若昭,1988:31;32)这是论述翻汉为清(满文)的专论,是古代翻译论的最后篇。

该论文"约 1600 字"(王若昭,1988:31),首先指出翻译之道在于"变",与道安的"五失本"有异曲同工之妙。其次提出汉译清的标准"正"译(了意完辞顺气传神)和"五不"的翻译要领。最后为初学者指出了汉译清的入门之途。整体而论,它依然是一篇译者论,论及译者翻译所遵循的标准,翻译的要求和具备的条件。

仅从字数而言,该文超过了佛经翻译论的肇始和发展期的翻译论,但不如高峰期和收尾期的翻译论。就理论水平而言,不如发展期,更不如高峰期。其实践基础和对今天的影响与之前的佛经翻译理论更不可同日而语。

(一) 不如《辩正论》

《翻清说》与《辩正论》相比较,其理论深度、内容、系统性、实践基础、历史的延续性和历史的影响力不可同日而语。《翻清说》论证没有《辩正论》那么严密。后者从佛典译者翻译原则论,到佛典译者理论,再到佛典译者通梵语论,主题明确,一气呵成,相互说明和支持,每个理论内部也条理清晰,相互支撑。这是真正的理论。

而《翻清说》的条理没有这么清楚,似乎是介于汉满翻译实践经验和理论之间。《翻清说》另外一个缺陷是仅仅就事论事,只盯住汉译清(满)的事。之前从两汉到赵宋,中国外汉佛经翻译已有近千年的实践经验,至少有七篇佛经翻译论,更不用提大量的零星散论,而《翻清说》连其中的只言片语都没有提到。这说明魏象乾根本没有接触过大藏经,更不用说接触西方翻译理论。

(二) 更落后于同期的西方翻译理论

在 18 世纪欧洲经过了文艺复兴之后,西方翻译理论已经很发达了。1790 年英国泰特勒已出版了长篇翻译论《论翻译的原则》。这当然比《翻清说》晚了 50 年,但在 1424—1426 年,意大利人文主义学者、欧洲文艺复兴的先驱和政治家布鲁尼(Leonardo Bruni)发表了翻译专论《论正确的翻译方法》。(谭载喜,2004:42-43) 17 世纪更是西方翻译理论的井喷时期,有梅齐利亚在法兰西学士院发表的论文《论翻译》(1635),还有两本翻译专著,一是坦德的《论翻译》(1660),二是于埃的《论翻译》(1661)。(谭载喜,2004:

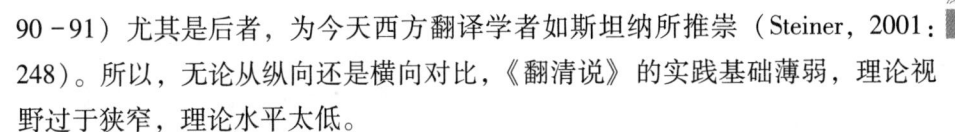

90-91）尤其是后者，为今天西方翻译学者如斯坦纳所推崇（Steiner，2001：248）。所以，无论从纵向还是横向对比，《翻清说》的实践基础薄弱，理论视野过于狭窄，理论水平太低。

从上古直到近古，通观整个中国古代翻译理论的发展，有序言线索的翻译论，又有出自佛经目录从语言论出发的翻译论，更多的是僧传译经论，但出自僧人本传的系统翻译专论只有隋朝的《辩正论》。清朝的《翻清说》也是一篇翻译专论，算是古代翻译理论的余绪。闭关锁国、大搞文字狱的清朝，就翻译学术而论尽管没什么亮点，但幸好还有这段翻译论的小尾巴让半农先生逮住了。

本节结论

中国古代翻译理论史有764年，平均约109年就有一篇完整的翻译论出现，七个翻译理论家创作了七篇完整的翻译论。七篇翻译论无一不是中西合璧的产物。

章末结语

以前翻译学和其他学科研究中国古代译论的结论是没有翻译理论。笔者研究的结论却是不仅有实在的翻译理论，其主体由七篇完整翻译论组成，总共有11060个字，且考察的角度不同，有三篇理论发展的巅峰之作。从语言文字共性和差异性出发的翻译论只有齐梁间僧祐的《出三藏记集·胡汉译经文字音义同异记》，是这个类型的唯一巅峰之作。中土翻译史论的巅峰之作是梁代慧皎的《高僧传·译经论》。译者论的巅峰之作当然是隋彦琮的《辩正论》。中国古代翻译理论总体而言是三峰耸立，四山巍峨，其发展分为肇始、发展和高峰、衰退和收尾三阶段，在七百多年的时间里存在着一个翻译学派，笔者称之为前翻译学的中国学派。今天我们某些翻译理论家认为中国差不多千年的佛经翻译实践没有理论，这是历史虚无主义，或认为只有今天西方一本一本的书才算理论，这是西方中心论，是一切以西方今天为标准的片面唯洋论在翻译学上的表现。

参考文献

艾朗诺, 2005. 《管锥编》英文选译本导言[J]. 陆文虎, 译. 文艺研究(4): 52-64.

白化文, 1998. 汉化佛教法器服饰略说[M]. 北京: 商务印书馆.

白鸟库吉, 2015. 康居粟特考[M]. 傅勤家, 译. 太原: 山西人民出版社.

班固, 2000. 汉书[M]. 颜师古, 注. 北京: 中华书局.

本雅明, 1923. 译者的任务——波德莱尔《巴黎风貌》德译本序[M]//曹明伦. 英汉翻译实践与评析. 成都: 四川人民出版社, 2007: 379-394.

蔡佳玲, 2007. 汉地佛经翻译论述的建构及其转型[D]. 台北: 台湾"中央"大学.

曹础基, 2002. 庄子浅注[M]. 修订本. 北京: 中华书局.

曹明伦, 2006. "五失本"乃佛经翻译之指导性原则——重读道安《摩诃钵罗若波罗蜜经抄序》[J]. 中国翻译(1): 51-54.

曹明伦, 2006. 论以忠实为取向的翻译标准——兼论严复的"信达雅"[J]. 中国翻译(4): 12-19.

曹明伦, 2011. 中国当代译论对佛教典籍的失察和误读[J]. 四川大学学报(哲学社会科学版)(6): 55.

曹仕邦, 1990. 中国佛教译经史论集[M]. 台北: 东初出版社.

常红星, 2021. 释道安译经"失本"态度问题补证[J]. 中国翻译(1): 41-47.

超海, 等, 1735. 重订教乘法数[M]//凡痴居士, 等. 佛学辞书集成: 第9册. 汕头: 汕头大学出版社, 1996: 1-466.

陈福康, 2000. 中国译学理论史稿[M]. 修订本. 上海: 上海外语教育出版社.

陈福康, 2010. 中国译学史[M]. 上海: 上海人民出版社.

陈吉生，2008. 试论中国民族学的八桂学派（一）[J]. 广西社会科学（7）：17-20.

陈士强，1992. 佛典精解[M]. 上海：上海古籍出版社.

陈士强，2000. 中国佛教百科全书·经典卷[M]. 上海：上海古籍出版社.

陈士强，2001.《佛学研究十八篇》导读[M]// 梁启超. 佛学研究十八篇. 上海：上海古籍出版社，2001：1-18.

陈寿，2000. 三国志[M]. 简体字本. 裴松之，注. 北京：中华书局.

陈望道，1976. 修辞学发凡[M]. 上海：上海教育出版社.

陈义孝，2002. 佛学常见词汇[M]. 竺摩法师，鉴定. 台北：财团法人佛陀教育基金会.

陈垣，2001. 中国佛教史籍概论[M]. 上海：上海书店出版社.

陈振尧，薛建成，1998. 新世纪法汉大词典[M]. 北京：外语教学与研究出版社.

传正有限公司编辑部，1997. 乾隆大藏经[M]. 台北：传正有限公司.

辞海编辑委员会，2000. 辞海[M]. 缩印本. 上海：上海辞书出版社.

慈怡，1988. 佛光大辞典[M]. 台北：佛光事业文化有限公司.

大正藏刊行会，1992. 大正藏[M]. 台北：新文丰出版股份有限公司.

戴均良，等，2005. 中国古今地名大词典[M]. 上海：上海辞书出版社.

戴圣，2001. 礼记译解[M]. 王文锦，译解. 北京：中华书局.

道宣，2014. 续高僧传[M]. 郭绍林，点校. 北京：中华书局.

邓攀，2008. 支谦生平略考[J]. 南京晓庄学院学报（4）：22-25.

荻原云来，1979. 汉译对照梵和大辞典[M]. 台北：新文丰出版公司.

丁福保，1991. 佛学大辞典[M]. 上海：上海书店出版社.

董诰，等，1983. 全唐文[M]. 北京：中华书局.

范文澜，蔡美彪，等，1994. 中国通史[M]. 豪华本. 北京：人民出版社.

范晔，2000. 后汉书[M]. 简体字本. 李贤，等注. 北京：中华书局.

方广锠，2004. 道安评传[M]. 北京：昆仑出版社.

房玄龄，等，2000. 晋书[M]. 简体字本. 北京：中华书局.

冯友兰，1985. 中国哲学简史[M]. 涂又光，译. 北京：北京大学出版社.

傅海波，2008. 元代西夏僧人沙罗巴事辑[J]. 杨富学，樊丽沙，译. 陇右文博（1）：59-65.

傅惠生，2011. 彦琮《辩正论》对我国译论的历史贡献[J]. 中国翻译（1）：19-23.

高查清, 2016. 译古为今, 讵可不慎乎——以对《辩正论》的误释、误译为例 [J]. 江汉学术 (5): 115-121.

高亨, 1979. 周易大传今注 [M]. 济南: 齐鲁书社.

葛兆光, 2001. 中国思想史 [M]. 上海: 复旦大学出版社.

古敏, 2001. 中国古典文学荟萃·文心雕龙: 上、下册 [M]. 北京: 北京燕山出版社.

顾久, 1987. 古汉语数字虚化规律刍议 [J]. 贵州师大学报 (社会科学版) (1): 36-41.

郭朋, 1994. 中国佛教思想史: 上卷 [M]. 福州: 福建人民出版社.

汉语大词典编辑委员会, 汉语大词典编纂处, 1986—1993. 汉语大词典 (第一至第十二卷) [M]. 上海: 汉语大词典出版社. (1986 = 第一卷; 1988 = 第二卷; 1989a = 第三卷; 1989b = 第四卷; 1990a = 第五卷; 1990b = 第六卷; 1991a = 第七卷; 1991b = 第八卷; 1992a = 第九卷; 1992b = 第十卷; 1993a = 第十一卷; 1993b = 第十二卷).

汉语大字典编辑委员会, 2010. 汉语大字典 (九卷本) [M]. 2 版. 成都: 四川辞书出版社.

何刚强, 2015. 自家有富矿, 无须效贫儿——中国的翻译理论应当独树一帜之理据 [J]. 上海翻译 (4): 1-8.

何乐士, 敖镜浩, 王克仲, 等, 1985. 古代汉语虚词通释 [M]. 北京: 北京出版社.

侯外庐, 赵纪彬, 杜国庠, 等, 1957. 中国思想通史: 第三卷 [M]. 北京: 人民出版社.

胡平生, 1996. 孝经译注 [M]. 北京: 中华书局.

胡适, 1999. 白话文学史 [M]. 上海: 上海古籍出版社.

华夏佛典宝库. 英汉-汉英-英英佛学辞典 [M/OL]. [2016-07-23]. http://www.fodian.net/zxcd/default.asp.

黄忏华, 1977. 隋代佛教概述 [M] // 张曼涛. 现代佛教学术丛刊 6·隋唐五代篇 (中国佛教史专集之二). 台北: 大乘文化出版社.

黄寿祺, 张善文, 2001. 周易译注 [M]. 修订本. 上海: 上海古籍出版社.

黄小芃, 2014. 全注全译隋释彦琮《辩正论》 [M]. 成都: 四川大学出版社.

黄小芃, 2015. 支谦《法句经序》研究的译学新视野 [J]. 东方翻译 (5): 11-15.

黄小芃，赵平，2009. 批评者眼中的译者［J］. 四川教育学院学报（4）：69－71.

黄忠廉，2010. 翻译思想≠翻译理论——以傅雷、严复为例［J］. 解放军外国语学院学报（5）：77－81.

《基督教词典》编写组，1994. 基督教词典［M］. 北京：北京语言学院出版社.

季羡林，1998. 季羡林文集：第三卷　印度古代语言［M］. 南昌：江西教育出版社.

姜倩，何刚强，2015. 翻译概论［M］. 2版. 上海：上海外语教育出版社.

蒋述卓，1990. 佛经传译与中古文学思潮［M］. 南昌：江西人民出版社.

巨赞，1982. 道安［M］//中国佛教协会. 中国佛教：第二辑. 上海：东方出版中心.

赖炎元，1972. 韩诗外传今注今译［M］. 台北：台湾商务印书馆.

赖永海，2010. 中国佛教通史［M］. 南京：江苏人民出版社.

蓝吉富，1994. 中华佛教百科全书［M］. 台南：中华佛教百科文献基金会.

黎难秋，2002. 中国口译史［M］. 青岛：青岛出版社.

李百药，2000. 北齐书［M］. 简体字本. 北京：中华书局.

李汉平，2019. 对玄奘翻译思想的几点澄清——兼与王宏印教授商榷［J］. 中国翻译（1）：150－158.

李汉平，2021. 从副文本的角度分析彦琮《辩正论》的翻译问题［J］. 中国翻译（5）：140－146.

李林波，2006. 中国传统译论研究的后顾与前瞻［J］. 上海翻译（1）：7－12.

李炜，2011. 早期汉译佛经的来源与翻译方法初探［M］. 北京：中华书局.

李延寿，2000. 北史［M］. 简体字本. 北京：中华书局.

镰田茂雄，1985. 中国佛教通史：第一卷［M］. 关世谦，译. 高雄：佛光出版社.

镰田茂雄，1986. 简明中国佛教史［M］. 郑彭年，译. 上海：上海译文出版社.

梁启超，2001a. 翻译文学与佛典［M］//梁启超. 佛学研究十八篇. 陈士强，导读. 上海：上海古籍出版社.

梁启超，2001b. 佛典之翻译［M］//梁启超. 佛学研究十八篇. 陈士强，导读. 上海：上海古籍出版社.

梁漱溟，1999. 东西文化及其哲学［M］. 北京：商务印书馆.

林梅村,1995. 西域文明——考古、民族、语言和宗教新论[M]. 北京:东方出版社.

林梅村,1998. 汉唐西域与中国文明[M]. 北京:文物出版社.

刘芳,2018. 反思中国佛经译论史之"文质之争"——以"文"派支谦为例[J]. 中国翻译(3):28-33.

刘宓庆,2005. 中西翻译思想比较研究[M]. 北京:中国对外翻译出版公司.

刘坦,1957. 中国古代之星岁纪年[M]. 北京:科学出版社.

刘正埮,高名凯,麦永乾,等,1984. 汉语外来词词典[M]. 上海:上海辞书出版社.

陆谷孙,2007. 英汉大词典[M]. 2版. 上海:上海译文出版社.

陆元炽,1987. 老子浅释[M]. 北京:北京古籍出版社.

陆宗达,2002. 训诂简论[M]. 北京:北京出版社.

吕澂,1979. 中国佛学源流略讲[M]. 北京:中华书局.

吕俊,2001. 对翻译学构建中几个问题的思考[J]. 中国翻译(4):6-9.

罗根泽,1984. 中国文学批评史:一[M]. 原中华上编版. 上海:上海古籍出版社.

罗根泽,2003. 中国文学批评史[M]. 上海:上海书店出版社.

罗新璋,1984. 翻译论集[M]. 北京:商务印书馆.

罗新璋,陈应年,2009. 翻译论集[M]. 修订本. 北京:商务印书馆.

马会娟,2019. 走出"西方中心主义":基于中国经验的翻译理论研究[J]. 上海大学学报(社会科学版)(2):104-113.

马祖毅,等,2006. 中国翻译通史:古代部分全一卷[M]. 武汉:湖北教育出版社.

孟凡君,2002. 中国文化架构的演变对中国译学思想发展的影响[J]. 中国翻译(2):13-17.

潘文国,2002. 字本位与汉语研究[M]. 上海:华东师范大学出版社.

裴文,2007. 梵语通论[M]. 北京:人民出版社.

钱穆,1988. 中国思想史[M]. 台北:台湾学生书局.

钱锺书,1979a. 管锥编:第三册[M]. 北京:中华书局.

钱锺书,1979b. 管锥编:第四册[M]. 北京:中华书局.

钱锺书,等,1981. 林纾的翻译[M]. 北京:商务印书馆.

卿希泰,1996. 中国道教史:第二卷[M]. 修订本. 成都:四川人民出版社.

饶宗颐,1996. 澄心论萃[M]. 上海:上海文艺出版社.

任继愈, 1973. 汉唐佛教思想论集 [M]. 北京：人民出版社.

任继愈, 1981. 中国佛教史：第一卷 [M]. 北京：中国社会科学出版社.

任继愈, 1985. 中国佛教史：第二卷 [M]. 北京：中国社会科学出版社.

任继愈, 2002. 佛教大辞典 [M]. 南京：江苏古籍出版社.

申小龙, 2001. 汉语语法学——一种文化的结构分析 [M]. 南京：江苏教育出版社.

沈约, 2000. 宋书 [M]. 简体字本. 北京：中华书局.

石峻, 楼宇烈, 方立天, 等, 1981（第一卷）；1983（第二卷第三册）. 中国佛教思想资料选编 [M]. 北京：中华书局.

史为乐, 2005. 中国历史地名大辞典 [M]. 北京：中国社会科学出版社.

释道安, 2010. 道安著作译注 [M]. 胡中才, 译注. 北京：宗教文化出版社.

释道世, 2003. 法苑珠林校注 [M]. 周叔迦, 苏晋仁, 校注. 北京：中华书局.

释慧皎, 1992. 高僧传 [M]. 汤用彤, 校注. 汤一玄, 整理. 北京：中华书局.

释慧皎, 2010. 高僧传 [M]. 朱恒夫, 王学钧, 赵益, 注译. 西安：陕西人民出版社.

释僧祐, 1995. 出三藏记集 [M]. 苏晋仁, 萧炼子, 点校. 北京：中华书局.

司马光, 1956. 资治通鉴 [M]. 胡三省, 音注. 北京：中华书局.

苏锦坤, 2014.《法句序》与《法句经》重译偈颂 [J]. 正观 (70)：77-132.

苏锦坤, 2015.《法句经》的翻译议题与重译偈颂 [M] // 光泉. 吴越佛教. 北京：人民出版社.

索绪尔, 1999. 普通语言学教程 [M]. 高名凯, 译. 岑麒祥, 叶蜚声, 校注. 北京：商务印书馆.

谭载喜, 2004. 西方翻译简史 [M]. 增订版. 北京：商务印书馆.

汤用彤, 2011. 汉魏两晋南北朝佛教史 [M]. 增订本. 北京：北京大学出版社.

田启涛, 2011. 搏颊：一种已消失的道教仪式 [J]. 中国宗教 (5)：57-58.

王宏印, 2017. 中国传统译论经典诠释——从道安到傅雷 [M]. 大连：大连海事大学出版社.

王宏印, 刘士聪, 2002. 中国传统译论经典的现代诠释——作为建立翻译学的一种努力 [J]. 中国翻译 (2)：8-10.

王力, 2000. 王力古汉语字典 [M]. 北京：中华书局.

王若昭,1988.《翻清说》简介[J]. 中国翻译(2):31-33.

王文颜,1984. 佛典汉译之研究[M]. 台北:天华出版事业有限公司.

韦续,1986. 墨薮[M]//新文丰出版公司编辑部. 丛书集成新编:第52册. 台北:新文丰出版公司.

尉迟治平,等,1994. 白话千年中国高僧传[M]. 武汉:华中理工大学出版社.

魏收,2000. 魏书[M]. 简体字本. 北京:中华书局.

魏嵩山,1995. 中国历史地名大辞典[M]. 广州:广东教育出版社.

祥云法师,1993. 佛教常用"呗器、器物、服装"简述[M]. 福州:福建省佛教协会.

谢天振,2004. 论译学观念现代化[J]. 中国翻译(1):7-11.

谢天振,2009. 中西翻译简史[M]. 北京:外语教学与研究出版社.

新华社译名室,1993. 世界人名翻译大辞典[M]. 北京:中国对外翻译出版公司.

熊宣东,2012. 中国佛典译论译史考辩——从安清到法云[D]. 成都:四川大学.

徐时仪,1989. 慧琳《一切经音义》评述[J]. 上海师范大学学报(3):94-103.

徐通锵,2005. 汉语结构的基本原理:字本位和语言研究[M]. 青岛:中国海洋大学出版社.

许里和,1998. 佛教征服中国[M]. 李四龙,裴勇,等译. 南京:江苏人民出版社.

许慎,1963. 说文解字(附检字)[M]. 北京:中华书局.

玄奘,辩机,1985. 大唐西域记校注[M]. 季羡林,等校注. 北京:中华书局.

严可均,1999. 全上古三代秦汉三国六朝文[M]. 北京:商务印书馆.

严可均,1999. 全隋文 先唐文[M]. 史建桥,苑育新,审订. 北京:商务印书馆.

杨伯峻,1979. 列子集释[M]. 北京:中华书局.

杨伯峻,1980. 论语译注[M]. 北京:中华书局.

杨天宇,2004. 周礼译注[M]. 上海:上海古籍出版社.

杨笑天,2014. 关于慧皎生卒年及《高僧传》问世时间等问题——纪念慧皎大师圆寂1460周年[J]. 佛学研究(23):40-46.

杨志飞, 2012. 《宋高僧传》成书考 [J]. 山西财经大学学报 (5).

姚思廉, 2000. 陈书 [M]. 简体字本. 北京: 中华书局.

姚思廉, 2000. 梁书 [M]. 简体字本. 北京: 中华书局.

业露华, 董群, 2000. 中国佛教百科全书　贰　教义卷·人物卷 [M]. 上海: 上海古籍出版社.

义楚, 1990. 释氏六帖 [M]. 杭州: 浙江古籍出版社.

印顺, 1973. 法句序 [M] // 印顺. 华雨香云 (《妙云集》下编之十). 台北: 正闻出版社.

印顺, 1998. 佛法概论 [M]. 上海: 上海古籍出版社.

俞鹿年, 1992. 中国官制大辞典 [M]. 哈尔滨: 黑龙江人民出版社.

羽溪了谛, 1999. 西域之佛教 [M]. 贺昌群, 译. 北京: 商务印书馆.

赞宁, 1987. 宋高僧传 [M]. 范祥雍, 点校. 北京: 中华书局.

藏经书院, 1993. 卍续藏经 [M]. 台北: 新文丰出版公司.

张道真, 1979. 实用英语语法 [M]. 第二次修订本. 北京: 商务印书馆.

张登本, 等, 2008. 全注全译黄帝内经 [M]. 北京: 新世界出版社.

张佩瑶, 2004. 对中国译学理论建设的几点建议 [J]. 中国翻译 (5): 3-9.

张佩瑶, 2007. 从"软实力"的角度自我剖析《中国翻译话语英译选集 (上册): 从最早期到佛典翻译》的选、译、评、注 [J]. 中国翻译 (6): 36-41.

章培恒, 骆玉明, 1997. 中国文学史: 上册 [M]. 上海: 复旦大学出版社.

章义和, 1995. 僧祐大师传 [M]. 台湾: 佛光事业文化公司.

赵朴初, 2000. 永乐北藏 [M]. 北京: 线装书局.

赵振铎, 1999. 骈文精华 [M]. 成都: 巴蜀书社.

中国大百科全书总编辑委员会, 2001. 中国大百科全书光盘 (1.2版) [CD]. 北京: 中国大百科全书出版社.

中国佛教文化研究所, 2008. 俗语佛源 [M]. 天津: 天津人民出版社.

中国佛教协会, 1982. 中国佛教: 第二辑 [M]. 上海: 东方出版中心.

中国佛教协会, 1989a. 中国佛教: 第三辑 [M]. 上海: 东方出版中心.

中国佛教协会, 1989b. 中国佛教: 第四辑 [M]. 上海: 东方出版中心.

中国历史大辞典编纂委员会, 2000. 中国历史大辞典 [M]. 上海: 上海辞书出版社.

中华书局编辑部, 2000. 二十四史 [M]. 简体字本. 北京: 中华书局.

《中华大藏经》编辑局, 1984—1996. 中华大藏经: 汉文部分第一至一〇〇册 [M]. 北京: 中华书局.

周裕锴, 2003. 中国古代阐释学研究 [M]. 上海: 上海人民出版社.

周振甫, 1986. 文心雕龙今译 [M]. 北京: 中华书局.

朱庆之, 1992. 佛典与中古汉语词汇研究 [M]. 台北: 文津出版社.

朱志瑜, 张旭, 黄立波, 2020. 中国传统译论文献汇编: 卷一 [M]. 北京: 商务印书馆.

朱志瑜, 朱晓农, 2006. 中国佛籍译论选辑评注 [M]. 北京: 清华大学出版社.

ANON, 2002. Oxford English dictionary (complete 2nd edition) [CD]. Oxford: Oxford University Press.

ANON, 2000. Webster's third new international dictionary, unabridged [CD].

APPIAH K A, 2004. Thick translation [M] // VENUTI L. The translation studies reader. London & New York: Routledge: 417-429.

BAGCHI P C (师觉月), 1927. Le canon Bouddhique en Chine I [M]. Paris: Librairie Orientaliste Paul Geutiiner.

BAKER M, 2004. Routledge encyclopedia of translation studies [M]. Shanghai: Shanghai Foreign Language Education Press.

BEAL S, 1878. Texts from the Buddhist canon commonly known as Dhammapada with accompanying narratives [M]. London: Trybner & Co., Ludgate Hill.

BENJAMIN W, 2000. The task of the translator: an introduction of the translation of Baudlaire's *Tableaux Parisiens* [M] // VENUTI L. The translation studies reader. London & New York: Routlege, 2000: 15-25.

CATFORD J C, 1965. A linguistic theory of translation: an essay in applied linguistics [M]. Oxford: Oxford University Press.

CHEUNG M P Y (Translated), 2006. Entry 75 Zan Ning (919-1001CE). To translate means to exchange [M] // CHEUNG M P Y, Ed. An anthology of Chinese discourse on translation - Volume one: From earliest times to the Buddhist project. Manchester, UK and Kinderhook, USA: Saint Jerome Publications: 173-175.

CHEUNG M P Y (Translated), 2006. Entry 76 Zan Ning (919-1001CE). Notes on translating [M] // CHEUNG M P Y, Ed. An anthology of Chinese discourse on translation - Volume one: From earliest times to the Buddhist project. Manchester, UK and Kinderhook, USA: Saint Jerome Publications: 176-186.

CHEUNG M P Y (Translated), 2006. Entry 77 Zan Ning (919 – 1001CE). The different posts established in translation assemblies and the responsibilities of the officials in each post [M] // CHEUNG M P Y, Ed. An anthology of Chinese discourse on translation – Volume one: From earliest times to the Buddhist project. Manchester, UK and Kinderhook, USA: Saint Jerome Publications: 188 – 192.

CHEUNG M P Y, 2003. From "theory" to "discourse": the making of a translation anthology [J]. Bulletin of the School of Oriental and African Studies, University of London, 66 (3): 390 – 401.

CHEUNG M P Y, 2006. An anthology of Chinese discourse on translation-volume one: from earliest times to the Buddhist project [M]. Manchester, UK & Kinderhook, USA: Saint Jerome Publications.

DAVIDS T W R, STEDE W, 2008. Pali-English dictionary [M]. New Delhi, India.

GADAMER H-G, 2004. Truth and method [M]. WEINSHEIMER J, MARSHALL D G, revised. London & New York: Sheed & Ward Ltd., Continuum Publishing Group.

GENTZLER E, 2004. Contemporary translation theories (revised 2nd edition) [M]. Shanghai: Shanghai Foreign Language Education Press.

HIRAKAWA A (平川彰), 1997. A Buddhist Chinese-Sanskrit dictionary (佛教汉梵大辞典) [M]. Tokyo, Japan: The Reiykai.

HOLMES J, 1988. Translated! Papers on literary translation and translation studies [M]. Amsterdam: Rodopi.

HUCKER C O, 1988. A dictionary of official titles in imperial China [M]. Taipei: Southern Materials Center, INC.

JAKOBSON R, 2004. On linguistic aspects of translation [M] // VENUTI L. The translation studies reader. London & New York: Routledge: 113 – 118.

LAI J (Translated), 2006. Entry 37 DAO AN (321/314 – 385CE). There were quite a lot of repetitive incantations, some desirable and necessary and others not so [M] // CHEUNG M P Y, Ed. An anthology of Chinese discourse on translation – Volume one: From earliest times to the Buddhist project. Manchester, UK and Kinderhook, USA: Saint Jerome Publications: 83 – 84.

LAI J, CHEUNG M (Translated), 2006. Entry 57 Hui Jiao (497 – 554CE). Since buddhism came to the east, many have participated in translating the sutras, but few have tried to pass on the sounds and music of the religion// CHEUNG M P Y, Ed. An anthology of Chinese discourse on translation – Volume one: From earliest times to the Buddhist project [M]. Manchester, UK and Kinderhook, USA: Saint Jerome Publications: 124 – 126.

LEFEVERE A, 2001. Chinese and western thinking on translation [M] // BASSNETT S, LEFEVERE A. Constructing cultures: essays on literary translation. Shanghai: Shanghai Foreign Language Education Press: 12 – 24.

LÉVY S, 1912. L'Apramada-varga. Étude sur les recenssions des Dharmapadas [J]. Journal asiatique (10^{E}Série/Tome 20): 203 – 294.

NATTIER J（那体慧）, 2008. A guide to the earliest Chinese Buddhist translations: texts from the Eastern Han 東漢 and Three Kingdoms 三國 Periods [M]. Tokyo: the International Research Institute for Advanced Buddhology, Soka University.

PYM A, 2007. Method in translation history [M]. Beijing: Foreign Language Teaching and Research Press.

REISS K, 2004. Translation criticism: the potentials and limitations [M]. Shanghai: Shanghai Foreign Language Education Press.

RICOEUR P, 1976. Interpretation theory: discourse and surplus of meaning [M]. Texas: The Texas Christian University Press.

ROBINSON D, 2006. Western translation theory: from Herodotus to Nietzsche [M]. Beijing: Foreign Language Teaching and Research Press.

STEINER G, 2001. After Babel: aspects of language and translation [M]. 3rd edition. Shanghai: Shanghai Foreign Language Education Press.

THACKERAY H St J, 1904. The letter of Aristeas [M]. London & New York: the Macmillan Company.

TOURY G, 2001. Descriptive translation studies and beyond [M]. Shanghai: Shanghai Foreign Language Education Press.

VENUTI L, 2004. The translator's invisibility: a history of translation [M]. Shanghai: Shanghai Foreign Language Education Press.

VINAY J-P, DARBELNET J, 1995. Comparative stylistics of French and English: a methodology for translation [M]. SAGER J C, HAMUL M-J, trans. & eds. Amsterdam & Philadelphia: John Benjamins Publishing Company.

WILLEMEN C（魏查理）, 1973. The prefaces to the Chinese Dharmapadas Fa-chü

Ching and Ch'u-yao Ching [J]. T'oung pao, second series, 59: 203-219.

WILLIAMS M M(威廉斯), 2013. Sanskrit-English dictionary(梵英词典)[M]. 上海: 中西书局.

YUE D (Translated), 2006. Entry 29 Zhi Qian (FL. 233-253CE). Lacking in felicity [M] // CHEUNG M P Y, Ed. An anthology of Chinese discourse on translation - Volume one: From earliest times to the Buddhist project. Manchester, UK and Kinderhook, USA: Saint Jerome Publications: 57-59.

YUE D (Translated). Entry 36 Dao An (321/314-385CE). Five instances of losing the source; three difficulties [M] // CHEUNG M P Y, Ed. An anthology of Chinese discourse on translation - Volume one: From earliest times to the Buddhist project. Manchester, UK and Kinderhook, USA: Saint Jerome Publications: 79-81.

YUE D, CHEUNG M (translated), 2006. Entry 55 SENG YOU (445-518 CE). Differences between hu and han languages [M] // CHEUNG M P Y, Ed. An anthology of Chinese discourse on translation - Volume one: From earliest times to the Buddhist project. Manchester, UK and Kinderhook, USA: Saint Jerome Publications: 118-122.

YUE D, CHEUNG M (translated). Entry 63 YAN CONG (557-610 CE). On the right way [M] // CHEUNG M P Y, Ed. An anthology of Chinese discourse on translation - Volume one: From earliest times to the Buddhist project. Manchester, UK and Kinderhook, USA: Saint Jerome Publications: 136-143.

YUE D, CHEUNG M (translated). Entry 64 DAO XUAN (596-667 CE). The contributions of translation are far-reaching and immense // ibid: 148-152.

ZHUANGZI, 2013. Complete works of Zhuangzi [M]. WATSON B, trans. New York: Columbia University Press.

ZÜRCHER E, 2007. The Buddhist conquest of China: the spread and adaptation of Buddhism in early medieval China; with a foreword by Stephen F. Teiser [M]. 3rd ed. Leiden, the Netherlands: Koninklijke Brill NV.

后　记

我 1984 年大学毕业参加工作，由外事到外企再返高校都主要以翻译为业，有 15 年以上英汉口笔互译的翻译工作经历。从 2000 年起立志一心研究翻译学；2007 年开始研究中国古代佛经译论，2011 年主持四川省哲学社会科学基金资助项目，2014 年 2 月出版 36 万多字的翻译学专著《全注全译隋释彦琮〈辩正论〉》。2014 年 6 月又主持国家的一个基金资助项目，经过六七年的研究，项目顺利结题，出版这本 70 余万字的翻译学专著。

20 多年来，我这上百万字的两本专著，加上几十篇论文（其中仅公开发表了 18 篇）的研究证明了中国古代千年佛经翻译史上有七位佛教学者撰写了七篇系统完整的翻译论，是货真价实的翻译理论，作为中国著述都保留在佛教汉文大藏经中。他们以其传世作品成为中国古代翻译理论的代表，笔者称之为前翻译学的中国学派。

该学派的理论有以下两大特点。其一，基本理念都来源于中国古代典籍和古印度的佛经，是典型的中西合璧的理论。比如，佛典翻译的文与质两个概念，由《法句经序》提出，《摩诃钵罗若波罗蜜经抄序》沿用。《法句经序》论说中土佛经翻译的第一大困难在于佛及佛经世之稀有，人世难逢难遇的机缘之难。这个思想不是中国本土的，显然来自外来佛经。《摩诃钵罗若波罗蜜经抄序》用凡人与佛陀之间的"愚智天隔"来论说中土佛典翻译的困难，这样的思想显然也非本土固有。第二大困难在于这套古代翻译理论存在着两个理论预设。第一个预设是翻译方向一律单向定点。单向就是一律从外语译成汉语，定点就是不管源语（SL）是什么，目标语（TL）都固定指向汉语。第二个预设就是这套理论所说的翻译都是古代佛经译场翻译，即大都是以国家（朝廷）政权为后盾的集体译者开展的有组织的译场翻译。这两个预设表明古代佛典翻译理论与翻译实践的关系非常紧密。该学派理论的这两大特点是前翻译学的中国古典翻译理论与今天翻译学理论的最大区别。

中华文化上下数千年，史上至少有两次西学东渐。第一次从西汉末开始，

古印度的佛教传来中国直到唐宋时被消化吸收而本土化。中国古代翻译理论是这次西学东渐而中西合璧的产物。第二次是明清以来的西学东渐，不断汹涌而来且望不到尽头的新思潮对中国文化影响很大，其中舶来的翻译理论也喧宾夺主，以至于以前不少翻译学者都说第一次西学东渐并没有产生翻译理论。这样的观点让我疑窦丛生，从此冲入迷雾，上天入地、古今中外"追打妖怪"，结果发现原来那时并非没有翻译理论。

我研究古代翻译理论不免观照当代翻译理论。自翻译学在20世纪70年代在西方诞生以来，学科发展的动力是不断引入其他学科的理念，靠学科嫁接，或所谓跨学科的研究，不断推出新概念，在概念中转向打滚，从一个或一堆概念奔向另一个或一堆概念，让人眼花缭乱、目不暇接，但都是人文社会学科类的定性研究。迄今不见翻译学者发现几个最基本的、各学界一致承认的译学公理，再从公理出发进行精密逻辑推理（数学）运算的科学研究。我认为在科学迅猛发展的今天，由哲学到科学的发展是必然趋势。

我希望读者注意的是，本书有开展定量研究的新尝试。本书所研究的七篇古代佛经翻译论我都输入了电脑，形成了一个数据库；用常见的办公软件统计，全部文言共有11060个字，译成现代汉语共有22418个字。每一篇、每一部、每一段分别有多少个字，占全文字数的百分比都可以精确到小数点后两位数。经过了这样的精确定量计算和数据分析，才由此推导理论定性。所以本书的研究并非纯粹传统的仅靠人工脑力的主观模糊定性，而是传统与现代研究方法相结合的、以精确定量计算为基础和支撑的理论研究。传统文言注疏有的仅仅到标注书名为止，多半没有出处。本书文言和其他关键词的注释都精确到相关工具书、学术著作或论文的页码，藏经引用大都精确到经号、页码内栏数直到列数，以方便后学继续深入探讨。我已有超过100万字的专著和几十篇论文的相关研究成果，在此基础上至少还需要三个国家基金以上级别的项目才可能把中国古代佛经翻译理论的课题研究透彻。

我借此机会，感谢翻译家曹明伦教授，为我争取省级以上政府研究基金所给予的鼎力支持；感谢成都师范学院为我的研究提供了1∶1的配套资金。我也感谢我的家人，全靠他们支持才有我现在的研究成果；我父母亲虽鬐老鲐背，但日常生活尚能自理，还可以下楼购物，于我是莫大的支持；我的妻基本包揽了女儿的教育等事务，让我能专心研究；我的爱女在我从事研究的这一二十年里，从婴儿孺子出落成亭亭玉立的少女，更是我努力工作的重要动力。我感谢我的同事廖银叶为校对书稿付出的辛勤劳动。最后我感谢四川大学出版社的编辑余芳对本书出版的热情支持和辛勤工作。